La historia
de los árabes

biografía e historia

Albert Hourani

LA HISTORIA DE LOS ÁRABES

VERGARA
GRUPO ZETA

Barcelona • Bogotá • Buenos Aires • Caracas • Madrid • México D.F. • Montevideo • Quito • Santiago de Chile

Título original: *A History of the Arab Peoples*

Traducción: Aníbal Leal
Traducción del epílogo: Miquel Izquierdo

1.ª edición: noviembre 2003
1.ª reimpresión: marzo 2006

© Albert Hourani, 1991
    De epílogo: © Malise Ruthven, 2002
© Ediciones B, S.A., 2003
    para el sello Javier Vergara Editor
    Bailén, 84 - 08009 - Barcelona (España)
    www.edicionesb.com
    www.edicionesb-america.com

ISBN: 84-666-1538-5

Impreso por Imprelibros S.A.

A mis colegas y alumnos
del St Antony's College, Oxford

ÍNDICE

LISTA DE MAPAS

PREFACIO

El tema de este libro es la historia de las regiones del mundo islámico de habla árabe, desde el nacimiento del islam hasta el momento actual. Pero al abordar ciertos períodos he tenido que sobrepasar los límites del tema: por ejemplo, cuando considero la historia temprana del califato, el Imperio otomano y la expansión del comercio y el imperio europeos. Podría argüirse que el tema es demasiado amplio o excesivamente restringido: que la historia del Magreb es diferente de la historia de Oriente Próximo, o que la historia de los países en los que el árabe es el idioma principal no puede ser considerada al margen de la historia de otros países musulmanes. De todos modos, es necesario trazar una línea divisoria, y es aquí donde decidí trazarla, en parte a causa de los límites de mi propio saber. Abrigo la esperanza de que esta obra demostrará que hay suficiente unidad de experiencia histórica entre las diferentes regiones que el libro abarca como para que sea posible pensar y escribir acerca de ellas en un mismo marco teórico.

El libro está destinado a los estudiantes que comienzan a conocer el tema y a los lectores, en general, que deseen saber algo al respecto. Como bien saben los especialistas, es evidente que en un libro de alcance tan amplio gran parte de lo que afirmo se basa en la investigación de terceros. He intentado ofrecer los hechos esenciales e interpretarlos a la luz de lo que otros han escrito. Algunas de las deudas que he contraído con el trabajo de otros autores aparecen indicadas en la bibliografía.

Puesto que este libro abarca un período tan dilatado, me he visto obligado a adoptar decisiones acerca de los nombres. He utilizado la nomenclatura moderna de los países para indicar regiones geográficas, incluso cuando esas denominaciones no se emplearon con anterioridad;

me ha parecido más sencillo recurrir a los mismos nombres a lo largo del libro, en lugar de cambiarlos de un período a otro. Así, «Argelia» se utiliza para una región determinada del norte de África, a pesar de que esa denominación nació en la época moderna. En general, he empleado nombres que son familiares para los lectores; la palabra «Magreb» es lo suficientemente conocida como para usarla en lugar de «noroeste de África», pero «Mashriq» no es conocida, y por eso, en su lugar, me serviré de la denominación «Oriente Próximo». He denominado al-Ándalus a las zonas musulmanas de la península Ibérica, porque es más sencillo emplear una palabra en lugar de una frase. Cuando uso un topónimo que en la actualidad corresponde a un Estado soberano mientras escribo acerca de un período que precede a la existencia de dicho Estado, lo utilizo para referirme a cierta región definida de manera aproximada; sólo cuando escribo sobre historia moderna mi intención es referirme al área delimitada por las fronteras de un Estado. Por ejemplo, en la mayor parte del libro designo por «Siria» a cierta región que tiene características comunes, tanto físicas como sociales, y en general ha tenido una misma experiencia histórica; pero la uso sólo para referirme al Estado de Siria una vez que éste nació, después de la Primera Guerra Mundial. Apenas es necesario aclarar que dichos usos no implican ningún tipo de juicio político acerca de los Estados que deberían existir y del trazado de sus fronteras.

Los principales nombres geográficos utilizados aparecen en el Mapa 1.

AGRADECIMIENTOS

Deseo manifestar mi agradecimiento a Patrick Seale, que me alentó a escribir este libro y se ocupó de su publicación, y a los amigos que consagraron muchas horas a leerlo, a corregir errores y a sugerir los modos de mejorarlo: Patricia Crone, Paul Dresch, Leila Fawaz, Cornell Fleischer, el desaparecido y muy llorado Martin Hinds, Charles Issawi, Tarif Khalidi, Philip Khoury, Ira Lapidus, Wilferd Madelung, Basim Musallam, Robin Ostle, Roger Owen, Michael Rogers y Mary Wilson. De entre ellos, tengo una deuda especial con Paul Dresch, que siguió mi línea de pensamiento con notable percepción además de con amplio conocimiento.

Otros amigos y colegas me suministraron la información que yo necesitaba: Julian Baldick, Karl Barbir, Tourjan Gandjei, Israel Gershoni y Venecia Porter, entre otros.

Estoy sumamente agradecido a Elizabeth Bullock, que mecanografió los sucesivos borradores con abnegación y habilidad; a mis colaboradores de Faber and Faber, Will Sulkin y John Bodley; a John Flower, que dibujó los mapas; a Brenda Thomson, que corrigió un manuscrito difícil y lo hizo con sensibilidad e inteligencia; a Bryan Abraham, que corrigió las pruebas de imprenta con cuidado escrupuloso; y a Hilary Bird, que preparó el índice.

Algunas de las traducciones del árabe me pertenecen, otras son obra de diferentes traductores y también las hay que adopté a partir de traducciones preexistentes. Debo agradecer a los siguientes editores su autorización para servirme de traducciones o extractos de libros:

Cambridge University Press, por traducciones de A. J. Arberry: *Arabic Poetry* (1965) y *Poems of al-Mutanabbi* (1967), y de John A. Williams, *Al-Tabari: the Early Abbasid Empire*, vol. 1 (1988).

Columbia University Press, por algunos versos de un poema de Badr Shakir al-Sayyab, traducidos por Christopher Middleton y Lena Jayyusi en Salma Khadra Jayyusi (ed.): *Modern Arabic Poetry*, copyright © Columbia University Press, Nueva York (1987).

Edinburgh University Press, por un pasaje de la obra de George Makdisi *The rise of Colleges* (1981).

Quartet Books, por un pasaje de Alifa Rifaat, de *Distant View of a Minaret*, traducido por Denys Johnston-Davies (1983).

State University of New York Press, por un fragmento de *The History of al-Tabari*, director editorial E. Yar-Shater: Vol. 27, *The Abbasid Revolution*, traducción inglesa de J. A. Williams, coppyright © State University of New York (1985).

Unwin Hyman Limited, por citas de A. J. Arberry, *The Koran Interpreted*, coppyright © George Allen y Unwin Limited (1955).

Wayne State University Press, por una traducción inglesa de J. Lassner, de *The Topography of Baghdad in the Early Middle Ages* (1970).

NOTA ACERCA DE LAS TRANSCRIPCIONES

Se ha utilizado la forma tradicional en las palabras, nombres de persona y topónimos que tienen una forma acuñada en castellano. En la transcripción de otras palabras:

- Se han omitido los signos diacríticos para indicar las consonantes laringales o enfáticas.
- Las vocales largas se han indicado mediante un acento o bien la duplicación de la vocal.
- La letra *ayn* y la *hamza*, que representan sonidos sin equivalente en castellano, se señalan en ocasiones mediante los signos ' y ' respectivamente. En esta obra ambos signos se han omitido.
- Por lo general los plurales se han formado añadiendo una *s* al singular.
- Las vocales dobles en medio de palabra se han indicado como *–iyya* y *–uwwa*.
- Los diptongos se han transcrito *–ai* o *–ei* y *–aw*, respectivamente
- Los nombres y palabras turcos se han escrito según la grafía moderna del turco.

NOTA ACERCA DE LAS FECHAS

Desde los primeros tiempos del islam, los musulmanes han fechado los acontecimientos contando desde el día de la emigración de Mahoma desde La Meca a Medina, en 622 d. C.: en árabe se llama hégira a esa emigración, y el modo usual de aludir a los años del calendario musulmán en las lenguas europeas es utilizar las iniciales AH.

Un año según el calendario musulmán no tiene la misma duración que un año según el calendario cristiano. Este último dura el tiempo que invierte la Tierra en dar una vuelta completa alrededor del Sol, es decir, aproximadamente 365 días, pero el calendario musulmán consta de doce meses, y cada uno de ellos corresponde a una revolución completa de la Luna alrededor de la Tierra, de manera que la duración de un año así calculado es unos 11 días menor que la de un año solar.

La información acerca de los modos de convertir las fechas musulmanas en cristianas, o viceversa, puede hallarse en G. S. P. Freeman-Grenville: *The Muslim and Christian Calendars,* Londres, 1977.

En este libro, se utilizan las fechas de la era cristiana, excepto cuando el contexto determina que sea importante indicar la fecha o el siglo musulmanes.

En el caso de los gobernantes, se señalan las fechas del ascenso al poder y muerte (o destitución); en el caso de otras personas, las fechas de su nacimiento y muerte. Cuando la fecha de nacimiento no es conocida, se indica sólo la de fallecimiento (por ejemplo, m. 1456); cuando la persona todavía vive, se indica sólo la fecha de nacimiento (por ejemplo, n. 1905). Cuando se conoce la fecha sólo de manera aproximada, se utiliza la letra h (por ejemplo, h. 1307-1358).

PRÓLOGO

En el año 1382, un erudito árabe musulmán al servicio del gobernante de Túnez le pidió autorización para realizar la peregrinación a La Meca y, habiéndola obtenido, se embarcó para Alejandría, en Egipto. Tenía 50 años cuando abandonó —después se confirmó que para siempre— el Magreb, donde él y sus antepasados habían representado un papel importante y variado.

Abd al-Rahmán ibn Jaldún (Abenjaldún, 1332-1406) pertenecía a una familia que se había trasladado de Arabia meridional a España después que ésta fue conquistada por los árabes, y se había establecido en Sevilla. Cuando los reinos cristianos de España septentrional se expandieron hacia el sur, la familia se trasladó a Túnez. Muchas familias que poseían una tradición de cultura y servicio al Estado hicieron lo mismo, y formaron en las ciudades del Magreb (la parte occidental del mundo islámico) un patriciado de cuyos servicios se valieron los gobernantes locales. El bisabuelo de Ibn Jaldún representó un papel en la política de la corte de Túnez, perdió su favor y fue asesinado; su abuelo también fue funcionario, pero su padre abandonó la política y el servicio al Estado en favor de la vida retirada de un estudioso. El propio Ibn Jaldún recibió una educación esmerada, según el estilo de la época, por parte de su padre y de los eruditos que enseñaban en las mezquitas y las escuelas de Túnez, o estaban de paso en la ciudad, y él continuó sus estudios cuando, de joven, vivió en otras ciudades, pues formaba parte de la tradición que él heredó que un hombre buscase el saber en todos aquellos capaces de transmitírselo. En su autobiografía menciona los nombres de las personas a cuyas clases asistió y los temas que ellas enseñaban: el Corán, considerado por los musulmanes como la Palabra de Dios revelada en lengua árabe a través del profeta Mahoma; el *hadiz*, o las tradiciones que recogen cuanto el Profeta había dicho y hecho; la jurisprudencia, es decir, la ciencia del derecho y la moral social basada formalmente en el Corán y el *hadiz*; la lengua árabe, sin la cual no podían entenderse las ciencias de la religión; y también las ciencias racionales, las matemáticas, la lógica y la filosofía. Aporta detalles de la personalidad y la vida de sus maestros, y nos dice que la mayoría de ellos, así como sus padres, murieron a causa de la peste negra, la gran plaga que asoló el mundo a mediados del siglo XIV.

A edad temprana el dominio de la lengua y el conocimiento de la jurisprudencia de Ibn Jaldún determinaron que se incorporase al servicio del gobernante de Túnez, al principio como secretario y después en cargos de mayor responsabilidad, y por lo tanto inseguros. Siguieron veinte años de variable fortuna. Abandonó Túnez y entró al servicio de otros gobernantes del Magreb; fue a Granada, capital del último reino superviviente de la España musulmana; allí conquistó el favor real, y fue enviado en misión ante el gobernante cristiano de Sevilla, su ciudad ancestral, pero se sospechó de él y hubo de partir de manera precipitada a Argelia. Allí, de nuevo ocupó cargos oficiales, atendiendo los asuntos de su puesto por la mañana y después enseñando en la mezquita. Contribuyó a lograr que los jefes árabes o beréberes de las estepas y las montañas se sometieran al dominio político de los gobernantes a quienes Ibn Jaldún servía, y la influencia que conquistó sobre ellos fue útil cuando, como le sucedió con frecuencia en el curso de su vida, perdió el favor del amo. En uno de estos episodios pasó cuatro años (1375-1379) viviendo en un castillo del interior de Argelia, bajo la protección de un jefe árabe. Durante algunos años se vio liberado de los asuntos mundanos, y dedicó su tiempo a escribir una historia de las dinastías del Magreb, desarrollada en un marco amplio.

La primera parte de esta historia, la *Muqaddima (Prolegómenos)*, continúa concitando la atención incluso hoy día. En esta obra, Ibn Jaldún trató de explicar el ascenso y la caída de las dinastías de un modo que sería la piedra de toque para juzgar la verosimilitud de las narraciones históricas. Creía que la forma más sencilla y temprana de la sociedad humana era la del pueblo de las estepas y las montañas, que cultivaban la tierra y cuidaban el ganado, y seguían a unos jefes que carecían de un poder organizado de coerción. Estos pueblos poseían cierta bondad y cierta energía naturales, pero no podían crear por sí mismos gobiernos estables, ni ciudades, ni una cultura elevada. Para que tales cosas fueran posibles, debía existir un gobernante dotado de autoridad exclusiva, y éste podía afirmarse sólo si lograba crear y dominar a un grupo de partidarios dotados de *asabiyya*, es decir, un espíritu corporativo orientado hacia la conquista y la conservación del poder. Era más fácil reclutar este grupo entre los enérgicos hombres de la estepa o la montaña; podía mantenerse su unión gracias al sentimiento de poseer ancestros comunes, reales o ficticios, o estableciendo lazos de dependencia, reforzados por la aceptación general de una religión. Un gobernante que poseía un grupo fuerte y cohesionado de partidarios podía fundar una dinastía; cuando su dominio era estable, se formaban ciudades populosas, y en ellas surgían oficios especializados, formas lujosas de vida y una cultura elevada. Pero toda dinastía llevaba en sí misma la simiente de su decadencia: podía verse debilitada por la tiranía, por los excesos y por la pérdida de las cualidades de mando. El poder real podía pasar del gobernante a otros miembros de su propio grupo, si bien cabía suponer que más tarde o más temprano la dinastía sería reemplazada por otra formada de manera semejante. Cuando sucedía tal cosa, podía desaparecer no sólo el gobernante, sino también todas las personas en quienes se apoyaba su poder, así como la vida que éstos habían creado; como decía Ibn Jaldún en otro contexto: «Cuando se produce un cambio general de las condiciones, es como si toda la creación hubiese cambiado y se hubiese modificado el mundo entero.»[1] Los griegos y los persas, «las principales potencias de su tiempo en el mundo»,[2] habían sido reemplazados por los árabes, que con su fuerza y cohesión habían creado una dinastía cuyo poder se extendía desde Arabia hasta España; pero a su vez, ellos habían sido reemplazados por los beréberes en España y el Magreb, y por los turcos más hacia el este.

Las cambiantes fortunas de los gobernantes condicionaban las de sus servidores. Cuando partió con destino a Alejandría, Ibn Jaldún iniciaba una nueva carrera. No realizó entonces la peregrinación, aunque la haría más tarde, y en cambio fue a El Cairo, que lo impresionó por ser una ciudad de diferente escala que todas las que él había conocido: «Metrópoli del mundo, jardín del universo, encrucijada de naciones, hormiguero de pueblos, sumo lugar del islam, sede del poder.»[3] El Cairo era la capital del sultanato mameluco, uno de los principales estados musulmanes de la época, que abarcaba tanto Siria como Egipto. Ibn Jaldún fue presentado al gobernante, y conquistó su favor; recibió primero una pensión y después le nombraron profesor en una, y más tarde en otra, de las escuelas reales. Llamó a su familia que estaba en Túnez, pero todos se ahogaron durante el viaje por mar.

Ibn Jaldún vivió en El Cairo hasta su muerte. Dedicó gran parte de su tiempo a leer y escribir, pero el esquema de su vida anterior se repitió en esas alternancias de influencia y desfavor, algo que imputaba a sus enemigos, pero que pudo haber tenido un origen en la propia personalidad de Ibn Jaldún. En varias ocasiones, el gobernante lo designó juez en uno de los tribunales principales, pero en todas ellas perdió o abandonó el cargo. Fue con el sultán a Siria y visitó los lugares santos de Jerusalén y Hebrón; regresó allí por segunda vez cuando Damasco fue sitiada por Timur (Tamerlán), uno de los grandes conquistadores asiáticos, que había creado un imperio que se extendía desde el norte de la India hasta Siria y Anatolia. Mantuvo conversaciones con Timur, en quien vio un ejemplo de ese poder de mando, firmemente asentado en la fuerza de su ejército y su pueblo, capaz de fundar una nueva dinastía. No logró evitar el saqueo de Damasco, pero sí consiguió un salvoconducto para regresar a Egipto; aunque en el camino lo asaltaron en las colinas de Palestina.

Según su propia descripción, la vida de Ibn Jaldún refleja el mundo al que perteneció. Era un mundo colmado de recordatorios de la fragilidad de los esfuerzos humanos. Su propia carrera reveló cuán inestables eran las alianzas de intereses en que las dinastías se apoyaban para mantener su poder; el encuentro con Timur frente a Damasco demostró de qué modo el surgimiento de un nuevo poder podía afectar la vida de las ciudades y los pueblos. Fuera de la ciudad, el orden era precario: el emisario de los gobernantes podía ser despojado, y un cortesano que había perdido el favor real podía buscar refugio más allá del ámbito del control urbano. El hecho de que sus padres muriesen a causa de la peste, y sus hijos en un naufragio, le enseñó una lección acerca de la impotencia del hombre en manos del destino. Sin embargo, algo era estable, o parecía serlo. Un mundo en que una familia del sur de Arabia podía trasladarse a España y, seis siglos después, regresar a un lugar próximo al de su origen, y todavía encontrarse en un entorno conocido, poseía una unidad que trascendía las divisiones del tiempo y el espacio; la lengua árabe podía abrir la puerta a los cargos y a la influencia de un extremo al otro de ese mundo; una suma de conocimientos, transmitida a lo largo de los siglos por una sucesión conocida de maestros, preservaba una comunidad moral incluso cuando los gobernantes cambiaban; los lugares de peregrinación, La Meca y Jerusalén, eran polos invariables del mundo humano, incluso si el poder se desplazaba de una ciudad a otra; y la creencia en un Dios que había creado y sostenía el mundo podía conferir sentido a los golpes del destino.

PRIMERA PARTE

La formación de un mundo

(siglos VII a X)

A principios del siglo VII apareció un movimiento religioso en las márgenes de los grandes imperios, el de los bizantinos y el de los sasánidas, que dominaban la mitad occidental del mundo. En La Meca, ciudad de Arabia occidental, Mahoma comenzó a convocar a los hombres y las mujeres; pregonaba la reforma moral y la sumisión a la voluntad de Dios según se manifestaba en lo que él y sus partidarios aceptaban como mensaje divino revelado al propio Mahoma y que, después, se había reflejado en un libro, el Corán. En nombre de la nueva religión, el islam, los ejércitos reclutados entre los habitantes de Arabia conquistaron los países circundantes y fundaron un nuevo imperio, el Califato, que incluyó gran parte del territorio del Imperio bizantino y toda el área del sasánida, y se extendió desde Asia central hasta España. El centro del poder se trasladó de Arabia a Damasco, en Siria, con los califas omeyas, y después a Bagdad, en Irak, con los Abasíes.

Hacia el siglo X el Califato estaba desintegrándose, y aparecieron califatos rivales en Egipto y España, pero se mantuvo la unidad social y cultural que se había formado en su seno. Gran parte de la población se había convertido en musulmana (es decir, se había adherido a la religión del islam), aunque pervivían grupos de judíos, de cristianos y de otras comunidades; la lengua árabe se había extendido, y se convirtió en el vehículo de una cultura que incorporaba elementos de las tradiciones de los pueblos asimilados al mundo musulmán, y se expresaba en la literatura y en sistemas jurídicos, teológicos y espirituales. Inmersas en diferentes ámbitos físicos, las sociedades musulmanas desarrollaron instituciones y formas específicas; los nexos establecidos entre los países de la cuenca del Mediterráneo y los de alrededor del océano Índico crearon un sistema comercial único y promovieron cambios en la agricultura y los oficios, de manera que establecieron las bases del crecimiento de las grandes ciudades, con una civilización urbana que se expresaba en construcciones de un estilo islámico característico.

CAPÍTULO UNO

Un poder nuevo en un mundo antiguo

EL MUNDO AL QUE LLEGARON LOS ÁRABES

El universo de Ibn Jaldún seguramente pareció eterno a la mayoría de los que lo formaban, pero él mismo sabía que había reemplazado a otro anterior. Setecientos años antes de su tiempo, los países que él conocía habían exhibido una faz diferente, bajo el imperio de «las dos grandes potencias de su tiempo».

Durante muchos siglos los países de la cuenca del Mediterráneo habían sido parte del Imperio romano. Núcleos rurales estables producían cereales, fruta, vino y aceite, y el comercio se desarrollaba a través de rutas marítimas pacíficas; en las grandes ciudades, una clase acomodada, de variadas procedencias, compartía la cultura griega y latina del Imperio. Desde el siglo IV de la era cristiana, el centro del poder imperial se había desplazado hacia el este. Constantinopla sustituyó a Roma como capital, el emperador era el centro de la lealtad y el símbolo de la cohesión. Después, se produjo lo que se ha denominado una «división horizontal» que, con diferentes formas, habría de mantenerse hasta nuestro propio tiempo. En Alemania, Inglaterra, Francia, España y el norte de Italia gobernaban reyes bárbaros, aunque todavía persistía el sentimiento de pertenencia al Imperio romano; el sur de Italia, Sicilia, la costa del norte de África, Egipto, Siria, Anatolia y Grecia continuaban sometidas al gobierno imperial directo de Constantinopla. En esta forma disminuido, el Imperio era más griego que romano. (En sus fases ulteriores suele denominárselo «bizantino» y no romano, debido al nombre antiguo de Constantinopla: Bizancio.) El emperador gobernaba a través de funcionarios civiles de habla griega; las grandes ciudades del Mediterráneo oriental —Antioquía en Siria y Alejandría en Egipto— eran centros de la cultura griega, e incorporaban al servicio imperial a miembros de las elites locales.

Había sobrevenido otro cambio, más profundo. El Imperio había adoptado el cristianismo, no sólo por decreto formal del gobernante, sino a causa de la conversión en diferentes planos. La mayoría de la población era cristiana, aunque los filósofos paganos enseñaron en la escuela de Atenas hasta el siglo VI; había comunidades judías en las ciudades, y los recuerdos de los dioses paganos todavía perduraban en los templos convertidos en iglesias. El cristianismo confirió una dimensión nueva a la lealtad que se manifestaba hacia el emperador y creó un nuevo marco de unidad para las culturas locales que él gobernaba. Las ideas y las imágenes cristianas se expresaban en las lenguas literarias de las diferentes regiones del Imperio, así como en el habla griega de las ciudades: el armenio de Anatolia oriental, el siriaco de Siria o el copto de Egipto. Las tumbas de los santos y otros lugares de peregrinación podían preservar, en forma cristiana, las creencias y las prácticas inmemoriales de una región.

Las instituciones autónomas de las ciudades griegas habían desaparecido al compás de la expansión de la burocracia imperial, pero los obispos podían ostentar cierto liderazgo local. Cuando el emperador salió de Roma, el obispo de la ciudad, es decir, el Papa, pudo ejercer una autoridad que no estaba el alcance de los patriarcas y los obispos de las ciudades romanas orientales; éstos mantenían estrechos vínculos con el gobierno imperial, pero aún podían reflejar los sentimientos de los suyos y defender los intereses locales. Asimismo, el ermitaño o el santo que obraba milagros, que vivía en las afueras de la ciudad o en tierras anexionadas de Anatolia o Siria, podía desempeñar las funciones de árbitro en las disputas o de portavoz de la población local, y el monje del desierto egipcio ofrecía el ejemplo de una sociedad distinta de la forma del mundo urbano secular. Junto a la Iglesia ortodoxa oficial, se formaron otras con distintas doctrinas y prácticas, que expresaban la fidelidad y la oposición a la autoridad central de los individuos cuya lengua no era la griega.

Las principales diferencias doctrinales tuvieron que ver con la naturaleza de Cristo. En el año 451, el concilio de Calcedonia había establecido que la segunda persona de la Trinidad poseía dos naturalezas, una divina y otra humana. Ésta fue la formulación que aceptó el cuerpo principal de la Iglesia, tanto en Oriente como en Occidente, y que apoyó el gobierno imperial. Sólo más tarde y gradualmente, y sobre todo en relación con el tema de la autoridad, sobrevino una cisma entre la Iglesia de los territorios bizantinos —es decir, la Iglesia ortodoxa oriental—, con sus patriarcas como jefes del clero, y la de Europa occidental, que acataba la autoridad suprema del Papa de Roma. Pero hubo algunas comunidades que afirmaron que Cristo tenía una naturaleza única, formada por dos naturalezas. Esta doctrina, denominada monofisita, fue la que respaldó la Iglesia armenia de Anatolia, también la mayoría de los cristianos egipcios (llamados «coptos», por el antiguo nombre de Egipto) y muchos de los cristianos nativos de habla siriaca de Siria (conocidos como ortodoxos sirios, o «jacobitas», por el nombre de su teólogo más destacado). Otros, a su vez, abogaron por una división más precisa entre las dos naturalezas de Cristo, con el propósito de mantener la humanidad plena de Jesús, y consideraron que el Verbo de Dios moraba en Jesús hombre desde su concepción; ésta fue la doctrina de los adeptos denominados generalmente nestorianos, por el nombre de un pensador identificado con la doctrina; su iglesia fue importante sobre todo entre los cristianos de Irak, más allá de la frontera oriental del Imperio bizantino. En el siglo VII apareció otro grupo, como resultado de un intento de compromiso entre las doctrinas ortodoxa y monofisita: los monotelitas, que afirmaban que Cristo tenía dos naturalezas, pero una voluntad única.

Al este del Imperio bizantino, al otro lado del río Éufrates, se extendía otro gran Imperio, el sasánida, cuyo dominio abarcaba los territorios que en la actualidad constituyen Irak e Irán, y llegaba hasta Asia central. Las tierras que hoy denominamos Irán, o Persia hace unas décadas, incluían varias regiones de cultura avanzada y antiguas ciudades habitadas por diferentes grupos étnicos, separados unos de otros por estepas o desiertos, sin grandes ríos que les facilitaran las comunicaciones. De vez en cuando, habían estado unidas gracias a la acción de dinastías fuertes y duraderas; la última fue la de los Sasánidas, cuyo poder se extendía en un principio entre los pueblos de lengua persa del sur de Irán. Era un Estado gobernado por una familia con la ayuda de una jerarquía de funcionarios, y trataban de establecer una sólida base de unidad y fidelidad retomando la antigua religión de Irán, asociada tradicionalmente con el maestro Zoroastro. Desde el punto de vista de esta religión, el universo era un campo de batalla, sometido al Dios supremo, entre los buenos y los malos espíritus; los buenos vencerían, pero los hombres y las mujeres dotados de virtud y pureza ritual podían precipitar la victoria.

Después de que Alejandro Magno conquistase Irán, en 334-333 a. C. y estableciera vínculos más estrechos con el Mediterráneo oriental, las ideas del mundo griego se difundieron hacia el este; a su vez, las de un maestro de Irak, Mani, que trató de incorporar todos los profetas y los maestros a un solo sistema religioso (denominado maniqueísmo) se difundieron hacia el oeste. Con los Sasánidas, la enseñanza relacionada con Zoroastro revivió en una forma filosófica, llamada mazdeísmo o zoroastrismo, que concedía más importancia al dualismo del bien y el mal, y contaba con un clero y un culto formal. En su carácter de Iglesia oficial, el mazdeísmo apoyó el poder del gobernante, considerado como un rey justo que preservaba la armonía entre las diferentes clases sociales.

La capital sasánida no estaba en las mesetas de Irán, sino en Ctesifonte, en la fértil y populosa región de Irak central, bañada por los ríos Tigris y Éufrates. Además de zoroastrianos y partidarios de Mani, Irak tenía cristianos de la Iglesia nestoriana, que prestaban un importante servicio al Estado. Esta área era también el centro principal del saber religioso judío, y un refugio para los filósofos paganos y los científicos médicos de las ciudades griegas del mundo mediterráneo. Se habían difundido diferentes variantes de la lengua persa; la forma escrita empleada entonces se denominaba pahlavi. También estaba extendido el arameo, una lengua semítica emparentada con el hebreo y el árabe, y usual en aquella época en todo Oriente Próximo; una de sus formas era el siriaco.

Los dos imperios abarcaban a las principales regiones de las sociedades estables y la alta cultura de la mitad occidental del mundo; pero más al sur, a ambas orillas del mar Rojo, había otras dos sociedades con tradiciones de poder organizado y cultura, que se sustentaban en la agricultura y el comercio entre el océano Índico y el mar Mediterráneo. Una era Etiopía, un antiguo reino cuya religión oficial era el cristianismo en su forma copta. La otra era Yemen, en el suroeste de Arabia, un territorio de fértiles valles montañosos y lugar de tránsito del comercio de larga distancia. Durante algún tiempo, sus pequeños Estados locales formaban parte de un reino más amplio, que se debilitó cuando el comercio declinó al principio de la era cristiana, si bien revivió más tarde. Yemen tenía su propia lengua, diferente del árabe que se hablaba en otros lugares de Arabia, y su propia religión: una multiplicidad de dioses a cuyo servicio estaban sacerdotes en templos que eran lugares de peregrinación, ofrendas votivas y rezos privados pero no comunitarios, y también centros de grandes dimensiones. Durante los siglos siguientes las influencias cristiana y judía habían llegado de Siria siguiendo las rutas comerciales o atravesando el mar desde Etiopía. Durante el siglo VI, un rey atraído por el judaísmo destruyó un centro de la cristiandad, pero las invasiones etiopes habían restablecido parte de la influencia cristiana; tanto los bizantinos como los Sasánidas tuvieron que ver con estos episodios.

Entre los grandes Imperios del norte y los reinos del mar Rojo se ex-

tendían regiones de diferente naturaleza. La mayor parte de la península arábiga era estepa o desierto, con oasis aislados que suministraban el
agua suficiente para los cultivos regulares. Los habitantes hablaban distintos dialectos del árabe y tenían diferentes modos de vida. Algunos
eran nómadas dedicados al pastoreo de camellos, ovejas o cabras, apro-
vechando para ello los escasos recursos hídricos del desierto; tradicionalmente, han recibido el nombre de «beduinos». Algunos eran agricultores sedentarios que dependían de los cereales o de las palmeras de los
oasis; otros, comerciantes y artesanos que vivían en pequeños pueblos, y
también los había que combinaban varios modos de vida. El equilibrio
entre los pueblos nómadas y los sedentarios era precario. Aunque constituían una minoría de la población, los nómadas montados en camellos,
un grupo móvil y armado, eran los que, unidos a los grupos de mercaderes de los pueblos, dominaban a los cultivadores y los artesanos. Su ética
que premiaba el valor, la hospitalidad, la fidelidad a la familia y el orgullo de los ancestros también era la que prevalecía. No estaban sometidos
a un poder de coerción estable, pero sí a la jefatura de los hombres que
pertenecían a las familias alrededor de las cuales se reunían, durante un
cierto tiempo, los grupos de adeptos, quienes expresaban su cohesión y
su fidelidad en el idioma del linaje común; tales grupos reciben generalmente la denominación de tribus.

El poder de los jefes tribales se ejercía desde los oasis, donde mantenían estrechos vínculos con los mercaderes que organizaban el comercio
en el territorio que controlaba la tribu. Pero en los oasis otras familias
podían ejercer un tipo distinto de poder mediante la fuerza de la religión. Al parecer, la religión de los pastores y los agricultores no tenía una
forma definida. Para ellos, los dioses locales, que identificaban con objetos del cielo, se encarnaban en las piedras, los árboles y otras cosas naturales; también creían que los buenos y los malos espíritus recorrían el
mundo en la forma de animales; los adivinos decían hablar con la lengua de cierta sabiduría sobrenatural. Sobre la base de la práctica moderna en Arabia meridional, se ha sugerido que los pobladores antiguos
creían que los dioses moraban en un santuario, un *haram*, un lugar o
pueblo al margen del conflicto tribal, que cumplía la función de centro
de peregrinación, sacrificio, reunión y arbitraje, y que estaba al cuidado
de una familia bajo la protección de una tribu cercana.[1] Dicha familia
podía conquistar poder o influencia utilizando hábilmente su propio
prestigio religioso, su papel de árbitro en las disputas tribales y sus oportunidades para comerciar.

En todo este universo de Oriente Próximo, muchas cosas estaban cambiando durante el siglo VI y principios del VII. Los Imperios bizantino y sasánida se enzarzaron en prolongadas guerras que, con intervalos, se desarrollaron del año 540 al 629. Se combatió sobre todo en Siria e Irak; durante un tiempo, los ejércitos sasánidas llegaron hasta el Mediterráneo, y ocuparon las grandes ciudades de Antioquía y Alejandría, así como la ciudad santa de Jerusalén, pero en la década de 620 fueron rechazados por el emperador Heraclio. Durante otro período el dominio sasánida también se extendió hacia el suroeste de Arabia, donde el reino de Yemen había perdido gran parte de su antiguo poder a causa de las invasiones etiopes y la decadencia de la agricultura. Las sociedades estables gobernadas por los Imperios alimentaban muchos interrogantes acerca del sentido de la vida y el modo en que ésta debía vivirse, enigmas expresados en el lenguaje de las grandes religiones.

El poder y la influencia de los imperios afectaron determinadas zonas de la península arábiga, y durante muchos siglos los pastores árabes nómadas del norte y el centro de la península habían estado desplazándose hacia las zonas rurales del área que, con frecuencia, ahora se denomina el Creciente Fértil: el interior de Siria, el territorio que se extendía al oeste del Éufrates en el bajo Irak, y la zona comprendida entre el Éufrates y el Tigris en el alto Irak (la Yazira) tenían una población sobre todo árabe. Éstos llevaron consigo su ética y sus formas de organización social. Algunos de sus jefes tribales ejercieron su dominio desde los pueblos de los oasis, y fueron utilizados por los gobiernos imperiales para mantener a otros nómadas lejos de los territorios poblados, y para recaudar impuestos. Por consiguiente, pudieron crear unidades políticas más estables, como la de los Lajmíes, con su capital en Hira, en una región en que los sasánidas no ejercían un control directo, y la de los Gasaníes, en una región semejante del Imperio bizantino. El pueblo de esos Estados adquirió conocimientos políticos y militares, y se abrió a las ideas y las creencias originadas en los territorios imperiales; así, Hira fue un centro cristiano. De estos Estados, de Yemen, y también gracias a los viajeros de las rutas comerciales, llegó a Arabia cierto conocimiento del mundo exterior y de su cultura, y también algunos pobladores. Hubo artesanos, comerciantes y agricultores judíos en los oasis de Hiyaz, en Arabia occidental, y monjes cristianos y conversos en Arabia central.

EL LENGUAJE DE LA POESÍA

Al parecer, también existió un sentimiento cada vez más firme de identidad cultural entre las tribus de pastores, un aspecto que se manifestó en la aparición de un lenguaje poético común a partir de los dialectos árabes. Se trataba de un lenguaje formal, con refinamientos gramaticales y de vocabulario, que se desarrolló poco a poco, quizá gracias a la evolución de determinado dialecto, o tal vez por la concurrencia de varios. Lo utilizaron poetas de los diferentes grupos tribales o de los distintos pueblos de los oasis. Su poesía tal vez se desarrolló a partir del empleo de un lenguaje rítmico, elevado y rimado en las invocaciones o las fórmulas mágicas, pero lo que ha llegado a nosotros de ningún modo es un material primitivo. Es, al contrario, el producto de una larga tradición acumulativa, en la cual participaron no sólo los grupos tribales y los pueblos dedicados al comercio, sino también las cortes de las dinastías árabes establecidas en los límites de los grandes Imperios, en especial Hira, a orillas del Éufrates, precisamente porque estaba abierta a las influencias cristianas y mazdeístas.

Las convenciones poéticas que emergieron de esta tradición estaban elaboradas. La forma poética más apreciada era la oda o *qasida*, un poema de hasta cien versos, escrito en alguna de las métricas aceptadas y con una sola rima que abarcaba toda la obra. Cada verso consistía en dos hemistiquios: la rima aparecía en ambos en el primer verso, pero sólo en el segundo en el resto. En general, cada verso era una unidad de sentido y el encabalgamiento total no era usual; pero eso no impedía la continuidad del pensamiento o el sentimiento de un verso a otro y a lo largo del poema.

La poesía no tenía forma escrita, aunque habría podido tenerla, pues en la península se conocía la escritura; las inscripciones en las lenguas de Arabia meridional se remontan varios siglos atrás. Las inscripciones arábigas más antiguas, en escritura aramea, pueden fecharse en el siglo IV, y después se desarrolló una escritura arábiga; al margen de las inscripciones, es muy posible que se haya utilizado la escritura en el comercio de larga distancia. Sin embargo, los poemas se componían para recitarlos en público, en la voz del propio creador, o en la de un *rawi* o recitador. Esta práctica tenía ciertas consecuencias: había que expresar el sentido en un verso, una sola unidad de palabras cuyo significado pudiera ser entendido por los oyentes, y cada declamación era única y diferente de las otras. El poeta (*rawi*) podía improvisar, en un marco de formas y esquemas verbales aceptados comúnmente, y utilizando ciertas palabras o combinaciones de términos para expresar determinadas ideas o sentimientos. Por consiguiente, es posible que no existiera una sola versión auténtica de un poema. En la forma en que han llegado a nosotros, las versiones fueron realizadas más tarde por filólogos o críticos literarios a la luz de las normas lingüísticas o poéticas de su propio tiempo. En este proceso, es posible que hayan introducido elementos nuevos en los poemas, modificando el lenguaje para acomodarlo a sus propias ideas acerca de lo que era correcto, e incluso formando *qasidas* mediante la combinación de fragmentos más breves. Durante la década de 1920 dos eruditos, uno británico y otro egipcio, elaboraron sobre la base de estos hechos indudables la teoría de que los poemas fueron a su vez producto de un período ulterior, pero la mayoría de los que han estudiado el tema ahora coinciden en que, en esencia, los poemas provienen de la época a la cual tradicionalmente se los ha atribuido.

Entre los eruditos y los críticos de un período posterior, fue usual referirse a ciertos poemas, extraídos del conjunto de los que sobrevivieron, como ejemplos supremos de la antigua poesía árabe. Vino a denominárselos *Muallaqat* o «poemas suspendidos», un nombre cuyo origen y significado no son claros; los poetas que los compusieron —Labib, Zuhair, Imrul-Qais y media docena más— fueron considerados grandes maestros del arte. Era usual denominar a la poesía de este período el *diwán* de los árabes, el conjunto de la obra o la manifestación de su memoria colectiva, pero también se manifestaba la firme impronta de la personalidad del poeta individual.

Los críticos y los eruditos de épocas más recientes acostumbraban distinguir tres elementos en la *qasida*, pero el propósito de ello era formalizar una práctica laxa y diversa. El poema tendía a comenzar con la evocación de un lugar en que el poeta había estado o, también, con la evocación de un amor perdido; la intención no era erótica, sino más bien la conmemoración de la transitoriedad de la vida humana:

> Las moradas están desiertas, los lugares donde nos detuvimos y allí donde acampamos, en Mina; Gawl y Riyán están ambas abandonadas. En los cauces de Rayyan los lechos de los ríos están yermos y desgastados, del mismo modo que la escritura preservada en la piedra. El estiércol ennegrecido yace inmóvil, desde que partieron los que estaban allí: han pasado largos años, años de meses sagrados y meses comunes. Los manantiales naci-

dos de las estrellas los alimentaron, y se nutrieron de las aguas de las tormentas: intensos aguaceros y ligeros chubascos, las nubes de la noche, las que cubren el cielo por la mañana, y las nubes vespertinas cuyas voces se llaman unas a otras.[2]

Después, quizás el poeta haga un viaje en camello, y entonces habla del camello, el campo y la caza y, de un modo indirecto, de la recuperación de su propia fuerza y confianza cuando se ve enfrentado con las fuerzas de la naturaleza. El poema puede culminar en un elogio a la tribu del poeta:

> Nos han construido una casa de alto techo, y jóvenes y viejos por igual tratan de alcanzar su altura [...] Quienes luchan cuando la tribu está en dificultades son sus caballeros y sus árbitros. Son como la primavera para los que buscan su ayuda, o para las viudas cuyo año de duelo se prolonga. Son una tribu a la que la envidia no puede dañar, y ninguno de sus miembros es tan indigno que se una al enemigo.[3]

Pero bajo el elogio y la vanagloria, a veces se escucha otro acento, el de los límites de la fuerza humana en presencia de la naturaleza todopoderosa:

> Estoy fatigado de las cargas de la vida; no cabe duda, quien llega a octogenario se fatiga. Sé lo que sucede hoy y lo que ocurrió ayer, pero no puedo saber lo que traerá el mañana. He visto al Destino avanzar con paso decidido como un camello en la oscuridad; a quienes toca mueren, y quienes se salvan viven hasta la vejez.[4]

MAHOMA Y LA APARICIÓN DEL ISLAM

Hacia principios del siglo VII tuvo lugar la combinación de un mundo estable que había perdido parte de su fuerza y su seguridad, y de otro mundo limítrofe que estaba en contacto más estrecho con los vecinos septentrionales, y que se abría a la cultura de estos últimos. El encuentro decisivo entre los dos sobrevino hacia mediados de ese siglo. Se creó un nuevo orden político que incluyó la totalidad de la península arábiga, la totalidad de los territorios sasánidas y las provincias de Siria y Egipto del Imperio bizantino; desaparecieron las viejas fronteras y se crearon otras. En este nuevo orden el grupo gobernante estuvo formado no por los pueblos de los imperios sino por árabes de Arabia occidental y, en gran medida, de La Meca.

Antes de fines del siglo VII, este grupo gobernante árabe estaba identificando su nuevo orden con una revelación realizada por Dios a Mahoma, un ciudadano de La Meca, en la forma de un libro sagrado, el Corán: una revelación que completó las de los primeros profetas o mensajeros de Dios, y que creó una nueva religión, el islam, separada del judaísmo y del cristianismo. Tiene cabida una discusión erudita acerca del modo en que estas creencias se desarrollaron. Las fuentes árabes que narran la vida de Mahoma y la formación de una comunidad alrededor de su persona corresponden a una época ulterior; el primer biógrafo cuya obra ha llegado a nosotros la escribió más de un siglo después de la muerte de Mahoma. Las fuentes escritas en otras lenguas dan fe de la conquista de un imperio por los árabes, pero lo que dicen acerca de Mahoma es distinto de lo que afirma la tradición musulmana, y todavía exige estudio y análisis. En cambio, parece haber pocos motivos para dudar de que el Corán es esencialmente un documento de la Arabia del siglo VII, aunque quizá necesitó un tiempo para adoptar su forma literaria definitiva. Más aún, en las biografías y las historias tradicionales existen elementos que con toda probabilidad no fueron inventados. No cabe duda de que estos escritos reflejan intentos posteriores de adaptar la figura de Mahoma al patrón de santo propio de Oriente Próximo, y al concepto árabe de un hombre de ascendencia noble; reflejan también las controversias doctrinarias de la época y el lugar en que se escribieron: Irak, durante el siglo VIII. De todos modos, contienen hechos acerca de la vida de Mahoma, su familia y sus amigos, un material que difícilmente podría haber sido fruto de la invención. Por lo tanto, parece más conveniente atenerse a la versión tradicional de los orígenes del islam, aunque lo hagamos con cautela. Este criterio tiene una ventaja: puesto que tanto esa versión como el texto del Corán se han conservado vivos sin cambios importantes en la mente y la imaginación de los creyentes en la religión del islam, atenerse a la misma permite comprender cuál fue su visión de la historia y de lo que debería ser la vida humana.

Según la narración de los biógrafos, la parte más oscura de la vida de Mahoma es la etapa temprana. Nos dicen que nació en La Meca, una ciudad de Arabia occidental, quizás en el año 570 o alrededor del mismo. Su familia pertenecía a la tribu de los Quraish, aunque no a su rama más poderosa. Los miembros de la tribu eran comerciantes, que tenían acuerdos con las tribus de pastores de los alrededores de La Meca, y también relaciones con Siria así como con el suroeste de Arabia. También se afirma que mantenían cierta relación con el santuario de la ciudad, la Kaaba, donde se guardaban las imágenes de los dioses locales. Mahoma se casó con Jadiya, una viuda dedicada al comercio, y atendió los negocios de su mujer. Varias anécdotas registradas por los que más tarde escribieron acerca de su vida muestran un mundo que esperaba un guía y un hombre que buscaba una vocación. Alguien que buscaba a Dios expresó su deseo de que se le enseñara: «Oh, Dios, si yo supiera cómo deseas que se te venere, así te veneraría, pero no lo sé.» Los rabinos judíos, los monjes cristianos y los adivinos árabes predijeron el advenimiento de un profeta: un monje, a quien Mahoma conoció durante un viaje al sur de Siria, «contempló la espalda de Mahoma y vio el sello de la profecía entre sus omoplatos». Los objetos naturales lo saludaban: «Cuantas piedras o árboles dejaba atrás decían: "La paz sea contigo, ¡oh apóstol de Dios!"»[5]

Se convirtió en un nómada solitario entre las montañas, y de pronto un día, debía de tener alrededor de cuarenta años, sucedió algo: un contacto con lo sobrenatural, conocido por las generaciones siguientes como la Noche del Poder o del Destino. Según una versión, un ángel, en la forma de un hombre que apareció en el horizonte, lo exhortó a convertirse en el mensajero de Dios; según otra, oyó la voz del ángel que lo llamaba a recitar. Mahoma preguntó: «¿Qué debo recitar?», y la voz dijo:

> Recita: En el nombre de tu Señor que creó,
> creó al hombre de un coágulo de sangre.
> Recita: Y tu Señor es el más generoso,
> que enseñó por la pluma,
> enseñó al hombre lo que él no sabía.
> No, ciertamente: sin duda
> el hombre crece en insolencia,
> pues se cree autosuficiente.
> Sin duda, hacia tu Señor él está retornando.[6]

En este punto sucedió un hecho conocido en la vida de otros que reclamaban para sí un poder sobrenatural: los que conocen esta pretensión la aceptan, y ese reconocimiento la confirma en la mente de quien la formuló. Los que respondieron formaban un grupo reducido, que incluía a Jadiya, la esposa de Mahoma: «Regocíjate, oh hijo de mi tío, y ten buen corazón. Por Aquel en cuya mano está el alma de Jadiya, confío en que tú serás el profeta de Su pueblo.»

A partir de este momento, Mahoma comenzó a comunicar a sus adeptos una sucesión de mensajes que él creía revelados por un ángel de Dios. El mundo acabaría; Dios el todopoderoso, que había creado a los seres humanos, los juzgaría a todos; las delicias del Cielo y los sufrimientos del Infierno aparecían descritos con vívidos colores. Si cada uno en su vida se sometía a la voluntad de Dios, podían confiar en Su compasión cuando se sometieran al juicio; y era la voluntad de Dios que ellos demostrasen su gratitud mediante la plegaria regular y la observancia de otros preceptos, y a través de la benevolencia y la moderación sexual. El nombre asignado a Dios era «Alá», que ya era usado por uno de los dioses locales (en la actualidad, también lo utilizan los judíos y los cristianos de habla árabe como nombre de Dios). Los que se sometían a Su voluntad más tarde serían denominados musulmanes; islam era el nombre de su religión, palabra que proviene de la misma raíz lingüística.

Poco a poco se formó alrededor de Mahoma un pequeño grupo de creyentes: algunos miembros jóvenes de las familias influyentes de los Quraish, algunos miembros de familias menos importantes, clientes de otras tribus que se habían puesto bajo la protección de los Quraish, y artesanos y esclavos. A medida que creció el apoyo a Mahoma, sus relaciones con las principales familias de los Quraish se deterioraron. Éstas no aceptaban su pretensión de que era un mensajero de Dios, y lo veían como una persona que atacaba su modo de vida. «Oh, Abú Talib —dijeron al tío de Mahoma, que era su protector ante esas familias—, su sobrino maldice a nuestros dioses, insulta a nuestra religión, se burla de nuestro modo de vida y acusa de errar a nuestros antepasados.» La situación de Mahoma se agravó cuando Jadiya y Abú Talib fallecieron el mismo año.

A medida que desarrolló sus enseñanzas, las diferencias con las creencias aceptadas se definieron mejor. Atacó los ídolos de los dioses y las ceremonias relacionadas con ellos; adoptó nuevas formas de culto, sobre todo la plegaria comunal regular, y nuevas formas de beneficencia. Se situó de manera más explícita en la línea de los profetas de la tradición judía y cristiana.

Finalmente, su situación llegó a ser tan difícil que en el año 622 abandonó La Meca y se dirigió a un asentamiento establecido junto a un oasis, más de 300 kilómetros al norte, Yazrib, denominado en el futuro Medina. El camino había sido preparado por hombres de Yazrib que llegaban a La Meca para comerciar. Pertenecían a dos tribus, y necesitaban un árbitro para sus disputas; como habían convivido con habitantes judíos del oasis, estaban preparados para aceptar una enseñanza expresada en términos de un profeta y un libro sagrado. Este traslado a Medina, que para las generaciones ulteriores sería el comienzo de la era musulmana, se denomina la hégira; la palabra no tiene sólo el sentido negativo de una fuga para alejarse de La Meca, sino también el positivo de buscar protección instalándose en un lugar distinto del original. En los siglos islámicos ulteriores, se la emplearía para aludir al abandono de una comunidad pagana o malvada en favor de otra que vive en concordancia con la enseñanza moral del islam. Los biógrafos tempranos han preservado los textos de los acuerdos que, según se afirma, Mahoma y sus partidarios concertaron con las dos tribus principales, así como con algunos grupos judíos. Fue un acuerdo que no es distinto de los que se establecen en la moderna Arabia meridional, cuando se organiza un *haram*: cada parte debe conservar sus propias leyes y sus costumbres, pero en el área total del *haram* ha de prevalecer la paz, y las disputas no se resolverán mediante la fuerza, sino que serán juzgadas por «Dios y Mahoma», y la alianza unirá fuerzas contra los que quebranten la paz.

Desde Medina, Mahoma comenzó a formar un poder que se propagó por los oasis y el desierto circundante. Pronto se vio arrastrado a una lucha armada con los Quraish —quizá por el control de las rutas comerciales—, en el curso de la cual se plasmó el carácter de la comunidad. Llegaron a la conclusión de que era necesario luchar por lo que era justo: «Cuando los Quraish se mostraron insolentes con Dios y rechazaron su gracioso propósito [...] Él autorizó a Su apóstol a combatir y protegerse.» Adquirieron la convicción de que Dios y los ángeles combatían de su lado, y aceptaron la calamidad cuando ésta se abatió sobre ellos como una prueba que Dios imponía a los creyentes.

Durante este período de expansión de su poder y de lucha las enseñanzas del Profeta adoptaron su forma definitiva. En las partes del Corán que según se cree fueron reveladas entonces, hay mayor preocupación por definir las observancias rituales de la religión y la moral social, las reglas de la paz social, la propiedad, el matrimonio y la herencia. En ciertos casos se formulan recomendaciones concretas; en otros sólo hay principios generales. Simultáneamente, la enseñanza cobra carácter más universal, está dirigida hacia la totalidad de la Arabia pagana y, por extensión, al mundo entero, y se separa más claramente de las doctrinas de los judíos y los cristianos.

El desarrollo de la enseñanza del Profeta tal vez se relacionó con los cambios en sus relaciones con los judíos de Medina. Aunque éstos habían formado parte de la alianza original, su posición llegó a ser más difícil cuando se amplió la pretensión de Mahoma por referencia a su propia misión. No podían aceptarlo como un auténtico mensajero de Dios en el marco de su propia tradición; a su vez —según se afirma— Mahoma los acusó de pervertir la revelación que se les había ofrecido: «Habéis ocultado lo que se os ordenó aclarar.» Finalmente, algunos clanes judíos fueron expulsados y otros destruidos.

Tal vez fue un signo de la ruptura con los judíos el hecho de que la dirección hacia la cual se volvía la comunidad en la plegaria pasara de Jerusalén a La Meca *(qibla)*, y que se atribuyera más importancia al linaje de ascendencia espiritual que unía a Mahoma con Abraham. La idea de que Abraham era el fundador de una elevada fe monoteísta y del santuario de La Meca ya existía. En lo sucesivo se lo vio como un hombre que no era judío ni cristiano, sino el antepasado común de ambos, y también de los musulmanes. Este cambio se relacionó también con otro que se produjo en las relaciones de Mahoma con los Quraish y La Meca. Se llegó a una suerte de reconciliación de los intereses. Los mercaderes de La Meca corrían peligro de perder sus alianzas con los jefes tribales y su control del comercio, y en la ciudad misma había un número cada vez mayor de adeptos al islam; un acuerdo con el nuevo poder debía eliminar ciertos peligros y, por su parte, la comunidad de Mahoma no podía sentirse segura mientras La Meca fuese hostil; además, esa comunidad necesitaba el apoyo de los patricios de La Meca. Como se entendía que el *haram* de La Meca lo había fundado Abraham, se aceptó como un lugar adonde se permitía peregrinar, aunque con un sentido distinto.

En el año 629 las relaciones se habían estrechado bastante, y podía permitirse que la comunidad peregrinase a La Meca; al año siguiente los jefes de la ciudad la entregaron a Mahoma, quien la ocupó sin hallar apenas resistencia, y anunció los principios de un nuevo orden: «Yo anulo todos los reclamos de privilegio o sangre o propiedad, excepto la custodia del templo y el suministro de agua a los peregrinos.»

Pero Medina continuó siendo su capital. Allí ejerció la autoridad sobre sus partidarios, no tanto mediante un gobierno regular como apelando a la manipulación política y el predominio personal; de los diferentes matrimonios que contrajo tras la muerte de Jadiya, algunos, pero no todos, se concertaron por razones políticas. No existía un gobierno o un ejército organizados, sólo Mahoma como árbitro supremo con una serie de representantes, una leva militar de creyentes y un tesoro público que procedía tanto de donaciones voluntarias como de tributos cobrados a las tribus que se sometían. Más allá de las ciudades, la paz de Mahoma cubría una amplia área. Los jefes tribales necesitaban llegar a acuerdos con él, porque Mahoma controlaba los oasis y los mercados. El carácter de estos pactos variaba; en algunos casos había alianzas y se renunciaba al conflicto, en otros se aceptaba el carácter profético de Mahoma, la obligación de la plegaria y la aportación regular de contribuciones financieras.

En el año 632 Mahoma realizó su última visita a La Meca, y su discurso quedó registrado en los escritos tradicionales como el enunciado final de su mensaje: «Sabed que cada musulmán es hermano de otro musulmán, y que los musulmanes son hermanos»; debía evitarse la lucha entre ellos, y la sangre derramada en los tiempos paganos no tenía que vengarse; los musulmanes debían combatir contra todas las personas hasta que dijesen: «No hay más dios que Dios.»

Ese mismo año, falleció. Dejó más de un legado. En primer lugar, el de su personalidad, según la vieron sus compañeros más cercanos. Su testimonio, transmitido sobre todo por vía oral, no adoptó la forma definitiva hasta mucho después, y por entonces, ciertamente, se había engrosado con agregados, pero parece plausible sugerir que desde época temprana los que habían conocido y seguido a Mahoma intentaron ajustar su comportamiento al que él mostraba. En el curso del tiempo se desarrolló un tipo de personalidad humana que hasta cierto punto bien puede ser un reflejo de la personalidad de Mahoma. Según el testimonio de sus partidarios, aparece como un hombre que busca la verdad en la primera parte de su vida, después se nos muestra confundido por la sensación de que cierto poder le había llegado de lo alto y ansioso de comunicar lo que se le había revelado; adquiriendo confianza en su misión y un sentimiento de autoridad cuando los partidarios comenzaron a rodearlo; un árbitro interesado en establecer la paz y reconciliar las disputas a la luz de principios de justicia presuntamente de origen divino, un hábil manipulador de las fuerzas políticas, un hombre que no daba la espalda a los modos habituales de la acción humana, pero trataba de confinarlos en límites que, según él creía, habían sido fijados por la voluntad de Dios.

Si se desarrolló gradualmente una imagen de Mahoma y se la trasmitió de una generación a otra, lo mismo sucedió con la comunidad que él llegó a fundar. Según el relato de épocas ulteriores, era una comunidad que reverenciaba al Profeta y recordaba con amor su memoria, trataba de seguir sus pasos y persistía en el camino del islam al servicio de Dios. Se mantenía unida a través de los ritos básicos de la devoción, todos los cuales tenían un aspecto comunitario: los musulmanes peregrinaban al mismo tiempo, ayunaban el mismo mes y se unían en la plegaria regular, la actividad que con mayor claridad los distinguía del resto del mundo.

Por encima de todo, estaba el legado del Corán, un libro que describe en un lenguaje de mucha fuerza y gran belleza la incursión de un Dios trascendente, fuente de todo poder y bondad, en el mundo humano que Él ha creado; la revelación de Su voluntad a través de una línea de profetas enviados para advertir a los hombres y devolverlos a su verdadera naturaleza de criaturas agradecidas y obedientes; Dios juzga a los hombres al final de los tiempos, y de ello se desprenden las recompensas y los castigos.

Los musulmanes ortodoxos siempre han creído que el Corán es la Palabra de Dios, revelada en la lengua árabe por un ángel a Mahoma, en diferentes ocasiones y apelando a los modos apropiados para las necesidades comunitarias. Pocos no musulmanes aceptarán por completo esta creencia. A lo sumo, algunos de ellos considerarán posible que en cierto sentido Mahoma recibiera inspiración desde fuera del mundo humano, pero sostendrán que dicha inspiración se vio mediada por su personalidad y se expresó en sus palabras. No hay un método puramente racional que permita resolver esta diferencia de creencias, pero los que están separados por ella pueden coincidir en ciertos interrogantes que tenemos derecho a formular en relación con el Corán.

En primer lugar, el problema de cuándo y cómo adoptó su forma definitiva. Mahoma comunicó las revelaciones a sus partidarios en distintas ocasiones, y ellos las registraron por escrito o las conservaron en la memoria. La mayoría de los eruditos coincidirán en que el proceso que determinó que se recopilasen diferentes versiones y se definieran un texto y una disposición aceptados generalmente concluyó sólo tras la muerte de Mahoma. La versión tradicional sostiene que sucedió durante la época de su tercer sucesor como jefe de la comunidad, es decir, Utmán (644-656), pero se han sugerido fechas ulteriores, y algunas sectas musulmanas han acusado a otras de insertar en el texto material que no proviene de la tradición transmitida por el Profeta.

Una cuestión más importante tiene que ver con la originalidad del Corán. Los estudiosos han intentado situarlo en el contexto de las ideas corrientes en su tiempo y espacio. Sin duda, en el Corán hay ecos de la enseñanza de religiones anteriores: ideas judías en sus doctrinas; algunos reflejos de la piedad monástica del cristianismo oriental en las cavilaciones acerca de los horrores del Juicio y las descripciones del Cielo y el Infierno (pero escasas referencias a la doctrina o la liturgia cristianas); relatos bíblicos que tienen formas distintas de las que pueden hallarse en el Antiguo y el Nuevo Testamento; un eco de la idea maniquea de una sucesión de revelaciones formuladas a diferentes pueblos. Hay también rastros de una tradición indígena: las ideas morales que en ciertos aspectos son una prolongación de las que prevalecían en Arabia, aunque en otros rompen con ellas; en las revelaciones tempranas el tono es el que caracteriza al adivino árabe, que balbucea su sentimiento de un encuentro con lo sobrenatural.

Tales rasgos del pasado no tienen por qué provocar ansiedad en un musulmán, que puede verlos como signos de que Mahoma apareció al final de una línea de profetas que enseñaron todos la misma verdad; para ser eficaz, la revelación definitiva puede usar palabras e imágenes que ya son conocidas y entendidas, y si las ideas o los relatos adoptaron una forma distinta en el Corán, la razón puede estar en que los partidarios de los profetas anteriores tergiversaron el mensaje que recibieron de éstos. Pero algunos eruditos no musulmanes han extraído una conclusión distinta; a saber: que el Corán contiene poco más que materiales extraídos de lo que ya estaba al alcance de Mahoma en esa época y ese lugar. Pero afirmar tal cosa es entender erróneamente lo que significa ser original: sea cual fuere el material extraído de la cultura religiosa de la época, se lo retocó y trasmutó de tal modo que, para los que aceptaron el mensaje, el mundo conocido cobró un sesgo nuevo.

CAPÍTULO DOS

La formación de un imperio

LA SUCESIÓN DE MAHOMA:
LA CONQUISTA DE UN IMPERIO

A la muerte de Mahoma, hubo un momento de confusión entre sus partidarios. Uno de los jefes, Abú Bakr, proclamó ante la comunidad: «Hombres, si veneráis a Mahoma, Mahoma ha muerto; si veneráis a Dios, Dios vive.» Por debajo de Dios aún había que representar un papel: el de árbitro de las disputas y factor de decisiones en el seno de la comunidad. Entre los partidarios de Mahoma había tres grupos principales: sus primeros compañeros, que protagonizaron con él la hégira, un grupo unido por los matrimonios; los hombres provenientes de Medina, que habían concertado la unión con él en esa ciudad; y los miembros de las principales familias de La Meca, la mayoría de ellos de conversión reciente. Durante una reunión de los colaboradores más cercanos y los jefes, se eligió a un miembro del primer grupo como sucesor del Profeta (*jalifa*, de ahí la palabra «califa»): Abú Bakr, un seguidor de los primeros tiempos, cuya hija Aisha era esposa del Profeta.

El califa no era profeta. Jefe de la comunidad, pero en modo alguno mensajero de Dios, no podía aspirar a ser portavoz de nuevas revelaciones; pero una aureola de santidad y preferencia divina aún rodeaba la persona y el cargo de los primeros califas y, en efecto, éstos afirmaban poseer cierto tipo de autoridad religiosa. Abú Bakr y sus sucesores pronto se vieron llamados a ejercer su liderazgo en un ámbito más amplio que el Profeta. Había cierto universalismo implícito en la enseñanza y los actos de Mahoma: él aspiraba a la autoridad universal, y el *haram* que él había establecido no tenía límites naturales; durante sus últimos años se habían enviado expediciones militares contra las regiones fronterizas bizantinas, y se cree que Mahoma envió emisarios a los gobernantes de los grandes Estados, reclamándoles que reconocieran su mensaje.

Cuando Mahoma murió, las alianzas que había establecido con los jefes tribales amenazaron disgregarse; algunos de ellos rechazaron sus pretensiones proféticas o, por lo menos, el control político de Medina. Ante este desafío, la comunidad que dirigía Abú Bakr afirmó su autoridad mediante la acción militar (las «guerras del *ridda*»); en este proceso se creó un ejército, y el impulso de la acción lo llevó hasta las regiones fronterizas de los grandes imperios, y después, tras hallar escasa resistencia, hasta el corazón mismo de aquéllos. Hacia el fin del reinado del segundo califa, Omar ibn al-Jattab (634-644), se había conquistado Arabia entera, parte del Imperio sasánida, y las provincias de Siria y Egipto del Imperio bizantino; el resto de los territorios sasánidas no tardó en ocuparse.

De modo que en el espacio de pocos años las fronteras políticas de Oriente Próximo habían cambiado y los centros de la vida política se habían desplazado de las ricas y populosas regiones del Creciente Fértil a un pequeño poblado que estaba en el límite del mundo de la alta cultura y la riqueza. El cambio fue tan súbito e imprevisto que requiere cierta explicación. Los datos revelados por los arqueólogos indican que la prosperidad y el vigor del mundo mediterráneo estaban declinando a causa de las invasiones bárbaras, la incapacidad para mantener las terrazas y otras obras agrícolas, y el declive del mercado urbano. Tanto el imperio bizantino como el sasánida se habían debilitado a causa de las epidemias de peste y las guerras prolongadas; el dominio de los bizantinos sobre Siria se restableció sólo después de la derrota de los Sasánidas en el año 629, y aún era tenue. Los árabes que invadieron los dos imperios no eran una horda tribal, sino una fuerza organizada, algunos de cuyos miembros habían adquirido habilidad y experiencia militar al servicio de los imperios o en las luchas que siguieron a la muerte del Profeta. El empleo del transporte con camellos les daba cierta ventaja en las campañas libradas en amplias extensiones; la perspectiva de adquirir tierras y riquezas crearon una coalición de intereses entre ellos, y el fervor de la convicción infundía a algunos una fuerza distinta.

Pero quizá corresponda ofrecer otro tipo de explicación en vista de la aceptación del dominio árabe por la población de los países conquistados. Para la mayoría de ellos no importaba mucho que los gobernasen los iranios, los griegos o los árabes. El gobierno influía sobre todo en la vida de las ciudades o en su entorno inmediato; al margen de los funcionarios y las clases con cuyos intereses estaban vinculados, y al margen de las jerarquías de algunas comunidades religiosas, los habitantes urbanos tal vez no se preocupasen mucho por la identidad de quienes los gobernaban, con la condición de que se sintiesen seguros y en paz, y soportasen impuestos razonables. Los habitantes de las zonas rurales y de las estepas vivían bajo la dirección de sus propios jefes y en concordancia con sus propias costumbres, y para ellos importaba poco quién gobernase las ciudades. En algunos casos, la sustitución de los griegos y los iranios por los árabes incluso aportaba ventajas. En el caso de aquellos cuya oposición al dominio bizantino se expresaba en las disidencias religiosas, podía parecerles más fácil vivir bajo un gobernante que se mostraba imparcial frente a los diferentes grupos cristianos, sobre todo porque la nueva fe, que todavía no tenía un sistema totalmente desarrollado de doctrina o derecho, podía no parecerles ajena. En las partes de Siria o Irak que ya estaban ocupadas por pueblos de origen y lengua árabes, para sus jefes era fácil transmitir sus sentimientos de fidelidad de los emperadores a la nueva alianza árabe, tanto más cuanto que el control que antes ejercían los lajmíes y los gasaníes, los estados-clientes árabes de los dos grandes imperios, había desaparecido.

A medida que se amplió el área conquistada, fue necesario modificar el modo de gobernarla. Los conquistadores ejercían su autoridad desde los campamentos armados que habían instalado los soldados árabes. En Siria, estos campamentos se hallaban sobre todo en las ciudades preexistentes, pero en otros lugares se crearon nuevos asentamientos: Basora y Kufa en Irak, Fustat en Egipto (que sería más tarde el origen de El Cairo), y otros sobre la frontera noroeste de Jorasán. Como eran centros de poder, esos campamentos se convirtieron en polos de atracción para los inmigrantes de Arabia y los territorios conquistados, y se transformaron en ciudades, con el palacio del gobernador y el lugar de reunión pública, la mezquita, en el centro.

En Medina, y las nuevas ciudades-campamentos unidas a ésta por rutas interiores, el poder estaba en manos de un nuevo grupo gobernante. Algunos de sus miembros habían sido compañeros del Profeta, partidarios tempranos y devotos, pero una considerable proporción de ellos procedía de las familias de La Meca, con sus habilidades militares y políticas, y de familias semejantes de la cercana ciudad de Taif. A medida que continuaron las conquistas, llegaron otros miembros de las principales familias de las tribus de pastores, incluso de aquellas que habían tratado de rechazar el dominio de Medina después de la muerte del Profeta. En cierta medida, los diferentes grupos tendieron a mezclarse unos con otros. El califa Omar creó un sistema de salarios en beneficio de los que habían luchado por la causa del islam, y lo reguló de acuerdo con la antigüedad de la conversión y el servicio, lo cual reforzó la cohesión de la elite gobernante, o, cuando menos, su separación respecto de los gobernados; entre los nuevos y acaudalados miembros de la elite y el pueblo más pobre se manifestaron signos de tensión desde los primeros tiempos.

A pesar de la cohesión que en definitiva alcanzó, este grupo estaba dividido por diferencias personales y faccionales. Los primeros compañeros del Profeta miraban con desdén a los conversos tardíos que habían conquistado poder; las pretensiones de conversión temprana y las que aludían a los estrechos vínculos con Mahoma podían chocar con las afirmaciones acerca de la nobleza de un linaje antiguo y honorable. El pueblo de Medina vio cómo el poder se desplazaba hacia el norte, hacia las regiones más ricas y pobladas de Siria e Irak, donde los gobernadores intentaban afianzar un poder más independiente.

Tales tensiones se manifestaron en la región del tercer califa, Utmán ibn Affán (644-656). Fue elegido por un pequeño grupo de miembros de los Quraish, después que Omar fue asesinado por una venganza personal. Pareció aportar la esperanza de una reconciliación de las facciones, ya que pertenecía al núcleo interno de los Quraish, aunque había sido un converso temprano. Pero en realidad su política consistió en designar a miembros de su propio clan como gobernadores de provincia, y esta práctica provocó oposición, tanto en Medina, encarnada en los hijos de los compañeros de Mahoma, y en Aisha, la esposa del Profeta, como en Kufa y Fustat; algunas de las tribus no veían con buenos ojos el dominio de hombres llegados de La Meca. Un movimiento de rebelión en Medina, con el apoyo de soldados provenientes de Egipto, desembocó en el asesinato de Utmán en 656.

Así comenzó el primer período de guerra civil de la comunidad. El pretendiente a la sucesión, Alí ibn Abi Talib (656-661), provenía de los Quraish, era un converso temprano, primo de Mahoma y esposo de su hija Fátima. Se halló frente a una doble oposición. Los parientes de Utmán estaban contra él, pero la misma actitud adoptaban otros que cuestionaron la validez de la elección. La lucha por el poder en Medina se trasladó a las ciudades-campamentos. Alí se instaló como califa en Kufa, y los disidentes en Basora; los derrotó, si bien hubo de afrontar un nuevo desafío originado en Siria, donde el gobernador Muawiyya ibn Abi Sufián era un pariente cercano de Utmán. Las dos fuerzas se enfrentaron en Siffin, en el alto Éufrates, pero después de luchar cierto tiempo coincidieron en someterse al arbitraje de delegados elegidos por los dos bandos. Cuando Alí aceptó ese criterio, algunos de sus partidarios lo abandonaron, pues no estaban dispuestos a aceptar un compromiso y a subordinar la voluntad de Dios, según ellos, al criterio humano; estaba en juego el honor que correspondía a una conversión temprana al islam. Durante los meses de discusión entre los árbitros, la alianza de Alí se debilitó, y, al cabo, él fue asesinado en su propia ciudad de Kufa. Muawiyya se proclamó califa, y Hasán, hijo mayor de Alí, lo aceptó.

EL CALIFATO DE DAMASCO

El advenimiento al poder de Muawiyya (661-680) siempre fue visto como el fin de una etapa y el comienzo de otra. Los primeros cuatro califas, de Abú Bakr a Alí, son conocidos por la mayoría de los musulmanes como los *Rashidun* o los «Bien Guiados». La opinión acerca de los califas que les siguieron es diferente. En primer lugar, en adelante el cargo devino, en la práctica, hereditario. Aunque perduró cierto concepto de elección, o por lo menos de reconocimiento formal por los líderes de la comunidad, de hecho a partir de ese momento el poder estuvo en manos de una familia, conocida por el nombre de un antepasado, Umayya, como la familia de los Omeyas. Cuando Muawiyya murió, lo sucedió su hijo, a quien siguió por corto espacio de tiempo su propio hijo; después, hubo un nuevo período de guerra civil y el trono pasó a otra rama de la familia.

El cambio no afectó sólo a los gobernantes. La capital del Imperio se trasladó a Damasco, una ciudad levantada en una zona rural que podía suministrar los excedentes necesarios para mantener una corte, el gobierno y el ejército; además, desde allí la zona costera del Mediterráneo oriental y las regiones que se extendían al este permitían un control más fácil que desde Medina. Esto era tanto más importante cuanto el dominio del califa continuaba extendiéndose. Las fuerzas musulmanas atravesaron el Magreb. Establecieron su primera base importante en Cairuán, de la antigua provincia romana de África (Ifriqiyya, la actual Túnez); desde allí continuaron avanzando hacia el oeste, llegaron a la costa atlántica de Marruecos hacia fines del siglo VII y, poco después, pasaron a España; en el extremo opuesto, conquistaron las tierras que se extendían más allá de Jorasán y llegaron hasta el valle del Oxo, para comenzar las primeras incursiones musulmanas en el noroeste de India.

Un imperio semejante exigía un nuevo estilo de gobierno. Una opinión frecuente en las generaciones siguientes, cuando los Omeyas habían sido remplazados por una dinastía hostil a ellos, afirmó que habían promovido un gobierno orientado hacia fines mundanos, determinados por el interés egoísta, en lugar de la actitud de los califas anteriores que pretendieron el progreso de la religión. Sería más justo afirmar que los Omeyas hicieron frente a los problemas que aparecen cuando se gobierna un gran imperio y que, por lo tanto, se vieron envueltos en los compromisos propios del poder. Poco a poco, después de ser jefecillos árabes, crearon un modo de vida que respondía al que era tradicional en los gobernantes de Oriente Próximo, y recibían a sus huéspedes o sus súbditos en concordancia con los usos ceremoniales del emperador bizantino o el rey iranio. Los primeros ejércitos árabes fueron reemplazados por fuerzas regulares a sueldo. Se formó un nuevo grupo gobernante, en gran medida con los líderes militares o los jefes tribales; las principales familias de La Meca y Medina perdieron relevancia ya que estaban lejos de la sede del poder, y más de una vez intentaron rebelarse. También las ciudades de Irak demostraban una lealtad dudosa, y había que controlarlas echando mano de gobernadores enérgicos, fieles al califa. Los gobernantes eran gente de la ciudad, partidarios de una vida estable y hostiles a las pretensiones de poder y liderazgo basadas en la solidaridad tribal; «Estáis anteponiendo el parentesco a la religión», advirtió el primer gobernador omeya de Irak, y un sucesor, Hayyay, trató con mayor energía aún a la nobleza tribal y sus partidarios.

Aunque la fuerza armada estaba en manos diferentes, la administración financiera continuó como antes, es decir, a cargo de secretarios reclutados en los grupos que habían servido a gobernantes anteriores, utilizando el griego en el oeste y el pahlavi en el este. A partir de la década de 690 el idioma de la administración fue el árabe, pero es posible que esto no haya determinado un cambio importante en el personal o los métodos; los miembros de las familias de burócratas que sabían árabe, continuaron trabajando, y muchos se convirtieron en musulmanes, sobre todo en Siria.

Los nuevos gobernantes se asentaron firmemente no sólo en las ciudades, sino también en el campo sirio, en tierras de la corona y propiedades cuyos dueños habían huido, sobre todo en las regiones interiores que se abrían al norte de la estepa árabe. Parece que mantuvieron cuidadosamente los sistemas de irrigación y cultivo que encontraron allí, y los palacios y las casas que construyeron para usarlos como centro de control económico y también para ofrecer hospitalidad, fueron reformados y decorados en el estilo de los gobernantes a quienes habían remplazado, con salones destinados a las audiencias y baños, suelos de mosaico, portales y techos esculpidos.

En este y en otros aspectos podría parecer que los Omeyas se asemejaron a los reyes bárbaros del Imperio romano de Occidente, inquietos ocupantes de un mundo extraño cuya vida continuaba bajo la protección del poder que ellos ejercían. Pero había una diferencia. Los gobernantes de Occidente habían aportado pocos elementos propios que pudieran resistir a la fuerza de la civilización latina y cristiana en la que se vieron inmersos. El grupo gobernante árabe, en cambio, llevó consigo algo que habría de conservar incluso en el ámbito de la elevada cultura de Oriente Próximo y que, modificado y desarrollado por esa cultura, suministraría un lenguaje que en adelante le permitiría expresarse: la creencia en una revelación de Dios al profeta Mahoma, realizada en lengua árabe.

La primera afirmación clara de la permanencia y la peculiaridad del nuevo orden llegó en la década de 690, durante el reinado del califa Abd al-Malik (685-705). Al mismo tiempo que se introducía el árabe en las actividades administrativas, se incorporó un nuevo estilo de acuñación, y esto fue importante, pues las monedas son símbolo de poder e identidad. En lugar de las monedas que mostraban figuras humanas, que habían sido recibidas de los Sasánidas o acuñadas por los Omeyas en Damasco, se produjeron monedas nuevas, sólo con palabras, que proclamaban en árabe la unicidad de Dios y la verdad de la religión transmitida por Su enviado.

Más importante aún fue la construcción de edificios monumentales, que eran en sí una proclama de que la revelación realizada a través de Mahoma para beneficio de la humanidad era la definitiva y más completa, y de que su reino duraría eternamente.

Los primeros lugares destinados a la plegaria comunitaria (*masjid*, de donde procede la palabra «mezquita») también sirvieron para celebrar asambleas de toda la comunidad con el fin de resolver asuntos públicos. No tenían señales que las distinguieran claramente de otros tipos de edificios: en realidad, algunas eran construcciones más antiguas confiscadas con ese propósito, y otras, construcciones nuevas ubicadas en los centros de asentamiento musulmán. Los lugares sagrados de los judíos y los cristianos todavía suscitaban el interés de los nuevos gobernantes: Umar había visitado Jerusalén después de tomar la ciudad, y

Muawiyya fue proclamado califa en ese lugar. Después, durante la década de 690, se erigió el primer edificio de grandes dimensiones que afirmó a todas luces, que el islam era diferente y perduraría. Se trataba de la Cúpula de la Roca, construida en el emplazamiento del Templo judío de Jerusalén, ahora convertido en un *haram* musulmán; debía ser una especie de deambulatorio para los que rodeasen la roca en la que de acuerdo con la tradición rabínica, Dios había ordenado a Abraham que sacrificase a Isaac. La construcción de la Cúpula en este lugar se había interpretado, de manera conveniente, como un acto simbólico que situaba al islam en el linaje de Abraham y lo separaba del judaísmo y el cristianismo. Las inscripciones del interior, la expresión física conocida más temprana de los textos del Corán, proclaman la grandeza de Dios, «el Poderoso, el Sabio», declaran que «Dios y sus Ángeles bendicen al Profeta» y llaman a los cristianos a reconocer a Jesús como un apóstol de Dios, Su Verbo y Su Espíritu, pero no Su Hijo.[1]

Poco más tarde comenzó la construcción de una serie de grandes mezquitas destinadas a satisfacer las necesidades de la plegaria ritual: en Damasco y Alepo, Medina y Jerusalén, y después en Cairuán, el primer centro árabe del Magreb, y en Córdoba, la capital árabe de España. En todos se observa el mismo plan básico: un patio abierto lleva a un espacio cubierto, conformado de tal modo que las largas filas de fieles dirigidos por un jefe de la plegaria (el imán) pueden mirar en dirección a La Meca. Un nicho *(mihrab)* señala la pared hacia la cual miran, y cerca hay un púlpito *(minbar)* desde donde se predica un sermón durante el rezo de mediodía del viernes. Anexo al edificio o cerca del mismo está el minarete desde donde el muecín *(muaddín)* convoca a los fieles a la plegaria a determinadas horas.

Estos edificios eran signos no sólo de un nuevo poder sino, además, del crecimiento de una comunidad nueva y diferente. De ser en inicio la fe de un grupo gobernante, la aceptación de la revelación ofrecida a Mahoma se difundió gradualmente. No conocemos bien el proceso, y sólo podemos formular conjeturas acerca del curso que siguió. Los árabes que ya vivían en el campo sirio e iraquí debieron de acatar sin dificultad el nuevo orden por solidaridad con los nuevos gobernantes (aunque parte de una tribu, la de Gassán, no adoptó esa actitud). Los funcionarios que trabajaban para los nuevos gobernantes debieron de aceptar la fe que éstos proclamaban por interés propio o por la atracción natural que ejercía el poder; lo mismo cabía decir de los prisioneros capturados en las guerras de conquista, o de los soldados sasánidas que se habían unido a los árabes. Los inmigrantes que llegaban a las nuevas ciudades quizá se convertían con el fin de evitar los impuestos especiales que pagaban los que no eran musulmanes. Los adeptos al zoroastrismo, partidarios de la antigua religión persa, tal vez consideraron más fácil convertirse en musulmanes que los cristianos, porque su Iglesia organizada se había debilitado al finalizar el dominio sasánida. Pero algunos cristianos, afectados por las controversias acerca del carácter de Dios y la revelación, tal vez se sintieron atraídos por la sencillez de la temprana respuesta musulmana a estos interrogantes, en lo que, de un modo general, era el mismo universo de pensamiento. La ausencia de una Iglesia musulmana o de un complicado rito de conversión, la necesidad de usar sólo unas pocas palabras sencillas, determinaron que la aceptación fuese un proceso fácil. Pero por simple que fuese, el acto implicaba una consecuencia: la aceptación de que el árabe había sido la lengua en que se había ofrecido la revelación, y este hecho, unido a la necesidad de tratar con los gobernantes, los soldados y los terratenientes árabes, pudo llevar a que se lo aceptara como la lengua de la vida cotidiana. Así, allí donde apareció el islam, se difundió la lengua árabe. Pero este proceso todavía estaba en sus inicios; fuera de la propia Arabia, los Omeyas gobernaron territorios en los cuales la mayoría de la población no era musulmana ni hablaba el árabe.

El número y la fuerza cada vez más considerables de la comunidad musulmana no favoreció a los Omeyas. Su región central, es decir, Siria, era un eslabón débil en la cadena de los países incorporados al Imperio. A diferencia de las nuevas ciudades de Irán, Irak y África, sus ciudades habían existido antes que el islam, y llevaban una vida independiente de sus gobernantes. Su comercio se había visto perjudicado al separarse de Anatolia, que continuaba en manos bizantinas, a través de una frontera nueva a menudo turbada por la guerra entre árabes y bizantinos.

La fuerza principal de la comunidad musulmana estaba más al este. Las ciudades de Irak crecían a medida que llegaban inmigrantes tanto de Irán como de la península árabe. Podían recurrir a la riqueza de las fecundas tierras de regadío del sur de Irak, donde algunos árabes se habían instalado como terratenientes. Las nuevas ciudades exigían más árabes que las de Siria, y su vida se enriqueció cuando los miembros de la antigua clase gobernante irania acudieron como funcionarios y recaudadores de impuestos.

Un proceso análogo se desarrollaba en Jorasán, en el lejano noreste del Imperio. Dado que estaba en la frontera de la expansión del islam hacia Asia central, tenía nutridas guarniciones. Sus tierras de cultivo y de pastoreo también atraían a los colonos árabes. Por consiguiente, desde época temprana contó con una considerable población árabe, que convivía con la de Irán, cuya antigua clase terrateniente y gobernante conservaba su posición. Gradualmente se estableció una suerte de simbiosis: cuando dejaron de ser combatientes activos y se asentaron en el campo o en las ciudades —Nishapur, Balj y Marv— los árabes se fueron integrando en la sociedad irania; y ésta, a su vez, tuvo acceso al grupo dirigente.

El crecimiento de las comunidades musulmanas en las ciudades y las provincias orientales provocó tensiones. Las ambiciones personales, las quejas locales y los conflictos partidarios se expresaron en más de un lenguaje, étnico, tribal y religioso, y a tanta distancia en el tiempo es difícil saber cómo se trazaron las líneas divisorias.

Ante todo, entre los conversos al islam —en especial, entre los iranios—, hubo resentimiento contra los privilegios fiscales y de otro tipo concedidos a los individuos de origen árabe, y esta actitud se agravó a medida que se debilitó el recuerdo de las primeras conquistas. Algunos conversos se vincularon a los líderes tribales árabes como «clientes» *(mawali)*, pero ello no anuló la línea que los separaba de los árabes.

Las tensiones también se manifestaron en términos de la diferencia y la oposición tribal. Los ejércitos provenientes de Arabia trajeron con ellos los sentimientos de fidelidad tribal, actitud que, en las nuevas circunstancias, podía acentuarse. En las ciudades y otros lugares de migración, los grupos que vindicaban un antepasado común se unieron en espacios más estrechos que los de la estepa árabe; los líderes poderosos que proclamaban su ascendencia noble podían atraer más partidarios. La existencia de una estructura política unificada permitió que los líderes y las tribus estableciesen acuerdos en amplias áreas, cuando no vínculos por intereses comunes. La lucha por el control del gobierno central podía servirse de las figuras tribales y los sentimientos de fidelidad que ellas expresaban. Una rama de los Omeyas estaba unida por matrimonio con los Banu Kalb, que se habían establecido en Siria antes de la conquista; en la lucha por la sucesión que se libró después de la muerte del hijo de Muawiyya, un pretendiente que no era Omeya contó con el apoyo de otro grupo de tribus. A veces, un interés común podía sustentar la idea de un origen compartido por todas las tribus que afirmaban provenir de Arabia central o del sur. (Sus nombres, Qais y Yemen, habrían de sobrevivir como símbolos de conflicto local en algunas regiones de Siria, incluso hasta nuestros días.)

Tuvieron mayor importancia las disputas acerca de la sucesión al Califato y el carácter de la autoridad en la comunidad musulmana. Contra las pretensiones de Muawiyya y su familia se alzaron dos grupos aunque, dada la precaria conformación de ambos, más valdría describirlos como tendencias. En primer lugar, había diferentes grupos llamados Jariyís. Los más antiguos eran los que habían retirado su apoyo a Alí cuando éste había aceptado el arbitraje durante los hechos de Siffin. Fueron aplastados, pero algunos movimientos ulteriores usaron el mismo nombre, sobre todo en las regiones sometidas al control de Basora. En contraposición a las vindicaciones de los líderes tribales, afirmaban que en el islam la única prioridad era la virtud. Sólo el musulmán virtuoso debía gobernar como imán, y si se desviaba de las buenas cualidades debía negársele obediencia; Utmán, que había otorgado prioridad a las exigencias de su familia, y Alí, que había aceptado un compromiso en una cuestión de principios, estaban ambos en falta. No todos extraían de esto las mismas conclusiones: algunos se sometieron durante el dominio omeya, y otros se rebelaron, y hubo quienes afirmaron que los verdaderos creyentes debían tratar de crear una sociedad virtuosa mediante una nueva hégira a un lugar distante.

El otro grupo apoyaba las pretensiones de dominio de la familia del Profeta. Se trataba de una idea que podía adoptar muchas formas distintas. A la larga, la más importante fue la que consideraba a Alí y a una línea de sus descendientes los jefes legítimos de la comunidad, es decir, los imanes. Alrededor de esta idea se agruparon otros, algunos provenientes de las culturas religiosas de los países conquistados. Se entendió que Alí y sus herederos habían recibido del propio Mahoma una cualidad especial del alma y un conocimiento acerca del significado profundo del Corán. De modo que, en cierto sentido, eran más que humanos; uno de ellos se alzaría para inaugurar el reino de la justicia. Esta expectativa del advenimiento de un *mahdi*, «el que es guiado», surgió tempranamente en la historia del islam. En el año 680 el segundo hijo de Alí, Hussein, se trasladó a Irak con un pequeño grupo de parientes y seguidores, con la esperanza de encontrar apoyo en Kufa y sus alrededores. Fue muerto durante un combate en Karbala, Irak, y su muerte adquiriría la fuerza del martirologio evocado por los partidarios de Alí (los *Shiat Alí* o los chiíes). Pocos años después estalló otra revuelta en favor de Muhammad ibn al-Hanafiyya, que era también hijo de Alí, aunque no de Fátima.

Durante las primeras décadas del siglo VIII, los gobernantes omeyas realizaron una serie de intentos para hacer frente a los movimientos opositores que se manifestaban de diferentes modos y, con las dificultades propias del gobierno de un imperio tan vasto y heterogéneo, pudieron fortalecer las bases fiscales y militares de su dominio, de modo que durante un tiempo debieron afrontar pocas rebeliones importantes. Pero en la década de 740 su poder se derrumbó bruscamente ante otra guerra civil y una coalición de movimientos con diferentes propósitos, pero unidos en una oposición común a los gobernantes. Estos movimientos eran más poderosos en las regiones orientales que en las occidentales del Imperio, en especial en Jorasán, entre algunos de los grupos de colonos árabes que estaban a un paso de asimilarse a la sociedad irania local, así como entre los «clientes» iranios. Allí, como en otros lugares, había un sentimiento chií muy difundido, pero sin organización.

Otra rama de la familia del Profeta, los descendientes de su tío Abbás, implantó un liderazgo más eficaz. Afirmaban que el hijo de Muhammad ibn al-Hanafiyya les había traspasado su derecho de sucesión, y en sus asentamientos en los límites del desierto sirio crearon una organización con centro en Kufa. Como emisario enviaron a Jorasán a un hombre de oscuro origen, probablemente miembro de una familia de Irán: Abú Muslim. Pudo formar un ejército y una coalición con los elementos disidentes, árabes y de otro origen, y alzarse en rebelión bajo el estandarte negro que habría de ser el símbolo del movimiento, y en nombre de un miembro de la familia del Profeta; no se mencionaba específicamente a ninguno de dichos miembros, lo cual acrecentó el apoyo al movimiento. Partiendo de Jorasán, el ejército se desplazó hacia el oeste, los Omeyas fueron derrotados en una serie de batallas libradas entre 749 y 750, y el último califa de la casa, Marwán II, fue perseguido hasta Egipto y muerto. Entretanto, el líder anónimo fue proclamado en Kufa; se trataba de Abul-Abbás, descendiente no de Alí sino de Abbás.

El historiador al-Tabari (839-923) describió la proclamación. Dawud, hermano de Abul-Abbás, ascendió los peldaños del púlpito de la mezquita de Kufa, y se dirigió a los fieles:

> ¡Loado sea Dios, con gratitud, gratitud, y aún más gratitud! ¡Loor a quien llevó a la destrucción a nuestros enemigos y nos aportó nuestra herencia, la de Mahoma nuestro Profeta; la bendición de Dios y la paz sea sobre él! Oíd, gente del pueblo, ahora se alejaron las noches oscuras del mundo, las sombras se disiparon, y la luz irrumpe sobre la tierra y en los cielos, y el sol se alza desde las fuentes del día, mientras la luna se mueve desde el lugar asignado. Quien construyó el arco lo empuña, y la flecha re-

torna a quien la disparó. La razón ha retornado a su lugar de origen, entre la gente de la casa de vuestro Profeta, gente compasiva y piadosa con vosotros, gente que simpatiza con vosotros [...]. Dios os ha permitido contemplar lo que todos esperaban y ansiaban. Él ha señalado entre vosotros a un califa del clan de Hashim, iluminando así vuestros rostros y logrando que este pueblo prevalezca sobre el ejército de Siria, y transfiriendo a vosotros la soberanía y la gloria del islam [...]. ¿Acaso otro sucesor del mensajero de Dios ha ascendido los peldaños de este vuestro *minbar*, salvo el Comandante de los Fieles Alí ibn Abi Talib, y el Comandante de los Fieles Abdalá ibn Muhammad? Y, con un gesto de la mano, señaló a Abul-Abbás.[2]

EL CALIFATO DE BAGDAD

Una familia gobernante sucedió a otra, e Irak remplazó a Siria como centro del Califato musulmán. El poder de Abul-Abbás (749-754) y sus sucesores, conocidos como Abasíes por su antepasado, no estaba tanto en las regiones del Mediterráneo oriental o en Hiyaz, que era una extensión de los mismos, como en los antiguos territorios sasánidas; así, abarcaba el sur de Irak y los oasis y las mesetas de Irán, Jorasán y los territorios que se extendían aún más lejos, hacia el Asia central. Para el califa era más difícil gobernar al Magreb, pero también era menos importante.

En ciertos aspectos el dominio de los Abasíes no fue muy diferente del que ejercieron los Omeyas. Desde el principio se vieron comprometidos en el problema inexorable de toda dinastía nueva: cómo convertir el poder limitado que derivaba de una coalición inestable de intereses distintos en algo más firme y duradero. Habían conquistado el trono mediante una combinación de fuerzas unidas únicamente en su oposición a los Omeyas, y ahora era necesario definir las relaciones de fuerzas en el seno de la coalición. Ante todo, el nuevo califa se desembarazó de aquellos cuya ayuda le había permitido alcanzar el poder; procedió a deshacerse de Abú Muslim y de otros. También hubo conflictos en el seno de la familia misma. Al principio, sus miembros fueron designados gobernadores, pero algunos de ellos llegaron a ser demasiado poderosos y, en el curso de una generación, se creó una nueva elite gobernante de altos funcionarios. Algunos provenían de familias de Irán con tradición de servicio al Estado, convertidas recientemente al islam; otros, de la casa del propio gobernante. Algunos eran libertos.

Esta concentración de poder en manos del gobernante sobrevino en tiempos de los sucesores de Abul-Abbás, sobre todo al-Mansur (754-775) y Harún al-Rashid (786-809), y se reflejó en la creación de una nueva capital, Bagdad. Al-Tabari relata la visita de al-Mansur al emplazamiento de la futura ciudad:

> Llegó al lugar donde estaba el puente y lo cruzó en el emplazamiento actual de Qasr al-Salam. Después, rezó la plegaria vespertina. Era verano y, donde antes estaba el palacio, había ahora la iglesia de un sacerdote. Descansó allí esa noche y despertó a la mañana siguiente, después de haber pasado la noche más grata y dulce sobre la tierra. Permaneció en el lugar, y todo lo que vio lo complació. Entonces dijo: «Éste es el sitio donde construiré. Lo necesario puede llegar aquí por el Éufrates, el Tigris y una red de canales. Sólo un lugar como éste puede sostener al ejército y a la población.» De modo que realizó el trazado y asignó dinero para la construcción, y con su propia mano puso el primer ladrillo, diciendo: «En nombre de Dios, que Él sea loado. La tierra es de Dios; Él ordena que la hereden aquellos a quienes elige entre sus servidores, y el resultado de eso es que ellos Le temen.» Después dijo: «¡Construid, y que Dios os bendiga!»[3]

Bagdad estaba en la confluencia del Tigris y el Éufrates, una zona en la que un sistema de canales había dado origen a una campiña fértil, que podía producir alimentos para una gran ciudad y rentas para el gobierno; por ella pasaban caminos estratégicos que conducían a Irak y aún más lejos, a la Yazira del norte de Irak, donde se producían cereales, y a Siria y Egipto, donde los sentimientos de fidelidad hacia los Omeyas continuaban siendo intensos. Como era una ciudad nueva, los gobernantes podían verse libres de la presión ejercida por los habitantes musulmanes árabes de Kufa y Basora. En concordancia con una antigua tradición en virtud de la cual los gobernantes de Oriente Próximo se mantenían distanciados de los súbditos, la ciudad se planificó de modo que expresara el esplendor y el distanciamiento del gobernante. En el centro, sobre la orilla occidental del Tigris, estaba la «ciudad redonda» formada por el palacio, los cuarteles y las oficinas; los mercados y los distritos residenciales se extendían fuera de ese centro.

En su descripción de la recepción de una embajada bizantina por el califa al-Muqtadir, en 917, el historiador de Bagdad, al-Jatib al-Bagdadi

(1271), evoca el esplendor de la corte y su ceremonial. Después de haber sido conducidos ante el califa, por voluntad de éste se les mostró el palacio: los salones, los patios y los parques, los soldados, los eunucos, los chambelanes y los pajes, las salas de los tesoros, los elefantes engalanados con brocado de seda verde azulada. En el Salón del Árbol vieron

> un árbol, puesto en el centro de un gran tanque circular lleno de agua clara. El árbol tenía dieciocho ramas, y cada rama, muchas ramitas, sobre las cuales se posan toda suerte de aves de oro y plata, grandes y pequeñas. La mayoría de las ramas de este árbol son de plata, pero algunas son de oro, y se extienden en el aire sosteniendo hojas de diferentes colores. Las hojas del árbol se mueven cuando sopla el viento, y los pájaros pían y cantan.

Finalmente, fueron conducidos de nuevo ante el califa:

> Estaba ataviado con prendas [...] bordadas con oro, y sentado en un trono de ébano [...]. A la derecha del trono colgaban nueve collares de gemas [...] y a la izquierda otros tantos, todos formados por famosas joyas [...]. Ante el califa estaban de pie cinco de sus hijos, tres a la derecha y dos a la izquierda.[4]

En estos palacios retirados, el califa ejercía el poder de acuerdo con formas heredadas de gobernantes anteriores, que, a su vez, serían imitadas por otras dinastías. Un complicado ceremonial cortesano destacaba su esplendor; los funcionarios de la corte vigilaban el acceso al monarca; el verdugo estaba de pie cerca, para dispensar justicia sumaria. En los reinos tempranos se creó un cargo que habría de ser importante, el de visir *(wazir)*: era el consejero del califa, con diferentes grados de influencia, y más tarde se convertiría en jefe de la administración e intermediario entre ésta y el gobernante.

La administración se dividía en una serie de oficinas o divanes *(diwán)*, de un modo que reaparecería en otras dinastías. Había un diván para los asuntos del ejército, una cancillería que redactaba cartas y documentos en la forma debida y los conservaba, y un tesoro que supervisaba y llevaba registros de los ingresos y los gastos. Quien gobernaba a través de una jerarquía de funcionarios distribuidos en una amplia área debía comprobar que no adquirían excesiva fuerza ni abusaban del poder que ejercían en su nombre. Un sistema de espionaje mantenía informado al califa de lo que sucedía en las provincias, y él y sus gobernadores celebraban sesiones públicas en las cuales podían oírse las quejas y resolverlas.

El gobierno absoluto mediado por una burocracia necesitaba ingresos y un ejército. Precisamente en el período abasí, el sistema canónico de gravámenes surgió de las prácticas de los primeros tiempos islámicos. Hasta donde era posible, se relacionaba con las normas islámicas. Los impuestos principales eran dos: el primero gravaba la tierra o su producción (*jaray*); en principio, se había distinguido entre las tasas y el tipo de impuestos que pagaban los propietarios de tierras musulmanes y los no musulmanes, si bien en la práctica tal diferenciación llegó a ser menos importante, aunque perduró en los códigos. El segundo era una capitación aplicada a los que no eran musulmanes, una contribución que se calculaba de acuerdo con su riqueza (*yizya*). Además, se imponían diferentes gravámenes a los artículos importados o exportados, y a los productos de artesanía urbana, así como impuestos ocasionales a la riqueza urbana, aplicados de acuerdo con las necesidades; quienes interpretaban a pie juntillas el derecho islámico, los condenaban oficialmente.

Los soldados de Jorasán que habían posibilitado el ascenso al poder de los Abasíes, se dividían en grupos al mando de diferentes jefes. Para los califas no era fácil asegurar la fidelidad de estos hombres, y llegaron a ser una fuerza militar menos eficaz cuando se relacionaron con la población de Bagdad. Después de la muerte de Harún al-Rashid estalló la guerra civil entre sus hijos al-Amín y al-Mamún. Amín fue proclamado califa, y el ejército de Bagdad luchó a su lado, pero fue derrotado. A principios del siglo IX la necesidad de un ejército eficaz y fiel se satisfizo tanto mediante la compra de esclavos como por el reclutamiento de soldados en las tribus de pastores de habla turca, que estaban a lo largo de la frontera de Asia central, o aún más lejos. Estos turcos, y otros grupos análogos provenientes de las fronteras del Estado, eran extranjeros que carecían de vínculos con la sociedad a cuyo dominio contribuían y que mantenían una relación de tutela personal con el califa. La entrada de soldados turcos al servicio de los Abasíes inició un proceso que habría de conferir una forma característica a la vida política del mundo islámico.

En parte para mantener a los soldados lejos de la población de Bagdad, que era hostil al gobierno del califa, al-Mutasim (833-842) trasladó su capital desde Bagdad a una nueva ciudad, Samarra, que estaba más al norte, a orillas del río Tigris. La sede del gobierno estuvo allí durante medio siglo, pero aunque se liberó de la presión del pueblo, cayó bajo la influencia de los jefes de los soldados turcos, que llegaron a dominar el gobierno del califa. Hubo también un período en que los gobernantes de las provincias periféricas del Imperio llegaron a ser de hecho independientes; incluso en Irak el poder del califa se vio amenazado por una amplia y prolongada rebelión de esclavos negros en las plantaciones de azúcar y las salinas del extremo meridional: la rebelión del Zany (868-883). Pocos años después, en 892, el califa al-Mutadid regresó a Bagdad.

Cuanto más remoto y poderoso era el califa, más importante era para él que su poder arraigara en los sentimientos morales de los gobernados. De un modo más sistemático que los Omeyas, los Abasíes trataron de justificar su dominio en términos islámicos. Desde el principio utilizaron símbolos religiosos. El califa afirmó que gobernaba por autoridad divina, como miembro de la familia del Profeta. Sostuvo también que gobernaba en armonía con el Corán y las normas de la conducta recta, definida cada vez más por referencia al comportamiento habitual del Profeta (*sunna*). En concordancia con esta afirmación, los especialistas religiosos participaron de su gobierno, y se atribuyó más importancia al cargo de juez (*qadi*). Sus funciones quedaron diferenciadas de las que correspondían al gobernador. No tenía obligaciones políticas o financieras; su función era resolver los conflictos y adoptar decisiones a la luz de lo que poco a poco estaba definiéndose como un sistema de normas jurídicas o sociales islámicas. El principal *qadi* era un dignatario de cierta importancia en la jerarquía estatal.

Al formular su pretensión de gobernantes legítimos, los primeros Abasíes tuvieron que enfrentarse a otra rama de la familia del Profeta, los descendientes de Alí, y a sus partidarios, los chiíes. No todos los chiíes eran hostiles al dominio de los Abasíes; Yafar al-Sadiq (h. 700-765), a quien consideraban el sexto imán, fue un quietista que enseñó a sus partidarios la resistencia pasiva hasta el advenimiento del *mahdi*, el hombre a quien Dios enviaría para restaurar el reinado de la religión y la justicia. Pero durante las dos primeras generaciones del dominio abasí, hubo varios movimientos de rebelión que utilizaron los nombres de miembros de la familia de Alí; precisamente para responder a éstos, el hijo de Harún, es decir, Mamún (813-833), llevó a cabo dos intentos de afianzar de manera más sólida su derecho al gobierno. El primero fue proclamar que Alí al-Rida, considerado por muchos chiíes el octavo imán, era su sucesor; el argumento utilizado fue que se trataba del miembro más digno de la familia del Profeta en la línea de sucesión, y esta tesis implicaba que, si la sucesión debía basarse en el valor moral en el seno de la familia, en principio los descendientes de Abbás tenían tanto derecho como los de Alí. Más tarde, Mamún apoyó las ideas de ciertos teólogos racionalistas, y trató de lograr que su aceptación fuese una condición para incorporarse al servicio oficial. Este intento tropezó con la oposición de los teólogos, encabezados por Ahmad ibn Hanbal, que afirmaban que el Corán y la conducta habitual del Profeta, interpretados de manera literal, suministraban suficiente orientación. Después de un período de persecución, se abandonó —para, en la práctica, no volverse a dar casi nunca más— el intento de imponer una sola interpretación de la fe mediante el poder del gobernante. La creencia en una unidad que incluía diferencias de opinión legal, y en la importancia dada al Corán y a la práctica *(sunna)* del Profeta como bases del derecho, gradualmente originó un modo de pensamiento que recibió la denominación general de sunnismo, diferente del chiísmo.

CAPÍTULO TRES

La formación de una sociedad

EL FIN DE LA UNIDAD POLÍTICA

Incluso en el apogeo del poder del califato abasí, su dominio efectivo era limitado. Existía sobre todo en las ciudades y en las áreas productivas circundantes; había áreas montañosas y esteparias lejanas que prácticamente no estaban sometidas. Con el correr del tiempo, la autoridad de los califas se vio atrapada en las contradicciones de los sistemas centralizados y burocráticos de gobierno. Con el fin de gobernar las provincias lejanas, el califa tenía que conceder a sus gobernadores el derecho de cobrar impuestos y usar parte de los ingresos para mantener las fuerzas locales. Intentaba conservar el control mediante una red de informadores, pero no podía impedir que algunos de los gobernadores fortaleciesen posiciones, hasta el extremo de traspasar el poder a sus propias familias, mientras permanecían —al menos, en teoría— fieles a los intereses fundamentales de sus soberanos. De este modo, nacieron las dinastías locales, como los Saffaríes en Irán oriental (867-h. 1495), los Samaníes en Jorasán (819-1005), los Tuluníes en Egipto (868-905) y los Aglabíes en Túnez (800-909); desde su base en Túnez, los Aglabíes conquistaron Sicilia, que continuó gobernada por dinastías árabes hasta que los normandos la ocuparon en la segunda mitad del siglo XI. Cuando esto sucedió, disminuyeron las rentas remitidas a Bagdad, en momentos en que se manifestaba cierta declinación del sistema de irrigación y la producción agrícola en el bajo Irak. Con el fin de fortalecer su posición en las provincias centrales, el califa tuvo que apoyarse más en su ejército profesional, cuyos líderes, a su vez, adquirieron mayor poder sobre él. En 945, una familia de jefes militares, los Buyíes, que procedía de las orillas del mar Caspio, tras obtener el control de algunas provincias, asumieron el poder en la propia Bagdad.

Los Buyíes adoptaron varios títulos, incluso el antiguo título iranio de *shahanshah* («rey de reyes»), pero no el de califa. Los Abasíes gobernarían tres siglos más, pero comenzó una nueva fase de su historia. En adelante, el poder real en las regiones centrales del Imperio estuvo en manos de otras dinastías apoyadas por grupos militares, si bien éstas continuaron reconociendo el califato de los Abasíes, quienes a veces conseguían reafirmar una autoridad residual. Pero esa autoridad se ejerció sobre un área más limitada que antes, y hubo algunos sectores del antiguo Imperio donde los gobernantes locales no sólo tuvieron poder, sino que ni siquiera aceptaron la autoridad formal de los Abasíes.

En ciertas regiones hubo movimientos opositores y separatistas que se apoyaron en algunas de las disidencias del islam. Aunque dichos movimientos desembocaron en la creación de unidades políticas separadas, al mismo tiempo contribuyeron a la difusión del islam, al conferirle una forma que no perturbaba el orden social.

Algunos de estos movimientos invocaron el nombre jariyismo o, cuando menos, el de alguna de sus ramificaciones, los Ibadíes. La creencia de que el cargo de jefe de la comunidad, o imán, debía estar ocupado por la persona más digna, la cual si se mostraba poco meritoria debía ser destruida, se adaptaba bien a las necesidades de las uniones poco sólidas de grupos tribales que vivían en lugares aislados, y que podían necesitar un líder o árbitro de tiempo en tiempo, si bien no deseaban que éste tuviese un poder permanente y organizado. Así, surgió un imanato ibadí en Omán (Umán), en el sureste de Arabia, desde mediados del siglo VIII hasta fines del IX, cuando fue suprimido por los Abasíes. En ciertas regiones del Magreb, parte de la población beréber se opuso al advenimiento del dominio islámico, y cuando en efecto se convirtió en musulmana, las ideas jariyíes se difundieron en esos núcleos. Durante un tiempo hubo una poderosa dinastía de imanes ibadíes, la de los Rustamíes, con capital en Tahart, Argelia occidental (777-909); sus pretensiones también fueron reconocidas por los ibadíes de Omán.

Tuvieron más difusión los movimientos de apoyo a las pretensiones al imanato de los descendientes de Alí ibn Abi Talib. El cuerpo principal de los chiíes en Irak y sus alrededores aceptó el dominio de los Abasíes, o por lo menos lo consintió. Los imanes reconocidos por ellos vivieron en paz durante el gobierno de los Abasíes, aunque a veces estuvieron confinados en la capital. Los Buyíes eran chiíes, aunque de un modo impreciso, pero no se opusieron a la soberanía de los califas; lo mismo puede afirmarse de la dinastía local de los Hamdaníes en el norte de Siria (905-1004).

Pero hubo otros movimientos chiíes, que desembocaron en la creación de dinastías diferentes. Los zaidíes sostenían que el imán debía ser el miembro más digno de la familia del Profeta que estuviese dispuesto a oponerse a los gobernantes ilegítimos. No reconocían a Muhammad al-Baqir (m. 731) —que sí reconocía el cuerpo principal de los chiíes como quinto imán—, sino a su hermano Zaid (de quien deriva el nombre de esta corriente). Durante el siglo IX crearon un imanato en Yemen, y hubo también un imanato zaidí en la región del mar Caspio.

Un desafío más directo a los Abasíes partió de los ismailíes, un movimiento relacionado con otra rama del chiísmo. Sus orígenes no son claros, pero al parecer comenzaron como un movimiento secreto con centro primero en Irak y Juzistán, en el suroeste de Irán, y después en Siria. Apoyó el derecho al imanato de Ismaíl, hijo mayor de Yafar al-Sadiq, considerado por el cuerpo principal de los chiíes como sexto imán. Ismaíl falleció en 760, cinco años antes de que su padre y con él la mayoría de los chiíes reconociesen como imán a su hermano Musa al-Kazim (m. 799). Pero los ismailíes creían que Ismaíl había sido designado irrevocablemente como sucesor de su padre, y que su hijo Muhammad había sido imán después de él. Sostenían que Muhammad regresaría más tarde o más temprano como *mahdi*, enviado para desvelar el significado verdadero de la revelación coránica y para gobernar el mundo con justicia.

El movimiento organizó actividades misioneras a gran escala. Un grupo de sus partidarios creó una especie de república en Arabia oriental, la de los Qaramita (cármatas), y otro se estableció en el Magreb, reclutó soldados beréberes y ocupó Cairuán. En 910 llegó a Túnez Ubaidulá, quien afirmó que descendía de Alí y Fátima. Se proclamó califa, y durante el medio siglo siguiente su familia creó una dinastía estable que recibió el nombre de Fatimíes, por Fátima, hija del Profeta. Por razones tanto religiosas como políticas, se desplazó al este, en dirección a las regiones que gobernaban los Abasíes, y en 969 ocupó Egipto. De allí extendió su dominio a Arabia occidental y Siria, pero pronto perdió a Túnez.

Los Fatimíes usaron los títulos de imán y califa. En su condición de imanes, reclamaron su autoridad universal sobre los musulmanes, y su Estado se convirtió en un centro de donde partían los misioneros. Mucho después de que el Estado fatimí dejó de existir, perduraron las comunidades creadas por los que tenían relaciones con él: en Yemen, Siria, Irán y más tarde en India occidental.

Los Fatimíes fueron no sólo imanes, sino gobernantes de un gran Estado con su centro en el valle del Nilo. El Cairo fue creación de estos monarcas, una ciudad imperial levantada al norte de Fustat, y el símbolo de su poder y su independencia. Su gobierno se ajustó a las líneas generales definidas por el califato de Bagdad. El poder se concentraba en manos del califa, y se reflejaba en la magnificencia y el complicado ceremonial. Los califas fatimíes solían mostrarse al pueblo de El Cairo en procesiones soberbias. Los altos funcionarios del Estado ingresaban en el salón del palacio; el califa aparecía por detrás de una cortina con el cetro en las manos; montaba su caballo y se acercaba a la entrada del palacio, mientras resonaban las trompetas. Precedido y seguido por su séquito y sus soldados, atravesaba las calles adornadas por los mercaderes con brocados y finos lienzos. Las procesiones expresaban los dos aspectos del dominio fatimí. Algunos eran religiosos y otros mostraban la identificación del gobernante con la vida de la ciudad y el río.

La base del poder de los Fatimíes residía en los ingresos procedentes de las fértiles tierras del delta y el valle del Nilo, de los productos de artesanía de las ciudades, y del comercio en la cuenca del Mediterráneo y el mar Rojo. Esos recursos bastaban para mantener un ejército reclutado fuera de Egipto: beréberes, negros del Sudán y turcos. El califa no realizaba un intento sistemático de imponer las doctrinas ismailíes a los musulmanes egipcios, que en general continuaron siendo sunníes, con nutridas poblaciones cristianas y judías que mantenían una simbiosis pacífica con aquéllos.

La pretensión de los Fatimíes al califato era un desafío directo a los Abasíes; otro reto, tanto a los Abasíes como a los Fatimíes, provenía del extremo occidental del mundo musulmán. Las regiones conquistadas por los árabes, Marruecos y la mayor parte de España, difícilmente podían controlarse desde el Mediterráneo oriental, y era imposible hacerlo desde Irak. Los soldados y los funcionarios árabes establecidos en esas regiones pronto desarrollaron intereses propios, y los expresaron con facilidad en términos que revivían recuerdos del impulso que los había alejado tanto de Arabia. Hacia fines del siglo VIII, Idris —un bisnieto de Alí— fue a Marruecos, donde consiguió apoyo y fundó una dinastía que fue importante en la historia marroquí, pues los idrisíes construyeron Fez y comenzaron una tradición, que se ha mantenido hasta hoy, de dinastías independientes que gobiernan Marruecos y justifican su dominio afirmando que descienden del Profeta.

Más importante para la historia general del mundo musulmán fue el camino autónomo seguido por España, o al-Ándalus, que fue su nombre árabe. Los árabes desembarcaron por primera vez en España en 710, y pronto crearon una provincia del Califato que se extendió hasta el norte de la península Ibérica. Los árabes y los beréberes del primer asentamiento recibieron el refuerzo de una segunda oleada de soldados provenientes de Siria, que representarían un papel importante porque después de la revolución abasí, un miembro de la familia Omeya pudo refugiarse en España, donde encontró partidarios. Se creó una nueva dinastía Omeya, y gobernó durante casi trescientos años, aunque sólo hacia mediados del siglo X el gobernante adoptó el título de califa.

En su nuevo reino, los Omeyas protagonizaron el mismo proceso de cambio que habían presenciado en el este. De una sociedad en que los musulmanes gobernaban a una mayoría no musulmana se pasó de manera gradual a otra en que una parte considerable de la población aceptó la religión y la lengua de los gobernantes. Por otra parte, un gobierno que al principio gobernó con una estructura descentralizada se convirtió, por manipulación política, en un poder centralizado, que gobernó apelando al control burocrático.

Otra vez se creó una nueva capital: Córdoba, a orillas del río Guadalquivir. El río era el curso de agua que permitía transportar buena parte de los artículos necesarios para la alimentación y la industria; en las llanuras circundantes, en tierras de regadío, se cultivaban cereales y otros productos que la ciudad necesitaba. Córdoba era también una encrucijada de caminos y un mercado para el intercambio de productos entre las regiones. También ahora, a medida que la dinastía cobró un perfil más autocrático, se distanció de la vida de la ciudad. El gobernante pasó de Córdoba a una ciudad real, Madinat al-Zahra (Medina Azara), a cierta distancia de la capital. Allí reinó con gran boato, rodeado por un grupo dirigente que incluía árabes y familias arabizadas —ya que la separación entre los gobernantes y la sociedad no fue tan marcada como en Bagdad—, así como esclavos importados de la región del mar Negro, Italia y otros lugares. El ejército también contaba con un núcleo de mercenarios extranjeros, además de árabes y beréberes establecidos en tierras que se les entregaban como contrapartida a su servicio militar.

Como en Siria, los Omeyas, habitantes urbanos desde sus orígenes en Hiyaz, utilizaron su poder para promover los intereses de las ciudades y las zonas rurales colonizadas. Crecieron las ciudades —primero Córdoba y después Sevilla— sostenidas por las tierras de regadío, que suministraban un excedente gracias a las técnicas importadas de Oriente Próximo. En estas regiones, los árabes eran importantes como terratenientes y agricultores, si bien gran parte de la población indígena se mantuvo en su lugar de origen. Más allá de las llanuras irrigadas, en las mesetas, los inmigrantes beréberes de las montañas del Magreb vivían de una agricultura a pequeña escala y del pastoreo de ovejas.

El movimiento de beréberes del Magreb a España se dilató más que la inmigración árabe proveniente del este, y probablemente fue más numerosa. Asimismo, en el curso del tiempo parte de la población indígena se convirtió al islam, y hacia fines del siglo X es posible que la mayoría de los habitantes de al-Ándalus fuesen musulmanes; pero con ellos vivían los que no se convertían, los cristianos y una considerable población judía de artesanos y comerciantes. Los diferentes grupos se mantenían unidos gracias a la tolerancia de los Omeyas para con los judíos y los cristianos, y también por obra de la difusión de la lengua árabe, que se había convertido en el idioma de la mayoría, tanto de judíos y de cristianos como de musulmanes, hacia el siglo XI. La tolerancia, un lenguaje común y una larga tradición de gobierno autónomo fueron los factores que contribuyeron a crear una conciencia y una sociedad andaluzas peculiares. Su cultura religiosa islámica se desarrolló según líneas diferentes de las que prevalecieron en los países orientales, y su cultura judía también se independizó de la que existía en Irak, el centro principal de la vida religiosa hebrea.

Por lo tanto, cuando Abd al-Rahmán III, o Abderramán III (912-961), asumió el título de califa, en ese acto expresó no sólo los intereses de la dinastía, sino también la identidad particular de al-Ándalus. Su reinado marca la culminación del poder independiente de los Omeyas de España. Poco después, en el siglo XI, su reino se fragmentaría en otros menores, gobernados por dinastías árabes o berberiscas (los «reyes de taifas» o «reyes de facciones», *muluk al-tawaif*), en un proceso semejante al que se desarrollaba en el Imperio abasí.

UNA SOCIEDAD UNIFICADA:
LAS BASES ECONÓMICAS

La desaparición de una estructura gubernamental unitaria, en el este y el oeste, no fue un signo de debilidad social o cultural. A estas alturas, se había creado un mundo musulmán cohesionado por muchos vínculos, y con diversos centros de poder y de alta cultura.

La absorción de un área tan extensa por un solo imperio había creado, a su debido tiempo, una unidad económica importante, no sólo por su magnitud sino también porque unía dos grandes cuencas marinas del mundo civilizado, la del Mediterráneo y la del océano Índico. El movimiento de ejércitos, mercaderes, artesanos, eruditos y peregrinos entre ellas se facilitó, y lo mismo sucedió con la circulación de ideas, estilos y técnicas. En esta vasta esfera de interacción podían formarse gobiernos fuertes y grandes ciudades, podía existir un comercio internacional y un área rural floreciente, y cada uno de estos aspectos mantenía las condiciones de existencia de los restantes.

La creación de un Imperio musulmán y, más tarde, de Estados en los territorios que habían formado parte de aquél, llevó al florecimiento de grandes ciudades, donde los palacios, los dirigentes y las poblaciones urbanas necesitaban alimentos, materias primas para la manufactura y artículos de lujo que permitieran exhibir la riqueza y el poder, y donde los cambios y los aspectos complejos de la vida urbana creaban cierto deseo de novedad y de imitación de las modas de los poderosos o los extranjeros. La demanda urbana y la relativa facilidad de las comunicaciones imprimió nuevas orientaciones y formas de organización al comercio de larga distancia, que había existido siempre. Los artículos muy voluminosos no podían ser transportados rentablemente a distancias muy grandes, y la ciudad debía buscar la mayor parte de sus alimentos en las zonas colindantes del interior; pero en el caso de ciertos artículos la recompensa era tal que justificaba el transporte a larga distancia. La pimienta y otras especias, las piedras preciosas, las telas finas y la porcelana llegaban de India y China; las pieles, de los países septentrionales. A cambio, se exportaba coral, marfil y tejidos. Las ciudades de Oriente Próximo eran, además de consumidoras, productoras de artículos manufacturados para la exportación y para su propio uso. Parte de la producción se realizaba a gran escala —armamento de guerra fabricado en los arsenales del Estado, telas finas para el palacio, refinerías de azúcar y fábricas de papel—, si bien la mayor parte de la producción provenía de los pequeños talleres textiles y metalúrgicos.

Antes del advenimiento del ferrocarril y después del automóvil en los tiempos modernos, el transporte marítimo y fluvial era más barato, más rápido y más seguro que el terrestre. Para alimentar a sus habitantes, era casi esencial que una gran ciudad estuviese cerca de un mar o un río importante, y las principales rutas del comercio de larga distancia también eran rutas marítimas en ese período, sobre todo las del océano Índico. Durante el régimen de los Abasíes, los principales centros de organización del comercio por estas rutas eran Basora, en el bajo Irak, y Shiraz en la costa irania del golfo Pérsico, ciudades ambas que estaban bajo el control abasí, y en condiciones de satisfacer las necesidades de la capital. Hacia el siglo X se manifestó cierto desplazamiento del comercio del golfo al mar Rojo, debido al auge de El Cairo como centro del comercio y del poder, y de la creciente demanda originada en las ciudades mercantiles de Italia; pero esto fue sólo el comienzo.

A partir de Basora y Shiraz, el comercio con el este estuvo a cargo principalmente de los mercaderes de Irán, árabes o judíos, a través de barcos árabes que se dirigían a los puertos de India occidental, o incluso más allá; en cierto período llegaron incluso a China, pero después del siglo X no sobrepasaron los puertos del sureste asiático. Se dirigieron también hacia el sur, hacia Arabia meridional y occidental, y al este de África. De Basora, las mercancías podían transportarse por río a Bagdad, y después continuar por las rutas del desierto sirio hasta Siria y Egipto, o atravesar Anatolia para llegar a Constantinopla y Trebisonda, o recorrer la gran ruta que iba de Bagdad a Nishapur, en el noreste de Irán, y de allí a Asia central y China. Para recorrer distancias largas, las mercancías se transportaban a lomo de camello, en caravanas grandes y bien organizadas, y si las distancias eran menores, se utilizaba la mula o el asno. En la mayor parte de Oriente Próximo el transporte sobre ruedas desapareció después del surgimiento del Imperio musulmán, y no reapareció hasta el siglo XIX. Se han esgrimido varias razones para explicar este fenómeno: los caminos romanos se deterioraron, los nuevos grupos árabes gobernantes estaban interesados en la cría de camellos, y el transporte a lomo de camello era más económico que utilizando carros.

El comercio en el Mediterráneo al principio fue más precario y limitado. Europa occidental aún no había logrado recuperarse y no producía lo suficiente para exportar ni era capaz de absorber demasiadas mercancías. El Imperio bizantino, por su parte, durante un tiempo trató de limitar el poder naval y el comercio marítimo árabe. El tráfico más importante fue el que se realizó a lo largo de la costa meridional, y que unía España y el Magreb con Egipto y Siria, teniendo a Túnez como centro de recepción y distribución. A lo largo de esta ruta los mercaderes, muchos de ellos judíos, organizaron el comercio de la seda española, el oro traído de África occidental, los metales y el aceite de oliva. Después, en el siglo X, comenzó a cobrar importancia el comercio con Venecia y Amalfi.

Los gobiernos fuertes y las grandes ciudades no podían existir sin una zona agrícola productiva, pero el campo a su vez era incapaz de prosperar si no existía un gobierno fuerte y ciudades que invirtiesen en la producción. En los países conquistados por los árabes, y sobre todo en los que tenían una considerable inmigración árabe, se formó una nueva clase de terratenientes. Las tierras que habían sido arrebatadas a los propietarios anteriores y que pertenecían formalmente al gobernante se concedieron a los árabes con la obligación de pagar impuestos; más tarde, durante el siglo X, comenzó a crearse un sistema en virtud del cual la recaudación de impuestos que gravaban las parcelas de tierras fue otorgada a oficiales o comandantes militares, quienes de este modo se convirtieron en propietarios virtuales y tuvieron interés en mantener la producción. En buena medida, los agricultores que antes habían vivido de la tierra continuaron buscando trabajo en el campo, aunque en ciertos lugares los campesinos y los pastores emigraban. Los datos disponibles indican que las relaciones entre los terratenientes y los campesinos fueron las propias de los aparceros, en diferentes formas: después del pago del impuesto, se dividía la producción en proporciones convenidas entre los que contribuían con la tierra, la semilla, los animales y la fuerza de trabajo. Había acuerdos más complejos en el caso de las tierras de regadío, o cuando debían plantarse árboles.

Los terratenientes que acumulaban dinero con el comercio o de cualquier otro modo podían usarlo para la producción agrícola, y con la ayuda de su capital se incorporaban nuevas técnicas. Hay pruebas de que la expansión del Imperio musulmán aportó nuevos cultivos, o por lo menos condujo a la ampliación de los que ya eran conocidos. En general, el movimiento fue hacia el oeste, de China o India a través de Irán hacia la cuenca del Mediterráneo: el arroz, la caña de azúcar, el algodón, las sandías, las berenjenas, las naranjas y los limones se cultivaron en una amplia zona. Algunos de estos cultivos exigían grandes inversiones en irrigación y la mejora de las tierras. Se restauraron los antiguos mecanismos de regadío, por ejemplo en Irak meridional, y se iniciaron otros nuevos. El movimiento hacia el oeste puede observarse en España, que incorporó de Siria la rueda de agua (*naura*, noria), y el canal subterráneo (*qanat*) de Irán. En España también se aplicaron nuevos métodos de rotación de los cultivos.

Gracias a estas mejoras aumentó el excedente agrícola y este cambio, unido al crecimiento de la manufactura y el comercio, acrecentó la importancia del dinero en la economía de Oriente Próximo y la cuenca del Mediterráneo. Se estableció un sistema monetario reconocido internacionalmente. El flujo de los metales preciosos y, sobre todo, del oro africano hacia las regiones del Califato posibilitó el aumento de la acuñación de monedas; el dinar de oro abasí continuó siendo un instrumento de cambio durante siglos, y se han hallado monedas de plata islámicas en Escandinavia y en el bosque de Wychwood, al norte de Oxford. El desarrollo de la acuñación tuvo que ver con la aparición de un sistema de crédito. Los grandes comerciantes aceptaban depósitos y realizaban préstamos; los prestamistas y los recaudadores de impuestos también utilizaban el efectivo acumulado para conceder préstamos. Los mercaderes que tenían corresponsales o clientes en otros lugares emitían letras contra éstos o cartas de crédito.

Una economía compleja y extendida no podía haber existido sin un sistema de expectativas compartidas entre quienes debían mantener relaciones sin contacto o conocimiento personal. Los vínculos de familia podían resolver estos aspectos en ciertos casos, por ejemplo, entre los mercaderes judíos que recorrían el mundo del Mediterráneo y llegaban aún más lejos, cruzando las fronteras entre los países musulmanes y cristianos. Si no existían tales nexos, se necesitaban leyes o normas de moral social aceptadas por todos. Del mismo modo, los terratenientes y los agricultores necesitaban normas claras y aceptadas relativas a la propiedad, la división de la producción, los gravámenes y los derechos sobre el agua, los árboles y los minerales del subsuelo.

Por consiguiente, las relaciones económicas exigían un sistema común de comportamiento, y esto fue posible cuando una proporción cada vez mayor de la población de los países gobernados por los musulmanes se convirtió a su vez en musulmana, y cuando se redactaron las aplicaciones a la vida social de la revelación de Mahoma.

UNIDAD CONFESIONAL Y LINGÜÍSTICA

No es fácil descubrir muchos elementos acerca de las etapas que recorrieron los pueblos sometidos para convertirse en musulmanes, pero un estudio basado en datos referidos a la adopción de nombres específicamente musulmanes ha sugerido niveles y magnitud que parecen plausibles.[1] De acuerdo con este cálculo, hacia finales de la época de los Omeyas (es decir, a mediados del siglo II islámico y el VIII cristiano) menos del 10 % de la población de Irán e Irak, Siria y Egipto, Túnez y España era musulmana, aunque la proporción seguramente era mucho más elevada en la península arábiga. Dejando al margen las tribus árabes que ya habían estado en Irak y Siria antes de la conquista musulmana, es posible que la mayoría de los conversos proviniera de los niveles inferiores de la sociedad —por ejemplo, los soldados capturados en combate— o de funcionarios del gobierno sasánida que se incorporaron al servicio de los nuevos dirigentes; no se presionaba ni se ofrecían incentivos concretos a otros con el fin de que se convirtiesen. En su mayoría los conversos vivían en los principales centros urbanos de población y poder árabes, o en sus inmediaciones, donde estaban lo que serían las instituciones específicamente islámicas —la mezquita, los tribunales—, y estas ciudades, las de Irak e Irán, Cairuán en África y Córdoba en España, fueron los centros de irradiación del islam.

Hacia fines del siglo IV islámico (el siglo X d. C.), el panorama había cambiado. Gran parte de la población era musulmana. No sólo los habitantes de las ciudades, sino también un número considerable de los de las zonas rurales seguramente se convirtió. Una de las razones de este proceso puede haber sido que el islam estaba definido con mayor claridad, y la línea divisoria entre musulmanes y no musulmanes tenía un perfil más nítido. Ahora, los musulmanes se ajustaban a un elaborado sistema de ritos, doctrinas y leyes muy distintos de los que aceptaban los que no eran musulmanes. Tenían más conciencia de ellos mismos como musulmanes. El estatus de los cristianos, los judíos y los zoroastrianos estaba definido con más precisión y, en ciertos aspectos, era inferior. Se los consideraba el «Pueblo del Libro», es decir, los que poseían una escritura revelada, o el «Pueblo de la Alianza», con quienes se había concertado acuerdos de protección (el llamado Pacto de Omar). En general, no se les imponía la conversión, pero soportaban restricciones. Pagaban un impuesto especial; no debían usar ciertos colores; no podían casarse con mujeres musulmanas; su testimonio no era aceptado contra el de los musulmanes; sus casas o lugares de culto no debían ser ostentosos; se los excluía de los cargos que implicaban poder (aunque en diferentes lugares los judíos y los cristianos fueron secretarios o funcionarios financieros de los gobernantes musulmanes). El grado de seriedad con que se aplicaban estas normas dependía de las condiciones locales, pero incluso en las mejores circunstancias la posición de una minoría es incómoda, y existía la instigación a abrazar el camino de la conversión.

En cualquier caso, el proceso de conversión no fue total. Los judíos se habían visto excluidos de la mayor parte de la península arábiga en los primeros tiempos del islam, si bien continuaban residiendo en las grandes ciudades de otros países musulmanes trabajando de mercaderes y artesanos, y también como pequeños comerciantes en algunos distritos rurales: el norte de Irak, Yemen, Marruecos. Que sobrevivieran y prosperasen fue el resultado no sólo del vigor de su organización comunitaria, sino también de su capacidad para ocupar ciertos cargos económicos en los intersticios de una sociedad compleja, y también del hecho de que no se identificaran con ninguno de los Estados contra los cuales los gobernantes musulmanes guerreaban de tanto en tanto.

Los cristianos no estaban en la misma situación. Algunos tenían vínculos religiosos con el Imperio bizantino, y es posible que despertasen sospechas en épocas de guerra. No poseían la misma organización comunitaria sólida que caracterizaba a los judíos; es posible que en ciertas regiones del campo ni siquiera fuesen profundamente cristianos. En algunos lugares, el cristianismo se extinguió por completo, aunque no por mucho tiempo; en otros, persistió como la fe de una minoría. En España, gran parte de la población continuó perteneciendo a la Iglesia católica romana; en otros puntos, los que sobrevivieron tendían a pertenecer a Iglesias disidentes que se habían separado del cuerpo principal como resultado de las grandes controversias de los primeros siglos acerca de la naturaleza de Cristo: nestorianos, monofisitas, monotelitas. Los cristianos vivían no sólo en las ciudades, sino también en distintas áreas del campo, especialmente en el alto Egipto, en las montañas libanesas y en Irak septentrional.

La lengua árabe se difundió al mismo tiempo que el islam, o incluso antes en ciertos lugares. En el interior de Siria y en Irak occidental, gran parte de la población ya hablaba árabe en tiempos de la conquista musulmana. Las nuevas ciudades, con sus poblaciones inmigrantes y sus gobiernos dominados por árabes, fueron los centros de una irradiación más amplia del idioma. Se difundió como lengua hablada, en diferentes dialectos locales influidos por las lenguas vernáculas precedentes, y como idioma escrito, que preservó su unidad y su continuidad gracias al Corán, el libro escrito en lengua árabe.

Como lengua hablada, el árabe encontró su frontera en Irán, donde persistió el uso del persa. Pero como lengua escrita el árabe no halló fronteras en el mundo del islam. La religión llevaba consigo la lengua. Los conversos cuyo origen no era árabe, y sobre todo los de tierras de Irán, leyeron el Corán en árabe, y representaron un papel importante en la organización del sistema de pensamiento y derecho que se originó en aquél. Los que no se convirtieron continuaron usando sus propias lenguas con fines religiosos y literarios: las liturgias de algunas de las Iglesias orientales conservaron el sirio y el copto; el hebreo y el arameo fueron las lenguas del culto y el saber religioso judíos; las escrituras zoroastrianas recibieron su forma final en el pelvi *(pahlavi)*, la forma del persa utilizada antes de la conquista, y después del advenimiento del islam. Pero incluso aquí hubo un cambio; el árabe se convirtió en la lengua del culto y la literatura religiosa de algunas de las Iglesias orientales; los judíos de España acabaron usando el árabe en filosofía, ciencias y poesía. El primer freno serio a la difusión del árabe apareció en el siglo IX, cuando el persa comenzó a aparecer en una forma islamizada como lenguaje literario; pero también en Irán el árabe continuó siendo la lengua principal del saber religioso y legal.

Así, en la escritura de este período, las palabras como «árabe» y «arábigo» cobran significados más amplios y desplazan a los anteriores. Pueden referirse a los individuos cuyo origen estaba en la península árabe, y sobre todo a los que podían afirmar que pertenecían a las tribus nómadas que tenían una tradición militar; o puede usárselas en relación con todos los que, desde Marruecos y España hasta la frontera de Irán, habían adoptado el árabe como idioma vernáculo; o en cierto sentido pueden extenderse todavía más y abarcar a aquellos para quienes el árabe se había convertido en el medio principal de expresión de una elevada cultura literaria.

En tiempos de los Omeyas la tradición de la composición poética continuó floreciendo, y los poetas más famosos del período temprano tenían todavía un origen árabe beduino: Ajtal, Farazdaq, Yarir. Pero había una diferencia: el mecenazgo de las cortes —el de los propios Omeyas en Damasco, pero también el de poderosos jefes tribales— extendía el ámbito geográfico de la poesía y, a la par, tendía a modificar su carácter. Los panegíricos de los gobernantes y los poderosos ocuparon un lugar más destacado y, al mismo tiempo, la poesía amorosa, el *gazal*, adquirió un tono más personal.

A finales de la época omeya, y en el período temprano del dominio abasí, sobrevino un cambio más profundo. El advenimiento del islam modificó el criterio con que la gente miraba el árabe. El Corán fue el primer libro escrito en esta lengua, y los musulmanes creían que era la lengua en que les había sido revelado. Se expresaba en el lenguaje superior en que se había compuesto la poesía de los primeros tiempos y que ahora se empleaba para un propósito distinto. Era esencial para los que aceptaban el Corán como la Palabra de Dios para entender su lengua; para ellos, la antigua poesía era no sólo el *diwán* de los árabes, sino también la norma del lenguaje correcto.

El árabe estaba convirtiéndose ahora en el medio de expresión no sólo de los que llegaban a las diferentes regiones del Imperio desde la península arábiga, sino también para los individuos de otros orígenes que abrazaban el islamismo o que necesitaban, al menos, utilizar la lengua para los fines relacionados con el trabajo y la vida, y sobre todo para los funcionarios persas y de otros orígenes que servían a los nuevos gobernantes. El centro de la actividad literaria pasó de los pueblos de los oasis y los campamentos tribales a las nuevas ciudades. Al principio Basora y Kufa, y después Bagdad, la nueva capital imperial. El medio literario cambió y se expandió, para incluir a los califas y sus cortes, los altos funcionarios y la nueva elite urbana de orígenes diversos. Aunque la práctica de la composición oral y la declaración de la poesía pueden haber continuado, las obras literarias comenzaron a adoptar la forma escrita, y desde el principio del siglo IX la introducción del papel facilitó la circulación de las obras escritas. Antes, se habían utilizado el papiro y el pergamino, pero hacia fines del siglo VIII llegó de China la técnica de la producción de papel. Manufacturado al principio en Jorasán, se extendió a otras regiones del Imperio, y hacia mediados del siglo X había reemplazado en buena medida al papiro.

Un efecto natural de la difusión de la lengua árabe fue que algunos de los que la utilizaban desearan entenderla. Las ciencias del lenguaje fueron creadas sobre todo por los individuos para quienes el árabe era una lengua adquirida, y que por lo tanto tenían que pensarla: la lexicografía, la recopilación y la clasificación de las palabras fue desarrollada por eruditos que frecuentaban los mercados a los que llegaban los beduinos; la gramática, la explicación del modo de funcionamiento del árabe, fue expuesta sistemáticamente ante todo por un hombre que no era de origen árabe, Sibawaí (m. 793), de cuyos escritos derivaron todas las obras ulteriores. El mismo impulso indujo a los estudiosos a recopilar y estudiar la antigua poesía de Arabia. En el proceso de compilación de los poemas, a buen seguro, los modificaron y, a la vez, se definieron los principios formales de la composición poética; éstos ejercerían considerable influencia sobre los creadores posteriores. El primer teórico importante de la literatura, Ibn Qutaiba (828-889), ofreció una descripción de la *qasida* típica que sería tenida en cuenta por poetas ulteriores: este autor sugirió que la *qasida* debía comenzar con la evocación de los lugares y el amor perdidos, continuar con la descripción de un viaje y culminar en el tema real, un panegírico, una elegía o una sátira.

Los escritos de los teóricos tuvieron quizá menos importancia en el desarrollo de la poesía que la práctica de los poetas de diferentes estilos. La poesía de estos autores fue más individual que la de los autores de las *qasidas* preislámicas. Algunos no tenían origen árabe, vivían en las ciudades, conocían la tradición poética que habían heredado, pero la empleaban con una capacitación literaria consciente. Se formó un nuevo estilo, el *badi*, caracterizado por el uso de un lenguaje refinado y de figuras retóricas. Se utilizaba un vocabulario inusual, las palabras formaban antítesis unas con otras, y todo se expresaba en el rígido marco de los metros y las rimas que habían caracterizado a la poesía anterior.

Los temas de las poesías fueron más variados que antes. Los poetas escribieron acerca del amor erótico, y no se limitaron al pesar formal ante la pérdida de la amada o la imposibilidad de alcanzarla. Algunos intervinieron en las controversias religiosas y éticas de los primeros círculos islámicos: un poeta sirio, Abul-Ala al-Maarri (973-1057), compuso poemas y una elaborada obra en prosa en la cual se dudaba de las ideas aceptadas generalmente acerca de la revelación y la vida después de la muerte.

Era natural que se atribuyese especial importancia al panegírico, el elogio no tanto de la tribu del poeta como del gobernante o protector. En el panegírico, la primera parte de lo que Ibn Qutaiba había considerado la *qasida* típica ocupaba menos espacio y se convertía sencillamente en una introducción al tema principal; se elogiaba al gobernante o protector en un lenguaje refinado y formal, y a través de él, en ocasiones, aparecía la personalidad del poeta y sus sentimientos.

Al-Mutanabbi (915-968) fue reconocido por los críticos literarios ulteriores como el maestro supremo de este género poético. Nacido en

Kufa, de origen árabe, pasó algunos de sus primeros años con la tribu árabe de los Banu Kalb. Dedicó parte de su juventud a la actividad política, y
los años siguientes fue poeta de la corte de una sucesión de gobernantes,
en Alepo, El Cairo, Bagdad y Shiraz. Quizá sus años más fecundos correspondan al período en que el poeta admiraba a Saif al-Dawla, gobernante
Hamdaní de Aleppo y Siria septentrional. Se exalta al gobernante en términos hiperbólicos. Cuando Saif al-Dawla se recuperó de una enfermedad, su poeta declaró:

> Se restauraron la gloria y el honor cuando tú sanaste, y el dolor pasó de
> ti a tus enemigos [...]. La luz, que había abandonado al sol, como si su
> desaparición fuese una enfermedad del cuerpo, retornó a él [...]. Los árabes
> se destacan en el mundo porque pertenecen a tu raza, pero los extranjeros
> comparten con los árabes tu beneficencia [...]. No es sólo a ti a quien felici-
> to por tu recuperación; cuando tú estás bien, lo están los hombres.[2]

Sin embargo, existe también cierta dosis de autoelogio, como en un
poema escrito cuando el autor creyó que Saif al-Dawla había otorgado
su favor a otro:

> Oh tú, el más justo de los hombres, excepto en el modo de tratarme; mi
> diferencia es contigo, y tú eres mi adversario y mi juez [...]. Yo soy aquel cu-
> yos escritos pueden ver incluso los ciegos, y que ha logrado que incluso los
> sordos escuchen sus palabras. Duermo con mis ojos cerrados a las palabras
> que se difunden por ahí, y en cambio otros hombres no pueden dormir por
> ellas, y compiten unos con otros [...]. ¿En qué idioma la chusma, formada
> no por árabes ni persas, proclama su poesía ante ti? Eso te reprocho, pero lo
> hago con amor; está engastado con perlas, pero son mis palabras.[3]

Los poetas prolongaban una antigua tradición, si bien la escritura en
prosa arábiga era algo nuevo. El Corán fue la primera obra en prosa
compuesta en árabe elevado (o por lo menos la primera que sobrevivió),
y otras producciones fueron en cierto sentido una consecuencia natural
de aquél. Los relatos acerca del Profeta y las victorias de los árabes fueron recopilados y anotados, y los predicadores populares crearon una retórica de temas islámicos. Bastante después, surgió un nuevo tipo de
prosa artística, que exploró temas extraídos de otras culturas; en este
sentido, uno de los ejemplos más tempranos y famosos fue *Kalila wa
Dimna*, una recopilación de fábulas moralistas de la vida animal, deri-

vada en definitiva del sánscrito a través del pelvi y volcada a la prosa árabe mediante un funcionario abasí de origen iranio, Ibn al-Muqaffa (h. 720-756).

Este autor fue un ejemplo de los secretarios arabizados e islamizados que estaban incorporando al árabe ideas y géneros literarios derivados de su propia tradición heredada; pero junto a ellos había otro grupo de escritores que se inspiraban en el amplio mundo que había nacido como consecuencia de la difusión del islam y su Imperio. La multiplicidad de pueblos y países, la nueva diversidad de caracteres humanos, los nuevos problemas de la moral y el comportamiento. Trataron de enfocar todas estas cuestiones a la luz de las normas de la nueva fe islámica, y de expresarlas en una forma literaria satisfactoria. Entre los representantes de este nuevo tipo de literatura o *adab*, al-Yahiz (h. 776-h. 869) se destaca como un escritor de amplitud y capacidad de respuesta excepcionales, todo esto expresado en un lenguaje ejemplar. Sus raíces estaban en una de las familias africanas, esclavas en origen, que se unieron a las tribus árabes, pero que desde hacía mucho tiempo estaban totalmente arabizadas. Se educó en Basora, pero después gozó de la protección del califa al-Mamún. Su curiosidad intelectual era muy viva, y sus obras son recopilaciones de conocimientos poco frecuentes e interesantes relacionados con el mundo humano y natural. Los países, los animales, las peculiaridades de los seres humanos. En el fondo de todo esto hay cierta intención moralizante: acerca de la amistad y el amor, la envidia y el orgullo, la avaricia, la falsedad y la sinceridad.

> Un hombre que es noble no pretende serlo, del mismo modo que un individuo elocuente no finge elocuencia. Cuando un hombre exagera sus cualidades es porque en sí mismo carece de algo; el prepotente se da aires porque tiene conciencia de su debilidad. El orgullo es repulsivo en todos los hombres [...] es peor que la crueldad, que es el peor de los pecados, y la humildad es mejor que la clemencia, que es la mejor de las virtudes.[4]

El *adab* que se desarrolló en el período abasí temprano estaba destinado a enseñar y entretener. Al-Tanuji (940-994), *qadi* de Bagdad, escribió tres volúmenes de relatos que son al mismo tiempo un entretenimiento literario y una serie de documentos sociales acerca del mundo de los ministros, los jueces y los dignatarios menores que rodeaban a la corte abasí. En el siglo siguiente, Abú Hayyan al-Tawhidi (m. 1023) redactó ensayos y tratados acerca de una amplia variedad de temas que esta-

ban de moda entre los eruditos y los escritores de aquel tiempo; escribió
en un estilo literario atractivo, que revelaba un amplio saber y una mente privilegiada. El entretenimiento era el objetivo principal del *maqamat*: una secuencia de narraciones escritas en prosa rimada *(say)*, en
las que un narrador cuenta historias de un sinvergüenza o vagabundo
que afronta diferentes situaciones. Llevado a un elevado nivel de desarrollo por al-Hamadani (968-1110) y al-Hariri (1054-1122), este género continuaría siendo popular en los círculos literarios árabes hasta el siglo XX.

La crónica del pasado histórico es importante en todas las sociedades humanas, pero adquiere un significado especial en las comunidades
fundadas en la creencia de que ciertos hechos especiales sucedieron en
determinados momentos y en lugares específicos. Antes del surgimiento
del islam, los árabes tenían sus propios registros orales de los hechos de
sus antepasados y, hasta cierto punto, éstos se expresan en los poemas
de ese período que han llegado hasta nosotros. En los primeros siglos del
islam, la historia cobró una importancia diferente, y comenzó a regis-
trársela por escrito. Se desarrollaron dos clases diferentes de escritos históricos, que mantenían una estrecha relación mutua. Por una parte, los
filólogos y los genealogistas recopilaron y escribieron la historia oral de
las tribus árabes; éstos eran importantes no sólo para el estudio de la lengua árabe, sino que además podían suministrar elementos decisivos acerca de interrogantes prácticos relacionados con la distribución del botín
obtenido en las conquistas o de las tierras correspondientes a los nuevos
asentamientos. Por otra parte, era todavía más importante registrar los
episodios de la vida del Profeta, los primeros califas, las primeras conquistas y los asuntos públicos de la comunidad musulmana. Transmitido por eruditos responsables, a veces modificado o incluso inventado en
el curso de controversias políticas e ideológicas, enriquecido por los narradores, se formó de manera gradual un caudal de narraciones, y de este
material surgieron varias clases de literatura: recopilaciones de *hadices*;
biografías del Profeta; recopilaciones de las vidas de los transmisores de
los *hadices*, y, finalmente, obras de narración histórica, que reflejaban la
gesta Dei, el cuidado de Dios para con Su comunidad. Éstas contenían
un ingrediente de la narración ejemplar, pero también un núcleo sólido
de verdad. La invención del calendario islámico, que aportó una crono-
logía a partir de la hégira, creó un marco dentro de cuyos límites podían
registrarse los hechos.

La tradición de la composición histórica alcanzó su madurez en el siglo IX, con la aparición de historias de más amplio alcance y de una mayor capacidad de comprensión: las de al-Baladuri (m. 892), al-Tabari (839-923) y al-Masudi (m. 928). La temática de estos autores abarcaba la totalidad de la historia islámica, cuando no la totalidad de lo que ellos consideraban la historia humana significativa. Así, al-Masudi aborda los anales de los siete pueblos antiguos a quienes considera poseedores de una historia real: los persas, los caldeos, los griegos, los egipcios, los turcos, los indios y los chinos. Era necesario ordenar la gran cantidad de datos: en el caso de la historia islámica, por años; en otros, aplicando criterios como el reinado de los monarcas. También había que juzgarla aplicando normas críticas. El criterio más evidente era el que provenía del *isnad*: ¿cuál era la cadena de testigos de cierto acontecimiento, y hasta dónde podía confiarse en su testimonio? Pero había otros criterios. Un registro transmitido podía considerarse plausible o no a la luz de una comprensión general del modo en que actuaban los gobernantes y cambiaban las sociedades humanas.

Otro autor, al-Biruni (973-h. 1050), es único por la gama de sus intereses y su capacidad de comprensión. Su famosa *Tahqiq ma lil-Hind (Historia de India)* es quizás el principal y más prolongado esfuerzo de un autor musulmán por sobrepasar el mundo del islam y apropiarse de lo que era valioso en otra tradición cultural. El eje de su obra no es la polémica, como él mismo lo aclara en el prefacio:

> Éste no es un libro de controversia y debate, que formula los argumentos de un antagonista y distingue de ellos lo falso de lo cierto. Es un relato directo, que plasma las afirmaciones de los hindúes y les agrega lo que los griegos dijeron en relación con temas análogos, a fin de compararlos.[5]

Se describen las mejores expresiones del pensamiento religioso y filosófico indio:

> Como estamos escribiendo lo que hay en India, mencionamos sus supersticiones, pero debemos destacar que éstas son cuestiones que se refieren únicamente al pueblo común. Los que siguen el camino de la salvación o el sendero de la razón y la argumentación, y que buscan la verdad, evitarán venerar a nadie que no sea Dios, o Sus imágenes grabadas.[6]

Señala que en definitiva las creencias de los hindúes son análogas a las de los griegos; también entre estos últimos el pueblo común venera-

ba a los ídolos, en tiempos de la ignorancia religiosa, antes del advenimiento del cristianismo, pero las personas educadas tenían opiniones
análogas a las de los hindúes. Aun así, incluso la elite hindú se diferen-
ciaba de los musulmanes en un aspecto:

> En nuestro tiempo, los hindúes establecen muchas diferencias entre
> los seres humanos. En eso nos distinguimos de ellos, pues nosotros consi-
> deramos a todos los hombres como iguales excepto en la religión. Ésta es la
> principal barrera entre ellos y el islam.[7]

EL MUNDO ISLÁMICO

Hacia los siglos islámicos III y IV (IX y X d. C.), se había formado
algo que podía identificarse como el «mundo islámico». El viajero que
recorría el mundo podía decir, gracias a lo que veía, si un país estaba gobernado y poblado por musulmanes. Estas formas externas habían sido
difundidas por los movimientos de los pueblos: por las dinastías y sus
ejércitos, por los mercaderes que atravesaban tierras y aguas del océano
Índico y el mar Mediterráneo, por los artesanos atraídos de una ciudad a
otra por el mecenazgo de los gobernantes o los ricos. Otros vehículos
eran los objetos importados y exportados que reflejaban cierto estilo: los
libros, las piezas de metal, los objetos de cerámica y quizás en especial
los textiles, la mercancía más común del comercio de larga distancia.

En esa época, la mezquita podía estar en el centro de un sistema in-
Sobre todo, los grandes edificios eran los símbolos externos de este
«mundo del islam». En un período ulterior aparecerían estilos regionales
en la construcción de las mezquitas. Pero durante los primeros siglos
hubo ciertos rasgos comunes que podían hallarse desde Córdoba hasta
Irak, y aún más lejos. Además de las grandes mezquitas, había otras más
pequeñas en los mercados orientales, los distritos o las aldeas, y allí se
oraba, pero no se predicaba el sermón del viernes; era probable que se las
construyese con materiales locales, y que reflejasen los gustos y las tradiciones locales.

En esa época, la mezquita podía estar en el centro de un sistema integral de construcciones religiosas, la casa en que el cadí impartía justicia, los albergues para los caminantes o los peregrinos, y los hospitales
para los enfermos; la fundación y el mantenimiento de estos edificios

eran obras de caridad recomendadas por el Corán. Había otro tipo de construcción, que representaba un papel especial en la unificación de la comunidad musulmana, más allá de los límites de una sola ciudad o región. Era el santuario. Ciertos santuarios eran lugares de peregrinación y plegaria heredados de tradiciones religiosas anteriores, si bien ahora con un sentido islámico: la Kaaba en La Meca, la Cúpula de la Roca en Jerusalén, la tumba de Abraham en Hebrón. Junto a estos sitios aparecieron nuevos lugares de atracción: las tumbas de los que estaban asociados con la historia temprana del islam. Aunque los musulmanes consideraran a Mahoma un hombre igual a los restantes, llegó a aceptarse la idea de que él intercedería por su pueblo el día del Juicio, y los musulmanes visitaban su tumba en Medina durante la peregrinación a La Meca. Los imanes chiíes, sobre todo los mártires, atraían a los peregrinos desde épocas tempranas; la tumba de Alí en Nayaf tiene elementos del siglo IX. Poco a poco, las tumbas de aquellos a quienes se consideraba «amigos de Dios», y que podían interceder ante Él, se multiplicaron a través del mundo musulmán; es indudable que algunas aparecieron en lugares considerados sagrados por las religiones anteriores o por la tradición inmemorial de las zonas rurales.

Un segundo tipo de edificio era el que expresaba el poder del gobernante. Entre ellos cabe citar las grandes obras de utilidad pública, los caravasares de las rutas comerciales y los acueductos y otras obras hidráulicas; en los países extremadamente secos de Oriente Próximo y el Magreb, llevar agua a los habitantes de la ciudad era un acto de buena política, y la irrigación de la tierra, una práctica que se difundió con la expansión de los árabes en la zona del Mediterráneo. Pero los palacios eran las construcciones que expresaban mejor la grandeza imperial: pabellones de descanso erigidos entre jardines y fuentes, símbolos de un paraíso perdido, y palacios oficiales, centros del gobierno y la justicia, así como de la vida principesca. Se sabe algo de los palacios abasíes gracias a las descripciones de los escritores y las ruinas que perduran en Samarra. Se llegaba a ellos atravesando espacios abiertos destinados a los desfiles o a las demostraciones ecuestres; circundados por altos muros, los senderos que atravesaban los jardines llevaban a una sucesión de puertas interiores; finalmente, en el centro se hallaba la residencia y las oficinas del califa, y el salón de techo abovedado donde éste concedía audiencia. Tales edificios, expresiones de poder, magnificencia y placer, y su separación del mundo externo, fueron imitados en todo el mundo musulmán y originaron un estilo internacional que se mantuvo durante siglos.

En cierto sentido, no había nada específicamente «islámico» en los palacios. Una vez más, la amalgama de tantos elementos del mundo en un solo Imperio reunió ingredientes de diferente origen en una unidad nueva. Los gobernantes se relacionaban unos con otros más allá del mundo del islam; se intercambiaban presentes, las embajadas volvían a su país y relataban historias maravillosas, y las elites gobernantes son especialmente propensas al deseo de novedad. El adorno de los palacios reflejaba los temas tradicionales de la vida de los príncipes en el mundo entero: el combate y la cacería, el vino y la danza.

Se utilizaron estos temas en los murales, donde se destacaban las figuras de animales y seres humanos. Pero en las construcciones religiosas se evitaba toda figuración; aunque la descripción de las formas vivas no estaba prohibida explícitamente por el Corán, la mayoría de los juristas, basándose en los *hadices*, sostenían que las figuras humanas y animales implicaban infringir el poder exclusivo de Dios en la creación de la vida. En la mezquita omeya de Damasco, los mosaicos, de un período temprano, reflejan el mundo natural y las casas de un modo bastante realista que, además, recuerda la pintura mural romana; pero los muestran sin la presencia de criaturas vivas. Sin embargo, los muros de las mezquitas y de otros edificios públicos de ningún modo presentaban una superficie lisa. Las superficies estaban cubiertas de adornos: formas de plantas y flores, que tendían a una marcada estilización; dibujos de líneas y círculos con complejas conexiones, repetidas hasta el infinito, y sobre todo signos caligráficos. Es posible que el arte de la escritura fina fuese obra, en buena medida, de los funcionarios de las cancillerías de los gobernantes, pero tenía un significado especial para los musulmanes, que creían que Dios se comunicó mediante Su Verbo, en lengua árabe; los calígrafos desarrollaron la escritura de esa lengua según modos que eran apropiados para la decoración arquitectónica. Las palabras de formas infinitamente variadas, repetidas o en oraciones, se combinaban con formas vegetales o geométricas. Así, la caligrafía se convirtió en una de las artes islámicas más importantes, y la escritura árabe adornó no sólo los edificios, sino las monedas, los objetos de bronce, las piezas de alfarería y los textiles, sobre todo los que se tejían en los talleres reales y se ofrecían como presentes. Se utilizó la escritura para proclamar la gloria y la eternidad de Dios, como en las inscripciones que voltean la Cúpula de la Roca, o la generosidad y el esplendor de un benefactor, o la habilidad de un arquitecto.

Las casas construidas durante este período por la población musulmana de las ciudades han desaparecido, pero ha perdurado un número suficiente de utensilios utilizados en ellas que demuestran que algunas casas albergaban obras de arte análogas a las que había en los palacios. Se transcribían e ilustraban libros para los mercaderes y los eruditos; había piezas de cristal, metal y alfarería; los textiles eran sobremanera importantes: los suelos estaban cubiertos con alfombras, los asientos bajos tenían revestimientos de telas, y de las paredes colgaban tapices o lienzos. En general, todos estos elementos muestran el mismo tipo de adorno que se usaba en los edificios religiosos, es decir plantas y flores estilizadas, diseños geométricos y caligráficos. Se advierte la ausencia de temas específicamente reales, pero no falta la figura humana, o por lo menos no faltó por mucho tiempo; las piezas de cerámica fabricadas en Egipto muestran diseños antropomórficos, y los manuscritos se sirven de animales y seres humanos para ilustrar las fábulas o describir escenas de la vida cotidiana.

Así pues, hacia el siglo X los hombres y las mujeres de Oriente Próximo y el Magreb vivían en un universo definido por referencia al islam. El mundo se dividía entre la Morada del islam y la Morada de la Guerra, y los lugares sagrados para los musulmanes o relacionados con su historia temprana conferían su rasgo distintivo a la Morada del islam. Se medía el tiempo por referencia a las cinco plegarias cotidianas, el sermón semanal en la mezquita, el ayuno anual del mes de Ramadán y la peregrinación a La Meca, y con la ayuda del calendario musulmán.

El islam también dio a los hombres una identidad que les permitía autodefinirse frente a otros. Como todos los hombres, los musulmanes vivían en diferentes niveles. No pensaban constantemente en el Juicio y en el Cielo. Más allá de su existencia individual, se autodefinían en la mayoría de los propósitos cotidianos por referencia a la familia o grupos de parentesco más amplios, la unidad gregaria o la tribu, la aldea o el distrito rural, el barrio o la ciudad. Pero, al margen de estos términos de referencia, tenían conciencia de pertenecer a algo más amplio: la comunidad de los creyentes (la *umma*). Los actos rituales que ahora ejecutaban en común, la aceptación de una misión compartida del destino del mundo en éste y en el más allá, los unía con otros y los separaba de otras religiones, tanto si convivían éstos con los musulmanes en la Morada del islam o allende sus fronteras.

En este «mundo del islam», en un plano intermedio entre él y las pequeñas unidades aglutinadoras de la vida cotidiana, había identidades de un género tal que, en conjunto, no originaban sentimientos firmes y duraderos de fidelidad. El servicio por la obediencia a una dinastía, sobre todo si era duradera, podía dar lugar a esa actitud de fidelidad. El lenguaje común seguramente también originó el sentimiento de la comunicación fácil, y una suerte de orgullo. En el siglo XI, la comunicación de los árabes con el islam todavía era tan sólida que al-Biruni, un hombre de origen iranio, llegó a escribir:

> Nuestra religión y nuestro Imperio son árabes y gemelos; uno protegido por el poder de Dios; el otro, por el Señor del Cielo. ¡Cuántas veces las tribus de súbditos se unieron para impartir un carácter no árabe al Estado! Pero no lograron su propósito.[8]

El concepto del nacionalismo étnico tal como hoy lo entendemos, a saber, que quienes comparten un lenguaje común deben convivir en una sociedad política exclusiva, por supuesto no existía, y tampoco existía el concepto de nación territorial, la convivencia de habitantes de un territorio claramente diferenciado de los restantes por las fronteras naturales. Pero había cierta conciencia de los rasgos particulares de una ciudad y su territorio, todo lo cual podía expresarse en términos islámicos. Un estudio de Egipto ha demostrado de qué modo persistía la conciencia de su naturaleza especial: sus dones naturales y su fertilidad, su lugar en la historia islámica, sus héroes, sus mártires y sus santos. Aun así, perduraba cierto recuerdo de un pasado que se remontaba más allá del islam: las maravillas legadas por el mundo antiguo, las pirámides, y la Esfinge, y los antiguos santuarios, ritos y creencias de las zonas rurales, hacia los cuales los hombres y las mujeres aún podían volverse en busca de protección.[9]

CAPÍTULO CUATRO

La estructuración del islam

LA CUESTIÓN DE LA AUTORIDAD

La difusión del árabe hacia otros pueblos modificó la naturaleza de lo que se escribía en esta lengua, y ello se vio reflejado no sólo en la escritura secular, sino también, y de un modo aún más sorprendente, en un nuevo tipo de literatura que estructuró el sentido y las consecuencias de la revelación de Dios a Mahoma. Los que aceptaban el islam debían aceptar en ese contexto interrogantes inexorables: interrogantes que se originaban en la curiosidad intelectual y también en la crítica formulada por los cristianos, los judíos y los zoroastrianos, y, aún más quizás, en la necesidad de extraer las consecuencias de la fe en relación con la vida y la sociedad. Naturalmente, intentaban responder a dichos interrogantes a la luz del caudal existente de saber y de sus propios métodos de pensamiento: lo que aportaba cada uno a su nueva comunidad, o descubría entre quienes aún no se habían convertido, pues durante los primeros siglos el judaísmo, el cristianismo y el islam permanecieron abiertos unos a otros en mayor medida que lo que con el tiempo ocurriría. También, por descontado, el proceso se desarrolló de un modo más fecundo en los lugares en que las tradiciones del pensamiento y los cuerpos de conocimiento eran más sólidos. La variación de escala y el traslado del centro de gravedad que sobrevino en el cuerpo político del islam tuvo su analogía en el dominio del pensamiento. Medina y La Meca mantuvieron su supremacía, pero Siria llegó a ser más importante todavía, e Irak ocupó el centro de la escena, con su fecundo mosaico de culturas formado por el judaísmo, el cristianismo nestoriano y las religiones iranias.

La estructuración del islam en un cuerpo de ciencias y prácticas religiosas sobrevino, en especial, en Irak y durante el período abasí; en cierto sentido, fue la continuación de los movimientos de pensamiento

que habían comenzado mucho antes de la aparición del islam, aunque
esto no implica afirmar que el islam no le imprimió orientaciones diferentes.

Los materiales que se ofrecían a los eruditos y los pensadores pertenecían a distintas categorías. Estaba, en primer lugar, el Corán. Sea cual fuere el momento en que adoptó su forma definitiva, al parecer no hay motivo para dudar de que en esencia existió desde la época del Profeta. Dios el
todopoderoso; los profetas a través de los cuales Él se comunicaba con la
humanidad; la fe, la gratitud y los actos de plegaria y caridad que Él exigía
de los hombres; el día del Juicio, cuando Su compasión y Su justicia se
manifestarían. En segundo lugar, existía una tradición viva relacionada
con el modo en que la comunidad se había comportado desde los tiempos
del Profeta en adelante, transmitida y refinada por las generaciones ulteriores, teniendo en su centro cierta forma de memoria colectiva de lo que
había sido el propio Profeta. Existía también el recuerdo de los actos públicos de la comunidad y de sus líderes, los califas, sus criterios y sus conflictos; y sobre todo de las disensiones y los conflictos del reinado de Utmán, los movimientos opositores en que desembocaron, y el de Alí y los
primeros cismas en el conjunto de los partidarios de Mahoma.

No sólo la tradición de los conversos cultos, sino también la naturaleza esencial del propio islam —la revelación de las palabras y, por lo
tanto, de las ideas y el saber— determinaron que fuese imperativo que
quienes deseaban ajustarse a la voluntad de Dios buscaran el conocimiento y reflexionaran sobre él. La búsqueda del saber religioso, *ilm*,
comenzó tempranamente en la historia del islam, y poco a poco se desarrolló un cuerpo de eruditos musulmanes informados y consagrados a
su labor, los ulemas (*alim*; plural: *ulama*).

Las líneas de pensamiento y estudio a las cuales se ajustó la estructuración del islam fueron muchas, pero todas se interrelacionaban entre sí.
El problema que se formuló en primer lugar y con mayor urgencia fue el
de la autoridad. La predicación de Mahoma había originado una comunidad comprometida a vivir en armonía con las normas contenidas o
implícitas en el Corán. ¿Quién debía ejercer la autoridad de esta comunidad, y qué clase de autoridad debía tener? Era una pregunta originada
en los disensos y los conflictos del primer medio siglo, y se la contestaba
a la luz de la reflexión nacida de tales dudas. La sucesión de Mahoma, el
califato, o como también se decía, el imanato, ¿debía estar abierta a todos los musulmanes, o sólo a los Compañeros del Profeta, o sólo a su familia? ¿Cómo debía elegirse al califa? ¿Cuáles eran los límites de su ac-

ción legítima? Si se comportaba injustamente, ¿cabía desobedecerlo o debía ser destituido? De manera gradual se manifestó la cristalización de diferentes actitudes en relación con estos problemas. La actitud de los que en determinado momento recibieron el nombre de sunníes sostenía que lo principal era que todos los musulmanes vivieran en paz y unidad, y ello implicaba que debían acatar lo que había sucedido. Llegaron a aceptar a los cuatro primeros califas como legítimos, y como virtuosos y bien guiados (*rashidún*); los califas siguientes tal vez no siempre habían actuado con justicia, pero correspondía aceptarlos como legítimos mientras no se hubieran mostrado contrarios a los mandamientos básicos de Dios. Hay ciertas pruebas de que los califas omeyas reivindicaron no sólo que eran los sucesores del Profeta como jefes de la comunidad, sino, además, una suerte de delegados de Dios en la tierra e intérpretes últimos de la ley divina.[1] Sin embargo, en su forma desarrollada el sunnismo entendió que el califa no era un profeta ni un intérprete infalible de la fe, sino un líder cuya tarea consistía en mantener la paz y la justicia en la comunidad; en vista de esta misión, debía poseer virtudes adecuadas y cierto conocimiento del derecho religioso. En general, se aceptaba que debía descender de la tribu de los Quraish, a la cual había pertenecido el Profeta.

Los movimientos que desafiaron la autoridad de los califas desarrollaron con el tiempo sus propias teorías acerca de la autoridad legítima. Los ibadíes sostenían que no era necesario que existiese siempre un imán y que cualquier musulmán podía asumir esa función, al margen de su familia o su origen. La comunidad debía elegirlo; el elegido debía actuar con justicia, en armonía con la ley derivada del Corán y el *hadiz*, y si se demostraba que era un individuo injusto correspondía cesarlo. Los movimientos chiíes no aceptaron las pretensiones de los tres primeros califas, y creían que Alí ibn Abi Talib había sido el único sucesor legítimo y designado por el Profeta como imán. Pero discrepaban entre ellos acerca de la línea de sucesión a partir de Alí, y de la autoridad de los imanes. Los zaidíes estaban más cerca de los sunníes. Afirmaban que podía ser imán cualquiera que descendiese de Alí y de su esposa Fátima, con la condición de que poseyera el conocimiento y la piedad necesarios, y de que hubiese mostrado el vigor indispensable para alzarse contra la injusticia. Por consiguiente, podía existir una línea de imanes que se renovaba perpetuamente. Los zaidíes no creían que el imán fuese infalible o ejerciera una autoridad superior a la humana.

Pero los otros dos movimientos chiíes importantes llegaron más lejos.

Ambos sostenían que el imanato se traspasaba por designación del imán del momento, y que el imán designado de este modo era el único e infalible intérprete de la revelación de Dios por mediación del Profeta. El movimiento que habría de conquistar mayor número de adeptos sostenía que la sucesión se había transmitido entre los descendientes de Alí hasta que el duodécimo de la estirpe desapareció en el siglo IX (de ahí la denominación popular de «los Doce» o *Izna ashariyya*). Como el mundo no podía existir sin un imán, se creía que el duodécimo no había muerto, y que aún vivía en «oclusión» *(gaiba)*; al principio, se comunicaba con el pueblo musulmán utilizando intermediarios, pero después desapareció del mundo de los vivos, el cual continuaba esperando su regreso para que instaurase el reino de la justicia. Por su parte, los ismailíes coincidían en que el imán era el intérprete infalible de la verdad, pero afirmaban que la línea de imanes visibles había concluido con el séptimo, Muhammad ibn Ismail. (Pero algunos de ellos modificaron ese concepto, cuando los califas fatimíes formularon sus propias pretensiones de erigirse en imanes.)

A su debido tiempo, estos conceptos diferentes del califato o imanato determinaron diferentes consecuencias en la naturaleza del gobierno y de su lugar en la sociedad. Tanto la de los ibadíes como la de los zaidíes eran comunidades que se habían apartado de la sociedad islámica universal, rechazando el dominio de gobiernos injustos; deseaban vivir sujetos a la ley religiosa según la interpretaban, y no estaban dispuestos a conceder a un imán o a otro gobernante cualquiera el poder que podía inducirlo a actuar injustamente. En cambio, los sunníes, los chiíes de los «Doce» y los ismailíes, cada uno a su propio modo, deseaban una autoridad que pudiese afirmar la ley y mantener el orden social. Una vez concluida la primera época, la consecuencia de esta situación fue la separación de facto entre los que mantenían la ley (para los sunníes era el *alim*, el ulema; para los chiíes, el imán oculto) y los hombres de la espada, que disponían del poder necesario para preservar el orden temporal.

EL PODER Y LA JUSTICIA DE DIOS

El problema de la autoridad humana era en cierto sentido el reflejo de cuestiones más fundamentales que se originaban en el Corán: los temas relacionados con la naturaleza de Dios y Sus relaciones con la humanidad, con Su unidad y justicia. El Dios del Corán es trascendente y único, pero el Corán afirma que él posee atributos: voluntad, saber, oído, visión y habla; y en cierto sentido el Corán es Su Verbo. ¿Cómo puede reconciliarse la posesión de atributos con la unidad de Dios? Y sobre todo, ¿cómo es posible que esos atributos, que son también los propios de los seres humanos, aparezcan descritos en términos que preservan la infinita distancia que separa a Dios del hombre? ¿Cuál es la relación del Corán con Dios? ¿Puede afirmarse que es el discurso de Dios sin sugerir que Dios posee un atributo del lenguaje análogo al de Sus criaturas? Se trata de problemas de un género propio de todas las religiones que creen en un dios supremo que, en cierta forma, se revela a los seres humanos. Para los cristianos, la revelación es la de una persona, y el problema teológico fundamental durante los primeros siglos fue el de la relación de ésta con Dios; para los musulmanes, la revelación es un Libro, y por lo tanto el problema de la jerarquía del Libro es fundamental.

El problema de la naturaleza de Dios conduce, como es lógico, al de Sus relaciones con los hombres. Sin duda, en la mente de todos los que leían el Corán o escuchaban su recitación, debían perdurar dos impresiones: que Dios era todopoderoso y omnisciente, pero también que en cierto sentido el hombre era responsable de sus propios actos y Dios lo juzgaría por ello. ¿Cómo era posible reconciliar estos dos enunciados? De nuevo estamos ante un problema inherente a una religión monoteísta: si Dios es todopoderoso, ¿cómo puede permitir el mal, y cómo puede condenar con justicia a los hombres por sus fechorías? Para enunciarlo en términos más amplios: ¿el hombre es libre en la determinación de sus propios actos, o éstos provienen todos de Dios? Si él no es libre, ¿cómo es posible afirmar que al juzgarlo Dios es justo? Si es libre, y por lo tanto puede ser juzgado por Dios, ¿será juzgado con arreglo a cierto principio de justicia que él pueda acatar? En caso afirmativo, ¿no hay un principio de justicia que determina los actos de Dios, y puede afirmarse que Dios es todopoderoso? ¿Cómo se juzgará a los musulmanes: sólo por su fe, o por la fe unida a la expresión verbal de la misma, o también por sus obras buenas?

Estos interrogantes están implícitos en el Corán, y todo aquel que lo tomaba en serio debía afrontarlos, pero el pensamiento sistemático acerca de los mismos implicaba no sólo la consideración de un texto, sino un método aplicable al asunto: la creencia de que podía llegarse al conocimiento mediante la razón humana y que ésta funcionaba de acuerdo con ciertas normas. Esta fe en la razón orientada rectamente había formado la vida intelectual en las regiones en que se difundió el islam, incluyendo en ellas el Hiyaz; hay huellas de razonamiento dialéctico en el propio Corán. Por consiguiente, no es sorprendente que, quizás hacia fines del primer siglo I islámico o siglo VII d. C., los más antiguos documentos que nos han llegado muestren que la razón se aplicaba a la dilucidación del Corán en Hiyaz, Siria e Irán. Aparecieron los primeros grupos que justificaban la denominación de escuelas de pensamiento: los que argüían que el hombre posee libre albedrío y determina sus propios actos, y los que afirmaban que el ser humano carece de libre albedrío, y también que Dios no posee atributos que comparta con los hombres, de modo que no es posible describirlo.

Hacia mediados del siglo II islámico (siglo VIII d. C.) surgió una escuela en el sentido más cabal de la palabra, un grupo de pensadores con opiniones claras y consecuentes acerca de una amplia gama de problemas; aun así, afirmar que eran una escuela no implica sugerir que todos formulaban exactamente las mismas ideas, o que sus ideas no se desarrollaron de una generación a otra. Eran los mutazilíes (es decir, «los que se mantienen separados»). Creían que era posible llegar a la verdad utilizando la razón aplicada a las ideas del Corán, y de este modo obtenían sus respuestas a los interrogantes que ya estaban formulados. Dios es Uno. No posee atributos que correspondan a Su esencia. Sobre todo, Él carece de atributos humanos; el Corán no pudo haber sido formulado por Él; seguramente fue creado de otro modo. Dios es justo y, por lo tanto, está constreñido por un principio de justicia; de modo que el hombre debe ser libre, pues juzgar a los hombres por actos que no están en libertad de cometer no sería justo. Si los actos humanos son actos libres y están sometidos al juicio, se deduce que la fe no es suficiente si no va acompañada de obras buenas; el musulmán culpable de faltas graves no merece que se lo denomine infiel o verdadero creyente, sino que ocupa un lugar intermedio entre esos dos extremos.

Al mismo tiempo, estaba perfilándose otro modo de considerar estos problemas, un esquema más prudente y más escéptico acerca de la posibilidad de llegar a una verdad concertada mediante la razón, y más consciente también del peligro que implicaba para la comunidad llevar demasiado lejos la argumentación racional y el debate. Los que pensaban de ese modo atribuían más importancia a mantener la unidad del pueblo de Dios que a alcanzar un acuerdo en cuestiones de doctrina. Para ellos, la palabra del Corán era la única base firme de la fe y la paz comunitaria; y en la medida en que la interpretación era necesaria, debía interpretarse el Corán a la luz de la práctica usual del Profeta y sus compañeros, la *sunna*, según se la había transmitido a las generaciones posteriores. Era una actitud que seguramente existió desde época temprana, pero que por su naturaleza cristalizó en un cuerpo de doctrina un poco más tarde que las escuelas más especulativas. La persona que fue la principal responsable de la formulación de esta actitud fue Ahmad ibn Hanbal (780-855), que también sufrió la persecución por parte de Mamún. La única postura admisible es la que se basa en el Corán y la *sunna* del Profeta, y estos últimos nos demuestran que Dios es todopoderoso y que Su justicia no se asemeja a la justicia humana. Si el Corán le asigna atributos a Dios, es necesario aceptarlos como atributos divinos, no partiendo de la analogía con los humanos, y sí preguntarnos cómo son inherentes a Él. Entre estos atributos está el Corán. Es Su discurso, porque el Corán mismo así lo dice; y es increado, pues «nada de Dios ha sido creado, y el Corán es de Dios». El hombre debe responder a la voluntad de Dios tanto con sus actos como con su fe. Este concepto de un Dios que juzga misteriosamente puede parecer severo, pero en él está implícita cierta seguridad en el sentido de una consideración divina definitiva hacia el mundo, incluso si sus métodos no son los humanos, y lo que ha sucedido en la historia humana es parte de la voluntad de Dios en relación con los hombres. Con este cuerpo de ideas el sunnismo adquirió estructura.

La controversia entre los racionalistas y los partidarios de Ibn Hanbal se prolongó durante mucho tiempo, y las líneas argumentales variaron. Los pensadores mutazilíes sufrieron, más tarde, la influencia profunda del pensamiento griego; poco a poco dejaron de ser importantes en el seno de la comunidad sunní en ascenso, pero su influencia continuó siendo profunda en las escuelas de pensamiento chiíes que se desarrollaron a partir del siglo XI. Un pensador que apoyó en general la posición «tradicionalista» utilizó el método del discurso racional *(kalam)* para defenderla: al-Ashari (m. 935) sostuvo la interpretación literal del Corán, pero afirmó que podía justificarse mediante la razón por lo menos hasta cierto punto y, sobrepasado éste, sencillamente cabía aceptarla. Dios era Uno; Sus atributos eran parte de Su esencia: no eran Dios, pero no eran diferentes de Dios. Entre ellos estaba el oído, la vista y el habla, pero no eran como el oído, la vista y el habla de los hombres; correspondía aceptarlos «sin preguntar cómo» *(bila kaif)*. Dios era la causa directa de todo lo que sucedía en el universo y no estaba limitado por nada que existiese fuera de Él mismo. En el momento de la acción, Él otorgaba a los hombres el poder de actuar. Él determinaba y creaba tanto lo que es bueno como lo que es malo en el mundo. La respuesta apropiada del hombre a la Palabra revelada de Dios era la fe; si tenía fe, aunque careciese de obras, era un creyente, y el Profeta intercedería por él el último día.

El pensamiento de Ashari destacaba la importancia de abstenerse de las discusiones religiosas; también acepta el papel del imán o califa, y rechazaba evitar las rebeliones armadas contra él. Sin embargo, ciertas diferencias de opinión persistieron: diferencias acerca de la legitimidad de una interpretación metafórica más que literal del Corán; acerca del sentido exacto en que el Corán es una obra «no creada» —¿esta afirmación se refiere al texto mismo, o sólo a la transmisión del texto a los hombres?— y acerca de la necesidad tanto de las obras como de la fe. En todo caso y en general, dichas diferencias no provocaron conflicto en el seno de la comunidad sunní.

LA *SHARIA*

Excepto por implicación, el Corán no incluye un sistema de doctrina, pero en efecto dice a los hombres lo que Dios desea que ellos hagan. Es sobre todo una revelación de Su voluntad: lo que los hombres deben hacer para complacer a Dios y cómo se los juzgará el último día. Contiene algunos mandatos específicos, por ejemplo en relación con el matrimonio y la división de la propiedad de un musulmán después de la muerte, pero éstos tienen un carácter limitado, y casi siempre la voluntad de Dios se expresa por referencia a principios generales. Los mandatos y los principios se refieren tanto a los modos en que los hombres deben venerar a Dios como a los modos en que deben actuar unos frente a otros, si bien hasta cierto punto nos hallamos aquí ante una distinción artificial, pues los actos del culto tienen un aspecto social, y los actos de justicia y caridad en cierto sentido también están dirigidos a Dios.

La reflexión acerca del Corán y la práctica de la comunidad temprana pronto aportó un acuerdo general acerca de ciertas obligaciones fundamentales del musulmán, los llamados «Pilares del islam». Éstos incluían el testimonio oral de que «Dios es único, y Mahoma es su Profeta». En segundo lugar, la oración ritual, en la cual ciertas formas de las palabras se repiten cierto número de veces con posturas corporales específicas; estas oraciones debían realizarse cinco veces diarias. Otros «Pilares» eran la donación de cierta parte del ingreso personal para formas determinadas de obras caritativas o de beneficio público; un ayuno riguroso, desde el alba hasta el anochecer, un mes entero del año, el de Ramadán, que concluye en una celebración; y el Hayy, la peregrinación a La Meca, en cierta época del año, con inclusión de una serie de actos rituales, que también concluían en un festejo celebrado por toda la comunidad. A estos actos definidos se agregaba también la exaltación general a avanzar esforzadamente por el camino de Dios *(yihad)*, la cual podía tener un significado amplio o uno más preciso: combatir para extender los límites del islam.

Sin embargo, desde el principio se necesitó más que el acuerdo acerca de los actos esenciales del culto. Por una parte, estaban los que tomaban en serio el Corán y creían que contenía por implicación preceptos aplicables a la vida entera, pues todos los actos humanos tienen importancia a los ojos de Dios y todos serán considerados el día del Juicio. Por otra, estaban el gobernante y sus delegados, que necesitaban adoptar decisiones acerca de una amplia variedad de problemas, y tanto sus propias convicciones como los términos en que justificaban su dominio debían conducirlos a decisiones que, cuando menos, no podían contradecir lo que el Corán significaba o sugería.

Por consiguiente, durante el período de los primeros califas y los Omeyas, hubo dos procesos. El gobernante, sus gobernadores y representantes especiales, los cadíes, dispensaban justicia y resolvían disputas, teniendo en cuenta las costumbres existentes y las leyes de las diferentes regiones. Al mismo tiempo, los musulmanes serios y responsables trataban de subordinar todos los actos humanos al juicio de su religión, y de elaborar un sistema ideal de conducta humana. Al proceder así, debían tener en cuenta tanto las palabras del Corán y su interpretación como la memoria histórica transmitida en el seno de la comunidad: cómo supuestamente había actuado el Profeta (su comportamiento usual o *sunna*, registrado cada vez con más frecuencia en las «tradiciones» o *hadiz*); cómo decidían los primeros califas; cuál era, desde el punto de vista de la visión acumulada de la comunidad, el modo justo de comportamiento (la *sunna* de la comunidad).

Estos dos procesos no eran formas diferenciadas por completo. El califa, el gobernador o el cadí sin duda debía modificar las costumbres vigentes a la luz de las ideas dinámicas acerca de lo que el islam exigía; los eruditos introducían en su sistema ideal elementos extraídos de las costumbres heredadas de sus comunidades. Pero durante estas fases tempranas, dichas corrientes se mantenían en general separadas. Más aún, en el marco de cada proceso había tendencias diferentes. Dado el modo de creación y administración del Imperio, las costumbres y los reglamentos de las diferentes regiones sin duda discreparon ampliamente. Por su parte, los eruditos estaban distribuidos en varias ciudades, La Meca y Medina, Kufa y Basora, y las ciudades de Siria, y cada uno de ellos tenía sus propios modos de pensamiento, que reflejaban la herencia oral así como las necesidades y las prácticas de la región, cristalizadas en cierto consenso local *(iymá)*.

Con el advenimiento de los Abasíes, a mediados del siglo II islámico (siglo VIII d. C.) la situación cambió. La creación de un Estado centralizado, gobernado burocráticamente, determinó que fuese necesario concertar acuerdos acerca de los modos de resolver las disputas y gobernar la sociedad; la pretensión de los Abasíes de una justificación religiosa de su dominio determinó que fuese esencial que todos los acuerdos fuesen percibidos como normas basadas en las enseñanzas del islam. Así, los dos procesos acortaron las distancias que los separaban. El cadí se convirtió, cuando menos en teoría, en un juez independiente del poder ejecutivo, un funcionario que adoptaba decisiones a la luz de las enseñanzas religiosas. Por lo tanto, la necesidad de un acuerdo general acerca de las implicaciones prácticas del islam se acentuó aún más. El Corán, la práctica o *sunna* del Profeta expresada en los *hadices*, las opiniones de los grupos de estudiosos, la práctica dinámica o *sunna* de las comunidades locales: todos estos factores eran importantes, pero hasta ahora no había acuerdo acerca de las relaciones entre ellos. Los eruditos sostenían diferentes opiniones: Abú Hanifa (h. 699-767) atribuía más importancia a las opiniones elaboradas mediante el razonamiento individual; Malik (h. 715-795), a la práctica de Medina, aunque también admitía la validez del razonamiento a la luz del interés de la comunidad.

El paso decisivo en la definición de las relaciones entre las diferentes bases de las decisiones legales fue dado por al-Shafí (767-820). Sostuvo que el Corán era literalmente la Palabra de Dios: expresaba la voluntad de Dios en la forma tanto de los principios generales como de los mandamientos específicos por referencia a ciertas cuestiones (la plegaria, las limosnas, el ayuno, la peregrinación, la prohibición del adulterio, la de beber vino y comer cerdo). Pero era igualmente importante la práctica *sunna* del Profeta, registrada en los *hadices*; este aspecto tenía más peso que la práctica acumulada de las comunidades. La *sunna* del Profeta era una clara manifestación de la voluntad de Dios, y su jerarquía se veía confirmada por los versículos del Corán: «Oh, vosotros que habéis creído, obedeced a Dios y a Su Apóstol.»[2] Los hechos y las palabras del Profeta delineaban las implicaciones de las cláusulas generales del Corán, y también orientaban en las cuestiones en que el Corán guardaba silencio. De acuerdo con Shafí, el Corán y la *sunna* eran igualmente infalibles. La *sunna* no podía desplazar al Corán, pero tampoco a la inversa. No podían contradecirse el uno al otro; las contradicciones aparentes podían reconciliarse, o bien un versículo ulterior del Corán o una frase del Profeta podía entenderse como la anulación de otra anterior.

Por clara que pudiera ser la expresión de la voluntad de Dios en el Corán o la *sunna*, persistían problemas bien de interpretación, bien relacionados con la aplicación de los principios a situaciones nuevas. Para el modo de pensamiento estructurado por Shafí, el único método que permitía evitar el error era que los musulmanes comunes remitiesen el problema a los que conocían bien la religión, quienes utilizaban su razón para explicar el contenido del Corán y el *hadiz*, y lo hacían con arreglo a límites rigurosos. Cuando afrontaban una situación nueva, los que estaban en condiciones de aplicar su razón debían proceder por analogía *(qiyas)*: debían tratar de encontrar en la situación un elemento que fuese análogo, en un sentido importante, a un elemento de una situación en la cual ya se contaba con un dictamen. Ese ejercicio disciplinado de la razón recibió el nombre de *iytihad*, y la justificación del mismo podía hallarse en un *hadiz*: «Los sabios son los herederos de los profetas.»[3] Cuando había acuerdo general como resultado de este ejercicio de la razón, podía entenderse que el consenso *(iymá)* tenía la jerarquía de la verdad cierta e incuestionable.

El propio Shafí afirmó este principio en forma más amplia: cuando el conjunto de la comunidad había coincidido en un asunto, el problema quedaba resuelto definitivamente. De acuerdo con un *hadiz*, «en la comunidad total no hay error acerca del significado del Corán, la *sunna* y la analogía». Pero los pensadores ulteriores, incluso los que veían como su maestro a Shafí, formularon el principio de un modo un tanto distinto: el único *iymá* válido era el de los eruditos, los que tenían competencia para practicar el *iytihad* en determinado período.

Shafí agregó a estos principios de interpretación una especie de apéndice, que fue aceptado generalmente: los que interpretaban el Corán y la *sunna* no podían hacerlo sin un conocimiento apropiado de la lengua árabe. Shafí citó fragmentos del Corán que mencionaban el hecho de que había sido revelado en árabe: «Te hemos revelado un Corán árabe [...] en una lengua árabe clara.»[4] A juicio de Shafí, todos los musulmanes debían aprender el árabe, por lo menos hasta el punto en que pudieran atestiguar *(shahada)*, recitar el Corán e invocar el nombre de Dios *(Allahu akbar:* «Dios es grande»); un erudito religioso necesitaba saber más que esto.

Una vez que estos principios habían sido formulados y aceptados de un modo general, era posible tratar de relacionar el cuerpo de leyes y preceptos morales con aquéllos. Este proceso de pensamiento se denominaba *fiq,* y el producto del mismo en definitiva recibió el nombre de *sharia.* Gradualmente se formó una serie de «escuelas» de la ley *(madhhab),* madrazas, que adoptaron sus nombres de los primeros escritores de quienes afirmaban descender: los hanafíes por Abú Hanifa, los maliquíes por Malik, los shafíes por al-Shafí, los hambalíes por Ibn Hanbal, y otros que no sobrevivieron. Se diferenciaban en ciertos aspectos importantes de la ley, también en los principios de razonamiento legal *(usul al-fiq)* y, sobre todo, en el lugar que asignaban al *hadiz* y la legitimidad y a los límites y los métodos de la *iytihad.*

Las cuatro escuelas se mantenían en los límites de la comunidad sunní. Otros grupos musulmanes tenían sus propios sistemas de derecho y moral social. Los ibadíes y los zaidíes no diferían mucho de las escuelas sunníes, pero ente los chiíes de los «Doce» se definían de diferentes modos las bases de la ley; el consenso de la comunidad era válido únicamente si el imán estaba incluido. Había también algunos rasgos distintivos de la ley fundamental chií.

A pesar de la naturaleza parcialmente teórica de la *sharia,* o quizá por eso mismo, los que la enseñaron, interpretaron o administraron, los *ulemas,* debían ocupar un lugar importante en los Estados y las sociedades musulmanas. Como guardianes de una elaborada norma de comportamiento social hasta cierto punto podían imponer límites a los actos de los gobernantes, o por lo menos aconsejarlos: también podían actuar como portavoces de la comunidad o, al menos, de su sector urbano. Pero en conjunto trataban de distanciarse tanto del gobierno como de la sociedad, preservando el sentido de una comunidad guiada por la divinidad, una comunidad que persistía en el tiempo y no estaba vinculada con los intereses de los gobernantes o con los caprichos del sentimiento popular.

LAS TRADICIONES DEL PROFETA

Las controversias políticas y teológicas de los tres primeros siglos utilizaron el *hadiz*, y lo mismo puede decirse del sistema de jurisprudencia hasta donde éste se desarrolló. El *hadiz* era importante por cuanto que se trataba de una de las bases del derecho. Pero la relación entre la teología y el derecho con el *hadiz* era más compleja. No sólo aquéllas utilizaron el *hadiz*, sino que en buena medida crearon el cuerpo de tradiciones que ha llegado a nosotros, y este proceso determinó la aparición de otra ciencia religiosa, la crítica del *hadiz*, la elaboración y la aplicación de criterios para distinguir las tradiciones que podían considerarse auténticas de las que eran más dudosas o a todas luces falsas.

Desde el comienzo, la comunidad que se formó alrededor de Mahoma tuvo un sistema de comportamiento usual, una *sunna*, en dos sentidos diferentes. Como comunidad, creó de manera gradual su propio esquema de comportamiento recto, desarrollando cierto tipo de consenso y garantizado por él. También acogía en su seno personas que trataban de preservar la *sunna* del Profeta, la memoria de lo que él había hecho y dicho. Sus Compañeros debían recordarlo, y transmitir lo que sabían a la generación siguiente. El registro de su comportamiento y sus palabras, los *hadices*, sí se transmitía no sólo oralmente sino por escrito desde época temprana. Aunque algunos musulmanes devotos miraban con escepticismo los escritos de los *hadices*, temiendo que menoscabasen la jerarquía única del Libro, otros los alentaban, y hacia fines del período omeya muchos de los *hadices* que después se incorporarían a las biografías del Profeta adquirieron forma escrita.

Pero el proceso no terminó allí. Tanto la *sunna* de la comunidad como el registro de la *sunna* del Profeta variaba de un lugar a otro y de tiempo en tiempo. Los recuerdos se desdibujan, los relatos cambian en la narración, y no todo lo que se registra es veraz. Al principio, la *sunna* de la comunidad había sido el factor más importante, pero con el paso de los años los hombres de leyes y algunos teólogos acabaron atribuyendo más importancia a la *sunna* del Profeta. Los especialistas legales deseaban relacionar las costumbres sociales y las normas administrativas que habían alcanzado la jerarquía de principios religiosos, y un modo de lograr este objetivo era afirmar que tenían su origen en el Profeta. Los que participaban en las grandes controversias acerca de la auténtica sede de la autoridad, o de la naturaleza de Dios y el Corán, trataban de confirmar sus opiniones en la vida y los dichos de Mahoma. Así, durante los siglos II y III islámicos (aproximadamente, los siglos VIII y IX d. C.) el cuerpo de afirmaciones atribuidas al Profeta creció. Hasta cierto punto se entendió de manera generalizada que éste era un recurso literario, justificado a su vez por un *hadiz*: «Lo que se dice del buen decir es dicho por mí.» Desde una época temprana, se advirtieron los peligros inherentes a este método, y comenzó entonces un movimiento crítico, con el propósito de distinguir lo verdadero de lo falso. Ya hacia fines del siglo I islámico, se estableció la costumbre de que los especialistas viajaran a tierras lejanas en busca de testimonios que a su vez hubiesen recogido la tradición gracias a un progenitor o un maestro, en un intento de remontar la tradición, a través de una cadena de testimonios, al Profeta o a un Compañero. Al proceder así, se unificaron los cuerpos locales de la tradición.

Gracias a este proceso, en parte rememoración y en parte invención, los *hadices* adquirieron la forma que habrían de conservar. Cada uno tenía dos partes: un texto que preservaba un relato de algo dicho o hecho por el Profeta, y en ciertos casos con inclusión de palabras que él afirmaba haber recibido de Dios, y un registro de una cadena de testimonios que se remontaban a un Compañero del Profeta, que generalmente había visto el episodio o escuchado las palabras. Podía dudarse de ambos elementos. El texto podía ser inventado o quizá se lo recordaba erróneamente, pero lo mismo podía afirmarse de la cadena; y parece que, por lo menos en muchos casos, la prolongación de la cadena hasta el propio Profeta fue también un recurso de hombres de leyes o polemistas. Por consiguiente, se necesitaba una ciencia de la crítica de los *hadices*, gracias a la cual pudiera distinguirse lo verdadero de lo falso en armonía con principios definidos.

Los eruditos que asumieron la tarea de examinar críticamente los *hadices* consagraron su atención principal a las cadenas registradas de testigos *(isnad)*: si las fechas de nacimiento y muerte, y los lugares de residencia de los testigos de diferentes generaciones eran de tal carácter que podía considerarse posible que se hubieran encontrado, y si merecían confianza. Esta actividad, desarrollada con propiedad, implicaba cierta sensibilidad acerca de la autenticidad o la verosimilitud del texto mismo; un crítico dotado de experiencia en el universo de las tradiciones adquiría cierta capacidad de discernimiento.

Mediante el empleo de estos criterios, los eruditos en el tema de los *hadices* pudieron clasificarlos de acuerdo con su grado de confiabilidad. Las dos grandes colecciones, la de al-Bujari (810-870) y Muslim (h. 817-

875) desecharon todos los *hadices* de cuya verdad no estuvieron seguros; otras recopilaciones, a las que en general se atribuía cierta autoridad, no eran tan rigurosas. Los chiíes tenían sus propias recopilaciones de *hadices* de los imanes.

La mayoría de los estudiosos occidentales, y algunos musulmanes modernos, se mostrarían más escépticos que al-Bujari o Muslim, y en efecto entienden que muchos de los *hadices* que esos autores consideraron auténticos son producto de la polémica acerca de la autoridad o la doctrina o del desarrollo de la ley. Pero afirmar esto no implica dudar del importante papel que éstos representaron en la historia de la comunidad musulmana. No menos importante que el tema de sus orígenes es el modo en que fueron utilizados. En momentos de tensión política, cuando el enemigo estaba a las puertas de la ciudad, el gobernante a veces pedía al ulema que leyese selecciones de al-Bujari en la gran mezquita, como una suerte de confirmación de lo que Dios había hecho por su pueblo. Los autores ulteriores que se ocuparon del derecho, la teología o las ciencias racionales pudieron apuntalar sus ideas con *hadices* extraídos del enorme caudal que perduró incluso después de que al-Bujari y Muslim realizaron su trabajo.

EL CAMINO DE LOS MÍSTICOS

Las ciencias de la teología, el derecho y la tradición comenzaron con los elementos que aportaba el Corán, y concluyeron reforzando las afirmaciones del islam y acentuando la barrera que los separaba de las restantes religiones monoteístas con las cuales el islamismo tenía cierta afinidad. Pero hubo otras tendencias del pensamiento que, más o menos con idéntico punto de partida, tendieron a subrayar aspectos que los musulmanes podían compartir con otras religiones.

Una de ellas fue la línea de pensamiento y de práctica denominada usualmente «misticismo»; el equivalente árabe de esta palabra es *tasawwuf* (de donde viene la forma occidentalizada de «sufismo»), posiblemente derivada de las túnicas de lana *(suf)* que, al parecer, vestía uno de los primeros grupos. Ahora se acepta generalmente que su inspiración proviene del Corán. Un creyente que meditaba acerca del significado del Corán, podía verse poseído por el sentimiento de la abrumadora trascendencia de Dios y la subordinación total de todas las criaturas a Él: Dios el todopoderoso, el inescrutable, guiaba a quienes depositaban su fe en Él, pues toda su grandeza se manifestaba y estaba cerca de todas las almas humanas que confiaban en Él, «más cerca de ti que la vena de tu cuello». El Corán contiene vigorosas imágenes de la proximidad de Dios al hombre, y del modo en que el hombre puede responder. Antes de la creación del mundo, se afirmaba que Dios había concertado un pacto *(mizaq)* con los seres humanos. Les preguntó: «¿No soy vuestro señor?», y ellos respondieron: «Sí, lo atestiguamos.»[5] Se afirmaba, también que en el curso de su vida Mahoma realizó un viaje misterioso, primero a Jerusalén y después al Paraíso, donde se le permitió acercarse a cierta distancia de Dios, y tener una visión de Su rostro.

Parece que desde los primeros tiempos de la historia del islam comenzaron dos procesos, estrechamente interrelacionados. Hubo un movimiento de piedad, de oración, que apuntaba a la pureza de la intención y al rechazo de las motivaciones egoístas y los placeres mundanos, y otro movimiento de meditación acerca del sentido del Corán; ambos se manifestaron en Siria e Irak más que en Hiyaz, y era natural que se alimentasen de los modos de pensamientos y acción moral que ya existían en el mundo en que vivían los musulmanes. Esos conversos a la nueva religión habían aportado al islam sus propias formas heredadas; vivían en un ambiente que aún era más cristiano y judío que musulmán. Ésta fue la última gran época del monacato cristiano oriental, y de la práctica y el pensamiento ascéticos. En principio, el Profeta había rechazado el monacato: «No haya monacato en el islam», decía un famoso *hadiz,* y se afirmaba que el equivalente islámico era el *yihad.* Pero, de hecho, parece que la influencia de los monjes fue general: su idea de un mundo secreto de la virtud, más allá de la obediencia a la ley, y la creencia de que el rechazo del mundo, la mortificación de la carne y la repetición del nombre de Dios en la oración podían, con la ayuda de Dios, purificar el corazón y liberarlo de todas las preocupaciones mundanas para avanzar a un conocimiento superior e intuitivo de Dios.

El germen de dichas ideas, en una forma musulmana, aparece ya en el siglo I islámico, en las palabras de al-Hasán al-Basri (642-728):

> El creyente despierta afligido y se acuesta afligido, y eso es todo lo que lo abarca, porque está entre dos cosas temibles: el pecado que cometió y la incertidumbre de lo que Dios hará con él, y el tiempo que le queda y la duda de los desastres que recaerán sobre su persona [...]. Cuidaos de esta

morada, pues no hay poder ni posibilidad salvo en Dios, y recordad la vida futura.[6]

En los místicos tempranos, el sentido de la distancia y la proximidad de Dios se expresa en el lenguaje del amor: Dios es el único objeto adecuado del amor humano, y deberá amárselo sólo por Él; la vida del auténtico creyente debía ser un camino que llevase al conocimiento de Él, y a medida que un hombre se acercase a Dios, Él se aproximaría más al hombre y se convertirá en su visión, su oído, su mano y su lengua.

En un fragmento autobiográfico, al-Tirmidi, un escritor que abordó temas espirituales durante el siglo III islámico y el siglo IX cristiano, muestra cómo un alma puede verse atraída hacia el camino. Mientras realizaba una peregrinación y oraba en el *haram*, tuvo un súbito impulso de arrepentimiento por sus pecados; mientras buscaba el modo de tener una vida recta, encontró un libro de al-Antaki que lo ayudó a fortalecer su propia autodisciplina. Poco a poco avanzó por ese camino, dominó sus pasiones y se apartó de la sociedad. Recibió la ayuda en sueños del Profeta, y su esposa también tuvo sueños y visiones. Fue perseguido y calumniado por quienes afirmaban que estaba incorporando innovaciones ilegítimas a la religión, si bien estas aflicciones contribuyeron a purificar su corazón. Y una noche, al regresar de una sesión de reconocimiento espiritual, se abrió su corazón y la dulzura lo inundó.[7]

Durante el siglo siguiente, tanto la exploración del camino que permitía que los hombres y las mujeres se acercaran a Dios como la especulación acerca del final del mismo se desarrollaron todavía más. Quizá ya en el siglo VIII surgió el rito peculiar de la repetición colectiva del nombre de Dios *(dikr)*, acompañada de varios movimientos del cuerpo, ejercicios respiratorios o música, no como elementos que inducirían inmediatamente el éxtasis de contemplar a Dios, sino como modos de liberar el alma de las distracciones del mundo. Los pensamientos de los maestros sufíes acerca de la naturaleza del conocimiento que se obtendría al final del camino fueron, en un primer momento preservados oralmente y, después, registrados por escrito por los que acudían a ellos para conocer el camino. De ese modo se creó un lenguaje colectivo en que la naturaleza de la preparación y la experiencia mística podían manifestarse, y también se estableció un sentimiento de identidad colectiva en los que iniciaban ese viaje.

En el siglo III islámico (aproximadamente, el siglo IX d. C.) se expresaron de manera sistemática el modo de conocer a Dios y el carácter de ese saber. En los escritos de al-Muhasibi (m. 857) se describió el modo de vida del buscador del verdadero saber, y en los de al-Junaid (m. 910) se analizó la naturaleza de la experiencia que espera al fin del camino. Al término del sendero, el creyente auténtico y sincero podía encontrarse cara a cara con Dios —como estaban todos los hombres en el momento de la Alianza—, de tal manera que los atributos de Dios reemplazarían a los del hombre y la existencia individual desaparecería; pero sólo durante un momento. Después, él retornaría a su propia existencia y al mundo, pero llevando consigo la memoria de aquel momento, el de la proximidad de Dios, y también de su trascendencia:

> En esencia, el amor de Dios es la iluminación del corazón por la alegría, a causa de su proximidad al Bienamado; y cuando el corazón se impregna de esa radiante alegría, encuentra su placer en estar solo con la rememoración del Bienamado [...]. Y cuando la soledad se combina con la relación secreta con el Bienamado, la alegría de esa relación abruma la mente, de modo que ya no le inquieten este mundo y lo que hay en él.[8]

Muhasibi y Junaid vivieron y escribieron en el marco de la tradición sunní moderada; eran hombres que conocían la *sharia* y les interesaba que, por muy avanzado que pudiese estar un musulmán en su marcha por el sendero místico, éste observara sinceramente sus mandatos. En ambos autores el sentimiento de la grandeza abrumadora y el poder de Dios no está tan alejado del que se manifiesta en un teólogo como al-Ashari, para quien el poder de actuar viene de Dios y el creyente puede abrigar la esperanza de que Él lo guiará. En ambos hay un sentido de la incursión de lo divino en la vida humana y de la providencia inescrutable que plasma, a su propio modo, la vida de los hombres. El sentimiento de estar calmado de la presencia de Dios, aunque sea por un momento, puede ser embriagador, y algunos de los sufíes, cuyas ideas quizá no diferían mucho de las que sostuvo Junaid, trataron de expresar la experiencia inenarrable en un lenguaje elevado y colorido que podía provocar oposición. Abú Yazid al-Bistami (m. h. 875) trató de describir el momento de éxtasis, cuando un místico se despoja de su propia existencia y se colma con la de Dios, y, sin embargo, en definitiva él entendió que ello en esta vida no es sino una ilusión, que la vida humana, en el mejor de los casos, se colma con la alternación de la presencia y la ausencia de Dios. Un caso más famoso es el de al-Hallay (h. 857-922), ejecutado en Bagdad por blasfemia. Alumno de Junaid, sus doctrinas tal vez no fueron muy diferentes de las de su maestro, pero las expresó en un tono de amor extasiado y desbordante. Su exclamación «Yo soy la verdad [o Dios]», tal vez no fue más que un intento de afirmar la experiencia mística en que los atributos del hombre se ven reemplazados por los de Dios, pero bien pudo interpretársela como algo más; lo mismo puede decirse de su sugerencia de que la verdadera peregrinación no era la que se realizaba a La Meca, sino el viaje espiritual que el místico podía hacer en su propio cuarto, con lo cual cabía suponer que el cumplimiento literal de las obligaciones de la religión no era importante. Es posible que hubiese en su persona algo que favorecía tales malentendidos, pues había influido sobre él una tendencia del pensamiento sufí (la de los malamatíes) que quizá provino del monacato cristiano oriental: el deseo de humillarse mediante actos que provocan los reproches del mundo, una suerte de mortificación de la propia dignidad personal.

EL CAMINO DE LA RAZÓN

Más tarde, la especulación sufí acerca del modo en que Dios creó al hombre y del modo en que el hombre podía retornar a Él se vería muy influida por otro movimiento del pensamiento que comenzó temprano, un intento de incorporar al árabe la tradición de la ciencia y la filosofía griega; o también podría decirse que continuó y desarrolló esa tradición utilizando la lengua árabe.

El advenimiento al poder de una dinastía árabe no produjo una escisión en la vida intelectual de Egipto o Siria, Irak o Irán. La escuela de Alejandría continuó existiendo durante cierto tiempo, aunque sus eruditos, al cabo, se trasladarían al norte de Siria. La escuela de medicina de Jundishapur, al sur de Irán, creada por cristianos nestorianos bajo el mecenazgo de los sasánidas, también perduró. En estos y en otros lugares, hubo una tradición viva del pensamiento y la ciencia helenísticos, aunque por esta época sus intereses eran más limitados que antes, y se utilizaba como medio el siriaco más que el griego. Hubo también una importante tradición de saber judío en Irak, y una tradición irania expresada en pelvi, que incorporó algunos elementos importantes provenientes de India.

Durante la primera generación del dominio musulmán no fue necesario traducir del griego al sirio y al árabe, pues la mayoría de los que prolongaban esa tradición aún eran cristianos, judíos o zoroastrianos; incluso los que se habían convertido aún conocían las lenguas del pensamiento, o por lo menos continuaban en contacto con quienes las conocían. Es posible que el grupo gobernante árabe no se preocupase en exceso por saber lo que sus súbditos estudiaban, y difícilmente hubiera podido abordar esa tarea, pues la lengua árabe todavía no había adquirido la capacidad de expresar con precisión los conceptos de la ciencia y la filosofía.

Durante la parte final de los siglos II a IV islámicos (aproximadamente, de los siglos VIII a X d. C.) el trabajo de traducción se realizó intensamente y —algo que sorprende— fomentado directamente por algunos de los califas abasíes. En general, el trabajo estuvo a cargo de cristianos cuya lengua cultural primigenia era el sirio, y que tradujeron del sirio al árabe, si bien algunas obras se tradujeron directamente del griego al árabe. Una parte esencial del trabajo consistió en ampliar los recursos de la lengua árabe, su vocabulario y sus giros, de modo que fuese un medio adecuado para toda la vida intelectual del momento. En esta tarea, representó un papel importante el más grande de los traductores, Hunain ibn Ishaq (808-873).

De hecho, toda la cultura griega de la época, según se la conservó en las escuelas, fue asimilada en este lenguaje enriquecido. En ciertos sentidos era una cultura disminuida. Ya no se enseñaban ni estudiaban mucho la retórica, la poesía, el teatro y la historia. Los estudios más usuales incluían la filosofía (principalmente la de Aristóteles, algunos diálogos de Platón, ciertas obras neoplatónicas), la medicina, las ciencias exactas, la matemática y la astronomía y las ciencias ocultas, es decir, la astrología, la alquimia y la magia. La filosofía y las ciencias ocultas no se distinguían tan claramente como en la actualidad. Los límites de lo que se consideraba «científico» han variado de tiempo en tiempo, y en vista de lo que se conocía de la naturaleza del universo era lógico creer que la naturaleza revelaba la vida humana, que los cielos controlaban lo que sucedía en el mundo, así como el intento de comprender estas fuerzas y utilizarlas.

Los motivos que impulsaban a los traductores y a sus mecenas, los califas, tal vez fueron en parte de carácter práctico; había demanda de conocimientos médicos, y el control sobre las fuerzas naturales podía aportar poder y éxito. Pero existía también una amplia curiosidad intelectual, la que se expresa en las palabras de al-Kindi (h. 801-866), el pensador con quien de hecho comienza la historia de la filosofía islámica:

No debemos avergonzarnos de reconocer la verdad, sea cual fuere su fuente, incluso si llega a nosotros de generaciones anteriores y pueblos extranjeros. Para quien busca la verdad nada es más valioso que la verdad misma.[9]

Estas palabras expresan no sólo el entusiasmo provocado por el descubrimiento de la tradición griega, sino también la confianza en sí misma de una cultura imperial apoyada en el poder mundano y la convicción del respaldo divino.

Las traducciones están en el origen de una tradición científica expresada en árabe. En buena medida continuó y desarrolló la tradición griega tardía. Un signo de esta continuidad es el hecho de que Ibn Abi Usaibia, historiador de la medicina árabe, reprodujese íntegro el juramento hipocrático de los médicos griegos: «Juro por Dios, Señor de la vida y la muerte [...] y juro por Esculapio, y juro por todos los santos de Dios...»[10]

Pero con las ciencias de origen griego se entremezclaban elementos provenientes de las tradiciones iranias e indias. Ya en el siglo IX, el matemático al-Jwarazmi (h. 800-847) escribía acerca de los numerales indios —la llamada numeración árabe— en los cálculos matemáticos. Esta mezcla de elementos es significativa. Así como el califato abasí reunió a los países del océano Índico y el mar Mediterráneo en una sola área comercial, también confluyeron las tradiciones griegas, iranias e indias, y se ha dicho que «por primera vez en la historia, la ciencia cobró carácter internacional a gran escala».[11]

Sean cuales fueren sus orígenes, la ciencia fue aceptada sin dificultad en la cultura y la sociedad que se expresaban en árabe: los astrónomos se convirtieron en guardianes del tiempo, y fijaron las horas de la plegaria y a menudo las observancias rituales; en general se respetó a los médicos, que podían influir sobre los gobernantes. Pero algunas ciencias originaron interrogantes acerca de los límites del saber humano. Muchos médicos rechazaron las pretensiones de la astrología en el sentido de que la conjunción de los humores corporales estaba regida por la conjunción de los astros; tampoco se aceptaron del todo las afirmaciones de los alquimistas; en especial, la filosofía formuló interrogantes, pues en ciertos aspectos los métodos y las conclusiones de la filosofía griega parecían difíciles de conciliar con las enseñanzas fundamentales del islam, según las desarrollaban los teólogos y los juristas.

La premisa de la filosofía era que la razón humana rectamente utilizada podía aportar al hombre cierto saber acerca del universo, pero ser musulmán obligaba a creer que un conocimiento esencial para la vida humana debía llegar al hombre sólo a través del Verbo de Dios revelado al Profeta. Si el islam era cierto, ¿cuáles eran las limitaciones de la filosofía? Si las afirmaciones de los filósofos eran válidas, ¿para qué se necesitaba la Profecía? El Corán enseñaba que Dios había formado el mundo con Su palabra creadora, «Sea»; ¿cómo podía reconciliarse esta afirmación con la teoría de Aristóteles según la cual la materia era eterna y sólo se había creado su forma? Platón llegó al mundo de habla árabe en la interpretación de los pensadores ulteriores, e incluso Aristóteles fue interpretado a la luz de una obra neoplatónica erróneamente denominada *La teología de Aristóteles*. A juicio de estos pensadores ulteriores, Dios había creado y mantenido el mundo a través de una jerarquía de inteligencias intermedias que emanaban de Él; ¿cómo podía conciliarse este concepto con la idea de un dios de poder absoluto que, de todos modos, intervenía directamente en el mundo humano? ¿El alma humana era inmortal? ¿Cómo podía reconciliarse el concepto platónico de que la mejor forma de gobierno era la del rey-filósofo con la idea musulmana de que el gobierno de los tiempos del Profeta y los primeros califas era el que mejor se ajustaba a la voluntad de Dios en relación con los hombres?

Un famoso autor médico del siglo IX, Abú Bakr al-Razi (865-925), respondió de un modo inequívoco a estos interrogantes. Solamente la razón humana podía facilitar cierto saber, el camino de la filosofía estaba abierto a todos los usos, las pretensiones de la revelación eran falsas, y las religiones eran peligrosas.

Más típica de los filósofos que continuaban siendo musulmanes convencidos fue quizá la actitud de al-Farabi (m. 950). Al-Farabi creía que el filósofo podía alcanzar la verdad mediante su razón y podía vivir ajustándose a ella, pero no todos los seres humanos eran filósofos ni podían aprehender directamente la verdad. La mayoría de ellos podía alcanzarla sólo mediante símbolos. Había algunos filósofos que tenían el poder de comprender la verdad mediante la imaginación, así como a través del intelecto, y de formularla en la forma de imágenes o de ideas, y éstos eran los profetas. Por consiguiente, la religión profética era un modo de establecer la verdad utilizando símbolos inteligibles para todos los hombres. Los diferentes sistemas de símbolos formaban las diferentes religiones, pero todas intentaban expresar la misma verdad; lo cual no implicaba necesariamente que todas la expresaran con la misma eficacia.

Por lo tanto, la filosofía y la religión islámica no son contradictorias, sino que expresan la misma verdad de distinto modo, lo cual corresponde a los diferentes niveles en que los seres humanos pueden aprehenderla. El hombre iluminado puede vivir apoyándose en la filosofía; aquel que asimiló la verdad a través de símbolos, pero ha alcanzado cierto nivel de comprensión, puede responder a la guía teológica; la gente común debe vivir obedeciendo a la *sharia*.

En las ideas de al-Farabi estaba implícita la sugerencia de que en su forma pura la filosofía no convenía a todos. La distinción entre la elite intelectual y las masas habría de convertirse en un lugar común del pensamiento islámico. La filosofía continuó existiendo, pero se desarrolló como actividad privada, a cargo sobre todo de los médicos, se profundizó en ella con discreción y a menudo provocó suspicacia. De todos modos, algunas ideas de los filósofos influyeron, en efecto, sobre el pensamiento de aquella época y las posteriores. El tiempo de al-Farabi fue también el de los Fatimíes, y los conceptos neoplatónicos acerca de la jerarquía de las emanaciones divinas aparecen en el sistema totalmente desarrollado de los ismailíes. En un período bastante posterior, también se incorporarían a los sistemas teóricos a través de los cuales los escritores sufíes tratarían de explicar su búsqueda, y lo que ellos esperaban sería el hallazgo de la verdad definitiva.

SEGUNDA PARTE

Las sociedades musulmanas árabes

(siglos XI a XV)

Los cinco siglos que constituyen el contenido de esta parte fueron un período en que el mundo del islam se dividió en ciertos aspectos, pero en otros preservó su unidad. Las fronteras del mundo musulmán cambiaron: se extendieron en Anatolia e India, pero se perdió España en favor de los reinos cristianos. En los territorios delimitados por estas fronteras, se manifestó una división entre las áreas en que el árabe era la lengua principal de la vida y la cultura, y aquellas en que continuó siendo el idioma principal de los escritos religiosos y jurídicos, pero la lengua persa renacida se convirtió en el medio principal de la cultura secular. Cobró importancia un tercer equipo étnico y lingüístico, el de los turcos, que formaron la elite gobernante en gran parte de la región oriental del mundo musulmán. En las regiones de habla árabe, el Califato abasí continuó existiendo en Bagdad hasta el siglo XIII, si bien en estas áreas se observó una gran división política: Irak, casi siempre relacionado con Irán; Egipto, que generalmente gobernaba a Siria y Arabia occidental; y el Magreb, con sus diferentes regiones.

Pero a pesar de las divisiones y los cambios políticos, las regiones de habla árabe del mundo musulmán tuvieron formas sociales y culturales que fueron relativamente estables durante este período, y que mostraron analogías entre las diferentes regiones. Esta parte explora los universos de los habitantes urbanos, los campesinos y los pastores nómadas y los vínculos entre ellos, y muestra cómo se formó una alianza de intereses entre los elementos dominantes de la población urbana y los gobernantes, cuyo poder vino a justificarse mediante una serie de ideas de autoridad. En el corazón de la cultura superior de las ciudades estaba la tradición del saber religioso y legal, transmitido en instituciones especiales, las madrazas. Con ellas se vinculaban otras tradiciones de la literatura secular, el pensamiento filosófico y científico y la especulación mística transmitida por las fraternidades sufíes, que representaron un papel im-

portante en la integración de las diferentes órdenes de la sociedad musulmana. El número de judíos y cristianos disminuyó, pero estos grupos preservaron sus propias tradiciones religiosas; los judíos, en especial, participaron en el floreci- miento del pensamiento y la literatura, y en el comercio de las ciudades fue muy importante.

CAPÍTULO CINCO

El mundo musulmán árabe

LOS ESTADOS Y LAS DINASTÍAS

Hacia fines del siglo X había nacido un mundo islámico, unido por una cultura religiosa común que se expresaba en lengua árabe, y por vínculos humanos forjados por el comercio, las migraciones y la peregrinación. Pero este mundo ya no formaba una sola unidad política. Había tres gobernantes que reclamaban el título de califa, en Bagdad, El Cairo y Córdoba, y otros que de hecho eran gobernantes de Estados independientes. Esta situación no es sorprendente. Haber mantenido a tantos países, con tradiciones e intereses distintos, en un solo Imperio durante tanto tiempo había sido un logro notable. Difícilmente hubiera sido posible sin la fuerza de la convicción religiosa, que había permitido la formación de un eficaz grupo gobernante en Arabia occidental, y después había originado una alianza de intereses entre ese grupo y un sector dinámico de las sociedades a las que gobernaba. Ni los recursos militares ni los administrativos del Califato abasí eran de una magnitud que les permitiese mantener indefinidamente el marco de la unidad política en un Imperio que se extendía desde Asia central hasta la costa del Atlántico, y desde el siglo X en adelante la historia política de los países en que los gobernantes y una parte cada vez más importante de la población eran musulmanes, iría transformándose en una serie de historias regionales, referidas al ascenso y la caída de las dinastías cuyo poder irradiaba desde las capitales hasta las fronteras que, en general, no estaban claramente definidas.

Aquí no intentaremos ofrecer la historia detallada de todas estas dinastías; sin embargo, es necesario aclarar el esquema general de los hechos. Con este fin, el mundo islámico puede dividirse en tres amplias áreas, cada una con sus propios centros de poder. La primera incluía a

Irán, la región que se extiende más allá del Oxo e Irak meridional. Durante cierto tiempo a partir del siglo X el centro principal del poder continuó siendo Bagdad, que se levantaba en el corazón de un fértil distrito agrícola y una amplia red comercial, y con la influencia y el prestigio acumulados durante siglos de dominio de los califas abasíes. La segunda área incluía a Egipto, Siria y Arabia occidental. Su centro de poder era El Cairo, la ciudad levantada por los Fatimíes, situada en el centro de una amplia y fecunda región rural, y en el corazón de un sistema comercial que unía el mundo del océano Índico con el mundo del mar Mediterráneo. La tercera incluía el Magreb y las regiones musulmanas de España, conocidas como al-Ándalus; en esta área no había un centro principal de poder sino varios, apoyados en regiones de extensos cultivos y en lugares desde los cuales podía controlarse el comercio entre África y las diferentes zonas del mundo del Mediterráneo.

Con un criterio de relativa simplificación, puede dividirse la historia política de las tres regiones en una serie de períodos. El primero abarca los siglos XI y XII. En él, el área oriental estaba gobernada por los Selyucíes, una dinastía turca apoyada en un ejército turco y partidaria del islam sunní. Se instalaron en Bagdad en 1055 como gobernantes reales bajo la soberanía de los Abasíes, se apoderaron de Irán, Irak y la mayor parte de Siria, y conquistaron regiones de Anatolia que arrebataron al emperador bizantino (1038-1194). No afirmaban que eran califas. Entre los términos usados para describir esta y otras dinastías ulteriores, se hace más conveniente utilizar el término de «sultán», que en general significa «poseedor del poder».

En Egipto, los Fatimíes continuaron gobernando hasta 1171, pero después fueron remplazados por Saladino (1169-1193), líder militar de origen kurdo. El cambio de gobernantes propició un cambio de alianzas religiosas. Los Fatimíes habían pertenecido a la rama ismailí de los chiíes, pero Saladino era sunní, y pudo movilizar la fuerza y el fervor religioso de los musulmanes egipcios y sirios para derrotar a los cruzados europeos que habían fundado Estados cristianos en Palestina y en la costa siria a fines del siglo XI. La dinastía que fundó Saladino, la de los Ayubíes, gobernó Egipto de 1169 a 1252, Siria hasta 1260, y parte de Arabia occidental hasta 1229.

En la región occidental, el Califato omeya de Córdoba se dividió durante los primeros años del siglo XI en una serie de pequeños reinos, y ello posibilitó que los Estados cristianos que habían sobrevivido en el norte de España comenzaran a extenderse hacia el sur. Pero esa expansión se vio contenida durante un tiempo por la aparición sucesiva de dos dinastías cuyo poder residía en la idea de la reforma religiosa combinada con la fuerza de los pueblos beréberes de las regiones rurales marroquíes: primero los almorávides, que procedían de las franjas desiertas del sur de Marruecos (1056-1147), y después los almohades, que contaban con el apoyo de los berberiscos del Atlas y cuyo imperio, en el momento de apogeo, incluyó Marruecos, Argelia, Túnez y el sector musulmán de España (1130-1269).

Un segundo período es el que comprende, de manera muy general, los siglos XIII y XIV. Durante el siglo XIII la región oriental se vio perturbada por la irrupción en el mundo musulmán de una dinastía mongola no musulmana proveniente de Asia oriental, con un ejército formado por tribus mongolas y turcas de las estepas del interior de Asia. Conquistaron Irán e Irak, y pusieron fin al Califato abasí de Bagdad en 1258. Una rama de la familia gobernante reinó en Irak e Irán durante casi un siglo (1256-1336), y en el curso de este período se convirtió al islam. Los mongoles trataron de avanzar hacia el oeste, pero fueron contenidos en Siria por un ejército proveniente de Egipto, formado por esclavos militares (mamelucos) llevados al país por los Ayubíes. Los jefes de este ejército depusieron a los Ayubíes y formaron una elite militar autoperpetuada, reclutada en el Cáucaso y en Asia central, que continuó gobernando Egipto durante más de dos siglos (los mamelucos, 1250-1517); también gobernó Siria desde 1260, y controló las ciudades sagradas de Arabia occidental. En la región occidental, la dinastía almohade dio paso a una serie de Estados sucesores, entre ellos el de los Maríníes en Marruecos (1196-1456) y el de los Hafsíes, que gobernaron desde su capital en Túnez (1228-1574).

Durante este segundo período las fronteras del mundo musulmán variaron considerablemente. En ciertos lugares, la frontera retrocedió, atacada por los Estados cristianos de Europa occidental. Sicilia cayó en manos de los normandos de Europa septentrional, y la mayor parte de España quedó en poder de los reinos cristianos del norte; hacia mediados del siglo XIV dichos reinos ocupaban todo el país, excepto el reino de Granada del sur. Tanto en Sicilia como en España la población musulmana árabe perduró un tiempo, pero en definitiva se extinguió por conversión o expulsión. En cambio, los Estados fundados por los cruzados en Siria y Palestina fueron destruidos finalmente por los mamelucos, y la expansión hacia Anatolia, iniciada en tiempos de los Selyucíes, continuó por iniciativa de otras dinastías turcas. En el curso de este proceso,

el carácter de la población cambió a causa de la entrada de las tribus turcas y la conversión de gran parte de la población griega. Hubo también
una expansión del dominio y la población musulmanes hacia el este, en
India septentrional. También en África el islam continuó extendiéndose
a lo largo de las rutas comerciales, hacia el Sahel en los límites meridionales del desierto del Sahara, siguiendo el valle del Nilo, y a lo largo de la
costa africana oriental.

En el tercer período, que abarca aproximadamente los siglos XV y
XVI, los Estados musulmanes afrontaron un nuevo desafío, originado en
los Estados de Europa occidental. Aumentó la producción y el comercio
de las ciudades europeas; los tejidos que exportaban los mercaderes de
Venecia y Génova competían con los que se producían en las ciudades
del mundo musulmán. Se completó la conquista cristiana de España
con la caída del reino de Granada en 1492; ahora, toda la península Ibérica estaba gobernada por los reyes cristianos de Portugal y España. El
poder de España amenazaba el dominio musulmán sobre el Magreb, y
otro tanto sucedía con los piratas de Europa meridional en el Mediterráneo oriental.

De manera simultánea, los cambios sobrevenidos en las técnicas militares y navales, y sobre todo el empleo de la pólvora, posibilitó una
concentración más importante de poder y la creación de Estados más
poderosos y duraderos, que se extendieron durante este período por la
mayor parte del mundo musulmán. En las lejanas tierras del oeste, nuevas dinastías sucedieron a los Maríníes y a otros: primero, los Sadíes
(1511-1618), y después los Alauíes, que han gobernado desde 1631
hasta nuestros días. En el extremo opuesto del Mediterráneo, la dinastía
turca de los Otomanos cobró importancia en Anatolia, en la frontera
que disputaban con el Imperio bizantino. Se extendió de allí al sudeste
de Europa, y después conquistó el resto de Anatolia. Constantinopla, la
capital bizantina, se convirtió en la capital otomana, y pasó a denominarse Istanbul —Estambul— (1453). A principios del siglo XVI los
Otomanos derrotaron a los mamelucos e incorporaron a su Imperio a
Siria, Egipto y Arabia occidental (1516-1517). Después, asumieron la
defensa de la costa del Magreb contra España, y por eso mismo se convirtieron en sucesores de los Hafsíes y gobernantes del Magreb hasta los
límites de Marruecos. Su Imperio perduraría, en diferentes formas, hasta 1922.

Más al este, la última gran incursión de un gobernante con un ejército reclutado en las tribus de Asia interior, la de Timur (Tamerlán),

dejó una dinastía en Irán y Transoxiana, los Timuríes, si bien no duró mucho (1370-1506). Hacia principios del siglo XVI había sido reemplazada por una dinastía nueva y más duradera, la de los Safavíes, que extendió su dominio de la región noroeste de Irán a todo el país y aún más lejos (1501-1732). Los Mongoles, una dinastía que descendía de la familia gobernante mongola y de Tamerlán, creó un imperio en India septentrional, con su capital en Delhi (1526-1858).

Además de estos cuatro grandes Estados, el de los Alauíes, el de los Otomanos, el de los Safavíes y los Mongoles, había otros más pequeños, en Crimea y la región contigua al Oxo, en Arabia central y oriental, y en las regiones convertidas poco antes al islam en África.

ÁRABES, PERSAS Y TURCOS

Estos cambios políticos no destruyeron la unidad cultural del mundo islámico; al contrario, ésta se acentuó a medida que aumentaba el número de musulmanes y que la fe del islam se estructuraba en sistemas de pensamiento y en instituciones. Sin embargo, en el curso del tiempo comenzó a observarse cierta división en esta amplia unidad cultural. En la región oriental del mundo islámico el advenimiento del islam no sepultó la conciencia del pasado en la misma medida que lo hizo en el oeste.

En la región occidental del mundo musulmán el árabe fue eliminando de manera gradual las lenguas vernáculas. Pero en Irán y otras regiones orientales continuó usándose el persa. La diferencia entre árabes y persas persistió desde la época en que los conquistadores árabes absorbieron el Imperio sasánida, incorporando a sus funcionarios al servicio de los califas abasíes y a su clase educada al proceso de creación de una cultura islámica. El sentimiento de la diferencia, con matices de hostilidad, se expresó en la *shuubiyya*, una controversia literaria en árabe acerca de los méritos relativos de los dos pueblos en la formación del islam. Los persas continuaron usando el pelvi tanto en los escritos religiosos zoroastrianos como durante un tiempo en la administración oficial.

En el siglo X comenzó a aparecer algo nuevo: una alta literatura en un nuevo tipo de idioma persa, no muy distinto por la estructura gramatical del pelvi, pero que utilizaba la estructura árabe y un vocabulario enriquecido con palabras extraídas del árabe. Al parecer, se manifestó primero en Irán oriental, en las cortes de los gobernantes locales que no estaban familiarizados con el árabe. Hasta cierto punto, la nueva literatura reflejó las formas de escritura árabe que eran corrientes en otras cortes: la poesía lírica y panegírica, la historia y, hasta cierto punto, las obras de religión. Pero había otra forma de escritura que era peculiarmente persa. El poema épico que relataba la historia tradicional de Irán y sus gobernantes había existido en los tiempos preislámicos; ahora revivía y se expresaba en el nuevo persa, y recibió su forma definitiva en el *Shánamé* de Firdawsi (h. 940-1020). En el conjunto de países musulmanes, Irán fue prácticamente el único que mantuvo un nexo sólido y consciente con su propio pasado preislámico. Sin embargo, ello no determinó el rechazo de su legado islámico; a partir de esta época, los persas continuaron usando el árabe en los escritos legales y religiosos, y el persa en la literatura secular, y la influencia de esta cultura doble se extendió hacia el norte, penetrando en Transoxiana, y hacia el este, en dirección a India septentrional.

De este modo los países musulmanes se dividieron en dos partes, una en que el árabe era el idioma exclusivo de la cultura superior, y otra en que se usaban el árabe y el persa con diferentes fines. Con la división lingüística se entrelazaba la que había entre los centros del poder político. El ascenso de los Fatimíes en el oeste, y después el de los Selyucíes en el este originó una frontera, si bien variable, entre Siria e Irak. En el siglo XIII, la abolición del Califato abasí y la destrucción del poder de Bagdad por los mongoles, y después la derrota de éstos a manos de los mamelucos, en Siria, confirió carácter permanente a esta división. A partir de este punto, en el este había regiones gobernadas por Estados con sus centros en Irán, Transoxiana o India septentrional, y en el oeste, las que eran gobernadas desde El Cairo o desde ciudades del Magreb y España; Irak meridional, que había sido el centro, se convirtió en región fronteriza. Esta división continuó existiendo, en otra forma, cuando los Safavíes asumieron el poder en Irán y los Otomanos incorporaron a su Imperio a la mayoría de los países de habla árabe; durante un tiempo, los dos Imperios lucharon por el control de Irak.

Sin embargo, no podía afirmarse que hubiese una división política entre árabes y persas, porque desde el siglo XI en adelante la mayoría de los grupos políticos gobernantes de ambas áreas no eran árabes ni persas atendiendo al origen, la lengua, o la tradición política, sino turcos, descendientes de los pueblos de pastores nómadas de Asia interior. Habían comenzado a franquear la frontera noreste del dominio del islam durante el período abasí. Al principio habían llegado individuos, pero después grupos enteros cruzaron la frontera y se convirtieron en musulmanes. Algunos se habían incorporado a los ejércitos al servicio de los gobernantes y, a su debido tiempo, de ellos surgieron dinastías. Los Selyucíes tenían origen turco, y cuando se extendieron hacia el oeste recibieron el apoyo de los turcos de Anatolia. Muchos de los mamelucos que gobernaron Egipto provenían de regiones turcas; la mayor parte de los ejércitos mongoles estaba formada por turcos, y la invasión mongola determinó el asentamiento permanente de un número elevado de turcos en Irán y Anatolia. Más tarde, las dinastías Otomana, Safaví y Mongola lograron su fuerza de los ejércitos turcos.

Las dinastías fundadas por los turcos continuaron usando variantes de la lengua turca en el ejército y el palacio, pero con el tiempo se incorporaron al mundo de la cultura árabe o árabe-persa, o por lo menos se comportaron como sus patronos y guardianes. En Irán, el turco fue la lengua de los gobernantes y los ejércitos; en Persia, de la administración y la cultura secular, y el árabe, de la cultura religiosa y jurídica. Hacia el oeste, el árabe era la lengua tanto del gobierno como la de los funcionarios civiles y la cultura superior. Más tarde, esta situación varió en cierto modo, cuando el establecimiento del Imperio otomano condujo a la formación de una lengua y una cultura turcas otomanas específicas, que sería la de los altos funcionarios así como la empleada en palacio y en el ejército. En el Magreb y en lo que restaba de la España musulmana, el árabe fue la lengua dominante del gobierno y de la cultura superior; aunque los beréberes del Atlas y la periferia del Sahara a veces desempeñaron un papel político, hasta el extremo de que se vieron atraídos por la cultura árabe. Pero incluso aquí la conquista otomana durante el siglo XVI aportó algo de su idioma y su cultura política a la costa del Magreb.

Este libro se refiere a la región occidental del mundo islámico, el área en que el árabe era la lengua dominante tanto de la cultura superior como, en diferentes formas, del habla coloquial. Por supuesto, sería errado creer que se trataba de una región nítidamente separada del mundo circundante. Los países de habla árabe todavía tenían mucho en común con los de lengua persa y turca; las regiones que se extendían alrededor del océano Índico o el mar Mediterráneo mantenían estrechos vínculos, al margen de que su religión principal fuese o no el islam; el mundo entero vivía sujeto a las mismas restricciones impuestas por la limitación de los recursos humanos y del conocimiento técnico acerca del modo de aprovecharlos.

Asimismo, sería demasiado sencillo pensar en esta vasta región como en un solo «país». Más valdría concebir los lugares en que el árabe era la lengua dominante como un grupo de regiones, distintas unas de otras por la posición y la naturaleza geográficas, y habitadas por pueblos que habían heredado tradiciones sociales y culturales peculiares que aún perduraban en los modos de vida y, quizá también, en los hábitos de pensamiento y sentimiento, incluso cuando la conciencia de lo que existía antes del advenimiento del islam se había debilitado o prácticamente había desaparecido. En estas regiones pueden observarse procesos sociales más o menos análogos; una lengua común y la cultura que se expresaba en ella determinaban que las clases cultas urbanas gozaran de cierta desenvoltura en sus mutuas relaciones.

DIVISIONES GEOGRÁFICAS

En el área en que el árabe era la lengua dominante, es posible, con relativa simplificación, distinguir cinco regiones. La primera es la península arábiga, donde se había formado la comunidad musulmana de habla árabe. La península es una masa terrestre separada por tres lados del mundo circundante, es decir, el mar Rojo, el golfo Pérsico y el mar de Arabia (parte del océano Índico), y dividida en una serie de áreas que se distinguen unas de otras por su naturaleza física y, en la mayoría de los períodos, por su desarrollo histórico. La línea básica de división es la que corre de norte a sur, paralela al mar Rojo. Del lado occidental de esta línea hay una región de roca volcánica. La llanura costera, el Tihama, se eleva formando cadenas de montañas y mesetas, y después se convierte en una sucesión de montañas más altas —Hiyaz, Asir y Yemen— con picos que alcanzan una altura de 4.000 metros sobre el nivel del mar en el sur. Las montañas meridionales se prolongan hacia el sureste, cortadas por un ancho valle, el Wadi Hadramaut.

Las montañas del Yemen se encuentran en el extremo del área afectada por los monzones del océano Índico, una región en la que era tradicional el cultivo regular de frutas y cereales. Más al norte, las precipitaciones son más limitadas e irregulares; no hay, tampoco, ríos importantes, pero se obtiene un limitado caudal de agua de las fuentes, los pozos y los arroyos estacionales; el mejor modo de aprovechar los recursos naturales era combinar la cría de camellos y otros animales, en migraciones más o menos regulares a lo largo del año, con el cultivo de las palmeras datileras y otros árboles en los oasis que contaban con agua abundante.

Al este de las montañas el terreno desciende en dirección al golfo Pérsico. En el norte y el sur hay desiertos de arena (en Nafud y el «Área Vacía»), y entre ellos una estepa pedregosa, Najd, y su prolongación hasta la orilla del golfo Pérsico, es decir, al-Hasa. Salvo algunas mesetas al norte, las lluvias son escasas, pero las fuentes y los caudales estacionales posibilitan mantener una vida estable basada en los cultivos de los oasis; en otros lugares, se criaban camellos siguiendo migraciones estacionales a larga distancia. En el rincón sureste de la península arábiga hay una tercera zona, llamada Omán, que no es muy diferente de Yemen, en el suroeste. En la planicie costera comienza una cadena montañosa que alcanza una altura superior a los 3.000 metros; aquí, las fuentes y los arroyos suministran agua, y ésta, distribuida gracias a un antiguo sistema de regadío, posibilitaba la agricultura estable. En la costa hay una cadena de bahías; desde muy antiguo, de allí partían los hombres que pescaban en las aguas del golfo Pérsico y se zambullían en busca de perlas.

En la región occidental de la península, los caminos que corren de sur a norte unían los territorios que se extienden alrededor del océano Índico con los países de la cuenca del Mediterráneo. En la zona oriental, las rutas principales eran las que corrían a lo largo de una cadena de oasis y se internaban en Siria e Irak. Los puertos de la costa del golfo Pérsico y Omán estaban unidos por rutas marítimas con las costas de India y África oriental. La producción de alimentos y materias primas era demasiado escasa, y los puertos y los centros comerciales no podían convertirse en grandes ciudades, en focos de la manufactura y el poder. La Meca y Medina, las ciudades sagradas, se sostenían gracias a la generosidad de los países vecinos.

Hacia el norte, la península arábiga se une a una segunda región, el Creciente Fértil: el territorio, en forma de media luna, limita con el desierto de Hamad, o sirio, que es una prolongación septentrional de la estepa y el desierto de Najd. Es una región de civilización antigua y peculiar que, al oeste, sucumbió bajo el peso de las influencias griegas y romanas mientras que al este, cedió al influjo de la cultura de Irán; aquí, más que en la península, se habían desarrollado la sociedad y la cultura específicas del islam.

La mitad occidental del Creciente Fértil forma un área que ya anteriores generaciones de eruditos y viajeros denominaban «Siria». Aquí, como en Arabia occidental, las principales divisiones geográficas corren de oeste a este. Detrás de una franja costera llana hay una cadena de tierras altas, que se elevan en el centro para formar las montañas de Líbano, y descienden en el sur hasta las colinas de Palestina. Después, hacia el este, hay una depresión, parte de la Gran Falla que atraviesa el mar Muerto y el mar Rojo y penetra en África oriental. Aún más lejos hay otra región de tierras altas, la gran planicie o meseta del interior, que cambia gradualmente para convertirse en la estepa y el desierto de Hamad. En algunos lugares, los antiguos sistemas de regadío se nutrían de las aguas del Orontes y los ríos más pequeños para alimentar oasis fértiles, sobre todo los que están alrededor de la antigua ciudad de Damasco; pero en general la posibilidad de desarrollar cultivos dependía de las precipitaciones. En las laderas orientales de las colinas y las montañas de la costa la proporción de lluvias era adecuada y permitía cultivos regulares, siempre que la división de las laderas en terrazas fijase la tierra; en otros lugares los cultivos eran más precarios y variaban mucho de año en año; además, la fluctuación térmica era acusada. Así pues, en las planicies interiores las relativas ventajas de los cultivos de cereales y el pastoreo de los camellos o las ovejas variaba mucho de un período a otro.

Siria estaba estrechamente relacionada con el resto de la cuenca oriental del Mediterráneo, gracias a las rutas marítimas que partían de sus puertos y a la ruta terrestre que corría a lo largo de la costa hasta Egipto; la región interior también estaba unida a las regiones del este y Arabia occidental gracias a las rutas que atravesaban el Hamad o lo rodeaban por el norte septentrional. La combinación del comercio de larga distancia con la producción de un excedente de alimentos y materias primas había posibilitado el crecimiento de las grandes ciudades, levantadas en las planicies interiores pero vinculadas con la costa: Alepo en el norte y Damasco en el centro.

Las rutas que atravesaban el Hamad o lo rodeaban conducían a los valles de los ríos gemelos, el Éufrates y el Tigris. Nacen en Anatolia y fluyen en dirección sureste; se acercan uno al otro y después se separan para finalmente unirse y desembocar juntos en el extremo septentrional del golfo Pérsico. El territorio que se extiende entre los dos ríos y alrededor de ellos se divide en dos áreas. Al norte está Yazira, llamada alta Mesopotamia por los antiguos viajeros y eruditos. El carácter de la elevación dificultaba el uso del agua del río para el riego y el cultivo de cereales, excepto en los aledaños de los ríos o sus afluentes; lejos de éstos, la precipitación pluvial es incierta y la capa de tierra delgada, y en definitiva todo ello favorecía la cría de ovejas, ganado vacuno y camellos. Pero hacia el noreste de los ríos hay otro tipo de tierras, parte de las cadenas montañosas de Anatolia, denominada a menudo Kurdistán, por los kurdos que la habitan. Aquí, como en los valles montañosos de la costa siria, podían usarse la tierra y el agua para plantar árboles en las tierras altas y producir cereales en los niveles inferiores, pero también para criar ovejas y cabras mediante la práctica de la trashumancia, desde las pasturas invernales de los valles fluviales a las estivales de la alta montaña.

Más al sur, en Irak, la naturaleza de la tierra es distinta. Las nieves de las montañas de Anatolia se funden en primavera y un gran volumen de agua desciende por los ríos e inunda las llanuras circundantes. El depósito de limo dejado por las inundaciones ha creado en el curso de milenios una dilatada llanura aluvial, el Sawad, donde se cultivaban cereales y se plantaban palmeras datileras a gran escala. Aquí, el regadío era más fácil que en el norte, porque la llanura carecía casi por completo de relieve, y desde la época de la antigua Babilonia un gran sistema de canales hacía llegar el agua al Sawad. La configuración de la planicie y la violencia de las inundaciones obligaba a mantener en buen estado los canales. Si no se los limpiaba y reparaba, el caudal podía desbordar los cauces de los ríos, anegar la zona circundante y formar áreas de pantano permanente. La falta de relieve también facilitaba que los pastores nómadas de Najd entraran en los valles fluviales y usaran la tierra como pasturas en lugar de practicar la agricultura. La seguridad y la prosperidad del Sawad dependían de la solidez de los gobiernos, pero a su vez éstos extraían sus alimentos, los materiales y la riqueza de la zona rural a la cual protegían. Una sucesión de grandes ciudades se había desarrollado en el corazón del Sawad, donde el Éufrates y el Tigris se aproximaban uno al otro; Babilonia, la Ctesifonte de los Sasánidas, y Bagdad, la capital de los Abasíes.

Al margen de los vínculos con Siria y Najd, las rutas discurrían desde Irak hacia el interior de las altiplanicies iranias, hacia el este, si bien con mayor facilidad en el sur que en el norte. Los ríos no eran navegables fácilmente en la mayor parte de su curso, pero desde el punto en que confluían hasta que desembocaban juntos en el golfo Pérsico, las rutas marítimas llegaban a los puertos del golfo y el océano Índico. La terminal principal de estas rutas, Basora, fue por un tiempo el puerto más importante del Imperio abasí.

Al oeste de la península arábiga, atravesando el mar Rojo y una estrecha faja terrestre al norte de él, hay un desierto de arena, y más lejos una tercera región, el valle del río Nilo. El río nace en las tierras altas de África oriental, cobra fuerza mientras avanza hacia el norte y recibe el aporte de los afluentes que descienden de las montañas de Etiopía. Atraviesa una cuenca aluvial creada por el limo que él mismo depositó en el curso de los siglos, y que en ciertos sectores es una ancha planicie y, en otros, una estrecha faja, y en su etapa final se divide en brazos y atraviesa un fértil delta para desembocar en el mar Mediterráneo. En verano, después de que la nieve se funde en las altiplanicies de África oriental, el nivel del agua sube y el río crece. Desde los primeros tiempos, una serie de recursos —la rueda, la noria, el cubo al extremo de una pértiga— posibilitaron recoger agua del río en pequeña proporción. En algunos lugares, sobre todo en el norte, existía un antiguo sistema de compuertas que desviaba el agua cuando el Nilo inundaba parcelas de tierra rodeadas por terraplenes; allí permanecía durante un tiempo y después se la drenaba para que retornase al río cuando el nivel del agua descendía, de modo que dejaba atrás su limo para enriquecer el suelo. En las tierras regadas de este modo, los cereales y otros cultivos crecían abundantes. En el desierto que se extendía sobre el lado occidental del valle fluvial había también algunos oasis con cultivos estables.

La región septentrional del valle del Nilo forma el territorio de Egipto, un país con una tradición de alta civilización y una unidad social creada o estabilizada gracias a una larga historia de control político, que ejercían gobernantes residentes en una ciudad que se había levantado en el lugar en que el río se divide en brazos y fluye a través del delta. El Cairo fue la última de una sucesión de ciudades que se remontaban a Menfis, en el tercer milenio a. C. Estaba en el centro de una red de rutas que se dirigían al norte, a los puertos del Mediterráneo, y de allí por mar a Siria, Anatolia, el Magreb e Italia; hacia el este en dirección a Siria por el camino de la costa, y también hacia el este, pero en dirección al mar Rojo, y de allí al océano Índico; y hacia el sur, al valle del Alto Nilo y al África oriental y occidental.

En el valle del Alto Nilo, el dominio social del delta y la ciudad capital era más débil. El Nilo atraviesa una región en la que el índice de pluviosidad es muy bajo. Sobre la orilla oriental, el área cultivable era sólo una angosta franja, si bien al oeste las planicies posibilitaban ampliar la zona cultivable mediante sistemas de regadío. Al sur de esta área sin lluvias, hay un sector de intensas precipitaciones estivales, que bien pueden prolongarse de mayo a septiembre. Podían cultivarse los cereales y criarse ganado vacuno en un área que se extendía hacia el oeste, más allá del valle fluvial, hasta que llegaba a un semidesierto de arena, y hacia el sur hasta vastas áreas de vegetación perenne. Era el Sudán, un país de agricultores y pastores, de aldeas, de campamentos nómadas y asentamientos comerciales, pero no de grandes ciudades. El Nilo lo unía a Egipto, y se comunicaba mediante rutas terrestres con Etiopía y el Sahel, la región que se extiende alrededor del límite meridional del desierto del Sahara.

Desde el desierto occidental de Egipto hasta la costa del Atlántico se abre una cuarta región, conocida en árabe como el Magreb, el país del oeste o del sol poniente; incluye los países denominados en la actualidad Libia, Túnez, Argelia y Marruecos. En esta región, la división natural más evidente corre de norte a sur. A lo largo de las costas del Mediterráneo y el Atlántico hay una franja de tierras bajas que se ensancha en ciertos lugares para formar planicies: el Sahel de Túnez y la llanura de la costa atlántica de Marruecos. En el interior de esta franja se alzan cadenas de montañas: el Yabal Ajdar en Libia, las montañas del norte de Túnez, el Atlas telliano, y el Rif en Marruecos. También en la zona interior hay altas planicies o estepas y, sobrepasando éstas, otras cadenas de montañas: las Aurès en Argelia, el Atlas Central y el Gran Atlas más al oeste. Al sur se extiende la estepa, que se convierte gradualmente en el desierto del Sahara, en partes pedregoso y en otras zonas arenoso, con oasis de palmeras. Al sur del Sahara hay un área de pastizales regados por las precipitaciones y el río Níger, el Sahel o Sudán occidental.

El Magreb tiene pocos ríos susceptibles de aprovecharse para el regadío, y el volumen y el tiempo de las lluvias determinaban la naturaleza y la extensión de los asentamientos humanos. En las planicies costeras y en las laderas de las montañas que miran al mar, y que provocan la condensación de las nubes de lluvia provenientes del Mediterráneo o el Atlántico, podía practicarse el cultivo permanente de los cereales, los olivos, los árboles frutales y las hortalizas; por otra parte las laderas altas de las montañas acogían densos bosques. Pero más allá de las montañas, en las llanuras más elevadas, las lluvias varían de un año al otro, e incluso en el mismo año, y podía usarse la tierra de forma mixta: para el cultivo de los cereales y para el pastoreo de las cabras y las ovejas, mediante la trashumancia. Más al sur, en la estepa y el desierto, la tierra se adaptaba mejor al pastoreo; los criadores de ovejas se unían a los criadores de camellos en verano para abandonar el desierto en dirección al norte. Ciertamente, el Sahara era la única región del Magreb en que se criaban camellos; el camello había llegado a la región en los siglos anteriores a la aparición del islam. Sus zonas arenosas estaban poco habitadas, pero en el resto del mismo los criadores de ganado convivían con los cultivadores de palmeras datileras y otros árboles de los oasis.

Las rutas principales que unían el Magreb con el mundo circundante también corrían de norte a sur. Los puertos del Mediterráneo y el Atlántico comunicaban la región con la península Ibérica, Italia y Egipto. Los caminos partían de ellos hacia el sur, atravesaban la región poblada de una cadena de oasis del Sahara, para llegar al Sahel y aún más lejos. En ciertos lugares, los caminos llegaban al mar atravesando amplias regiones de tierras cultivadas, y allí podían desarrollarse y mantenerse grandes ciudades. Dos de estas áreas tuvieron especial importancia. Una estaba en la costa atlántica de Marruecos; aquí se había formado en los primeros tiempos islámicos la ciudad de Fez, y más al sur, y durante un período más tardío, también creció la ciudad de Marrakech. La otra era la llanura costera de Túnez; aquí, la ciudad principal de los tiempos islámicos tempranos fue Cairuán, pero después su lugar lo ocupó la ciudad de Túnez, levantada junto a la costa, cerca del asiento de la antigua ciudad de Cartago. Estas dos áreas, con sus grandes ciudades, irradiaban su poder económico, político y cultural hacia las regiones circundantes e intermedias. Argelia, que estaba entre las dos primeras, no poseía un área que por su extensión y estabilidad originase un centro análogo de poder, y tendió a incorporarse a la esfera de influencia de sus dos vecinas. Asimismo, el poder de Túnez se extendía sobre Libia occidental (Tripolitania) mientras Cirenaica al este, separada del resto del Magreb por el desierto libio, que aquí llegaba hasta el borde del mar, correspondía más bien a la esfera de influencia de Egipto.

La quinta área es la península Ibérica, al-Ándalus, es decir, la parte de ésta que estaba gobernada y habitada en buena medida por musulmanes (principalmente en el siglo XI, si bien de manera gradual se fue desmembrando hasta que desapareció a fines del siglo XV). En ciertos aspectos análoga a Siria, al-Ándalus consistía en pequeñas regiones separadas unas de otras. El centro de la península es una vasta planicie rodeada y atravesada por cadenas montañosas. Desde aquí, una serie de ríos recorre las tierras bajas en dirección a la costa: el Ebro desemboca en el Mediterráneo por el norte; el Tajo, en el Atlántico después de atravesar las tierras bajas portuguesas, y el Guadalquivir, en el Atlántico, más al sur. Entre las montañas que rodean la meseta central y el Mediterráneo se halla, al norte, la región montañosa de Cataluña y, más al sur, se abren llanuras. Las variaciones climáticas y pluviométricas dan lugar a diferencias en la naturaleza de la tierra y en los usos que se les daba. En el clima frío de las altas montañas había bosques de alcornoque, roble y pino; en los valles se extendían tierras fértiles en las que se cultivaba cereales y se criaba ganado. La meseta central, con un clima de temperaturas extremas, era apropiada para un régimen mixto, esto es, el cultivo de los cereales y los olivares, junto con el pastoreo de ovejas y cabras. En el clima cálido de los valles fluviales y las planicies costeras, se cultivaban cítricos y otras frutas. Aquí, en las regiones de fértiles cultivos y acceso al transporte fluvial, se levantaban grandes ciudades: Córdoba y Sevilla en el sur de la península.

España, abierta al Mediterráneo, contaba con los puertos costeros en el este que la unían, como hoy día, con los restantes países de la cuenca: Italia, el Magreb, Egipto y Siria. Sus vínculos más importantes eran los que mantenía con Marruecos, su vecino sureño; la zona del Estrecho que separaba las dos zonas terrestres no era obstáculo para el comercio, la migración o el movimiento de las ideas o los ejércitos conquistadores.

ÁRABES MUSULMANES Y OTROS

Hacia el siglo XI, el islam era la religión de los gobernantes, de los grupos dominantes y de una proporción cada vez más elevada de la población, pero no es seguro que fuese la religión de una mayoría fuera de la península arábiga. Del mismo modo, si bien el árabe era la lengua de la cultura superior y de gran parte de la población urbana, otros idiomas aún sobrevivían del período anterior a la llegada de los conquistadores musulmanes. Hacia el siglo XV el avance del islam arábigo había cubierto toda la región; en general, era la forma sunní del islam, aunque todavía existían partidarios de las doctrinas desarrolladas durante los primeros siglos. En el sureste de Arabia y en los márgenes del Sahara había comunidades de ibadíes, que se declararon los descendientes espirituales de los jariyíes, que habían rechazado el liderazgo de Alí después de la batalla de Siffin, y se habían rebelado contra el dominio de los califas de Irak y el Magreb. En Yemen, gran parte de la población se adhirió al chiismo en su forma zaidí. El chiismo, en las formas de los «Doce» e ismailí, que había dominado gran parte del mundo árabe oriental en el siglo X, ahora había retrocedido. Los «Doce» aún eran numerosos en regiones del Líbano, en el sur de Irak —donde tenían sus principales santuarios— y en la costa occidental del golfo Pérsico. Los ismailíes, por su parte, todavía tenían adeptos en áreas del Yemen, Irán y Siria, donde habían podido oponer cierta resistencia local a los gobernantes sunníes, los Ayubíes en Siria y los Selyucíes más al este. (Las noticias acerca de sus actividades, llegadas a Europa en la época de las Cruzadas, dieron lugar a la palabra «asesino» *(hassasin)*, y a la versión, que no aparece en las fuentes árabes, de que vivían bajo el dominio absoluto del «Viejo de las Montañas».) Los partidarios de otras ramas del chiísmo, los drusos y los nusairíes, también se encontraban en Siria. En el norte de Irak había yazidíes, partidarios de una religión que tenía elementos derivados tanto del cristianismo como del islam; al sur estaban los mandeos, cuya fe provenía de creencias y prácticas religiosas más antiguas.

Hacia el siglo XII las iglesias cristianas del Magreb prácticamente habían desaparecido, si bien gran parte de la población de los reinos musulmanes de al-Ándalus era cristiana de la Iglesia católica romana. Hacia el siglo XV los cristianos coptos todavía eran un elemento importante de la población egipcia, aunque su número estaba disminuyendo por vía de la conversión. Más al sur, en el Sudán septentrional, el cristianismo había desaparecido hacia el siglo XV o XVI, a medida que el islam se difundía después de atravesar el mar Rojo e internarse en el valle del Nilo. En Siria y el norte de Irak pervivían comunidades cristianas, aunque reducidas. Algunas, sobre todo en las ciudades, pertenecían a la Iglesia ortodoxa oriental, pero otras eran miembros de aquellas Iglesias que surgieron de las controversias acerca de la naturaleza de Cristo: la ortodoxa siria o monofisitas y los nestorianos. En Líbano y otras regiones de Siria, había una cuarta Iglesia, la de los maronitas; habían afirmado la doctrina monotelita, pero en el siglo XII, cuando los cruzados gobernaban las costas de Siria, habían aceptado la doctrina católica romana y la supremacía del Papa.

Los judíos se habían extendido más ampliamente en todo el mundo del islam árabe. En el Magreb una parte considerable del campesinado se había convertido al judaísmo antes de la llegada del islam, y aún había comunidades rurales judías, lo mismo que en Yemen y partes del Creciente Fértil. También había judíos en la mayoría de las ciudades de la región, pues representaban un papel importante en el comercio, las manufacturas, las finanzas y la medicina. La parte más numerosa de los mismos pertenecía al cuerpo principal de judíos que aceptaban las leyes orales y la interpretación de las mismas contenidas en el Talmud, y conservadas por los que se habían formado en la erudición talmúdica. Pero en Egipto, Palestina y otros lugares también había caraítas, que no aceptaban el Talmud y tenían sus propias leyes, interpretadas de las Escrituras por sus maestros.

Gran parte de las comunidades judías en aquellos tiempos eran de habla árabe, aunque utilizaban unas formas del árabe propias y aún empleaban el hebreo con fines litúrgicos. También entre los cristianos el árabe se había difundido en el Creciente Fértil, Egipto y España: el arameo y el sirio cedían terreno como lenguas habladas y escritas, aunque se las utilizaba en las liturgias, y la lengua copta de Egipto prácticamente había desaparecido, salvo para fines religiosos, hacia el siglo XV; muchos de los cristianos de al-Ándalus habían adoptado la lengua árabe, aunque las lenguas romances que habían heredado sobrevivían y cobraban nuevo impulso. En los márgenes de los territorios árabes, en las zonas montañosas y desérticas, se hablaban otras lenguas: el kurdo, en las montañas de Irak septentrional; el nubio, en el norte de Sudán; y diferentes lenguas en el sur, y dialectos beréberes en las montañas del Magreb y el Sahara. Sin embargo, los kurdos y los beréberes eran musulmanes y, a medida que tenían acceso a la educación, iban accediendo a la esfera de la lengua árabe.

CAPÍTULO SEIS

Las zonas rurales

LA TIERRA Y SU UTILIZACIÓN

Estos países, situados en una línea costera desde el Atlántico hasta el Índico, compartían no sólo una religión y una cultura dominantes, sino también y en cierta medida algunos rasgos climáticos, orográficos, geológicos y de flora. En ocasiones se ha afirmado que estos dos factores estaban estrechamente relacionados, que la religión del islam era especialmente apropiada para un entorno específico, o incluso lo había creado: que las sociedades musulmanas estaban dominadas por el desierto o, al menos, por cierta relación entre el desierto y la ciudad. Pero tales teorías son peligrosas; hay países que tienen una clase distinta de clima y de sociedad —por ejemplo, regiones del sur y el sureste de Asia—, donde el islam se ha difundido y ha arraigado. Por consiguiente, es mejor considerar por separado los dos factores.

Pueden formularse algunos enunciados generales acerca del clima de la mayoría de las zonas de los países que en este período eran en esencia musulmanes por la fe y hablaban la lengua árabe. En las franjas costeras, donde los vientos provenientes del mar son húmedos, el clima es húmedo; las zonas interiores, por su parte, tienen un clima «continental», con amplias variaciones térmicas entre el día y la noche, y entre el verano y el invierno. En esta parte del mundo, enero es el mes más frío, y junio, julio y agosto, los más cálidos. En algunas regiones las lluvias son abundantes y regulares. En general, son las áreas que se encuentran en la costa o en las laderas de las montañas que miran al mar. Las nubes de lluvia que provienen del mar chocan con las paredes montañosas: el Atlas en la vertiente atlántica de Marruecos; el Rif, las montañas del este de Argelia y del norte Túnez, y el macizo de Cirenaica, en la costa meridional del Mediterráneo; y en su costa oriental, las montañas del Líbano y también, internándose profundamente, las del noreste de Irak. En el suroeste de Arabia, las nubes que vienen del océano Índico traen la lluvia. Aquí, la estación de las lluvias es la que corresponde a los monzones, durante los meses de verano; en otros lugares, las lluvias caen en general de septiembre a enero. En estas zonas, la precipitación anual media es superior a los 500 mm, y considerablemente mayor en algunos lugares.

En el lado opuesto de las montañas costeras, en las planicies y las mesetas, la proporción de lluvias es menor, con una media de 250 mm anuales. Pero los promedios pueden ser engañosos; en estas regiones interiores la precipitación varía mucho de un mes a otro, y de año en año. Este aspecto puede afectar a las cosechas; algunos años apenas llueve, y la cosecha puede malograrse.

Más allá de esta franja de lluvias considerables pero irregulares, hay otras zonas donde las precipitaciones son más escasas o casi no se producen; algunas se hallan cerca de la costa, como el bajo Egipto, donde no hay montañas que precipiten la lluvia, y otras se encuentran en el interior. Aquí, la pluviosidad anual puede variar entre 0 y 250 mm. Pero la mayoría de estas áreas no carece totalmente de agua. Incluso en ciertas partes de los desiertos de Arabia y el Sahara hay fuentes y pozos, alimentados por lluvias ocasionales o por las aguas subterráneas provenientes de la base de las colinas o las cadenas montañosas próximas al mar. En otros puntos la tierra, que no recibe lluvias, puede obtener agua de los ríos que recogen la precipitación de las montañas lejanas. Muchos ríos no son más que *wadis* estacionales, secos en invierno y torrenciales en la estación lluviosa, pero otros son perennes: los que nacen en las montañas y mueren en el mar, en España, la región atlántica de Marruecos, Argelia y Siria y sobre todo los dos grandes sistemas fluviales: el del Nilo y el que forman el Tigris y el Éufrates.

Ambos sistemas infunden vida a vastas llanuras por las que discurren, si bien sus ritmos son diferentes. El Nilo y sus afluentes traen el agua de las lluvias que caen en las mesetas de Etiopía y África oriental; esas precipitaciones sobrevienen en primavera y verano, y originan una sucesión de inundaciones, primero en el Nilo Blanco y después en el Nilo Azul y sus afluentes. Las inundaciones llegan a Egipto en mayo, y después crecen hasta culminar en septiembre; más tarde decaen y desaparecen en noviembre. En las mesetas de Anatolia, donde nacen tanto el Éufrates como el Tigris, la nieve se funde en primavera. Las crecidas del Tigris van de marzo a mayo; las del Éufrates se suceden poco después; en ambos casos, las inundaciones son tan violentas que desbordan las orillas de los ríos, y a veces han modificado sus cursos. En el sur de Irak, a causa del hundimiento del suelo, se formaron pantanos permanentes en el período inmediatamente anterior a la aparición del islam.

Las variaciones del relieve, la temperatura y el caudal de agua se combinaron para crear diferentes tipos de suelo. En las planicies costeras y en las laderas de las montañas que miran al mar el suelo es fértil, pero en las montañas es necesario fijarlo mediante la creación de terrazas si no se quiere que la tierra desaparezca arrastrada por el agua durante la estación lluviosa. En las planicies del interior la capa es más delgada, pero todavía es fértil. Donde las llanuras interiores se convierten en estepas y desierto, la naturaleza de la tierra cambia. En los lugares en que abunda el agua subterránea, las parcelas cultivables están rodeadas por áreas de piedra y grava, macizos volcánicos y dunas de arena como las que existen en el «Área Vacía», en el Nafud de Arabia y los distritos del Erg en el Sahara.

Desde tiempos inmemoriales, dondequiera que ha habido tierras y agua se han cultivado frutas y verduras, pero se necesitan ciertas condiciones favorables para el cultivo de ciertos productos. Tres fronteras de cultivos fueron sobremanera importantes. La primera fue el olivo, que proporcionaba alimentos, así como aceite y combustible para cocinar; el árbol arraigaba allí donde el caudal de lluvia superase los 180 mm y hubiese suelo arenoso. La segunda correspondía al cultivo del trigo y otros cereales, para consumo humano y forraje de los animales; exigía lluvias superiores a los 400 mm o sistemas de riego que distribuyesen el agua de los ríos o las fuentes. La tercera frontera correspondía a la palmera datilera, que precisaba una temperatura no inferior a 16 °C para producir frutos, si bien podía aclimatarse a zonas con escasez de agua. Si había agua y pastizales suficientes, cabía utilizar la tierra tanto para el pastoreo del ganado como para el cultivo. Las cabras y las ovejas necesitaban pastar y ramonear a intervalos que no les exigiesen viajar demasiado; los camellos podían salvar largas distancias entre sus pasturas, y necesitaban beber con menos frecuencia.

A causa de esta diversidad de las condiciones naturales, Oriente Próximo y el Magreb se dividieron, antes aun del surgimiento del islam, en ciertas áreas de producción, que ocupaban lugares entre dos extremos. En un extremo había áreas en las cuales el cultivo siempre era posible: franjas costeras que permitían plantar olivos, planicies y valles fluviales donde se obtenían cereales y oasis de palmeras. En todas estas zonas también se producían frutas y verduras, y uno de los resultados de la formación de una sociedad islámica extendida desde el océano Índico al Mediterráneo fue la incorporación de nuevas variedades. Aquí encontraron pasto para el ganado vacuno, las ovejas y las cabras, y en las montañas altas diferentes árboles que les proporcionaron madera, nueces amargas, goma o corcho. En el otro extremo había regiones en que el agua y la vegetación eran adecuadas sólo para la cría de camellos o de otros animales, practicando la trashumancia a larga distancia. Dos de estas áreas tenían especial importancia: el desierto árabe y su prolongación septentrional, el desierto sirio, donde los criadores de camellos pasaban el invierno en el Nafud, y se desplazaban hacia el norte y el oeste, a Siria, o hacia el norte y el este, a Irak, durante el verano; y el Sahara, donde pasaban del desierto a las planicies altas o a las laderas meridionales de las montañas del Atlas.

Entre estos dos extremos, uno con una vida más o menos segura de cultivos sedentarios y el otro caracterizado por la obligación del pastoreo nómada, había áreas en que los cultivos, aunque posibles, eran más precarios, y en que la tierra y el agua podían aprovecharse también para el pastoreo. Eso era especialmente válido en el caso de las regiones que se extendían en los márgenes del desierto, y donde las lluvias eran irregulares: la estepa en Siria, el valle del Éufrates, los límites externos del delta del Nilo y otras áreas de regadío del valle del Nilo, las planicies de Kordofán y Darfur en el Sudán, y las llanuras altas del Atlas sahariano en el Magreb. En ciertas circunstancias, casi todas las zonas de tierras cultivadas podían dedicarse al pastoreo, a menos que se hallaran protegidas por su propio relieve; por ejemplo, los pastores del Sahara no se adentraban en las montañas del Alto Atlas de Marruecos.

Por lo tanto, sería demasiado simple concebir las zonas rurales como áreas divididas en sectores en que los campesinos apegados a la tierra trabajaban sus cultivos y otras donde los nómadas se desplazaban con sus animales. Podían observarse posiciones a medio camino entre una vida completamente sedentaria y otra completamente nómada, y éstas eran las que constituían la norma. Había un amplio espectro de modos de aprovechamiento de la tierra. En ciertas áreas había habitantes asentados que controlaban firmemente sus tierras, y el único ganado estaba a cargo de gente empleada; en otras áreas, los agricultores estables y los pastores de ovejas compartían el uso de la tierra; y en otras aún la población era trashumante, y con sus rebaños emigraban de las tierras bajas a los pastizales de las tierras altas, aunque cultivaban la tierra en ciertas estaciones; había también grupos totalmente nómadas, si bien controlaban ciertas áreas de asentamiento en los oasis o en los límites del desierto, donde los campesinos trabajaban para beneficio de los nómadas.

Las relaciones entre los que cultivaban la tierra y los que se desplazaban con sus animales no puede explicarse por referencia a cierta oposición secular e invencible entre «el desierto y los campos». Los campesinos estables y los pastores nómadas se necesitaban mutuamente para intercambiar las mercancías que cada uno tenía que vender: los que se dedicaban sólo al pastoreo no podían producir todos los alimentos que necesitaban, por ejemplo, cereales o dátiles; por su parte, la gente asentada en la tierra necesitaba la carne, las pieles y la lana de los animales criados por los pastores, y los camellos, los asnos o las mulas con fines de transporte. En las áreas en que existían ambos tipos de grupos, utilizaban la misma agua y la misma tierra con su vegetación, y cuando era posible tenían que concertar acuerdos aceptables y duraderos unos con otros.

Pero la simbiosis entre cultivadores y pastores era frágil, y podía variar en favor de uno u otro. Por otra parte, la movilidad y la resistencia de los pastores nómadas tendía a asignarles una posición dominante. Eso era válido sobre todo en el caso de la relación entre los que criaban camellos en el desierto y los que vivían en los oasis. Algunos de los oasis más grandes que existían a la vera de las rutas comerciales importantes podían tener una clase de mercaderes que estaban en condiciones de controlar los mercados y las palmeras datileras, pero en otros los pastores controlaban la tierra y la cultivaban con la ayuda de los campesinos, o en ciertos casos de esclavos. También en los límites del desierto los pastores podían tener fuerza suficiente para recaudar una suerte de tributo, el *juwwa*, en las aldeas estables. Esta relación desigual se expresó en la cultura de los pastores árabes en cierta concepción jerárquica del mundo rural; creían tener una libertad, una nobleza y un honor de los que carecían los campesinos, los mercaderes y los artesanos. Por otra parte, podían actuar ciertas fuerzas que limitarían la libertad y el poder de los pastores, atrayéndolos a la vida estable una vez que se internaran en las llanuras o las estepas.

Por consiguiente, cuando la simbiosis se veía profundamente perturbada, no era a causa de un estado perpetuo de guerra entre los dos tipos de sociedad, sino por otras razones. Es posible que a lo largo de los siglos se produjesen cambios climáticos y del aporte de agua; la desertización progresiva de la región del Sahara durante un período prolongado es un caso bien demostrado. Había variaciones en la demanda de los productos del campo y el desierto: una demanda mayor o menor del aceite de oliva, los cereales, las pieles, la lana, la carne o los camellos para el transporte. A veces podía sobrevenir una crisis de sobrepoblación en los nómadas, que en conjunto llevaban una vida más sana que los habitantes de las aldeas, y por lo tanto podían sobrepasar sus medios de subsistencia. De tanto en tanto tenían lugar cambios políticos; cuando los gobernantes eran fuertes, tendían a ampliar el área de la agricultura estable, de la cual extraían los alimentos para las ciudades, y los impuestos que les permitían mantener ejércitos.

Las conquistas árabes realizadas en los países vecinos durante el período islámico temprano no constituyeron una invasión de nómadas que absorbiese al mundo sedentario y trastocara la simbiosis. Los ejércitos árabes eran cuerpos pequeños y bastante disciplinados de soldados de diferentes orígenes; los siguieron, al menos en Irak e Irán, nutridas migraciones de pastores árabes, en una proporción que es imposible calcular. Pero el interés de los nuevos gobernantes era preservar el sistema de cultivos y, por consiguiente, de gravámenes y rentas. Los que antes habían sido dueños de la tierra en general se vieron desplazados o bien absorbidos por la nueva elite gobernante, pero el campesinado indígena permaneció, y los soldados y los inmigrantes se instalaron en las tierras o en las nuevas ciudades. El crecimiento de ciudades más importantes que las que habían existido antes, desde Jorasán y Transoxiana, en el este, hasta al-Ándalus, en el oeste, muestra que existió una zona rural estable, lo suficientemente amplia y productiva para suministrarles alimentos. Por otra parte, el crecimiento del comercio de larga distancia en la extensa comunidad islámica, y la peregrinación anual a La Meca, originó una fuerte demanda de camellos y otros animales de transporte.

Con posterioridad, se produjo cierta perturbación de la simbiosis, a partir de los siglos X-XI. En la periferia del mundo musulmán hubo incursiones de grupos nómadas que modificaron el equilibrio demográfico. Los pastores turcos entraron en Irán y en las regiones recién conquistadas de Anatolia, y este proceso se acentuó durante y después de las invasiones mongolas; al oeste, los beréberes del Atlas y de los límites del Sahara avanzaron hacia el norte, penetrando en Marruecos y al-Ándalus. Pero en las zonas centrales del mundo musulmán es posible que el proceso fuese diferente. Existe un estudio de un área que arroja luz sobre el tema.[1] Se trata del área que se extiende alrededor del río Diyala, un afluente del Tigris, en la gran llanura irrigada del sur de Irak que suministraba alimentos y materias primas a la enorme población de Bagdad.

El sistema de regadío, desarrollado desde tiempos babilónicos, precisaba de un gobierno que poseyera la fuerza necesaria para mantenerlo. Ese gobierno existió en el período abasí temprano, cuando se reparó y restauró el sistema después de una etapa de decadencia, hacia el fin del período sasánida. Con el paso de los siglos, la situación cambió. El crecimiento de Bagdad y su comercio determinó que una proporción mayor de la riqueza extraída del excedente rural se invirtiese en la ciudad, en lugar de consagrarla al mantenimiento de los campos; la debilidad cada vez más acentuada del gobierno central determinó que el control de las zonas de cultivo cayese en manos de los gobernadores locales o los recaudadores de impuestos, que tenían un interés menos firme en el mantenimiento de la red de riego. Es posible que también se produjeran ciertos cambios ecológicos, que llevaron a la formación de grandes pantanos. En estas circunstancias, el sistema de regadío se deterioró gradualmente a lo largo de los siglos. Los propios campesinos carecían de los recursos necesarios para mantenerlo en condiciones, el caudal de agua de los canales disminuyó, y algunas áreas de cultivo se abandonaron o se destinaron a pasturas.

Por consiguiente, es posible que la difusión del pastoreo nómada fuese el resultado de la decadencia de la agricultura antes que su causa. Sin embargo, lo que sucedió en el Magreb puede que fuera precisamente lo contrario. Los historiadores modernos, utilizando una idea que quizá fue formulada inicialmente por Ibn Jaldún, se han acostumbrado a atribuir la decadencia de la vida estable en el Magreb a la llegada de ciertas tribus árabes, sobre todo la de Banu Hilal en el siglo XI. Se estima que sus incursiones y rapiñas afectaron profundamente la historia posterior del Magreb, destruyendo los gobiernos fuertes que eran los protectores de la vida estable, cambiando el uso de la tierra de la agricultura a la actividad pastoril, y sumergiendo a la población indígena en un mar de nuevas inmigraciones árabes. Pero la investigación moderna ha demostrado que el proceso no fue tan simple. Algunos miembros de los Banu Hilal en efecto pasaron a Túnez, desde Egipto, durante la primera mitad del siglo XI. Participaron del intento de la dinastía fatimí de Egipto por debilitar el poder de los Ziríes, los gobernantes locales de Cairuán, que habían sido vasallos de los Fatimíes antes de independizarse. Pero los Ziríes ya estaban perdiendo su fuerza, a causa de la decadencia del comercio de Cairuán, y su Estado estaba dividiéndose en principados más pequeños en torno a ciudades de provincia. Es posible que el debilitamiento de la autoridad y la declinación del comercio, y por lo

tanto de la demanda, posibilitara la expansión de los pastores. No cabe
duda de que esta expansión provocó destrucción y desorden, pero no
parece que los Banu Hilal fueran hostiles a la vida estable como tal;
mantenían buenas relaciones con otras dinastías. Si hubo un cambio en
el equilibrio rural contemporáneo, pudo haber sido el resultado de otras
causas, y al parecer no fue general ni permanente. Algunas áreas rurales
de Túnez revivieron cuando los Almohades y sus sucesores los Jafsíes res-
tablecieron un gobierno fuerte. La expansión del pastoreo, en la medida
en que existió, fue posiblemente un efecto más que la causa principal de
la desaparición de la simbiosis rural. Si más tarde se le atribuyó el carácter de causa, sólo fue un modo simbólico de percibir un proceso complicado. Más aún, no parece que los Banu Hilal fueran tan numerosos para
reemplazar con árabes a la población beréber. A partir de ese momento,
en efecto, se difundió la lengua árabe, y así apareció la idea de un nexo
entre los pueblos rurales del Magreb y los de la península arábiga, pero
su causa no fue la expansión de los pueblos árabes, sino más bien la asimilación a ellos de los beréberes.[2]

LAS SOCIEDADES TRIBALES

La historia del campo durante estos siglos no se ha escrito, y difícilmente podría escribirse ya que se carece de las fuentes esenciales. Durante el período otomano ciertamente las hubo, representadas por los
grandes archivos otomanos que sólo ahora comienzan a ser investigados;
en cuanto a períodos más recientes, es posible complementar los documentos con la observación directa. Es peligroso deducir de lo que existió
hace dos o tres siglos y de lo que existe ahora lo que pudo haber existido hace varios siglos. Pero ese material debería ayudarnos a entender los
episodios y procesos contemporáneos, si utilizamos nuestro conocimiento de épocas posteriores para construir un «tipo ideal» de los rasgos
que una sociedad rural pudo haber mostrado en un ambiente geográfico
como el de Oriente Próximo y el Magreb.

Si no mediaban interferencias, los procesos económicos y sociales en
esas áreas rurales tendían a crear un tipo de sociedad denominada con
frecuencia «tribal»; pero, ante todo, se hace necesario preguntarse qué
significa la palabra «tribu».

Tanto en las comunidades de pastores como en las rurales, la unidad fundamental era la familia, que abarcaba en su seno tres generaciones: los abuelos, los padres y los hijos, que convivían en las casas de las aldeas —construidas con piedra, ladrillos de barro o con los materiales disponibles en cada zona— o en las tiendas tejidas de los nómadas. Los hombres eran los principales responsables del cuidado de la tierra o el ganado. Las mujeres se ocupaban de la cocina, la limpieza y la crianza de los hijos, pero también ayudaban en los campos o con los rebaños. La responsabilidad de las relaciones con el mundo exterior correspondía formalmente a los hombres.

Es razonable suponer que los valores expresados en el concepto de «honor», un tema muy estudiado por los antropólogos sociales, existió desde tiempo inmemorial en el campo, o por lo menos en las áreas del mismo que no sufrieron la influencia profunda de las religiones formales de las ciudades. A partir de este supuesto, cabe afirmar, con muchas variaciones referidas al tiempo y el lugar, que en la aldea y la estepa las mujeres, aunque no usaban el velo ni estaban recluidas de facto, se subordinaban a los hombres en aspectos importantes. Según una costumbre difundida, aunque no sancionada por el derecho islámico, la propiedad territorial pertenecía a los hombres y éstos la legaban a sus hijos varones: «Los hijos varones son la riqueza de la casa.» Parte del honor de un hombre consistía en defender lo que era suyo y responder a las demandas de los miembros de su familia, o de una tribu o un grupo más amplio del cual era miembro; el honor pertenecía a un individuo a través de su afiliación a un grupo más amplio. Las mujeres de su familia —la madre y las hermanas, las esposas y las hijas— estaban bajo su protección, pero lo que ellas hacían podía afectar al honor del hombre: la falta de modestia o un comportamiento que pudiera provocar intensos sentimientos en hombres que no tenían derecho a ellas, a su vez, amenazaban el orden social. Por consiguiente, junto con el respeto de un hombre a las mujeres de su familia podía existir cierta sospecha, o incluso temor a las mujeres, que se veían como un peligro. Un estudio de las mujeres beduinas en el desierto occidental de Egipto ha atraído la atención sobre los poemas y las canciones que las mujeres intercambiaban unas con otras y que, al evocar sentimientos y amores personales que podían legar a un segundo plano los deberes aceptados o cruzar las fronteras prohibidas, llevan a dudar del orden social en que éstas vivían y que aceptaban:

Él tocó tus brazos que descansan sobre la almohada,
y olvidó a su padre, y después a su abuelo.[3]

Pero a medida que una mujer envejecía, podía adquirir más autoridad, como madre de los hijos varones o esposa principal (si había más de una), y no sólo sobre las mujeres más jóvenes de la familia, sino también sobre los hombres.

En la mayoría de las circunstancias, ese núcleo familiar no era autosuficiente, ni económica ni socialmente. Podía estar incorporado a dos tipos de unidad más amplia. Uno de ellos era el grupo de parentesco, de los que estaban vinculados o afirmaban estarlo porque descendían de un antepasado común que había vivido cuatro o cinco generaciones antes. Éste era el grupo al que sus miembros pedían ayuda en caso de necesidad, y que asumían la responsabilidad de la venganza si uno de sus miembros era herido o asesinado.

El otro tipo de unidad fue creado por el interés económico permanente. Para los que cultivaban la tierra y no se desplazaban, la aldea —o el «sector» si la aldea era grande, como podía ser el caso de las que se formaban en las planicies y los valles fluviales— era dicha unidad. A pesar de las diferencias entre las familias, era necesario concertar acuerdos relativos al cultivo de la tierra. En algunos lugares se hacía apelando a la división permanente de la tierra de la aldea entre las familias, y los terrenos de pastoreo eran propiedad común; en otros, se apelaba a una división periódica, de tal modo que cada familia obtenía una parcela que podía cultivar (el sistema del *musha*). En las tierras de regadío, también era necesario acordar el modo de compartir el agua; podía lograrse de diferentes modos, por ejemplo mediante la división del agua de un arroyo o un canal en una serie de partes, cada una de ellas asignada permanentemente o mediante redistribución periódica, al propietario de determinada parcela. También podían concertarse acuerdos en relación con los cultivos; un cultivador cuya parcela era insuficiente, o que no tenía un terreno propio, podía atender la tierra de otro a cambio de una parte fija de la producción, o podía plantar y cuidar árboles frutales en la tierra de un tercero, y se lo consideraba el propietario de lo que producía. En los grupos de pastores, la unidad del rebaño —los que se trasladaban juntos de un prado a otro— era una unidad de carácter análogo, pues el pastoreo nómada no podía practicarse sin cierto grado de cooperación y disciplina social. Pero en este caso no se practicaba la división de la tierra; se entendía que las tierras de pastoreo y el agua eran propiedad común de todos los que las utilizaban.

Entre estos dos tipos de unidad, una basada en el parentesco y la otra en el interés común, había una relación compleja. En las sociedades analfabetas pocos recuerdan a sus antepasados que vivieron cinco generaciones antes, y afirmar una ascendencia común era un modo simbólico de expresar un interés común, de conferirle una fuerza que de otro modo no podía tener. Sin embargo, en determinadas circunstancias podía suscitarse un conflicto. El miembro de un grupo de parentesco a quien se solicitaba ayuda quizá no la concediera plenamente, porque contrariaba otro interés u otra relación personal.

Más allá de estas unidades mínimas más o menos permanentes podían existir otras más amplias. Todas las aldeas de un distrito, o todas las unidades de pastoreo de un área dedicada a esa actividad, o incluso los grupos muy separados unos de otros, podían considerarse como pertenecientes a un conjunto más amplio, una «fracción» o «tribu», a la cual consideraban diferentes de otros grupos análogos, y contrapuestos a ellos. La existencia y la unidad de la tribu generalmente se expresaban por referencia al origen en un antepasado común, pero el modo exacto en que una fracción o familia podía haber descendido del antepasado epónimo casi nunca era conocido, y las genealogías transmitidas tendían a ser ficticias, y a ser modificadas y manipuladas de tanto en tanto con el propósito de expresar las cambiantes relaciones entre las diferentes unidades. De todos modos, incluso si eran ficticias, podían adquirir fuerza y poder mediante las uniones matrimoniales en el seno del grupo.

La tribu era ante todo un nombre que existía en la mente de los que afirmaban estar relacionados unos con otros. Podía influir sobre sus actos; por ejemplo, donde existía un peligro común externo o en momento de emigración a gran escala. También podía exhibir un espíritu corporativo *(asabiyya)*, que movía a sus miembros a ayudarse mutuamente en momento de necesidad. Los que compartían un nombre compartían también la creencia en una jerarquía del honor. En el desierto, los nómadas criadores de camellos creían ser los más honorables, porque vivían la vida más libre y la menos constreñida por la autoridad externa. A juicio de estos hombres, fuera del sistema tribal estaban los mercaderes de los pequeños poblados comerciales, los vendedores itinerantes, los artesanos (por ejemplo, los judíos que trabajaban el metal en el Sahara, o los *solubba*, también artesanos del metal, en el desierto de Arabia) y los trabajadores agrícolas de los oasis.

Estos nombres, con los sentimientos de lealtad y las reivindicaciones que cristalizaban alrededor de ellos, continuarían existiendo durante siglos, a veces en una sola área, y otras en amplias regiones. El de Banu Hilal es un ejemplo del modo en que un nombre, arraigado en la literatura popular, podía persistir y conferir una especie de unidad a grupos de diferentes orígenes, tanto árabes como beréberes. Asimismo, en el suroeste de Arabia, los nombres de Hashid y Bakil han continuado existiendo en el mismo distrito por lo menos desde los tiempos islámicos tempranos hasta el presente, y en zonas de Palestina los antiguos nombres tribales árabes de Qais y Yemen sirvieron hasta los tiempos modernos como medio de identificación y fórmula de convocatoria para pedir ayuda en el marco de las alianzas de aldea. En las regiones berberiscas del Magreb, los hombres de Sanhaya y Zanata desempeñaron un papel análogo.

En la unidad de pastoreo y la aldea (o distrito) la autoridad, hasta donde ella existía, correspondía a los mayores o jefes de familia; éstos preservaban la memoria colectiva del grupo, resolvían los problemas comunes urgentes y reconciliaban las diferencias que amenazaban destruir la cohesión. En un nivel superior, tanto en los grupos sedentarios como en los de pastores, podía aparecer un liderazgo de otro tipo. En una serie de aldeas del mismo valle montañés o del mismo distrito de las planicies, o en una serie de unidades de pastoreo que utilizaban el mismo nombre, podía destacarse una familia dominante, en la cual un miembro asumía el liderazgo de todo el grupo bien por elección, bien por sus propias proezas. Dichas familias a veces provenían del mundo exterior y conquistaban su posición gracias al prestigio militar, a la jerarquía religiosa y a la habilidad para arbitrar disputas, o mediando en representación del grupo en los tratos de éste con la ciudad y su gobierno. Cualquiera que fuese su origen, se las consideraba parte de la tribu, y se les atribuía el mismo origen real o ficticio.

El poder de estos líderes y esas familias variaba formando un amplio espectro. En un extremo estaban los líderes (*shaijs*, o jeques) de las tribus de pastores nómadas, que no tenían más poder real que el que les otorgaba el grupo a causa de su reputación. A menos que pudiesen consolidarse en una localidad y convertirse en gobernantes de otro tipo, no tenían poder para imponerse, aunque sí eran un elementos aglutinador, y por lo tanto las tribus nómadas podían crecer o menguar, según el éxito o el fracaso logrado por la familia dirigente; los seguidores podían agregarse a ellas o abandonarlas, aunque cabía disimular este proceso mediante la invención de genealogías, de modo que parecía que quienes se incorporaban al grupo siempre habían sido parte del mismo.

Cerca del extremo opuesto del espectro estaban las familias principales de las comunidades agrícolas estables, sobre todo las que, en mayor o menor grado, vivían aisladas en los valles montañeses. A veces residían allí desde hacía mucho tiempo, o bien eran intrusos que habían conquistado su posición mediante la acción militar o el prestigio religioso, o habían sido enviados al lugar por el gobierno de una ciudad cercana. Los vínculos de solidaridad tribal que los unían con la población local podían haberse debilitado, pero quizás ejercían cierto grado de poder coercitivo, basado en el control de los lugares fortificados y de las fuerzas armadas. En la medida en que el poder estaba concentrado en sus manos, la *asabiyya* de una tribu se veía reemplazada por una relación diferente: la del señor y sus vasallos.

CAPÍTULO SIETE

La vida de las ciudades

MERCADOS Y CIUDADES

Los campesinos y los nómadas podían producir gran parte de lo que necesitaban para su propio consumo. Los campesinos podían construir sus propias casas con ladrillos de barro, las mujeres tejían las alfombras y las telas para vestir, y los artesanos de paso podían fabricar o reparar las piezas de metal. Pero necesitaban trocar la parte de su producción que era el excedente de sus necesidades por artículos de otros tipos, es decir, la producción de otras regiones del país o los artículos manufacturados por artesanos hábiles: las tiendas, los muebles, los arreos para los animales, los utensilios de cocina y las armas que necesitaban en el curso de su vida.

En los lugares en que confluían diferentes distritos agrícolas, se celebraban ferias regulares en un lugar conocido por todos, de fácil acceso y aceptado como punto neutral de encuentro; podían ser reuniones semanales —y así, al caso, se las denominaba *suq al-arbá* o «mercado de los miércoles»— o una vez por año, en un día relacionado con el aniversario de un hombre o una mujer a quienes se consideraba un «amigo de Dios». En el curso del tiempo, algunos de estos mercados se convirtieron en asentamientos permanentes, localidades donde los mercaderes y los artesanos que no necesitaban cultivar su propio alimento o cuidar sus propios rebaños desarrollaban una actividad especializada. La mayoría de estos primeros pueblos de las ferias eran pequeños, incluso más pequeños que algunas aldeas: unos pocos centenares o millares de habitantes, con un mercado central, y una calle principal con tiendas y talleres. No se diferenciaban claramente de los campos que los circundaban: más allá del núcleo de habitantes permanentes, la población podía desplazarse del pueblo al campo, según variasen las circunstancias. En los pueblos más pequeños, alejados de las grandes ciudades o levantados a orillas de los oasis, la autoridad del *shaij* (jeque) de una tribu vecina, o la de un señor local, podía prevalecer. Las disputas tribales o aldeanas no se trasladaban al mercado; podía considerarse que los artesanos y los pequeños mercaderes existían al margen del sistema tribal, y no estaban sometidos al código de honor y venganza que regía entre las tribus.

Sin embargo, algunos pueblos eran más que localidades de carácter comercial. Eran los lugares en que confluían distritos agrícolas de diferentes tipos, de modo que el intercambio de productos era sobremanera amplio y complejo. Por ejemplo, Alepo, en el norte de Siria, era el lugar de reunión de los que vendían o compraban los cereales de las llanuras sirias del interior, la producción de los árboles frutales y los bosques de las colinas del norte, las ovejas criadas en las montañas y los camellos de las llanuras del desierto sirio. Si los distritos circundantes producían un amplio excedente de alimentos y materias primas, que podía ser llevado fácilmente al mercado, la localidad podía convertirse en centro de los artesanos especializados que producían artículos manufacturados a gran escala. Si ese lugar estaba cerca del mar o el río, o de las rutas que atravesaban el desierto y que lo unían con otras localidades similares, también podía convertirse en un centro organizador o un puerto de embarque para el comercio de larga distancia de artículos valiosos, en que las utilidades eran tales que justificaban los costos y los riesgos del transporte.

·Cuando existían tales condiciones, y la vida gozaba de cierta estabilidad a lo largo de décadas o siglos, podían desarrollarse y mantenerse grandes ciudades. La creación del Imperio islámico, y después el desarrollo de una sociedad islámica que relacionaba el mundo del océano Índico con el mundo del Mediterráneo, suministraron las condiciones necesarias para la aparición de una cadena de grandes ciudades que se extendía de un extremo del mundo islámico al otro: Córdoba, Sevilla y Granada en al-Ándalus, Fez y Marrakech en Marruecos, Cairuán y más tarde Túnez en Túnez, Fustat y después El Cairo en Egipto, Damasco y Alepo en Siria, La Meca y Medina en Arabia occidental, Bagdad, Mosul y Basora en Irak, y aún más lejos las ciudades de Irán, de Transoxiana y el norte de India. Algunas de estas ciudades ya existían antes del advenimiento del islam, y otras eran creaciones de la conquista islámica o del poder de dinastías ulteriores. La mayoría de ellas estaba tierra adentro, no en la costa; el dominio musulmán en la costa del Mediterráneo fue precario, y los puertos estaban expuestos al ataque de enemigos que llegaban por mar.

Hacia los siglos X y XI las grandes ciudades de los países islámicos eran las principales de la mitad occidental del mundo. Las cifras disponibles no son más que cálculos generales, pero no parece imposible, sobre la base de la extensión de la ciudad y el número y las proporciones de sus edificios públicos, afirmar que hacia principios del siglo XIV El Cairo tenía un cuarto de millón de habitantes; durante ese siglo la población disminuyó a causa de una epidemia de peste negra, y pasó un tiempo antes de que recuperase sus proporciones anteriores. La cifra suministrada a veces para Bagdad durante el período de culminación del poder de los Abasíes, un millón o más de habitantes, parece demasiado elevada, pero sin duda fue una ciudad cuando menos tan poblada como El Cairo. Hacia 1300, Bagdad había decaído mucho, a causa del deterioro del sistema de regadío de la zona rural colindante y debido también a la conquista y el saqueo que sufrió la ciudad por parte de los mongoles. Córdoba, en España, posiblemente también fue una ciudad de esas proporciones; en cuanto a Alepo, Damasco y Túnez pueden haber tenido poblaciones del orden de los 50.000 a 100.000 habitantes hacia el siglo XV. En Europa occidental y en este período no había ciudades de las proporciones de El Cairo: Florencia, Venecia, Milán y París quizá tuvieran 100.000 habitantes, y las ciudades de Inglaterra, los Países Bajos, Alemania y Europa central eran más pequeñas.

LA POBLACIÓN URBANA

Un sector acaudalado y dominante de la población urbana estaba formado por los grandes mercaderes, que se dedicaban a traer alimentos y materias primas del campo, o se ocupaban del comercio de artículos valiosos a larga distancia. Durante este período los elementos principales de dicho comercio fueron los tejidos, el vidrio, la porcelana de China y, quizás el más importante, las especias; se las traía del sur y el sureste de Asia, en los primeros tiempos islámicos llevándolas a los puertos del golfo Pérsico, Siraf y Basora, y más tarde al mar Rojo, a uno de los puertos egipcios, y de allí a El Cairo, de donde se redistribuían a toda la cuenca mediterránea, bien siguiendo las rutas terrestres, bien por mar hasta los puertos de Damietta, Rosetta y Alejandría. El oro llegaba de Etiopía descendiendo por el Nilo y por caravana hasta El Cairo, y de las regiones del río Níger, allende el Sahara, hasta el Magreb; los esclavos provenían del Sudán y Etiopía, y también de las regiones eslavas.

No todo el comercio estaba en manos de los mercaderes musulmanes. El transporte marítimo del Mediterráneo estaba controlado en buena medida por los mercaderes europeos, en primer lugar por los de Amalfi, y después por los de Génova y Venecia; durante el siglo XV también hicieron su aparición franceses e ingleses. Los mercaderes de las ciudades musulmanas controlaban las grandes rutas marítimas tanto en el Magreb como en Asia occidental y central; también dominaban las rutas del océano Índico, hasta que los portugueses abrieron la ruta alrededor del Cabo de Buena Esperanza, a fines del siglo XV. Buena parte de estos mercaderes eran musulmanes, como los mercaderes karimi, que controlaron durante un tiempo el tráfico de especias de Egipto; pero también había judíos de Bagdad, de El Cairo y de las ciudades del Magreb, que mantenían relaciones de familia y comunitarias con las ciudades de Italia, de Europa septentrional y del Imperio bizantino. Además de los mercaderes de las ciudades más importantes, había grupos muy unidos de lugares más pequeños, que podían controlar cierto tipo de tráfico. Esta tradición continuó existiendo hasta los tiempos modernos; durante un período ulterior, en el Magreb estos grupos provenían de la isla de Yarba, frente a la costa de Túnez; del oasis de Mzab, en la frontera con el desierto; y del distrito de Sus en Marruecos meridional.

Las iniciativas mercantiles se desarrollaban sobre la base de dos tipos usuales de arreglos. Uno era la asociación, a menudo entre miembros de la misma familia; en ella, dos o más socios compartían los riesgos y las ganancias en proporción a sus inversiones. El otro era la *commenda (mudaraba)*, en que un inversor confiaba bienes o capital a alguien que los utilizaba en el comercio, y éste después devolvía al inversor tanto su capital como la parte convenida de los beneficios. Los mercaderes de una ciudad a veces tenían agentes en otra, y aunque los bancos organizados no existían, había diferentes modos de conceder créditos a larga distancia, por ejemplo, mediante la emisión de letras. La base del sistema comercial era la confianza mutua, que se apoyaba en valores compartidos y normas reconocidas.

Las grandes ciudades también eran centros manufactureros, y producían artículos de uso corriente para el mercado local —tejidos, objetos de metal, de alfarería, artículos de cuero, y alimentos elaborados—, además de artículos de calidad, sobre todo tejidos finos, para un mercado más amplio. Pero hay elementos que indican que la producción para los mercados fuera del mundo musulmán tuvo menos importancia a partir del siglo XI y, en cambio, fue más relevante el movimiento de mercancías producidas en otros lugares: China, India o Europa occidental. Este cambio se relacionó con el renacimiento de la vida urbana en Europa, y sobre todo con el desarrollo de la industria textil en Italia.

En general, las unidades de producción eran pequeñas. El maestro tenía unos pocos trabajadores y aprendices en el taller; las industrias a gran escala eran las que producían para un gobernante o un ejército —los arsenales, y los talleres reales de tejidos—, así como las fábricas de azúcar en Egipto y en otros lugares. Los mercaderes no eran la única clase que se establecía de manera definitiva en la ciudad. Los tenderos y los artesanos especializados formaban una clase urbana que tenía su propia continuidad. Los conocimientos se transmitían de padres a hijos. La propiedad o la posesión de una tienda o un taller podía pasar de generación en generación, y su número estaba limitado por la falta de espacio y a veces por las normas de las autoridades. Un historiador de la moderna Fez ha destacado que la situación y el tamaño de los principales mercados orientales y los sectores que ocupaban los talleres eran más o menos los mismos a principios del siglo XX que lo que habían sido durante el siglo XVI, de acuerdo con un autor de la época, León el Africano (h. 1485-1554). Los miembros de este estrato social tenían un nivel de ingresos menor al de los grandes mercaderes. Las fortunas que podían obtenerse de la artesanía o el comercio minorista no eran tan grandes como las que se lograban con el comercio de artículos valiosos a larga distancia. Muchos artesanos no disponían de capitales importantes; un estudio de El Cairo ha demostrado que una proporción considerable de las tiendas y los talleres eran propiedad de grandes mercaderes o de fundaciones religiosas. Pero los mercaderes podían gozar de prestigio en su condición de población estable que ejercía oficios honrosos en concordancia con los códigos aceptados generalmente de honestidad y trabajo decente. Había una jerarquía de respeto en los oficios, que iba desde el trabajo con los metales preciosos, el papel y los perfumes, hasta los oficios «sucios», como los de los curtidores, los tintoreros y los carniceros.

Alrededor de esa población estable de artesanos y tenderos que ocupaban lugares fijos y permanentes en la sociedad, había una población más amplia, formada por los que trabajaban en tareas que exigían menos habilidad: los vendedores ambulantes, los limpiadores de las calles, el proletariado semiempleado de una gran ciudad. En la mayoría de las circunstancias, puede suponerse que ese estrato incluyó a una gran parte de los emigrantes rurales. La línea divisoria entre la ciudad y el campo no era muy clara; alrededor de la ciudad había huertos, como los de Guta, la vasta y fértil región próxima a Damasco que producía frutas, y los hombres que cultivaban los huertos podían vivir en la urbe. En las afueras de las ciudades había distritos en que se reunían las caravanas del comercio de larga distancia, y se compraban y equipaban los animales, y estos lugares atraían a una población flotante del campo. Los períodos de sequía o de desorden también podían determinar que los campesinos se alejasen de sus aldeas.

LA LEY Y EL ULEMA

La vida en las grandes ciudades tenía necesidades distintas de las que afrontaban quienes vivían en aldeas o en campamentos de tiendas. La interacción de los trabajadores especializados y de los comerciantes en la producción, la convivencia de personas de diferentes orígenes y confesiones, las variadas oportunidades y los problemas de la vida en las calles y el mercado exigían, en todos los casos, expectativas comunes acerca del comportamiento de los demás en determinadas circunstancias, y una serie de normas relativas al modo en que debían actuar, un sistema de reglas y hábitos aceptado como válido por todos y obedecido por la mayoría de las personas. La costumbre local *(urf)*, preservada e interpretada por los ancianos de la comunidad, ya no era suficiente. Desde la época abasí en adelante, la *sharia* fue aceptada de manera gradual por los habitantes urbanos de confesión musulmana, y respaldada por los gobernantes musulmanes, como guía de los modos en que los musulmanes debían relacionarse entre sí. Regulaba la forma del contrato comercial, los límites de lo que podía considerarse la ganancia legítima, las relaciones entre maridos y mujeres y la división de la propiedad.

Los jueces que administraban la *sharia* se educaban en escuelas especiales, las madrazas. Un cadí celebraba las sesiones en su propio hogar o en un tribunal, acompañado de un secretario que anotaba los fallos. En un principio, sólo se aceptaba el testimonio oral de testigos reputados; así se formó un grupo de testigos legales *(udul)*, que confirmaban el testimonio de terceros y le conferían aceptabilidad. En la práctica, podían aceptarse los documentos escritos si los autentificaba un *udul* y, así, se convertían en prueba oral. Con el tiempo, algunas dinastías llegaron a aceptar las cuatro madrazas, o escuelas jurídicas, por entender que tenían la misma validez: en tiempos de los mamelucos, había cadíes designados oficialmente en todas esas escuelas. Cada cadí pronunciaba sus fallos en concordancia con las enseñanzas de su propia madraza. No había un sistema de apelaciones, y el fallo de un juez no podía ser invalidado por otro, excepto en caso de errores judiciales.

En principio, el juez administraba la única ley reconocida, la que derivaba de la revelación, pero en la práctica el sistema no era tan universal o inflexible como cabría pensar. De hecho, la *sharia* no abarcaba el total de las actividades humanas: era más precisa en los temas relacionados con el estatus personal (el matrimonio, el divorcio y la herencia), y menos en lo relativo a las cuestiones comerciales, y aún menos en cuanto a los problemas penales y constitucionales. El cadí tenía cierta competencia en los temas penales, y en relación con ciertos actos prohibidos específicamente por el Corán, y que se castigaban con penas bien definidas (las relaciones sexuales ilícitas, el robo y el consumo de vino); también poseía una competencia más general para castigar los actos contrarios a la religión. (Sin embargo, en la práctica la justicia penal, sobre todo en relación con los asuntos que afectaban el bienestar del Estado, correspondía al gobernante y a sus funcionarios, no al cadí.)

Incluso en la esfera de la justicia que, en general, quedaba a cargo del cadí, la ley que éste administraba no era tan inflexible como podría desprenderse de las obras jurídicas. Desempeñaba su papel de conciliador, que intentaba preservar la armonía social aportando a una disputa una solución consensuada, más que aplicando la letra rigurosa de la ley. Además del cadí, había otro tipo de especialista legal, el jurisconsulto (muftí), que era competente para emitir resoluciones *(fatwa)* en cuestiones de derecho. El cadí podía aceptar las *fatwas* e incorporarlas con el tiempo a los tratados legales.

El cadí era una figura fundamental en la vida de la ciudad. No sólo administraba la ley, sino que además era responsable de la división de una propiedad después del fallecimiento de una persona, en armonía con las leyes que regían la herencia; también podía ejercer otros poderes de supervisión que el gobernante le había concedido.

Los que enseñaban, interpretaban y aplicaban la ley, así como los que ejercían otras funciones religiosas —los que dirigían las plegarias en las mezquitas o predicaban el sermón de los viernes— acabaron formando un estrato diferenciado en la sociedad urbana: los *ulama*, o ulemas, los hombres de saber religioso, los guardianes del sistema de creencias, valores y prácticas compartidos. No puede considerárselos una misma clase, pues se distribuían en todo el ámbito de la sociedad, cumplían diferentes funciones y concitaban diferentes niveles de respeto público. Pero en su cúspide había un grupo que, sin duda, formaba parte de la elite urbana: los ulemas supremos, que eran los jueces de los tribunales principales, los maestros de las madrazas más prestigiosas, los predicadores de las principales mezquitas y los guardianes de los santuarios, cuando se los conocía también por su saber y su devoción. Algunos afirmaban descender del Profeta a través de su hija Fátima, y el esposo de ésta, Alí ibn Abi Talib. Por aquel entonces, los descendientes del Profeta, los *sayyids* o *sharifs*, merecían un respeto especial, y en algunos lugares podían ejercer el liderazgo; en Marruecos, las dos dinastías que gobernaron a partir del siglo XVI basaron su legitimidad en su condición de *sharifs*.

Los ulemas supremos estaban estrechamente relacionados con los restantes elementos de la elite urbana, los comerciantes y los maestros de los oficios respetados. Poseían una cultura común. Los comerciantes enviaban a sus hijos a fin de que fuesen educados por los eruditos religiosos a las escuelas; de este modo, adquirían conocimiento del árabe y el Corán, y quizá también de la ley. No era infrecuente que un hombre actuase como maestro y erudito, y se dedicase también al comercio. Los mercaderes necesitaban a los ulemas como especialistas en cuestiones legales, para redactar documentos formales en un lenguaje preciso, resolver las disputas acerca de la propiedad y supervisar la división de ésta tras cada deceso. Los mercaderes importantes y respetados podían actuar como *udul*, esto es, como hombres de prestigio cuyo testimonio sería aceptado por un cadí.

Hay datos que revelan la existencia de uniones matrimoniales entre las familias de los comerciantes, los maestros artesanos y los ulemas, y de vinculación de intereses económicos, un aspecto que podía expresarse a través del matrimonio. Colectivamente controlaban gran parte de la riqueza de la ciudad. La naturaleza personal de las relaciones de las que dependía el comercio facilitaba la rapidez del ascenso y la caída de las fortunas invertidas en él, pero las familias de los ulemas tendían a ser más estables; los padres preparaban a sus hijos de modo que éstos los sucediesen; los que ocupaban altos cargos podían aplicar su influencia en favor de los miembros más jóvenes de la familia.

Ya fuesen mercaderes o ulemas supremos, los que poseían riqueza podían transmitirla de generación en generación mediante el sistema de las dotaciones religiosas autorizadas por las *sharia* (*waqf* o *hubus*). Un *waqf* era una asignación a perpetuidad de la renta de una propiedad con propósitos caritativos, por ejemplo, para el mantenimiento de las mezquitas, las escuelas, los hospitales, las fuentes públicas o las posadas de viajeros, la liberación de los prisioneros o el cuidado de los animales enfermos. Pero también podía usarse en beneficio de la familia del fundador. El fundador podía estipular que un miembro de la familia sería el administrador, y le asignaba un sueldo, o bien podía establecer que la renta excedente de la dotación fuese entregada a sus descendientes mientras éstos viviesen, y se consagrase al propósito caritativo sólo cuando se extinguía el linaje; estas cláusulas podían originar abusos. Los *waqf* estaban al cuidado del cadí y, en definitiva, del gobernante; de ese modo aportaban cierta salvaguardia a la transmisión de la riqueza para compensar los azares del comercio, la extravagancia de los herederos o los abusos de los gobernantes.

LOS ESCLAVOS

La división vertical de la población urbana en relación con la riqueza y el respeto social se cruzaba con otros tipos de división: entre esclavos y hombres libres, entre musulmanes y no musulmanes, y entre hombres y mujeres.

Un elemento más o menos diferenciado de la población trabajadora era el grupo de los servidores domésticos. Se consideraban un equipo aparte pues muchos de ellos eran mujeres, ya que este servicio u otras tareas que podían realizarse en la casa eran casi la única clase de ocupación urbana abierta a las mujeres, y además muchas de ellas eran esclavas. La idea de la esclavitud no tenía exactamente las mismas connotaciones en las sociedades musulmanas que en los países de América del Norte y del Sur descubiertos y poblados por las naciones de Europa occidental a partir del siglo XVI. La esclavitud era una condición reconocida por el derecho islámico. De acuerdo con ese derecho, un musulmán que había nacido libre no podía ser esclavizado: los esclavos eran no musulmanes, capturados en la guerra u obtenidos de cualquier otro modo, o bien los hijos de padres esclavos que habían nacido en la esclavitud. No poseían los derechos legales plenos de los hombres libres, pero la *sharia* establecía que debía tratárselos con justicia y bondad; y liberarlos era un acto meritorio. La relación del amo y el esclavo podía ser estrecha, y podía prolongarse después que se había liberado al esclavo: éste podía casarse con la hija del amo, o representarlo en la dirección de su actividad comercial.

La categoría legal de la esclavitud incluía grupos sociales muy diferentes. Desde una época temprana del período abasí, los califas habían reclutado esclavos procedentes de los pueblos turcos de Asia central y los habían incorporado a sus ejércitos, una práctica que perduró. Los esclavos militares y los libertos, provenientes principalmente de Asia central y el Cáucaso, y en el Magreb y al-Ándalus, de las regiones eslavas, fueron los sostenedores de las dinastías e, incluso, podían fundarlas; los mamelucos, que gobernaron Egipto y Siria de 1250 a 1517, eran un grupo autoperpetuado de soldados, reclutados y entrenados como esclavos, convertidos al islamismo y liberados.

Pero estos esclavos militares formaban una categoría diferente, que en modo alguno tenía el mismo estatus que el resto de los individuos esclavizados. En algunas regiones eran esclavos destinados a la agricultura. Los que provenían del este de África habían sido importantes en el Irak durante una parte del período abasí; los esclavos cultivaban la tierra en lo valles del Alto Nilo y en los oasis del Sahara; pero en general, los esclavos eran criados domésticos y concubinas en las ciudades. Los traían del África negra, a través del océano Indico y el mar Rojo, y luego Nilo abajo, o llegaban por las rutas que cruzaban el Sahara. La mayoría de ellos eran mujeres, pero también había eunucos que custodiaban la intimidad del hogar.

LOS MUSULMANES Y LOS NO MUSULMANES EN LA CIUDAD

La ciudad era un lugar de encuentro y separación. Fuera de la península arábiga, casi todas las ciudades tenían habitantes que pertenecían a alguna de las diferentes comunidades judías y cristianas. Participaban en las actividades públicas de la ciudad, pero formaban un sector diferenciado de su sociedad. Varios factores los distinguían de los musulmanes. Pagaban al gobierno un impuesto de capitación *(yizya)* especial. Con arreglo a la ley y la costumbre islámicas, se les exigía que portasen signos de su diferencia: vestían ropas de un género especial, evitaban ciertos colores asociados con el Profeta y el islam (sobre todo el verde), no portaban armas ni montaban caballos; no debían construir nuevos lugares de culto o reparar los antiguos sin autorización, ni edificarlos de tal modo que aventajasen a los de los musulmanes. Pero estas restricciones no se aplicaban siempre ni de manera uniforme. Se cumplían con mayor vigor las leyes referidas al matrimonio y la herencia. El que no era musulmán no podía heredar de un musulmán; quien no era musulmán no podía casarse con una musulmana, pero un varón musulmán podía desposar a una mujer judía o cristiana. La conversión de musulmanes a otras religiones estaba rigurosamente prohibida.

Un signo de la existencia separada de los judíos y los cristianos fue que tendieron a ocupar una posición de importancia especial en ciertas actividades económicas, pero se vieron prácticamente excluidos de otras. En un nivel elevado, algunos judíos y cristianos ocupaban cargos importantes en la corte de ciertos gobernantes o en su administración. En el Egipto de los Fatimíes, los Ayubíes y los mamelucos, los funcionarios coptos eran importantes en las instituciones financieras. La medicina era una profesión en la que destacaban los judíos, y los médicos judíos de la corte pudieron ejercer mucha influencia. Si un judío o un cristiano se convertía al islam, podía ascender todavía más; así, algunos conversos llegaron a ser primeros ministros y ejercieron un poder real.

Los judíos de las ciudades musulmanas también desempeñaron un papel importante en el comercio de larga distancia con los puertos de la Europa del Mediterráneo y, hasta los tiempos de los mamelucos, con los del océano Índico. Entre los oficios, los que se relacionaban con los medicamentos y el oro y la plata tendieron a quedar en manos de judíos o cristianos, que trabajaban por cuenta propia o para los musulmanes.

La relación entre musulmanes y no musulmanes fue sólo una parte del complejo sistema de relaciones sociales que comprometía a los que convivían en la misma ciudad; y las circunstancias decidían qué parte del entramado prevalecía en un momento o un lugar dados. Durante los primeros siglos de dominio islámico parece que hubo considerable relación social y cultural entre los partidarios de las tres religiones. Las relaciones entre musulmanes y judíos en la España de los Omeyas, y entre musulmanes y cristianos nestorianos en la Bagdad de los Abasíes, eran estrechas y fluidas. Pero con el paso del tiempo se elevaron las barreras. La conversión de cristianos y, quizás en menor medida, de judíos al islam, convirtió a una mayoría en una minoría cada vez más reducida. A medida que el islam dejó de ser la religión de una elite gobernante y se convirtió en la fe principal de la población urbana, desarrolló sus propias instituciones sociales, en las cuales los musulmanes podían vivir sin tener que relacionarse con los que no pertenecían a su fe.

Durante los largos siglos del dominio musulmán hubo algunos períodos de persecución constante e intencional de los gobernantes musulmanes en perjuicio de los que no pertenecían a su religión: por ejemplo, el reinado del califa fatimí al-Hakim (996-1021) en Egipto, el de los Almohades en el Magreb y el de algunos de los gobernantes mongoles en Irak e Irán después de que se convirtieron al islam. Pero dicha persecución no fue instigada ni se vio justificada por los portavoces del islam sunní; los hombres de saber religioso, los ulemas, estaban interesados en garantizar que los no musulmanes no infringiesen las leyes que regulaban su condición, si bien dentro de estos límites mantenían la protección que la *sharia* les concedía. La presión sobre los judíos y los cristianos quizá provino principalmente de las clases urbanas, sobre todo en períodos de guerra o privación económica, en que la hostilidad podía encauzarse contra los funcionarios no musulmanes del gobernante. En tales situaciones, el gobernante podía reaccionar aplicando las leyes con rigor, o despidiendo a los funcionarios no musulmanes; pero no mantenía mucho tiempo esa actitud. Esas crisis sobrevinieron varias veces durante el período del gobierno de los mamelucos en Egipto y Siria.

La organización comunitaria de los judíos y los cristianos podía aportar cierto género de protección y mantener una solidaridad relativa ante las presiones ocasionales y frente a las desventajas permanentes de ser minorías. Las diferentes comunidades cristianas y judías conservaban su unidad gracias a la solidaridad del grupo local cohesionado alrededor de una iglesia o una sinagoga, y de sus autoridades superiores. Entre los judíos, durante el período de los califas abasíes, se concedía un lugar de honor al «exilarca» o «jefe de la cautividad», un cargo que pertenecía a los que afirmaban descender del rey David; sin embargo, un liderazgo más eficaz provino de los jefes de las principales escuelas o grupos de hombres sabios, dos en Irak y uno en Palestina. Ellos designaban a los jueces de las diferentes congregaciones. Más tarde, cuando el Califato se dividió, aparecieron los líderes locales: jueces y eruditos, y jefes «seculares», como el *nagid* o *rais al-yahud* en Egipto, cargo ocupado por descendientes del gran pensador Maimónides.

Asimismo, en las diferentes comunidades cristianas los patriarcas y obispos ejercían la autoridad. En tiempos de los califas abasíes, el patriarca nestoriano de Bagdad y luego, durante las ulteriores dinastías egipcias, el patriarca copto en El Cairo ocupaban una posición especial en cuanto a influencia y respeto se refiere. Los jefes de las comunidades eran los responsables de asegurar que se acataran los términos de la *dimma* o contrato de protección entre el gobernante musulmán y los súbditos no musulmanes: paz, obediencia y orden. Es posible que tuviesen un papel relevante en la estimación de la capitación, pero parece que normalmente ese gravamen fue recaudado por funcionarios del gobierno. También cumplían una función en el seno de la comunidad: supervisaban las escuelas y los servicios sociales, y trataban de impedir las desviaciones respecto de la doctrina o la práctica litúrgica. Asimismo, también supervisaban los tribunales en que los jueces administraban justicia en los casos civiles que afectaban a dos miembros de la comunidad, o reconciliaban las disputas; pero si lo deseaban, los judíos y los cristianos podían llevar sus casos a conocimiento del cadí musulmán, y parece que a menudo procedieron así.

LAS MUJERES EN LA CIUDAD

De acuerdo con la información que poseemos, las mujeres desempeñaron un papel limitado en la vida económica de la ciudad. Eran sirvientas domésticas, y es posible que algunas de ellas ayudaran a sus esposos en el comercio y los oficios de artesanía; además había mujeres que se dedicaban al espectáculo, como bailarinas y cantantes. Pero en general no intervenían en las actividades más destacadas de las grandes ciudades, en la producción de mercancías valiosas a gran escala con destino a la exportación. Las que desarrollaban una actividad franca eran mujeres pertenecientes a familias pobres. En la medida en que una familia era rica y poderosa, y gozaba de respeto, recluía a sus mujeres en un sector especial de la casa, el harén *(harim)*, y les cubría el rostro con el velo cuando se aventuraban fuera del hogar y salían a las calles y a lugares públicos. Un jurista egipcio de la escuela malikí, Ibn al-Hayy (n. 1336), decía que las mujeres no debían salir a comprar cosas en el mercado, porque podían verse inducidas a cometer actos impropios si trataban con los tenderos:

Algunos ancianos piadosos (Dios los tenga en su gloria) han dicho que una mujer debería abandonar su casa sólo en tres ocasiones: cuando la conducen a la casa de su esposo, a la muerte de sus padres y cuando va a ocupar su propia tumba.[1]

Vivir en la reclusión del harén no implicaba verse excluida por completo de la vida. En las habitaciones que las mujeres ocupaban en las grandes residencias, en las visitas que se hacían unas a otras, en las casas públicas de baños, reservadas a las mujeres en períodos especiales, y en las celebraciones de los matrimonios o el nacimiento de los niños, las mujeres se reunían y mantenían su propia cultura. Algunas representaban un papel activo en la administración de sus propiedades, a través de intermediarios, y se registraron casos de mujeres que comparecieron ante el tribunal del cadí para reclamar sus derechos. Como ocurría en las regiones rurales, cuando una mujer envejecía, y si había tenido hijos varones, podía alcanzar mucho poder en la familia.

De todos modos, el orden social se basaba en el poder superior y los derechos de los hombres; el velo y el harén eran signos visibles de esta situación. Un panorama de las relaciones entre los hombres y las mujeres que estaba profundamente arraigado en la cultura de Oriente Próximo, que había existido mucho antes del advenimiento del islam, y se preservaba en el campo como costumbre inmemorial, se vio fortalecido pero también modificado en la ciudad a causa del desarrollo de la *sharia*.

El Corán afirmaba claramente la igualdad esencial de los hombres y las mujeres: «Quien muestre una conducta recta, sea varón o mujer, es un creyente, y todos ellos entrarán en el Jardín.»[2] También ordenaba que existiese justicia y bondad en las relaciones entre musulmanes. Parece probable que sus cláusulas atinentes al matrimonio y la herencia otorgasen a las mujeres una posición más favorable que la que habían tenido en la Arabia preislámica (aunque no necesariamente en los países conquistados por los musulmanes). El sistema jurídico y el ideal de moral social, la *sharia*, dieron expresión formal a los derechos de las mujeres, pero también establecieron sus límites.

De acuerdo con la *sharia*, cada mujer debía tener un guardián masculino (el padre, el hermano u otro miembro de su familia). El matrimonio de la mujer era un contrato civil entre el esposo y el tutor de ésta. En su carácter de tutor, el padre podía dar a su hija en matrimonio sin necesidad de que ella consintiera, si aún no había llegado a la pubertad. Si ella había alcanzado esa edad, se requería su consentimiento, pero si ella no venía de otro matrimonio, el silencio era consentimiento suficiente. El convenio matrimonial contemplaba la entrega de una dote *(mahr)* del esposo a la esposa; esta dote era propiedad de la esposa, y todo lo demás que ella poseyera o heredase también continuaba siendo suyo. La esposa debía obediencia al marido, pero a cambio tenía el derecho de reclamar ropas apropiadas, alojamiento y sustento, y la relación sexual con el esposo. Aunque los autores que escribieron acerca del tema aceptaban que en ciertas circunstancias podían permitirse las prácticas anticonceptivas, el marido no podía utilizarlas sin el consentimiento de su esposa.

Sin embargo, había una serie de aspectos en que las relaciones entre el marido y la mujer eran las de dos personas desiguales. Mientras que una mujer podía divorciarse del marido sólo por motivos justificados (impotencia, locura, denegación de sus derechos), y sólo recurriendo a un cadí, o bien por mutuo consentimiento, un esposo podía repudiar a su esposa sin aportar razones, y mediante una simple expresión verbal en presencia de testigos. (En la ley chií las normas del repudio eran un tanto más rigurosas, pero por otra parte se contemplaba el matrimonio provisional, llamado *muta*, por un período especificado.) El contrato matrimonial podía aportar cierta salvaguardia frente a este aspecto, si estipulaba que parte de la dote, denominada «pospuesta» *(muayyal)* sería pagada por el marido sólo si repudiaba a su esposa. Una esposa podía contar con el apoyo y la defensa de sus propios parientes de sexo masculino; si se la repudiaba, podía regresar con sus posesiones al hogar de su familia. Se le concedía la custodia de los hijos del matrimonio y se le imponía el deber de criarlos hasta que ellos llegaran a cierta edad, definida de distinto modo en los diferentes códigos legales; alcanzada esa edad, el padre o la familia de éste tenían la custodia de los hijos.

La *sharia*, basada en el Corán y el ejemplo del Profeta, admitía que un hombre tuviese más de una esposa, hasta un límite de cuatro, con la condición de que pudiese tratarlas a todas con justicia y no descuidase su obligación conyugal con ninguna. También podía tener esclavas concubinas en el número que deseara, y sin que eso otorgase a las mujeres derechos sobre él. Sin embargo, el convenio matrimonial podía estipular que él no tomase otras esposas ni concubinas.

La desigualdad se manifestaba también en las leyes de la herencia, deducidas asimismo por la *sharia* de las palabras del Corán. El hombre podía legar a lo sumo un tercio de su propiedad de acuerdo con sus propios deseos, destinándolo a personas o propósitos que de otro modo no hubieran heredado de él. El resto debía dividirse de acuerdo con normas rigurosas. Su esposa debía recibir a lo sumo un tercio. Si dejaba hijos e hijas, una hija heredaba sólo la mitad de la parte de un hijo; si dejaba únicamente hijas, éstas recibirían cierta proporción de la propiedad, pero el resto iba a manos de los parientes de sexo masculino. (Así lo estipulaba la ley sunní; pero en la ley chií las hijas heredaban todo si no había hijos.) La cláusula de que las hijas debían recibir sólo la mitad de lo que obtenían los varones recuerda otra norma de la *sharia*: en una causa legal, el testimonio de una mujer tenía sólo la mitad del valor del testimonio de un hombre.

LA CONFIGURACIÓN DE LA CIUDAD

Una ciudad era un lugar donde los mercaderes y los artesanos trabajaban, los eruditos estudiaban y enseñaban, los gobernantes concedían audiencias protegidos por sus soldados, los jueces administraban justicia, los aldeanos y los habitantes del desierto venían a vender su producción y a comprar lo que necesitaban, los mercaderes llegados de lejanas tierras compraban y vendían, y los estudiantes se formaban bajo la guía de un maestro eminente. La estructura de la ciudad tenía que adaptarse a todas estas necesidades.

En la medina *(madina)*, que estaba en el corazón de todas las grandes ciudades (aunque no necesariamente en su centro geográfico) había dos tipos de complejos de edificios. Uno de ellos incluía la principal mezquita de la congregación, es decir, un lugar de reunión y estudio, así como de oración, y el sitio en que la conciencia colectiva de la población musulmana podía expresarse en momentos críticos. Cerca de la mezquita estaba la casa o el tribunal del principal cadí, las escuelas superiores y las tiendas de los que vendían libros, o velas, u otros objetos de devoción; también podía estar allí el templo de un santo cuya vida se identificaba de un modo especial con la vida de la ciudad. El otro complejo incluía el mercado central o zoco *(suq)*, el punto principal de intercambio. En él o en sus proximidades estaban las tiendas de los que vendían telas, joyas, especias y otros artículos valiosos, los depósitos de mercancías importadas, y las oficinas de los cambistas de monedas, que actuaban como banqueros en la financiación del comercio exterior. Estas tiendas, los depósitos y las oficinas podían disponerse en una misma línea, un cuadrilátero de calles paralelas unas a otras o que se entrecruzaban, o una apretada acumulación de edificios tan estrechamente unidos que las calles no los podían cruzar. Un tercer complejo, que aparece cerca del centro de las ciudades modernas, aquí no se destacaba. El poder del gobierno se manifestaba en sus vigilantes, en los supervisores del mercado y en la fuerza policial, pero no se manifestaba en edificios amplios y ostentosos.

La zona del mercado estaba consagrada principalmente al intercambio; gran parte de ella, sobre todo los lugares donde se guardaban artículos valiosos, estaba cerrada y vigilada por la noche. Los talleres y los lugares destinados a los tejidos y los artículos de metal se hallaban a cierta distancia, y también los lugares de residencia de quienes trabajaban allí. Los mercaderes más adinerados y los eruditos podían vivir cerca de este sector, pero la mayoría de la población residía fuera del centro, en los barrios residenciales, cada uno de los cuales era un conglomerado de callejuelas y callejones sin salida que se abrían alrededor de una calle principal; en ciertos períodos, los barrios tenían puertas, y era posible cerrarlas y vigilarlas por la noche. Un barrio podía tener unos pocos centenares o unos pocos miles de habitantes; contaba con su mezquita, su iglesia o sinagoga, su mercado filial *(suwaiqa)* que satisfacía las necesidades cotidianas, y quizá sus baños públicos *(hammam)*, que era un importante lugar de reunión. Algunas familias acaudaladas y poderosas tenían sus residencias en el barrio, y allí podían conservar su influencia y practicar el mecenazgo, pero otras instalaban sus hogares principales o secundarios en las afueras de la ciudad, donde era posible construir casas más espaciosas rodeadas por jardines. El barrio pertenecía a sus habitantes, y en cierto sentido era una prolongación de las casas de éstos. Su intimidad estaba protegida, en caso de necesidad, por sus jóvenes, a veces organizados en grupos *(zuar, ayyarún, fityán)*, que mantenían una existencia permanente y poseían cierto ideal moral. Tales grupos podían manifestarse en una más amplia esfera de acción en los momentos de disturbios urbanos.

Más lejos del centro, cerca de las murallas o sobrepasándolas, había barrios más pobres, donde vivían los inmigrantes rurales. Aquí se equipaba, reunía, despachaba y recibía a las caravanas, se compraban y vendían bestias de carga, y los habitantes del campo traían a vender sus frutas, sus verduras y el ganado. También aquí estaban los talleres que desarrollaban una actividad ruidosa o maloliente, por ejemplo, la curtiduría y la matanza de animales. Más allá de estos barrios, y fuera de los muros de la ciudad, estaban los cementerios, que eran importantes lugares de reunión, y no sólo con motivo de los funerales.

Los habitantes de un barrio tendían a relacionarse por el origen común, de carácter religioso, étnico o regional, o por el parentesco o el matrimonio; tales vínculos originaban una solidaridad que podía ser intensa. Los judíos y los cristianos tendían a vivir en ciertos barrios antes que en otros, en vista de los nexos de parentesco o de origen, bien porque deseaban encontrarse cerca de sus lugares de culto, bien porque sus costumbres diferentes con respecto a la reclusión de las mujeres determinaba que la estrecha proximidad con las familias musulmanas fuese difícil. En el Magreb, los judíos de origen berberisco u oriental podían vivir separados de los que provenían de al-Ándalus. Pero los barrios en que vivían no eran exclusivamente cristianos o judíos. En la mayoría de los lugares no existían guetos. Sin embargo, hacia fines del siglo XV, Marruecos devino una excepción: en Fez y en otras ciudades, el gobernante creó barrios judíos especiales, con el fin de proteger a los judíos de los disturbios populares.

Este esquema general admitía muchas variaciones, de acuerdo con la naturaleza del país, la tradición histórica y los actos de las dinastías. Por ejemplo, Alepo era una ciudad antigua, que se había formado mucho antes de la llegada del islam. El corazón de la ciudad continuó en el mismo lugar que había ocupado en los tiempos helenísticos y bizantinos. Las calles principales eran más estrechas que antes; cuando el transporte en camello y asno reemplazó al de los vehículos sobre ruedas, fue suficiente que tuvieran la anchura necesaria para permitir que se cruzaran dos animales cargados. Pero todavía podía discernirse el dibujo en cuadrícula de las calles principales en el laberinto de vías con bóvedas de piedra del zoco. La gran mezquita estaba en el punto en que la calle central de pilares de la ciudad helenística se había ensanchado para formar el foro o principal lugar de reunión.

En cambio, El Cairo era una creación nueva. Durante los primeros siglos del dominio islámico en Egipto, el centro del poder y el gobierno se habían desplazado hacia el interior, a partir de Alejandría, hasta el lugar en que el Nilo desembocaba en el delta, y se había levantado una sucesión de centros urbanos al norte del baluarte bizantino denominado Babilonia: Fustat, Qatai, y finalmente al-Qahira o El Cairo, cuyo centro fue creado por los Fatimíes y se mantendría prácticamente sin modificaciones hasta la segunda mitad del siglo XIX. En su centro estaba la mezquita de Azhar, levantada por los Fatimíes para enseñar el islam en su forma ismailita; continuó existiendo como uno de los centros más importantes del saber religioso sunní y como la principal mezquita congregacional de la ciudad. Cerca de ella estaba el santuario de Hussein, hijo del cuarto califa, Alí, y su esposa Fátima, hija del Profeta. La creencia popular era que la cabeza de Hussein había sido llevada allí después de que él fuera muerto en Karbala. A poca distancia estaba la calle central que corría desde la entrada septentrional de la ciudad (Bab al-Futú) hasta la meridional (Bab Zuwaila), y a los dos lados de ésta, y en callejones que se alejaban de esa vía había mezquitas, escuelas y las tiendas y almacenes de los mercaderes de lienzos, especias, oro y plata.

Fez fue formada de otro modo, mediante la amalgama de dos asentamientos establecidos uno a cada lado de un pequeño río. El centro de la ciudad finalmente quedó en ese punto, en una de las dos ciudades, donde estaba el santuario de Mawlay Idris, el presunto fundador de la ciudad. En las cercanías se levantaba la gran mezquita de los Qarawiyyín, destinada a la enseñanza, con sus escuelas anexas y su red de zocos, protegidos de noche por las puertas, donde se guardaban y vendían especias, orfebrería en oro y plata, tejidos importados y las pantuflas de cuero que eran un producto característico de la ciudad.

La gran mezquita y el zoco central de una ciudad eran los puntos desde los cuales irradiaba el poder cultural y económico, pero el poder del gobernante tenía su sede en otro lugar. En los tiempos islámicos tempranos, el gobernante y sus gobernadores locales tal vez establecieron su corte en el corazón de la ciudad, pero en un período ulterior comenzó a generalizarse cierta separación entre la medina, el centro de las actividades urbanas esenciales, y el palacio o barrio real. Así, los Abasíes se trasladaron durante cierto tiempo de Bagdad, la ciudad que ellos habían creado, a Samarra, remontando el curso del Tigris, y los gobernantes ulteriores imitaron su ejemplo. En El Cairo, los Ayubíes y los mamelucos tenían su corte en la Ciudadela, construida por Saladino sobre la colina Muqattam, que domina la ciudad; los Omeyas de España construyeron su palacio en Medina Azahara, fuera de Córdoba; después, los gobernantes marroquíes construyeron una ciudad real, Nueva Fez, en las afueras de la antigua. No es difícil descubrir las razones de dicha separación: el aislamiento era una expresión de poder y magnificencia; o quizás el gobernante deseaba aislarse de las presiones de la opinión pública y mantener a sus soldados separados del contacto con los intereses urbanos, que podían debilitar la fidelidad de estos hombres al interés exclusivo del monarca.

En la ciudad o recinto real estaba el palacio propiamente dicho, con el tesoro real, la ceca y las oficinas de los secretarios. En los patios exteriores del palacio se atendían los asuntos públicos: se recibía a los embajadores, se pasaba revista a las tropas reales, el consejo se reunía para impartir justicia y escuchar peticiones. Los que tenían asuntos que tratar accedían a este sector del palacio, y el propio gobernante comparecía ciertos días y para determinados propósitos. Los patios interiores correspondían al gobernante: su familia, sus mujeres vigiladas por eunucos, y los esclavos del palacio, que formaban una suerte de prolongación de su personalidad. Sin embargo, los niveles de reclusión variaban de una dinastía a otra: los Hafsíes vivían en público, con escaso nivel de reclusión, y los mamelucos, por su parte, la practicaban con más intensidad.

En la ciudad real podían estar también los cuarteles de los guardias reales, los palacios o las casas de los altos funcionarios y algunos zocos especializados que producían artículos para cubrir las necesidades de la corte y el ejército: el arsenal, los mercados de caballos y armas, los talleres donde se fabricaban telas finas para uso del palacio. Los que trabajaban en esas artesanías podían vivir cerca: el barrio de los orfebres y los plateros judíos estaba en la ciudad real de Fez.

LAS CASAS DE LA CIUDAD

Hacia el siglo XV, los zocos de las ciudades incluían grandes edificios construidos alrededor de patios, con almacenes en la planta baja; sobre ellos a veces se instalaban posadas para los comerciantes que estaban de paso y otras personas. En sus diferentes formas, dichos edificios fueron denominados *jans* en Siria e Irak, *wikalas* en Egipto, y *funduqs* en el Magreb. Otro tipo de construcción, por lo menos en el Magreb, fue la *qaisariyya*, donde se almacenaban artículos valiosos. Muchos de estos edificios fueron construidos por gobernantes o grandes personajes de la ciudad y se los convirtió en *waqfs*, y la renta obtenida de ellos se destinaba a fines religiosos o caritativos.

Hasta donde se sabe, las viviendas de la ciudad se dividían en tres categorías. En algunas ciudades las casas de los pobres parecen haber consistido, en esencia, en patios abiertos con chozas. En el centro sobrepoblado del El Cairo los pobres, así como los artesanos y los comerciantes minoristas que necesitaban estar cerca de sus lugares de trabajo, vivían en casas de apartamentos. La casa típica podía levantarse alrededor de un patio, con talleres en la planta baja y una serie de escaleras que conducían a dos o tres pisos altos donde había diferentes apartamentos de varias habitaciones.

En el caso de las familias de condiciones más acomodadas, o que vivían en áreas menos congestionadas, se desarrollaron gradualmente otros tipos de viviendas. En el suroeste de Arabia se trataba de un tipo peculiar. Eran de piedra, estaban diseñadas cuidadosa y simétricamente, y tenían varias plantas; los animales ocupaban la planta baja, encima se depositaban los cereales, y había dos o tres pisos de habitaciones de vivienda; la sala principal de recepción estaba en el piso más alto, de modo que gozaban de la mejor ventilación y las mejores vistas. En otros lugares, es posible que se desarrollase la forma típica de la casa de familia numerosa, con muchas variaciones según la región y el período, a partir de una combinación de la casa grecorromana del Mediterráneo con las tradiciones de Irán e Irak.

Se llegaba a la casa por una callejuela que partía de una calle principal. Salvo el tamaño de la puerta, nada revelaba la riqueza de su propietario ni provocaba la envidia de los gobernantes o la curiosidad de los transeúntes; se construían las casas de modo que se las viera desde dentro, no desde fuera. La puerta era el principal rasgo exterior: era de hierro o madera, con un entorno de piedra esculpida, y quizá tuviera arriba una ventana que permitía ver a los que se aproximaban. Una vez traspasada la puerta, había un corredor, con forma de ángulo, a fin de que nada de lo que había en el interior pudiera ser visto desde la calle; conducía a un patio central sobre el cual se abría una serie de habitaciones, incluso la recepción principal *(maylis o qá)*; en las zonas congestionadas, era posible que una sala central techada reemplazara al patio. La sala de recepción a menudo estaba al costado del patio que daba a la entrada, y a ella se llegaba atravesando una puerta o un *iwán*, el amplio arco circular que se había difundido hacia el oeste a partir de Irán. En ciertos lugares, la sala principal tenía una antesala enfrente. En El Cairo de los mamelucos, la sala se había convertido en una suerte de patio techado, con un área en un nivel inferior y una fuente en el centro, y lugares para sentarse a ambos lados. El sector de la familia estaba separado de esta sala de recepción con sus habitaciones y oficinas contiguas; en ese lugar reservado a la familia estaban las mujeres y sus hijos, así como los servidores, con el nivel de reclusión deseado por ellos mismos o por el amo de la casa. En las casas muy grandes la división entre las áreas de recepción y las que habitaba la familia se reflejaba en la existencia de dos patios, y en las más pequeñas por la diferencia de funciones entre la planta baja y el piso alto. En las casas espaciosas había una sala de baños o *hammam*.

Construir con piedra era caro en la mayoría de los lugares, de modo que se usaba con más frecuencia el ladrillo común o los ladrillos de barro, y marcos de piedra para las puertas principales. Los techos de las habitaciones principales de la planta baja a menudo eran bóvedas de ladrillo, con el propósito de impedir la humedad y sostener el peso de los pisos altos; otros techos eran de madera. En los techos, diferentes recursos permitían la ventilación y la circulación del aire. Las paredes, las puertas y los techos estaban decorados. Se pintaba la madera de varios colores (el color característico de Marruecos era el verde; el de Túnez, el azul). Las paredes estaban enyesadas y estucadas con diseños florales. Se esculpía la piedra con motivos caligráficos o florales. Las ventanas tenían persianas de madera; los enrejados de madera denominados *mashrabiyya* fueron conocidos en Egipto durante el período de los Fatimíes, y se generalizaron en el de los mamelucos.

Las casas tenían pocos muebles permanentes, salvo los arcones y los armarios para guardar cosas. Un historiador de El Cairo ha sugerido que el papel representado por los muebles de madera en las casas europeas aquí correspondió a los tejidos. Las habitaciones destinadas a recibir tenían sofás con almohadones. Las almohadas y los colchones rellenos, depositados en el suelo o sobre bases de madera o piedra, ocupaban el lugar de las camas. Las paredes estaban cubiertas de tapices; los suelos y las camas, de alfombras. De noche, se usaban lámparas de cobre alimentadas con aceite; cuando hacía frío, se introducían braseros de cobre, que quemaban carbón de leña o maderas aromáticas. Se servían las comidas en amplias bandejas circulares de plata o cobre, que descansaban sobre taburetes de madera. Los cuencos y las tazas de arcilla —o en el caso de los ricos, de porcelana china— se utilizaban para servir los alimentos; los vasos eran de cobre, vidrio o arcilla. Podían usarse láminas de pan para retirar alimento de la fuente central, si bien los ricos también empleaban cucharas y cuchillos.

El pan tenía relevancia fundamental en la vida de los pobres; los gobiernos atribuían mucha importancia a la necesidad de garantizar el suministro de cereales a las ciudades, y había disturbios populares cuando el pan escaseaba o se encarecía. En la mayoría de los lugares, se elaboraba con trigo, se aderezaba para hacerlo más suave con aceite de oliva y se consumía con verduras: cebollas, ajo o productos que, como las berenjenas, habían llegado al mundo del Mediterráneo gracias a la expansión del islam. La mayoría de la gente rara vez ingería carne y, si lo hacía, la consumía en las celebraciones o en las grandes ocasiones. La dieta de los acomodados era más variada: una más amplia gama de verduras, frutas (de acuerdo con las posibilidades de producirlas o importarlas: uvas, naranjas, melocotones y albaricoques en los países del Mediterráneo, o dátiles en Irak, en los límites del desierto y en los oasis) y carne: cordero más que ternera, aves, y pescado en zonas próximas al mar, los ríos o los lagos. Se cocinaba la carne con aceite de oliva o aceite de sésamo y se sazonaba con especias. Aunque el Corán prohibía la ingestión de alcohol, parece que también se consumía generalmente alcohol, vino y otras bebidas fuertes, destiladas por los cristianos locales o importadas de Europa occidental.

LA CADENA DE CIUDADES

Mientras se mantuvo cierto orden urbano y el control de éste sobre los campos, gracias a la alianza de intereses entre el gobernante y la elite urbana, la riqueza y el poder pudieron transmitirse de generación en generación, y con ellos también se transmitió una cultura, un sistema de saber, valores, modos de comportamiento y tipos ideales de la personalidad. Se ha sugerido que el código de la conducta aceptable, la *qaida*, que existió en Fez durante los primeros años del siglo XX, era más o menos el mismo descrito por León el Africano durante el XVI.[3] Los cánones de la conducta y el pensamiento apropiados, del saber y las cualidades superiores unían a las generaciones, pero también vinculaban a unas ciudades con otras. Una red de rutas recorría el mundo islámico y llegaba todavía más lejos. Circulaban por ellas las caravanas de camellos o asnos que transportaban sedas, especias, vidrio y metales preciosos, pero también las ideas, las noticias, las modas, los esquemas de pensamiento y conducta. Cuando los mercaderes y los jefes de las caravanas se reunían en el mercado, intercambiaban noticias y evaluaban su significado. Los comerciantes de la ciudad se instalaban en otras y mantenían entre ellos un vínculo estrecho y permanente. De tanto en tanto las rutas eran escenario de movimientos violentos, cuando el ejército expresaba el poder de otro gobernante o de un jefe que se alzaba contra el poder vigente; y estas fuerzas armadas también podían traer nuevas ideas acerca del modo de vivir en sociedad, y nuevos elementos étnicos que se sumaban a la población.

Además, desde el principio de la historia islámica los hombres se desplazaron buscando el saber, o con el propósito de difundir la tradición de lo que el Profeta había hecho y dicho explicada por quienes la habían recibido gracias a la línea de transmisión que partió de los Compañeros. En el curso del tiempo los fines que motivaban los viajes se ampliaron: se trataba de conocer las ciencias de la religión de labios de un maestro eminente, o de recibir formación espiritual de una figura prominente de la vida religiosa. Los buscadores del conocimiento o la sabiduría provenían de aldeas o pequeños pueblos y se dirigían a una metrópoli: del sur de Marruecos a la mezquita de Qarawiyyín en Fez, del este de Argelia y Túnez a la de Zaituna en Túnez; la de Azhar, en El Cairo, atraía a estudiantes de regiones remotas, como revelan los nombres de los albergues de estudiantes: *riwaq*, o claustro de los magrebíes, los sirios y los etíopes. Las escuelas de las ciudades santas chiíes de Irak —Nayaf, Karbala, Samarra y Kazimain, en las afueras de Bagdad— atraían estudiantes de otras comunidades chiíes, aceptadas en Siria y Arabia oriental.

La vida del famoso viajero Ibn Batuta (1304-h. 1377) ilustra cuáles eran los vínculos entre las ciudades y los países del islam. Su peregrinación, emprendida cuando tenía veintiún años, fue sólo el comienzo de una vida errante. Ésta lo llevó de su ciudad nativa de Tánger, en Marruecos, a La Meca, pasando por Siria; después, fue a Bagdad y al suroeste de Irán; a Yemen, África oriental, Omán y el golfo Pérsico; al Asia menor, el Cáucaso, a Rusia meridional; a India, las islas Maldivas y China; después, regresó a su Magreb nativo, y de allí pasó a al-Ándalus y el Sahara. En todos los lugares que visitaba, se acercaba a las tumbas de los santos y frecuentaba a los eruditos, con quienes estaba unido por el nexo de una cultura común expresada en lengua árabe. Se lo recibía bien en las cortes de los príncipes, y algunos lo designaron cadí; este honor que se le concedió en lugares tan distantes como Delhi y las islas Maldivas revelaba el prestigio de que gozaban los exponentes del saber religioso en lengua árabe.[4]

CAPÍTULO OCHO

Las ciudades y sus gobernantes

LA FORMACIÓN DE LAS DINASTÍAS

El mantenimiento de la ley y el orden urbano exigía un poder de coerción, un gobernante cuya posición fuese diferente de la que tenía el jeque tribal, cuya inestable autoridad nacía de la costumbre y el consentimiento.

En lo que puede parecer una paradoja de la historia islámica (y quizá también de otros procesos históricos), las dinastías de gobernantes a menudo extraían su fuerza de las zonas rurales, y algunas incluso se originaban allí, pero podían sobrevivir sólo si afianzaban su posición en las ciudades y derivaban una nueva fuerza de una unión de intereses con la población urbana.

Para sobrevivir, una dinastía necesitaba arraigar en la ciudad: necesitaba la riqueza que se obtiene del comercio y la industria, y la legitimidad que sólo los ulemas podían conferir. El proceso de formación de las dinastías consistió en la conquista de ciudades. Un conquistador recorría una cadena de ciudades levantadas junto a una ruta comercial. La creación y el crecimiento de las ciudades, a su vez, dependió sobre todo del poder de las dinastías. Algunas de las ciudades más grandes del mundo del islam de hecho fueron creación de dinastías: Bagdad y los Abasíes, El Cairo y los Fatimíes, Fez y los Idrisíes, Córdoba y los Omeyas. Dentro de ciertos límites, un gobernante poderoso podía desviar las rutas comerciales y atraerlas a su capital; y podía suceder que una ciudad decayese cuando su gobernante la abandonaba o ya no podía defenderla, como fue el caso de Cairuán cuando los Ziríes prácticamente dejaron de residir allí.

El principal propósito de una dinastía era mantenerse en el poder; por consiguiente, el gobernante residía un tanto apartado de la población urbana, rodeado por una corte en gran parte de origen militar o extranjero: su familia y el harén, sus mamelucos personales —africanos negros o cristianos conversos en el Magreb, turcos, kurdos o circasianos más al este— y los altos funcionarios del palacio, reclutados principalmente en esos grupos mamelucos. El ejército profesional que reemplazaba al que había ayudado a la dinastía a conquistar el poder también provenía de fuera de la ciudad. El ejército selyucí era principalmente turco, y el de los Ayubíes tenía un carácter más heterogéneo. En Siria, sus jefes se reclutaban de entre los miembros de una aristocracia militar de diferentes orígenes, formada por turcos, kurdos o griegos conversos; en Egipto, principalmente de recién llegados turcos o kurdos. En la época del gobierno de los mamelucos el ejército tuvo una composición heterogénea: su núcleo estaba formado por un cuerpo de mamelucos reales alistados por el gobernante o heredados de sus predecesores, y entrenados en las escuelas del palacio; pero los altos jefes militares tenían cada uno su propio núcleo de subordinados militares, a quienes entrenaba en su propia residencia. La solidaridad de un grupo formado en la misma casa podía durar una vida, o aún más tiempo. Los soldados mamelucos no formaban un grupo hereditario, y los hijos de los mamelucos no podían convertirse a su vez en miembros de la fuerza militar central. Pero había otra fuerza formada por musulmanes nacidos libres, y los hijos de los mamelucos podían incorporarse a ésta y ascender. Entre los Hafsíes, el ejército original se reclutaba en las tribus de las zonas rurales, pero cuando la dinastía se consolidó bien, llegó a depender más de los soldados mercenarios, árabes de al-Ándalus, conversos cristianos europeos y turcos.

A medida que una dinastía se consolidaba, trataba de designar gobernadores provinciales de entre los miembros del grupo gobernante, aunque con éxito variable: la naturaleza de las zonas rurales y la tradición de la familia gobernante podían presentar dificultades. Los Selyucíes gobernaban un dilatado Imperio de áreas fértiles separadas unas de otras por la montaña o el desierto, y habían heredado una tradición en virtud de la cual la autoridad correspondía a una familia más que a determinados miembros de la misma; por consiguiente, su Imperio fue no tanto un Estado centralizado como un grupo de Reinos semiindependientes sometidos a distintos miembros de la familia. En Siria, los Ayubíes gobernaron de modo parecido; formaron una suerte de confederación de Estados con centro en diferentes ciudades, cada uno gobernado por un miembro de la familia ayubí, que declaraba su fidelidad formal al jefe de la familia, si bien no le permitía interferir demasiado. Pero en Egipto la naturaleza de la región y la antigua tradición de gobierno centralizado posibilitaron que los Ayubíes ejercieran el control directo. También en tiempos de los mamelucos, los gobernadores de provincia instalados en Siria, aunque surgidos de la elite militar, estaban menos sometidos al control de El Cairo que los del bajo Egipto; pero en el alto Egipto los mamelucos se vieron en dificultades para ejercer el control total, a causa del ascenso de los Hawara, una poderosa familia de jeques tribales. También los Hafsíes tropezaron con dificultades para controlar las regiones más distantes de su Estado: algunos jeques tribales y varias ciudades lejanas fueron más o menos autónomos; pero con el paso del tiempo aumentó el poder del gobierno central.

El control enérgico de un amplio Imperio necesitaba el auxilio de una burocracia complicada. En la mayoría de los Estados, las principales divisiones entre los funcionarios continuaron siendo las que habían existido en tiempos de los Abasíes. Había una cancillería *(diwán al-insha)*, donde se redactaban cartas y documentos en un lenguaje propio y preciso, y en concordancia con las formas y los precedentes reconocidos, y también se conservaban estos materiales; un tesoro que supervisaba la evaluación, la recaudación y la erogación de las rentas; y un departamento especial que llevaba las cuentas y los registros del ejército. Con los Selyucíes, el visir *(wazir)* continuaba siendo el funcionario que controlaba toda la burocracia civil, como había sucedido con los Abasíes, pero con el gobierno de otras dinastías sus funciones y atribuciones fueron más limitadas. En el Estado mameluco no era más que un superintendente del tesoro; en el de los Hafsíes había un visir especial en cada uno de los tres departamentos, y el chambelán de la corte *(hayib)*, que controlaba el acceso al gobernante, podía ser más importante que cualquiera de ellos.

El visir y otros altos funcionarios podían provenir de la elite militar, si bien, en general, la administración civil era la esfera del gobierno en que los miembros de la población urbana local podían desempeñar un papel. Ellos, más que los soldados, poseían la educación y la formación necesarias para trabajar en la cancillería o el tesoro. Hasta cierto punto es posible que se reclutara a los funcionarios seleccionando a los individuos que poseían la educación integral de un ulema, pero quizá fue más usual que los aspirantes al cargo público ingresaran jóvenes al servicio, después de recibir una educación fundamental en las ciencias de la lengua y la religión, y que adquirieran con la práctica los conocimientos que les permitirían redactar documentos o llevar las cuentas. El aspirante podía subordinarse a un alto funcionario, con la esperanza de aprovechar no sólo su ejemplo sino también su protección. En estas circunstancias, seguramente hubo un factor hereditario en el servicio civil, y los hijos obtenían formación y ascendían gracias a la ayuda de los padres. Parece probable que existiera cierta continuidad incluso si se producían cambios dinásticos, de manera que los funcionarios de la dinastía anterior entraban al servicio de la nueva y, así, se manifestaba cierta continuidad en los usos y prácticas de la cancillería o el tesoro.

De este modo, los miembros de la sociedad urbana gobernada por una dinastía o un grupo extranjero podían incorporarse a la elite dominante, por lo menos a cierto nivel; hubo funcionarios persas al servicio de los Selyucíes turcos, y egipcios y sirios que trabajaron para los mamelucos. Asimismo, los gobernantes podían designar funcionarios que no pertenecían a la elite urbana y que, por lo tanto, probablemente dependerían más del propio monarca. Los Ayubíes de Siria trajeron funcionarios de Egipto, Irak e Irán occidental; los Hafsíes se sirvieron de los exiliados provenientes de al-Ándalus; y en época de los mamelucos hubo en Egipto funcionarios judíos y coptos, la mayoría de ellos convertidos al islam.

Administrar justicia era una de las obligaciones principales de un gobernante musulmán, y también aquí hubo un modo por el que los miembros instruidos de la población urbana pudieron incorporarse al servicio. El gobernante designaba a los cadíes, eligiéndolos entre las personas educadas en las escuelas religiosas y pertenecientes a la escuela legal que él deseaba promover. En general, los cadíes y los muftíes provenían de la población local, pero un gobernante poderoso podía designar personas ajenas a dicho medio; por ejemplo, los Hafsíes designaron para altos cargos a eruditos de al-Ándalus.

La alianza de los que ejercían el poder militar con los miembros de la elite culta urbana se manifestaba también cuando el gobernante mismo, o su gobernador de provincia, impartía justicia. No todos los casos ni todas las disputas terminaban en el cadí. El gobernante podía decidir qué casos remitía y cuáles se reservaba para sí: la mayoría de los casos penales, los que concernían al orden público o afectaban a los intereses del Estado, y también los que implicaban difíciles problemas legales. Para un gobernante autocrático era muy importante escuchar las quejas *(mazalim)* contra los funcionarios en quienes había delegado el poder. Tenía que mantener abierta una línea de comunicación con los súbditos. Ya en tiempos de los Abasíes se celebraban sesiones regulares a cargo de un funcionario especial, para escuchar peticiones o quejas. Las dinastías siguientes continuaron aplicando este procedimiento. Algunas cuestiones podían resolverse apelando a los métodos administrativos usuales, pero el propio gobernante celebraba sesiones para recibir peticiones y emitir decretos. Todas las semanas el gobernante mameluco de El Cairo presidía un solemne consejo judicial, rodeado por sus principales funcionarios militares y civiles, los cadíes de las cuatro madrazas, un cadí especial de carácter militar y los principales muftíes; decidía después de consultarlos, y no estaba subordinado rigurosamente a los códigos legales. Del mismo modo, en Túnez y en época de los Hafsíes, el gobernante se reunía todas las semanas con los principales cadíes y muftíes.

LA ALIANZA DE INTERESES

Entre los dos polos de la ciudad, el palacio y el mercado, las relaciones eran estrechas, pero complejas, y se basaban en la necesidad mutua, aunque los intereses eran divergentes. El gobernante necesitaba que las actividades económicas de la ciudad le suministraran armas y equipamiento para su ejército y sus navíos, muebles y adornos para su persona, su entorno y su familia, así como el dinero necesario para pagarlos, a través de la contribución regular o mediante gravámenes especiales; los comerciantes suministraban la reserva financiera al monarca, a la cual él podía recurrir cuando necesitaba más dinero del que obtenía con los impuestos regulares. Del mismo modo, la clase culta formaba una reserva humana que le suministraba funcionarios civiles y judiciales, y los poetas y los artistas embellecían su corte y le aportaban cierta reputación de magnificencia. Por su parte, la población urbana, y sobre todo los que poseían riqueza y posición, necesitaban el poder del gobernante con el fin de garantizar el suministro de alimentos y materias primas provenientes del campo, vigilar las rutas comerciales y mantener relaciones con otros gobernantes, con el propósito de allanar el camino del comercio.

Lo necesitaban también para mantener el orden y la estructura de la ley, sin los cuales la vida de una comunidad compleja y civilizada no podía desarrollarse. Era necesario regular las actividades del mercado, iluminar las calles, limpiarlas y protegerlas de los ladrones y los que turbaban la paz, retirar las basuras, limpiar y mantener las cañerías de agua. Para tales fines, el monarca designaba un gobernador de la ciudad, quien, según los lugares, tenía diferentes títulos. Contaba con una fuerza policial *(shurta)* a su disposición, en general reclutada localmente, así como con guardias destinados en los barrios y serenos en los mercados y las calles. En el mercado había un funcionario especial, el *muhtasib*, que supervisaba los precios, los pesos y las medidas, la calidad de los artículos y la evolución de los negocios; su autoridad derivaba de un versículo del Corán que exhortaba a los musulmanes a cumplir el deber de atenerse al bien y rechazar lo que merecía desaprobación, y en ciertas circunstancias se designaba para ese cargo a un miembro de la clase religiosa, aunque en otras provenía del grupo militar. En algunas ciudades, por ejemplo en Sana (Yemen), había un código escrito que expresaba el consenso usual acerca del modo en que debían desarrollarse los negocios.

El mantenimiento del orden y la recaudación de las ventas estaban estrechamente vinculados. Gran parte —quizá la principal— de los ingresos del gobernante provenía de los impuestos aplicados a la producción del campo, pero los impuestos y los derechos urbanos eran muchos e importantes. Además de la capitación aplicada a los judíos y los cristianos, había derechos aduaneros aplicados a los artículos que entraban en la ciudad o salían de ella, y gravámenes de diferentes clases pagados por los que poseían tiendas o talleres.

No era posible gobernar la ciudad sin cierto grado de cooperación entre el monarca y los habitantes, o por lo menos la parte de los pobladores que estaba interesada en mantener un orden estable. Además de los que eran funcionarios en el sentido estricto del término, también había miembros de las comunidades urbanas a quienes el monarca reconocía como sus portavoces o representantes, y que eran los responsables de mantener el orden y la obediencia, así como de dividir entre los miembros de la comunidad los impuestos que era necesario pagar. Los más importantes, encargados de la preservación del orden urbano, eran los jefes de los barrios, que recaudaban los impuestos que gravaban las viviendas o se aplicaban a las familias. También había jefes de los diferentes grupos de artesanos o comerciantes. No siempre se trataba como un solo grupo a todos los que practicaban el mismo oficio; podía haber varios grupos divididos según un criterio territorial. Al parecer, no existen pruebas sólidas de que tales grupos estuvieran organizados como «corporaciones» en el sentido europeo medieval, con una existencia corporativa autónoma que se expresaba en la ayuda mutua o reglas rigurosas acerca del ingreso o el aprendizaje; pero el hecho de que el gobernante los tratase como un solo cuerpo que debía pagar ciertos gravámenes especiales o suministrar servicios especiales, y de que trabajasen juntos en el mismo sector del mercado, sin duda creó entre ellos cierta solidaridad. Un tercer tipo de grupo estaba formado por miembros de una comunidad judía o cristiana específica: también ellos debían tener sus portavoces, responsables de la recaudación de la capitación y de la fidelidad de los miembros, quienes en ciertas circunstancias, podían resultar sospechosos.

En un nivel superior, podía haber portavoces de intereses más generales. Por ejemplo, en el régimen de los Hafsíes había un *amín al-umana* que hablaba en nombre de los jefes de todos los oficios. También podía existir un *rais al-tuyyar*, representante de los grandes comerciantes dedicados al lucrativo tráfico de larga distancia; este personaje era importante sobre todo cuando el gobernante necesitaba reunir de prisa grandes sumas de dinero. En un nivel aún más elevado, podían estar los que en ciertas circunstancias hablaban en nombre de toda la ciudad; aunque la ciudad quizá no tuviese instituciones corporativas formales, en efecto poseía una suerte de unidad espiritual que podía manifestarse en momentos críticos, por ejemplo cuando una dinastía sucedía a otra. El principal cadí podía actuar de este modo: además de su condición de funcionario designado por el gobernante, era el jefe de los que preservaban la *sharia*, el enunciado normativo de lo que debía ser la vida en común, y por lo tanto podía expresar la conciencia colectiva de la comunidad. En ciertos lugares a veces había también un «jefe» (rais) de toda la ciudad, pero no ha podido aclararse cuál era exactamente su función.

Poco se sabe acerca del modo en que se designaba a los jefes o los portavoces de los grupos, aunque sin duda fueron variados. Pero parece seguro que no hubieran podido cumplir sus funciones de no haber gozado de la confianza tanto del monarca o de su gobernador como de la que podían dispensarles sus representados.

Los vínculos entre el gobernante y la ciudad, mantenidos por los funcionarios y los portavoces, eran precarios y variables, y se desplazaban a lo largo de un espectro que iba de la alianza a la hostilidad. Había una comunidad esencial de intereses, que podía fortalecerse mediante la cooperación económica. Los miembros de la elite gobernante sin duda invertían en iniciativas comerciales conjuntas. Poseían buen número de

los edificios y baños públicos, los mercados y los *jans*. Los gobernantes
y los altos funcionarios construían obras públicas a gran escala y asignaban fondos a los *waqfs*. Un estudio de las grandes ciudades del Estado
mameluco ha demostrado que de 171 edificios religiosos construidos o
reparados en Damasco, 10 fueron financiados por el sultán, 82 por altos
jefes militares, 11 por otros funcionarios, 25 por comerciantes y 43 por
los ulemas.[1] Asimismo, una reseña de los edificios de Jerusalén durante
el período mameluco había demostrado que de un total de 86 *waqfs*, al
menos 31 fueron fundados por oficiales mamelucos que se habían instalado en la sociedad local, y un número más reducido por funcionarios,
ulemas y comerciantes.[2]

La alianza de intereses se ponía de manifiesto en las grandes ceremonias en que participaba toda la ciudad y el gobernante aparecía en público. Cuando un gobernante ocupaba el trono había una ceremonia de
investidura *(baia)*, vestigio de la antigua convención islámica según la
cual el pueblo elegía al gobernante. Por ejemplo, en tiempos de los Hafsíes en Túnez había dos de estas ceremonias: en la primera, los principales funcionarios oficiales comprometían su fidelidad; en la segunda, se
presentaba el gobernante al pueblo de la capital. En cierto sentido, esa
ceremonia de presentación y aceptación se repetía todos los viernes,
cuando se mencionaba el nombre del mandatario legítimo en el sermón
de la oración del mediodía. Había también grandes ceremonias anuales;
algunas de ellas tenían un sentido religioso, cuando el gobernante aparecía en público. Una crónica de El Cairo durante el período de los mamelucos, la de Ibn Iyás, menciona la celebración anual de las ceremonias
del cumpleaños del Profeta, la apertura de la compuerta que permitía
que el agua del Nilo entrase en el canal que atravesaba El Cairo durante
la temporada de las inundaciones, el comienzo y el fin del Ramadán, la
partida de la caravana de peregrinos que iba de El Cairo a La Meca, y su
retorno. Había también ocasiones especiales: cuando se recibía a los embajadores extranjeros, o el gobernante tenía un hijo, se iluminaba la ciudad a expensas de los mercaderes y los tenderos, y el gobernante podía
aparecer en público.

La alianza de intereses que se manifestaba de estos modos, sin embargo, podía deshacerse. En el seno del propio grupo gobernante, el equilibrio del poder entre el monarca y los que lo apoyaban podía verse quebrantado. Por ejemplo, en el Estado mameluco, algunas de las funciones
principales de los funcionarios del monarca pasaban a manos de los
principales jefes militares mamelucos y sus propias familias. En ciertas

circunstancias, los soldados desobedecían y turbaban la paz de la ciudad o amenazaban el poder del monarca; de ese modo los Ayubíes sucedieron a los Fatimíes en El Cairo, después los mamelucos reemplazaron a los Ayubíes y, más tarde, una familia de mamelucos remplazó a otra. Desde el ángulo de la población urbana, los portavoces que proclamaban los deseos y los mandatos del monarca en relación con el pueblo podían también expresar las quejas y las reivindicaciones de los grupos a los que ellos representaban. Cuando los impuestos eran muy elevados, los soldados se mostraban díscolos, los funcionarios abusaban de su poder o escaseaban los alimentos, los ulemas supremos tenían que intervenir. Por consiguiente, trataban de mantener cierta independencia frente al gobernante.

El descontento de las clases acomodadas de la ciudad generalmente no adoptaba la forma de la desobediencia franca. Tenían mucho que perder si prevalecía el desorden. Sus escasos momentos de acción propia llegaban cuando un enemigo o un rival derrotaba al monarca, y los principales hombres de la ciudad podían negociar su rendición frente al nuevo amo.

Pero entre el pueblo llano, el descontento podía acabar en desorden público. Los artesanos especializados y los tenderos no se alzaban fácilmente excepto cuando soportaban privaciones, los funcionarios los oprimían, debían pagar altos precios por las cosas que necesitaban o había escasez de alimentos o materiales; su condición normal era de aquiescencia, pues también estaban interesados en la preservación del orden. Pero el proletariado, la masa de los inmigrantes rurales, los trabajadores ocasionales que carecían de especialidad, los mendigos y los delincuentes comunes que residían en las afueras de la ciudad se encontraban en un estado más permanente de desasosiego.

En momentos de temor o privación, podía suceder que se viese perturbada la población entera de la ciudad. Agitada quizá por los predicadores populares que denunciaban la opresión *(zulm)* y desplegando la visión de un orden islámico justo, las turbas irrumpían en el zoco, los mercaderes cerraban sus tiendas y algunos portavoces del pueblo presentaban ante el gobernante las quejas contra sus funcionarios, o contra los mercaderes de quienes se sospechaba eran los que provocaban una falsa escasez de pan. En presencia de un movimiento de este género, el gobernante podía modificar su política para satisfacer alguna de las reclamaciones; a veces se exoneraba o ejecutaba a funcionarios, y se abrían los depósitos de los mercaderes de cereales. Se reabría el mercado, se disolvía la coalición de fuerzas, pero la masa urbana continuaba allí, apaciguada o controlada momentáneamente, si bien tan lejos como siempre de un orden islámico justo.

EL CONTROL DE LAS ZONAS RURALES

El gobernante y la población urbana (o por lo menos su parte principal) tenían un interés común en controlar el campo y asegurar que el excedente de la producción rural, más allá de lo que el campesino necesitaba para sí mismo, llegase a la ciudad en las condiciones más favorables posibles. El monarca necesitaba la producción, por sí misma o convertida en dinero, para mantener su corte, la burocracia y el ejército; también necesitaba controlar el propio campo, con el fin de impedir ataques externos o un proceso que diese paso a la aparición de una dinastía nueva que desafiase el dominio de aquél sobre su ciudad capital. Por su parte, la población de la ciudad necesitaba el excedente del campo para alimentarse y obtener las materias primas que precisaban en sus oficios. Los elementos principales también tendían a considerar el campo y a sus habitantes como un peligro, que acechaba al margen del mundo de la civilización urbana y la *sharia*, y lo amenazaba. Así, el autor egipcio del siglo XVI al-Sharani (m. 1565) agradece a Dios por «mi hégira, con la bendición del Profeta, del campo a El Cairo [...] de la región de las privaciones y la ignorancia a la ciudad de la gentileza y el saber».[3]

Antes de la era moderna, las fronteras no estaban delimitadas con claridad y precisión, y es más adecuado concebir el poder de una dinastía no como una fuerza que se manifestaba de manera uniforme en el ámbito de un área fija y reconocida generalmente, sino más bien como una fuerza que irradiaba desde una serie de centros urbanos y que tendía a debilitarse más cuanto mayor era la distancia o si existían obstáculos naturales o humanos. En el área de irradiación de la influencia había tres clases de regiones, en cada una de las cuales el carácter y la amplitud del control variaban. Ante todo, en la región de la estepa o el desierto, o en las zonas montañosas demasiado pobres, lejanas o inaccesibles, que no justificaban el esfuerzo de la conquista, el gobernante se limitaba a mantener abiertas las principales rutas e impedir las revueltas. No podía controlar a los jefes de las tribus locales, u obligarlos a entregar su excedente rural —si lo había— en términos desfavorables. Estos jefes podían mantener una relación económica con la ciudad, donde vendían sus productos, con el fin de comprar lo que no estaban en condiciones de producir por su cuenta. En tales regiones, el gobernante podía conquistar cierta influencia sólo mediante la manipulación política, haciendo que los jefecillos tribales se enemistasen entre sí u otorgando una investidura formal al miembro de una familia en concreto. Sin embargo, en ciertas circunstancias podía ejercer otro tipo de influencia, la que provenía del prestigio religioso heredado; esto era válido en el caso de los imanes zaidíes de Yemen, los imanes ibadíes de Omán y los gobernantes de Marruecos, desde el siglo XVI en adelante, que afirmaban su condición de *sharifs*, es decir, descendientes del Profeta.

Había una segunda zona de montañas, oasis o estepas en que el monarca podía ejercer un poder más directo, porque estaban más cerca de la ciudad o de las grandes rutas comerciales, y producían un excedente mayor. En tales regiones el monarca no gobernaba directamente, sino que lo hacía a través de jefes locales cuya posición era un tanto más ambigua que la que ocupaban los jefes de las altas montañas o los desiertos. Recibían investidura a cambio del pago de un tributo anual o periódico, impuesto por la fuerza en caso necesario mediante el envío de una expedición militar, o con la retirada del reconocimiento y su transferencia a otros.

La línea divisoria entre estas dos zonas no era estable. Dependía del poder del gobernante y del variable equilibrio entre el aprovechamiento de la tierra para el cultivo o para pastos. Los distritos estables podían controlarse más fácilmente que los que se dedicaban al pastoreo nómada. Hay algunas pruebas que llevan a pensar que, a partir de los siglos X u XI, la primera zona se amplió a expensas de la segunda. En el alto Egipto, los grupos tribales a los cuales podía controlarse desde El Cairo (*arab al-tá*, «árabes de obediencia») fueron reemplazados durante el período mameluco por los hawara, un grupo dedicado al pastoreo de origen beréber, que continuaría dominando gran parte de la región hasta el siglo XIX. Asimismo, en el Magreb, el complejo proceso económico y social que más tarde se expresaría simbólicamente en la historia de la invasión de los Banu Hilal condujo a la disminución del poder de los gobernantes de las ciudades, un proceso que se prolongaría durante varios siglos.

Pero había una tercera zona: las llanuras abiertas y los valles fluviales, donde se producían cereales, arroz o dátiles, y las huertas que proveían de frutas y hortalizas a la ciudad. Aquí, el monarca y los estratos urbanos con los cuales estaba vinculado tenían que mantener un control más enérgico y directo, sobre todo en los lugares en que la producción dependía de los sistemas de regadío a gran escala. Las guarniciones militares permanentes o las expediciones militares regulares podían mantener el orden en esta zona, además de impedir la aparición de jefes locales.

En esta zona rural dependiente, los intercambios económicos favorecían a la ciudad. El principal medio que determinaba que se obtuviese el excedente rural en términos favorables era el sistema impositivo. En principio, era más o menos el mismo en todos los países islámicos. El gobernante obtenía sus recursos de tres clases de imposición: la capitación que pagaban por los miembros de las comunidades no musulmanas reconocidas, diferentes impuestos aplicados a los negocios y oficios de la ciudad y los impuestos que gravaban la producción agrícola. En las áreas cultivadas, el impuesto podía aplicarse a la tierra, mediante una evaluación que en algunos países variaba de tiempo en tiempo (por ejemplo, en Egipto, donde la práctica de la revaluación periódica era una supervivencia de tiempos antiguos), o podía adoptar la forma de una proporción fija del producto. El impuesto sobre los cereales y otros productos que podían ser almacenados a menudo se pagaba en especie, y el que se aplicaba a los productos perecederos, por ejemplo las frutas, en dinero. Asimismo, el gravamen sobre las tierras de pastoreo —en los lugares donde el gobierno tenía fuerza suficiente para recaudarlo— podía fijarse por áreas o por cierta proporción del ganado.

Desde los tiempos de los Buyíes, en el siglo X, en determinados países se consolidó la práctica de efectuar una asignación *(iqta)* de los ingresos obtenidos a través de estos impuestos rurales. Dicha asignación podía encomendarse a un miembro de la familia gobernante, o a un alto funcionario, y reemplazaba al sueldo. Los recursos impositivos de una provincia entera a veces iban a parar a manos de su gobernador, que afrontaba los gastos de la administración y la recaudación de impuestos, y se reservaba cierta parte como sueldo; o bien el impuesto aplicado a cierta parcela de tierra se asignaba a un funcionario militar para pagar el servicio de cierto número de soldados que él mismo reclutaba, equipaba y mantenía. Este último tipo de asignación llegaría a ser muy importante y extendido. Desarrollado considerablemente por los Selyucíes de Irán e Irak, fue llevado hacia el oeste por los Ayubíes, y se desarrolló todavía más con los mamelucos. En el Magreb se creó un sistema análogo. El control de cierta extensión de tierra se otorgaba a un líder tribal a cambio de sus servicios militares: las tribus reclutadas o formadas de este modo recibieron la denominación de *jaish*, o tribus militares.

Difícilmente podía ser la intención de un gobernante renunciar para siempre al impuesto, o conceder a los beneficiarios de estas asignaciones un control permanente y total sobre la tierra. Se utilizaron diferentes medios para limitar las *iqtas*. En el Egipto de los mamelucos, un país y un período acerca de los cuales poseemos información especialmente completa, sólo la mitad de la tierra estaba asignada en la forma de la *iqta*, y el resto se conservaba para el monarca y su familia. La parte asignada estaba en manos de los mamelucos del gobernante, o de altos funcionarios militares, a quienes en principio se permitía reservar cierta proporción para ellos mismos; se supone que utilizaban el resto para pagar al grupo de 10, 40 o 100 soldados a caballo que debían aportar al ejército. El beneficiario normalmente no mantenía una relación personal con el área de su *iqta*. Si se le concedía más de una *iqta*, éstas no eran contiguas; él no recaudaba personalmente el impuesto, y dejaba el asunto en manos de los funcionarios del monarca, al menos hasta los tiempos mamelucos tardíos; la *iqta* no pasaba a sus hijos. En otros países y otros tiempos, parece que se controló a estos beneficiarios con menos energía y continuidad, y el derecho de retener el producto de los impuestos se convirtió en el poder de recaudarlos, supervisar la producción y ejercer cierto dominio sobre los campesinos.

La recaudación de los impuestos fue uno de los modos en que el control directo del área rural por parte del monarca se convirtió en un control que ejercían individuos que vivían en la ciudad, quienes podían apropiarse de parte del excedente rural. Resulta fácil denominarlos terratenientes, pero el término puede ser engañoso; lo esencial es que pudieron reivindicar sus derechos al excedente agrícola y garantizar esas reclamaciones mediante el empleo del poder militar del gobernante. Los que recibían asignaciones podían llevarse la mayor parte, pero los funcionarios que participaban en la recaudación de los impuestos, los mercaderes que adelantaban dinero para financiar los cultivos o pagar los impuestos a su vencimiento y los ulemas que controlaban los *waqfs* podían hallarse en una situación análoga.

A falta de documentos, parece bastante razonable creer que las formas del contrato agrícola que la *sharia* autorizaba y regulaba estaban muy difundidas. En cuanto una de ellas al parecer existió siempre: la *muzará*, es decir, la aparcería. Se trataba de un acuerdo entre el propietario y el cultivador de una parcela según el cual se dividían el producto en partes proporcionales que dependían de la contribución de cada uno. Si el propietario suministraba la semilla, los animales de tiro y los equipos, podía recibir las cuatro quintas partes, y el cultivador que suministraba únicamente la fuerza de trabajo recibía un quinto. De acuerdo con la ley, un convenio de esta clase podía concertarse sólo por un período limitado, pero en la práctica seguramente fue frecuente que se prolongase por tiempo indefinido. Cabían muchas variaciones, y parece probable que la división exacta del producto dependiera de factores como la oferta de tierra y fuerza de trabajo, y el peso relativo de cada una de las partes. En los casos extremos, un cultivador podía acabar ligado a la tierra por estar endeudado permanentemente con el terrateniente, por no poder oponerse al poder de éste, por no encontrar otras tierras para cultivar.

CONCEPTOS ACERCA DE LA AUTORIDAD POLÍTICA

Entre el gobernante y las zonas rurales remotas —los valles montañosos, la estepa y el desierto— las relaciones eran demasiado distantes e indirectas, de modo que no era necesario expresarlas en términos morales: se aceptaba el poder del monarca si no se aproximaba demasiado; los hombres de las montañas y las estepas aportaban soldados al ejército, pero también podían suministrarlos al retador que deseaba derrocar a un gobernante. Además, entre el gobernante y sus súbditos no musulmanes la relación no se veía fortalecida por un vínculo moral. Incluso sin una relación pacífica y estable, había un sentido en que los cristianos y los judíos se mantenían al margen de la comunidad: no podían ofrecer al gobernante la fidelidad enérgica y positiva que se originaba en una identidad de creencias y propósitos. Sin embargo, los habitantes musulmanes de las ciudades estaban en una situación distinta. El monarca y sus funcionarios gravitaban directa y constantemente sobre la vida de estos pobladores, recaudando impuestos, manteniendo el orden y administrando justicia; ejercían el poder sin el cual la industria y el comercio no podían prosperar ni sobrevivir la tradición de la ley y el saber. En estas circunstancias, era natural que quienes creaban y preservaban el universo moral del islam, es decir, los ulemas, se preguntasen quién era el gobernante legítimo, cuáles eran los límites con arreglo a los cuales debía obedecérsele, y también era natural que por su parte el monarca reclamase obediencia apelando al derecho tanto como al poder.

Había muchos tipos de vínculos entre el gobernante y los individuos o los grupos: compromisos de fidelidad expresados en juramentos y votos, la gratitud por los beneficios recibidos y la esperanza de un favor futuro. Pero más allá de todo esto había ciertos conceptos generales acerca de la autoridad legítima, que podían ser aceptados por los grupos más amplios o por toda la comunidad.

La cuestión de la identidad de quién tenía el derecho de gobernar ya había sido formulada de un modo muy agudo durante el siglo I de la historia islámica. ¿Quién era el sucesor legítimo del Profeta como jefe de la comunidad, califa o imán? ¿Cómo podía elegírselo? ¿Cuáles eran los límites de su autoridad? ¿Tenía un derecho incondicional a la obediencia, o era legítimo rebelarse contra él, o derrocar al gobernante que se mostraba poco piadoso o injusto? Diferentes ibadíes y chiíes ofrecieron sus propias respuestas a estos interrogantes. Los ulemas sunníes se habían acercado paulatinamente a la creencia de que el califa era el jefe de la comunidad, aunque no el intérprete infalible de la fe, y los ulemas eran los guardianes de la fe y, por lo tanto, en cierto sentido, los herederos del Profeta. Estos ulemas habían aceptado la posibilidad de que un califa fuese injusto, de modo que rechazarlo podía ser una obligación para los fieles; éste fue el argumento esgrimido por los partidarios de los Abasíes para justificar su rebelión contra los Omeyas, a quienes se acusó de haber convertido su autoridad en una monarquía secular.

En el siglo IV islámico (siglo X d. C.) se ofreció la formulación más integral de la teoría del Califato. Un cambio de las circunstancias, que amenazó la posición de los califas abasíes, originó un intento de defenderla a través de la definición. La amenaza provino de dos sectores diferentes. La creación del Califato fatimí en El Cairo y el renacimiento del Califato omeya en al-Ándalus originó la necesidad de determinar quién era el califa legítimo, pero también abrió paso a otra cuestión: ¿podía existir más de un califa, o la unidad de la *umma* implicaba que debía existir uno solo? En la región reconocida todavía como ámbito de la soberanía de los Abasíes, los gobernantes locales, de hecho, estaban alcanzando la independencia. Incluso en Bagdad, que era la capital, la dinastía militar de los Buyíes afirmó su control sobre la cancillería del califa, y por lo tanto pudo dictar decretos en su nombre; a veces, parecía que los Buyíes reclamaban una autoridad independiente, pues usaban como propio el antiguo título iranio de *shahanshah*.

En este contexto se redactó la más famosa exposición y defensa teórica, la de al-Mawardi (m. 1058). Este autor afirmó que la existencia del

Califato no era una necesidad natural; su justificación estaba en un enunciado del Corán: «Oh, creyentes, obedeced a Dios, y obedeced al mensajero y a los que ejercen autoridad sobre vosotros»;[4] así pues, su existencia era una orden de Dios. El propósito del Califato era proteger a la comunidad y administrar sus asuntos sobre la base de la verdadera religión. El califa debía poseer conocimientos religiosos, sentido de la justicia y coraje. Debía pertenecer a la tribu de los Quraish, de la que provenía el Profeta, y en un momento dado sólo podía existir un califa. Tenía derecho de delegar su poder, ya fuese con fines limitados o sin límite, y se tratara de una provincia de su Imperio o de todo el territorio; pero el visir *(wazir)* o emir *(amir)* en quien se delegaba el poder debía reconocer la autoridad del califa y ejercer su poder en los límites de la *sharia*. Esta formulación permitía reconciliar la distribución vigente del poder con la autoridad teórica del califa, y otorgaba a éste el derecho de preservar el poder que aún ejercía y denegar a otras dinastías el que les había concedido.

Hasta el fin del Califato de Bagdad, pudo mantenerse en una forma o en otra este equilibrio entre la autoridad y el poder; los ulemas podían aceptar que el sultán, que ostentaba el poder militar, poseía el derecho de ejercerlo siempre que se mantuviese fiel al califa y gobernase en armonía con la verdadera religión. Pero no era un equilibrio estable. El califa aún poseía un residuo de poder real en la capital y sus alrededores, y trataba de aumentarlo, sobre todo en tiempos del califa al-Nasir (1180-1225); un sultán enérgico naturalmente trataría de ampliar su poder independiente; y había una tercera autoridad, la de los ulemas, que afirmaban el derecho de determinar cuál era la religión verdadera. Con el fin de definir las condiciones en que la relación debía ser estable, al-Gazali (1058-1111) y otros que se ajustaban a la tradición religiosa expusieron la idea de que el poder pertenecía al califa, pero su ejercicio podía dividirse entre varias personas. El Califato (o Imanato, como lo denominaban generalmente los teóricos) englobaba tres elementos: la sucesión legítima del Profeta, la dirección de los asuntos del mundo y la vigilancia sobre las cuestiones de fe. Al-Gazali sostuvo que en términos ideales los tres aspectos debían unirse en una sola persona, pero que en caso de necesidad podía separárselos; y ésa era la situación que prevalecía en su tiempo. El califa expresaba la sucesión a partir del Profeta; el sultán ejercía el poder militar, y las funciones oficiales; y los ulemas velaban por las creencias y las prácticas religiosas.

En el curso del tiempo, esta relación trilateral llegó a ser bilateral. El

Califato de Bagdad terminó con la ocupación de la capital por los Mongoles en 1258, y en general no se reconocía a los califas abasíes mantenidos en El Cairo por los sultanes mamelucos. Aunque la memoria del Califato perduró, y los libros jurídicos lo reconocían como la forma ideal de autoridad islámica, y algunos gobernantes poderosos, por ejemplo los Hafsíes, continuaron usando el título, el objetivo principal del pensamiento político, en los autores que escribieron en el marco de la tradición legal, fue determinar las relaciones entre el gobernante que esgrimía la espada y los ulemas que defendían la religión verdadera y afirmaban hablar en nombre de la *umma*. Había un antiguo dicho, de los tiempos de los Sasánidas y repetido con frecuencia, que rezaba que «la religión y la realeza son hermanas, y ninguna puede prescindir de la otra».[5] Se aceptaba generalmente que se alcanzaba el poder mediante la espada y el consentimiento general expresado en la ceremonia de la *baia*, pero el poder podía legitimarse si se empleaba en mantener la *sharia* y, por consiguiente, la trama de la vida virtuosa y civilizada. El gobernante debía respaldar a los tribunales de justicia, respetar a los ulemas y gobernar contando con sus opiniones. En los límites de la *sharia* podía ejercer los actos de gobierno, dictar reglamentos, tomar decisiones y practicar la justicia penal en las cuestiones que comprometían el bienestar de la sociedad y la seguridad del Estado. A su vez, los ulemas debían otorgar a un sultán justo ese reconocimiento perpetuo que se expresaba en la invocación semanal del nombre del monarca durante el sermón del viernes.

En estas y en otras cuestiones, Ibn Taimiyya (1263-1328), uno de los principales autores religiosos del período de los mamelucos, extrajo las consecuencias lógicas de la situación de su tiempo. A su juicio, la unidad de la *umma* —una unidad de la creencia en Dios y la aceptación del mensaje del Profeta— no implicaba la unidad política. En la *umma* debía haber autoridad para mantener la justicia y obligar a los individuos a atenerse a sus propios límites, pero podía ejercerla más de un gobernante; cómo lograba ese poder era menos importante que el modo en que lo usaba. El ejercicio justo del poder era una suerte de servicio religioso. Debía gobernar en los límites de la *sharia*, y cooperar en el gobierno con los ulemas. Esta relación entre los gobernantes y los ulemas incluía la implicación de que el monarca debía respetar los intereses de la elite urbana musulmana. En los países situados al este del Magreb, donde desde el siglo X en adelante la mayoría de los monarcas era de origen turco o extranjero, esta fórmula tenía otra consecuencia: la población local, de lengua árabe, debía ser consultada y participaba en el proceso del gobierno.

Incluso si el gobernante era injusto o impío, solía aceptarse de todos modos que había que obedecerle, pues cualquier clase de orden era mejor que la anarquía; como dijo al-Gazali, «la tiranía de un sultán por cien años causa menos perjuicio que la tiranía de un año ejercida por los súbditos enfrentados unos con otros».[6] Se justificaba la rebelión sólo contra un gobernante que se oponía claramente al mandato de Dios o el Profeta. Sin embargo, ello no significaba que los ulemas mirasen de igual modo a un gobernante injusto que a otro justo. Una tradición de gran raigambre de los ulemas (tanto sunníes como chiíes) era que debían mantenerse distanciados de los gobernantes del mundo. Al-Gazali citaba un *hadiz*: «En el Infierno hay un valle reservado exclusivamente para los ulemas que visitan a los reyes.» El *alim* (ulema) virtuoso no debía visitar a los príncipes o funcionarios injustos. Le estaba permitido visitar a un gobernante justo, pero sin obsecuencia, y debía reprochárselo si veía que estaba haciendo algo criticable; si tenía miedo, podía guardar silencio, pero en ese caso era mejor no visitarlo en absoluto. Si recibía una visita del príncipe, debía contestar a su saludo y exhortarlo a la virtud, si bien era mejor que lo evitase también a él. (Pero otros ulemas sostenían que debían buscar el apoyo del gobernante en todas las cosas que fueran lícitas, a pesar de que él se comportase injustamente.)

Con estas ideas, formuladas por los teólogos y los juristas, se entrelazaban otras provenientes de las tradiciones intelectuales, las que ayudaron a formar la cultura del mundo islámico. En el siglo X, el filósofo al-Farabi definió las normas que permitían juzgar a los Estados en su libro *al-Madina al-fadila (Las ideas de los ciudadanos de la ciudad virtuosa)*. El mejor de los Estados es el que gobierna un individuo que es, a la vez, filósofo y profeta, y está en contacto, gracias a su intelecto y su imaginación, con la Inteligencia Activa que emana de Dios. En ausencia de este dirigente, el Estado puede ser virtuoso si lo gobierna una combinación de los que poseen colectivamente las características necesarias, o por gobernantes que defienden e interpretan las leyes dictadas por el fundador (es decir, el Califato temprano). En el otro extremo hay sociedades en que el grupo gobernante no posee el conocimiento del bien; estas sociedades carecen de un bien común y se mantienen cohesionadas mediante la fuerza, o por una característica natural como la ascendencia común, el carácter o la lengua.

Había teorías que ejercieron una influencia más general y que tenían otro origen: la antigua idea irania de la realeza. A veces se expresaban en la forma de la imagen de un círculo. El mundo es un jardín; su vallado es un gobernante o una dinastía; el gobernante cuenta con el apoyo de los soldados; con dinero se mantiene a los soldados; el dinero proviene de los súbditos; los súbditos gozan de la protección de la justicia; y el gobernante mantiene la justicia. Dicho de otro modo, el mundo humano consiste en diferentes órdenes, cada uno de los cuales persigue sus propias actividades y sus intereses. Para conseguir que convivan armónicamente y aporten a la sociedad lo que necesariamente deben ofrecerle, se requiere un poder regulador, y por ello existe la monarquía; es un orden humano natural mantenido por Dios. «En todos los tiempos y lugares, Dios (loado sea) elige a un miembro de la raza humana y, después de conferirle virtudes buenas y regias, le confía los intereses del mundo y el bienestar de Sus servidores.»[7] Para cumplir sus funciones, necesita sobre todo sabiduría y justicia. Cuando carece de estas virtudes, o del poder para ejercerlas, se difunden «la corrupción, la confusión y el desorden [...], desaparece la monarquía, se desenvainan y enfrentan las espadas, y quien tiene más fuerza hace lo que se le antoja».[8]

Para hacer lo que Dios ordena al elegido, el gobernante debe mantenerse separado de los diferentes órdenes sociales. Ellos no lo eligen —la premisa general de estos escritos es que el gobernante ocupa una posición heredada— y él tampoco es responsable ante esos órdenes, y sí únicamente ante su propia conciencia y ante Dios el día del Juicio, pues es a Él a quien debe rendir cuentas de la mayordomía que se le concedió. Debe existir una diferencia clara entre los que gobiernan y los gobernados; el monarca y sus funcionarios deben mantenerse distantes de los intereses que ellos regulan.

A lo largo de la historia islámica hubo una sucesión de escritos que expresaron estas ideas y extrajeron las consecuencias. Así como los escritos de los juristas plasmaban los intereses y las concepciones de los ulemas y de las clases que representaban, por su parte este tipo diferente de escritos expresó los intereses de los que estaban cerca del ejercicio del poder, los burócratas que podían servir a una dinastía tras otra, preservando sus propias tradiciones de servicio. El más famoso de estos trabajos fue el *Libro de gobierno*, de Nizam al-Mulk (1018-1092), que fue primer ministro del primer sultán selyucí que gobernó Bagdad. Su obra, y otras por el estilo, contienen no sólo principios generales, sino también consejos prácticos acerca del arte del gobierno destinados a los gobernantes y a la educación de los príncipes; de ahí el nombre que se asignó a veces a este género: «Espejos de príncipes» (expresión utilizada para una literatura análoga en Europa). En ellos se aconsejaba al príncipe el modo de elegir funcionarios; cómo controlarlos recabando información acerca del desempeño de su función, cómo tratar las peticiones y las quejas de los súbditos para impedir que los servidores del monarca abusaran del poder que ejercían en su nombre; cómo dejarse aconsejar por los ancianos y los sabios, y elegir a los que compartirían sus horas de ocio; cómo reclutar soldados de diferentes razas y asegurar su fidelidad. Los consejos se orientaban principalmente a prevenir los peligros que amenazaban al gobernante absoluto: los que tenían su origen en el aislamiento de éste respecto de sus súbditos, y la posibilidad de que los subordinados abusasen del poder que en nombre del gobernante ejercían.

CAPÍTULO NUEVE

Las costumbres del islam

LOS PILARES DEL ISLAM

Entre estas diferentes comunidades, que vivían en un amplio círculo de países que se extendían del Atlántico al golfo Pérsico, separados por desiertos, sometidos a dinastías cambiantes y competían unas con otras por el control de los recursos limitados, existía, sin embargo, un nexo común: al principio un grupo dominante, y más tarde una mayoría de los habitantes eran musulmanes, que vivían bajo la autoridad del Verbo de Dios, el Corán, revelado al Profeta Mahoma en lengua árabe. Los que aceptaban el islam formaban una comunidad *(umma).* «Vosotros sois la mejor *umma* creada para la humanidad, sujeta al bien, que rechaza lo que merece desaprobación, que cree en Dios»:[1] estas palabras del Corán expresan algo importante acerca de los adeptos al islam. En su esfuerzo por comprender y obedecer los mandamientos de Dios, los hombres y las mujeres crearon una relación justa con Dios, pero también entre ellos. Como dijo el Profeta en su «peregrinación de despedida»: «Sabed que cada musulmán es hermano de un musulmán, y que todos los musulmanes son hermanos.»[2]

Ciertos actos o ritos eran esenciales para el mantenimiento de este sentido de integración en una comunidad. Eran obligatorios para todos los musulmanes que podían observarlos, y creaban un nexo entre quienes los ejecutaban, pero también entre las generaciones sucesivas. La idea de una *silsila,* una cadena de testigos que se extendía desde el Profeta hasta el fin de los días, y que traspasaba la verdad mediante la transmisión directa de una generación a otra, era muy importante en la cultura islámica; en cierto sentido, esta cadena formaba la verdadera historia de la humanidad, con el trasfondo del ascenso y la caída de las dinastías y los pueblos.

Estos actos o ritos recibían la denominación usual de «Pilares del islam». El primero era la *shahada,* el testimonio de que «no hay otro dios que Dios, y Mahoma es su Profeta». La afirmación de este testimonio era el acto formal que convertía en musulmana a una persona, y se repetía cotidianamente en las oraciones rituales. Contenía en esencia los artículos de fe por los cuales los musulmanes se distinguían de los no creyentes y los politeístas, y también de los judíos y los cristianos que pertenecían a la misma tradición monoteísta: que hay un solo Dios, que Él ha revelado Su Voluntad a la humanidad a través de una línea de profetas, y que Mahoma es el Profeta en que culmina y termina el linaje, «el Sello de los profetas». La afirmación regular de este credo básico debería realizarse a diario en la plegaria ritual, el *salat,* el segundo de los Pilares. Al principio, se practicaba el *salat* dos veces diarias, pero más tarde se aceptó que debía realizarse cinco: al amanecer, al mediodía, en mitad de la tarde, después del crepúsculo y al principio de la noche. Se anunciaban las horas de la plegaria mediante una llamada pública *(adhan)* realizada por un muecín *(muaddín)* desde un lugar elevado, generalmente una torre o un minarete anexo a una mezquita. La oración tenía una forma fija. Después de una ablución ritual *(wudú)* el feligrés ejecutaba una sucesión de movimientos corporales: se inclinaba reverente, se arrodillaba y se postraba en el suelo, y decía una serie de plegarias invariables, que proclamaban la grandeza de Dios y la humildad del hombre en Su presencia. Después de decir estas plegarias, también podía presentar súplicas o peticiones individuales *(dua).*

Estas plegarias podían elevarse en cualquier lugar, excepto en ciertos sitios considerados impuros, pero se entendía que era meritorio rezar en público con otros, en un oratorio o mezquita *(masyid).* En especial, una de estas plegarias debía realizarse en público: el rezo del mediodía de los viernes, que tenía lugar en una mezquita de carácter especial *(yamí)* dotada de un púlpito *(minbar).* Después de los rezos rituales, un predicador *(jatib)* ascendía al púlpito y pronunciaba un sermón *(jutba),* que también se atenía a una forma más o menos regular: la exaltación de Dios, las bendiciones invocadas sobre el Profeta, una homilía moral a menudo referida a los asuntos públicos de toda la comunidad y finalmente la invocación a la bendición de Dios sobre el gobernante. Este género de mención en la *jutba* llegó a ser considerado uno de los signos de la soberanía.

Un tercer Pilar era en cierto sentido una extensión del acto del culto. Se trataba del *zakat,* la aportación de donaciones provenientes de los ingresos personales para propósitos determinados: en beneficio de los pobres, los necesitados, el auxilio a los deudores, la liberación de esclavos, el bienestar de los caminantes. Se entendía que el *zakat* era una obligación para las personas cuyos ingresos sobrepasaban cierto límite. Debían donar una determinada proporción de su renta; el gobernante o sus funcionarios la recaudaban y distribuían, pero también se entregaban otras limosnas a los religiosos, y ellos las distribuían, o bien se entregaban directamente a los necesitados.

Había otras dos obligaciones no menos imperativas para los musulmanes, si bien recibían atención menos frecuente, y que eran solemnes recordatorios de la soberanía de Dios y el sometimiento a ella del hombre, en cierta época del año litúrgico. (Para los fines religiosos, se utilizaba el calendario del año lunar, que era unos once días más corto que el año solar. Así, estas ceremonias podían realizarse en diferentes estaciones del año solar. El calendario utilizado con propósitos religiosos, y adoptado generalmente en las ciudades, no era útil a los agricultores, para quienes los hechos importantes eran las lluvias, la crecida de los ríos o las variaciones climáticas. En general, éstos usaban calendarios solares más antiguos.)

Estos dos Pilares eran los *sawm*, o el ayuno una vez por año, en el mes del Ramadán, y el Hayy, o peregrinación a La Meca por lo menos una vez en la vida. Durante el Ramadán, el mes en que se reveló inicialmente el Corán, todos los musulmanes que habían cumplido los diez años estaban obligados a abstenerse de comer y beber, y de mantener relaciones sexuales, desde el amanecer hasta la caída de la noche; se exceptuaba a los que físicamente estaban demasiado débiles para soportarlo, a los que padecían perturbaciones mentales, a los que afrontaban trabajos pesados o hacían la guerra y a los viajeros. Se entendía que era un acto solemne de arrepentimiento por los pecados, y una denegación de la propia persona en homenaje a Dios; el musulmán que ayunaba debía comenzar la jornada con una declaración de intención, y podía ocupar la noche con oraciones especiales. Al acercarse más a Dios de este modo, los musulmanes se acercaban más unos a otros. La experiencia del ayuno en compañía de la población entera de una aldea o una ciudad debía fortalecer el sentimiento de una sola comunidad que se extendía en el tiempo y el espacio; podían dedicarse a visitas y comidas en común las horas que seguían a la caída de la noche; se celebraba el fin del Ramadán con uno de los dos grandes festivales del año litúrgico, con días de ayuno, visitas y regalos *(id al-fitr)*.

Por lo menos una vez en la vida todo musulmán que estuviese en condiciones de realizar la peregrinación a La Meca debía ir a esa ciudad. Podía visitarla en cualquier época del año *(umra)*, pero ser un peregrino en el sentido cabal de la palabra era ir con otros musulmanes en determinado momento del año, el mes de Dul-Hiyya. Los que no gozaban de libertad, no poseían una mente sana o no contaban con los recursos financieros necesarios, los menores de cierta edad y (de acuerdo con algunas autoridades) las mujeres que no tenían marido o tutor que las acompañase, no estaban obligadas a realizar la peregrinación. Hay descripciones de La Meca y el Hayy realizadas durante el siglo XII que demuestran que por esa época había acuerdo acerca de los modos de comportamiento obligado del peregrino, y de lo que éste esperaba hallar a su llegada.

La mayoría de los peregrinos viajaban en nutridos grupos que se reunían en una de las grandes ciudades del mundo musulmán. En la época de los mamelucos, las peregrinaciones que partían de El Cairo y Damasco eran las más importantes. Las que provenían del Magreb iban por mar o tierra a El Cairo, se reunían allí con los peregrinos egipcios y viajaban por tierra atravesando el Sinaí, para descender a lo largo de Arabia occidental en dirección a las ciudades santas, en una caravana organizada, protegida y dirigida en nombre del gobernante de Egipto. Desde El Cairo el viaje duraba de treinta a cuarenta días, y hacia fines del siglo XV participaban quizás entre 30.000 y 40.000 peregrinos todos los años. Los que venían de Anatolia, Irán, Irak y Siria se reunían en Damasco; el viaje, también en una caravana organizada por el gobernante de Damasco, llevaba asimismo de 30 a 40 días, y se ha sugerido que quizá participaban todos los años alrededor de 20.000 a 30.000 peregrinos. Llegaban grupos más reducidos de África occidental, atravesando el Sudán y el mar Rojo, y de Irak meridional y los puertos del golfo Pérsico que estaban frente a Arabia central.

Al llegar a cierto punto, cuando se estaba aproximando a La Meca, el peregrino se purificaba con abluciones, vestía una túnica blanca de una sola pieza, el *ihram*, y proclamaba su intención de realizar la peregrinación mediante una especie de acto de consagración: «Aquí estoy, oh Dios mío, aquí estoy; Tú no tienes quien te acompañe, y aquí estoy; en verdad son tuyos, el loor, la gracia y el imperio.»[3]

Cuando llegaba a La Meca, el peregrino entraba en el área sagrada, el *haram*, donde había varios lugares y edificios con connotaciones santas. A lo sumo hacia el siglo XII estos lugares habían adoptado la forma que conservarían: el pozo de Zamzam, que según se creía había sido abierto por el ángel Gabriel para salvar a Hagar y a su hijo Ismael; la piedra en la cual había quedado marcada la huella de Abraham; ciertos lugares asociados con los imanes de las diferentes madrazas legales. En el corazón del *haram* se levantaba la Kaaba, el edificio rectangular que Mahoma había depurado de ídolos y convertido en el centro de la devoción musulmana, con la Piedra Negra engastada en uno de sus muros. Los peregrinos rodeaban siete veces la Kaaba, tocando o besando la Piedra Negra al pasar. El octavo día del mes salían de la ciudad en dirección al este, hacia la colina de Arafa. Allí permanecían de pie un rato, y éste era el acto esencial de la peregrinación. En el camino de regreso a La Meca, en Mina, había otros dos actos simbólicos que debían ser ejecutados: arrojar piedras a un pilar que representaba al Demonio, y el sacrificio de un animal. Así se señalaba el fin del período de consagración que había comenzado al vestir el *ihram*; el peregrino se quitaba la prenda y regresaba a las formas de su vida usual.

La peregrinación era en muchos aspectos el episodio fundamental del año, quizá de una vida entera, la experiencia en que se expresaba más cabalmente la unidad de todos los musulmanes. En cierto sentido, era un epítome de todos los tipos de viaje. Los que iban a orar a La Meca podían quedarse a estudiar en Medina; podían volver con mercancías para pagar los gastos del viaje; los mercaderes viajaban con las caravanas, y transportaban artículos que vendían en el camino o en las ciudades santas. La peregrinación era también un mercado que facilitaba el intercambio de noticias e ideas traídas de todas las regiones del mundo islámico.

El famoso viajero Ibn Batuta expresó parte de lo que significaba la experiencia de la peregrinación:

> Una de las cosas maravillosas de Dios Supremo es ésta: Él ha creado en los corazones de los hombres el deseo instintivo de buscar estos santuarios sublimes, y el anhelo de presentarse en esas sedes ilustres, y ha concedido al amor de los mismos tanto poder sobre los corazones de los hombres que no se separan de éstos y se apoderan de todo su corazón, ni los abandonan salvo con pesar ante la separación.[4]

El Hayy era un acto de obediencia al mandato de Dios, según lo expresaba el Corán: «El deber de todos los hombres hacia Dios es acercarse a la Casa como peregrino, si puede llegar hasta allí.»[5] Era una profesión de fe en el Dios único, y también una expresión visible de la unidad de la *umma*. Los muchos millares de peregrinos que venían de todo el mundo musulmán realizaban simultáneamente la peregrinación; juntos rodeaban la Kaaba, permanecían de pie en la colina de Arafa, lapidaban al Demonio y sacrificaban sus animales. Al proceder así, se unían con todo el mundo islámico. La partida y el retorno de los peregrinos estaban señalados por celebraciones oficiales, se las registraba en las crónicas locales, y por lo menos en épocas ulteriores se las representaba en las paredes de las casas. En el momento en que los peregrinos sacrificaban sus animales en Mina, en todos los hogares musulmanes se mataba un animal, para iniciar el gran festival popular del año, la Fiesta del Sacrificio *(id al-ada)*.

El sentimiento de pertenencia a una comunidad de creyentes se expresaba en la idea de que era deber de los musulmanes cuidar cada uno la conciencia del resto, y proteger a la comunidad y ampliar su alcance donde eso era posible. La *yihad*, la guerra contra los que amenazaban a la comunidad, bien se tratase de no creyentes hostiles que estaban al margen de aquélla, bien de no musulmanes que se encontraban en su interior y que faltaban a su convenio de protección, generalmente tenía el carácter de una obligación, de hecho equivalente a uno de los Pilares. El deber de la *yihad*, como los restantes, se basaba en un fragmento del Corán: «Vosotros los creyentes, combatid a los incrédulos que tenéis cerca.»[6] La naturaleza y la amplitud de la obligación estaban cuidadosamente definidas por los autores de obras jurídicas. No se trataba de una obligación individual de todos los musulmanes, sino de la obligación impuesta a la comunidad de suministrar un número suficiente de guerreros. Después de la gran expansión del islam, durante los primeros siglos, y cuando comenzó el contraataque a partir de Europa occidental, se tendió a ver la *yihad* por referencia a la defensa más que a la expansión.

Por supuesto, no todos los que se autodenominaban musulmanes interpretaban estas obligaciones con la misma seriedad, o atribuían el mismo sentido al cumplimiento de éstas. Había diferentes niveles de convicción individual, y diferencias generales entre el islam de la ciudad, del campo y el desierto. Había una gama de formas de observancia desde el erudito o el mercader devoto de la ciudad, que cumplían los rezos cotidianos y se ajustaban al ayuno anual, que podían pagar el *zakat* y realizar la peregrinación, hasta el beduino común, que no oraba regularmente, no ayunaba en Ramadán porque toda su vida se desarrollaba al borde de la privación, y no participaba de la peregrinación, pero de todos modos profesaba que hay un solo Dios, y que Mahoma es su Profeta.

LOS AMIGOS DE DIOS

Desde el principio hubo algunos partidarios del Profeta para quienes las observancias externas carecían de valor si no expresaban una intención sincera, el deseo de obedecer los mandatos de Dios a partir del concepto de Su grandeza y la pequeñez del hombre, y a menos que se las considerase las formas elementales de una disciplina moral que debía abarcar la vida entera.

Desde época temprana, el deseo de que hubiese intenciones puras había originado las prácticas ascéticas, quizá bajo la influencia de los monjes cristianos orientales. En ellas estaba implícita la idea de que podía existir una relación entre Dios y el hombre, al margen de la que establecía el mandato y la obediencia: una relación en que el hombre obedecía la voluntad de Dios, por amor a Él y por el deseo de acercarse a la divinidad, de modo que al proceder así pudiese cobrar conciencia del amor con que Dios respondía al hombre. Tales ideas, y las prácticas que ellas determinaron, se desarrollaron todavía más durante estos siglos. Hubo una gradual estructuración de la idea de un camino que permitía que el verdadero creyente se acercase más a Dios; los que aceptaban la idea y trataban de aplicarla recibían generalmente el nombre de sufíes. Poco a poco se logró también un consenso, aunque incompleto, acerca de las etapas principales *(maqam)* del camino. Las primeras etapas correspondían al arrepentimiento, al rechazo de los pecados de la vida pasada. Esto conducía a la abstinencia, incluso de cosas que eran legales pero podían distraer el alma de la búsqueda de su propio objetivo. El viajero que recorría el camino debía aprender a confiar en Dios, a apoyarse en Él y a esperar paciente Su voluntad, y entonces, después de un período de temor y esperanza, podía sobrevenir una revelación del Ser divino: un despertar espiritual en que desaparecían todos los objetivos y sólo quedaba Dios. Las cualidades humanas del viajero que había llegado a este punto se veían aniquiladas, y ocupaban el lugar las cualidades divinas; y así el hombre y Dios se unían en el amor. Esta experiencia momentánea de lo divino *(marifa)*, dejaría su impronta: el alma se transformaría cuando retornase al mundo de la vida cotidiana.

Este movimiento hacia la unión con Dios influía sobre las emociones tanto como sobre la mente y el alma, y en las diferentes etapas podía haber gracias *(hal,* pl. *ahwal)*, estados emocionales o experiencias vívidas que podían exponerse únicamente, cuando se expresaban, en la metáfora o la imagen. Tanto en árabe como en los restantes idiomas literarios del islam, se desarrolló gradualmente un sistema de imaginería poética con la que los poetas trataban de evocar los estados de gracia que podían descender sobre el individuo en el camino hacia el conocimiento de Dios y la experiencia de la unidad, que era su meta: las imágenes del amor humano, en que el amante y el amado se reflejaban uno al otro, y la embriaguez del vino, del alma como una gota de agua en el océano divino, o como un ruiseñor que busca la rosa que es una manifestación de Dios. Pero la imaginería poética es ambigua, y no siempre es fácil determinar si el poeta intenta expresar el amor humano o el amor de Dios.

Los musulmanes serios y responsables tenían conciencia del peligro del camino; el viajero podía extraviarse, las gracias podían engañarlo. Se aceptaba en general que las almas humanas podían recorrerlo solas, poseídas súbitamente por el éxtasis, o guiadas por la orientación directa de un maestro muerto o por el propio Profeta. Sin embargo, para la mayoría de los viajeros se creía que era necesario aceptar la enseñanza y la guía de alguien que se había internado más por el camino, un maestro de la vida espiritual *(shaij* —jeque—, *murshid)*. De acuerdo con un dicho que llegó a ser conocido, «para quien no tiene jeque, el Demonio es su jeque». El discípulo debía seguir implícitamente a su maestro; tenía que mostrarse tan pasivo como un cadáver entre las manos de quienes lavan a los muertos.

A fines del siglo X y durante el XI, comenzó a observarse otro proceso. Los que seguían al mismo maestro comenzaron a identificarse con una sola familia espiritual, que avanzaba por el mismo camino *(tariqa)*. Algunas de estas familias se perpetuaron durante mucho tiempo y afirmaron provenir de un linaje que se remontaba a uno de los grandes maestros de la vida espiritual, por quien la *tariqa* recibía su nombre, y a través de él al Profeta, por intermedio de Alí o bien Abú Bakr. Algunos de estos «caminos» u «órdenes» se extendieron mucho en el mundo islámico, difundidos por discípulos a quienes un maestro había concedido «licencia» para comunicar la enseñanza. En general, no estaban muy organizados. Los discípulos de un maestro podían fundar sus propias órdenes, pero en su mayoría reconocían la afinidad con el maestro de quien habían aprendido el camino. Entre las órdenes más difundidas y duraderas hubo algunas que comenzaron en Irak; así, la Rifaiyya, que se remonta al siglo XII; la Suhrawardiyya en el siglo XIII y, la más difundida de todas, la Qadiriyya, así llamada por un santo de Bagdad, Abd al-Qa-dir al-Yilani (1077/8-1166), que no se definió claramente hasta el si-glo XIV. De las órdenes que se formaron en Egipto, la Shadiliyya sería la más difundida, sobre todo en el Magreb, donde fue organizada por al-Yazuli (m. h. 1465). En otras regiones del mundo musulmán, fueron importantes otras órdenes o diferentes grupos de órdenes, por ejemplo, la Mawlawiyya en Anatolia y la Naqshbandiyya en Asia central. Algunas de ellas se extendieron más tarde también a los países de habla árabe.

Sólo una minoría de los adeptos de dichas órdenes consagraron al camino la vida entera y vivían en conventos *(zawiya, janqa)*; algunos de éstos, sobre todo en las ciudades, podían ser edificios pequeños, pero otros a veces tenían grandes dimensiones, incluían una mezquita, un lu-gar para los ejercicios espirituales, escuelas, posadas para los visitantes, y todo agrupado alrededor de la tumba del maestro que daba su nombre a la orden. Sin embargo, la mayoría de los miembros de la orden vivía en el mundo; este grupo a veces incluía a mujeres tanto como a hombres. En algunos casos, la afiliación a una orden implicaba poco más que un hecho nominal, pero en otros casos connotaba cierta iniciación en las doctrinas y las prácticas que podían facilitarles los progresos por el cami-no hacia el éxtasis de la unión.

Las órdenes tenían diferentes conceptos de la relación entre los dos caminos del islam: la *sharia*, la obediencia a la ley derivada de los man-datos divinos contenidos en el Corán, y la *tariqa*, la búsqueda del cono-cimiento directo de Él. De un lado estaban las órdenes «moderadas», que enseñaban que después de la autoaniquilación y la embriaguez de la visión mística el creyente debía regresar al mundo de las actividades co-tidianas y vivir en los límites de la *sharia*, cumpliendo sus deberes para con Dios y sus semejantes, pero confiriéndoles un significado nuevo. Del otro lado estaban aquellos para quienes la experiencia de la unión con Dios les dejaba la embriaguez de un sentimiento de la presencia di-vina de tal naturaleza que en adelante debían vivir la vida real en la sole-dad; no les importaba si merecían censura a causa del descuido de los deberes estipulados en la *sharia*, e incluso podían acoger de buen grado dicha crítica como un modo de ayudar a sus semejantes a apartarse del mundo (Malamatis). La primera tendencia se asociaba con los que afirmaban descender de Junaid, la segunda con quienes entendían que su maestro era Abu Yazid al-Bistami.

Había un proceso de iniciación en la orden: se prestaba juramento de fidelidad al jeque, se recibía de él una capa especial y se mantenía la comunicación con ese jeque mediante una oración secreta *(wird o hizb)*. Pero, además de las plegarias individuales, había un rito que era el acto fundamental de la *tariqa*, y la característica que lo distinguía de otras órdenes. Era el *dikr*, o repetición del nombre de Alá, con la intención de apartar al alma de las distracciones del mundo y liberarla para que volase hacia la unión con Dios. El *dikr* podía adoptar más de una forma. En algunas órdenes (sobre todo la Naqshbandiyya) era una repetición silenciosa, acompañada por ciertas técnicas de respiración, y concentrando la atención de la mente en ciertas partes del cuerpo, en el jeque, el fundador epónimo de la orden o el Profeta. En la mayoría, era un rito colectivo *(hadra)*, realizado regularmente ciertos días de la semana en una *zawiya* de la orden. Formando filas, los participantes repetían el nombre de Alá; podía haber un acompañamiento de música y poesía; en ciertas órdenes se ejecutaban danzas rituales, como la grácil danza circular de los Mawlawíes; también podían ofrecerse demostraciones de gracias particulares: cuchillos que atravesaban las mejillas o fuego en el interior de la boca. La repetición y la acción se aceleraban cada vez más, hasta que los participantes caían en un trance en que perdían la conciencia del mundo sensible.

En derredor de estos actos públicos se formaba una penumbra de devociones privadas, alabanzas a Dios, expresiones de amor a Él, peticiones de gracias espirituales. Algunas eran breves jaculatorias que elogiaban a Dios o invocaban bendiciones sobre el Profeta, y otras eran más elaboradas:

> Gloria a Él alaban las montañas con lo que hay en ellas;
> Gloria a Él, a quien los árboles alaban mientras brotan sus hojas;
> Gloria a Él, a quien las palmeras datileras alaban mientras maduran sus frutos;
> Gloria a Él, a quien los vientos alaban por los caminos del mar.[7]

Las recopilaciones de estas jaculatorias pueden atribuirse a los grandes maestros de la vida espiritual.

La idea de un camino que permitía acercarse a Dios implicaba que el hombre no sólo era la criatura y el servidor de Dios, sino que también podía convertirse en Su amigo (valí —*wali*—). Esa creencia quedaba jus-

tificada en algunos pasajes del Corán: «Oh, Tú, Creador de los cielos y
la tierra, Tú eres Mi amigo en este mundo y en el otro.»[8] Poco a poco
surgió una teoría de la santidad *(walaya)*. El amigo de Dios era aquel
que siempre estaba cerca de Él, cuyos pensamientos siempre iban hacia
Él, y que había domeñado las pasiones humanas que apartaban de Él a
un hombre. La mujer, tanto como el hombre, podía alcanzar la santidad. Siempre habían existido santos en el mundo para mantener su
equilibrio y siempre existirían. Con el tiempo, esta idea recibió expresión formal: siempre había cierto número de santos en el mundo; cuando uno moría, le sucedía otro; y ellos formaban la jerarquía de los gobernantes anónimos del mundo, a la cabeza de los cuales estaba el *qutb*, el
eje alrededor del cual giraba el mundo.

Los «amigos de Dios» podían interceder ante Él en beneficio de
otros, y esa intercesión podía aportar resultados visibles en este mundo.
Podía conducir a la cura de la enfermedad o la esterilidad, al alivio de los
infortunios, y estos signos de gracia *(karamat)* también eran pruebas de
la santidad del amigo de Dios. Llegó a aceptarse generalmente que el
poder sobrenatural en virtud del cual un santo aportaba gracias al mundo podía sobrevivir a su muerte, de modo que cabía pedirle la intercesión en su tumba. Las visitas a las tumbas de los santos, para tocarlas o
rezar frente a ellas, se convirtieron en una práctica complementaria de la
devoción, aunque algunos pensadores musulmanes entendieron que se
trataba de una innovación peligrosa, porque interponía a un intermediario humano entre Dios y cada creyente. La tumba del santo, cua-
drangular, con una cúpula abovedada, encalada por dentro, levantada
como una construcción independiente o en una mezquita, o cumpliendo la función del núcleo alrededor del cual se había formado una
zawiya, era un rasgo usual en el paisaje rural y urbano islámico.

Así como el islam no rechazó la Kaaba y, en cambio, le confirió un
sentido nuevo, también los conversos al islam le aportaron sus propios
cultos inmemoriales. La idea de que ciertos lugares eran las moradas de
los dioses o los espíritus sobrehumanos se había difundido desde muy
antiguo: las piedras de forma peculiar, los árboles antiguos, las fuentes
de agua que brotaban espontáneamente de la tierra, eran considerados
los signos visibles de la presencia de un dios o espíritu, a quien podían
formularse peticiones y presentarse ofrendas, colgando lienzos votivos o
sacrificando animales. En toda el área de difusión del islam estos lugares
vinieron a asociarse con los santos musulmanes, y por lo tanto cobraron
un significado distinto.

Algunas de las tumbas de los santos se habían convertido en centros de grandes actos litúrgicos de carácter público. El nacimiento de un santo, o un día asociado especialmente con él, se celebraba mediante un festival popular, y en esas ocasiones los musulmanes del distrito circundante o de lugares aún más alejados se reunían para tocar la tumba o rezar frente a ella, y participar en festividades de diferentes tipos. Algunas de estas asambleas tenían a lo sumo importancia local, pero otras atraían visitantes de lugares más lejanos. Eran santuarios «nacionales» o universales de este género los de Mawlay Idris (m. 791), reputado fundador de la ciudad de Fez; Abú Midyán (h. 1126-1197) en Tlemçen, Argelia occidental; Sidi Mahraz, santo patrono de los marinos, en Túnez; Ahmad al-Badawi (h. 1199-1276) en Tanta, en el delta egipcio, centro de un culto que a juicio de los eruditos era una supervivencia, en forma diferente, del antiguo culto egipcio de Bubastis; y Abd al-Qadir, que dio su nombre a la orden Qadiri, en Bagdad.

En el curso del tiempo, tanto el Profeta como su familia llegaron a concebirse cercanos a la santidad. Se creía que la intercesión del Profeta el día del Juicio lograría la salvación de los que habían aceptado su misión. Llegó a considerárselo un valí tanto como un profeta, y su tumba en Medina fue un lugar de plegaria y ruegos, visitada por sus propios méritos o como prolongación del Hayy. El cumpleaños del Profeta (el *mawlid*), se convirtió en ocasión de celebración popular: parece que esta práctica comenzó a difundirse en la época de los califas fatimíes en El Cairo, y se extendió hasta los siglos XIII y XIV.

Un santo vivo o muerto podía dar lugar a un poder mundano, sobre todo en las zonas rurales, donde la ausencia del gobierno burocrático organizado permitía el juego libre de las fuerzas sociales. La residencia o la tumba de un santo era terreno neutral, donde la gente podía refugiarse, y los miembros de grupos diferentes, que en otros aspectos se mantenían distantes u hostiles, podían reunirse para arreglar asuntos. La festividad de un santo era también una feria rural, donde se compraban y vendían artículos, y su tumba podía ser el núcleo de un mercado permanente, o el granero de una tribu nómada. El santo, o sus descendientes y los guardianes de su tumba, podían beneficiarse con esa reputación de santidad; las ofrendas de los peregrinos aportaban riqueza y prestigio, y podía pedírseles que actuasen como árbitros de las disputas.

Los hombres de saber y devoción, que gozaban de la reputación de hacer milagros y resolver disputas, podían ser el eje central de los movimientos políticos, en contraposición a los gobernantes considerados injustos o ilegítimos. En ciertas circunstancias, el prestigio de este maestro religioso podía extraer su fuerza de una idea popular muy difundida, la del *mahdi*, el hombre guiado por Dios y enviado por Él a restablecer el dominio de la justicia que llegaría antes del fin del mundo. Pueden hallarse ejemplos de este proceso a lo largo de toda la historia islámica. El más famoso de los individuos reconocidos como *mahdi* por sus partidarios fue Ibn Tumart (h. 1078-1130), reformador religioso nacido en Marruecos que, después de estudiar en Oriente Próximo, regresó al Magreb para reclamar el restablecimiento de la pureza original del islam. Él y quienes lo apoyaron fundaron el Imperio almohade, que en su culminación se extendió a través del Magreb y las regiones musulmanas de España, y cuya memoria habría de conferir legitimidad a dinastías que vinieron después, sobre todo a los Hafsíes de Túnez.

CAPÍTULO DIEZ

La cultura de los ulemas

LOS ULEMAS Y LA *SHARIA*

En el corazón de la comunidad de los que aceptaban el mensaje de Mahoma estaban los eruditos religiosos (ulemas), hombres que conocían el Corán, el *hadiz* y la ley, y afirmaban ser los guardianes de la comunidad y los sucesores del Profeta.

La lucha por la sucesión política del Profeta durante el primer siglo islámico tendría consecuencias en relación con el tema de la autoridad religiosa. ¿Quién tenía el derecho de interpretar el mensaje transmitido por el Corán y la vida de Mahoma? Para los chiíes, y los diferentes grupos que surgieron en ellos, la autoridad estaba en una línea de imanes, intérpretes infalibles de la verdad contenida en el Corán. Desde los tiempos islámicos tempranos, la mayoría de los musulmanes de los países de habla árabe fueron sunníes: es decir, rechazaban la idea de un imán infalible que en cierto sentido podía prolongar la revelación de la voluntad de Dios. Para ellos, esa voluntad se había revelado definitivamente y por completo en el Corán y las *sunna* del Profeta, y quienes podían interpretarla, los ulemas, eran los guardianes de la conciencia moral de la comunidad.

Hacia el siglo XI se distinguía claramente entre las diferentes madrazas o «escuelas» de interpretación moral y legal, y sobre todo entre las cuatro más difundidas y duraderas: la shafí, la malikí, la hanafí y la hanbalí. Las relaciones entre los partidarios de las diferentes madrazas habían sido a veces tormentosas; en Bagdad, durante el período de los Abasíes, el shafismo y el hanafismo habían dado sus nombres a facciones urbanas que luchaban unas contra otras. Pero más tarde las diferencias cobraron un carácter menos polémico. En algunas regiones, una u otra de las madrazas era casi universal. Los malikíes llegaron a ser casi la única escuela en el Magreb, los shafíes se difundieron por Egipto, Siria, Irak, Irán e Hiyaz, los hanafíes por Asia central e India. Los hanbalíes fueron un importante elemento en Bagdad y en las ciudades sirias desde el siglo XII en adelante. Así como las escuelas de teología acabaron por aceptarse unas a otras, otro tanto sucedió con las escuelas jurídicas. Incluso cuando, como en efecto sucedería, una dinastía designaba a miembros de cierta escuela para ocupar cargos en la estructura legal, las otras, de todos modos, tenían sus jueces y sus especialistas en cuestiones jurídicas.

Algunas de las diferencias entre las madrazas se referían a la definición exacta y el peso relativo de los principios del pensamiento legal *(usul al-fiq)*. Con respecto al *iyma*, los hanbalíes aceptaban sólo el de los Compañeros del Profeta, no el de los estudiosos siguientes, y por lo tanto conferían un alcance más alto a la *iytihad*, con la condición de que la ejerciesen los eruditos en armonía con las reglas estrictas de la analogía. Otra escuela, la de los zahiríes, que tuvo fuerza en al-Ándalus un tiempo, pero luego se extinguió, se atenía únicamente al sentido literal del Corán y el *hadiz*, según la interpretación de los Compañeros, y rechazaba la *iytihad* posterior y el consenso. Ibn Tumart, fundador del movimiento y la dinastía almohade, predicó una doctrina más o menos análoga, si bien sostuvo que él mismo era el único infalible intérprete del Corán y el *hadiz*. Dos escuelas admitían cierta flexibilidad en el uso de la *iytihad*: los hanafíes sostenían que no siempre era necesario apelar a la analogía rigurosa, y que los eruditos podían ejercer un poder limitado de preferencia individual en la interpretación del Corán y el *hadiz (istihsan)*; también los malikíes creían que un erudito podía sobrepasar los límites de la analogía rigurosa en interés del bienestar humano *(istislá)*.

No se elaboraban y analizaban estos principios simplemente por su valor propio, sino porque formaban la base del *fiq*, el intento de los esfuerzos humanos responsables por prescribir detalladamente el modo de vida *(sharia)* que los musulmanes debían respetar si deseaban obedecer la voluntad de Dios. Todos los actos humanos, en relación directa con Dios o con otros seres humanos, podían ser examinados a la luz del Corán y la *sunna*, según la interpretación de los que estaban calificados para practicar la *iytihad*, y clasificados por referencia a cinco normas: podía considerárselos obligatorios (bien para toda la comunidad, bien para cada miembro de la misma), recomendados, moralmente neutros, reprobables o prohibidos.

Los eruditos de las diferentes madrazas elaboraron paulatinamente códigos de conducta humana, que abarcaban todos los actos del hombre en relación con los cuales podía extraerse cierta guía del Corán y el *hadiz*. Un código típico, el de Ibn Abi Zaid al-Qairawani (m. 996), estudioso de la escuela malikí, comienza con las verdades esenciales, «que la lengua debería manifestar y el corazón creer», una suerte de profesión de fe. Después, pasa a los actos que están dirigidos inmediatamente hacia Dios, los actos del culto *(ibadat)*: la plegaria y la purificación ritual que es el acto preliminar, el ayuno, la limosna, la peregrinación y el deber de combatir por la causa del islam *(yihad)*. Después del *ibadat*, se ocupa de los actos mediante los cuales los seres humanos se relacionan unos con otros *(muamalat)*: ante todo, los temas de las relaciones humanas íntimas, el matrimonio y los modos en que es posible contraerlo y concluirlo; después, las relaciones de alcance más amplio y menor intimidad personal, las ventas y convenios análogos, que incluyen acuerdos referidos a la búsqueda de la ganancia, la herencia y los regalos, la creación de *waqfs*; más tarde, los temas penales y ciertos actos prohibidos, como el adulterio y el consumo de vino, en relación con los cuales el Corán establece castigos concretos. Después, ofrece normas en relación con el procedimiento que deben aplicar los jueces que dictaminan en las cuestiones que están prohibidas, y concluye con un pasaje de exhortación moral:

> Todos los creyentes están obligados a mantener siempre presente, en cada palabra o acto piadoso, el amor de Dios: las palabras o los actos de ese creyente que persigan otro objetivo que el amor de Dios no son aceptables. La hipocresía es un politeísmo de menor categoría. Arrepentirse de todos los pecados es una obligación, y esto implica que no se perseverará en el mal, se repararán las injusticias cometidas, se evitarán los actos prohibidos y se manifestará la intención de no recaer en el mal. Que el pecador invoque el perdón de Dios, abrigue la esperanza de Su perdón, tema Su castigo, recuerde Sus beneficios y exprese gratitud hacia Él [...]. El hombre no debe desesperar de la compasión divina.[1]

Tanto en las cuestiones importantes como en los principios de interpretación había ciertas diferencias entre las distintas madrazas, pero la mayoría de ellas tenía una importancia secundaria. Incluso en determinada madraza, podían existir diferencias de opinión, pues ningún código, por detallado y definido que fuese, lograba abarcar todas las situaciones posibles. Una máxima repetida a menudo declaraba que a partir del siglo X no podía ejercerse el criterio individual: «Donde se ha alcanzado el consenso, la puerta de la *iytihad* está cerrada.» Pero no hay pruebas claras en el sentido de que este precepto haya sido formulado o de que se lo aceptara generalmente y, de hecho, en el ámbito de cada madraza la *iytihad* continuaba. No sólo por la participación de los jueces que debían adoptar decisiones, sino por la de los jurisconsultos *(muftis* o muftíes). Un muftí era esencialmente un estudioso privado conocido por su saber y su capacidad para formular dictámenes en temas discutidos, mediante el ejercicio de la *iytihad.* Las opiniones *(fatwa)* formuladas por famosos muftíes después de un tiempo podían incorporarse a las obras autorizadas del *fiq,* pero la actividad de formulación de las *fatwas* debía continuar. Quizás a partir del siglo XIII los gobernantes designaron muftíes oficiales que podían recibir sueldos, pero el estudioso privado, que recibía un honorario de quienes buscaban su dictamen y no mantenía ningún género de obligaciones con el gobernante, gozaba de una posición de respeto especial en la comunidad.

Es usual referirse al producto del *fiq,* la *sharia,* como el «derecho islámico», y esta costumbre se justifica, porque desde los tiempos de los Abasíes fue el cuerpo de pensamiento que utilizaron los cadíes designados por los gobernantes para dictar fallos o reconciliar discrepancias. Pero en realidad, equivalía poco más o menos a lo que ahora se considera como ley. Era más en el sentido de que incluía los actos privados que no interesaban al prójimo de un hombre ni al gobernante: actos del culto privado, del comportamiento social, de lo que podría denominarse «estilos». Era el código normativo de todos los actos humanos, un intento de clasificarlos, y por eso mismo de orientar a los musulmanes acerca del modo en que Dios deseaba que éstos viviesen. Era menos que la ley en el sentido de que algunas de sus cláusulas tenían un carácter meramente teórico y nunca, o rara vez, se las aplicaba en la práctica, y también porque se desentendía de áreas enteras de la acción que estaban incluidas en otros códigos legales. Era más preciso en relación con los asuntos de carácter personal: el matrimonio y el divorcio, los legados y la herencia; menos con respecto a los contratos y las obligaciones, y a todo lo que se relacionaba con la actividad económica; no abarcaba todo el campo de lo que ahora denominaríamos derecho penal: se entendía que el homicidio era un asunto privado entre las familias de los individuos comprometidos, más que un tema en que la comunidad debía intervenir a través de los jueces; y prácticamente no decía una palabra del derecho «constitucional» o administrativo.

Incluso en los campos en que era más preciso, su autoridad podía verse cuestionada por el poder del gobernante o la práctica social concreta. En la mayoría de los regímenes, el gobernante o sus funcionarios trataban muchos actos criminales, sobre todo aquellos que amenazaban la seguridad del Estado; el procedimiento y los castigos quedaban a su cargo. Asimismo, en las zonas rurales los problemas se resolvían en concordancia con la *urf*, la costumbre de la comunidad, preservada y aplicada por los ancianos de la aldea o la tribu. Parece que en ciertos lugares hubo códigos que reflejaban por escrito la costumbre, y en ciertos casos es posible que existiesen tribunales o consejos regulares; esto puede haber sido cierto sobre todo en las comunidades berberiscas del Magreb. Pero, a buen seguro, fueron una excepción.

Así como la *sharia* se había desarrollado a través de un lento y complicado proceso de interacción de las normas contenidas en el Corán y el *hadiz*, y las costumbres locales y las leyes de las comunidades sometidas al dominio del islam, también hubo un proceso permanente de adaptación mutua entre la *sharia*, una vez que adoptó su forma definitiva, y las prácticas de las sociedades musulmanas. Por ejemplo, se ha demostrado que los preceptos de la ley hanafí en relación con las prácticas comerciales concuerdan con las prácticas de los mercaderes egipcios, según se refleja en documentos de categorías muy diferentes. Lo que la *sharia* decía acerca de los contratos se veía modificado por la aceptación en el código hanafí de ciertas *hiyal*, o estratagemas legales, que permitían que prácticas como el cobro de intereses se incorporasen al ámbito de la ley.[2] Asimismo, el dictado de normas y el ejercicio de la jurisdicción por los gobernantes y sus funcionarios se justificaba con el principio de *siyasa shariyya* (el gobierno) en los límites de la *sharia*: como el gobernante había sido puesto por Dios en la sociedad humana para preservar la religión y la moral, y puesto que su poder estaba legitimado por la aceptación de la comunidad, tenía el derecho de dictar las normas y adoptar las decisiones necesarias para preservar un orden social justo, a condición de que no sobrepasara los límites impuestos por la *sharia*. Se entendía que el gobernante gozaba del derecho de decidir qué casos se someterían al juicio del cadí, y cuáles reservaría para su propia decisión.

Aunque con fines retóricos a menudo se contraponían la *urf* y la *sharia*, en realidad no necesariamente chocaban. Lo que en la *urf* no se oponía a la *sharia*, era aceptado como permisible por ésta. Más aún, en ciertas regiones del Magreb hubo un intento de interpretar la *sharia* a la luz de la costumbre. Por lo menos a partir del siglo XV disponemos de registros de Marruecos acerca del uso por los cadíes de un procedimiento denominado *amal*: el cadí tenía el derecho de elegir, entre las opiniones de los juristas, las que se adaptaban mejor a la costumbre o el interés local, incluso si no eran las que contaban con el apoyo de la mayoría de los estudiosos.

Sabemos poco acerca del derecho consuetudinario de las zonas rurales durante este período, pero los estudios acerca de lo que ha sucedido en épocas más modernas sugieren que pudo haberse dado el proceso contrario, el de cierta penetración de la costumbre por la *sharia*. Es posible que se confiriese solemnidad al matrimonio en concordancia con la terminología islámica. Pero los derechos y los derechos inherentes al mismo y los problemas del divorcio y la herencia que emanaban de él se decidían de acuerdo con la costumbre. En muchos casos la herencia de tierras por las hijas contrariaba las costumbres, a pesar de que concordaba con la *sharia*. Las disputas acerca de la propiedad o las sociedades podían elevarse al cadí más próximo, con el fin de obtener un fallo o una conciliación; los convenios o los acuerdos a los cuales las partes deseaban conferir cierta solemnidad o permanencia también llegaban a conocimiento del cadí, de modo que él los expresaba formalmente en el lenguaje de la *sharia*, pero cabía presumir que después el documento sería interpretado a la luz de la costumbre local. En palabras de un erudito que ha estudiado tales documentos provenientes del valle del Jordán: «La costumbre suministra la parte principal del contenido, y la *sharia* confiere la forma.»[3]

LA TRANSMISIÓN DEL SABER

Los doctores de la ley, los que desarrollaban y preservaban el consenso de la comunidad, eran el equivalente más próximo a una autoridad docente en el islam sunní, y para ellos era esencial asegurarse de que la comprensión del *fiq* y de sus bases se transmitiese íntegramente de una generación a otra.

Parece que desde época temprana hubo un procedimiento formal para transmitir el saber religioso. En las mezquitas, y sobre todo en las más importantes de carácter congregacional, los círculos de estudiantes se agrupaban alrededor de un maestro sentado contra una columna, que exponía un tema mediante la lectura y el comentario de un libro. Pero por lo menos desde el siglo XI se formó un tipo de institución consagrada al saber legal, la madraza: a menudo se atribuye su origen a Nizam al-Mulk (1018-1092), el visir del primer gobernante selyucí de Bagdad, aunque en realidad esta institución se remonta a una época anterior. La madraza era una escuela, a menudo anexa a una mezquita; incluía un lugar de residencia para los alumnos; se la fundaba mediante un *waqf* proveniente de un donante particular; de este modo se la dotaba y se garantizaba su estabilidad, pues no podía enajenarse la propiedad de la cual provenía la renta destinada a un propósito piadoso o caritativo. Se utilizaba la dotación para mantener el edificio, pagar a uno o más profesores permanentes y, en ciertos casos, para distribuir estipendios o alimentos a los alumnos. Podían establecerse estos *waqfs* por iniciativa de una persona acaudalada, si bien los más importantes y duraderos fueron fruto de la donación de los gobernantes y los altos funcionarios, en Irak e Irán con los Selyucíes, en Siria y Egipto con los Ayubíes y los mamelucos, y en el Magreb con los Mariníes y Hafsíes.

Estas instituciones se fundaban para enseñar el Corán o el *hadiz*, pero el propósito principal de la mayoría de ellas era el estudio y la enseñanza del *fiq*. Veamos un ejemplo. La madraza Tankiziyya de Jerusalén, dañada durante el período de los mamelucos, tenía cuatro salas *(iwán)* que partían de un patio central, una sala para la enseñanza del *hadiz*, otra destinada al derecho hanafí y otra para el sufismo; la cuarta era una mezquita. La donación contemplaba la asistencia de quince estudiantes de la ley, veinte del *hadiz* y quince del sufismo, y la presencia de profesores para cada tema; los estudiantes debían dormir en la madraza, y también había un hospicio para doce viudas.[4] Podía dotarse a una madraza con el fin de que enseñara una sola de las *madhhabs*, o más de una, o las cuatro; de este carácter era la madraza del sultán Hasán en El Cairo, donde cuatro escuelas, una para cada *madhhab*, se abrían sobre un patio central. El *mudarris*, que ocupaba una cátedra provista de su correspondiente dotación, y sus ayudantes, que enseñaban disciplinas complementarias, ofrecían un curso más o menos regular de enseñanza. El alumno que llegaba a una madraza, normalmente ya había pasado por una escuela de jerarquía inferior, la *maktab* o *kuttab*, donde se le había enseñado la lengua árabe y donde probablemente había memorizado el Corán. En la madraza estudiaba temas auxiliares —la gramática árabe y los anales del período islámico temprano—, pero su estudio principal estaba formado por las ciencias de la religión, el modo de leer e interpretar el Corán, el *hadiz* y las bases de la creencia religiosa *(usul al-din)*, la jurisprudencia *(usul al-fiq)* y el *fiq*. El método principal de enseñanza era la exposición de un texto por un *mudarris*, y quizá sus ayudantes ampliaban después el tema. Se atribuía especial importancia a la memorización de lo que se enseñaba, pero también a la comprensión de lo que se recordaba.

Durante la primera fase de estudio, que solía durar varios años, el alumno aprendía el código legal que contaba con el consenso de los doctores de determinada *madhhab*. Muchos estudiantes no pasaban de aquí, y no todos se instruían para ocupar cargos en el servicio legal; los hijos de los mercaderes y otros podían recibir este tipo de educación durante algunos años. En un nivel superior, había una gama de temas legales en los cuales se manifestaban diferencias de opinión incluso en el marco de una sola *madhhab*, pues la diversidad de circunstancias a las cuales debían aplicarse los principios legales era ilimitada. Los estudiantes que deseaban ser maestros de la ley o cadíes de nivel superior o muftíes continuaban más tiempo sus estudios. En este nivel superior, se enseñaba la *iytihad* mediante el método de la disputa lógica formal: la formulación de una tesis, a la que debía responderse con una contratesis, para seguir con un diálogo de objeciones y respuestas.

Cuando un alumno había terminado de leer un libro con un maestro, podía pedirle la *iyaza*, un certificado en el que se explicaba que ese alumno había estudiado tal libro con tal maestro. En un nivel superior, podía solicitar una *iyaza* de diferente clase, y ella certificaba que poseía competencia para practicar la *iyihad* como muftí, o para enseñar cierto libro o tema. En este nivel más elevado, era usual que un alumno fuese de un maestro a otro, de una ciudad a otra, y solicitara *iyazas* de todos los cursos a los que había asistido. Este procedimiento se justificaba en el *hadiz*, que exhortaba a los musulmanes a buscar el saber ahí donde pudiesen hallarlo.

Una *iyaza* podía ser un documento complicado, que mencionaba una cadena entera de transmisión de maestro a alumno en el curso de generaciones, y de ese modo incorporaba al beneficiario a una extensa cadena de antecesores intelectuales. Por implicación, podía expresar cierta idea de lo que debía ser la vida de un musulmán responsable y erudito. Sin duda, el sistema permitía muchos abusos: leemos comentarios acerca de la indolencia y la ignorancia, de las donaciones objeto de desfalco o malversación con otros fines. De todos modos, el erudito fue uno de los tipos ideales de musulmán que perduró en el curso de los si-

glos. El jurista y médico de Bagdad Abd al-Latif (1162/3-1231) describió así lo que debía ser un erudito:

> Os recomiendo que no aprendáis sin ayuda vuestras ciencias de los li-
> bros, aunque confiéis en vuestra capacidad de comprensión. Buscad a los
> profesores en cada ciencia que intentéis adquirir; y si vuestro profesor tiene
> un saber limitado tomad todo lo que pueda ofrecer, hasta encontrar otro
> mejor que él. Debéis venerarlo y respetarlo [...]. Al leer un libro, esforzaos
> todo lo posible para aprenderlo de memoria y asimilar su sentido. Imagi-
> nad que el libro desapareció y que podéis prescindir de él, sin que os afecte
> su pérdida [...]. Uno debe leer relatos, estudiar biografías y conocer las expe-
> riencias de las naciones. De este modo, será como si en el breve lapso de su
> vida él hubiese vivido contemporáneamente con pueblos del pasado, man-
> tuviese con ellos una relación íntima y conociera las virtudes y los defectos
> de cada uno [...]. Debéis moderar vuestra conducta según la de los prime-
> ros musulmanes. Por lo tanto, leed la biografía del Profeta, estudiad sus he-
> chos y sus pensamientos, seguid sus pasos y haced cuanto podáis para imi-
> tarlo [...]. Debéis desconfiar a menudo de vuestra propia naturaleza; en
> lugar de tener buena opinión de ella, someted vuestros pensamientos a los
> hombres de saber y a sus obras, procediendo con cautela y evitando el
> apremio [...]. Quien no ha soportado el esfuerzo del estudio no podrá sa-
> borear la alegría del conocimiento [...]. Cuando hayáis completado vuestro
> estudio y vuestra reflexión, ocupad vuestra lengua con la mención del
> nombre de Dios, y elevad Sus alabanzas [...]. No os quejéis si el mundo os da
> la espalda, pues os distraerá de la adquisición de excelentes cualidades [...].
> Sabed que el conocimiento deja una huella y un perfume que proclama a
> su poseedor; un rayo de luz y brillo que lo envuelve y lo destaca [...].[5]

De un impulso análogo al que llevó al otorgamiento de las *iyazas*,
surgió un tipo de documento islámico importante y peculiar: el diccionario biográfico. Hallamos sus orígenes en la recopilación de *hadices*.
Para comprobar la validez de un *hadiz*, era necesario saber quién lo había transmitido, y de quién él lo había aprendido; era importante tener
la certeza de que la transmisión había sido permanente, pero también de
que quienes lo habían transmitido eran honestos y fidedignos. Gradualmente, la recopilación de biografías se extendió de los narradores de *hadices* a otros grupos: los estudiosos de la ley, los doctores, los maestros
sufíes y similares. Un tipo peculiar de obra fue el diccionario local, consagrado a los hombres y, a veces, a las mujeres notables de cierta ciudad

o región, con una introducción a su topografía y su historia. El primer ejemplo importante de este género fue el compilado en Bagdad durante el siglo XI por al-Jatib al-Bagdadi (1002-1071). Algunas ciudades tuvieron una sucesión de obras de este género; en el caso de Damasco tenemos diccionarios de personas importantes de los siglos IX, X, XI, XII y XIII islámicos (los siglos XV-XIX d. C.). Los autores más ambiciosos fueron los que intentaron abarcar toda la historia islámica, y entre ellos se destaca Ibn Jallikan (1211-1282).

La obra de Ibn Jallikan incluyó gobernantes y ministros, poetas y gramáticos, así como estudiosos de la religión. Pero en tales obras, los eruditos de la mezquita y la madraza ocupaban un lugar fundamental, en un intento de demostrar que la historia de la comunidad musulmana era esencialmente la transmisión ininterrumpida de la verdad y la cultura islámica superior. La biografía de un estudioso podía comenzar con su linaje y el lugar y fecha de su nacimiento. Aportaba detalles de su educación, los libros que había estudiado y con quiénes, y las *iyazas* que había recibido. De ese modo, lo situaba en dos líneas de descendencia, la física y la intelectual, que no siempre eran distintas, pues podía suceder que un niño comenzara a estudiar con su padre y que hubiese antiguas dinastías de eruditos. Describía su obra y sus viajes, los libros que había escrito y a quiénes había enseñado, y tal vez se incluyesen algunas anécdotas personales. Contenía también el elogio de sus cualidades, no tanto con el propósito de distinguirlo de otros eruditos, como de adscribirlo en el marco de un tipo ideal.

EL *KALAM*

Los que estudiaban el *fiq* en la madraza también estudiaban los postulados básicos de la creencia religiosa, aunque el proceso de evolución de ellos y los modos en que podía defendérselos al parecer no representaron un papel importante en el currículo. Por la época en que el sistema de escuelas alcanzó su desarrollo total, las grandes discusiones que permitieron definir el credo sunní en general ya habían terminado.

Incluso después del período en que el mutazilismo gozó del favor de los califas abasíes, continuó siendo una escuela floreciente e importante de pensamiento aproximadamente durante un siglo más. Su último pensador importante y sistemático fue Abd al-Jabbar (h. 936-1025). Durante el siglo XI la enseñanza mutazilí fue suprimida en Bagdad y otros lugares, por influencia de los califas abasíes y los gobernantes selyucíes. Continuó teniendo un papel relevante en la formación de la teología chií, y se enseña en sus escuelas; pero en el mundo sunní se convirtió en una corriente de pensamiento sumergida, hasta que se restableció su interés en tiempos modernos.

La decadencia del mutazilismo fue determinada en parte por la fuerza permanente de la enseñanza tradicionalista de Ibn Hanbal, sobre todo en Bagdad y Damasco, pero también por el desarrollo de la línea de pensamiento que comenzó con Ashari: la explicación y la defensa del contenido del Corán y el *hadiz* mediante la argumentación racional basada en los principios de la lógica (teología dialéctica, *ilm al-kalam*). Un signo de la difusión del asharismo, o incluso una de sus causas, fue que llegó a ser aceptado por muchos de los doctores de la ley como base de la fe, sobre la cual podía apoyarse su *fiq*. Esto fue especialmente válido en el caso de los estudiosos shafíes.

Esta combinación del *kalam* de Ashari y el *fiq* de ningún modo era aceptada universalmente. Los hanbalíes se oponían al *kalam* y también algunos de los shafíes. Asimismo, en el Magreb la escuela malikí dominante desalentaba la especulación teológica, y los Almorávides prohibieron la enseñanza de la teología; pero Ibn Tumart y los Almohades fomentaron el *kalam*, sobre todo en su forma asharita, aunque en jurisprudencia se atenían rigurosamente a la interpretación literal de la escuela zahirí. En el noreste del mundo musulmán, otra versión del *kalam*, que remontaba su origen a al-Maturidi (m. 944), era aceptada de manera más general en las escuelas jurídicas anafíes. Discrepaba en una serie de puntos del asharismo, y sobre todo en la cuestión del libre albedrío humano y su relación con la omnipotencia y la justicia de Dios: los maturiditas enseñaban que los actos humanos se ejecutan gracias al poder de Dios, pero los pecaminosos no suscitan Su placer o amor. Los primeros sultanes selyucíes que provenían de la región en que se había difundido la combinación del *kalam* maturidita y el *fiq* hanafí realizaron un intento de llevarlos consigo a medida que se desplazaban hacia el oeste. Sin embargo, no existía un sentimiento duradero de tensión o de hostilidad entre los pensadores asharíes o maturiditas, y las diferencias entre ellos no tenían importancia permanente. En las madrazas sunníes de los siglos siguientes, los textos que resumían los postulados básicos de la fe expresaban el consenso general de los estudiosos.

AL-GAZALI

Aunque la línea principal del pensamiento sunní aceptaba la teología asharí y las conclusiones a las cuales conducía, lo hacía con reservas y limitadamente. Tales reservas las expresó en una forma clásica al-Gazali, un autor de influencia duradera que poseía una visión global de las principales corrientes de pensamiento de su tiempo. Era maestro del *kalam* asharí, y tenía conciencia del terreno peligroso al que podía conducirlo. Trató de definir los límites en que el *kalam* era lícito. Era esencialmente una actividad defensiva: debía usarse la razón discursiva y la argumentación con el fin de defender la creencia verdadera derivada del Corán y el *hadiz* contra quienes la negaban, y también oponiéndose a los que intentaban ofrecer interpretaciones falsas y especulativas de la misma. Pero no debían practicarla aquellos cuya fe pudiese verse turbada, y tampoco cabía usarla para crear una estructura de pensamiento que sobrepasara los límites del Corán y el *hadiz*. Era un tema que incumbía sólo a los especialistas, que trabajaban al margen de las escuelas.

Que los musulmanes debían observar las leyes derivadas de la voluntad de Dios según ésta se expresaba en el Corán y el *hadiz*, era la premisa del pensamiento de al-Gazali; abandonarlas equivalía a perderse en un mundo de voluntad y especulación humanas carentes de dirección. Que los seres humanos debían obedecer la voluntad de Dios, pero que tenían que hacerlo de un modo que los acercara a Él, fue el tema de una de las obras religiosas islámicas más grandes y famosas: *Ihya ulum al-din* (*Revivificación de las ciencias de la religión*) de al-Gazali.

En una obra titulada *al-Munqid min al-dalal* (*El liberador del error*), presentada a menudo —no muy exactamente— como su autobiografía, al-Gazali describió el camino que lo llevó a esta conclusión. Después de sus estudios iniciados en Jorasán, en Tus y Nishapur, llegó a ser maestro en la famosa madraza de Bagdad fundada por Nizam al-Mulk, el visir del sultán selyucí. Allí se convenció de que la observancia externa de la *sharia* no era suficiente, y así se consagró a la búsqueda del camino recto en la vida: «Los deseos mundanos comenzaron a acosarle con su insistencia en que permaneciera como era, mientras el heraldo de la fe clamaba: "¡Apártate! ¡Apártate y elévate!"»[6]

Se convenció de que no podía hallar lo que necesitaba únicamente usando su intelecto. Seguir el camino de los filósofos y construir la verdad del universo a partir de los primeros principios era extraviarse en una maraña de innovaciones ilícitas. El camino chií que consistía en seguir la enseñanza de un intérprete infalible de la fe era peligroso: podía llevar a que se abandonara lo que se había dado en la revelación, en beneficio de una verdad interior, y a una aceptación de que quien conoce esa verdad interior se ve liberado de las restricciones de la *sharia*.

Al-Gazali llegó a creer que el único maestro infalible era Mahoma, y el camino justo era aceptar su revelación mediante la fe, esa «luz que Dios derrama sobre los corazones de Sus servidores, un don y un presente que proviene de Él»,[7] así como seguir el camino que de ese modo se prescribe, pero hacerlo sinceramente y con el corazón, y abandonándolo todo excepto el servicio de Dios.

El *Ihya ulum al-din* versa sobre la relación íntima entre los actos y las inclinaciones del alma o, en otras palabras, entre las observancias externas y el espíritu que les confiere sentido y valor. Al-Gazali creía que existía una relación recíproca: las virtudes y el buen carácter se formaban y fortalecían con la acción recta:

> Quien desea purificar su alma, perfeccionarla y suavizarla con obras buenas no puede hacerlo en un solo día dedicado al culto, ni pedirlo mediante la rebelión de un solo día, y eso es lo que queremos decir cuando afirmamos que un solo pecado no merece el castigo eterno. Pero abstenerse un día de la virtud conduce a otro día semejante, y entonces el alma degenera poco a poco, hasta que se hunde en el mal.[8]

Sin embargo, los actos tenían valor sólo si se los ejecutaba con la mente y el alma orientada hacia la meta de conocer y servir a Dios.

El deseo de iluminar esta relación es lo que determina el contenido y la disposición del *Ihya*. La primera de sus cuatro partes examina los Pilares del islam, los deberes fundamentales de la religión, la plegaria, el ayuno, la limosna y la peregrinación, y en relación con cada uno de estos aspectos va más allá de las observancias externas —las normas precisas acerca del modo en que debe ejecutarse la obligación— para explicar su sentido, y los beneficios que se extraerán de ellos si se los ejecuta con el espíritu debido. La plegaria tiene todo su valor sólo si se la practica con presencia del alma: con comprensión de las palabras utilizadas y con una purificación interior, la renuncia de todos los pensamientos que no se refieren a Dios, con veneración, temor y esperanza. El ayuno posee valor si se lo cumple de tal modo que el alma quede libre para volverse hacia Dios. La limosna debe ejecutarse con el deseo de obedecer a Dios y de atribuir poco valor a los bienes del mundo. Debe emprenderse la peregrinación con intención pura y con pensamientos acerca del fin de la vida, la muerte y el juicio.

La segunda parte del libro sobrepasa el límite de las observancias rituales y aborda otros actos que poseen implicaciones morales, sobre todo los que unen unos con otros a los seres humanos. La comida y la bebida, el matrimonio, la adquisición de bienes materiales, el acto de escuchar música. En relación con cada uno de ellos, se examina si es propio actuar y, en caso afirmativo, dentro de qué límites y en qué circunstancias, a la luz del propósito principal del hombre, que es acercarse a Dios. Por ejemplo, se advierte que el matrimonio tiene un equilibrio de ventajas y desventajas. Proporciona hijos al hombre, lo que le salva de las pasiones carnales ilícitas y puede aportarle «un anticipo del paraíso»; por otra parte, puede distraerle de la búsqueda del conocimiento de Dios a través del desempeño adecuado de sus obligaciones religiosas.

La tercera parte contiene una reseña sistemática de las pasiones y los deseos humanos que, si el individuo se complace impropiamente en ellos, impedirán que un hombre extraiga cierto beneficio espiritual de los actos externos de la religión, y lo llevará a la perdición. El Demonio penetra en el corazón humano a través de los cinco sentidos, la imaginación y los apetitos carnales. Al-Gazali pasa revista a los ídolos del estómago, de la concupiscencia, de la lengua —su uso en la riña—, la indecencia, la mentira, la burla, la calumnia y la lisonja, la cólera, el odio y los celos, el deseo de riqueza o gloria mundana, y el de gloria espiritual, que conduce a la hipocresía; el orgullo del saber o la piedad, o la cuna, la salud física o la belleza.

Pueden controlarse tales impulsos mediante la súplica dirigida a Dios —preferiblemente en las ocasiones de la observancia ritual, la plegaria, el ayuno y la peregrinación— mediante la repetición del nombre de Dios, la meditación y el conocimiento de uno mismo, y con la ayuda de un amigo o director espiritual. De tales modos, el camino que sigue el alma puede invertirse y, así, cabe inducirla a seguir otra senda, que la conduce al conocimiento de Dios.

La última parte del libro trata de esta senda que lleva a Dios, de la cual la meta final es «la purificación total del alma de todo lo que no sea el Dios Supremo [...]. La consagración absoluta del corazón a la rememoración de Dios».[9] Aquí, el pensamiento de al-Gazali refleja el de los maestros sufíes. El camino hacia Dios se divide en una serie de etapas *(maqam)*. El primero es el arrepentimiento, el alma que se aparta de su cárcel formada por los falsos dioses; después, llegan la paciencia, el temor y la esperanza, incluso la renuncia a las cosas que no son pecaminosas pero pueden representar obstáculos en el camino, la confianza en Dios y el acatamiento a Él. A cada etapa corresponden ciertas revelaciones y visiones, consuelos espirituales del viajero; si sobrevienen, es por la gracia de Dios, y no perduran.

Mientras el alma avanza por la senda, sus propios esfuerzos tienen menos importancia, y más y más se ve llevada por Dios. Su propia tarea es «la purificación, la purgación y el pulimiento, y después la disposición y la espera, y nada más». En cada etapa hay un peligro, el de permanecer allí y no seguir adelante, o extraviarse en ilusiones; pero puede suceder que Dios se haga cargo y conceda al alma el don de contemplar a la Divinidad. Éste es el punto más elevado del ascenso, pero sobreviene sólo como una gracia que puede ser otorgada y denegada:

> En su corazón habrá destellos de la verdad. Al comienzo será como el rayo instantáneo, y no perdurará. Después, retornará y quizá se prolongue. Si retorna puede permanecer, o bien desvanecerse.[10]

Precisamente en este punto culminante, cuando un hombre ha perdido la conciencia de sí mismo en la contemplación de Dios, que se ha revelado a través del amor, el hombre comprende el verdadero significado de los deberes impuestos por la *sharia* y puede cumplirlos como corresponde. Sin embargo, puede ser que él cobre conciencia de otra realidad. Al-Gazali alude a otro tipo de conocimiento *(marifa)* —de los ángeles y los demonios, el Cielo y el Infierno, y de Dios mismo, Su esencia, sus atributos y sus nombres—, un saber revelado por Dios al hombre en su alma más profunda. Al-Gazali no habla del asunto en su obra, aunque se le atribuyen otros libros en los que desarrolla este tema. Ese estado no es de absorción total en Dios o de unión con Él; en su forma más elevada es una proximidad momentánea a Él, un adelanto de la vida ultraterrena, en que el hombre puede tener la visión de Dios desde cerca, pero todavía a cierta distancia.

CAPÍTULO ONCE

Formas de pensamiento divergentes

EL ISLAM DE LOS FILÓSOFOS

En las mezquitas y las madrazas, el *fiq* y sus ciencias auxiliares eran los principales objetos de estudio, pero fuera de ellas también se practicaban otras formas de pensamiento. Una que tuvo importancia perdurable fue el pensamiento de los filósofos, los que creían que la razón humana, en armonía con las normas de funcionamiento formuladas en la lógica aristotélica, podía conducir a la consecución de una verdad demostrada.

Esta línea de pensamiento, cuyos precursores en el mundo islámico habían sido al-Kindi y al-Farabi, culminó en el trabajo de Ibn Sina (Avicena, 980-1037), cuya influencia en toda la cultura islámica ulterior sería profunda. En un breve fragmento autobiográfico describió su educación, que en aquel entonces ya era tradicional, en el Corán y las ciencias de la lengua árabe, en la jurisprudencia y las ciencias racionales, la lógica, la matemática y la metafísica: «Cuando había alcanzado la edad de dieciocho años ya había terminado con todas estas ciencias [...]. Hoy mi saber es más maduro, pero por lo demás no ha variado; después, no he aprendido nada más.»[1]

Avicena realizaría contribuciones a más de una de estas ciencias, pero lo que ejercería la influencia más general y difundida en el pensamiento ulterior fue su intento de organizar las verdades del islam en términos extraídos de la lógica aristotélica y la última metafísica griega. El problema fundamental formulado por la revelación islámica, para quienes buscaban una verdad demostrable, residía en la aparente contradicción entre la unidad de Dios y la multiplicidad de los seres creados; por razones prácticas, este dilema podía formularse en términos de la contradicción entre la bondad absoluta de Dios y la aparente perversidad del mundo. La línea de filósofos que culminó en Avicena encontró la respuesta a estos interrogantes en la versión neoplatónica de la filosofía griega; llegó a ser más aceptable porque la obra principal de esta escuela, una suerte de paráfrasis de una parte de las *Enéadas* de Plotino, era considerada generalmente un trabajo de Aristóteles (la supuesta «Teología de Aristóteles»). Esta escuela concebía el universo como formado por una serie de emanaciones de Dios, y de este modo podía reconciliar la unidad de Dios con la multiplicidad. En la formulación de Avicena, Dios era la causa Primera, o el Creador, el Ser necesario en quien la esencia y la existencia eran una. De Él emanaba una serie de diez inteligencias, que formaban una gama desde la Primera Inteligencia hasta la Inteligencia Activa, que gobernaba al mundo de los seres corpóreos. A partir de la Inteligencia Activa las ideas se comunicaban al cuerpo humano mediante una irradiación de la luz divina, y así se creaba el alma humana.

El simbolismo de la luz, que era común a los sufíes, así como a otras formas místicas del pensamiento, podía extraer su autoridad del Corán:

> *Dios es la Luz de los cielos y la tierra:*
> *la apariencia de Su luz es como un nicho*
> *en el que hay una lámpara*
> *(la lámpara es un cristal;*
> *el cristal, por así decirlo, es una estrella brillante)*
> *encendida de un Árbol Bendito,*
> *un olivo que no es de Oriente ni de Occidente,*
> *cuyo aceite casi relucirá, aunque el fuego no lo toque:*
> *Luz sobre Luz*
> *(Dios guía hacia Su Luz a quien a Él le place).*[2]

Así como el alma fue creada por este proceso que parte del Primer Ser, un proceso animado por el desbordante amor divino, así la vida humana debe ser un proceso de ascenso, un retorno a través de diferentes niveles del ser hacia el Primer Ser, a través del amor y el deseo.

Si la luz divina irradia hacia el alma, y si ésta por sus propios esfuerzos puede regresar a Su Creador, ¿qué necesidad hay de la profecía, es decir, de las revelaciones especiales de Dios? Avicena aceptaba la necesidad de los profetas como maestros, que enseñaban verdades acerca de Dios y la vida futura, y exhortaba a los hombres a ejecutar los actos que les aportaban conciencia de Dios y la inmortalidad, la plegaria y los restantes actos del culto ritual. Pero creía que la profecía no era simplemente una gracia de Dios; era una suerte de intelecto humano, y sin duda del nivel más elevado. El profeta debía participar en la vida de la jerarquía de las Inteligencias, y podía elevarse a la altura de la Primera Inteligencia. Pero esto no era un don exclusivo de los profetas; el hombre de elevadas dotes espirituales también podía llegar a ese nivel mediante la ascesis.

Este esquema de pensamiento parecía contrariar el contenido de la revelación divina del Corán, al menos si se lo interpretaba literalmente. En la más famosa polémica de la historia islámica, al-Gazali criticó con energía los puntos principales en que una filosofía como la de Avicena se oponía al concepto del propio al-Gazali acerca de la revelación contenida en el Corán. En su *Tahafut al-falasifa* (*La incoherencia de los filósofos*), destacó tres errores que, a su juicio, existían en el modo de pensamiento de los filósofos. En primer lugar, creían en la eternidad de la materia: las emanaciones de la luz divina infiltraban la materia pero no la creaban. En segundo lugar, limitaban el conocimiento de Dios a los universales, a las ideas que formaban los seres particulares, no a los propios seres particulares; este concepto era incompatible con la imagen coránica de un dios interesado en la individualidad de todas las criaturas vivas. Y en tercer lugar, creían en la inmortalidad del alma pero no en la del cuerpo. Pensaban que el alma era un ser individual arraigado en el cuerpo material por la acción de la Inteligencia Activa, y que en cierto punto de su retorno a Dios el cuerpo al que el alma estaba unida se convertiría en obstáculo; después de la muerte, el alma debía liberarse del cuerpo, pues ya no lo necesitaba.

Lo que al-Gazali estaba diciendo era que el Dios de los filósofos no era el Dios del Corán, que hablaba a todos los hombres, los juzgaba y los amaba. A su juicio, las conclusiones a las que podía llegar el intelecto humano discursivo, sin guía externa, eran incompatibles con las que se revelaban a la humanidad a través de los profetas. Este desafío volvió a planteárselo, un siglo más tarde, otro defensor de la vía de los filósofos, Ibn Rushd, Averroes (1126-1198). Nacido y educado en al-Ándalus, donde la tradición filosófica había llegado tardíamente pero arraigado con firmeza, Averroes se dedicó a componer una refutación detallada de la interpretación de la filosofía de al-Gazali en un libro titulado, por referencia al propio al-Gazali, *Tahafut al-tahafut* (*La incoherencia de la incoherencia*). En otra obra, *Fasl al-maqal* (*El tratado decisivo*), abordó explícitamente lo que a juicio de al-Gazali era la contradicción entre las revelaciones de los profetas y las conclusiones de los filósofos. Sostuvo en ese tratado que la actividad filosófica no era ilegítima; podía justificarse por referencia al Corán: «¿Acaso ellos no consideraron el dominio del cielo y la tierra, y las cosas que Dios ha creado?»[3] De estas palabras de Dios se desprendía claramente que no podía haber oposición entre la conclusión de los filósofos y los enunciados del Corán:

> Como esta religión es verdadera y convoca al estudio que lleva al conocimiento de la verdad, nosotros, la comunidad musulmana, sabemos bien que el estudio demostrativo no conduce a [conclusiones] que chocan con lo que la Escritura nos dio. Pues la verdad no se opone a la verdad, sino que concuerda con ella y la verifica.[4]

¿Cómo explicar entonces que a veces parecían contradecirse? La respuesta de Averroes fue que no todas las palabras del Corán deben interpretarse literalmente. Cuando el significado literal de los versículos coránicos parecía contrariar las verdades a las que habían llegado los filósofos mediante el ejercicio de la razón, era necesario interpretar metafóricamente dichos versículos. Pero la mayoría de los seres humanos era incapaz de abordar el razonamiento filosófico o de aceptar la interpretación metafórica del Corán. Ésta no debía comunicárseles, y sí debía estar al alcance de quienes podían aceptarla:

> Aquel que no es un hombre de saber está obligado a aceptar estos pasajes en su significado aparente, y para él la interpretación alegórica es incredulidad porque lleva a la incredulidad [...]. El miembro de la clase que interpreta y que le revela la interpretación está incitándolo a la incredulidad [...]. Por lo tanto, las interpretaciones alegóricas pueden formularse sólo en los libros demostrativos, porque si están en ellos serán leídas únicamente por hombres de la clase demostrativa.[5]

La filosofía era para la elite *(jassa)*; para la generalidad *(amma)*, el sentido literal era suficiente. La profecía era necesaria para ambas: para la *jassa* a fin de mantener a sus miembros en el camino moral recto, y para la *amma*, con el propósito de revelar las verdades en imágenes aceptables. El razonamiento dialéctico, *kalam*, era para las mentes que ocupaban un lugar intermedio, pues utilizaban la lógica con el fin de apuntalar el nivel de verdad que era adecuado para la *amma*; pero tenía sus peligros, pues no se demostraban adecuadamente sus principios racionales.

La obra de Averroes no parece haber ejercido una influencia general y duradera en el pensamiento islámico ulterior, aunque las traducciones latinas de algunas de sus obras gravitarían profundamente sobre la filosofía cristiana occidental. Sin embargo, el pensamiento de Avicena continuó teniendo una importancia fundamental tanto en el pensamiento religioso como en el filosófico. A pesar de al-Gazali, hacia el siglo XII hubo una suerte de aproximación entre el *kalam* y la filosofía. Desde la época de Fajr al-Din al-Razi (1149-1209) en adelante, las obras sobre el *kalam* comenzaban con las explicaciones acerca de la lógica y la naturaleza del ser, y de éstas pasaban a una estructuración racional de la idea de Dios; así, se erigió una estructura lógica para defender y explicar las revelaciones del Corán, y sólo después estas obras pasaban a cuestiones que debían ser aceptadas totalmente sobre la base de la revelación.

IBN ARABI Y LA TEOSOFÍA

En los escritos de Avicena hay referencias al *ishraq*, esa irradiación de la luz divina que permite que los hombres se comuniquen con la jerarquía de los Inteligibles. Algunos autores ulteriores entendieron que el término *ishraq* se refería a la antigua sabiduría esotérica del este (*sharq* es la palabra árabe que significa «este»), y lo usaron como término que expresaba la formulación sistemática de la Realidad última, la que estaba detrás de las palabras del Corán y confería sentido a las experiencias de los sufíes.

Al-Suhrawardi intentó formular dicha teosofía, y provocó un escándalo que llevó a su ejecución por el gobernante ayubí de Alepo en 1191. La formulación más detallada y duradera fue la de Ibn Arabi (1165-1240). Era un árabe de al-Ándalus, cuyo padre fue amigo de Averroes, que también conoció al filósofo y asistió a su funeral. Después de realizar los estudios habituales en al-Ándalus y el Magreb, inició un período de viajes por las regiones orientales. Realizó la peregrinación a La Meca, y parece que este episodio fue decisivo en la formación de su pensamiento; cobró conciencia, a través de una visión, de la Kaaba como el punto en que la realidad última gravita sobre el mundo visible, y aquí comenzó a escribir su obra más elaborada: *Al-Futuhat al-makkiyya* (*Las revelaciones de La Meca*). Después de vivir un tiempo en el sultanato selyucí de Anatolia, se estableció en Damasco, donde falleció; su tumba sobre la montaña Qasiyun, que domina la ciudad desde el oeste, se convertiría en lugar de peregrinación.

En *Futuhat* y en otras obras trató de expresar una visión del universo como un movimiento infinito de la existencia que se aleja del Ser Divino y retorna a Él: un flujo en que el símbolo primario era el de la Luz. Este proceso podía ser considerado en uno de sus aspectos como un amor rebosante de Dios, el deseo del Ser Necesario de conocerse él mismo viendo Su Ser reflejado en sí mismo. Como afirmaba una tradición del Profeta, citada con frecuencia por los autores sufíes: «Yo era un tesoro oculto y deseaba que se me conociese, por lo que creé a las criaturas con el fin de que yo pudiera ser conocido.»[6]

Esta creación sobrevino como manifestación del Ser de Dios a través de Sus Nombres o atributos. Los Nombres podían ser percibidos en tres aspectos: en ellos mismos como parte de la esencia del Ser Divino, como arquetipos eternos o formas, y como realizados en seres existentes específicos y limitados. En su forma activa se denominaba Señores a los Nombres: se manifestaban en imágenes producidas por la imaginación creadora de Dios, cuyos seres concretos eran una materialización de tales imágenes.

Por consiguiente, todas las cosas creadas eran manifestaciones de Nombres particulares a través de la mediación de imágenes, pero el Hombre podía manifestarlas a todas. Esta idea de la jerarquía privilegiada de los seres humanos estaba relacionada con el acuerdo *(mizaq)* que según el Corán Dios había concertado con los hombres, antes de la creación del mundo. El arquetipo a través del cual se había creado al hombre Ibn Arabi y otros autores lo denominaban la «Luz de Mahoma», o la «Verdad de Mahoma». Éste era el «límpido espejo» en que el Ser Divino podía verse plenamente reflejado. En cierto sentido, podía considerarse que todos los seres humanos eran manifestaciones perfectas de Dios, pero había otro aspecto en que esto era privilegio sólo de ciertos hombres. La idea del «Hombre Perfecto» *(al-insan al-kamil)* formulada por Ibn Arabi fue desarrollada por uno de sus partidarios, al-Yili (m. h. 1428). Ese hombre es el que manifiesta más plenamente la naturaleza de Dios, es el que ha sido creado más completamente a Su semejanza; es una expresión visible del arquetipo eterno, la «Luz de Mahoma».

Los profetas son estos seres humanos privilegiados, y manifiestan los Nombres de Dios; en una obra famosa, *Fusus al-hikam* (*Las gemas de la sabiduría*), Ibn Arabi escribió acerca de la secuencia de poetas, desde

Adán hasta Mahoma, y demostró cuáles eran los Nombres ejemplifica-
dos por cada uno de ellos. Mahoma, el Sello de los Profetas, fue la más
perfecta de estas manifestaciones proféticas. Pero también había santos,
que mediante la ascesis y la posesión del conocimiento interior *(marifa)*,
podían alcanzar la posición de espejos en los cuales se reflejaba la Luz de
Dios. Los profetas también eran santos, pero podían existir santos que
no fuesen profetas, porque no cumplían la función específica de mediar
la revelación de la verdad o de la ley. Había una jerarquía invisible de
santos, que preservaban el orden del mundo, y a la cabeza de ellos había
un «polo» *(qutb)* para cada época. (Sin duda, Ibn Arabi creía que él mismo era un *qutb*, y ciertamente el Sello o más perfecto de ellos.)

El poseedor de la *marifa*, lo mismo que el hombre común no iluminado, de todos modos debía vivir en los límites de una ley revelada por
el Profeta. El propio Ibn Arabi era seguidor a la escuela zahirí de interpretación rigurosa y literal de la ley revelada en el Corán y en el *hadiz*.
Pero creía que todas las revelaciones de los profetas y los legisladores
eran revelaciones de la misma Realidad; todos los hombres adoraban al
mismo Dios de diferentes formas.

El flujo que emana de Dios puede ser visto también, en otro de sus
aspectos, como un influjo; las criaturas son espejos que reflejan el conocimiento de Dios revertido sobre Él; el descenso de las criaturas a partir
del Ser necesario es también un ascenso hacia Él. El sendero del ascenso,
iluminado por la *marifa*, recorre varias etapas, avances permanentes en
el progreso espiritual. Son etapas en el conocimiento de sí mismo por el
individuo: «Quien se conoce a sí mismo, conoce a su Señor.» En el camino, el individuo puede alcanzar las imágenes arquetípicas, manifestaciones sensibles de los Nombres de Dios en el «mundo [intermedio] de
las imágenes» *(alam al-mizal)*. Más allá de eso, puede concedérsele una
visión de Dios durante la cual se alza momentáneamente el velo y Dios
se revela al buscador. Hay dos momentos en una visión de este tipo:
aquel en que el buscador cesa de tener conciencia de su propia personalidad y la personalidad de otras criaturas en la irradiación de la visión de
Dios *(fana)*, y aquel en que él ve a Dios en Sus criaturas *(baqa)*, y vive y
se mueve entre ellas pero se mantiene consciente de la visión.

En sus intentos por describir la realidad del universo según se revela
en los momentos de visión, Ibn Arabi usó la expresión *wahdat al-wuyud*
(unidad del ser o de la existencia), y más tarde hubo grandes controversias acerca del sentido de la frase. Podía interpretársela como indicativa
de que no existe nada excepto Dios, y todo el resto es irreal o parte de

Dios. Pero también cabía interpretarla como una referencia a la distinción, común para los filósofos, entre el Ser Necesario y el Contingente: sólo Dios es el Ser Necesario, el que existe por Su propia naturaleza; todos los restantes seres deben su existencia a un acto de creación o a un proceso de emanación. También podía aludir a esas experiencias momentáneas de visión en que el buscador pierde conciencia de sí mismo en el conocimiento de la manifestación de Dios: está presente en Dios o Dios·está presente en él, y reemplaza momentáneamente sus atributos humanos por los de Dios.

Interpretada en algunas de estas formas, sería difícil reconciliar la idea del *wahdat al-wuyud* con esa separación entre Dios y Sus criaturas, la distancia infinita entre ellas, que parece ser la clara enseñanza del Corán. Un estudioso ha enumerado una larga serie de obras críticas referidas a Ibn Arabi escritas en épocas siguientes; se dividen, más o menos de igual modo, entre las que se opusieron a sus concepciones fundamentales, por entender que eran incompatibles con la verdad del islam, y las que lo defendieron. Los doctores de la religión y la ley dictaron muchas *fatwas*, casi todas opuestas a este pensador, si bien no todas.[7] La vindicación más sorprendente de su ortodoxia provino del sultán otomano Selim I (1512-1520), que restauró la tumba de Ibn Arabi en Damasco después de la conquista de Siria, realizada en 1516. En esta ocasión, un famoso erudito otomano, Kamal Pasa-zade (1468/9-1534) dictó una *fatwa* a su favor. Incluso entre los maestros sufíes, la obra de Ibn Arabi continuó siendo motivo de disputa. Aunque algunas de las órdenes sufíes lo aceptaban como expresión válida de la *marifa*, que era la meta de su búsqueda, los shadilíes del Magreb y los mashbandíes del mundo musulmán oriental tenían una actitud más escéptica.

IBN TAIMIYYA Y LA TRADICIÓN HANBALÍ

El islam sunní no tenía un cuerpo de doctrina autorizado ni contaba con el apoyo del poder del gobernante; además, a lo largo de su historia persistió una corriente de pensamiento que era hostil tanto a los filósofos como a los teósofos, y que se mantenía distanciada de los intentos del *kalam* de elaborar una defensa racional del depósito de la fe.

La tradición de pensamiento que se derivaba de las enseñanzas de

Ibn Hanbal se mantuvo viva en los países musulmanes centrales y, sobre todo, en Bagdad y Damasco. Separados por muchas divergencias, los que atribuían su origen intelectual a Ibn Hanbal se unían en el intento de mantener lo que ellos creían que era la auténtica enseñanza islámica, la de los individuos que aceptaban rigurosamente la revelación de Dios a través del Profeta Mahoma. Para ellos, Dios era el Dios del Corán, y el *hadiz*, aceptado y venerado en Su realidad como Él lo había revelado. El verdadero musulmán era el que tenía fe: no sólo aceptaba al Dios revelado, sino que también actuaba en concordancia con la voluntad revelada de Dios. Todos los musulmanes formaban una comunidad que debía mantenerse unida; nadie debía ser excluido de ella, con la única excepción de los que se autoexcluían negándose a obedecer los mandatos de la religión o difundiendo doctrinas que eran incompatibles con las verdades reveladas a través de los profetas. En el seno de la comunidad, debían evitarse las controversias y las especulaciones que podían provocar la discusión y el conflicto.

En Siria, durante el siglo XIII, en tiempos de los mamelucos, esta tradición se expresó nuevamente gracias a una voz enérgica e individual, la de Ibn Taimiyya (1263-1328). Ibn Taimiyya nació en Siria septentrional, vivió la mayor parte de su vida entre Damasco y El Cairo, y afrontó una situación nueva. Los sultanes mamelucos y sus soldados eran musulmanes sunníes, pero muchos de ellos se habían convertido superficialmente al islam poco antes, y era necesario recordarles el significado de su fe. En la comunidad se habían difundido ampliamente ideas que a juicio de Ibn Taimiyya eran errores peligrosos. Algunas afectaban la seguridad del Estado, por ejemplo las ideas de los chiíes y otros grupos disidentes; otras podían afectar la fe de la comunidad, como los conceptos de Avicena e Ibn Arabi.

En presencia de estos peligros, Ibn Taimiyya asumió la misión de sustentar el camino intermedio de los hanbalíes: inflexible en su afirmación de los principios de la verdad revelada, pero tolerante frente a la diversidad en el seno de la comunidad formada por los que aceptaban esa verdad:

> El Profeta ha dicho: «El musulmán es hermano del musulmán.» [...] Entonces, ¿cómo ha de permitirse que la comunidad de Mahoma se divida a causa de opiniones tan diversas que un hombre pueda unirse a un grupo y odiar a otro sólo sobre la base de supuestos o caprichos personales, sin que haya pruebas provenientes de Dios? [...] La unidad es un signo de la clemencia divina, la discordia es un castigo de Dios.[8]

Dios era uno y muchos: uno en Su esencia, muchos en Sus atributos, que debían ser aceptados exactamente como los describía el Corán. El más importante de Sus atributos para la vida humana era Su voluntad. Él había creado todas las cosas de la nada, por un acto de voluntad, y se había manifestado a los seres humanos mediante la expresión de Su voluntad en las escrituras reveladas a la estirpe de profetas que concluía en Mahoma. Él estaba infinitamente distanciado de Sus criaturas y al mismo tiempo cerca de ellas, desconocía los particulares tanto como los universales, veía los secretos íntimos del corazón y amaba a quienes Le obedecían.

Debía vivirse la vida humana al servicio de Dios bajo la guía del Profeta, mediante la aceptación de Su palabra revelada, y una sincera conformidad de la vida de uno con el ideal humano implícito en esa palabra. ¿Cómo debía interpretarse la voluntad de Dios? A semejanza de Ibn Hanbal, Ibn Taimiyya volvía los ojos ante todo al Corán, entendido rigurosa y literalmente, y después al *hadiz*, y más tarde a los Compañeros del Profeta, cuyo consenso poseía una validez igual a la del *hadiz*. Más allá de todo esto, el mantenimiento de la verdad dependía de la transmisión del saber religioso por obra del cuerpo de musulmanes responsables y bien informados. Existía la permanente necesidad de la *iytihad* por parte de los individuos capaces de afrontar la tarea; podían practicarla con cierta flexibilidad, aprobando ciertos actos que no estaban confirmados rigurosamente por la *sharia*, pero cuya ejecución aportaría resultados benéficos, si no estaban prohibidos por la *sharia*. Ibn Taimiyya no creía que quienes practicaban la *iytihad* formaran un cuerpo integrado; el consenso de los eruditos de una época tenía cierto peso, si bien no podía considerárselo infalible.

Su versión del islam se oponía a algunas de las ideas formuladas por Avicena: el universo ha sido creado de la nada por un acto de la voluntad de Dios, no por emanaciones; Dios conoce a los seres humanos en su particularidad; ellos Lo conocen no a través del ejercicio de su razón, sino gracias a que Él se les revela. La oposición de Ibn Taimiyya a las ideas de Ibn Arabi era aun más enérgica, porque éstas implicaban problemas más graves y más urgentes para el conjunto de la comunidad. Para él, como para otros hanbalíes, no resultaba difícil aceptar la existencia de santos o «amigos de Dios». Eran los que habían recibido verdades a través de la inspiración, pero no mediante la comunicación de una misión profética. Podían ser destinatarios de las leyes divinas a través de las cuales en ciertos casos parecían sobrepasar los límites usuales de la acción humana. Había que respetar a estos hombres y mujeres, pero no debía ofrecérseles las formas externas de la devoción: no cabía visitar sus tumbas o elevar plegarias en esos lugares. El rito sufí del *dikr*, la repetición del nombre de Dios, era una forma válida de culto, pero su valor espiritual era inferior a la oración ritual y el recitado del Corán. Debía rechazarse totalmente la teosofía especulativa mediante la cual Ibn Arabi y otros interpretaban la experiencia mística. El hombre no era la manifestación de la luz Divina, sino un ser creado. No podía absorberse en el Ser de Dios; el único modo en que podía acercarse a Dios era mediante la obediencia a Su voluntad revelada.

Ibn Taimiyya tuvo un papel importante en la sociedad musulmana de su época, y después de su muerte la formulación que él realizó de la tradición hanbalí continuó siendo un elemento de la cultura religiosa de las regiones islámicas centrales, pero en general conservó el carácter de un elemento sumergido, hasta que su conocimiento se recuperó durante el siglo XVIII gracias a un movimiento religioso de consecuencias políticas, el de los wahhabíes, que condujo a la creación de un Estado saudí en Arabia central. A pesar de la tajante contradicción entre su concepto del islam y el de Ibn Arabi, el instinto de la comunidad sunní en favor de la tolerancia global determinó que ambos conceptos conviviesen, y que algunos musulmanes, en efecto, pudieran conciliar los dos. Un estudioso escribió acerca de su encuentro en Alepo con un grupo de sufíes naqshbandíes, que estaban estudiando paralelamente las obras de Ibn Arabi e Ibn Taimiyya. Sostenían que Ibn Taimiyya era el imán de la *sharia*, e Ibn Arabi el de los *haqiqa*, la verdad a la cual aspiraban los que seguían el sendero sufí; el musulmán perfecto debía ser capaz de unir en sí mismo esos dos aspectos de la realidad del islam.[9]

EL DESARROLLO DEL CHIÍSMO

Había comunidades de chiíes de los «Doce» que convivían con la mayoría de musulmanes de habla árabe que aceptaban la versión sunní de la fe; a veces chocaban con éstos, y otras vivían en paz. Estos grupos gradualmente desarrollaron su propia visión de lo que había sucedido en la historia, y de lo que hubiera debido suceder. Apoyaban las reivindicaciones de Alí y sus sucesores, y censuraban a los tres primeros califas, a quienes consideraban usurpadores. La historia externa de los musulmanes, la historia del poder político, aparecía como un desvío respecto de la verdadera historia interna.

Para los chiíes, esta historia interna era la historia de la preservación y la transmisión de la verdad revelada a través de la línea de imanes. De acuerdo con la teoría del imanato que se desarrolló gradualmente a partir del siglo X, Dios había puesto en el mundo en todos los tiempos al imán como Su prueba *(huyya)*, para enseñar autorizadamente las verdades de la religión y gobernar a la humanidad en concordancia con la justicia. Los imanes eran descendientes del Profeta a través de su hija Fátima y el marido de ésta, Alí, que había sido el primer imán; cada imán era designado por su predecesor; cada uno era infalible en su interpretación del Corán y la *sunna* del Profeta, gracias al conocimiento secreto concebido por Dios; además, todos eran hombres libres de pecado.

Los chiíes de la rama principal sostenían que los linajes conocidos de imanes habían concluido con el duodécimo, Muhammad, desaparecido en el año 874. Este episodio recibía el nombre del «ocultamiento menor», porque se creía que durante una serie de años el imán oculto se comunicaba con los fieles a través de su representante. Después, llegó el «ocultamiento mayor», cuando se suspendió esta comunicación regular, y se vio al imán oculto sólo ocasionalmente, en apariciones fugaces, o en sueños o visiones. Aparecería en la plenitud de los tiempos para traer el reino de la justicia; en esta reaparición sería el *mahdi*, el «guiado» (un término que tenía un significado más preciso en el pensamiento chií que en la tradición popular sunní).

Hasta el momento de la aparición del imán, la humanidad necesitaría que se la guiase. Algunos chiíes creían que el Corán y el *hadiz*, presentados e interpretados por los imanes, eran guías adecuadas; pero otros sostenían que había una permanente necesidad de interpretación y liderazgo, y a partir del siglo XIII buscaron en los hombres de saber, que poseían un intelecto, un carácter y una educación competentes, la interpretación del depósito de la fe mediante el esfuerzo intelectual, la *iytihad* (de ahí el nombre que se les aplicaba, el de *muytahid)*. Esos hombres no eran infalibles, carecían de la orientación directa impartida por Dios, pero eran capaces de interpretar la enseñanza de los imanes de acuerdo con sus mejores cualidades; en todas las generaciones se requerían nuevos *muytahid*, y los musulmanes comunes y corrientes debían atenerse a la enseñanza de los *muytahid* de su época.

Con el tiempo surgió una teología racional para explicar y justificar la fe de los musulmanes chiíes. Parece que los chiíes tempranos fueron tradicionalistas, pero hacia fines del siglo X al-Mufid (h. 945-1022) sostuvo que las verdades de la revelación debían defenderse mediante el *kalam* o teología dialéctica, y uno de sus seguidores, al-Murtada (966-1044) afirmó que las verdades religiosas podían formularse mediante la razón. A partir de esta época la enseñanza chií aceptada más ampliamente incluyó elementos derivados de la escuela mutazilí.

Los pensadores chiíes ulteriores incorporaron elementos extraídos de las teorías neoplatónicas, que recibieron cierta forma islámica gracias a Avicena y otros. Muhammad, Fátima y los imanes eran vistos como expresiones de las Inteligencias a través de las cuales se había creado el universo. Los imanes eran guías espirituales en el camino del conocimiento de Dios: a los ojos de los chiíes, llegaron a ocupar la posición que los «amigos de Dios» tenían para los sunníes.

La misma importancia atribuida al uso de la razón humana para aclarar las cuestiones de fe condujo al desarrollo de una escuela chií de jurisprudencia. Fue la obra de un grupo de eruditos de Irak, sobre todo al-Muhaqqiq (1205-1277) y al-Alama al-Hili (1250-1325). La obra de estos autores vio continuidad en Muhammad ibn Makki al-Amili (1333/4-1384), conocido como el «Primer Mártir» a causa del modo en que murió en Siria. En general, los principios de la jurisprudencia chií fueron extraídos de los principios de los sunníes, pero hubo algunas diferencias significativas que provinieron del enfoque chií específico de la religión y el mundo. Sólo se aceptaron los *hadices* del Profeta que habían sido transmitidos por un miembro de su familia; se entendía que sólo los *hadices* de lo que los imanes habían dicho o hecho tenían la misma jerarquía que los del Profeta, aunque no podían anular el Corán o un *hadiz* profético. El consenso de la comunidad no tenía la misma importancia que el sunnismo: si existía un imán infalible, el único *iymá* que era válido correspondía a la comunidad agrupada alrededor del imán. El *aql*, la razón utilizada de un modo responsable por los individuos que eran competentes para emplearla tenía una posición importante como fuente de la ley.

El trabajo de los *muytahids* sucesivos sobre las fuentes determinó en el curso del tiempo un cuerpo de la ley chií que discrepó en ciertos aspectos de las ideas de las cuatro escuelas sunníes. Se permitió una suerte de matrimonio provisional, en que los derechos y las obligaciones de las dos partes no eran los mismos del matrimonio integral; las formas de la herencia también discrepaban de las formas del derecho sunní. Ciertas cuestiones continuaron siendo materia de disputa entre los estudiosos, sobre todo las obligaciones de los chiíes frente a los que gobernaban el mundo en ausencia del imán. No era posible considerarlos como una autoridad legítima en el sentido que caracteriza a los imanes, pero ¿era legal pagarles los impuestos o servirlos si utilizaban su poder en apoyo de la justicia y la ley? En ausencia de los imanes, ¿cuáles eran las oraciones del viernes, y cuál la validez del sermón que era parte de las mismas? ¿Podía proclamarse la *yihad*?, y en caso afirmativo, ¿por quién? Los eruditos legales argüían que los *muytahids* podían proclamar la *yihad*, y también actuar como recaudadores y distribuidores del *zakat*, es decir, las limosnas canónicas; esta tarea les confería un papel social de carácter independiente, y su integridad provocaba cierta inquietud en el conjunto de la comunidad.

Al menos desde el siglo X, las tumbas de los imanes eran lugares de peregrinación. Había cuatro en Medina, seis en Irak —en Nayaf (donde estaba la tumba de Alí), Karbala (con la tumba de Hussein), Kazimain y Samarra— y una en Mashad, en Jorasán. Alrededor de sus santuarios se levantaron escuelas, albergues y cementerios, donde se enterraba a los chiíes. Las tumbas de los hijos de los imanes, los Compañeros del Profeta y los eruditos famosos también eran objeto de reverencia.

Pero la distinción entre los lugares sunníes y los chiíes del culto no respondía a normas demasiado rigurosas. Todos realizaban la peregrinación a La Meca y visitaban la tumba del Profeta en Medina. Los chiíes acudían a los santuarios de los santos sufíes, y en algunos lugares la población sunní reverenciaba a los imanes y sus familias; en El Cairo, el santuario donde según se creía estaba enterrada la cabeza del imán Hussein era un centro de devoción popular.

Sin embargo, había una celebración anual que poseía un significado especial para los chiíes. Era la *ashura*, la conmemoración del combate de Karbala; allí, el imán Hussein había sido muerto el décimo día del mes de Muharram del año 680. Para los chiíes era uno de los días más importantes de la historia. Señalaba el punto en que el curso visible del mundo se había apartado del que Dios había ordenado. Se concebía la muerte de Hussein como un martirologio, un sacrificio voluntario por el bien de la comunidad, y una promesa en el sentido de que Dios restauraría el orden recto de las cosas. Ese día, los chiíes exhibían signos de duelo, se predicaban sermones en las mezquitas, y se narraba el sacrificio de Hussein al mismo tiempo que se explicaba su significado. En cierto período, la narración de la historia de Hussein se convertía en una narración dramática del episodio.

Desde una etapa temprana en el desarrollo del chiísmo, la reverencia por los imanes había tendido a convertirlos en algo más que figuras humanas, manifestaciones visibles del espíritu de Dios, y tras el visible significado externo del Corán se creía en la existencia de una deidad oculta. Dichas ideas contaron con el apoyo de los Fatimíes cuando gobernaban Egipto y Siria. Los Ismailíes, el grupo chií del cual provenían los Fatimíes, o al que afirmaban estar unidos, sostenían creencias que más tarde se vieron oscurecidas por un sistema de pensamiento desarrollado por los eruditos bajo el mecenazgo de los Fatimíes, y difundido con la ayuda del poder de éstos. La doctrina favorecida por ellos confirió legitimidad a su pretensión en el sentido de que el imanato había pasado de Yafar al-Sadiq a su nieto Muhammad en la función del séptimo imán, y último imán visible de su linaje. Para justificar y explicar esta creencia, se formuló una definición de lo que debía ser el imán, basado en cierto enfoque de la historia. Se afirmó que a lo largo de la historia la humanidad había necesitado un maestro guiado por la divinidad y a salvo del pecado, y que había siete ciclos por cada maestro. Cada ciclo comenzaba con un mensajero *(natiq)* que revelaba la verdad al mundo; lo seguía un intérprete *(wasi)* que enseñaba a los pocos elegidos el significado interior de la revelación del mensajero. Este significado era la base de las formas externas de todas las religiones: Dios era uno e incognoscible, de Él partía la Inteligencia Universal que contenía las formas de todos los seres creados, y las formas que se manifestaban a través de un proceso de emanación. A cada *wasi* seguía una sucesión de siete imanes, el último de los cuales era el mensajero de la era siguiente. El *natiq* de la séptima y última sería el *mahdi*, que revelaría a todos la verdad interior: terminaría la era de la ley externa y comenzaría la era del conocimiento sin disfraces de la naturaleza del universo.

Durante un tiempo se difundió el chiísmo comentado por los Fatimíes, aunque más en Siria que en Egipto o el Magreb. Cuando el poder de los Fatimíes declinó y dio paso, finalmente, al de los Ayubíes, las comunidades ismailíes disminuyeron, si bien se mantuvieron en las montañas a lo largo de la costa siria septentrional y en Yemen, así como en Irán. Con ellos se mezclaron en las montañas costeras de Siria otras dos comunidades que profesaron diferentes variantes de la creencia chií. La fe de los drusos se originó en la enseñanza de Hamza ibn Alí; este maestro desarrolló la idea ismailí de que los imanes eran una expresión de las Inteligencias que emanaban del Dios Uno, y mantuvo la idea de que el Uno Mismo estaba presente en los seres humanos, y finalmente se había corporizado en el califa fatimí al-Hakim (996-1021), que había desaparecido de la vista humana pero regresaría. La otra comunidad, los nusairíes, remontaba su origen a Muhammad ibn Nusair, que enseñó que el Dios Uno era inenarrable, pero que de Él emanaba una jerarquía de seres, y que Alí era la expresión del más elevado de ellos (de ahí el nombre de alauíes por el cual se los conoce a menudo).

Hubo dos comunidades más oscuras que existieron sobre todo en Irak. Los yazidíes en el norte tenían una religión que incluía elementos extraídos tanto del cristianismo como del islam. Creían que Dios había creado el mundo, pero sostenido por una jerarquía de seres subordinados, de seres humanos que gradualmente se perfeccionarían en una sucesión de vidas. Los mandeos de Irak meridional también preservaban reliquias de antiguas tradiciones religiosas. Creían que el alma humana ascendía mediante una iluminación interior para reunirse con el Ser Supremo: un aspecto importante de su práctica religiosa era el bautismo, es decir, un proceso de purificación.

Separadas de las fuentes del poder y la riqueza de las grandes ciudades, y viviendo en la mayoría de los lugares bajo la sospecha, cuando no la hostilidad, de los gobernantes sunníes, estas comunidades se encerraron en ellas mismas y desarrollaron prácticas diferentes de las que abrazaba la mayoría. Si bien las doctrinas y las leyes ibadíes y las zaidíes no eran muy distintas de las que tenían los sunníes, entre los drusos y los nusairíes las divergencias alcanzaban un punto en que los juristas sunníes los consideraron a lo sumo en las márgenes mismas del islam, y con los mamelucos hubo un período en que se los persiguió. Tenían sus propios lugares de observancia religiosa, que eran distintos de los que utilizaban los sunníes y los chíes: la sencilla *jalwa* de los drusos, erigida en la cumbre de una montaña, a cierta altura sobre una ciudad o una aldea, donde los hombres que poseían conocimiento religioso y devoción vivían recluidos, o los *maylis* de los ismailíes. Los eruditos religiosos transmitían la tradición del saber en las escuelas o en sus propios hogares y, cuando no había imanes, ellos eran los depositarios de la autoridad moral en las comunidades.

EL SABER JUDÍO Y CRISTIANO

Hasta principios de los tiempos modernos, los centros principales de la población y la cultura religiosa judías estaban en los países gobernados por los musulmanes. La mayoría de los judíos pertenecía a la corriente principal de la vida judía que aceptaba la autoridad del Talmud, el cuerpo de interpretación y discusión de la ley judía que había sido recopilado en Babilonia o Irak, si bien había comunidades más pequeñas: los caraítas, que sostenían que la Torá, la enseñanza revelada por Dios y plasmada por escrito era la única fuente de la ley, y que todos los eruditos debían estudiarla por sí mismos; y los samaritanos, que antiguamente se habían separado del tronco principal de los judíos.

Durante la primera parte del período islámico, Irak continuó siendo el centro principal del saber religioso judío. En sus dos grandes academias trabajaban los estudiosos a quienes se consideraba los guardianes de la antigua tradición oral de la religión judía, y que recibían de todo el mundo hebreo preguntas acerca de cuestiones de interpretación. Pero más tarde, cuando se desintegró el Imperio abasí, una autoridad independiente fue ejercida por los colegios *(yeshivá)* que se formaron en los centros principales de la población judía, es decir, El Cairo, Cairuán y las ciudades de la España musulmana.

En una época temprana del período islámico, los judíos vivían en países en que el árabe se convirtió en la lengua principal del gobierno y la población musulmana la adoptó como lengua de la vida secular, aunque aquéllos continuaron utilizando el hebreo con fines litúrgicos y religiosos. La influencia de las ideas religiosas y legales judías sobre la estructuración del islam en un sistema de pensamiento se reflejó en el judaísmo, y así se desarrolló una teología y una filosofía judías que recibieron la intensa influencia del *kalam* y la filosofía islámica. Se produjo también un florecimiento de la poesía hebrea —tanto religiosa como secular—, en al-Ándalus, bajo el estímulo de las convenciones y los estilos poéticos árabes. Pero con el advenimiento de los Almohades en el siglo XII el desarrollo integral de la cultura y la vida judías en al-Ándalus tocó a su fin. La figura más relevante del judaísmo medieval, Musa ibn Maimún (Maimónides, 1135-1204), encontró un ambiente más libre en El Cairo de los Ayubíes que en al-Ándalus, de donde provenía. Su *Guía de los perplejos*, escrita en árabe, aportó una interpretación filosófica de la religión judía, y otras obras suyas tanto en árabe como en hebreo desarrollaron la ley judía. Fue el médico de Saladino y su corte, y en su vida y en su pensamiento hallamos pruebas de cuán fluidas eran las relaciones en Egipto durante esa época entre los musulmanes y los judíos cultos y acomodados. Durante los siglos siguientes, la distancia que los separaba aumentó y, aunque algunos judíos continuaron prosperando como mercaderes y fueron funcionarios poderosos en El Cairo y otras grandes ciudades musulmanas, el período creador de la cultura judía en el mundo islámico concluyó.

Como en el caso de los judíos, el período temprano del dominio islámico fue aquel en que las relaciones entre cristianos y musulmanes prosperaron. Los cristianos aún constituían la mayoría de la población, al menos en la parte del mundo islámico que estaba al oeste de Irán.

El advenimiento del islam mejoró la posición de las Iglesias nestoriana y monofisita, pues eliminó los impedimentos que habían soportado bajo el dominio bizantino. El patriarca nestoriano era una personalidad importante en la Bagdad de los califas abasíes, y la Iglesia que encabezaba se extendió hacia el este, penetrando en el interior de Asia y llegando hasta China. A medida que el islam se desarrollaba, lo hacía en un ambiente en esencia cristiano, y los estudiosos cristianos representaron un papel importante en la transmisión del pensamiento científico y filosófico griego a la lengua árabe. Continuaron usándose las lenguas en las que los cristianos habían hablado y escrito antes (griego, siriaco y copto en el este, latín en al-Ándalus) y algunos monasterios fueron centros importantes del pensamiento y la erudición: Dair Zafaran en Anatolia meridional, Mar Mattai en Irak septentrional, y Wadi Natrun en el desierto occidental de Egipto. Pero con el paso del tiempo la situación cambió. La minoría musulmana dominante se convirtió en mayoría, y desarrolló una vida intelectual y espiritual intensa, autónoma y segura de sí misma. En el este, la Iglesia nestoriana, difundida por doquier, casi se extinguió a causa de las conquistas de Tamerlán; en el Magreb, la cristiandad desapareció; en al-Ándalus, la expansión gradual de los estados cristianos desde el norte provocó un aumento de la tensión entre musulmanes y cristianos. Tanto en al-Ándalus como en los países orientales donde vivían cristianos —Egipto, Siria e Irak— la mayoría de éstos abandonaron sus lenguas propias en favor del árabe; pero el árabe no había de ejercer en ellos el mismo efecto vivificante que tuvo en las comunidades judías hasta el siglo XIX.

Por fluidas y estrechas que pudieran haber sido las relaciones entre musulmanes, judíos y cristianos, perduró un abismo de ignorancia y prejuicio entre ellos. Profesaban cultos separados, y tenían sus propios lugares de veneración y peregrinación: Jerusalén para los judíos, otra Jerusalén para los cristianos, y los santuarios locales de los santos. Pero es posible que las diferencias fueran aun mayores en las ciudades que en las zonas rurales. Las comunidades que vivían en estrecha proximidad unas de otras, sobre todo en las regiones donde el poder del gobierno humano no se sentía directamente, podían vivir en estrecha simbiosis sobre la base de la necesidad mutua, o la obediencia y la lealtad común a un señor local. Las fuentes, los árboles y las piedras que habían sido vistos como lugares de intercesión o curación desde un período anterior a la aparición del islam o incluso de la cristiandad, a veces eran sagrados para los partidarios de las diferentes religiones. Se han observado algunos ejemplos en este sentido durante los tiempos modernos: en Siria, el *jidr*, el espíritu misterioso identificado con san Jorge, era objeto de culto en las fuentes y otros lugares santos; en Egipto, los coptos y los musulmanes celebraban por igual el día de santa Damiana, martirizada durante la última persecución de los cristianos en el Imperio romano; en Marruecos, los musulmanes y los judíos participaban conjuntamente en las celebraciones que tenían lugar en los templos de los santos judíos y musulmanes.

CAPÍTULO DOCE

La cultura de las cortes y el pueblo

LOS GOBERNANTES Y LOS PROTECTORES

La desintegración del Califato de los Abasíes y su extinción final eliminó la institución central de poder y mecenazgo que había permitido el desarrollo de una cultura árabe islámica de carácter universal. Los poetas y los hombres de saber religioso y secular se reunían en Bagdad, y las diferentes tradiciones culturales se entremezclaban para producir algo nuevo. La división política de las regiones del Califato provocó cierta dispersión de energía y talento, pero condujo también a la aparición de una serie de cortes y capitales que serían focos de producción artística e intelectual. La división no llegó a ser completa. En ese tiempo, existía un lenguaje común de expresión cultural, y el movimiento de los estudiosos y los escritores de una ciudad a otra lo preservaba y desarrollaba. Pero con el paso de los años, las diferencias de estilo y de eje que siempre habían existido entre las regiones principales del mundo musulmán árabe se acentuaron. Dicho en otras palabras, Irak permaneció en la esfera de influencia de Irán; Siria y Egipto formaron una unidad cultural, cuyo influjo se extendió a sectores de la península arábiga y el Magreb; y en el oeste más remoto se formó una civilización andalusí que, en ciertos aspectos, era distinta de la que existía en el este.

La sociedad andalusí se formó gracias a la fecunda mezcla de distintos elementos: musulmanes, judíos y cristianos, árabes, beréberes, españoles indígenas y soldados de fortuna de Europa occidental y oriental (los *saqalibas* o «eslavos»). Los agrupaba el Califato omeya de Córdoba, y la corte del califa tenía un entorno formado por la elite andalusí que reivindicaba su origen árabe, descendían de los primeros colonos y poseían riqueza y poder social derivados de los cargos oficiales y el control de la tierra. En esta corte de los últimos Omeyas y su entorno apareció por primera vez una cultura superior y peculiar. Los teólogos y los juristas pertenecían principalmente al *madhab* malikí, pero alguno de ellos eran adeptos al *madhab* zahirí, que enseñaba una interpretación literal de la fe, y que más tarde desaparecerían; los doctores y los funcionarios estudiaban filosofía y ciencias naturales; el poder de los gobernantes y la elite se expresaba en la construcción de edificios espléndidos y en la poesía.

Esta cultura continuó floreciendo alrededor de algunas cortes de los pequeños reinos en que se dividió el Califato omeya, los *muluk al-tawaif* o «reinos de taifas». Los Almorávides, que provenían de los límites del desierto del Magreb, aportaron un temperamento austero de adhesión rigurosa a la ley malikí y una actitud de suspicacia frente a la especulación racional libre. El poder de sus sucesores, los Almohades, también obedeció a un impulso de renacimiento de la devoción, y tuvo su eje en la unidad de Dios y la observancia de la ley; pero se alimentó del pensamiento religioso del mundo musulmán oriental, donde su fundador Ibn Tumart había estudiado y formado su espíritu; y los que lo llevaron del Magreb a al-Ándalus provenían de los pueblos beréberes asentados en las montañas del Atlas. Ésta fue la última gran era de la cultura andalusí, y en cierto sentido su culminación: el pensamiento de Averroes fue la expresión definitiva del espíritu filosófico en árabe; la de Ibn Arabi habría de ejercer durante muchos siglos su influencia en la tradición sufí del oeste y el este. Después de los Almohades, el proceso de la expansión cristiana destruyó un centro tras otro de la vida musulmana árabe, ya que sólo perduró el reino de Granada. Pero la tradición que él había creado se prolongó en diferentes modos en las ciudades del Magreb, y sobre todo de Marruecos, adonde emigraron los andalusíes.

Los edificios, la producción humana más duradera, siempre había sido la expresión de la fe, la riqueza y el poder de los gobernantes y las elites. Las grandes mezquitas fueron las señales permanentes que dejaron los gobernantes musulmanes tempranos en los países que conquistaron, y la aparición de centros locales de poder y riqueza, a medida que el dominio de los Abasíes se debilitó y después desapareció, originó una proliferación de edificios, consagrados de diferentes modos a la preservación de la religión y, con ello, de la vida civilizada. El desarrollo del sistema de *waqfs* alentó la creación de estos edificios: las madrazas, las *zawiyas*, los mausoleos, los hospitales, las fuentes públicas y las caravanas para los mercaderes. Algunos los crearon súbditos ricos y poderosos, pero los principales fueron obras de los gobernantes, que también construyeron palacios y ciudadelas. Los centros urbanos, de los cuales aún restan vestigios en El Cairo y Túnez, Alepo y Damasco, y Fez, y los centros de peregrinación como Jerusalén, fueron sobre todo creaciones de los siglos tardíos de esta era. El Cairo fue el mayor y principal, con la Ciudadela y los palacios de los mamelucos en las estribaciones de las colinas de Muqattam, las mezquitas y tumbas de los sultanes en los amplios cementerios instalados fuera de la ciudad, y complejos, como la mezquita y la madraza del sultán Hasán, construidos alrededor de un patio de planta cuadrada.

Hacia el siglo X se había creado la forma fundamental de los principales edificios públicos: la mezquita con su *qibla*, el *mihrab* y los minaretes, a los cuales el individuo se acercaba atravesando un patio amurallado con una fuente destinada a las abluciones; y el palacio del gobernante, limitado por muros o alejado de la ciudad, en cuyo interior, en una secuencia de salones y cenadores levantados en los jardines, se desarrollaba una vida propia. En esos edificios de un período anterior, la fachada externa importaba poco, pues los muros interiores eran el elemento que expresaba poder o creencia, ornados con dibujos vegetales o geométricos, o con inscripciones. En el período ulterior, los edificios de las ciudades muy distanciadas unas de otras continuaron compartiendo hasta cierto punto el lenguaje de la decoración: de Bagdad a Córdoba, los muros de estuco, las tejas o la madera tallada exhibían dibujos o inscripciones en lengua árabe. Pero en ciertos aspectos aparecieron estilos peculiares. Se asignó más importancia a la apariencia externa —las fachadas, los portales de carácter monumental, las bóvedas y los minaretes— y aquí sí se produjeron diferencias importantes. En las ciudades sirias y egipcias de dominio ayubí y, después, mameluco, las fachadas exhibían un revestimiento de piedra con diferentes bandas de color; era el estilo *ablaq*, una herencia romana que se utilizó en Siria, se extendió a Egipto y también se manifestó en las iglesias de Umbía y la Toscana, en Italia. La cúpula llegó a ser más prominente; exteriormente podía adornarse con diferentes diseños geométricos o de otro carácter; en el interior, la transición de la sala cuadrada a la cúpula redonda determinó un problema, que se resolvió mediante el uso de pechinas, a menudo adornadas con estalactitas.

En el extremo occidental del mundo musulmán árabe, un estilo peculiar de construcción de las mezquitas comenzó en la gran mezquita de Córdoba, con sus muchos corredores, sus adornos de mármol esculpido, y sus columnas de forma especial, con pilares rectos coronados por un arco en herradura. Las dinastías almorávide y almohade dejaron su legado en las grandes mezquitas de al-Ándalus, Marruecos, Argelia y Túnez. La mezquita Qarawiyyin en Fez, creación de los Almorávides, puede verse como un ejemplo de ese estilo, con su patio estrecho y largo, los dos minaretes levantados simétricamente en los extremos, la sala de plegarias con hileras de pilares paralelos a la pared, sobre la cual estaba el *mihrab*, y las tejas verdes en el techo. El minarete del Magreb tendía a ser cuadrado, con un cuadrado más pequeño que se elevaba sobre una plataforma en el extremo superior. Algunos eran muy altos y se destacaban mucho, como la Giralda de Sevilla o la Kutubiyya de Marrakech.

El monumento de estilo andalusí más impresionante que ha sobrevivido no fue una mezquita sino un palacio: la Alhambra de Granada. Construida principalmente durante el siglo XIV no fue sólo un palacio, sino más bien una ciudad real separada de la ciudad principal que estaba a su falda. Protegido por sus muros había un complejo de edificios: cuarteles y fortificaciones fuera, en el centro dos patios reales, el de los Arrayanes y el de los Leones, donde había estanques rodeados de jardines y edificios, y en los extremos, salas de ceremonia. El material usado fue el ladrillo, lujosamente adornado con estuco o tejas, y con inscripciones del Corán y de poemas árabes compuestos especialmente con ese fin. La presencia del agua indica un rasgo común del estilo de al-Ándalus y el Magreb: la importancia del jardín. En el centro del jardín había un curso de agua o un estanque, rodeado por un rectángulo de jardines y pabellones; se seleccionaban y plantaban profusamente flores y arbustos; el conjunto estaba encerrado por altos muros de mampostería cubiertos con estuco.

El principal adorno interior de los edificios era la decoración de los muros, con tejas, estuco o madera. En los palacios y las casas de baño, al parecer, había pinturas murales, que incluían imágenes de seres humanos y animales, consagrados a la cacería, a la guerra o las excursiones de placer: temas que habría sido imposible incluir en las mezquitas, pues la rigurosa doctrina religiosa desaprobaba la representación de los seres vivientes, por entender que eran un intento de imitar el poder creador único de Dios. No se colgaban cuadros de los muros, pero era posible ilustrar los libros. Hay manuscritos de *Kalila wa Dimna*, originarios de los siglos XII y XIII, que contienen imágenes de aves y animales; los de *Maqamat* de al-Hariri tienen escenas de la vida cotidiana —la mezquita, la biblioteca, el bazar y el hogar—; a su vez, otros ilustran artilugios científicos. Esta tradición continuó durante el período de los mamelucos, pero no fue tan vigorosa como más al este, en Irán.

En el adorno de las casas privadas y los edificios públicos se destacaban más las piezas de cristal, cerámica y metal, importantes no sólo por su aprovechamiento o por la belleza de la forma, sino porque incluían imágenes que podían ser símbolos de las verdades de la religión o el poder real: árboles, flores, palabras, animales o monarcas. Los objetos de cerámica más tempranos eran de loza, pero más tarde se hicieron de cerámica vidriada. Se importaba la porcelana china bicolor en azul y blanco, y a partir del siglo XIV se la imitó. Egipto era el principal centro de producción, si bien tras la destrucción de Fustat durante el siglo XII los artesanos emigraron a Siria y aun más lejos. En Mosul, Damasco, El Cairo y otros lugares del interior se fabricaban vasos de cobre, bronce y cristal. Se producían refinadas lámparas de cristal, para colgar en las mezquitas.

LA POESÍA Y LA NARRATIVA

La poesía representó un papel importante en la cultura de los gobernantes y los adinerados. Allí donde había mecenas, había poetas que los alababan. A menudo el elogio adoptaba una forma conocida: la de la *qasida* según la habían desarrollado los poetas del período abasí. Pero en al-Ándalus, en las cortes de los Omeyas y de algunos de sus sucesores, y alrededor de ellos, se crearon nuevas formas poéticas. La más importante fue la *muwashshá* (moaxaja), que había aparecido a fines del siglo X y continuaría cultivándose durante siglos, y no sólo en al-Ándalus sino también en el Magreb. Era un poema estrófico, es decir, un poema en que cada línea no terminaba con la misma rima, sino que había un patrón de rimas en cada estrofa o serie de versos, y esto se repetía a lo largo del poema. La métrica y el lenguaje utilizados eran esencialmente los mismos que se observaban en la *qasida*, pero cada estrofa terminaba con un estribillo (*jarya*, o jarcha), acerca de cuyo origen los estudiosos han formulado muchas conjeturas; se escribían en lenguas próximas a las vernáculas, y a veces no en árabe sino en la lengua romance de la época; en ocasiones expresaban sentimientos de amor romántico, en un lenguaje atribuido a alguien que no era el poeta. Los temas de la moaxaja incluían todos los que eran propios de la poesía árabe: descripciones de la naturaleza, alabanza a los gobernantes, amor y exaltación de Dios y el camino que conduce al conocimiento místico de Él. Más tardíamente apareció otra forma, el *zayal* o zéjel, también un poema estrófico, si bien compuesto en el árabe coloquial de al-Ándalus.

En algunos poemas de amor andalusíes el acento personal es intenso, es la expresión de un destino individual, como en los poemas de Ibn Zaidún (1003-1071). Criado en Córdoba en tiempos de la decadencia del Califato omeya, Ibn Zaidún se involucró profundamente en la vida política de su tiempo. Encarcelado por el gobierno del califa, buscó refugio primero en el territorio de un gobernante local, y después en el de otro de Sevilla; cuando el gobernante de Sevilla conquistó Córdoba, Ibn Zaidún regresó allí un tiempo. Pero pasó la mayor parte de su vida exiliado de su propia ciudad, y los lamentos por el lugar perdido de su cuna, unidos al dolor por la juventud pasada, repiten algunos de los temas tradicionales de la *qasida* clásica, pero de un modo que revela la personalidad del autor. En un poema sobre Córdoba, evoca la ciudad y su juventud:

> Dios ha sido generoso con la lluvia caída sobre las moradas desiertas de aquéllos a quienes amamos. Ha entretejido sobre ellos una vestidura de flores con rayas de muchos colores, y alzado entre ellos una flor que es como una estrella. Cuántas jóvenes como imágenes arrastraban sus ropas entre esas flores cuando la vida era nueva y el tiempo estaba a nuestro servicio [...]. Cuán felices eran esos días que han pasado, momentos de placer, cuando vivíamos con las que tenían abundantes cabellos negros y blancos hombros [...]. Ahora hablemos al Destino cuyos favores se han esfumado —favores que yo lloro mientras pasan las noches— cuán suavemente su brisa me roza en el atardecer. Pero para quien camina en la noche aún brillan las estrellas. Yo te saludo, Córdoba, con amor y añoranza.[1]

El mismo acento personal de pesar y angustia se manifiesta en sus poemas de amor dirigidos a Walada, la princesa Omeya a quien había amado en su juventud, pero que lo había dejado por otro:

> Sí, te recuerdo con añoranza, en al-Zahra, cuando el horizonte era luminoso y la faz de la tierra placentera, y la brisa soplaba dulcemente al final de la tarde, como si se compadeciera de mí. El jardín relucía con sus aguas de plata, como si de los pechos se hubiesen desprendido en él los collares. Era un día como los días de placer que ahora nos abandonaron. Pasábamos la noche como ladrones, robando ese placer mientras la suerte dormía [...].

Una rosa brillaba en su lecho expuesta al sol, y el mediodía parecía más radiante al verla; un nenúfar pasaba, extendiendo su fragancia, un durmiente cuyos ojos el alba había abierto [...]. Mi posesión más preciosa, más brillante y más amada —si es que los amantes pueden tener posesiones— no podría compensar la pureza de nuestro amor, en el tiempo en que vagábamos libres por el jardín del amor. Ahora, agradezco a Dios mi tiempo contigo; has encontrado consuelo para eso, pero yo continúo amando.[2]

Fue el último florecimiento de una poesía lírica original y personal antes de los tiempos modernos. La creación poética continuó siendo abundante, como una actividad propia de los hombres cultos, pero pocos ejemplos han atraído la atención de épocas posteriores. La principal excepción son algunos poemas inspirados por el sufismo, por ejemplo los de Umar ibn al-Farid (1181-1235), con sus imágenes de amor y embriaguez, que admiten más de un significado.

Una de las razones del florecimiento de al-Ándalus puede haber sido la mezcolanza de pueblos, lenguas y culturas. Allí se usaban al menos cinco idiomas. Dos eran coloquiales, el característico árabe andalusí y el dialecto romance que después se convertiría en español. Los musulmanes, los cristianos y los judíos utilizaban ambos en diferente medida. También había tres lenguas escritas: el árabe clásico, el latín y el hebreo. Los musulmanes usaban el árabe, los cristianos el latín y los judíos tanto el árabe como el hebreo. Los judíos que escribían de filosofía o ciencia usaban principalmente el árabe, pero los poetas empleaban el hebreo de un modo diferente. Casi por primera vez, se usó la poesía en hebreo con fines que no eran litúrgicos; con el mecenazgo de los judíos adinerados y poderosos que tenían un papel destacado en la vida de las cortes y las ciudades, los poetas adoptaron formas de la poesía árabe como la *qasida* y la moaxaja, y las emplearon con fines seculares tanto como litúrgicos. El poeta que alcanzó una fama más duradera fue Yehudá ha-Leví (1075-1141).

La alta poesía se escribía en un lenguaje rigurosamente gramatical, y ese tipo de composición celebró ciertos temas reconocidos y repitió ecos de los poemas anteriores, pero alrededor de ella hubo una literatura difundida más ampliamente, que sería demasiado sencillo denominar «popular», pues con toda probabilidad fue apreciada por amplios estratos sociales. Gran parte de esas obras tuvo un carácter efímero, compuesta de un modo más o menos improvisado; no se le dio forma escrita, sino que se trasmitió oralmente, y después se perdió con el tiempo, si bien algunas creaciones han sobrevivido. El zéjel, que apareció por primera vez en al-Ándalus durante el siglo XI, se difundió por todo el mundo de habla árabe. Hay también una tradición teatral. Ciertas obras del teatro de sombras, compuestas por Ibn Daniyal, autor del siglo XIII, se representaban con marionetas o con las manos frente a una luz y detrás de una pantalla, y todavía perduran.

El romance fue el género más difundido y perdurable. Los grandes ciclos de narraciones acerca de los héroes aumentaron en el curso de los siglos. Sus orígenes se perdieron en las brumas del tiempo, y pueden hallarse diferentes versiones en varias tradiciones culturales. Es posible que existieran en la tradición oral antes de pasar a la forma escrita. Incluían los relatos de Antar ibn Shaddad, hijo de una esclava, que se convirtió en héroe tribal árabe, de Iskandar o Alejandro Magno, de Baibars, el vencedor de los mongoles y fundador de la dinastía de los mamelucos en Egipto; y de los Banu Hilal, la tribu árabe que emigró a los países del Magreb. Los ciclos incluyen temas variados. Algunos son historias de aventuras o viajes narradas por su propio valor; otras evocan el universo de fuerzas sobrenaturales que rodean a la vida humana, los espíritus, las espadas de propiedades mágicas, las ciudades imaginarias; en el corazón de estas piezas está la idea del héroe o grupo heroico, un hombre o grupo de hombres que se enfrenta con las fuerzas del mal —hombres o demonios o sus propias pasiones— y las vence.

Se recitaban estas composiciones en una mezcla de poesía, prosa rimada *(say)* y prosa común. Había motivos que justificaban esta actitud: la rima era una ayuda de la memoria, y también separaba la narración de la vida y el discurso usuales; la mezcla de diferentes estilos permitió que el narrador pasara de un registro a otro, en concordancia con el público y la impresión que aquél deseaba provocarle —un público rural podía tener expectativas diferentes de los habitantes de la ciudad, y el hombre educado era distinto del analfabeto—. Con el tiempo, las historias fueron anotadas por autores de cierta capacidad literaria, y quienes las recitaban quizás estaban al tanto de los textos escritos, pero siempre había espacio para la improvisación o la adaptación a las necesidades de determinado tiempo o cierto lugar.

No se ha estudiado mucho —y quizá no sea posible hacerlo— la historia del desarrollo de estos siglos. Sin embargo, es evidente que evolucionaron gradualmente en el curso del tiempo, y pasaron de un país a otro. Un estudio del ciclo de Antar ha demostrado que sus orígenes están en ciertos relatos populares perdidos de la Arabia preislámica, si bien poco a poco fueron acumulando nuevo material al trasladarse a diferentes lugares; según lo conocemos ahora, el texto adopta la actual forma a lo sumo a fines del siglo XIV. Se ha sugerido que dicho proceso de desarrollo tuvo más de un significado puramente literario; sirvió para conferir legitimidad a los pueblos recientemente islamizados o arabizados, al incluir su historia en un esquema árabe; las tribus nómadas del Sahara, cuando relataban su versión de la historia de Antar o de los Banu Hilal, estaban vindicando a la vez su propio origen árabe.

El ciclo de los relatos denominados *Las mil y una noches*, aunque distintos a los romances en muchos aspectos, repiten uno de sus temas y parecen haberse desarrollado de un modo bastante análogo. No era un romance estructurado alrededor de la vida y las aventuras de un solo hombre o grupo, sino una recopilación de narraciones de diferentes tipos vinculadas gradualmente mediante el recurso de una misma narradora que relata historias a su esposo noche tras noche. Se cree que el germen de la recopilación estuvo en un grupo de cuentos traducidos del pelvi al árabe en los primeros siglos del islam. Hay algunas referencias en el siglo X, y un fragmento de un manuscrito temprano, pero el manuscrito completo más antiguo se remonta al siglo XIV. Parece que el ciclo de historias tomó cuerpo en Bagdad entre los siglos X y XII; se amplió aún más en El Cairo durante el período de los mamelucos, y después se agregaron o inventaron relatos que se situaron en Bagdad en los tiempos del califa abasí Harún al-Raschid. Con posterioridad, se añadieron nuevos elementos; algunas de las narraciones, en las primeras traducciones a lenguas europeas en el siglo XVIII, y en las primeras versiones árabes impresas del XIX, no aparecen en los manuscritos anteriores.

Una obra narrativa muy diferente de ésta se produjo durante la última gran época de la cultura andalusí, la de los Almohades: *Hayy ibn Yaqdán*, de Ibn Tufail (m. 1185/6). Es un tratado filosófico que adopta la forma de un relato, y cuenta la historia de un niño criado en el aislamiento de una isla. Mediante el ejercicio solitario de la razón recorre las diferentes etapas de comprensión del universo, y cada etapa insume siete años y tiene su forma de pensamiento apropiado. Finalmente, él alcanza la cumbre del pensamiento humano, cuando aprehende el proceso que es la naturaleza final del universo, el ritmo eterno de emanación y retorno, las emanaciones del Uno que descienden de nivel en nivel a través de las estrellas, el punto en que el espíritu adopta su forma material, y el espíritu que pugna por elevarse hacia el Uno.

Pero esta aprehensión está reservada sólo a la minoría. Cuando Hayy al fin encuentra a otro ser humano y ambos salen un tiempo de la isla para dirigirse al mundo habitado, él comprende que hay una jerarquía de intelectos humanos. Sólo unos pocos pueden alcanzar la verdad mediante el empleo exclusivo de la razón; otra minoría puede alcanzarla utilizando su razón para descifrar lo que se les aporta a través de los símbolos de la revelación religiosa; y otros aceptan las leyes basadas en esos símbolos, pero no pueden interpretarlas mediante la razón. La mayor parte de la humanidad no se preocupa ni por la verdad racional ni por las leyes religiosas, y sí únicamente por las cosas de este mundo. Cada uno de los tres primeros grupos tiene su propia perfección y sus propios límites, y no debe tratar de alcanzar más. Al hablar, en su visita a tierra firme, ante los hombres del tercer grupo,

> Hayy les dijo que compartía la opinión de esta gente, y aceptaba que era necesario que ella permaneciera en los límites de las leyes divinas y la observancia externa, absteniéndose de profundizar en lo que no le concierne, teniendo fe en lo que se entendía confusamente y aceptándolo, evitando la innovación y las fantasías subjetivas, ajustándose al modelo de los antepasados piadosos y desechando las ideas nuevas. Los exhortó a evitar las actitudes de la gente común que descuida los senderos de la religión y acepta el mundo [...]. Ése era el único camino para las personas así, y si intentaban elevarse a mayor altura, a las cumbres de la percepción, se vería perturbado lo que poseían: no podían alcanzar el nivel de los benditos, y en cambio se tambalearían y caerían.[3]

LA MÚSICA

En la mayoría de los tiempos y los lugares la música ha sido un adorno en la vida de los poderosos y los ricos, y el acompañamiento de cierto tipo de poesía. Las moaxanas de al-Ándalus estaban escritas para ser cantadas, y eran la continuación de una tradición que se había iniciado en los primeros tiempos del islam, la cual, en sí misma, provenía de una tradición irania más antigua. En tiempo de los Omeyas el músico era una figura de la corte, tocaba para el gobernante, que marcaba su distancia ocultándose tras una cortina. Una famosa antología, *Kitab al-agani* (*El libro de los cantos*), refleja un episodio similar en la corte abasí. El compositor de una canción así lo explica:

Fui llevado a un salón espacioso y espléndido, en cuyo extremo colgaba una magnífica cortina de seda. En el centro del salón había varios asientos frente a la cortina, y cuatro de éstos ya habían sido ocupados por cuatro músicos, tres mujeres y un varón, con laúdes en las manos. Me pusieron al lado del otro, y se impartió la orden de que comenzara el concierto. Después que estos cuatro habían cantado, me volví hacia mi compañero y le pedí que me acompañase con su instrumento [...]. Entonces entoné una melodía que yo mismo había compuesto [...]. Finalmente, se abrió la puerta; Fadl ibn Rabí exclamó: «El jefe de los fieles», y apareció Harú.[4]

En cierto momento, este arte fue llevado por un músico de la corte de los Abasíes a la de los Omeyas en Córdoba; allí se formó una tradición andalusí y del Magreb que fue distinta de la tradición iraní de las cortes orientales.

Como la música pasaba de unos a otros por trasmisión oral directa, de hecho no hay registros de lo que se ejecutaba o cantaba hasta los siglos ulteriores, pero algo puede saberse por las obras de los escritores acerca de la teoría musical. En concordancia con los pensadores griegos, para los filósofos musulmanes la música era una ciencia: el orden de los sonidos podía explicarse de acuerdo con principios matemáticos. Explicar el asunto era sobremanera importante para ellos, porque creían que los sonidos eran ecos de la música de las esferas: de los movimientos celestiales que originan todos los movimientos del mundo bajo la luna. Además de sus especulaciones filosóficas, las obras musicales como las de Avicena aportaban detalles acerca de los estilos de composición y ejecución, y acerca de los instrumentos. Estos trabajos muestran que la música cortesana era esencialmente vocal. Se cantaban poemas con acompañamiento de instrumentos: se utilizaban instrumentos de cuerda, tanto de plectro como de arco, de viento —flautas— y de percusión. Se organizaban los sonidos de acuerdo con una serie de «modos» reconocidos, pero en el marco de estos esquemas fijos había lugar para la improvisación de variaciones y florituras. La música también era un acompañamiento de la danza, que interpretaban bailarines profesionales en los palacios y las casas privadas.

En el desierto, el campo y la ciudad todos los estratos sociales tenían su música para las ocasiones importantes: la guerra y la cosecha, el trabajo y el matrimonio. Los habitantes de cada región tenía sus propias tradiciones, y entonaban las canciones con o sin acompañamientos de tambores, flautines de lengüeta o violines de una cuerda; algunas ocasiones también se celebraban con danzas, ejecutadas no por bailarines profesionales sino por los hombres o las mujeres, dispuestos tanto en filas como en grupo. La migración de los pueblos y la difusión de la lengua árabe, con todo lo que ello comportaba, pudo haber determinado que estas tradiciones tendieran a uniformarse, si bien perduraron las diferencias de una aldea o una tribu a otra.

La música cortesana se relacionaba con el carácter mundano de la vida cortesana, y la música del pueblo también podía ser un acompañamiento de las celebraciones mundanas. Los hombres religiosos desaprobaban esas prácticas, pero no podían condenar totalmente la música, pues esta fuente llegó a cobrar importancia en la música religiosa: la llamada a la plegaria tenía su propio ritmo, se entonaba el Corán con arreglo a normas formales, y el *dikr*, el rito o repetición solemne del nombre de Dios, estaba acompañado por la música, e incluso por movimientos corporales en algunas de las fraternidades sufíes. Por consiguiente, para los que escribían en el marco de la tradición legal era importante definir las condiciones en que se permitía ejecutar y escuchar música. En una famosa sección del *Ihya ulum al-din*, al-Gazali reconoció el poder de la música sobre el corazón humano:

> No es posible entrar en el corazón sino pasando por la antecámara de los oídos. Los asuntos musicales, medidos y placenteros, destacan lo que hay en el corazón y revelan sus bellezas y defectos [...]. Siempre que el alma de la música y el canto llegan al corazón, hay movimientos de éste que prevalecen en él.[5]

Por consiguiente, era necesario regular el uso de esta fuerza poderosa. La poesía y la música no estaban prohibidas por sí mismas, sino según las circunstancias. Eran admisibles cuando excitaban el deseo de salir en peregrinación, o exhortaban a los hombres a la guerra en las situaciones en que ésta era lícita, o suscitaban un dolor meritorio —«el dolor de un hombre por sus propios defectos en las cuestiones de la religión, o por sus pecados»—[6] o el amor cuando el objeto de éste es permisible, o el amor de Dios: «Ningún sonido que llega al oído del hombre proviene de nada que no sea Él y en Él.»[7] Pero estaban prohibidas si el recitador o el cantante era un individuo que incitaba a la tentación, o el canto era obsceno o blasfemo o daba lugar a la lascivia; ciertos instrumentos —flautas o instrumentos de cuerda— estaban prohibidos porque se asociaban con los borrachos o los afeminados.

LA COMPRENSIÓN DEL MUNDO

No sólo los eruditos religiosos y los estudiantes de las madrazas, sino también los miembros de las familias urbanas que se habían educado leían libros. Ahora, había un buen número de obras escritas en árabe, y se desarrolló una suerte de autoconciencia cultural, estudio y reflejo de la cultura acumulada que se expresaba en esta lengua.

La condición previa de dicha actividad era que los libros fuesen fácilmente asequibles. La difusión de la manufactura y el uso del papel a partir del siglo IX facilitaron y abarataron la copia de libros. El propio autor, o un erudito prestigioso, dictaba el libro a los escribas, y después escuchaba o leía las copias y las autenticaba con un *iyaza*, es decir, un certificado de trasmisión auténtica. El proceso se difundió, pues los que habían copiado un libro autorizaban a otros a copiarlo. Los libreros vendían las copias, y sus tiendas a menudo estaban cerca de las principales mezquitas de la ciudad; algunas obras fueron adquiridas por las bibliotecas.

Las primeras grandes bibliotecas de las cuales tenemos noticia habían sido creadas por monarcas: la «Casa de la Sabiduría» *(Bait al-hikma)* en Bagdad, por el califa Mamún (813-833), y después la «Casa del Saber» *(Dar al-ilm)*, fundada durante el siglo XI en El Cairo de los Fatimíes. Ambas eran algo más que meros depósitos de libros: también eran centros para el estudio y la difusión de las ideas favorecidas por los gobernantes, esto es, las ciencias racionales en tiempos de Mamún, el saber de los ismailíes en El Cairo. Más tarde, las bibliotecas se multiplicaron, en parte porque llegó a aceptarse que los libros que contribuían al estudio y la enseñanza de la religión debían convertirse en donativos religiosos *(waqf)*. Muchas mezquitas y madrazas tenían bibliotecas anexas, no sólo para uso de los eruditos en sus estudios privados, sino también como centros de copia y transmisión de manuscritos.

Los canonistas admitían sólo los libros que conducían al saber religioso como objeto del *waqf*, pero los poderosos y los ricos no siempre formulaban estas diferencias. Los palacios y las grandes residencias tenían bibliotecas, y en algunas había libros escritos en una hermosa caligrafía e ilustrados con imágenes.

Gran parte de la producción de los que leían libros y los escribían pertenecía a lo que un estudioso moderno ha denominado «literatura de la recopilación»: diccionarios, comentarios acerca de literatura, manuales de práctica administrativa y, sobre todo, historiografía y geografía. La composición de obras de historia era un rasgo común a todas las sociedades musulmanas urbanas y cultas, y según parece esta producción era muy leída. Las obras de historia y los temas afines suministran el cuerpo más considerable de trabajo en las lenguas principales del islam, fuera de la literatura religiosa. Aunque no formaban parte del currículo central de la madraza, parece que los libros de historia eran muy leídos por los eruditos y los estudiantes, así como por un público culto más amplio. Para un sector de los lectores tenían especial importancia: para los monarcas y los que estaban a su servicio, la historia suministraba no sólo un registro de las glorias y las realizaciones de una dinastía, sino también una reunión de ejemplos de los cuales podían extraer lecciones acerca del arte del gobierno.

A medida que se deterioró la unidad del Califato y aparecieron las dinastías, con sus cortes, las burocracias y la burguesía reunidas alrededor de ellas, en todo el mundo islámico también se desarrollaron las tradiciones de composición de la historia local. Los estudiosos, los funcionarios o los historiadores de la corte redactaban los anales de una ciudad o una región. En obras como éstas podía existir un resumen de la historia universal extraído de los grandes historiadores del período de los Abasíes, pero después seguía una crónica de los hechos locales o de una dinastía, registrada año por año; podían agregarse las biografías de los que habían fallecido ese año. Así, en Siria Ibn al-Azir (1163-1233) situó los hechos de su propio tiempo y su región en el contexto de una historia universal. En Egipto, las historias locales escritas por al-Maqrizi (m. 1442) e Ibn Iyás (m. 1524) abarcaban el período de los mamelucos. En el Magreb, la historia de las dinastías árabes y berberiscas escrita por Ibn Jaldún estuvo precedida por sus famosos *Muqaddima* (*Prolegomena*) en que se formulan los principios de selección e interpretación de la redacción responsable de la historia:

> Muchas personas competentes y muchos historiadores expertos han errado el camino en relación con esas historias y opiniones, y las aceptaron sin examen crítico [...], y por eso mismo se ha confundido la historia [...]. Quien practica esta ciencia necesita conocer las normas del arte del gobierno, la naturaleza de las cosas existentes, y la diferencia entre las naciones, las regiones y las tribus con respecto al modo de vida, las cualidades del carácter, las costumbres, las sectas, las escuelas de pensamiento, y cosas semejantes. Necesita distinguir las semejanzas y las diferencias entre el pre-

sente y el pasado, y conocer los distintos orígenes de las dinastías y las comunidades, las razones de su nacimiento, las circunstancias de las personas comprometidas en ellas, y su historia. Debe continuar trabajando hasta que posea un conocimiento completo de las causas de cada episodio, y después examinará la información que le ha llegado a la luz de sus principios explicativos. Si todo esto armoniza, la información será válida; de lo contrario, será falsa.[8]

La preocupación por la diversidad de la experiencia humana se manifestó también en otro género de literatura, el de la geografía y los viajes. Los que escribían obras de geografía combinaban el conocimiento derivado de los escritos griegos, iranios e indios con las observaciones de los soldados y los viajeros. A algunos sólo les interesaba relatar la historia de sus propios viajes y lo que habían observado; los de Ibn Batuta (m. 1377) fueron los de mayor alcance, y trasmitieron el sentido de la extensión del mundo del islam y la variedad de sociedades humanas que lo habitaban. Otros se propusieron estudiar sistemáticamente los países del mundo en sus mutuas relaciones, anotar las variedades de sus cualidades naturales, sus pueblos y sus costumbres, y delimitar también las rutas que los unían y las distancias que los separaban. Así, al-Muqaddasi (m. 1000) escribió un compendio de geografía física y humana del mundo conocido, sobre la base de sus propias observaciones y las de testigos fidedignos, y al-Yaqut (m. 1229) escribió una suerte de diccionario geográfico.

Los gustos de la burguesía quizá no eran los mismos que manifestaban los estudiosos religiosos y los estudiantes de las madrazas. En especial, las familias que facilitaban secretarios, contables y doctores a los gobernantes se sentían atraídas, en vista del carácter de su trabajo, por el tipo de pensamiento que era el producto de la observación y la deducción lógica a partir de principios racionales. Las especulaciones de los filósofos merecían el escepticismo de algunas escuelas de la ley religiosa y de ciertos gobernantes, pero otros modos de utilizar la razón para dilucidar la naturaleza de las cosas despertaban menos sospechas y prestaban servicios útiles.

La astronomía tenía valor práctico porque suministraba los medios para calcular las fechas y las épocas. Era una de las esferas en que el uso de la lengua árabe en la vasta extensión que iba del mar Mediterráneo al océano Índico permitió reunir la tradición científica griega con las de Irán e India.

Otra ciencia tuvo un uso más generalizado. Los doctores en medicina eran personas muy importantes en las sociedades musulmanas; gracias a la atención que prestaban a la salud de los gobernantes y las personas poderosas, podían adquirir mucha influencia política. No hubieran podido desempeñar su tarea sin cierta comprensión de la naturaleza y las actividades del cuerpo humano, y los elementos naturales que lo constituían. El núcleo del saber médico musulmán provino de la teoría médica y fisiológica griega, y sobre todo del trabajo de Galeno, el gran sintetizador. La base de esta teoría es la creencia de que el cuerpo humano estaba formado por los cuatro elementos que componían todo el mundo material: el fuego, el aire, la tierra y el agua. Podían mezclarse estos elementos de diferentes modos, y las distintas mezclas originaban diferentes temperamentos y «humores». El equilibrio justo de los elementos preservaba la salud del cuerpo, y el desequilibrio conducía a la enfermedad, la que requería el arte curativo del médico.

Los principios del arte médico habían sido expuestos durante el período abasí en dos grandes obras de síntesis: el *Hawi (Libro integral)* de Abú Bakr Muhammad al-Razi (863-925) y el *Qanun (Principio de la medicina)* de Avicena. Aunque basados en las obras de los grandes científicos griegos, de todos modos mostraron el desarrollo de una tradición islámica particular que, en algunos aspectos, otorgó mayor profundidad a la ciencia de la medicina; el libro de Avicena, traducido al latín y a otras lenguas, sería el principal libro de la medicina europea al menos hasta el siglo XVI.

Según lo entendían los médicos musulmanes, el arte de la medicina no se enseñaba en las madrazas, sino que se aprendía mediante la práctica o en los *bimaristanes*, los hospitales que habían recibido donativos en forma de *waqf* y que existían en las ciudades principales. Los médicos musulmanes realizaron sus contribuciones más importantes en la condición de profesionales del arte de la curación. Perfeccionaron las técnicas de la cirugía. Observaron el curso de las enfermedades y las describieron; Ibn al-Jatib (1313-1374) fue quizás el primero en comprender el modo de difusión de la peste a través del contagio. Estudiaron la preparación de drogas a partir de plantas medicinales y sus efectos sobre el cuerpo humano, y la farmacopea fue amplia; se ha dicho que la farmacia como institución es una invención islámica. También comprendieron la importancia de los factores que podían impedir el desequilibrio de los elementos que, según creían, llevaban a la enfermedad: una dieta sana, el aire frío y el ejercicio.

Durante los siglos siguientes, hubo un intento de crear otro sistema de ciencia médica, la «medicina profética» *(tibb nabawi)*. Era una reacción contra la tradición que partía en Galeno. Su sistema se basaba en lo que los *hadices* registraban de las prácticas del Profeta y sus Compañeros en relación con la salud y la enfermedad. Pero no fue creación de médicos, sino de juristas y tradicionalistas que afirmaban la opinión rigurosa de que el Corán y el *hadiz* contenía todo lo que se necesitaba para la vida humana. Era la opinión de una minoría incluso en el ámbito de los eruditos religiosos. Por su parte Ibn Jaldún formuló una opinión crítica, con su habitual y sólido buen sentido. Afirmó que este tipo de medicina, ocasional y casualmente podía dar en el clavo, pero no se basaba en ningún principio racional. Los hechos y las opiniones anotados en relación con la vida del Profeta no formaban parte de la revelación divina:

> El Profeta (la paz sea con él) fue enviado para enseñarnos la ley religiosa, no la medicina u otros asuntos usuales y comunes [...]. Ninguno de los enunciados acerca de la medicina que aparecen en las buenas tradiciones puede tener la fuerza de la ley.[9]

Alrededor de la enseñanza formal de las ciencias religiosas y las especulaciones de los filósofos, había una amplia zona de penumbra formada por creencias y prácticas mediante las cuales los seres humanos abrigaban la esperanza de comprender y controlar las fuerzas del universo. Tales creencias reflejaban el temor y el desconcierto en presencia de lo que podía parecer un destino incomprensible y a veces cruel, pero no podían ser más que eso. La línea divisoria entre la «ciencia» y la «superstición» no ocupaba el mismo lugar que tiene hoy, y muchos hombres y mujeres educados aceptaban tales creencias y prácticas porque se basaban en ideas muy difundidas, y que sólo algunos de los filósofos y los teólogos rechazaban, por diferentes razones.

Las pretensiones de la astrología se fundamentaban en una idea muy ampliamente aceptada y que tenía una imagen respetable: que el mundo celestial determinaba los asuntos del mundo humano, sublunar. La frontera entre los dos mundos estaba representada por los planetas y las estrellas, y el estudio de su configuración y de los movimientos de los planetas no sólo explicaba lo que estaba sucediendo en el mundo de la llegada a la tierra y la muerte, sino que también podía modificarlo. Ésta había sido una idea común entre los griegos, la adoptaron algunos pensadores musulmanes y los teósofos sufíes le asignaron una forma específicamente islámica; los objetos del mundo celestial fueron percibidos como emanaciones de Dios. Los astrólogos musulmanes crearon técnicas de predicción e influencia: por ejemplo, mediante la inscripción solemne de figuras o letras en ciertas distribuciones de materiales de diferentes tipos. Algunos pensadores distinguidos incluso aceptaron las afirmaciones de los astrólogos, y pensaron que las estrellas podían influir sobre la salud del cuerpo. Pero los juristas rigurosos y los filósofos racionales las condenaron; Ibn Jaldún creía que estos conceptos carecían de base en la verdad revelada, y que negaban el papel de Dios como agente único.

También se difundió ampliamente la creencia de los alquimistas, en el sentido de que podía obtenerse oro y plata a partir de metales inferiores, y que bastaba con encontrar el método apropiado. Las prácticas de la alquimia también partían de una teoría científica tomada de los griegos: la idea de que todos los metales formaban una sola especie natural, y se distinguían unos de otros tan sólo por sus accidentes, los cuales cambiaban lentamente, de modo que eran cada vez más preciosos. Por lo tanto, convertirlos en oro y plata no implicaba contrariar las leyes naturales, sino acelerar mediante la intervención humana un proceso que ya estaba desarrollándose. Una vez más, se suscitaron polémicas acerca de este asunto entre los eruditos. Ibn Jaldún creía que era posible producir oro y plata mediante la brujería o apelando al milagro divino, pero no a través de la habilidad humana; e incluso si era posible, no parecía conveniente, pues si el oro y la plata ya no escaseaban, no podrían servir como medidas de valor.

Estaba más difundida, y de hecho era casi universal, la creencia en los espíritus y en la necesidad de hallar el modo de controlarlos. Los *yinns* eran espíritus con el cuerpo de vapor o llamas que podían presentarse a los sentidos, a menudo en la forma de animales, y ejercer influencia sobre la vida humana; a veces eran malignos, o por lo menos perversos, de modo que se hacía necesario un esfuerzo para controlarlos. También podían existir seres humanos que tenían poder sobre los actos y la vida de otros, bien a causa de cierta característica que ellos controlaban —el «mal de ojo»—, bien gracias a la práctica deliberada de ciertas artes, por ejemplo, la realización de actos rituales solemnes en circunstancias especiales, que podían despertar a las fuerzas sobrenaturales. Se trataba de un reflejo deformado de ese poder que los virtuosos, los «amigos de Dios», podían lograr mediante la gracia divina. Incluso el escéptico Ibn Jaldún creía que la brujería en efecto existía, y que ciertos seres humanos podían hallar el modo de ejercer poder sobre otros; pero a su juicio se trataba de una práctica censurable. Existía la creencia general de que cabía controlar o neutralizar esos poderes o mediante hechizos y amuletos aplicados en ciertas partes del cuerpo, o disposiciones mágicas de palabras o figuras, o encantamientos o ritos de exorcismo o propiciación, como el *zar,* un rito propiciatorio todavía difundido en el valle del Nilo hoy día.

En todas las culturas que precedieron a la época moderna, se creyó generalmente que los sueños y las visiones podían abrir una puerta a un mundo diferente del de los sentidos. Podían trasmitir mensajes originados en Dios; revelar una dimensión oculta del alma de una persona; originarse en los *yinns* o demonios. El deseo de revelar el sentido de los sueños seguramente fue muy común, y en general se lo consideraba legítimo; los sueños nos revelaban algo que era importante saber. El propio Ibn Jaldún consideró que la interpretación de los sueños era una de las ciencias religiosas: cuando el sueño anulaba la percepción de los sentidos usuales, el alma podía recibir un atisbo de su propia realidad; liberada del cuerpo, podía recibir percepciones de su propio mundo, y cuando lo había logrado era capaz de regresar con ellas al cuerpo; podía trasmitir sus percepciones a la imaginación, la que formaba las imágenes adecuadas, percibidas por el durmiente como si le llegaran a través de los sentidos. Los autores musulmanes recibieron de los griegos la ciencia de la interpretación de los sueños, pero le agregaron elementos prácticos; se ha dicho que la literatura islámica acerca de los sueños es la más abundante de todas.

TERCERA PARTE

La época otomana

(siglos XVI a XVIII)

Durante los siglos XV y XVI la mayor parte del mundo musulmán estaba integrada por tres grandes imperios: el otomano, el safaví y el mongol. Todos los países de habla árabe estaban incluidos en el Imperio otomano, que tenía su capital en Estambul, y la única excepción eran algunas regiones de Arabia, Sudán y Marruecos; el Imperio también incluía Anatolia y la Europa suroriental. El turco era la lengua de la familia gobernante y de la elite militar y administrativa, formada, sobre todo, por conversos al islam que provenían de los Balcanes y el Cáucaso; la elite legal y religiosa tenía origen mixto, se había educado en las grandes escuelas imperiales de Estambul y trasmitía un cuerpo de literatura jurídica expresado en árabe.

El Imperio era un Estado burocrático, con diferentes regiones en el marco de un solo sistema administrativo y fiscal. Sin embargo, era también la última gran expresión de la universalidad del mundo islámico. Preservaba la ley religiosa, protegía y ampliaba las fronteras del mundo musulmán, defendía las ciudades santas de Arabia y organizaba la peregrinación a ellas. Era también un Estado multirreligioso, que confería un estatus reconocido a las comunidades cristianas y judías. Los habitantes musulmanes de las ciudades de provincia se incorporaban al sistema de gobierno, y en los países árabes se desarrolló una cultura árabe otomana que preservó la herencia y, hasta cierto punto, la desarrolló en nuevas formas. Más allá de las fronteras, Marruecos evolucionó de manera un tanto distinta, con sus propias dinastías, que también reclamaban una autoridad basada en la protección de la religión.

Durante el siglo XVIII el equilibrio entre el gobierno otomano central y los locales varió, y en ciertas regiones del Imperio las familias o los grupos gobernantes otomanos de carácter local gozaron de relativa autonomía, si bien permanecieron fieles a los intereses principales del Estado otomano. Hubo también un cambio en las relaciones entre el Imperio y los Estados europeos. Aunque el Imperio se había expandido hacia Europa en los siglos anteriores, hacia la parte final del siglo XVIII estaba amenazado militarmente desde el oeste y el norte. Se manifestaban también los principios de un cambio en la naturaleza y la dirección del comercio, a medida que los gobiernos y los mercaderes europeos se hacían fuertes en el océano Índico y el mar Mediterráneo. Hacia fines de ese siglo, la elite gobernante otomana estaba cobrando conciencia de una disminución relativa de su poder y su independencia, y comenzaba a formular sus primeras respuestas provisionales frente a la nueva situación.

CAPÍTULO TRECE

El Imperio otomano

LOS LÍMITES DEL PODER POLÍTICO

La aceptación del gobernante por los ulemas y por aquellos en nombre de quienes éstos hablaban era un arma de doble filo. Mientras el gobernante ejerciera el poder necesario para mantenerse, y para defender los intereses urbanos asociados con los propios, podía abrigar la esperanza de que gozaría del reconocimiento de las ciudades y sus aledaños, así como del beneplácito, y cierto grado de cooperación, de los doctores de la ley; a pesar de la advertencia acerca de que no convenía frecuentar a los príncipes formulada por al-Gazali y otros, siempre había algunos ulemas que ansiaban servir al gobernante como jueces o funcionarios, además de justificar sus actos. Pero si su poder decaía, era posible que la ciudad no hiciera nada para salvarlo y trasfiriese su lealtad a un nuevo gobernante dotado de poder efectivo. El momento en que una ciudad caía era el punto en que ella podía actuar con autonomía: tal vez el cadí y otros jefes salían a encontrarse con el nuevo gobernante y a entregarle la ciudad.

Durante el medio milenio que siguió al comienzo de la desintegración del Imperio abasí y antes de que los otomanos asumieran el poder sobre la mayor parte del mundo islámico occidental, el ascenso y la caída de las dinastías se repitieron de manera continuada. En esta cuestión se requieren dos clases de explicación: de un lado contaba el debilitamiento del poder de la dinastía vigente; del otro, la acumulación de poder de la dinastía rival. Los observadores y escritores de la época tendieron a atribuir especial importancia a las debilidades internas de la dinastía y a explicarlas en términos morales. A juicio de Nizam al-Mulk existía una infinita alternancia en el curso de la historia humana. Una dinastía podía perder la sabiduría y la justicia que Dios le había dado, y entonces el mundo se sumiría en el desorden hasta que apareciera un nuevo gobernante, destinado por Dios y dotado de las cualidades necesarias.

El intento más sistemático de explicar los motivos por los cuales las dinastías caían víctimas de sus propias debilidades fue el de Ibn Jaldún. Su explicación fue compleja: la *asabiyya* del grupo gobernante, la solidaridad orientada hacia la adquisición y el mantenimiento del poder, gradualmente se disolvía bajo la influencia de la vida urbana, y el gobernante comenzaba a buscar el apoyo de otros grupos:

> Un gobernante puede adquirir poder sólo con la ayuda de su propia gente [...]. La utiliza para combatir a los que se rebelan contra su dinastía. Ella ocupa los cargos administrativos, y el monarca las designa en los puestos de visires y recaudadores de impuestos. Lo ayudan a consolidar su hegemonía y comparten todos sus asuntos importantes. Esto es así mientras dura la primera etapa de una dinastía, pero con la aproximación de la segunda etapa el gobernante demuestra que es independiente de su propio pueblo. Reclama para sí toda la gloria y aparta de ella a su pueblo [...]. Así, ese pueblo se convierte en su enemigo, y para impedir que se adueñe del poder el gobernante necesita otros amigos, que no son de su propia estirpe, y a los que pueda usar contra su pueblo.[1]

De igual modo y con el tiempo, el gobernante deja de mantener la *sharia*, la base de la prosperidad urbana y su unión con la población de la ciudad. Los miembros de su entorno son víctimas del deseo de lujo y los gastos dispendiosos que sobrecargan los recursos del pueblo, y éste a su vez cae en «esa apatía que afecta al pueblo cuando pierde el control de sus propios asuntos y se convierte en instrumento de otros, de quienes depende».[2]

Cuando las exigencias del gobernante sobrepasaban la capacidad de la sociedad para satisfacerlas, no siempre ocurría por causa del aumento del dispendio de dicha sociedad. Si se quería que un Estado gozara de estabilidad, el campo que éste controlaba debía generar alimentos suficientes para su población y los habitantes de las ciudades, y materias primas para la manufactura; los que criaban ganado, cultivaban la tierra y producían artículos también necesitaban crear un excedente que permitiese mantener, a través de los impuestos, la corte, el gobierno y el ejército del monarca. Que esto fuese posible dependía de muchos factores, algunos de los cuales podían cambiar. Podían observarse modificaciones en las técnicas de producción: mejoras —por ejemplo, la incorporación de nuevos cultivos o métodos de regadío— que permitían un aumento de la producción y el excedente, o la pérdida de cualidades técnicas, que quizá tenían el efecto contrario. Los cambios sobrevenidos en la magnitud del excedente a su vez afectaban la capacidad para invertir en la producción, porque permitían incorporar nuevas tierras a la producción o cultivarlas de distinto modo. La demanda de productos del campo o la ciudad, originada en otros países, podía aumentar o disminuir, y las modificaciones en los métodos o el costo de los transportes, o en la seguridad de los viajes por tierra o mar, podía afectar la capacidad de un país para satisfacer dichas demandas. A medio o corto plazo, la tasa de natalidad o de mortalidad podía aumentar o disminuir, a causa de los cambios sobrevenidos en la ciencia médica o en las costumbres y la moral de la sociedad.

Todo ello eran procesos cuyos efectos debían observarse durante un período prolongado. Pero también podían existir acontecimientos súbitos con resultados catastróficos: una guerra que interrumpía las rutas comerciales, destruía las ciudades y sus artesanías y devastaba el campo; una mala cosecha o una sucesión de ellas debidas a la sequía que se producía en las áreas regadas por las lluvias, o a causa del flujo de agua inadecuado de los grandes ríos. Una enfermedad contagiosa podía acabar con una gran parte de la población. En un período en que la difusión de las enfermedades puede, en esencia, controlarse —de hecho, algunas han desaparecido— es difícil comprender el efecto súbito y devastador de las epidemias, y sobre todo de la gran plaga de aquellos siglos: la peste bubónica. Trasmitida por la rata negra, provenía de ciertas regiones en que era endémica, por ejemplo el norte de Irak y ciertas regiones de India, siguiendo las rutas terrestres o por mar hasta el mundo del Mediterráneo, donde podía difundirse velozmente en las ciudades y las aldeas, matando a gran parte de la población y a su ganado. (En 1739-1741, un período acerca del cual disponemos de conocimientos estadísticos más fidedignos, el puerto marino de Esmirna, en el Mediterráneo oriental, perdió el 20 % de su población en el curso de una epidemia de peste, y una proporción aun superior de su pueblo en otra epidemia, treinta años más tarde.)

Estos procesos interactuaban unos con otros, y algunos fueron acumulativos y se perpetuaron. Ayudan a explicar los cambios observados en la relación entre las exigencias de los que ejercían el poder y la capacidad de la sociedad para satisfacerlas, y la aparición de rivalidades entre líderes o grupos que podían generar poder y usarlo para extender su control sobre los recursos. Un cambio semejante podía sobrevenir en un sistema oficial vigente: los soldados de un monarca podían arrebatarle el poder real. Podía llegarse a la misma situación mediante una acumulación de poder fuera del área de control eficaz de un gobernante. Un líder movilizaba el potencial humano de las montañas o la estepa, mediante cierta atracción personal o apelando a una idea religiosa. Que se arrebatase el poder desde dentro o desde fuera, en cualquier caso el impulso tendía a provenir de los soldados reclutados fuera de las regiones centrales del Estado, de las montañas o las estepas, o allende las fronteras. Poseían el coraje y la habilidad necesarios para manejar caballos y armas, elementos indispensables en las guerras de la época, antes de que las armas llegaran a ser la artillería y la infantería entrenada para usar armas de fuego. Hay ciertas pruebas que avalan la idea de que, hasta el advenimiento de la atención médica moderna, los habitantes de las montañas y las estepas eran más sanos que otros, y producían un excedente de jóvenes que podían incorporarse a los ejércitos. El jefe que aspiraba a convertirse en gobernante prefería reclutar soldados fuera de la sociedad a la que él deseaba controlar, o por lo menos en las regiones lejanas; los intereses de esta tropa debían relacionarse con los del propio pretendiente. Una vez que él se había afianzado en el poder, el ejército podía perder su cohesión o comenzar a adquirir intereses diferentes de los que se manifestaban en la dinastía, y el monarca quizás intentara reemplazarlo con un nuevo ejército profesional y una casta de partidarios personales; también entonces podía volver los ojos hacia tierras alejadas o más allá de sus fronteras. Los soldados entrenados en la casa del gobernante recibían el nombre de mamelucos, que eran esclavos en un sentido que no implicaba una degradación personal, sino la sumisión de su personalidad y sus intereses a los del amo. A su debido tiempo, podía aparecer un nuevo gobernante en el seno del ejército o la guardia personal, y fundar una nueva dinastía.

Éste es el contexto en que puede entenderse lo que podría parecer la sucesión desprovista de sentido de las dinastías de la historia islámica. Durante los primeros siglos, un nuevo grupo gobernante llegado de las ciudades de Arabia occidental pudo crear y mantener un ejército, una burocracia y un sistema legal que permitió el florecimiento de la vida sedentaria y civilizada. Se mantuvo el orden en las tierras limítrofes de las grandes ciudades imperiales; se restauraron y ampliaron los sistemas de regadío, se incorporaron nuevos productos y técnicas; la anexión de territorios extendidos alrededor del Mediterráneo y de los que había alrededor del océano Índico en una sola área política y cultural originó un vasto comercio internacional. La escasa evidencia disponible apunta a un aumento demográfico. Fue un período de regímenes estables en las ciudades florecientes y los campos circundantes: Bagdad en Irak meridional, las ciudades de Jorasán, Damasco en Siria, Fustat en Egipto, Cairuán en Túnez, Córdoba en España.

Pero a partir de los siglos X y XI hubo un prolongado período de disgregación, cuyos síntomas evidentes son la desintegración del Califato abasí, la formación de Califatos rivales en Egipto y al-Ándalus, y la llegada al mundo islámico de nuevas dinastías cuya fuerza provenía de otros elementos étnicos, algunos impulsados por el fervor religioso: los cristianos de España, que se extendieron a costa de los Estados musulmanes en los cuales se había disuelto el Califato omeya de occidente; los Almorávides y los Almohades en el Magreb y al-Ándalus, apoyados por movimientos religiosos que movilizaron a los beréberes de las montañas y las fajas desérticas de Marruecos; los turcos y los mongoles en el este. Es posible que estos cambios fuesen síntomas de una perturbación más profunda del equilibrio entre el gobierno, la población y la producción, a su vez originado en otras causas: la contracción de las áreas de población estable en Irak y Túnez, derivada del deterioro de los antiguos sistemas de regadío, o la ampliación del área de desplazamiento de los pueblos pastores; quizás una disminución de la población en ciertos lugares; la reducción de la demanda de los productos de las ciudades musulmanas, unida con la renovación de la vida urbana y la producción en Italia.

Hubo un momento de recuperación durante el siglo XIII. Mientras el poder y la riqueza de Irak disminuyeron, por la destrucción provocada por las invasiones mongólicas y el fin del Califato abasí, algunas dinastías pudieron crear un orden estable, y no afrontaron el desafío de fuerzas poderosas originadas fuera del mundo islámico estable: sobre todo los Hafsíes en Túnez, un Estado que sucedió al Imperio almohade, y los mamelucos en Egipto y Siria, una elite militar autoperpetuada que se había formado al servicio de la dinastía precedente, los Ayubíes. Continuaron practicándose los cultivos en un área amplia y quizá más considerable, los servidores del gobierno pudieron trasladar a las ciudades el excedente rural, y las poblaciones y el comercio urbano florecieron en el marco de una *sharia* sunní aceptada generalmente; se mantuvo cierta simbiosis entre los grupos gobernantes y las poblaciones urbanas.

Pero era un orden frágil, y hacia el siglo XIV una serie de fuerzas comenzaban a conmoverlo. La más importante fue quizá la gran epidemia de peste conocida en la historia europea como la Peste Negra, que afectó a la mayoría de los países de la parte occidental del mundo a mediados del siglo XIV, si bien durante casi un siglo más se prolongó con brotes recurrentes. En un cálculo general, un tercio de la población de El Cairo murió en la primera epidemia, y hacia mediados del siglo XV la población de la ciudad sobrepasaba apenas la mitad de lo que había sido un siglo antes (aproximadamente 150.000 en lugar de 250.000 habitantes). La razón de esa cifra no estuvo sólo en que a la primera plaga siguieron otras, sino también en que la epidemia afectó tanto al campo como a la ciudad, de modo que los emigrantes rurales no pudieron compensar las pérdidas urbanas. A causa de la declinación de la población rural y su ganado, cayó la producción agrícola y, por consiguiente, los recursos que el gobierno podía movilizar a través de los impuestos.

A los efectos acumulativos de la peste se agregaron otros factores. El crecimiento de la producción textil en Italia y otros países europeos, y la expansión de la navegación europea por el Mediterráneo, afectaron el equilibrio del comercio y, por lo tanto, dificultaron que los gobiernos musulmanes obtuviesen los recursos que necesitaban. También sobrevinieron cambios en las artes de la guerra, la construcción de barcos y la navegación, y el moderno empleo de la pólvora en la artillería y las armas de fuego.

En vista de este cambio de las circunstancias, el orden político vigente en el Estado mameluco y en el Magreb se vio expuesto al desafío de nuevas dinastías que pudieran hallar los recursos de potencial humano y riqueza, crear ejércitos numerosos y eficaces, controlar zonas rurales productivas y gravar su excedente, así como promover los oficios y el comercio de las ciudades. En el Mediterráneo occidental el desafío estuvo dirigido tanto hacia el orden religioso como hacia el político, a partir de los Reinos cristianos de España, unificados en uno poco antes de la extinción de la última dinastía musulmana en 1492, que pronto se apoderaría de la riqueza generada por la conquista de un Imperio en América. En el Mediterráneo oriental, el nuevo poder en ascenso fue el de una dinastía musulmana, que tomó el nombre de su fundador, Uzmán o (en su grafía turca) Osmán: de ahí el nombre islámico de osmanlí o su equivalente castellanizado de otomano.

EL GOBIERNO OTOMANO

Por su origen, el Estado otomano fue uno de los principados turcos generados por la expansión de los selyucíes y los emigrantes turcos hacia el oeste, en dirección a Anatolia. En las fronteras disputadas y variables con el Imperio bizantino se formaran varios de estos principados, que aceptaban nominalmente la soberanía de los selyucíes si bien, de hecho, eran autónomos. El que fundó Osmán estaba situado en el noroeste de Anatolia, en el punto principal de contacto con los bizantinos. Atrajo a combatientes de las guerras de las fronteras y a nómadas turcos que se desplazaban hacia el oeste, en busca de tierras de pastoreo, pero también tenía al amparo de sus fronteras tierras agrícolas relativamente extensas y productivas, y ciudades comerciales, algunas de ellas centros importantes de las rutas comerciales que partían de Irán y atravesaban Asia en dirección al Mediterráneo. En la medida en que se extendía sus recursos aumentaban, y así pudo utilizar las nuevas armas y técnicas de la guerra, y crear un ejército organizado. Hacia el fin del siglo XIV sus fuerzas habían cruzado los estrechos para internarse en Europa oriental, donde se expandieron velozmente. Su Imperio europeo oriental acrecentó la fuerza otomana en más de un sentido. Estableció contacto y relaciones diplomáticas con los Estados europeos, y adquirió nuevas fuentes de potencial humano: los antiguos grupos gobernantes se incorporaron a su sistema de gobierno, y los hombres reclutados en las aldeas balcánicas ingresaron en su ejército. Gracias al aumento de su fuerza pudo volverse hacia el este, en dirección a Anatolia, a pesar de una detención temporal cuando su ejército fue derrotado por Tamerlán, otro conquistador turco proveniente del este. En 1453 absorbió lo que restaba del Imperio bizantino, e hizo de Constantinopla su nueva capital, a la que llamó Estambul.

Pero en el este su poder afrontó el desafío de los safavíes, otra dinastía ascendente de origen incierto, alrededor de la cual se habían reunido las tribus turcas. Hubo una larga lucha por el control de las regiones fronterizas que se extendían entre los principales centros de poder, Anatolia oriental e Irak; Bagdad fue conquistada por los otomanos en 1534, y perdida a manos de los safavíes en 1623, y no fue retomada nuevamente por los otomanos hasta 1638. En parte como consecuencia de la lucha contra los safavíes los otomanos se movilizaron hacia el sur, adentrándose por tierras del sultanato mameluco. Sobre todo a causa de la superioridad de sus armas de fuego y de su organización militar, pudieron ocupar Siria, Egipto y Arabia occidental en 1516-1517.

El Imperio otomano era por aquel entonces el principal poder militar y naval del Mediterráneo oriental, y también del mar Rojo, situación ésta que determinó la posibilidad de conflicto con los portugueses en el océano Índico y con los españoles en el Mediterráneo occidental. En la región del mar Rojo su política era defensiva, centrada en impedir el avance de los portugueses, pero en el Mediterráneo empleó su fuerza naval para frenar la expansión española y crear una cadena de puntos fuertes en Argelia (década de 1520), Trípoli (década de 1550) y Túnez (1574), si bien no llegó más al oeste, a Marruecos. La guerra marítima continuó un tiempo entre otomanos y españoles, pero ahora las energías españolas se orientaban directamente hacia el nuevo mundo de América. Se estableció una división más o menos estable del poder naval en el Mediterráneo, y a partir de 1580 España y los otomanos mantuvieron relaciones pacíficas.

En cierto sentido, la formación del Estado otomano fue otro ejemplo del proceso que se había observado muchas veces en la historia de los pueblos musulmanes, el desafío a las dinastías establecidas por una fuerza militar reclutada en pueblos principalmente nómadas. Su origen fue análogo al de los otros dos grandes Estados que se formaron más o menos por la misma época, el de los safavíes en Irán y el de los mongoles en India. Al principio todos extrajeron su fuerza de las áreas habitadas por tribus turcas, y todos debieron su fuerza militar a la adopción de armas que utilizaban la pólvora y que habían llegado a usarse en la mitad occidental del mundo. Todos consiguieron definir formas políticas estables y duraderas, militarmente poderosas, centralizadas y organizadas en una burocracia, capaz de recaudar impuestos y mantener la ley y el orden durante mucho tiempo sobre una amplia extensión. El Imperio otomano fue una de las más grandes estructuras políticas que la región occidental del mundo conoció después de la desintegración del Imperio romano; gobernó Europa oriental, Asia occidental y la mayor parte del Magreb, y mantuvo unidas regiones de tradiciones políticas muy distintas, a muchos grupos étnicos —griegos, serbios, búlgaros, rumanos, armenios, turcos y árabes—, así como a diferentes comunidades religiosas —musulmanes sunníes y chiíes, cristianos de todas las Iglesias históricas y judíos—. Mantuvo su dominio sobre muchos ellos durante unos cuatro siglos, y sobre varios de ellos durante más de seis siglos.

En la cima del sistema de control de este vasto Imperio se hallaba el gobernante y su familia, la «casa de Osmán». La autoridad residía en la familia más que en un miembro claramente designado de la misma. No existía una ley sucesoria rígida, pero ciertas costumbres de la familia determinaban en general las sucesiones pacíficas y los reinados prolongados. Hasta principios del siglo XVII uno de los hijos solía suceder al monarca, pero después llegó a aceptarse generalmente que cuando un monarca fallecía, o por cualquier otra causa cesaba en su cargo, debía seguirle el miembro vivo de mayor edad de la familia. El gobernante residía en una espaciosa residencia que albergaba a las mujeres de su harén y a quienes las protegían, así como a servidores personales, jardineros y guardias de palacio.

A la cabeza del sistema de gobierno que él controlaba estaba el *sadr-i azam*, el alto funcionario cuyo título más conocido era el de gran visir. Después del primer período otomano se consideró que ejercía el poder absoluto, por debajo del monarca. Por debajo del gran visir, había, a su vez, otros que controlaban el ejército y los gobiernos provinciales, además de los funcionarios.

Durante la primera fase de expansión, el ejército otomano había sido sobre todo una fuerza de caballería reclutada entre los turcos y otros habitantes de Anatolia y en las zonas rurales de los Balcanes. Los oficiales de caballería *(sipahis)* poseían el derecho de recaudar y conservar el impuesto aplicado a ciertas tierras agrícolas, a cambio de su contribución en momentos de necesidad con un número determinado de soldados; era el sistema denominado *timar*. Con el paso del tiempo esta fuerza fue menos eficaz e importante, tanto a causa de las variaciones del arte de la guerra como porque al poseedor de un *timar* le resultó difícil ausentarse de sus dominios para emprender largas campañas en regiones lejanas del vasto Imperio. Desde un período temprano se creó otro ejército, una altamente disciplinada y estable fuerza de infantería (los jenízaros) y caballería, formada mediante el *devsirme*, es decir, el reclutamiento periódico de jóvenes de las aldeas cristianas de los Balcanes convertidas al islam.

En el curso del siglo XVI se formó una complicada burocracia (los *kalemiye*). Consistía principalmente en dos grupos: los secretarios que redactaban documentos —órdenes, reglamentos y respuestas a las peticiones— en forma correcta, y los preservaban; y los que llevaban los registros financieros, la evaluación de los activos imponibles y las cuentas acerca de lo que se recaudaba y el uso que se le daba. (Se preservaron cuidadosamente los documentos y las cuentas, y forman un archivo sin igual en el mundo del islam, y de la mayor importancia para la historia de gran parte de la mitad occidental del mundo; su exploración sistemática ha comenzado apenas en las últimas décadas.)

Los altos funcionarios del ejército y el gobierno se reunían regularmente en el palacio donde formaban un consejo (diván), que adoptaba decisiones políticas, recibía a los embajadores extranjeros, impartía órdenes, investigaba quejas y respondía a las peticiones, sobre todo las que se relacionaban con el abuso de poder; en los primeros tiempos el gobernante mismo presidía las reuniones del diván o consejo supremo, pero después lo presidió el gran visir.

Este sistema de control se reproducía en todo el Imperio. A medida que se anexionaban nuevas tierras, se designaban gobernadores en las ciudades importantes y sus áreas colindantes, y se situaban allí guarniciones de tropas imperiales. Más tarde, los muchos gobiernos locales *(sancak)* fueron agrupados en un número más pequeño de provincias más extensas *(eyalet)*. El gobierno provincial reproducía el central en miniatura: el gobernador tenía su lujosa residencia, los secretarios y los contables, y su consejo de altos funcionarios que se reunían regularmente, su diván.

Entre las principales obligaciones del gobierno estaba la recaudación de los impuestos de los cuales dependía. Los registros financieros, mantenidos cuidadosamente al menos durante el período temprano y preservados en los archivos, incluyen detalles de la tasa que gravaba casas y tierras de cultivo, y presupuestos regulares que incluían ingresos y gastos. Como en los Estados musulmanes precedentes, había tres tipos de impuestos regulares. En primer lugar, los impuestos sobre la producción del campo. Las cosechas, la pesca y el ganado; en ciertos lugares, impuestos sobre los cereales y otros productos agrícolas, recaudados según una proporción de la cosecha (en principio un décimo, aunque en la práctica mucho más), y en otros se fijaban de acuerdo con el área cultivable; se recaudaban algunos impuestos en dinero y otros en especies, sobre todo los que se cobraban en cereales, que podían almacenarse durante mucho tiempo. En segundo lugar, había diferentes impuestos y gravámenes sobre las actividades urbanas: sobre los artículos que se vendían en los mercados, las tiendas, los baños y los *janes,* sobre las actividades industriales (tejidos, tintados y curtidos) y sobre los artículos importados y exportados. En los principales caminos se cobraban peajes, con el propósito de contribuir al mantenimiento de éstos. En tercer lugar, estaban los impuestos personales *(yizya)* que pagaban los cristianos y los judíos; los musulmanes estaban exentos. Además de estos impuestos regulares, en momentos de necesidad se llevaban a cabo recaudaciones ocasionales. Durante los primeros tiempos del Imperio, estos impuestos se asignaban escrupulosamente a distintos propósitos: el estipendio privado del propio gobernante o de miembros de su familia, los sueldos y los gastos de los gobernadores de los *eyalets* y *sancaks*, o la recompensa de los tenedores de *timares*. Pero hacia el siglo XVII este sistema estaba en decadencia, porque las necesidades fiscales del gobierno (y sobre todo del ejército) eran demasiado grandes para permitir que se distribuyesen de este modo los ingresos provenientes de los impuestos. Por consiguiente, se reemplazó esta forma por un sistema en que se delegaba la recaudación, y así algunos individuos, comerciantes o funcionarios, se ocupaban de recaudar ciertos impuestos y aplicar el producto a los propósitos que el gobierno pudiese decidir, después de deducir cierta proporción del mismo como comisión. Hacia fines del siglo XVII, algunas funciones de recaudación de impuestos prácticamente habían llegado a ser posesiones hereditarias.

En los primeros tiempos del Imperio, los cargos decisivos del gobierno se hallaban, en su mayoría, en manos de comandantes militares, miembros de los antiguos grupos dirigentes de los Estados incorporados al Imperio, y procedentes de la población culta de las ciudades. Pero hacia el siglo XVI los cargos principales —visires, jefes del ejército, gobernadores de provincia— reclutaban su personal principalmente dentro de la propia familia del gobernante. Los miembros de la familia provenían de los individuos incorporados al ejército mediante el *devsirme*, de los esclavos traídos del Cáucaso, o eran miembros de las antiguas familias gobernantes. También era posible que los hijos de quienes ocupaban cargos importantes en el gobierno se incorporasen a la familia; pero fuera cual fuese su origen, a todos se los consideraba los «esclavos» del monarca. Se los instruía cuidadosamente a fin de que prestasen servicio en el palacio, y después se los ascendía a cargos allí mismo, en el ejército o en el gobierno. El ascenso dependía en parte del mecenazgo (*intisap*), por el cual un funcionario poderoso podía conseguir cargos para los que estaban relacionados con él por lazos de familia o matrimonio u origen étnico, o de cualquier otro modo. Los secretarios y los funcionarios de finanzas al parecer aprendían en un sistema de carácter práctico, después de una educación formal básica en una madraza, y había cierto ingrediente hereditario en el *kalemiye*; los padres incorporaban a sus hijos al servicio.

De este modo, el gobernante podía mantener su control sobre la totalidad del sistema de gobierno. Pero que lo lograse dependía de su capacidad para ejercer el control y, así, en la primera parte del siglo XVII hubo un período durante el cual su poder se vio debilitado. A esto siguió una recuperación de la fuerza del gobierno, si bien de distinta índole: el gran visir llegó a ser más poderoso, y el camino de la promoción pasó menos por la residencia del gobernante que por la del gran visir y otros altos funcionarios. Este proceso respondió a varias razones; una de ellas fue la inflación provocada por la devaluación de la moneda y por la importación al área del Mediterráneo de los metales preciosos provenientes de las colonias españolas de América. El Imperio tendió a ser menos una autocracia y más una oligarquía de altos funcionarios unidos por la *asabiyya* de haberse criado en la misma residencia, por una educación común y a menudo por el parentesco o el matrimonio.

La organización y las formas de actividad del gobierno reflejaron ese ideal persa de la monarquía que fue expresado por Nizam-al-Mulk y otros escritores del mismo género. El monarca justo y sabio debe mantenerse distanciado de los diferentes estratos sociales, a fin de que pueda regular las actividades de aquéllos y mantener la armonía en la comunidad. En principio, la sociedad otomana se dividió claramente en gobernantes (*asker*, literalmente «soldados») y súbditos (*reaya*, literalmente «la multitud»). Por definición, el *asker* incluía a los altos funcionarios, a los tenedores de *timares*, y a miembros de los distintos cuerpos armados, tanto regulares como auxiliares. Se los eximía de los impuestos especiales de carácter ocasional que se convirtieron en una suerte de gravamen personal, y tenían su propio régimen judicial. En principio, sólo los que tenían esta jerarquía podían ocupar cargos oficiales. Sobre todo los jenízaros estaban sujetos a un régimen especial riguroso. No se les permitía contraer matrimonio mientras prestaban servicio activo, ni llevar a cabo negocio alguno; si se casaban después del retiro, sus hijos no podían incorporarse al cuerpo. Esta separación se reflejaba en la vida del gobernante, aislado en los patios interiores de su palacio de Topkapi, situado en una colina que miraba al Bósforo, y viviendo entre sus esclavos y el *harim*, y jamás —después del reinado de Solimán (1520-1566)— contrayendo matrimonio con familias otomanas que por esta vía podían llegar a cobrar excesiva influencia. Se expresaba también en la existencia de una cultura cortesana. Un refinado código de costumbres, una lengua turca otomana enriquecida con aportes persas y árabes, una educación que incluía la literatura refinada del persa, así como la literatura religiosa del árabe.

Pero, en cierto plano, no era posible mantener el orden o recaudar los impuestos sin la colaboración de la *reaya*. El gobernante y su *asker* consideraban a la *reaya* no como una reunión de individuos con la cual trataba directamente, sino más bien como una serie de grupos (en turco, *taife* o *cemaat*). Si había que tratar por separado a cierta categoría de súbditos, a fin de aplicarles impuestos o requerirles otro servicio cualquiera del Estado, se los miraba como una unidad, y se asignaba a uno de ellos el papel de intermediario a través del cual el gobierno podía tratar con la unidad como conjunto. Normalmente era alguien consensuado por el grupo y el gobierno, de modo que podía gozar de cierta posición moral e incluso de cierta autonomía de acción, mediando las órdenes y los requerimientos del gobierno hacia el grupo, y expresando las quejas y las peticiones que éste dirigía a aquél. Contribuía a preservar la paz y el orden del grupo, y a resolver mediante el arbitraje las disputas y los conflictos antes de que llegaran a un punto tal que la intervención oficial se hiciese necesaria.

Estas unidades pertenecían a diferentes tipos. Para los fines impositivos, el *sancalq* se dividía en unidades más pequeñas, un pueblo, una aldea o una tribu de pastores. Las ciudades se dividían en distritos *(mahale, hara)*, aunque el empleo del término parece haber sido muy variable: un distrito podía incluir unos pocos centenares de personas o varios millares. En relación con los impuestos y el potencial humano especializado, se organizaban por separado los diferentes oficios y las artesanías; en ciertas ocasiones oficiales formaban solemnes procesiones; en el período otomano puede hablarse de estos grupos de oficios como del equivalente, en cierto modo, a los gremios de la Europa medieval, con el ejercicio de algunas funciones que sobrepasaban la recaudación de impuestos o el suministro de fuerza de trabajo especializada. Pero no eran autónomos, en el sentido de que estaban constituidos sobre la base del reconocimiento otomano.

Las diferentes comunidades judías y cristianas ocupaban un lugar especial, porque pagaban la capitación y tenían sus propios sistemas legales de derecho personal, y también porque era necesario garantizar su fidelidad al gobierno. En la capital y las provincias, el gobierno reconocía al jefe espiritual de cada comunidad, asignándole cierta jurisdicción legal y responsabilizándolo de la recaudación de la *yizya*, así como del mantenimiento del orden. De este modo, los que no eran musulmanes se integraban en el cuerpo político. No pertenecían totalmente al mismo, pero en todo caso un individuo podía alcanzar un cargo de poder o de influencia. Los judíos eran importantes en la actividad financiera del siglo XVI, y hacia fines del XVII los griegos se convirtieron en los principales intérpretes en los despachos del gran visir y los gobernadores de dos provincias rumanas, Valaquia y Moldavia. Pero no parece que vivieran aislados o sufrieran presiones: pertenecían a los *cemaats* del comercio o los oficios, y el culto y la educación eran libres dentro de ciertos límites. Podían desarrollar la mayoría de las actividades económicas; los judíos destacaban como banqueros; los griegos, en el tráfico marítimo, y hacia el siglo XVI los armenios comenzaron a despuntar en el comercio de la seda irania.

LOS OTOMANOS Y LA TRADICIÓN ISLÁMICA

Los títulos del gobernante otomano como *padishá* o sultán marcan su nexo con la tradición monárquica persa, pero él era también el heredero de una tradición islámica específica, y podía reclamar para sí el derecho a ejercer una autoridad legítima en términos islámicos. Esta doble pretensión se manifiesta en los títulos utilizados en los documentos oficiales:

> Su Majestad, el sultán victorioso y triunfante, el gobernante ayudado por Dios, cuyo fundamento es la victoria, el *padishá* cuya gloria es tan elevada como el Cielo, rey de reyes que son como estrellas, corona de la cabeza real, sombra del Proveedor, culminación de la realeza, quintaesencia del libro de la fortuna, línea equinoccial de la justicia, perfección de la marea primaveral y majestuosa, mar de benevolencia y humanidad, mina de las joyas de la generosidad, fuente de las crónicas del valor, manifestación de las luces de la felicidad, determinante de las reglas del islam, escritor justiciero en las páginas del tiempo, sultán de los dos continentes y de los dos mares, gobernante de los dos Orientes y de los dos Occidentes, servidor de los dos santuarios sagrados, homónimo del apóstol de los hombres y de los *yinns*, el sultán Muhammad Jan.[3]

A veces los Otomanos usaban también el título de califa, pero éste ya no implicaba en esa época ninguna pretensión respecto del tipo de autoridad universal o exclusiva que antes se había concedido a los califas precedentes. Tenía más bien la implicación de que el sultán otomano era más que un gobernante local, y usaba su poder para los fines aprobados por la religión. A veces, los autores otomanos afirmaban que el sultán ocupaba una posición principal en el mundo islámico, es decir, una suerte de «califato encumbrado».

Los otomanos defendieron las fronteras del islam y las ampliaron cuando pudieron. Afrontaban una amenaza desde varios ángulos. Hacia el este se encontraban los safavíes de Irán; la lucha de los otomanos y los safavíes por el control de Anatolia e Irak poco a poco cobró matices religiosos, pues los safavíes proclamaron el chiísmo como religión oficial de la dinastía, y en cambio los otomanos se atuvieron más rigurosamente al sunnismo a medida que su Imperio se agrandó para incluir los centros principales de la cultura urbana superior del islam. Sobre el extremo opuesto se alzaban las potencias de la Europa cristiana. El Imperio bizantino había desaparecido con la caída de Constantinopla en 1453; el Estado ortodoxo que comenzaba a formarse en Rusia, y afirmaba ser el heredero de Bizancio, no comenzó su avance hacia el sur, en dirección al mar Negro, hasta fines del siglo XVII. El principal desafío no provenía de allí, sino de las tres grandes potencias católicas de la cuenca del Mediterráneo septentrional y occidental: España, el Sacro Imperio Romano, con su prolongación meridional hacia Italia, y Venecia, con sus colonias en el Mediterráneo oriental. Durante el siglo XVI tuvo lugar una lucha contra España por el control del Mediterráneo occidental y el Magreb, contra Venecia por las islas del Mediterráneo oriental y contra el Sacro Imperio Romano por el control de la cuenca del Danubio. Hacia fines de ese siglo se había establecido una frontera más o menos estable: España controlaba el Mediterráneo occidental (pero sólo unos cuantos enclaves de la costa del Magreb); los otomanos dominaban la cuenca del Danubio hasta Hungría; Venecia había perdido Chipre y otras islas, pero conservaba Creta. Este equilibrio varió parcialmente durante el siglo XVII: los otomanos conquistaron Creta, el último gran baluarte veneciano, pero perdieron Hungría a manos del Sacro Imperio Romano, así como tres regiones de sus posesiones europeas en una guerra que concluyó con el Tratado de Carlowitz (1699).

El sultán no sólo era el defensor de las fronteras del islam, sino también el protector de sus lugares santos. La Meca y Medina en Hiyaz, Jerusalén y Hebrón en Palestina. Como gobernante de La Meca y Medina ostentaba el orgulloso título de Servidor de los Dos Santuarios. También controlaba las rutas principales, por donde llegaban a ellos los peregrinos. La organización y la dirección de la peregrinación anual era una de sus principales funciones; realizada con mucha formalidad y con el carácter de un gran acto público, la peregrinación era una afirmación anual de la soberanía otomana en el corazón del mundo musulmán.

Todos los años millares de peregrinos llegaban a las ciudades santas de las regiones del islam; un viajero europeo que estuvo en La Meca durante la peregrinación de 1814 calculó que allí había alrededor de 70.000 peregrinos. Los grupos de peregrinos acudían a las ciudades santas desde Yemen, desde África central a través de los puertos del Sudán, y desde Irak a través de Arabia central. Pero las principales caravanas organizadas de peregrinos continuaron viniendo de El Cairo y Damasco; de las dos, la que partía de Damasco tuvo más importancia en el período otomano, porque se unía con Estambul gracias a una importante ruta terrestre, y era posible controlarla con más firmeza. Todos los años, un delegado especial designado por el sultán partía de Estambul en dirección a Damasco, acompañado por altos funcionarios o miembros de la familia otomana, que se proponían realizar la peregrinación, y llevando consigo la *surra*, dinero y provisiones destinadas a las poblaciones santas, y pagadas en parte con los ingresos de los *waqfs* imperiales consagrados a ese fin. (Hasta el siglo XVIII esta *surra* llegaba por mar a Egipto, y viajaba con la peregrinación de El Cairo.) En Damasco, se unían a la caravana de peregrinos organizada por el gobernador de la ciudad y encabezada por un funcionario a quien se designaba jefe de la peregrinación *(amir-al-hayy)*; desde principios del siglo XVIII este cargo lo desempeñó el propio gobernador de Damasco. Siglos después, en la última era otomana, y poco antes de que los medios de transporte modificaran el modo en que se realizaba la peregrinación, el viajero inglés C. M. Doughty describió su partida de Damasco.

> Amaneció y aún no nos movimos. Al despuntar el día se desmantelaron las tiendas, y los camellos estaban preparados para recibir a la gente, y detenidos al lado de las cargas. Esperamos a oír el cañonazo que iniciaría la peregrinación de ese año. Eran casi las diez cuando oímos la señal del disparo y entonces, sin desorden, de pronto se alzaron las literas y se las depositó sobre las bestias de carga, y los bultos fueron colocados sobre los camellos arrodillados, y los millares de jinetes, todos nacidos en los países recorridos por las caravanas, montaron en silencio. Cuando todo estuvo cargado, los conductores se mantuvieron erguidos o de pie, o se sentaron en cuclillas a descansar los últimos momentos: ellos, y otros servidores del

campamento y las tiendas debían recorrer esas 300 leguas con los piés desnudos, aunque desfalleciesen; y al retorno de los lugares santos habrán de medir de nuevo el terreno con sus pies fatigados. Al segundo cañonazo, disparado pocos momentos después, la litera del pachá avanzó, y tras él iba el jefe de la caravana: otros quince o veinte minutos y nosotros, que ocupábamos lugares al final, hubimos de detenernos, hasta que la larga caravana pasó frente a nosotros; entonces, dimos la señal a nuestros camellos y la gran peregrinación avanzó.[4]

Los peregrinos salían de la ciudad en solemne procesión, portando el *mahmal*, un marco de madera cubierto por un lienzo bordado, y el estandarte del Profeta, conservado en la ciudadela de Damasco. Recorrían una serie de lugares de descanso, provistos de fortalezas, guarniciones y víveres, hasta que llegaban a La Meca; una vez allí, se entendía que el gobernador de Damasco ejercía una supervisión general sobre toda la peregrinación. De hecho, organizar y dirigir la caravana de peregrinos era una de sus tareas más importantes, y el pago de los gastos constituía una crecida carga que se solventaba con las rentas de Damasco y otras provincias sirias. La caravana que partía de El Cairo no era menos importante. Incluía a peregrinos del Magreb, que llegaban a Egipto por tierra o mar, y también a egipcios. Dirigido también por un *amir-al-hayy*, y portando su propio *mahmal* y un *kiswa*, un velo destinado a cubrir la superficie de la Kaaba, atravesaba el Sinaí y Arabia occidental hasta La Meca. Llevaba consigo subsidios para las tribus de la ruta. Pero no siempre era posible impedir los ataques de las tribus a alguna de las caravanas, ya porque no se habían pagado los subsidios, ya a causa de la sequía, que inducía a los beduinos a intentar incursiones para apoderarse de la provisión de agua de la caravana.

El temor fundamental de un gobernante musulmán, y el que expresaba y al mismo tiempo fortalecía su alianza con la población musulmana, era el mantenimiento de la *sharia*. Durante el período otomano, las instituciones que permitían la preservación de la *sharia* se unieron más estrechamente que antes con el monarca. La escuela jurídica apoyada por los Otomanos era la hanafí, y los jueces que la aplicaban habían sido designados y pagados por el gobierno. Los Otomanos crearon un cuerpo de ulemas oficiales (los *ilmiye*), paralelo al cuerpo político, militar y burocrático: había cierta equivalencia entre las jerarquías de los diferentes cuerpos. Estos ulemas oficiales representaban un papel importante en la administración del Imperio. A la cabeza de los mismos estaban los dos jueces militares *(kadiasker)*, que eran miembros del diván del sultán. Por debajo de éstos se hallaban los cadíes de las grandes ciudades, y aún más abajo los que actuaban en los pueblos más pequeños o en los distritos; desde el punto de vista judicial, se dividía una provincia en distritos *(qada)*, cada uno de los cuales tenía un cadí residente. Sus funciones no eran sólo judiciales, pues se ocupaba también de los casos civiles, trataba de concertar acuerdos o adoptar decisiones en las disputas; registraba las transacciones financieras —ventas, préstamos, donaciones, contratos— en una forma que armonizara con la *sharia*; trataba el tema de las herencias, y dividía las propiedades entre los herederos en armonía con las cláusulas de la *sharia*. Era también un intermediario utilizado por el sultán y los gobernadores para emitir decretos y proclamas. (Todos estos documentos de diferentes tipos están registrados y conservados cuidadosamente en los archivos de los tribunales de los cadíes; son nuestra fuente más importante en relación con la historia administrativa y social entre los países gobernados por los otomanos, y ahora los historiadores comienzan a hacer uso de ellos.)

El gobierno designaba a los muftíes hanafíes con el fin de que interpretasen la ley. A la cabeza de los mismos estaba el muftí de Estambul, el *shaik al-islam*, que era el consejero religioso del sultán. Se lo consideraba el personaje más encumbrado de todo el orden religioso: un signo de su libertad de criterio y su poder para corregir y reprender a quienes ejercían el mando era que no tenía el carácter de miembro del diván de altos funcionarios del sultán.

Los individuos designados para ocupar altos cargos en la jerarquía legal se formaban en las escuelas imperiales, sobre todo las que funcionaban en la capital: Mehmet II, el sultán que conquistó Constantinopla en el siglo XV, fundó un gran complejo de escuelas, y otro fue creado por Solimán «el Magnífico», como lo denominan las fuentes europeas, durante el siglo XVI. Prácticamente todos los altos funcionarios del servicio se graduaron en estas escuelas. Aquí, como en otros servicios, había un ingrediente de mecenazgo y privilegio hereditario que llegó a ser más importante con el paso del tiempo; los hijos de los altos funcionarios podían eludir etapas en el camino de ascenso. También era posible que los que se habían educado para el servicio en el *ilmiye* se incorporasen a la burocracia, o incluso al servicio político-militar, mediante el mecenazgo o siguiendo otras vías.

En principio, el sultán utilizaba su poder para sostener la *sharia*, y una expresión de este orden de cosas era que quienes administraban la ley fuesen considerados como *asker*, miembros de la elite gobernante y poseedores de privilegios financieros y judiciales; lo mismo sucedía con los *sayyids*, los individuos reconocidos como descendientes del Profeta, cuyos nombres estaban incluidos en un registro llevado por uno de ellos, el «mariscal de la nobleza», *naquib al-ashraf*, designado por el sultán en cada ciudad importante. El jefe de la orden de los *sayyids*, el *naquib* en Estambul, era una figura destacada del Imperio.

De hecho, la *sharia* no era la única ley del Imperio. Como los gobernantes precedentes, el sultán otomano consideró necesario emitir sus propios decretos y sus normas para preservar su autoridad o asegurar el cumplimiento de la justicia. Afirmaba que lo hacía en virtud del poder que la *sharia* misma concedía a los gobernantes, mientras éstos lo ejercieran en los límites de la *sharia*. Todos los gobernantes musulmanes habían dictado reglas y adoptado decisiones, pero lo que parece haber sido único en el sistema otomano fue que formasen una tradición acumulativa que se manifestaba en códigos *(kanun-name)*, a su vez generalmente asociados con los nombres de Mehmet II o Solimán, denominado en la tradición otomana con el nombre de *Kanuni* (el legislador). Estos códigos eran de varias clases. Algunos reglamentaban los sistemas impositivos tradicionales de las diferentes provincias a medida que se las conquistaba; otros abordaban cuestiones penales, y trataban de armonizar las leyes y las costumbres de las provincias conquistadas con el propósito de formar un solo código de justicia otomana; a su vez, otros se referían al sistema de ascensos en el gobierno, el ceremonial de la corte y los asuntos de la familia gobernante. Los cadíes administraban dichos códigos, pero las cuestiones penales más importantes, y sobre todo las que se relacionaban con la seguridad del Estado, pasaban a la competencia del diván del sultán o de su gobernador de provincia. En épocas ulteriores, parece que estos códigos penales cayeron en desuso.

EL GOBIERNO DE LAS PROVINCIAS ÁRABES

El Imperio otomano fue un poder europeo, asiático y africano, que necesitó proteger intereses vitales y hubo de hacer frente a enemigos en los tres continentes. Durante la mayor parte de su existencia, consagró una proporción considerable de sus recursos y su energía a la expansión en Europa oriental y central, y al control de sus provincias europeas, que acogían gran parte de la población del Imperio y suministraban una medida considerable de sus ingresos; a partir de fines del siglo XVII, se preocupó de la defensa contra la expansión austríaca desde el oeste y la rusa desde el norte, en las tierras que bordeaban el mar Negro. El lugar que ocupaban las provincias árabes en el Imperio debe ser considerado en el contexto de esta preocupación por los Balcanes y Anatolia, pero tenían su propia importancia. Argel, en el oeste, era un punto fuerte contra la expansión española, y Bagdad, en el este, lo era contra la expansión de los safavíes. Siria, Egipto e Hiyaz no estuvieron tan expuestos al mismo tipo de amenaza originada en las potencias extranjeras, tan pronto cesaron los intentos portugueses, durante el siglo XVII, de extender su poder marítimo al mar Rojo. Pero fueron importantes en otros aspectos. Los ingresos obtenidos en Egipto y Siria formaban una gran parte del presupuesto otomano, y ambos eran los lugares de donde partían las peregrinaciones anuales a La Meca. La posesión de las ciudades santas otorgó a los otomanos una suerte de legitimidad y concitó sobre el mundo islámico una forma de atención de la cual no gozaron otros Estados musulmanes.

Por consiguiente, para el gobierno del sultán era importante mantener bajo su control las provincias árabes, pero había más de un modo de alcanzar el objetivo. En las provincias que estaban muy alejadas de Estambul, demasiado lejos para enviar regularmente ejércitos imperiales, el método no podía ser el mismo que se utilizaba en las más próximas, y a la vera de los grandes caminos imperiales. Con el tiempo, después de las primeras conquistas, se organizaron diferentes sistemas de gobierno, con distintas formas de equilibrio entre el control central y el poder local.

Fue necesario controlar directamente las provincias sirias de Alepo, Damasco y Trípoli, a causa de sus rentas impositivas, el lugar ocupado por Alepo en el sistema del comercio internacional, el de Damasco en tanto que era uno de los centros de organización de la peregrinación, y el de Jerusalén y Hebrón como ciudades santas. (Jerusalén, el lugar en el que según se creía el Profeta había ascendido al Cielo en su viaje nocturno, y Hebrón, donde se hallaba de la sepultura del patriarca Abraham.) El gobierno de Estambul pudo ejercer el control directo utilizando los caminos que atravesaban Anatolia y siguiendo la ruta por mar, pero este sistema se limitaba a las grandes ciudades y a las llanuras productoras de cereales que estaban alrededor, así como a los puertos de la costa. En las montañas y el desierto el control era más difícil a causa del terreno, y menos importante porque la tierra producía menos ingresos. Para el gobierno otomano era suficiente otorgar reconocimiento a las familias de los señores locales, con la condición de que recaudaran y entregasen los ingresos, y no amenazaran las rutas por donde pasaban el comercio y los ejércitos. Del mismo modo, se otorgó reconocimiento formal a los jefes de las tribus de pastores del desierto sirio, y a las que habitaban a lo largo de la ruta que seguían los peregrinos en dirección a La Meca. Una política de manipulación, de oposición de una familia o un miembro de una familia a otros, en general bastaba para preservar el equilibrio entre los intereses imperiales y locales, aunque a veces dicho equilibrio se veía amenazado. A principios del siglo XVII un gobernador rebelde de Alepo y un señor muy poderoso de las montañas del Shuf de Líbano, Fajr al-Din al-Mani (m. 1635), en cierto modo alentado por gobernantes italianos, pudo desafiar durante algún tiempo el poderío otomano. Finalmente, Fajr al-Din fue capturado y ejecutado, y después los otomanos crearon una cuarta provincia, con su capital en Saida, para vigilar a los señores de Líbano.

Irak era importante sobre todo como baluarte contra la invasión proveniente de Irán. La riqueza del país había disminuido mucho a causa de la decadencia del sistema de regadío y grandes extensiones estaban sometidas al control de las tribus de pastores y sus jefes, no sólo al este del Éufrates, sino también en la región que se extiende entre él y el Tigris. El control directo de los otomanos en general se limitaba a Bagdad, el centro desde donde podía organizarse la defensa de la frontera, y a las ciudades principales en la ruta que se extendía de Estambul a Bagdad, sobre todo Mosul en el curso superior del Tigris. Al noroeste, se reconocía la condición de gobernadores locales o recaudadores de impuestos a una serie de familias kurdas, con el propósito de defender la frontera contra los iranios; se mantenía un gobernador provincial otomano en Shahrizor, con el propósito de tener cierto control sobre aquéllos. En el sur, Basora era importante como base naval, mientras perdurase la amenaza portuguesa u holandesa sobre el golfo Pérsico, si bien después se permitió que decayese la armada otomana destacada allí. Pero era un punto débil en el sistema otomano. Las ciudades santas chiíes de Nayaf y Karbala, estrechamente vinculadas con los centros chiíes de Irán, eran lugares desde los cuales el chiísmo irradiaba a las zonas rurales circundantes.

A semejanza de Siria, Egipto era importante por razones estratégicas, financieras y religiosas. Era uno de los bastiones del control otomano sobre el Mediterráneo oriental, un país que producía grandes ingresos, un antiguo centro del saber islámico y un punto desde donde se organizaba la peregrinación. Pero era más difícil dominarlo que hacer lo mismo con Siria, porque estaba lejos de Estambul y por la longitud de la ruta terrestre que atravesaba Siria, además de que poseía los recursos necesarios para mantener un centro independiente de poder. Contaba con fecundos campos, que producían un elevado excedente para uso del gobierno, y con una gran ciudad que poseía una antigua tradición como capital. Desde el principio el gobierno otomano se resistió a conceder demasiado poder a su gobernador en El Cairo. Se lo reemplazó a menudo, y se impusieron restricciones para recortar su poder. Cuando los otomanos conquistaron Egipto establecieron allí una suerte de cuerpos militares. Durante una parte del siglo XVII estos cuerpos se vieron atraídos al seno de la sociedad egipcia. Los soldados contrajeron matrimonio con mujeres de familias egipcias y se dedicaron al comercio y las artesanías. Los egipcios conquistaron derechos de participación en los cuerpos militares. Aunque los comandantes de los cuerpos provenían de Estambul, otros oficiales eran otomanos locales, con lazos de solidaridad local.

Del mismo modo, se crearon vínculos de solidaridad en algunos grupos mamelucos. Cuando los otomanos ocuparon El Cairo, asimilaron parte de la antigua elite militar del Estado mameluco a su sistema de gobierno. Sin embargo, no se sabe muy bien si estos mamelucos pudieron perpetuar sus núcleos importando nuevos reclutas del Cáucaso, o si los oficiales militares crearon nuevos grupos utilizando un sistema análogo de reclutamiento e instrucción; sea cual fuere el origen, hacia el siglo XVII se habían formado grupos de mamelucos militares del Cáucaso y otros lugares que tenían fuerza suficiente para ejercer algunos de los cargos principales en el gobierno y conquistar el control de gran parte de la riqueza urbana y rural de Egipto. Aproximadamente a partir de 1630, los grupos mamelucos ejercían el poder principal. En la década de 1660 los gobernadores pudieron restablecer su posición, pero este movimiento se vio cuestionado nuevamente por los actos oficiales de uno de los grupos militares, los jenízaros, a fines del siglo.

Por consiguiente, el proceso de restitución del poder había comenzado en Egipto, y se desarrolló en algunas de las regiones más periféricas del Imperio. En Hiyaz, bastó con que los otomanos retuviesen el control del puerto Yidda, donde existía un gobernador otomano, y que afirmasen su autoridad en las ciudades santas una vez por año, a la llegada de la peregrinación, encabezada por un alto funcionario del gobierno, y portadora de subsidios para los habitantes de La Meca y Medina y las tribus de las rutas. La provincia era demasiado pobre para aportar rentas a Estambul, demasiado remota y difícil para permitir un control estrecho y permanente; el poder local en las ciudades santas quedó en manos de miembros designados de una familia de *sharifs*, o descendientes del Profeta. Más al sur, en Yemen, no fue posible mantener con carácter permanente ni siquiera ese grado de control. Desde mediados del siglo XVII no hubo presencia otomana en los puertos de la costa donde el comercio del café tenía cada vez más importancia. En las montañas, la ausencia del poder otomano permitió que se estableciera un nuevo linaje de imanes zaidíes.

En el Magreb, el área dominada por los otomanos fue controlada inicialmente por el gobernador de Argel, pero a partir de la década de 1570 hubo tres provincias con sus respectivas capitales en Trípoli, Túnez y Argel. Aquí se creó una típica forma otomana de gobierno provincial. Un gobernador enviado de Estambul con su familia, una administración servida por otomanos locales, un cuerpo de jenízaros profesionales reclutados en Anatolia, un cadí hanafí (pese a que la mayoría de los habitantes estaba formada por malikíes) y una armada reclutada en varios lugares, incluso con europeos conversos al islam, y usada principalmente para la guerra de corso contra la navegación comercial de los Estados europeos con los cuales el sultán otomano o los gobernadores locales estaban en guerra.

Pero en el curso de un siglo el equilibrio entre el gobierno central y los poderes locales había comenzado a cambiar en favor de éstos últimos. En Trípoli, los jenízaros se adueñaron del poder real hacia comienzos del siglo XVII, y su portavoz electo o dey compartía el poder con el gobernador. Pero era un poder precario. El nivel de vida en la provincia era de tal naturaleza que impedía mantener un gran ejército y una administración permanente. Los pueblos eran pequeños, las tierras ocupadas y cultivadas tenían una extensión limitada. Apenas era posible que el gobierno controlase a los capitanes navales, cuyas actividades provocaron más de una vez el bombardeo de Trípoli por las naves europeas.

En Túnez, el dominio otomano directo duró un período aún más breve. Antes de fines del siglo XVI los oficiales de rango inferior de los jenízaros se rebelaron, formaron un consejo y eligieron un jefe (dey) que compartió el poder con el gobernador. A mediados del siglo XVII un tercero, el bey, que comandaba el cuerpo de jenízaros encargado de recaudar los impuestos rurales, asumió una parte del poder; a principios del siglo XVIII uno de ellos pudo fundar una dinastía de beyes, los Husainíes. Los beyes y su gobierno pudieron arraigar localmente y formar una alianza de intereses con la población de Túnez, una ciudad de proporciones, riqueza e importancia considerables. Los principales cargos políticos y militares quedaron principalmente en manos de una elite de mamelucos circasianos y georgianos, con algunos conversos al islam griegos y occidentales, hombres instruidos en la residencia del bey. Pero esta elite tendió a asimilarse más a Túnez, gracias a los matrimonios u otros procedimientos, y los miembros de las familias tunecinas locales ocuparon cargos de secretarios y administradores. Tanto la elite gobernante turco-tunecina como los miembros de las familias locales importantes tenían un interés común en el control de la zona rural y su excedente de producción. El área fácilmente accesible de tierra llana productiva, el Sahel, era considerable, y los beyes mantenían el ejército local con los impuestos anuales que aplicaban. El gobierno y la ciudad también tenían un interés común en la actividad de los corsarios. Los capitanes y los marineros eran, principalmente, conversos europeos, pero quienes suministraban y equipaban los barcos eran en parte el gobierno local y en parte las familias acaudaladas de Túnez.

De los tres centros del poder otomano en el Magreb, Argel era el más importante. Para el sultán otomano era fundamental mantener un sólido puesto en la frontera occidental en la época de la expansión española: incluso cuando la parte principal de la atención española se desvió de la región del Mediterráneo y se orientó hacia las colonias de América, aún se corría el peligro de que España se adueñase de algunos puertos en la costa del Magreb; Wahrán (Orán) fue de dominio español durante gran parte del período, desde 1509 hasta 1792. Argel era la sede de una fuerza naval otomana que defendía los intereses otomanos en el Mediterráneo occidental, y que se dedicaba a la práctica del corso contra los barcos mercantes europeos en tiempos de guerra (los Estados europeos también se dedicaban a la guerra de corso, y usaban como esclavos en las galeras a los argelinos capturados). Argel era también la sede de una importante fuerza de jenízaros, quizá la principal del Imperio fuera de Estambul. Con estas fuerzas considerables, el gobernador de Argelia podía influir en todo el litoral del Magreb. Pero también aquí el equilibrio se desplazó. Hasta mediados del siglo XVII el poder permaneció formalmente en manos del gobernador, llegado de Estambul y reemplazado cada pocos años. Sin embargo, los capitanes navales estaban apenas sometidos a su control, y los jenízaros le obedecían sólo en la medida en que él podía recaudar impuestos y pagar los estipendios. Hacia mediados del siglo XVII un consejo de altos funcionarios jenízaros pudo asumir el control de la recaudación de impuestos, y elegir un dey que los cobraba y aseguraba que ellos recibieran lo que les correspondía. A principios del siglo XVIII el proceso llegó a su conclusión lógica y el dey pudo obtener del gobierno central el cargo y el título de gobernador.

Como en Trípoli y Túnez, los intereses comunes unieron a la elite gobernante con los mercaderes de Argelia; juntos, estos dos grupos equiparon las actividades de corso de los capitanes de mar y compartieron las ganancias obtenidas con la venta de artículos requisados y el rescate de cautivos. Durante el siglo XVII las naves argelinas llegaron hasta las costas de Inglaterra e incluso a las de Islandia. Argel no era el centro de una antigua cultura urbana como Túnez, El Cairo, Damasco o Alepo, o de una acaudalada burguesía indígena. Estaba dominada por tres grupos: los jenízaros, traídos principalmente de Anatolia y otras regiones orientales del Imperio, los capitanes de mar, muchos de ellos europeos, y los mercaderes, buena parte de ellos judíos, que negociaban los artículos requisados por los corsos gracias a sus contactos con el puerto italiano de Liorna. Los centros de la vida urbana argelina estaban tierra adentro, en las ciudades levantadas en las grandes llanuras y en sus alrededores. Aquí, los gobernadores designados por el dey de Argel conservaban sus propias fuerzas armadas, formadas por argelinos o por miembros de las familias de jenízaros a quienes no se permitía ingresar en el cuerpo de jenízaros de Argel; también aquí existía una burguesía local estrechamente relacionada con el gobierno. Más allá de las tierras que rodeaban estas ciudades, el dominio de Argel estaba mediado por los pequeños jefes rurales, que recaudaban impuestos y entregaban el producto a la expedición anual de recaudación. Pero había distritos donde ni siquiera existía ese control, y a lo sumo había cierto asentimiento frente a la autoridad de la Argel otomana y de Estambul; tales eran los principados de las montañas de Kabyle (Cabilia), las áreas de los nómadas criadores de camellos del Sahara y los pueblos del oasis de Mzab, poblados por ibadíes y que vivían bajo el gobierno de un consejo de ancianos sabios y piadosos.

CAPÍTULO CATORCE

Las sociedades otomanas

LA POBLACIÓN Y LA RIQUEZA DEL IMPERIO

Los muchos países incorporados al Imperio otomano, que formaban un sistema de control burocrático y vivían bajo la jurisdicción de una sola ley, eran una vasta área comercial, en que las personas y los artículos podían viajar con relativa seguridad a lo largo de rutas comerciales mantenidas por fuerzas imperiales y provistas de *janes*, y todo ello sin pagar derechos aduaneros, aunque sí era obligatorio satisfacer diferentes gravámenes locales. Esta área estaba relacionada por un lado con Irán e India, donde el dominio de los Safavíes y los mongoles también mantenía un marco de vida estable, y donde la llegada de los europeos al océano Índico —portugueses, holandeses, franceses e ingleses— aún no había desorganizado los sistemas tradicionales del comercio y la navegación. Por el oeste, estaba relacionada con los países de Europa occidental, que vivían un proceso de expansión económica a causa de la existencia de fuertes monarquías centralizadas, del crecimiento de la población y la agricultura, y la importación de metales preciosos del nuevo mundo de la América española y portuguesa. Por las extensas rutas comerciales se transportaban nuevas clases de artículos de elevado valor, además de los productos corrientes y más antiguos del tráfico internacional. El comercio de las especias todavía atravesaba El Cairo, aunque en determinado momento del siglo XVII los holandeses comenzaron a desarrollar gran parte del mismo alrededor del cabo de Buena Esperanza; la seda persa atravesaba una cadena de ciudades comerciales del Imperio safaví de Irán, cruzaba Anatolia, y llegaba a Estambul, Bursa y Alepo; el café, introducido por primera vez en el siglo XVI, era llevado a El Cairo desde Yemen, y desde allí se distribuía por el mundo del Mediterráneo; al Magreb se llevaban esclavos, oro y marfil de las praderas del sur del Sahara.

Las manufacturas de las ciudades otomanas ya no eran tan importantes como antes en el mercado mundial, pero los tejidos de Siria y la *shashiya*, el tocado peculiar fabricado en Túnez, tenían demanda en el Imperio. En algunos sectores de este comercio los mercaderes europeos occidentales estaban desempeñando un papel cada vez más importante, pero el tráfico más notorio era todavía el que se mantenía con los países del océano Índico, y aquí los comerciantes otomanos ocupaban el lugar principal.

El gobierno fuerte, el orden público y el comercio floreciente se relacionaban con otros dos fenómenos del período del poder otomano. Uno de ellos fue el crecimiento de la población. Fue una característica común en todo el mundo del Mediterráneo durante el siglo XVI, en parte porque se recobró de la prolongada decadencia provocada por la Peste Negra, pero también a causa de otros cambios habidos en la época. Un cálculo global, que aparece aceptado generalmente, es que la población del Imperio posiblemente aumentó alrededor del orden de un 50 % en el curso del siglo. (En Anatolia, la población contribuyente se duplicó, pero es posible que esto se explique no por un incremento natural, sino por un control más firme, que posibilitó registrar y recaudar impuestos de un grupo de población más amplio.) Hacia fines de ese siglo, es posible que la población total alcanzara los 20-30 millones, divididos más o menos uniformemente entre las regiones europea, asiática y africana del Imperio. Por esa época la población de Francia alcanzaba quizá los 16 millones, la de los Estados italianos era de 13, y la de España, de 8. En el período que precedió y siguió inmediatamente a la conquista otomana, Estambul pasó de ser una ciudad relativamente pequeña a tener 700.000 habitantes hacia el siglo XVII; era más grande que las principales ciudades europeas, es decir, Nápoles, París y Londres. Pero parece que este aumento no continuó en las áreas musulmanas o cristianas de la cuenca del Mediterráneo durante el siglo XVII.

Al parecer, tanto la población rural como la urbana aumentó. Los datos existentes señalan una extensión de la agricultura y el aumento de la producción rural, por lo menos en algunas regiones del Imperio; fue el resultado de un mayor orden, un sistema más equitativo de impuestos, el aumento de la demanda de la población urbana y la creación de capital de inversión gracias a la prosperidad de las ciudades. Pero durante el siglo XVII hay pruebas de que la vida rural estable se desorganizó. Los disturbios sobrevenidos en algunas zonas de Anatolia durante los primeros años del siglo, los denominados alzamientos *celali*, quizá fueran un signo de sobrepoblación rural, así como de una disminución de la capacidad del gobierno para mantener el orden en el campo.

Como siempre, las ciudades fueron las principales beneficiarias del orden y el crecimiento económico otomano, o por lo menos esta afirmación es aplicable a algunas clases urbanas. Cuando Mehmet II entró en Constantinopla, restaba poco de la que había sido una gran ciudad imperial. Él y sus sucesores alentaron o incluso obligaron a instalarse allí a musulmanes, cristianos y judíos de otros lugares, y dotaron a la nueva Estambul con grandes complejos de edificios. Sobre la colina que domina el Cuerno de Oro estaba el palacio de Topkapi. En el patio público externo se atendían los asuntos; en los patios interiores vivían el sultán y los miembros de su familia. De hecho, el palacio era una ciudad interior de muchos millares de habitantes, rodeada por muros. Más lejos se extendía el centro de la ciudad productora, los principales mercados y las fundaciones imperiales, los complejos de mezquitas, las escuelas, los hospicios y las bibliotecas; eran signos característicos de la gran ciudad otomana los *waqfs* imperiales, gracias a los cuales los ingresos originados en las tiendas y en los mercados se consagraban a fines religiosos y caritativos. Había un tercer eje de actividad a través del Cuerno de Oro, en un suburbio de Pera, donde vivían los comerciantes extranjeros, y que de hecho era una ciudad italiana.

El aprovisionamiento de la ciudad era una de las preocupaciones principales del gobierno. La población urbana necesitaba cereales para elaborar pan, ovejas que suministrasen carne y otros artículos necesarios para la vida, y debía contarse con estos elementos a precios razonables. En principio, los cereales producidos en un distrito se consumían allí mismo, pero se hacía una excepción en el caso de las regiones que servían a una gran ciudad. Para alimentar a la enorme población de Estambul, las regiones costeras europeas del mar Negro, Tracia y el norte de Anatolia septentrional eran sobremanera importantes. Ciertos comerciantes estaban autorizados a comerciar con cereales, a comprarlos a precio fijo bajo la supervisión del cadí, en buena medida por mar, y venderlo a precios establecidos por el gobierno; los barcos y los puertos estaban rigurosamente supervisados, con el fin de que los cereales no se desviasen a otros lugares.

La riqueza de la dilatada área de producción y comercio que era el Imperio afluía a manos del gobierno en parte como renta, que servía para mantener al ejército y la burocracia, y en parte iba a manos privadas. La elite dominante de la ciudad continuaba siendo esa combinación de grandes mercaderes y ulemas supremos, un rostro distintivo de las ciudades en el mundo islámico. Los mercaderes que se dedicaban al comercio de larga distancia, los fabricantes de telas finas, los *sarrafs* o banqueros que prestaban dinero al gobierno o a los comerciantes, se aprovechaban de la mayor actividad comercial o la mayor facilidad con la que se desarrollaba. Ocupaban una posición relativamente protegida y privilegiada, porque el gobierno volvía los ojos hacia ellos si necesitaba dinero en casos excepcionales. Los ulemas supremos se beneficiaban no sólo de los sueldos y de la consideración que recibían del sultán, sino también de los *waqfs* que administraban y que venían a incrementar sus estipendios. Su riqueza, y la de los comerciantes, sin embargo se veía superada por la de los altos funcionarios militares y civiles, que sacaban partido de las unidades impositivas que se les habían asignado. Su riqueza era precaria, y podían perderlo si el sultán les retiraba su favor pues, oficialmente, eran sus esclavos, y por lo tanto no podían heredar; pero con suerte y habilidad podían legar sus riquezas a sus respectivas familias. A medida que se afianzó el sistema de los recaudadores de impuestos, parece que se estableció una combinación entre los poseedores de la riqueza rural y urbana —funcionarios, comerciantes y otros— para adueñarse de la concesión de las recaudaciones impositivas; hacia el siglo XVIII, los poseedores de los *malikanes* —la concesión vitalicia de la recaudación— se habían convertido en una nueva clase terrateniente y cultivaban la tierra con criterio comercial.

LAS PROVINCIAS ÁRABES

Hasta donde se ha estudiado, la historia de las provincias imperiales de habla árabe parece tener muchos rasgos comunes con los que observamos en las regiones europeas y en Anatolia. Se estima que la población aumentó en el período que siguió inmediatamente a la conquista otomana, a causa de la mejora de la seguridad y la prosperidad general del Imperio; pero después se estancó o incluso decayó un poco. Después de Estambul, las grandes ciudades árabes fueron las principales del Imperio. La población de El Cairo se elevó quizás a 200.000 habitantes a mediados del siglo XVI, y a 300.000 hacia fines del XVII. Por aquellas fechas, Alepo era una ciudad de unos 100.000 habitantes; Damasco y

Túnez posiblemente eran más pequeñas, pero del mismo orden de magnitud. Bagdad nunca se había recobrado de la decadencia del sistema de regadío de Irak meridional, la invasión mongola y el desplazamiento del tráfico comercial del océano Índico del golfo Pérsico al mar Rojo; tenía una población un tanto menor que las grandes ciudades sirias. Argel era, en esencia, una creación otomana, una plaza fuerte desde la que hacer frente a los españoles; tenía entre 50.000 y 100.000 habitantes hacia fines del siglo XVII.

El crecimiento de la población se relacionó con el cambio físico y la expansión de las ciudades. El dominio otomano mantuvo el orden urbano, con diferentes fuerzas policiales de día y de noche, y guardias en los diferentes barrios, la vigilancia esmerada de los servicios públicos (el suministro de agua, la limpieza e iluminación de las calles, la extinción de fuegos) y el control de las calles y los mercados, supervisado todo por el cadí. Siguiendo el ejemplo del sultán de Estambul, los gobernadores y los comandantes militares otomanos iniciaron grandes obras públicas en los centros urbanos, sobre todo durante el siglo XVI. Se construyeron mezquitas y escuelas, con edificios comerciales cuyos ingresos se utilizaban para mantener aquéllas: por ejemplo, la fundación de Duqakinzade Mehmet bajá en Alepo, en que tres *qaisariyyas*, cuatro *janes* y cuatro zocos suministraron los recursos para mantener una gran mezquita; la Takiyya de Damasco, un complejo formado por una mezquita, una escuela y una posada para peregrinos, construida por Solimán el Magnífico; más tarde, el complejo construido por el destacado hombre de armas Ridwán Bei en El Cairo.

Las murallas de la mayoría de las grandes ciudades ya no eran útiles, tanto porque los Otomanos mantenían el orden en los campos circundantes como porque el desarrollo de la artillería determinó que fuesen ineficaces para la defensa. Se demolieron algunas, y otras cayeron en desuso; las ciudades se extendieron hacia los suburbios residenciales donde dieron cabida a una población cada vez más numerosa. Los ricos vivían en el centro de la ciudad, cerca de la sede del poder, o en un barrio donde eran influyentes, o bien en las afueras, donde contaban con aire fresco y mucho espacio. Los artesanos, los pequeños comerciantes y el proletariado vivían en las zonas populares, que se extendían a lo largo de las rutas comerciales: en Alepo eran Judaida, Bab Nairab y Banqusa; en Damasco, Suq Saruya y el Maidán, que se extendían a lo largo del camino que llevaba hacia el sur, por donde arribaban los cereales de Hawrán y los peregrinos se alejaban en dirección a las ciudades santas;

en El Cairo, Husainiyya, al norte del antiguo centro urbano, a lo largo de la ruta por donde iban y venían las caravanas sirias, y Bulaq, el puerto fluvial.

Hay indicios de que en estos barrios residenciales las familias, salvo las más pobres, eran propietarias de sus propias casas, y de que por lo tanto la población era estable. Parece que durante el período otomano se manifestó en los distritos cierta tendencia a agruparse de acuerdo con las divisiones religiosas o étnicas: Judaida en Alepo, era principalmente cristiana; había un distrito kurdo en Damasco, y el área que rodeaba la mezquita de Ibn Tulún en El Cairo estaba habitada sobre todo por gente del Magreb. Formado alrededor de su mezquita, la fuente pública y el pequeño mercado, el barrio era el foco de la vida de sus habitantes, quienes se unían en las ceremonias, que podían ser públicas (la partida y el regreso de los peregrinos, la Pascua) o privadas (nacimiento, matrimonio y muerte), y durante la noche estaba protegido por serenos y puertas. Pero al menos en sus actividades económicas los hombres cruzaban las fronteras y todos los sectores de la población se congregaban en el mercado.

La política fiscal otomana y el aumento del comercio con Europa determinó que creciera la importancia de los cristianos y los judíos en la vida de las ciudades. Los judíos eran influyentes como prestamistas y banqueros del gobierno central o de los gobernadores de provincia, y como administradores en la recaudación de impuestos; en otro plano, como artesanos y negociantes de metales preciosos. Los mercaderes judíos fueron importantes en el tráfico de Bagdad, y en Túnez y Argel los judíos, muchos de origen español, se destacaron en los intercambios con los países del norte y el oeste del Mediterráneo. Las familias griegas que residían en el barrio del Fanar de Estambul controlaban gran parte del comercio de cereales y pieles con el mar Negro. Los armenios desempeñaban un papel importante en el comercio de la seda con Irán. En Alepo y otros lugares donde vivían mercaderes europeos, los cristianos fueron intermediarios que ayudaron a aquéllos a comprar artículos para la exportación y distribuían los que esos comerciantes traían de Europa; los cristianos sirios fueron importantes en el comercio entre Damietta y la costa siria; los cristianos coptos fueron contables y administradores al servicio de los funcionarios y los recaudadores de impuestos en Egipto.

A medida que el gobierno otomano echó raíces permanentes en los grandes centros de provincia, se formaron grupos gobernantes otomanos de carácter local. En las provincias sometidas al control otomano directo, Estambul designaba al gobernador y al cadí, y los cambiaba con frecuencia. Pero los funcionarios de la cancillería local tendieron a provenir de familias otomanas asentadas en las ciudades de provincia y tanto el conocimiento como la experiencia especial de ese personal se trasmitía de padres a hijos. Las fuerzas locales de jenízaros también se incorporaban a la comunidad, y legaban sus privilegios de generación en generación, si bien se realizaron intentos de impedir este mecanismo enviando nuevos destacamentos desde Estambul. Si permanecían mucho tiempo en la ciudad, los gobernadores o los jefes de las fuerzas armadas podían crear sus propios grupos de mamelucos y situarlos en cargos relevantes.

Estos grupos locales llegaron a aliarse con los mercaderes y los ulemas. Los principales poseedores de la riqueza urbana eran los cambistas de moneda y los banqueros, así como los mercaderes consagrados al comercio de larga distancia. Pese al aumento de la importancia de los mercaderes extranjeros —es decir, europeos, cristianos y judíos— el tráfico más importante y lucrativo, el que se mantenía entre distintas partes del Imperio o con los países del océano Índico, estaba en manos de mercaderes musulmanes: éstos controlaban el comercio de café de El Cairo, que acompañaba a la peregrinación a La Meca, y las rutas de caravanas que cruzaban los desiertos de Siria y el Sahara. Parece que pocas fortunas mercantiles sobrevivieron muchas generaciones; fueron más permanentes las familias que poseían tradición de saber religioso. Desde el punto de vista numérico eran una clase importante: se calcula que en Egipto hacia el siglo XVIII, los ulemas en el sentido más amplio de la palabra, con inclusión de los que cumplían funciones en el ámbito de la ley, la educación y el culto, contaban con 4.000 miembros en una población masculina adulta de 50.000. En las ciudades árabes tenían un carácter distinto que en Estambul. Los ulemas superiores de Estambul eran en gran parte miembros del mecanismo de gobierno, se educaban en las escuelas imperiales, se los designaba en el servicio imperial y abrigaban la esperanza de alcanzar allí altos cargos. En cambio, los que hallamos en las ciudades árabes eran de procedencia local. Muchos eran hombres de antiguo linaje, que se remontaba a la época de los mamelucos o aun antes, y algunos afirmaban (no siempre con razón) que eran *sayyids*, descendientes del Profeta. La mayoría de ellos se había educado en las escuelas locales (Azhar en El Cairo, Zaituna en Túnez, las escuelas de Alepo y Damasco), y había heredado una lengua y una tradición cultural que se remontaba mucho más allá de la llegada de los Otomanos. Si bien conservaban cierta independencia, se mostraban dispuestos a dejarse atraer por el servicio local del sultán. El cadí hanafí de las principales ciudades normalmente provenía de Estambul, pero sus representantes, la mayoría de los muftíes, el *naqib al-ashraf* y los maestros de las madrazas eran designados sobre todo entre los miembros del cuerpo de los ulemas locales. En las ciudades en que la población musulmana pertenecía a más de un *madhab*, cada uno de éstos tenía su propio cadí y su muftí. En Túnez, toda la población musulmana, fuera de la que reconocía un origen turco, respondía a un *madhab* malikí, y el cadí malikí tenía un cargo oficial comparable al del hanafí.

Entre los Otomanos locales, los mercaderes y los ulemas del lugar, existían diferentes tipos de relación, de modo que cada uno de los grupos alcanzaba una permanencia y una jerarquía que en otras condiciones no habría tenido. Hasta cierto punto poseían una cultura común. Los hijos de los comerciantes asistían a la madraza. Los funcionarios y los militares también podían enviar allí a sus hijos, y asegurarles de ese modo la oportunidad de un futuro menos precario: Bairam, un oficial turco de la provincia de Túnez, fundó un linaje de famosos eruditos; al-Yabarti, historiador en el Egipto del siglo XVIII, provenía de una familia de mercaderes. Establecieron vínculos matrimoniales, y también tuvieron conexiones financieras, asociándose en empresas comerciales. Cuando se difundió el sistema de la designación de recaudadores de impuestos, los funcionarios y los mercaderes pudieron cooperar para hacerse con dichos cargos. En general, los oficiales militares y los funcionarios controlaban la recaudación de los impuestos rurales, porque era imposible cobrar estos gravámenes sin el poder y el apoyo de los gobernadores. Los comerciantes y los ulemas tenían una participación más importante en la recaudación de los impuestos y las obligaciones locales. Los ulemas eran administradores de *waqfs* importantes, y así podían conseguir capital para invertir en empresas comerciales o en el cargo de recaudador de impuestos.

En otro plano, existía una alianza distinta. A pesar de los esfuerzos del sultán para mantener a su ejército profesional separado de la población local, en el curso del tiempo ambos grupos comenzaron a mezclarse. Hacia fines del siglo XVII los jenízaros estaban desarrollando oficios y formas del comercio, y la incorporación al cuerpo se convirtió en una suerte de propiedad, que confería el derecho a recibir privilegios y pensiones, los cuales podían ser legados a los hijos, o comprados por miembros de la población civil. La alianza de intereses a veces podía expresarse en movimientos violentos, y los cafés eran a menudo un lugar en que de las palabras se pasaba a la acción. Tal acción podía ser de dos clases. A veces era política. En Estambul, las facciones del palacio o del servicio civil o militar que pugnaban para alcanzar el poder utilizaron a los jenízaros para movilizar una masa urbana. En 1703 una rebelión de parte del ejército se convirtió en un movimiento de revuelta política, en que los altos funcionarios de algunas de las grandes casas, los jenízaros, los ulemas y los mercaderes —cada grupo movido por sus propios intereses, pero todos unidos en la demanda de justicia— promovieron la caída del *shaij al-islam,* cuya influencia sobre el sultán Mustafá II desaprobaban, y después depusieron al propio sultán. En las ciudades de provincia podían existir movimientos análogos, y también explosiones espontáneas, cuando escaseaba el alimento y los precios eran elevados, y los funcionarios del gobierno o los poseedores de la concesión de recaudación de los impuestos rurales se veían acusados de provocar la escasez artificial al retener el alimento hasta lograr un aumento de los precios. Esos movimientos podían tener un éxito inmediato, en cuanto lograban reemplazar a un gobernador o un funcionario impopular, pero la elite de la ciudad los miraba con sentimientos contradictorios. Los ulemas superiores, como portavoces de la población urbana, a veces se unían a la protesta, pero en definitiva sus intereses y sus sentimientos estaban del lado del orden constituido.

LA CULTURA DE LAS PROVINCIAS ÁRABES

La conquista otomana dejó su impronta en las ciudades de las provincias de habla árabe en los grandes monumentos arquitectónicos, algunos creados por los propios sultanes, como signos de su grandeza y su devoción, y otros por los sectores locales movidos por la fuerza de la imitación al que el poder y el éxito inducen. En las capitales de provincia, durante los siglos XVI y XVII se construyeron mezquitas de estilo otomano: un amplio patio conducía a una sala abovedada destinada a la plegaria; sobre ésta se elevaban dos o cuatro minaretes, esbeltos, estilizados y puntiagudos. La sala misma podía estar adornada con tejas de color del estilo de Iznik, que merecía la preferencia de la corte otomana, con diseños florales de colores verde, rojo y azul. Así fueron la mezquita Jusrawiyya, en Alepo, diseñada por Sinán, el más grande de los arquitectos otomanos; la mezquita de Solimán bajá en la Ciudadela de El Cairo; la del santuario de Sidi Mahraz en Túnez; y la «Nueva Mezquita» de Argel. La más espectacular de las creaciones provinciales otomanas fue la Takiyya de Damasco, un gran complejo de edificios también diseñado por Sinán y consagrado a las necesidades de los peregrinos. En Damasco se reunía una de las dos más grandes caravanas de peregrinos, y en cierto sentido era la más importante de las dos, porque allí acudían los emisarios del sultán, y a veces miembros de su familia. Una sucesión de caravasares se extendía a lo largo de la ruta de los peregrinos desde Estambul a través de Anatolia y Siria septentrional, y la Takiyya era el más refinado de todos; una mezquita abovedada con dos altos minaretes distribuidos simétricamente a cada lado, construida con piedra y las bandas alternadas negra y blanca que durante mucho tiempo habían sido rasgos del estilo sirio; alrededor del patio había habitaciones, refectorios y cocinas para los peregrinos. También en la ciudad santa de Jerusalén el sultán Solimán dejó su impronta, en las tejas de los muros exteriores de la Cúpula de la Roca, y en los grandes muros que rodeaban la ciudad. De todas las grandes ciudades otomanas, sólo en Bagdad apenas se sentía la influencia del nuevo estilo; continuó prevaleciendo el más antiguo estilo persa. También en las restantes ciudades, las mezquitas más pequeñas, y los edificios públicos continuaron ateniéndose a los estilos tradicionales, si bien algunos elementos otomanos se incorporaron gradualmente a las formas decorativas.

Con el dominio otomano, la importancia de la lengua árabe no disminuyó sino que se reforzó. Las ciencias de la religión y la ley fueron temas que se enseñaron en lengua árabe tanto en las grandes escuelas de Estambul como en las de El Cairo y Damasco. Los autores otomanos que se consagraban a la creación de ciertos tipos de libros tendían a escribir en árabe. Era posible que se compusiera poesía y se escribiesen obras populares en la lengua turco otomana que se desarrolló en este período como instrumento de alta cultura, pero las obras de religión y derecho, e incluso las de historia y las biografías, a veces usaban el árabe. Así, Hayyi Jalifa (1609-1657), funcionario oficial de Estambul, escribió en ambas lenguas, si bien en sus obras más importantes empleó el árabe: una historia universal y un diccionario bibliográfico de autores árabes titulado *Kashf al-zunum*.

En las grandes ciudades árabes la tradición literaria continuó: no tanto poesía y bellas letras como historia local, biografía y la compilación de obras del *fiq* y *hadiz.* Las grandes escuelas continuaron siendo centros para el estudio de las ciencias religiosas, pero con una diferencia. Con algunas excepciones, los cargos más altos del servicio local fueron asignados no a graduados de la Azhar o las escuelas de Damasco y Alepo, sino a los que provenían de las fundaciones imperiales de Estambul; incluso los principales cadíes hanafíes de las capitales de provincia fueron en su mayoría turcos enviados desde Estambul, y los cargos oficiales más altos a los cuales podían aspirar los graduados locales fueron el de ayudante del juez *(naib)* o el de muftí. (Pero en Túnez la fuerza de la tradición local de la ley malikí era tan fuerte que hubo dos cadíes, uno hanafí y otro malikí, igualmente influyentes y próximos al gobernante local, y el segundo era un diplomado de la gran escuela de Túnez, la que estaba en la mezquita Zaituna.)

El advenimiento de los otomanos alentó algunas órdenes sufíes, pero también determinó que se acentuase el control sobre ellas. Uno de los primeros actos del sultán Selim II, después de la ocupación de Siria, fue construir una lujosa tumba sobre el sepulcro de Ibn Arabi en Damasco. Una de las fraternidades cuya enseñanza estaba influida por la de Ibn Arabi, la jalwatiyya, se extendió desde Anatolia a través del Imperio otomano y originó las ramas de Siria, Egipto y de otros lugares. También estaba extendida la shadiliyya, probablemente a causa de la influencia de los sufíes del Magreb; un miembro de la familia Alami de Marruecos que se asentó en Jerusalén fue allí el delegado shadilí, y su tumba en el monte de los Olivos se convirtió en lugar de peregrinación.

A fines del siglo XVII, una nueva influencia llegó del mundo islámico oriental. La fraternidad naqshbandi había existido en Estambul y otros lugares desde época temprana, pero alrededor de 1670 un maestro sufí de Samarcanda, Murad, que había estudiado en India, fue a vivir a Estambul y después a Damasco, y trajo consigo la nueva doctrina naqshbandi desarrollada por Ahmad al-Sirhindi en India septentrional en un período anterior del mismo siglo. Recibió favores del sultán y fundó una familia en Damasco. Entre los escritores que sufrieron la influencia de esta nueva doctrina naqshbandi, el más famoso fue Abd al-Gani-al-Nabulsi (1641-1731), un nativo de Damasco cuyas voluminosas obras incluyeron comentarios acerca de la enseñanza de Ibn Arabi y una serie de descripciones de viajes a santuarios, que son también etapas de progreso espiritual.

Fuera de la cultura sunní de las grandes ciudades, fomentada por las autoridades otomanas, continuaron existiendo otras formas de cultura religiosa. A medida que los Otomanos se acercaron al sunnismo más estricto, la posición de los chiíes en Siria se hizo cada vez más difícil. Su tradición de saber ahora había retrocedido a los pequeños poblados y aldeas del Líbano meridional, pero todavía estaba a cargo de familias de estudiosos. Zain al-Din al-Amili (m. 1539), un autor del período otomano temprano, fue llamado a Estambul y ejecutado. Se lo conoce en la tradición chií como «el segundo mártir» (*al-shahid al-zani*). Pero el saber chií continuó floreciendo, más allá del ámbito de la autoridad otomana directa, en las ciudades santas de Irak y en los distritos de al-Hasa y Bahréin, en la orilla occidental del golfo Pérsico. Cobró nuevo impulso gracias a la proclamación del chiísmo como religión oficial del Imperio Safaví: el gobierno del sha necesitaba jueces y maestros, y no podía hallarlos en la propia Irán; por consiguiente, acudieron estudiosos de Irak, Bahrein y el Líbano meridional a la corte del sha, y algunos de ellos ocuparon cargos importantes. Uno de ellos, Nur al-Din Alí al-Karaki, originario del Líbano (h. 1466-1534) escribió extensas e influyentes obras acerca de los problemas provocados por la adopción del chiísmo como religión oficial: si los fieles debían pagar impuestos al gobernante, si los ulemas debían servirlo, y si en ausencia del imán correspondía celebrar las oraciones del viernes.

Durante el siglo XVII el mundo de la erudición chií se vio desgarrado por un conflicto acerca del lugar de la *iytihad* en la elaboración de la ley. Aunque la posición dominante había sido la de los usulíes, que aceptaban la necesidad de la argumentación racional en la interpretación y la aplicación de los preceptos del Corán y el *hadiz*, ahora apareció otra escuela de pensamiento, la de los ajbaríes, que deseaban limitar el uso de la interpretación racional mediante *qiyas* (analogías), y atribuían importancia a la necesidad de aceptar el sentido literal de la tradición de los imanes. Esta escuela prevaleció en las ciudades santas durante la segunda parte del siglo.

También se sintieron influencias provenientes del exterior en las comunidades judías del Imperio otomano, pero eran de otro género. La reconquista cristiana de al-Ándalus llevó a la destrucción de las comunidades judías existentes allí. Se exiliaron, algunas a Italia y a otros lugares de Europa, pero muchas de ellas a Estambul y a otras ciudades del Imperio otomano. Llevaron consigo las tradiciones peculiares de judaísmo sefardí o andalusí, y sobre todo la interpretación mística de la fe, la Cábala, que se había desarrollado en ese país. Desde mediados del siglo XVI en adelante, el centro más productivo del pensamiento místico fue Safad, en Palestina. Un pensador de gran originalidad, Isaac Luria (1534-1572), llegó a Safad al final de su vida y ejerció profunda influencia sobre los adeptos de la Cábala en ese lugar.

Uno de los rasgos distintivos de su enseñanza fue cierta doctrina acerca del universo. La vida del universo había perdido el orden, y correspondía a los seres humanos, pero sobre todo a los judíos, ayudar a Dios en la obra de la redención, viviendo una vida en armonía con su voluntad. Dicha enseñanza originó una expectativa apocalíptica, al creerse que la redención estaba cerca y la atmósfera era propicia para la aparición de un redentor. En 1665, Shabbetái Zeví (1626-1676), nacido en Esmirna y de quien se sabía que ejecutaba actos extraños mientras se encontraba en estado de iluminación, fue reconocido por un profeta local como el mesías durante una visita a Tierra Santa. Su fama se difundió casi inmediatamente por todo el mundo judío, e incluso en Europa septentrional y oriental, donde las comunidades judías se sentían turbadas por las masacres cometidas en Polonia y Rusia. El retorno de los judíos a Tierra Santa parecía próximo, pero las esperanzas se derrumbaron poco después: convocado ante el diván del sultán, Shabbetái Zeví tuvo que elegir entre la muerte y la conversión al islam. Eligió la conversión, y si bien algunos de sus partidarios le guardaron fidelidad, la mayoría ya no pudo creer en él.

Durante estos siglos sobrevino cierto cambio en las ideas y el saber de las poblaciones cristianas de las provincias de habla árabe, sobre todo en las de Siria. Se llegó a este resultado como consecuencia de la difusión de las misiones católicas romanas. Éstas habían actuado en la región de un modo intermitente durante mucho tiempo; los franciscanos estuvieron allí desde el siglo XV como custodios de los santuarios católicos de Tierra Santa; los jesuitas, los carmelitas, los dominicos y otros llegaron más tarde. A partir de fines del siglo XVI el Papado estableció en Roma una serie de colegios destinados a la formación de sacerdotes de las Iglesias orientales: los Colegios Maronita y Griego en 1584, el Colegio de la Congregación para la preparación de la Fe en 1627. Durante el siglo XVII el número de misioneros en los países de Oriente Próximo aumentó. El proceso arrojó dos resultados. De una parte, amplió el número de miembros de las Iglesias orientales que aceptaban la autoridad del Papa al mismo tiempo que deseaban conservar sus respectivas liturgias, sus costumbres y su derecho canónigo. Los maronitas habían ocupado esta posición desde la época de las Cruzadas, y a principios del siglo XVIII concertaron un concordato con el Papado que vino a definir las relaciones entre ambos. En las restantes Iglesias, la cuestión de la supremacía papal provocó mayores divisiones; sobre todo en Alepo, Siria septentrional, hubo conflictos entre los grupos católicos y los no católicos por el control de las Iglesias. Hacia principios del siglo XVIII se había llegado a una virtual separación. A partir de ese momento hubo dos líneas de patriarcas y obispos en el Patriarcado ortodoxo de Antioquía, una que reconocía la primacía del Patriarca ecuménico de Constantinopla, y la otra «uniata» o «católica griega», es decir, que aceptaba la autoridad del Papa. Hubo procesos análogos en diferentes épocas en las Iglesias nestoriana, siria ortodoxa, armenia y copta, aunque sólo a principios del siglo XIX el sultán otomano reconoció formalmente a los uniatas como *millets* o comunidades independientes.

El segundo resultado fue el desarrollo de una cultura cristiana específica que se expresaba en árabe. Algo por el estilo había existido durante mucho tiempo, pero ahora cambió su carácter. Los sacerdotes educados en los colegios de Roma regresaban con un conocimiento del latín y el italiano; algunos se consagraron al estudio serio del árabe; otros crearon órdenes monásticas según el modelo occidental, sobre todo en la atmósfera libre de las montañas libanesas, y éstas se convirtieron en centros tanto del cultivo de la tierra como del estudio de la teología y de la historia.

ALLENDE EL IMPERIO: ARABIA, SUDÁN, MARRUECOS

Allende las fronteras otomanas de Arabia se extendían regiones en que había pequeños pueblos de mercaderes o puertos y zonas rurales poco habitadas, donde los recursos urbanos eran limitados y podía organizarse el gobierno a lo sumo a pequeña escala: los principados de las ciudades levantadas junto a los oasis, en Arabia central y oriental, y los puertos de la costa occidental del golfo Pérsico. Uno de ellos era más importante que los restantes. En el rincón sureste de la península, Omán era una comunidad rural relativamente estable y próspera en los fértiles valles montañeses que miraban al mar de Yabal Ajdar. Los habitantes eran ibadíes, y su imanato, restablecido a principios del siglo XVII el mandato de una dinastía de la tribu Yaribi, confería cierta unidad precaria a la sociedad de los valles montañeses. En la costa, el puerto de Masqat se convirtió en importante centro del comercio del océano Índico; fue tomado por los omaníes a los portugueses a mediados del siglo XVII, y los mercaderes de ese origen se establecieron a lo largo de la costa africana oriental. En estas zonas árabes, los otomanos no ejercieron la soberanía, pero Bahréin, uno de los puertos del golfo Pérsico, fue dominio iraní de 1602 a 1783. Aquí, y en otras regiones del golfo Pérsico, gran parte de la población era chií; la región de al-Hasa, al norte de Bahréin, en efecto fue un importante centro del saber chií. Al suroeste de la península, Yemen ya no estaba bajo el control otomano; también aquí los puertos comerciaron con India y el sureste de Asia, sobre todo con café, y los emigrantes árabes del sur de Arabia servían en los ejércitos de los gobernantes indios.

Al sur de Egipto, la autoridad otomana era limitada: se extendía remontando el valle del Nilo hasta la Tercera Catarata, y en la costa del mar Rojo había dos misiones en Sawakin y Massawa, subordinadas al gobernador de Yidda. Aún más lejos, surgió un sultanato de poder y estabilidad relativamente grandes, el del Funj, establecido en el área de cultivos estables que se extiende entre el Nilo Azul y el Blanco; éste habría de perpetuarse durante más de tres siglos (a partir de principios del siglo XVI y hasta 1821).

Allende la frontera occidental del Imperio, en el oeste más remoto del Magreb, había un Estado de diferente tipo: el antiguo Imperio de Marruecos. Las operaciones navales otomanas no se aventuraban más allá del Mediterráneo para llegar al Atlántico, y el gobierno otomano no se estableció en las regiones costeras de Marruecos, ni impuso su control sobre las montañas del Rif y el Atlas. Aquí las autoridades locales, algunas de las cuales contaban con la aprobación religiosa, consiguieron afianzarse; en ciertas condiciones, la cristalización de las fuerzas locales alrededor de un liderazgo con aprobación religiosa podía dar lugar a una entidad política mayor. Durante el siglo XV apareció un nuevo factor que modificó la naturaleza de tales movimientos: la reconquista cristiana de España y Portugal amenazó con extenderse a Marruecos y también provocó la emigración de los musulmanes de al-Ándalus hacia las ciudades marroquíes. Por lo tanto, cualquier movimiento que pareciera que podía y quería defender al país contra los nuevos cruzados era muy atractivo. De aquí en adelante tales movimientos tendieron a afirmar su legitimidad insertándose en un linaje espiritual básico del mundo musulmán. En 1510, una familia que afirmaba descender del Profeta, la de los *sharifs* Sadid, pudo fundar un Estado en la región meridional de Sus, obtener el control de la ciudad comercial de Marrakech y después avanzar hacia el norte. Los Sadíes crearon un sistema de gobierno que pudo regir la mayor parte del país, aunque limitadamente. La corte y la administración central, el *majzan*, hasta cierto punto se atuvieron al modelo otomano. El sultán tuvo dos tipos de fuerza en las cuales apoyarse: su ejército personal de soldados negros reclutados entre los habitantes esclavos de los oasis meridionales y el valle del río Níger, y ciertos grupos árabes de la llanura, los *yaish* o tribus «militares»; se los eximía de los impuestos con la condición de que recaudaran los gravámenes y mantuvieran el orden en las zonas rurales, y a veces en las ciudades. Fue un período de prosperidad cada vez mayor: las ciudades comerciales del norte, los puertos del Atlántico y las ciudades interiores de Fez y Titwán (Tetuán) cobraron nuevo impulso, en parte a causa de la llegada de los andalusíes, que aportaron especialidades industriales y contactos con otras áreas del mundo del Mediterráneo. Después de un período a mediados del siglo XVI en el que España, Portugal y los otomanos lucharon por el control del país, los Sadíes pudieron mantener cierta independencia, e incluso extenderse hacia el sur. Desde su baluarte en Marrakech, los sultanes lograron controlar el comercio de oro y esclavos de África occidental; a fines del siglo XVI conquistaron y conservaron por poco tiempo las ciudades de las rutas comerciales saharianas hasta Timbuktú.

Pero el gobierno de los *sharifs* fue siempre más débil que el de los sultanes otomanos. La riqueza y el poder urbanos eran más limitados. Fez, el centro urbano más importante, era una ciudad que poseía una considerable tradición de saber urbano, pero tenía sólo la mitad de la magnitud de Alepo, Damasco o Túnez, y era mucho más pequeña que Estambul o El Cairo. De los restantes pueblos, los puertos de la costa del Atlántico fueron centros del comercio exterior y la navegación de corso; los capitanes de los puertos gemelos de Rabat y Salé durante un tiempo rivalizaron con los de Argel. Pero ni el tráfico de las ciudades ni la producción del campo fue suficiente para permitir que el sultán mantuviese una compleja burocracia o un gran ejército permanente. Más allá de ciertas regiones limitadas, ejerció un poder relativo mediante expediciones militares ocasionales, la manipulación política y el prestigio de su estirpe vinculada al Profeta. Él y su *majzan* se parecían menos al gobierno burocrático centralizado del Imperio otomano y a algunos Estados europeos de la época que a una monarquía medieval errante; el gobernante, su corte y los ministros, su reducido número de secretarios y el tesoro, y sus soldados personales, avanzaban regularmente a través de los distritos rurales más próximos, recaudando el dinero necesario para pagar al ejército y tratando, mediante delicadas maniobras políticas, de mantener en definitiva la soberanía en el área más dilatada posible. Incluso en las ciudades su dominio era precario. Precisaba controlar Fez, Maknas y otros lugares con el fin de sobrevivir: los ulemas le conferían legitimidad, y el monarca necesitaba los ingresos procedentes de los gravámenes impuestos al comercio y la industria. Hasta cierto punto, podía gobernar al pueblo mediante funcionarios designados, o concediendo o negando favores, pero en cierto sentido se mantenía ajeno a las ciudades. Los habitantes urbanos no deseaban que desapareciese por completo el poder del sultán, pues lo necesitaban para que protegiese las rutas comerciales y los defendiese a ellos mismos de los ataques europeos dirigidos contra la costa, pero deseaban mantener la relación en sus propias condiciones: no pagar impuestos, no verse atemorizados por las tribus yaish que los rodeaban, contar con un gobernador y un cadí elegidos por ellos mismos o, al menos, que mereciese su aprobación. A veces, conseguían movilizar sus fuerzas con estos propósitos.

En vista de tales límites impuestos a sus recursos y su poder, los *sharifs* sadíes no pudieron crear un sistema permanente y autoperpetuado de gobierno como el de los otomanos y los safavíes. Después de aproximadamente un siglo, hubo una escisión en la familia, y de nuevo se formaron combinaciones locales de fuerzas alrededor de jefes que afirmaban su legitimidad en términos religiosos. Tras un período de conflicto, en que intervinieron los otomanos en Argelia y los mercaderes europeos en los puertos, otra familia de *sharifs*, los Filalíes o Alauíes del oasis de Tafilalt pudieron unificar todo el país mediante la habilidad política y la ayuda de algunas tribus árabes: primero el este, donde fueron los líderes de la oposición a la difusión del poder otomano, después Fez y el norte, y más tarde el centro y el sur, hacia 1670. (Esta dinastía continúa gobernando a Marruecos en la actualidad.)

En la época de uno de los dirigentes tempranos de la dinastía, Mawlai Ismail (1672-1727), el gobierno adoptó la forma que conservaría más o menos hasta principios del siglo XX: una casa real formada principalmente por esclavos negros y otros habitantes del sur; ministros designados de entre las principales familias de Fez o las tribus yaish; un ejército de conversos europeos, negros de origen esclavo, las tribus yaish de las llanuras y levas urbanas en períodos de necesidad. El sultán emprendió una lucha contra dos peligros: el permanente temor al ataque español y portugués y la expansión del poder otomano desde Argel. Con su ejército, su legitimidad religiosa y su resistencia eficaz a tales peligros, durante un tiempo pudo generar el poder que le permitió inclinar en su favor el equilibrio del gobierno y la ciudad, y ejercer cierto control político sobre gran parte del campo.

La conquista cristiana de al-Ándalus empobreció la civilización de Marruecos. Cuando los musulmanes fueron expulsados definitivamente de España, durante el siglo XVII, más colonos andalusíes llegaron a las ciudades marroquíes, pero ya no traían consigo una cultura que enriqueciera al Magreb. Simultáneamente, los contactos con las regiones orientales del mundo musulmán se vieron limitados por la distancia y la barrera de las montañas del Atlas. Algunos marroquíes, en efecto, viajaron hacia el este, por razones comerciales o para realizar las peregrinaciones; después de reunirse en el oasis de Tafilalt, continuaban a lo largo de la costa norte de África o por mar hasta Egipto, donde se incorporaban a la caravana de peregrinos reunida en El Cairo. Algunos mercaderes podían permanecer allí, y algunos eruditos se dedicaban a estudiar en las mezquitas y las escuelas de El Cairo, Medina o Jerusalén; unos pocos, a su vez, se convertían en maestros y fundaban familias cultas; tal fue el caso de la familia Alami en Jerusalén, de la cual se afirmaba que descendía de un maestro y erudito sufí originario de Yabal Alam, en el norte de Marruecos. Pero pocos estudiosos del este visitaron el oeste más remoto o se asentaron allí.

De manera que por esa época la cultura de Marruecos era un cuerpo peculiar y limitado. Había pocos poetas y hombres de letras, y carecían de grandes méritos. Pero continuó la tradición de las obras históricas y biográficas. En el siglo XVIII al-Zayyani (1734-h. 1833), un hombre que había ocupado cargos importantes y había viajado mucho, escribió una historia universal, la primera compuesta por un marroquí, que reveló cierto conocimiento de la historia europea y aún más de la otomana.

En las escuelas, la principal disciplina estudiada era el *fiq* malikí, con sus ciencias auxiliares. Se la enseñaba en la gran mezquita de al-Qarawiyyin, en Fez, con sus madrazas anexas, y también en Marrakech y otros lugares. Un compendio de la ley malikí, el *Mujtasar* de al-Jalil, tuvo especial relevancia. En estas ciudades, como en otros rincones del mundo islámico, había grandes familias de eruditos que preservaban la tradición del saber superior de una generación a otra; una de ellas fue la familia Fasi, de origen andalusí, aunque establecida en Fez desde el siglo XVI.

La influencia de los juristas de las ciudades se extendió hasta cierto punto hacia el campo, donde los ulemas podían actuar como notarios, y dar forma a los contratos y los acuerdos. Pero la fuente principal de alimento espiritual provino de los maestros y los guías espirituales pertenecientes a las fraternidades sufíes, y sobre todo de los que estaban relacionados con la Shadiliyya, un grupo fundado por al-Shadili (m. 1258), un hombre de cuna marroquí instalado en Egipto. Esta paternidad se extendió ampliamente por Egipto, y fue llevada a Marruecos por al-Yazuli durante el siglo XV (m. h. 1465); a Fez llego a través de un miembro de la familia Fasi. La influencia del camino enseñado por la Shadiliyya y otras fraternidades se manifestó en todos los niveles de la sociedad. En los individuos cultos, suministró una explicación del significado interior del Corán y un análisis de los estados espirituales en la senda que conducía al conocimiento experimental de Dios. Los maestros y los santos, adscritos o no a una fraternidad, alimentaban la esperanza de que Dios intercediera para ayudar a los hombres y las mujeres en las pruebas de la vida terrenal. Aquí, como en otros lugares, las tumbas de los santos eran centros de peregrinación; algunas de las más famosas eran las de Mawlay Idris, reputado fundador de Fez, en un santuario urbano que llevaba su nombre, y de su hijo, también llamado Idris, en la propia Fez.

De igual modo, también aquí los hombres sabios y piadosos trataban de preservar la idea de una sociedad musulmana justa frente a los excesos de la superstición o la ambición mundana. El estudio de un erudito francés ha revelado la vida y las enseñanzas de uno de ellos, al-Hasán al-Yusi (1631-1691). Era un hombre del sur, que se sintió atraído por el ambiente de los individuos cultos y, durante un tiempo, impartió clases en Fez, para después continuar en las escuelas de Marrakech y otros lugares. Sus obras son variadas, e incluyen una serie de conversaciones *(muhadarat),* en las cuales trató de definir y preservar el camino medio de los sabios y los piadosos ulemas entre las opuestas tentaciones. De un lado estaban las tentaciones y las corrupciones del poder. En un famoso ensayo, donde reflejó la opinión de los propios ulemas acerca de su papel, advirtió al sultán Ismail contra la tiranía practicada en su nombre por los funcionarios. Proclamó que la tierra pertenecía a Dios, y que todos los hombres eran Sus esclavos: si el gobernante trataba con justicia a su pueblo, él se convertía en el representante de Dios en la tierra, la sombra de Dios sobre Sus siervos. Afrontaba tres tareas: recaudar con justicia los impuestos, promover la *yihad,* manteniendo la solidez de las defensas del reino, e impedir la opresión que el fuerte ejercía sobre el débil. Los tres aspectos habían sido descuidados en su reino: los recaudadores de impuestos oprimían, las defensas se habían debilitado y los funcionarios tiranizaban al pueblo. La lección que él extraía es de sobra conocida: una vez concluida la profecía, los ulemas conservarían el carácter de guardianes de la verdad; que el sultán hiciese como hacían los califas y acatase el consejo de los intérpretes fidedignos de la ley santa.[1]

Del otro lado del camino medio estaba la corrupción espiritual promovida entre la gente común del campo por los maestros sufíes falsos e ignorantes:

> En tiempos anteriores, las palabras de hombres como los que pertenecen a las órdenes qadirí y shadilí, y de maestros de los estados espirituales, resonaban en los oídos de la gente común y conmovían sus corazones. Esas palabras exaltaban a las multitudes, que hacían todo lo posible por imitarlos. Pero ¿qué puede esperarse de un ignorante que deja en libertad sus propias fantasías y ni siquiera conoce los elementos externos de la ley santa, y mucho menos comprende su significado interior, ni sabe quiénes carecen de una elevada jerarquía espiritual? Se lo ve hablando con vehemencia, comentando el conocimiento tanto racional como revelado. Se encuentra esto sobre todo en los hijos de los santos, que desean adornarse con las gracias de sus padres, e inducen a sus partidarios a seguirlos sin derecho ni verdad, y sólo en bien de las vanidades de este mundo [...]. Un hombre como éste no conducirá a la gente a amar a nadie por el bien de Dios, ni le permitirá conocer o seguir a nadie que no sea él mismo [...]. Les promete el paraíso, no importa cuáles hayan sido sus actos, en vista de que intercede por ellos el día del Juicio [...]. La gente ignorante se satisface con esto, y continúa a su servicio, una generación tras otra.[2]

CAPÍTULO QUINCE

El inestable equilibrio de poder en el siglo XVIII

LAS AUTORIDADES CENTRALES Y LOCALES

Durante el siglo VII los árabes crearon un mundo nuevo al que otros pueblos se sintieron atraídos. Durante los siglos XIX y XX, a su vez, ellos se vieron atraídos por un nuevo mundo creado en Europa occidental. Por supuesto, éste es un modo demasiado sencillo de describir un proceso muy complicado, y las explicaciones del mismo también pueden ser simples en exceso.

Una explicación ofrecida usualmente adoptaría la siguiente forma: hacia el siglo XVIII los antiguos reinos del mundo musulmán y las sociedades que ellos gobernaban habían entrado en un proceso de decadencia, y en cambio aumentaba la fuerza de Europa, lo cual posibilitó la expansión de las mercancías, las ideas y el poder que condujo a la imposición del dominio europeo, y después a un renacimiento de la fuerza y la vitalidad de las sociedades árabes en una forma diferente.

Pero es difícil aplicar el concepto de la decadencia. También lo emplearon algunos autores otomanos. Desde fines del siglo XVI en adelante, los que compararon lo que veían alrededor de ellos con lo que creían que había existido antes afirmaban, a menudo, que las cosas no eran lo que habían sido en un período anterior de justicia, y que las instituciones y los códigos de moral social en los cuales se apoyaba la fuerza otomana estaban en decadencia. Algunos de estos autores leían a Ibn Jaldún; durante el siglo XVII el historiador Naima reflexionó acerca de algunas de las ideas de Ibn Jaldún, y en el siglo XVIII parte de su *Muqaddima* se tradujo al turco.

Para estos escritores, el remedio residía en un retorno a las instituciones de la edad de oro real o imaginaria. A juicio de Sari Mehmed bajá (m. 1717), quien durante un período fue tesorero o *defterdar*, y escribió a principios del siglo XVIII, lo que importaba era restablecer la antigua diferencia entre gobernantes y gobernados, y que los primeros actuasen con justicia:

> Debe evitarse por todos los medios el ingreso de la *reaya* en la clase militar. Sin duda sobrevendrá el desorden cuando los que no son hijos o nietos de *sipahis* se convierten de pronto en *sipahis* [...]. Que [los funcionarios] no opriman a la *reaya* pobre ni la irriten con la exigencia de nuevos impuestos agregados a los gravámenes anuales bien conocidos que están acostumbrados a dar [...]. Es necesario proteger y preservar a los habitantes de las provincias y los moradores de las ciudades mediante la eliminación de las injusticias y prestando muchísima atención a la prosperidad de los súbditos [...]. Pero no debe demostrarse excesiva indulgencia con la *reaya*.[1]

Más que hablar de decadencia, sería propio afirmar que lo que había ocurrido era una adaptación de los métodos otomanos de gobierno y del equilibrio del poder del Imperio a la variación de las circunstancias. Hacia fines del siglo XVIII, la dinastía otomana llevaba quinientos años de existencia y había estado gobernando casi 300 en la mayoría de los países árabes; cabía presumir que sus modos de gobierno y la extensión de su control variasen de un lugar y una época a otros.

Hubo dos clases de cambio que fueron sobremanera importantes hacia el siglo XVIII. En el gobierno central de Estambul el poder había tendido a pasar de la casa del sultán a una oligarquía de altos funcionarios civiles instalados en las oficinas del gran visir o en sus alrededores. Aunque diferentes grupos de estos funcionarios competían por el poder, estaban interrelacionados, y se vinculaban con los altos dignatarios del servicio judicial y religioso según diferentes modos. Tenían una cultura común, en la cual había elementos árabes y persas así como turcos. Compartían el interés por la fuerza y el bienestar del Imperio y de la sociedad que aquél protegía. No se mantenían a distancia de la sociedad, como había sucedido con los esclavos de las casas, y en cambio participaban en la vida económica gracias a su control de las dotaciones religiosas y el sistema de recaudación de impuestos, y a la asociación con comerciantes para invertir en el comercio y en las tierras.

El ejército profesional también se había incorporado a la sociedad; los jenízaros se convirtieron en mercaderes y artesanos, y los mercaderes y los artesanos se incorporaron o unieron a los cuerpos de jenízaros. Este proceso estaba relacionado, como causa y efecto, con otro cambio importante: la aparición en las capitales de provincia de grupos gobernantes locales, que podían controlar los recursos impositivos de las provincias y usarlos para organizar sus propios ejércitos locales. Tales grupos existían en la mayoría de las capitales de provincia, excepto las que podían ser controladas fácilmente desde Estambul. Podían ser de diferentes clases. En ciertos lugares había familias gobernantes, con sus casas y sus dependientes; sus miembros podían merecer el reconocimiento de Estambul de una generación a otra. En otros, actuaban grupos autoperpetuados de mamelucos: eran hombres de los Balcanes o el Cáucaso que habían llegado a la ciudad como esclavos militares o aprendices de la casa de un gobernador o un comandante militar, habían ascendido a cargos importantes en el gobierno o el ejército local, y habían logrado traspasar su poder a otros miembros del mismo grupo. Dichos gobernantes locales podían concertar alianzas de intereses con los comerciantes, los poseedores de la tierra y los ulemas de la ciudad. Mantenían el orden que era necesario para la prosperidad de la ciudad y, a la vez, se aprovechaban del mismo.

Ésta era la situación en la mayoría de las provincias otomanas de Anatolia y Europa, excepto las que permitían un fácil acceso desde Estambul, y prácticamente de todas las provincias árabes. Alepo, en el norte de Siria, levantada junto a una importante ruta imperial, y con acceso relativamente fácil desde Estambul, continuó bajo el control directo; pero en Bagdad y Acre, en la costa de Palestina, los miembros de los grupos mamelucos conservaban el cargo de gobernador; en Damasco y Mosul, las familias que habían estado al servicio de los otomanos podían ocupar el cargo de gobernador durante varias generaciones. En Hiyaz, los jerifes de La Meca, una familia que afirmaba descender del Profeta, gobernaban las ciudades santas, si bien había un gobernador otomano en Yidda, en la costa. En Yemen no se mantuvo la presencia otomana, y la autoridad central existente estaba en manos de una familia de imanes reconocida por los habitantes zaidíes.

En Egipto la situación era más complicada. Aún había un gobernador designado por Estambul, a quien no se permitía permanecer demasiado tiempo en el cargo, a fin de evitar que adquiriesen excesivo poder; pero la mayoría de los altos cargos y el control de la recaudación de los impuestos había caído en manos primero de grupos rivales de mamelucos y oficiales militares. En las tres provincias otomanas del Magreb, los jefes de los ejércitos locales se habían apoderado del poder en diferentes formas. En Trípoli y Túnez, los comandantes militares crearon dinastías, reconocidas por Estambul con la jerarquía de gobernadores, aunque con el título local de bey. En Argel, los cuerpos militares designaron sucesivos gobernantes (los deyes); pero con el tiempo el dey pudo crear un grupo de altos funcionarios que consiguió perpetuarse y mantener el cargo. En los tres lugares, los funcionarios, los oficiales militares y los comerciantes se habían unido al principio impulsados por el interés común de equipar las naves corsarias (los «piratas berberiscos») para capturar las naves de los Estados europeos con los cuales el sultán otomano estaba en guerra, y vender sus mercancías; pero esta práctica había cesado, de hecho, hacia fines del siglo XVIII.

Por grandes que fuesen estos cambios, no cabe exagerarlos. En Estambul el sultán aún ejercía el poder definitivo. Incluso el funcionario más influyente podía ser depuesto y ejecutado y sus bienes confiscados; aún se pensaba que los funcionarios del sultán eran sus «esclavos». Con algunas excepciones, incluso los gobernantes locales más fuertes se daban por satisfechos si podían permanecer al amparo del sistema otomano; eran «otomanos locales», no monarcas independientes. El Estado otomano no les era extraño, pues continuaba siendo la manifestación de la comunidad musulmana (o por lo menos de gran parte de ella). Los gobernantes locales podían tener sus propias relaciones con las potencias extranjeras, pero utilizaban su fuerza para promover los intereses principales y defender las fronteras del Imperio. Más aún, el gobierno central mantenía un residuo de fuerza en la mayoría de las regiones del Imperio. Podía otorgar o denegar el reconocimiento formal; e incluso el bey de Túnez y el dey de Argelia deseaban que el sultán los invistiese formalmente como gobernadores. Podía aprovechar las rivalidades entre diferentes provincias, o entre diferentes miembros de una familia o un grupo mameluco, o entre el gobernador provincial y los notarios locales. Allí donde podía usar las grandes rutas imperiales o las rutas marítimas del Mediterráneo oriental, estaba en condiciones de enviar un ejército para reafirmar su poder; es lo que sucedió por corto espacio de tiempo en Egipto en la década de 1780. La peregrinación, organizada por el gobernador de Damasco, que llevaba regalos de Estambul a los habitantes de las ciudades santas, estaba protegida por una fuerza otomana, se desplazaba por una ruta vigilada por guarniciones otomanas, y todo ello era una afirmación anual de la soberanía otomana a lo largo de todo el camino que iba de Estambul, a través de Siria y Arabia occidental, hasta el corazón del mundo musulmán.

En el Imperio se había creado un nuevo equilibrio de fuerzas. Era precario, y cada parte de él intentaba acrecentar su poder cuando podía;

pero estaba en condiciones de mantener una alianza de intereses entre el gobierno central, los Otomanos de las provincias y los grupos sociales dotados de riqueza y prestigio, es decir, los comerciantes y los ulemas. Hay indicios que hacen creer que en algunas regiones la combinación de los gobiernos locales fuertes y las elites urbanas activas mantenían una producción agraria mayor, que era la base de la prosperidad urbana y de la fuerza de los gobiernos. Parece que fue lo que sucedió en las provincias europeas; el crecimiento demográfico en Europa central acrecentó la demanda de alimentos y materias primas, y las provincias balcánicas pudieron satisfacerla. En Túnez y Argelia se producían cereales y cueros para exportarlos a Marsella y Liorna; en el norte de Palestina y el oeste de Anatolia la producción de algodón aumentó para atender la demanda de Francia. Pero en la mayoría de las provincias el control del gobierno local y sus aliados urbanos no iba mucho más allá de las ciudades. En el Magreb, el poder otomano no se extendió mucho hacia el interior, en dirección a la altiplanicie. En el Creciente Fértil, algunas tribus de nómadas criadores de camellos habían avanzado hacia el norte desde Arabia central; el área utilizada como pastura se amplió a expensas de la que se destinó a los cultivos, y otro tanto sucedió en la región en que los líderes tribales más que los funcionarios oficiales controlaban a los agricultores que aún permanecían en la zona.

En las regiones que se extendían allende la frontera del Imperio hubo procesos del mismo género. En Omán una nueva familia gobernante, que al principio revindicó su derecho al imanato de los ibadíes, se asentó en Masqat, en la costa, y una alianza de gobernantes y comerciantes pudo extender el comercio omaní alrededor de las costas del océano Índico. En otros puertos del golfo Pérsico, Kuwait, Bahréin, y otros más pequeños, surgieron familias gobernantes vinculadas estrechamente con las comunidades mercantiles. En Sudán, al sur de Egipto, hubo dos sultanatos muy duraderos: uno, el de Funj, ocupaba la región fértil entre el Nilo Azul y el Blanco, donde las rutas comerciales que iban de Egipto a Etiopía cruzaban las que se extendían de África occidental al mar Rojo; el otro fue el de Darfur, al oeste del Nilo, en una ruta comercial que unía África occidental con Egipto.

En Marruecos, en un extremo del Magreb, los Alauíes habían gobernado desde mediados del siglo XVII, pero sin contar con la sólida fuerza militar o burocrática que incluso movilizaban los gobernantes otomanos locales. Como sus predecesores, nunca pudieron dominar del todo la ciudad de Fez con sus poderosas familias mercantiles, sus ulemas agrupados alrededor de la mezquita de Qarawiyyin y sus familias santas que protegían los santuarios de sus antepasados; fuera de las ciudades, a lo sumo podían controlar partes del campo mediante la manipulación política y el prestigio de su ascendencia; pero como su base era insegura, la fuerza que podían reunir fluctuaba; fue considerable a principios del siglo XVIII y después se debilitó; aun así, comenzó a recuperarse en la segunda mitad del siglo.

LA SOCIEDAD Y LA CULTURA OTOMANAS ÁRABES

Durante el siglo XVIII la impronta del poder y la cultura otomanas en las provincias árabes al parecer se acentuó. Arraigó en las ciudades gracias a lo que se ha denominado las familias y los grupos «otomanos locales». Por una parte, los comandantes militares y los funcionarios civiles se instalaron en las capitales de provincia y fundaron familias o casas que podían conservar cargos en el servicio otomano de una generación a otra; las familias gobernantes locales y los grupos mamelucos eran a lo sumo el nivel superior de un fenómeno que se manifestaba también en otros planos. Algunos ocupaban puestos en la administración local, otros se enriquecían mediante la recaudación de impuestos, y otros enviaban a sus hijos a las escuelas religiosas locales, y después los incorporaban al servicio legal. Por otra parte, los miembros de las familias locales con una tradición de saber religioso tendían cada vez más a ocupar cargos en el servicio religioso y legal, y de este modo a ejercer el control de los *waqfs*, incluso los más lucrativos, creados en beneficio de las ciudades santas o de instituciones fundadas por los sultanes; muchos de estos pasaban del propósito original al aprovechamiento privado. Se ha calculado que mientras había setenta y cinco cargos oficiales en el sistema religioso legal de Damasco a principios del siglo XVIII, hacia mediados del siglo el número había sobrepasado la cifra de trescientos. Una consecuencia de este proceso fue que muchas familias locales que por tradición se adherían a los *madhabs* shafíes o malikíes, acabaron aceptando el código hanafí, reconocido oficialmente por los sultanes otomanos. (Pero parece que no sucedía lo mismo en el Magreb; aquí, el grueso de la población, excepto la de origen turco, continuó adscrito a la tendencia malikí.)

Por consiguiente, hacia fines del siglo XVIII existían, al menos en algunas de las grandes ciudades árabes, familias poderosas y más o menos permanentes de «notables» locales, algunas más turcas y otras más árabes. Una expresión de su poder y su estabilidad fue la construcción de refinados palacios y casas en Argel, Túnez, Damasco y otros lugares. Uno de los más notables fue el palacio de Azm en Damasco, un complejo de habitaciones y estancias levantadas alrededor de dos patios, una para los hombres de la familia y sus visitantes, la otra para las mujeres y el servicio doméstico. En escala más reducida, pero aun así espléndidas, estaban las casas construidas en Judaida, barrio cristiano de Alepo, por las familias enriquecidas gracias al tráfico cada vez más intenso con Europa. En las montañas del sur del Líbano, el palacio del emir de Líbano, Bashir II, fue construido por artesanos de Damasco: un inesperado palacio urbano en una ladera montañosa distante. Estas casas eran obra de arquitectos y artesanos locales, y el diseño y el estilo arquitectónicos eran expresiones de las tradiciones locales, si bien aquí también, como en las mezquitas, habría de manifestarse la influencia de los estilos decorativos otomanos, sobre todo en el uso de las tejas; con esto se mezclaba cierta imitación de los estilos europeos, como en los murales y el empleo de cristal de Bohemia y otros artículos manufacturados en Europa con destino al mercado de Oriente Próximo. En Túnez, un viajero francés de principios del siglo descubrió que el antiguo palacio de los beyes, el Bardo, había sido equipado con muebles de estilo italiano.

La supervivencia y el poder social de las familias de los notables estaban unidos a las escuelas locales. Un estudio de El Cairo ha sugerido que una parte considerable de la población masculina —quizá la mitad— pudo haber sido instruida, pero era el caso de pocas mujeres. Ello implica que las escuelas elementales, denominadas *kuttabs*, eran numerosas. En un nivel más elevado, un historiador de la época menciona unas veinte madrazas y el mismo número de mezquitas que impartían enseñanza superior. La institución central, la mezquita de al-Ashar, parece haber florecido a expensas de algunas mezquitas y madrazas más pequeñas y menos favorecidas; atrajo a estudiantes de Siria, Túnez, Marruecos y las regiones del Alto Nilo. Del mismo modo, en Túnez la mezquita de Zaituna cobró mayores proporciones y adquirió importancia durante el siglo; se amplió su biblioteca y se acrecentaron sus recursos mediante los ingresos de la *yizya*, la capitación aplicada a los que no eran musulmanes.

En estas escuelas superiores, aún se desarrollaba el antiguo plan de enseñanza. Los estudios más importantes eran exégesis del Corán, el *hadiz* y el *fiq*, y en esta tarea se usaban recopilaciones de fetuas, así como de tratados formales; se estudiaban los temas lingüísticos como introducción a esas disciplinas. Se enseñaban las doctrinas básicas de la religión sobre todo en compendios ulteriores, y parece que eran muy leídas las obras de Ibn Arabi y otros sufíes. Se estudiaban y enseñaban las ciencias racionales como la matemática y la astronomía, en general al margen del currículo formal, pero parece que en efecto despertaban mucho interés. En los límites de este plan de enseñanza tan rígido e invariable, aún no había espacio para una producción literaria de elevada calidad. En Túnez, una familia fundada por un soldado turco que había llegado al país con la fuerza expedicionaria otomana durante el siglo XVI dio cuatro personalidades en generaciones sucesivas, y todos se llamaron Muhammad Bairam; fueron eruditos bien conocidos y muftíes hanafíes. En Siria, la familia fundada por Murad, los naqshbandíes de Asia central, también desempeñaron la función de muftíes hanafíes durante más de una generación. Uno de ellos, Muhammad Jalil al-Muradi (1760-1791), continuó una tradición específicamente siria de recopilación de biografías de hombres de saber y prestigio; su diccionario biográfico abarca el siglo XII islámico.

Necesitado de ayuda en la recopilación de biografías, al-Muradi se dirigió a un famoso estudioso residente en Egipto, Murtada al-Zabidi (1732-1791). Su carta expresa la conciencia de quien sabe que está en el extremo de una larga tradición que es necesario preservar:

> Cuando me encontraba en Estambul con uno de sus grandes hombres [...] se hablaba de la historia, y de su decadencia en nuestra época, y la falta de interés por ella que manifiestan los contemporáneos, a pesar de que es la más grande de las artes; y nosotros lo lamentábamos profundamente.[2]

Al-Zabidi, de origen indio, había vivido un tiempo en Zabid, Yemen, una importante escala en la ruta que unía el sur y el sureste de Asia con las ciudades santas, y un centro importante del saber en esa época; se había trasladado a El Cairo, y desde allí su influencia se había difundido ampliamente, porque se afirmaba que tenía el poder de la intercesión, y también gracias a sus escritos. Entre éstos había obras acerca del *hadiz*, un comentario referido a *Ihya ulum al-din*, de al-Gazali, y un gran léxico árabe.

A su vez, Murtada al-Zabidi pidió a un erudito más joven, Abdal al-

Rahman al-Yabarti (1753-1825), que lo ayudase a recopilar material biográfico, y éste fue el impulso que orientó su mente hacia la composición de obras de historia; a su debido tiempo, Murtada al-Zabidi produciría la última gran crónica de estilo tradicional, que abarcaba no sólo los hechos políticos sino la vida de los estudiosos y los hombres famosos.

Asimismo, en el mundo chií se prolongó la tradición del saber superior, pero los estudiosos se dividieron claramente. Durante la mayor parte del siglo la escuela de pensamiento ajbarí predominó entre los eruditos de las ciudades santas, pero hacia el fin del siglo se produjo cierto renacimiento de la escuela usulí, bajo la influencia de dos importantes estudiosos, Muhammad Baqir al-Bihbihani (m. 1791) y Yafar Kashif al-Guita (h. 1741-1812), apoyada por los gobernantes locales de Irak e Irán, que veían ciertas ventajas en la flexibilidad de los usulíes, de modo que ésta se convertiría nuevamente en la escuela principal. Aun así, la Ajbariyya continuó siendo fuerte en algunas regiones del golfo Pérsico. Hacia fines del siglo tanto los usulíes como los ajbaríes afrontaron el desafío de un nuevo movimiento, la Shaikiyya, que se originó en la tradición mística, es decir, en la interpretación espiritual de los libros sagrados, una forma endémica del chiísmo. Esta postura fue condenada por las otras dos escuelas, y se entendió que estaba fuera de los límites del chiísmo *imamí*.

No hay indicios en el sentido de que el pensamiento de los sunníes o de los chíes se viese influenciado en esa época por las nuevas ideas que comenzaban a perfilarse en Europa. Algunos sacerdotes sirios y libaneses que habían adquirido cierto conocimiento del latín, el italiano o el francés estaban al tanto de la teología católica y la erudición europea de esos tiempos. Unos pocos enseñaron en Europa, y se convirtieron en eruditos de reputación europea: el más famoso fue Yusuf al-Simani (Joseph Assemani, 1687-1768), maronita del Líbano y estudioso de los manuscritos siríacos y arábigos, que llegó a ser el responsable de la Biblioteca Vaticana.

EL MUNDO DEL ISLAM

Viviesen en el Imperio otomano o fuera de sus fronteras, los que profesaban su fe en el islam y vivían utilizando el vehículo de la lengua árabe tenían en común algo que era más profundo que la fidelidad polí-

tica o los intereses compartidos. Entre ellos, y entre éstos y los que hablaban turco o persa o las restantes lenguas del mundo musulmán, existía el sentimiento común de pertenecer a un mundo perdurable e inconmovible creado por la revelación final de Dios a través Mahoma, y que
se expresaba en diferentes formas de pensamiento y actividad social; el
Corán, las Tradiciones del Profeta, el sistema jurídico o el comportamiento social de carácter ideal, las órdenes sufíes orientadas hacia las
tumbas de los fundadores, las escuelas, los viajes de los estudiosos en
busca del saber, la difusión de libros, el ayuno del Ramadán, cumplido
al mismo tiempo y del mismo modo por los musulmanes en todos los
rincones del mundo, y la peregrinación que llevaba a muchos millares
de habitantes del mundo musulmán a La Meca en la misma época del
año. Todas estas actividades preservaban el sentimiento de pertenencia a
un mundo que contenía todo lo que era necesario para el bienestar en
esta vida y la salvación en la otra.

Una vez más, como toda estructura que se prolonga siglos, también ésta sin duda debía cambiar. Así, la Morada del islam según existía en el siglo XVIII era distinta en muchos aspectos de la que se había
conocido antes. Un movimiento de cambio provino del extremo
oriental del mundo musulmán, del norte de India, donde la otra gran
dinastía sunní, los mongoles, gobernaban a musulmanes e hindúes.
Aquí, una serie de pensadores, entre los cuales el más famoso fue Sha
Waliulá de Delhi (1703-1762), estaba enseñando que los monarcas
debían gobernar en armonía con los preceptos del islam, y que éste debía ser purificado por maestros que usaban su *iyihad* sobre la base del
Corán y el *hadiz*; las diferentes *madhabs* debían fusionarse en un solo
sistema ético y legal, y las devociones de los sufíes debían atenerse a
sus límites. Los eruditos y las ideas que se desplazaron hacia el oeste a
partir de ella se unieron y mezclaron con otros eruditos e ideas de las
grandes escuelas, y en las ciudades santas durante las peregrinaciones,
y en esta mezcla se originó el fortalecimiento de ese tipo de sufismo
que destacó la rigurosa observancia de la *sharia*, por muy avanzado
que un musulmán pudiese estar en el camino que llevaba a la experiencia de Dios. La Naqshbandiyya se había extendido antes, a partir
de Asia central e India, hacia los países otomanos, y su influencia crecía. Otra orden, los Tijaniyya, fue fundada en Argelia y Marruecos por
un maestro que regresó de La Meca a El Cairo, y esa corriente después
se difundió por África occidental.

Hubo otro movimiento que pudo haber parecido menos importante entonces, pero más tarde habría de cobrar un significado más amplio. Se originó en Arabia central a principios del siglo XVII, cuando el reformador religioso Muhammad ibn Abd al-Wahab (1703-1792) comenzó a predicar la necesidad de que los musulmanes regresaran a la enseñanza del islam según lo entendían los partidarios de Ibn Hanbal: rigurosa obediencia al Corán y al *hadiz* según los interpretaban los estudiosos responsables de cada generación, y rechazo de todo lo que podía entenderse como innovaciones ilegítimas. Entre estas innovaciones estaba la reverencia profesada a los santos muertos como intercesores ante Dios, y las devociones especiales de las órdenes sufíes. El reformador concertó una alianza con Muhammad ibn Saud, gobernante de una pequeña ciudad comercial, Diriyya, y este paso condujo a la formación de un Estado cuyos dirigentes afirmaron vivir bajo la orientación de la *sharia*. Dicho Estado trató de agrupar alrededor de sí a todas las tribus de pastores. Al proceder de este modo, reafirmó los intereses de la frágil sociedad urbana de los oasis opuesta a los de las tierras limítrofes habitadas por pastores, si bien, al mismo tiempo, rechazó las pretensiones de los Otomanos, que se presentaban como protectores del islam auténtico. Hacia los primeros años del siglo XIX los ejércitos del nuevo Estado se habían extendido; saquearon los santuarios chiíes del suroeste de Irak y ocuparon las ciudades santas de Hiyaz.

LOS CAMBIOS EN LAS RELACIONES CON EUROPA

Aunque la mayoría de sus miembros podían creer que el mundo islámico vivía y crecía autosuficiente y sin rival, hacia el último cuarto del siglo XVIII al menos algunos miembros de la elite otomana sabían que estaba amenazado por fuerzas que promovían un cambio en sus relaciones con el mundo circundante. El gobierno otomano siempre había sabido que fuera de sus propios límites existía otro mundo: hacia el este, el Imperio chií de Irán, y más lejos el Imperio mongol; hacia el norte y el oeste, se hallaban los Estados cristianos. Desde época temprana, se habían relacionado con Europa occidental y central, controlaban las costas orientales y meridionales, del Mediterráneo, y su frontera occidental estaba en la cuenca del Danubio. Los contactos no eran sólo hostiles. Ciertamente, hubo algo de eso cuando la flota otomana combatió con los venecianos y los españoles por el control del Mediterráneo, y el ejército llegó a las puertas de Viena; así las cosas, la relación podía expresarse por referencia a la cruzada, de una parte, y a la *yihad*, de la otra. Pero había otros géneros de relación. El comercio estaba a cargo sobre todo de mercaderes europeos, venecianos y genoveses en los primeros siglos, y de otomanos, británicos y franceses durante el siglo XVIII. Había alianzas con reyes europeos que compartían un enemigo común con el sultán; sobre todo con Francia contra los Habsburgos de Austria y España. En 1569 Francia recibió concesiones (capitulaciones) que regulaban las actividades de los mercaderes y los misioneros; se las redactó sobre el modelo de privilegios anteriores concedidos a los mercaderes de algunas ciudades italianas, y después otorgadas a otras potencias europeas. Los principales Estados europeos tenían embajadas y consulados permanentes en el Imperio, que se convirtió en parte del sistema de Estados europeos, aunque por sí mismo no envió misiones permanentes a las capitales europeas hasta mucho después. (Del mismo modo, Marruecos e Inglaterra mantenían buenas relaciones cuando ambas adoptaban una actitud hostil con España.)

Hasta mediados del siglo XVIII, los otomanos aún podían suponer que mantenían una relación de igual a igual con las demás potencias. A fines del siglo XV, el disciplinado ejército profesional del sultán, que usaba armas de fuego, no había conocido rival entre los ejércitos europeos. Durante el siglo XVII los otomanos realizaron la última gran conquista, la isla de Creta, arrebatada a los venecianos. Hacia principios del XVIII, trataban con los Estados europeos en un plano de igualdad diplomática, y no de superioridad como habían podido hacer en una época anterior, y se creía que su ejército había perdido posiciones frente a otros en organización, táctica y uso de las armas, aunque no tanto hasta el extremo de que no pudieran realizarse esfuerzos para mejorarlo en el marco del sistema de las instituciones vigentes. Por otra parte, el comercio continuaba desarrollándose dentro de los límites de las Capitulaciones.

Sin embargo, durante el último cuarto de siglo la situación comenzó a cambiar de manera rápida y dramática, a medida que la distancia entre la capacidad técnica de algunos países de Europa occidental y septentrional y los del resto del mundo se hizo mayor. Durante los siglos de dominio otomano no se había asistido a un avance de la tecnología, y en cambio había descendido el nivel del conocimiento y la comprensión en el campo de las ciencias. Fuera de unos pocos griegos y otros individuos educados en Italia, se conocían mal los idiomas de Europa occidental, o los progresos científicos y técnicos logrados allí. Las teorías astronómicas asociadas con el nombre de Copérnico aparecían mencionadas en turco por primera vez, y sólo de pasada, a fines del siglo XVII, y los progresos de la medicina europea comenzaban a difundirse lentamente durante el siglo XVIII.

Algunos países europeos ahora habían pasado a un nivel diferente de poder. La peste ya no asolaba las ciudades europeas al aplicarse con eficacia los sistemas de cuarentena, y la introducción del maíz y la extensión de las áreas cultivadas anuló la amenaza del hambre y posibilitó alimentar a una población más numerosa. Las mejoras introducidas en la construcción de naves y el arte de la navegación había llevado a los marinos y a los mercaderes a todos los océanos del mundo, determinando así la creación de centros y colonias comerciales. El tráfico y la explotación de las minas y los campos de las colonias originaron una acumulación de capital, que se utilizó para producir artículos manufacturados de diferentes modos y a mayor escala. El crecimiento de la población y la riqueza permitió que los gobiernos mantuviesen ejércitos y armadas más poderosos. Así, algunos de los países de Europa occidental —sobre todo Inglaterra, Francia y los Países Bajos— se habían embarcado en un proceso de permanente acumulación de recursos, y en cambio los países otomanos, lo mismo que otras áreas de Asia y África, aún vivían en una situación en que la peste y el hambre detenían el crecimiento demográfico, algo que en algunos lugares originaba la disminución del número de habitantes, al mismo tiempo que la producción no generaba el capital necesario para obtener cambios fundamentales en los métodos o un incremento del poder organizado del gobierno.

El crecimiento del poder militar de Europa occidental aún no se manifestaba directamente. En el Mediterráneo occidental, el poder español había decrecido, y en 1792 el dey de Argelia pudo tomar Orán, que había estado en poder español; en el Mediterráneo oriental, el poder veneciano declinaba, y aún no se sentía el de Inglaterra y Francia. El peligro parecía provenir del norte y del este. Rusia, que había reorganizado su ejército y su gobierno de acuerdo con criterios occidentales, avanzaba hacia el sur. En una guerra decisiva contra los otomanos (1768-1774), una flota comandada por los rusos surcó las aguas del Mediterráneo oriental, y un ejército ruso ocupó Crimea, que pocos años después se anexionaría al Imperio ruso. A partir de esta época el mar

Negro dejó de ser otomano, y el nuevo puerto ruso de Odessa se convirtió en centro comercial.

Más al este, en India, comenzaba un proceso no menos ominoso. Los barcos europeos habían rodeado por primera vez el cabo de Buena Esperanza a fines del siglo XV, y poco a poco se habían instalado puestos comerciales europeos en las costas de India, en el golfo Pérsico y las islas de Asia suroriental; pero durante el siglo siguiente, o poco más, su comercio se vio limitado. La ruta del cabo era larga y peligrosa, y aún se enviaban especias y otros artículos asiáticos por el golfo Pérsico o el mar Rojo a las ciudades del Oriente Próximo, con el propósito de venderlas en los mercados locales o distribuirlas por el oeste y el norte. Europa deseaba comprar especias, pero tenía poco que ofrecer a cambio, y sus navíos y mercaderes en el océano Índico se dedicaron sobre todo a comprar y vender entre los puertos asiáticos. A principios del siglo XVII los holandeses desviaron el tráfico de especias alrededor del cabo; pero hasta cierto punto la pérdida sufrida por los mercaderes otomanos se vio compensada por el nuevo comercio del café, cultivado en Yemen y distribuido en el mundo occidental por mercaderes de El Cairo. Más tarde, las compañías comerciales europeas comenzaron a extenderse más allá de sus puertos y se convirtieron en recaudadoras de impuestos y virtuales gobernantes de amplias áreas. La Compañía Holandesa de Indias Orientales extendió su control a Indonesia, y la Británica asumió la administración de una amplia región del Imperio mongol, Bengala, durante la década de 1760.

Hacia los últimos años del siglo XVIII, era evidente que el carácter del comercio europeo con Oriente Próximo y el Magreb estaba cambiando. Algunos grupos de mercaderes y marinos árabes todavía podían mantener su posición en el tráfico marítimo del Índico, sobre todo el de Omán, cuyas actividades y cuyo poder se extendían a la costa africana oriental. Pero en general los intercambios entre diferentes regiones del mundo pasaron a manos de los mercaderes y los empresarios marítimos europeos; las naves inglesas llegaron a Moka, en la costa de Yemen, para comprar café; los mercaderes europeos llevaron especias asiáticas a Oriente Próximo. No sólo los mercaderes sino también los productores percibieron el desafío. Los artículos producidos en Europa, o bajo control europeo en las colonias de Asia y el Nuevo Mundo, comenzaron a competir con los de Oriente Próximo tanto en el mercado europeo como en aquél. El café de Martinica era más barato que el de Yemen, y los mercaderes que traficaban con él aplicaban técnicas comerciales más eficaces que los de El Cairo. Además, tenían el monopolio de los mercados europeos. Hacia fines del siglo XVIII el café de Moka prácticamente había perdido el mercado europeo, y afrontaba la competencia del café de las Antillas en El Cairo, Túnez y Estambul. El azúcar de las Antillas, refinada en Marsella, amenazaba a la industria azucarera egipcia. Los hombres y las mujeres comunes tanto como las cortes compraban los tejidos franceses de buena calidad. A cambio, Europa compraba en general materias primas: seda del Líbano y algodón de Palestina septentrional, cereales de Argelia y Túnez, y cueros de Marruecos.

Por lo que se refiere al comercio con Europa, los países de Oriente Próximo y el Magreb estaban convirtiéndose sobre todo en proveedores de materias primas y compradores de productos acabados. Pero los efectos de este proceso aún eran limitados. El comercio con Europa era menos importante para las economías de los países árabes que el que mantenían con los países que estaban más al este, o con el que transcurría por el Nilo o las rutas saharianas entre las costas del Mediterráneo y África; el efecto principal pudo haber sido la disminución de intercambios entre las diferentes partes del Imperio otomano de los artículos en los que Europa comenzaba a ser competitiva.

Por limitado que fuese, constituía un signo de cierto desplazamiento del poder. Si las naves británicas llegaban hasta Moka, podían adentrarse hasta el mar Rojo y amenazar la seguridad de las ciudades santas y los ingresos de Egipto; la expansión del poder británico en Bengala, una región que contaba con una numerosa población musulmana y era parte del Imperio mongol, era conocida al menos por el grupo gobernante otomano. La ocupación rusa de Crimea, una región de población principalmente musulmana, gobernada por una dinastía que mantenía estrechos vínculos con los otomanos, y los movimientos de la flota rusa en el Mediterráneo eran aún más conocidos. Hacia fines del siglo se acentuó la conciencia de los peligros. Entre las personas comunes y corrientes, esta situación se expresaba en las profecías mesiánicas, y en el seno de la elite otomana, en la idea de que había que hacer algo. Las embajadas ocasionales enviadas a las cortes europeas, y los encuentros con diplomáticos y viajeros europeos, habían aportado cierta información acerca de los cambios que sobrevenían en Europa occidental. Para algunos de los altos funcionarios otomanos fue evidente que era necesario fortalecer las defensas del Imperio. Se realizaron algunos intentos de crear cuerpos dotados de entrenamiento y equipos modernos en el ejército y la marina, y durante la década de 1790, por iniciativa de un nuevo sultán, Selim III (1789-1807), se realizó un esfuerzo más enérgico a fin de crear un nuevo ejército modelo; pero en definitiva el asunto quedó en la nada, porque la creación de un nuevo ejército y las reformas fiscales que ello implicaba amenazaban un elevado número de intereses poderosos.

CUARTA PARTE

La época de los imperios europeos

(1800-1939)

El siglo XIX fue la época en que Europa dominó el mundo. El aumento de la producción fabril a gran escala y los cambios sobrevenidos en los métodos de comunicación —la aparición de los buques de vapor, los ferrocarriles y los telégrafos— llevó a la expansión del comercio europeo. Este proceso estuvo acompañado por un aumento del poder armado de los grandes Estados europeos; la primera conquista importante de un país de habla árabe fue la de Argelia por Francia (1830-1847). Los Estados y las sociedades musulmanes ya no podían vivir con un sistema estable y autosuficiente de cultura heredada; ahora necesitaban generar la fuerza que les permitiera sobrevivir en un mundo dominado por otros. El gobierno otomano adoptó nuevos métodos de organización militar y administración y códigos legales calcados de los europeos, y otro tanto hicieron los gobernantes de dos de las provincias prácticamente autónomas del Imperio, esto es, Egipto y Túnez.

En las capitales de estos gobiernos reformistas, y en los puertos cuya importancia aumentó como resultado de la ampliación del tráfico con Europa, se formó una nueva alianza de intereses entre los gobiernos reformistas, los comerciantes extranjeros y una elite nativa de terratenientes y mercaderes dedicados al comercio con Europa. Pero fue un equilibrio inestable, y a su debido tiempo Egipto y Túnez se sometieron al control europeo, y el mismo camino siguieron Marruecos y Libia. El Imperio otomano también perdió la mayoría de sus provincias europeas, y cobró perfiles más acentuados de Estado turcoárabe.

Por una parte continuó preservándose la cultura religiosa y legal del islam, si bien surgió un nuevo tipo de pensamiento, que trató de explicar las razones de la fuerza europea y demostrar que los países musulmanes podían adoptar las ideas y métodos europeos sin dejar de ser fieles a sus propias *creencias. Los que desarrollaron este nuevo tipo de pensamiento fueron, en buena medida, diplomados de escuelas creadas por gobiernos reformadores o misioneros extranjeros, y pudieron expresar sus ideas utilizando nuevos medios de difusión, como el diario y el periódico. Sus ideas principales se refirieron a la reforma del derecho islámico; la creación de una nueva base del Imperio otomano, la de una ciudadanía igual; y —a fines del siglo XIX— el nacionalismo. Fuera de algunos momentos de conmoción, las nuevas ideas apenas tuvieron repercusión en la vida de la gente de las zonas rurales y el desierto.*

La Primera Guerra Mundial concluyó con la desaparición definitiva del Imperio otomano. De sus ruinas surgió un nuevo Estado independiente, Turquía; pero las provincias árabes quedaron bajo el control británico y francés; la totalidad del mundo de habla árabe ahora estaba sometida al dominio europeo, excepto algunas regiones de la península arábiga. El control extranjero aportó cambios administrativos y algunos progresos en el área de la educación, pero también alentó el crecimiento del nacionalismo, sobre todo en los estratos elevados de la sociedad. En algunos países, se concertó un acuerdo con el poder dominante, por referencia a la extensión del gobierno propio dentro de ciertos límites, si bien en otros la relación continuó siendo de oposición. El aliento concedido por el gobierno británico a la creación de una patria nacional judía en Palestina originó una situación que habría de gravitar sobre la opinión nacionalista en todos los países de habla árabe.

CAPÍTULO DIECISÉIS

El poder europeo y los gobiernos reformistas (1800-1860)

LA EXPANSIÓN EUROPEA

Los primeros intentos de restablecer la fuerza del gobierno imperial cobraron mayor urgencia a causa de las guerras entre la Francia de la Revolución y después de Napoleón y las restantes potencias europeas, que conmovieron a Europa de 1792 a 1815 y se libraron dondequiera que había ejércitos o armadas europeas. En diferentes períodos los ejércitos franceses, rusos y austríacos ocuparon parte de las provincias europeas del sultán. Por primera vez se manifestó el poder naval británico y francés en el Mediterráneo oriental. En determinado momento una flota británica intentó penetrar en los estrechos que conducían a Estambul. En 1798 una fuerza expedicionaria francesa mandada por Napoleón ocupó Egipto como secuela de la guerra contra Inglaterra. Los franceses gobernaron Egipto durante tres años, trataron de pasar de allí a Siria, pero se vieron obligados a emprender la retirada a causa de la intervención británica y otomana, después de la primera alianza militar formal entre los otomanos y los estados no musulmanes.

Fue un episodio breve, y algunos historiadores han cuestionado su importancia; otros consideraron que iniciaba una nueva era en Oriente Próximo. Fue la primera incursión de una potencia europea en una región central del mundo musulmán, y la primera exposición de sus habitantes a un nuevo tipo de poder militar y a las rivalidades de los grandes Estados europeos. El historiador islámico al-Yabarti vivía entonces en El Cairo y describió extensamente y con vívidos detalles la impresión provocada por los invasores, así como la sensación de la diferencia de fuerzas entre los dos bandos, y la ineficacia de los gobernantes de Egipto para afrontar el reto. Cuando la noticia del desembarco francés en Alejandría llegó a los jefes de los mamelucos de El Cairo, según al-Yabarti, no le atribuyeron importancia: «Basándose en su fuerza y en la afirmación de que si todos los francos llegaban no podrían resistir a los mamelucos y éstos los aplastarían bajo los cascos de los caballos.»[1] A esto siguió la derrota, el pánico y los intentos de rebelión. Pero con la oposición de al-Yabarti a los nuevos gobernantes se mezclaba cierta admiración por los estudiosos y los científicos que llegaron con ellos:

> Si los musulmanes se acercaban para inspeccionar no les impedían que entrasen en sus lugares más apreciados [...] y si encontraban en el visitante el apetito o el deseo de saber le demostraban amistad y amor y le traían toda suerte de imágenes y mapas, y animales y aves y plantas, e historias de los antiguos y de las naciones y relatos de los profetas [...]. Los visité a menudo, y me mostraban todo eso.[2]

Estos hechos perturbaron la vida de los países otomanos y árabes. Los ejércitos franceses del Mediterráneo compraban cereales a Argelia, y el ejército británico destacado en España lo compraba a Egipto. Los navíos mercantes británicos y franceses no podían desplazarse cómodamente por el Mediterráneo oriental, y este aspecto ofreció una oportunidad a los mercaderes y los navieros griegos. La creación de repúblicas por los franceses en ciertas regiones de los Balcanes no pasó inadvertida a los griegos y los serbios; los súbditos cristianos del sultán recogieron algunos ecos de la retórica de la revolución, aunque este proceso no fue importante en el caso de los musulmanes turcos o árabes.

Una vez concluidas las guerras napoleónicas, el poder y la influencia europeos se difundieron todavía más. La adopción de nuevas técnicas manufactureras y nuevos métodos de organización de la industria había cobrado ímpetu gracias a las necesidades y las energías liberadas por las guerras. Ahora que los conflictos habían terminado y las mercancías podían moverse libremente, el mundo estaba abierto a las nuevas telas baratas de algodón y lana y a los artículos de metal producidos, primero y principalmente en Inglaterra, pero también en Francia, Bélgica, Suiza y Alemania occidental. Durante las décadas de 1830 y 1840 comenzó la revolución del transporte, con el advenimiento de los buques de vapor y los ferrocarriles. Antes el transporte, sobre todo el terrestre, había sido caro, lento y peligroso. Ahora se convirtió en un medio rápido y de fiar, y la proporción que representaba del precio total de los artículos era más pequeña; fue posible trasladar no sólo artículos de lujo sino mercancías voluminosas para un amplio mercado a larga distancia. Los hombres y las noticias también podían desplazarse rápidamente, y esto permitió el crecimiento de un mercado monetario mundial: bancos, bolsas de valores, divisas vinculadas con la libra esterlina. Pudieron invertirse los beneficios del comercio para generar nuevas actividades productivas. Detrás del comerciante y el marino se hallaba el poder armado de los Estados europeos. Las guerras napoleónicas habían demostrado su superioridad, no tanto en el área de las armas, pues los grandes cambios de la tecnología militar llegarían más tarde, sino más bien en la organización y la utilización de los ejércitos.

Con estos cambios se relacionaba el aumento permanente de la población. Entre 1800 y 1850 la población de Gran Bretaña pasó de 16 a 27 millones, y la de Europa en general aumentó aproximadamente en un 50 %. Londres se convirtió en la ciudad más grande del mundo, con una población de 2,5 millones hacia 1850; otras capitales también crecieron, y surgió un nuevo tipo de ciudad industrial dominada por las oficinas y las fábricas. Hacia mediados del siglo más de la mitad de la población de Inglaterra era urbana. Esta concentración en las ciudades aportó personal a la industria y a los ejércitos, y creó un mercado interno cada vez más amplio para los productos de las fábricas. Exigía, y al mismo tiempo posibilitaba, gobiernos que interviniesen más directamente en la vida social. A la vez, la difusión de la alfabetización y los diarios contribuyó a la expansión de las ideas generadas por la Revolución francesa y originó un nuevo tipo de política, que intentó movilizar la opinión pública en apoyo activo o en oposición al gobierno.

La repercusión de esta vasta ampliación de la energía y las posibilidades europeas se deja sentir en todos los rincones del mundo. Entre las décadas de 1830 y 1860 las líneas regulares de vapores comunicaron los puertos del Mediterráneo meridional y oriental con Londres y Liverpool, Marsella y Trieste, y los tejidos y los artículos de metal hallaron un mercado amplio y creciente. El valor de las exportaciones británicas a los países del Mediterráneo oriental aumentó el 800 % entre 1815 y 1850; por esa época, los beduinos del desierto sirio usaban túnicas fabricadas con algodón de Lancashire. Además, la necesidad europea de materias primas para las fábricas y de alimento para la población que trabajaba en ellas fomentó la producción de cultivos para la venta y la exportación; la exportación de cereales continuó, aunque llegó a ser menos importante a medida que aumentaban las de cereales rusos; el aceite de oliva tunecino tenía demanda para la fabricación de jabón; la seda libanesa, para las fábricas de Lyon, y sobre todo el algodón egipcio, para las fábricas de Lancashire. Hacia 1820 el ingeniero francés Louis Jumel había comenzado a cultivar un algodón de fibra larga apropiado para las telas de calidad superior; era un tipo de algodón que había descubierto en un huerto egipcio. A partir de ese momento una proporción cada vez más elevada de la tierra cultivable egipcia fue consagrada a la producción de algodón, casi todo con destino a Inglaterra. Durante los cuarenta años que siguieron a la innovación de Jumel, el valor de las exportaciones de algodón egipcio creció de casi cero a aproximadamente 1,5 millones de libras egipcias hacia 1861. (La libra egipcia era entonces más o menos equivalente a la esterlina.)

En vista de esa explosión de la energía europea los países árabes, como la mayoría de los de Asia y África, no podían generar un poder compensatorio propio. La población no cambió mucho durante la primera mitad del siglo XIX. Poco a poco se contuvo la peste, por lo menos en las ciudades costeras, pues se aplicaron sistemas de cuarentena bajo la supervisión europea, pero de India llegó el cólera. Los países árabes aún no habían entrado en la era del ferrocarril, excepto algún ensayo en Egipto y Argelia; las comunicaciones internas eran deficientes, y el hambre aún era un peligro. Mientras la población de Egipto aumentó, de 4 millones en 1800 a 5,5 millones en 1860, en la mayoría de los restantes países permaneció estancada, y en Argelia, por razones especiales, disminuyó considerablemente, de 3 millones en 1830 a 2,5 en 1860. Creció la importancia de algunos puertos de la costa, sobre todo el de Alejandría, principal vía de salida de la exportación de algodón egipcio, que aumentó aproximadamente de 10.000 habitantes en 1800 a 100.000 hacia 1850. Pero la mayoría de las ciudades conservó más o menos las mismas proporciones anteriores, y no aparecieron esas ciudades específicamente modernas que generaron el poder de los nuevos Estados. Fuera de las áreas que producían cosechas para la exportación, la producción agrícola se mantuvo en el nivel de subsistencia, y no pudo conducir a una acumulación de capital destinado a la inversión productiva.

LOS COMIENZOS DEL IMPERIO EUROPEO

Los comerciantes y los empresarios navieros europeos se apoyaban en los embajadores y los cónsules de las grandes potencias, sostenidos en última instancia por el poderío militar de sus gobiernos. Durante la primera mitad del siglo XIX pudieron desenvolverse de un modo que habría sido inconcebible antes, y conquistaron influencia ante los gobiernos y los funcionarios, y la utilizaron para promover los intereses comerciales de sus ciudadanos y los principales intereses políticos de sus respectivos países; también lo emplearon para extender la ayuda y la protección a comunidades con las cuales sus gobiernos mantenían una relación especial. Es el caso de Francia, que, desde el siglo XVII, mantenía vínculos con los cristianos uniatos, los sectores de las Iglesias orientales que aceptaban la supremacía del Papa, y más concretamente con los maronitas del Líbano; hacia fines del siglo XVIII, Rusia afirmaba un derecho análogo a proteger a las Iglesias ortodoxas orientales.

Con su nuevo poder, no sólo Francia y Rusia, sino los Estados europeos en general comenzaron ahora a intervenir activamente en las relaciones entre el sultán y los súbditos cristianos. En 1808 y en lo que fuera Yugoslavia, los serbios se rebelaron contra el gobierno otomano local, y el resultado, después de muchas vicisitudes, fue la creación, con la ayuda europea, de un Estado serbio autónomo en 1830. En 1821 hubo un episodio de trascendencia global: un alzamiento de los griegos, quienes durante mucho tiempo habían ocupado una posición relativamente favorable entre los pueblos que eran súbditos, y que habían aumentado su riqueza y multiplicado sus contactos con Europa. En parte fue una serie de movimientos contra los gobernantes locales, y en parte un movimiento religioso contra el dominio musulmán, pero también lo impulsaba el nuevo espíritu nacionalista. La idea de que los que hablaban la misma lengua y compartían los mismos recuerdos colectivos debían convivir en una sociedad política independiente se había difundido gracias a la Revolución francesa, y en el caso de los griegos se relacionaba con un renacimiento del interés por la Grecia antigua. También aquí el resultado fue la intervención europea, tanto militar como diplomática, y la creación de un reino independiente en 1833.

En ciertos lugares, los Estados europeos pudieron imponer su propio dominio directo. Esto sucedió, no en las regiones centrales del mundo otomano, sino en las márgenes, donde un Estado europeo podía actuar sin prestar demasiada atención a los intereses de otros. En el Cáucaso, Rusia se expandió hacia el sur, hacia regiones habitadas principalmente por musulmanes y gobernadas por dinastías locales que habían vivido en la esfera de influencia otomana. En la península arábiga, el puerto de Aden fue ocupado por los británicos que partieron de India en 1839, y se convertiría en lugar de escala en la ruta marítima a India; en el golfo Pérsico se observó una presencia británica cada vez más importante, basada en el poder naval y expresada en ciertos lugares en acuerdos formales con los pequeños gobernantes de los puertos, pactos que los obligaban a mantener treguas unos con otros en el mar (de ahí la denominación que se asignó a algunos de ellos, los «Estados de la Tregua»: entre ellos estaban Abu Dabi, Dubai y Sarya).

Lo que sucedió en el Magreb fue más importante. En 1830 un ejército francés desembarcó en la costa argelina y ocupó Argel. Se había asistido a una serie de expediciones navales europeas para frenar el renacimiento de la actividad de los corsarios durante las guerras napoleónicas y después, pero éste fue un episodio de diferente carácter. Sus orígenes estaban en parte en la política interna de Francia y su monarquía restaurada, en parte en una oscura cuestión de deudas originadas por el suministro de cereales a Francia durante las guerras, pero en un sentido más profundo tuvo que ver con la expansión dinámica provocada por el crecimiento económico: los comerciantes de Marsella deseaban ocupar una posición comercial fuerte en la costa argelina. Una vez instalados en Argelia, y poco después en otras ciudades de la costa, los franceses al principio no supieron qué hacer. Mal podían retirarse, porque no se trataba de rendir sin más trámite la posición de fuerza, y porque habían desmantelado la administración otomana local. Pronto se vieron obligados a extenderse hacia el interior. Los funcionarios y los comerciantes vieron perspectivas favorables en la adquisición de tierras; los militares deseaban asegurar su posición y salvaguardar tanto el suministro de alimentos como el tráfico con el interior; y la eliminación del gobierno otomano local había debilitado el sistema tradicional de relaciones entre las autoridades locales. El gobierno del dey era la testa de ese sistema, y en la medida de lo posible regulaba hasta dónde cada autoridad local podía extender su poder; una vez destruido, los diferentes jefes tenían que hallar su propio equilibrio unos con otros, lo que condujo a la lucha por la supremacía. El contendiente de mayor éxito fue Abd al-Qadir (1808-1883), en la región occidental. Derivaba su prestigio de su condición de miembro de una familia que ocupaba cierta posición religiosa, y estaba vinculado con la orden qadirí, de modo que se convirtió en el eje vertebrador de las fuerzas locales. Durante un tiempo gobernó un Estado de hecho independiente, con su centro en el interior, y que se extendía desde el oeste hacia la región oriental del país. Esta situación inevitablemente lo llevó a chocar con el poder francés que se extendía a partir de la costa. Los símbolos de su resistencia a los franceses fueron los tradicionales —su guerra fue una *yihad*, justificó su autoridad en la elección de los ulemas y el respeto por la *sharia*—, pero la organización de su gobierno incluía aspectos modernos.

Abd al-Qadir finalmente fue derrotado y se exilió en 1847; pasó sus últimos años en Damasco, contando con el respeto de la población y en buenos términos con los representantes de Francia y otras potencias europeas. En el proceso de derrotarlo, el dominio francés se había extendido hacia el sur, a través de la alta meseta que se extiende en los límites del Sahara, y su naturaleza había cambiado. Los franceses y otros inmigrantes habían comenzado a llegar y a ocupar tierras, obtenidas mediante la confiscación, la venta de parcelas oficiales y de otros modos. Durante la década de 1840 el gobierno comenzó a apoderarse de forma más sistemática de lo que era considerada la tierra colectiva de una aldea, y a destinarla al asentamiento de colonos. La mayor parte de ella fue a parar a manos de los que disponían de capital para cultivarla, utilizando campesinos que provenían de España o Italia, o fuerza de trabajo árabe. Se entendía que lo que restaba era suficiente para las necesidades de los aldeanos, pero la división destruyó, de hecho, antiguos modos de uso de la tierra y condujo a la eliminación de los pequeños agricultores, que se convirtieron en aparceros o en jornaleros sin tierra en las nuevas propiedades.

Hacia 1860 la población europea de Argelia ascendía a casi 200.000 individuos, frente a una población musulmana de 2,5 millones (menos que antes, a causa de las pérdidas sufridas en la guerra de conquista, las epidemias y el hambre en los años de malas cosechas). Argel y otras ciudades de la costa eran centros eminentemente europeos, y la colonización agrícola se había extendido hacia el sur, más allá de la planicie costera, y penetrando en las altas mesetas. La vida económica estaba dominada por una alianza de intereses entre los funcionarios, los terratenientes que disponían de capital para practicar la agricultura comercial y los mercaderes que atendían los intercambios entre Argelia y Francia, algunos europeos y otros nativos judíos. Este proceso económico tenía una dimensión política. El desarrollo de la colonización obligó a Francia a formularse con urgencia el problema de lo que debía hacer en Argelia. Los distritos totalmente conquistados y colonizados se incorporaron al sistema administrativo francés durante la década de 1840; eran gobernados directamente por funcionarios, con el gobierno local en manos de la población inmigrante, y los notables indígenas, que antes habían sido intermediarios entre el gobierno y la población musulmana, quedaron reducidos a la posición de funcionarios subordinados. Las áreas en que la colonización no estaba tan avanzada continuaron sometidas al gobierno militar, pero a medida que la colonización se extendió se redujeron estos sectores. Los inmigrantes deseaban que esta situación continuase, y el país llegase a ser totalmente francés: «Ya no hay un pueblo árabe, hay hombres que hablan una lengua distinta de la nuestra.» Ahora eran bastante numerosos, y estaban bien relacionados con los políticos franceses, en la medida necesaria para formar un grupo de presión eficaz.

Esta política originó un problema, el futuro de la población musulmana, árabe y beréber, y hacia principios de la década de 1860 el gobernante de Francia, el emperador Napoleón III, comenzaba a mirar con buenos ojos otra política. A su juicio, Argelia era un reino árabe, una colonia europea y un campamento francés; era necesario reconciliar tres intereses distintos: los del Estado francés, los de los colonos y los de la mayoría musulmana. Esta idea se expresó en un decreto de 1863 (el *senatus consultus*) que determinó que se suspendiese la política de división de las tierras aldeanas, se reconocieran los derechos de los cultivadores de la tierra y se fortaleciera la posición social de los líderes locales con el fin de conseguir que apoyasen a la autoridad francesa.

LOS GOBIERNOS REFORMISTAS

El poder económico y político europeo estaba acercándose al corazón del mundo musulmán árabe desde varios ángulos, pero en esos países todavía existía cierta libertad de reacción, en parte porque los intereses antagónicos de los Estados europeos no permitían que ninguno de ellos avanzara demasiado. Por consiguiente, varios gobiernos indígenas podían tratar de crear su propia estructura, en cuyo marco Europa estaba en condiciones de promover sus intereses, pero con intervenciones limitadas; y los súbditos, tanto musulmanes como no musulmanes, continuaban aceptando el gobierno local.

Después de que los intentos de Selim III fracasaran, fue necesario esperar hasta la década de 1820, cuando otro sultán, Mahmud II (1808-1839), y un pequeño núcleo de altos funcionarios, convencidos de la necesidad de un cambio, tuvieron fuerza suficiente para adoptar medidas decisivas. La nueva política de estos hombres implicaba la disolución del antiguo ejército y la creación de otro nuevo formado mediante el reclutamiento y entrenado por instructores europeos. Con este ejército fue posible establecer gradualmente el control directo en algunas provincias de Europa y Anatolia, Irak y Siria, y Trípoli en África. Pero el plan de reforma llegó más lejos. La intención no sólo fue restablecer la fuerza del gobierno, sino también organizarlo de distinto modo. Esta intención fue proclamada en un decreto real (el Hatt-i serif de Gülhane), dictado en 1839, poco después de la muerte de Mahmud:

> Todo el mundo sabe que desde los primeros tiempos del Estado otomano se preservaron perfectamente los altos principios del Corán y las reglas de la *sharia*. Nuestro poderoso sultanato alcanzó el más alto nivel de fuerza y poder, y todos sus súbditos vivieron en la felicidad y la prosperidad. Pero durante los últimos ciento cincuenta años, a causa de una sucesión de razones difíciles y diversas, la sagrada *sharia* no fue obedecida y tampoco se aplicaron las normas benéficas; por consiguiente, su fuerza y su prosperidad anteriores se han convertido en debilidad y pobreza. Es evidente que los países que no están gobernados por la *sharia* no pueden sobrevivir [...]. Plenos de confianza en la ayuda del Muy Supremo, y seguros del apoyo de nuestro Profeta, consideramos necesario e importante desde ahora aplicar una nueva legislación para alcanzar la administración eficaz de las provincias y el gobierno otomanos.[3]

Los funcionarios debían verse liberados del temor a la ejecución arbitraria y el secuestro de la propiedad; debían gobernar en armonía con las normas establecidas por los altos funcionarios reunidos en consejo. Los súbditos debían vivir amparados por las leyes derivadas de los principios de justicia, y que les permitían perseguir libremente sus intereses económicos; las leyes no debían reconocer ninguna diferencia entre musulmanes, cristianos y judíos otomanos. Las nuevas leyes comerciales permitirían que los comerciantes extranjeros traficasen y se desplazaran libremente. (La reorganización que siguió a este decreto fue llamada Tanzimat, de la palabra árabe y turca que significa orden.)

El control central, la burocracia conciliar, el imperio de la ley, la igualdad: detrás de estas ideas había otra, la de Europa como ejemplo de la civilización moderna y del Imperio otomano como su asociado. Cuando los reformadores dictaron el decreto Gülhane, su texto fue comunicado a los embajadores de las potencias amigas.

En dos provincias árabes, los gobernantes otomanos locales comenzaron a aplicar una política más o menos análoga. En El Cairo, la ruptura del equilibrio del poder local provocada por la invasión francesa llevó a la conquista del poder por parte de Muhammad Alí (1805-1848), un turco de Macedonia que había llegado a Egipto con las fuerzas otomanas enviadas contra los franceses; concitó el apoyo de los habitantes urbanos, aventajó a sus rivales y prácticamente se impuso como gobernador al gobierno otomano. Alrededor de su persona formó su propio grupo gobernante otomano local constituido por turcos y mamelucos, creó un ejército moderno y una elite de funcionarios educados, y los usó para imponer su control sobre la administración y la recaudación de impuestos en todo el país, y para extenderla aún más lejos, en dirección a Sudán, Siria y Arabia. El dominio egipcio en Siria y Arabia no duró mucho; Muhammad Alí se vio obligado a emprender la retirada a causa de un esfuerzo combinado de las potencias europeas, que no deseaban que un Estado egipcio de hecho independiente debilitara el de los Otomanos. Pero a cambio de la retirada, obtuvo el reconocimiento del derecho de su familia a gobernar Egipto bajo la soberanía otomana (el título especial utilizado por sus sucesores fue el de *jedive*). De todos modos, el dominio egipcio se mantuvo en Sudán, que por primera vez constituyó una sola unidad política.

En ciertos aspectos, lo que Muhammad Alí intentó hacer fue más sencillo que lo que estaban tratando de lograr los estadistas de Estambul. No incorporó la idea explícita de la ciudadanía ni cambió la base moral del gobierno. Pero en otros aspectos los cambios en Egipto fueron más lejos que en el resto del Imperio, y a partir de esta época Egipto seguiría una línea particular de desarrollo. Hubo un esfuerzo constante por formar a un grupo de oficiales, médicos, ingenieros y funcionarios en escuelas nuevas y enviando misiones a Europa. En una sociedad más pequeña y más sencilla que la del cuerpo principal del Imperio, el gobernante pudo someter a su control toda la tierra destinada al cultivo, anulando las concesiones de recaudación de impuestos y las donaciones religiosas, y usando su poder para ampliar el cultivo del algodón, comprar el producto a precio fijo y venderlo a los exportadores de Alejandría; este sistema implicó un nuevo tipo de regadío, la construcción de diques para desviar el agua del río a los canales que lo llevaban a otros lugares cuando era necesario. Al principio, intentó fabricar tejidos y otros artículos en una serie de establecimientos, pero lo reducido del mercado interno, la escasez de energía y la falta de habilidad técnica determinaron que estos intentos fueran ineficaces, pese a que durante un tiempo se practicó, aunque a pequeña escala, la exportación de telas. Durante los últimos años de su reinado, la presión europea lo obligó a renunciar a su monopolio sobre la venta de algodón y otros productos, y Egipto pasó a la posición de una economía de plantación que suministraba materias primas e importaba productos acabados a los precios del mercado mundial. Asimismo y por esa época, el gobernante estaba otorgando tierras a los miembros de su familia y de su entorno, o a otros que podían cultivarlas y pagar el impuesto, con lo cual comenzó a crearse una nueva clase de terratenientes.

En Túnez los comienzos del cambio se manifestaron durante el reinado de Ahmad bey (1837-1855), que pertenecía a la familia que había ostentado el poder desde principios del siglo XVIII. Se impartió una formación moderna a algunos miembros del grupo gobernante de turcos y mamelucos, se formó el núcleo de un nuevo ejército, se amplió la administración y la imposición directa, se dictaron algunas leyes nuevas, y el gobernante trató de crear un monopolio de ciertos artículos. Bajo el régimen de su sucesor, en 1857, se proclamó la reforma: la seguridad, la libertad civil, los impuestos regulares y el reclutamiento, el derecho de los judíos y los extranjeros a poseer tierras y a desarrollar todo tipo de actividades económicas. En 1861 se sancionó una suerte de constitución, la primera en el mundo musulmán: se formaría un consejo de sesenta miembros cuya aprobación era necesaria para sancionar leyes, y el bey se comprometió a gobernar dentro de los límites de ese documento.

Más allá de las fronteras del Imperio, en la península arábiga, la influencia del poder europeo apenas se dejó sentir. En Arabia central, el Estado wahhabí fue destruido por la expansión del poder egipcio, pero pronto resurgió, si bien a menor escala; en Omán, la familia gobernante que se había establecido en Masqat pudo extender su gobierno a Zanzíbar y la costa africana oriental. En Marruecos, se manifestó una cierta expansión del comercio europeo, se abrieron consulados y comenzaron a funcionar líneas navieras regulares. El poder del gobierno era demasiado limitado para controlar estos cambios. El sultán Abd al-Rahmán (1822-1859) trató de crear un monopolio de las importaciones y las exportaciones, pero la presión extranjera le obligó a decretar el comercio libre.

Incluso en el mejor de los casos, los gobiernos indígenas que intentaban adoptar nuevos métodos de dominio y preservar su independencia a lo sumo podían actuar dentro de límites estrechos, que, en esencia, marcaban los propios Estados europeos. Cualesquiera que fuesen las rivalidades de estos Estados, tenían ciertos intereses comunes y podían unirse para promoverlos. Ante todo les interesaba ampliar la esfera de trabajo de sus comerciantes. Todos se opusieron a los intentos de los gobernantes de imponer monopolios al comercio. Mediante una serie de convenciones comerciales, promovieron el cambio de las normas aduaneras: en el Imperio otomano la primera fue la convención anglo-otomana de 1838; en Marruecos se concertó un acuerdo análogo en 1856. Conquistaron el derecho de los mercaderes de viajar y traficar libremente, de mantener contacto directo con los productores y de resolver las disputas comerciales en tribunales especiales, y no en tribunales islámicos bajo la ley islámica. A causa de la influencia de los embajadores y los cónsules, estos acuerdos se convirtieron gradualmente en un sistema en que los residentes extranjeros prácticamente vivían fuera de la ley.

Más allá de estos aspectos, preocupaba a las potencias la situación de los súbditos cristianos del sultán. Durante los años que siguieron al decreto Gülhane, intervinieron colectivamente más de una vez para asegurarse de que se llevaban a cabo las iniciativas del monarca en relación con los que no eran musulmanes. Pero a esta actitud de «Concierto europeo» se oponían las luchas de las diferentes potencias para alcanzar el máximo nivel de influencia. En 1853 estas disputas desembocaron en la guerra de Crimea, en la que los otomanos recibieron la ayuda de Inglaterra y Francia contra Rusia; pero el asunto terminó en una reafirmación del «Concierto europeo». El Tratado de París en 1856 incluyó una nueva declaración del sultán, en la cual reafirmaba las garantías otorgadas a sus súbditos. Por lo tanto, en cierto sentido la relación entre el gobernante y los gobernados quedó sometida a la sanción oficial europea. A partir de esta época, el sultán fue tratado formalmente como miembro de la comunidad de monarcas europeos, si bien con ciertos matices de duda: mientras Inglaterra y Francia creían que era posible que el Imperio otomano se convirtiese en un Estado moderno según los criterios europeos, Rusia era reticente y creía que el futuro estaba en la concesión de una amplia autonomía a las provincias cristianas de Europa. De todos modos, ninguna potencia deseaba promover activamente la quiebra del Imperio, con lo que ello comportaría para la paz europea; los recuerdos de las guerras napoleónicas aún se mantenían vivos.

Incluso en los límites impuestos por Europa, las reformas podían alcanzar a lo sumo un éxito reducido. Eran los actos de gobernadores individuales con pequeños grupos de consejeros, alentados por algunos de los embajadores y los cónsules extranjeros. Un cambio de gobernantes, la modificación del equilibrio entre diferentes grupos de funcionarios, las ideas y los intereses en conflicto de los Estados europeos podían determinar un cambio en la orientación de la política general. En Estambul, la elite de altos funcionarios era bastante sólida y estable, y estaba suficientemente consagrada a los intereses del Imperio, de modo que podía garantizar cierta continuidad en la política, pero en El Cairo, Túnez y Marruecos todo dependía del gobernante; cuando murió Muhammad Alí, su sucesor Abbás I (1849-1854) modificó algunos criterios políticos, pero el gobernante siguiente, Said (1854-1863), los restableció.

En la medida en que se ejecutaban reformas, éstas podían determinar resultados imprevistos. En efecto, se modificaron hasta cierto punto los métodos de funcionamiento de los gobiernos; se reorganizaron las oficinas con criterios diferentes, y se entendió que los funcionarios se comportaban en armonía con las nuevas normas; se sancionaron nuevas leyes; los ejércitos recibieron una instrucción diferente, y se los formó mediante el reclutamiento; se sobreentendía que los impuestos debían recaudarse directamente. Estas medidas estaban destinadas a obtener más fuerza y un sistema más justo, pero durante la primera fase también tendieron a debilitar la relación entre los gobiernos y las sociedades. Los nuevos métodos y políticas, aplicados por funcionarios que habían recibido una formación diferente, eran menos claros para los súbditos, y carecían de arraigo en un sistema moral apuntalado por una larga aceptación. También turbaban una antigua relación entre los gobiernos y ciertos elementos de la sociedad.

¿Quiénes se aprovecharon de las nuevas formas de gobierno? Sin duda, las familias gobernantes y los altos funcionarios. La vida y la propiedad más seguras posibilitaron acumular riqueza y legarla a las familias. Los ejércitos y los gobiernos más fuertes les permitieron extender el poder de los gobernantes en el país. En Egipto y Túnez esta situación determinó que grandes propiedades estuviesen en manos de las familias gobernantes o de sus allegados. En los países otomanos centrales se observó un proceso análogo. Era necesario pagar el nuevo gobierno y el nuevo ejército, pero estas estructuras aún no tenían fuerza suficiente para recaudar directamente los impuestos; se prolongó el antiguo sistema de recaudación de impuestos, y los recaudadores pudieron apoderarse de su parte del excedente rural.

Más allá de las elites gobernantes, los nuevos criterios políticos favorecían a los mercaderes dedicados al comercio con Europa. El comercio de importación y exportación crecía, y los mercaderes dedicados al mismo representaban un papel cada vez más importante, no sólo en el tráfico, sino también en la organización de la producción, el adelanto de capital a los terratenientes o los agricultores, y decidían lo que debían producir, lo compraban, lo procesaban —desmotando el algodón e hilando la seda— y después lo exportaban. Los comerciantes más importantes eran europeos y gozaban de grandes ventajas porque conocían el mercado y tenían acceso al crédito bancario. Otros eran cristianos y judíos locales, griegos y armenios, cristianos sirios, judíos de Bagdad, Túnez y Fez. Conocían los mercados locales y estaban bien situados para actuar como intermediarios frente a los comerciantes extranjeros. Hacia mediados del siglo XIX muchos de ellos ya conocían idiomas extranjeros, aprendidos en escuelas de nuevo tipo, y algunos tenían nacionalidad extranjera o contaban con protección extranjera, gracias a una extensión del derecho de las embajadas y los consulados a designar a cierto número de súbditos locales como agentes o traductores; unos pocos habían establecido sus propias oficinas en centros del comercio europeo, Manchester o Marsella. En algunos lugares los antiguos grupos de mercaderes musulmanes se amoldaron al nuevo tipo de tráfico: los de Arabia meridional se mostraban activos en Asia suroriental; los mercaderes musulmanes de Damasco y Fez se habían establecido en Manchester hacia 1860; algunos musulmanes marroquíes se habían convertido en protegidos de los consulados extranjeros.

Por otra parte, los grupos de los cuales los gobiernos habían dependido antes, y con los cuales estaban relacionados sus intereses, ahora se veían cada vez más excluidos de la participación en el poder. Los ulemas que habían controlado el sistema legal se vieron cuestionados por la creación de nuevos códigos y tribunales. Las familias notables de las ciudades, que habían sido intermediarias entre el gobierno y la población urbana, veían desvanecerse su influencia. Incluso si los que conservaban la posesión de la tierra en algunos lugares podían beneficiarse con los cultivos orientados hacia la venta y la exportación, su posición y su dominio sobre los agricultores se veían amenazados por la extensión del gobierno directo y por la expansión de las actividades de los comerciantes de los puertos. Las antiguas industrias, por ejemplo, la fabricación de tejidos en Siria, el refinado del azúcar en Egipto, y la confección del tocado *shashiya* en Túnez, afrontaron la competencia de los artículos europeos, aunque en algunos casos pudieron adaptar-se a las nuevas condiciones o incluso desarrollarse. Poco se sabe acerca de la condición de la población rural, pero no parece que mejorara, in-cluso en algunos lugares quizás empeoró. La producción de alimentos probablemente aumentó en general, pero las malas cosechas y las co-municaciones mediocres aún podían provocar hambrunas, aunque con menos frecuencia que antes. Es posible que la condición del pue-blo empeorase en dos aspectos: el reclutamiento incorporó una parte de los jóvenes a los ejércitos y los impuestos fueron más altos y se los recaudó con mayor eficacia.

La desorganización de la economía, la pérdida de poder y de in-fluencia, el sentimiento de que el mundo político islámico se veía ame-nazado desde fuera: todos estos factores se expresaron a mediados de si-glo en una serie de movimientos violentos dirigidos contra los nuevos criterios políticos, contra la influencia cada vez más acentuada de Euro-pa, y en ciertos lugares contra los cristianos locales que la aprovechaban. En Siria, estos movimientos culminaron en 1860. En los valles monta-ñosos del Líbano existía una antigua simbiosis entre las principales co-munidades religiosas, los cristianos maronitas y los drusos. Un miembro de una familia local, la de Shihab, fue reconocido por los otomanos como recaudador principal, de modo que los Shihab se habían convertido de hecho en príncipes hereditarios de la montaña y jefes de una jerar-quía de familias poseedoras de tierras, tanto cristianas como drusas, en-tre las cuales había intereses comunes, alianzas y relaciones formales. Pero a partir de la década de 1830 la simbiosis se desintegró a causa de las variaciones de la población y el poder local, el descontento de los campesinos frente a sus señores, los intentos otomanos de introducir el control directo y por la interferencia británica y francesa. En 1860 hubo una guerra civil en Líbano que desencadenó una masacre de cristianos en Damasco, lo que vino a expresar la oposición a las reformas otoma-nas y a los intereses europeos relacionados con ellas, en un momento de crisis comercial. A su vez, este episodio provocó la intervención de las potencias europeas y la creación de un régimen especial para el Monte Líbano.

En Túnez, en 1864, durante un período de malas cosechas y epide-mias, estalló una violenta revuelta contra el dominio del bey y las clases favorecidas por él, esto es, los mamelucos y los mercaderes extranjeros, y contra el aumento de los impuestos necesarios para pagar las reformas. Los disturbios comenzaron entre las tribus y se extendieron a las ciudades y la llanura costera de olivares, es decir, el Sahel; los rebeldes exigían la disminución de los impuestos, el fin del dominio mameluco y que la justicia se impartiese de acuerdo con la *sharia*. El poder del bey se vio amenazado durante algún tiempo, si bien la unidad de intereses entre el gobierno y las comunidades extranjeras se mantuvo, y el bey pudo esperar hasta que la alianza de los rebeldes se desintegró para, al cabo, aplastarla.

CAPÍTULO DIECISIETE

Los imperios europeos y las elites dominantes (1860-1914)

LOS LÍMITES DE LA INDEPENDENCIA

El Tratado de París de 1856 creó una suerte de equilibrio entre los intereses europeos y los del grupo gobernante nativo del Imperio otomano consagrado a la reforma. Las potencias que firmaron el Tratado, al mismo tiempo que «reconocían el elevado valor» del decreto de reforma del sultán, prometían respetar la independencia del Imperio. Pero, de hecho, no podían evitar la intervención en sus asuntos internos en vista de la diferencia de fuerza militar entre ellas y los otomanos, el modo en que diferentes grupos de funcionarios buscaban la ayuda de las embajadas, las relaciones de los diferentes Estados con varias comunidades cristianas y su interés común en la paz europea. La intervención de estas potencias llevó a un arreglo en Líbano después de la guerra civil de 1860. Pocos años después, en 1866, las dos provincias rumanas se unificaron y, de hecho, alcanzaron la independencia. Pero durante la década siguiente una prolongada crisis «oriental» mostró los límites de la intervención eficaz. Se reprimió severamente la inquietud en las provincias europeas del Imperio: los gobiernos europeos protestaron y, finalmente, Rusia declaró la guerra en 1877. El ejército ruso avanzó hacia Estambul, y los otomanos firmaron un tratado de paz que concedió autonomía a las regiones búlgaras del Imperio. Pareció probable que esta nueva situación otorgase a Rusia una influencia preponderante, de modo que el episodio originó una intensa reacción británica. Durante un tiempo se temió una guerra europea, si bien al final las potencias negociaron el Tratado de Berlín (1878), bajo cuyos términos dos distritos búlgaros diferentes recibieron distintos grados de autonomía, el gobierno otomano prometió mejorar las condiciones de las provincias que contaban con nutridas poblaciones cristianas y las potencias se comprometieron nuevamente a evitar la intervención en los asuntos internos del Imperio.

Era evidente que ningún Estado europeo permitiría que otro ocupase Estambul y los Estrechos, y ninguno de ellos deseaba provocar la explosión que habría de producirse como consecuencia del intento de desmantelar el Imperio. El proceso de separación de las regiones fronterizas en efecto continuó. Los dos distritos búlgaros se unieron en un Estado autónomo en 1885; la isla de Creta logró su autonomía en 1898 y se incorporó a Grecia en 1913. Ese año, después de una guerra contra los Estados balcánicos creados por sus antiguos súbditos, el Imperio perdió la mayor parte de los territorios europeos que aún le restaban. Por otro lado, a medida que se acentuaron las rivalidades europeas y el aumento de poder de Alemania agregó otro elemento al equilibrio europeo, el gobierno otomano conquistó una libertad de acción relativamente mayor en sus regiones centrales. Se comprobó en la década de 1890, cuando los partidos nacionalistas de otra comunidad cristiana, los armenios, comenzaron a trabajar activamente en favor de la independencia; los otomanos pudieron sofocar el movimiento con graves pérdidas de vidas, y sin que hubiese una acción europea eficaz, aunque el nacionalismo armenio continuó existiendo con fuerza de manera clandestina.

La pérdida de la mayoría de las provincias europeas modificó el carácter del Imperio. A los ojos de sus ciudadanos musulmanes, turcos y árabes, pareció incluso más que antes que era la última manifestación de la independencia política de un mundo musulmán asediado por enemigos. Era más urgente que nunca aplicar las medidas reformistas. Se modernizaron aún más la burocracia y el ejército: los oficiales y los funcionarios fueron instruidos en escuelas militares y civiles. La mejora de las comunicaciones permitió la extensión del control directo. Con la llegada de los buques de vapor, fue posible reformar rápidamente las guarniciones otomanas en regiones próximas al Mediterráneo y al mar Rojo. El telégrafo, un medio esencial de control, se extendió a través de todo el Imperio durante las décadas de 1850 y 1860. Hacia fines del siglo XIX se habían construido ferrocarriles en Anatolia y Siria. Durante los primeros años del siglo XX se construyó el ferrocarril de Hiyaz, entre Damasco y Medina; de este modo fue posible llevar peregrinos a las ciudades santas, y también se posibilitó un control más eficaz del gobierno otomano sobre los *sharifs* de La Meca. Pudo restablecerse su presencia directa también en Yemen. En Arabia central, una dinastía apoyada por los otomanos, la de Ibn Raschid, durante un tiempo pudo contener al Estado saudí, que recobró ímpetu gracias a un joven y enérgico miembro de la familia, Abd al-Aziz, y hacia 1914 estaba desafiando el poder de Ibn Raschid. Pero en Arabia oriental su espacio se vio limitado por la política británica. Para impedir la creciente influencia de otros Estados, Rusia, Francia y Alemania, el gobierno británico otorgó una expresión más formal a sus relaciones con los gobernantes del golfo Pérsico; se concertaron acuerdos en virtud de los cuales los gobernantes de Bahréin, Omán, los Estados de la Tregua y Kuwait depositaron el manejo de sus relaciones con el mundo exterior en manos del gobierno británico. Estos acuerdos impidieron la expansión otomana, si bien el Imperio mantuvo su pretensión a la soberanía de Kuwait.

Incluso en el marco de sus fronteras más estrechas, el poder de Estambul no era tan firme como podía parecer. La coalición de fuerzas en el seno de la elite gobernante que había posibilitado la reforma estaba quebrándose. Hubo una división entre los que creían en el gobierno ejercido por los funcionarios reunidos en consejo, guiados por su propia conciencia y los principios de la justicia, y los que creían en el gobierno representativo, responsable ante la voluntad popular expresada en las elecciones; muchos de los funcionarios más antiguos creían que este último método podía ser peligroso en un Estado que no contaba con un pueblo educado, y en que los diferentes grupos nacionales o religiosos podían usar sus libertades políticas para independizarse del Imperio. En 1876, con la culminación de la «crisis oriental», se otorgó una constitución y fue elegido y se reunió un parlamento, pero lo disolvió el nuevo sultán; Abdülhamid II (1876-1909) apenas consideró que tenía fuerza suficiente. En adelante, la división fue más profunda. El poder pasó de la elite de altos funcionarios al sultán y su entorno, y este cambio debilitó el nexo entre la dinastía y el sector turco, del cual, en definitiva, dependía el Imperio.

En 1908 una revolución apoyada por parte del ejército restableció la constitución. (Rumania y Bulgaria aprovecharon esta coyuntura para declarar su independencia formal.) Al principio, muchos creyeron que esta revolución sería el comienzo de una nueva era de libertad y cooperación entre los pueblos del Imperio. Un misionero norteamericano, antiguo residente de Beirut, escribió que la revolución sería una transición

del dominio irresponsable de los bajás ambiciosos y corruptos a un parlamento de representantes de todas las regiones del Imperio, elegidos por personas de todas las creencias, musulmanes, cristianos y judíos. El Imperio entero se vio dominado por el regocijo universal. La prensa se expresó. Hubo asambleas públicas, se procedió a adornar las ciudades y los pueblos, y se vio a los musulmanes abrazando a los cristianos y a los judíos.[1]

Pero durante los años siguientes el poder sobre el gobierno quedó en manos de un grupo de oficiales y funcionarios turcos (el Comité de Unión y Progreso, o «Jóvenes Turcos») que trataron de fortalecer el Imperio acentuando el control central.

Aunque el gobierno otomano pudo preservar su libertad de acción política, otro género de intervención europea llegó a ser más importante. A partir de la década de 1850 el gobierno otomano había tenido cada vez más necesidad de dinero para pagar el ejército, la administración y algunas obras públicas, y había descubierto una nueva fuente de dinero en Europa, donde el desarrollo de la industria y el comercio habían llevado a una acumulación de capital que se canalizaba mediante un nuevo tipo de institución, los bancos, hacia la inversión en el mundo entero. Entre 1854 y 1879 el gobierno otomano solicitó préstamos muy cuantiosos, y en condiciones desfavorables; de una cantidad nominal de 256 millones de libras turcas (la libra turca equivalía a 0,9 libras esterlinas) recibió sólo 139 millones, y el resto se le descontó. Hacia 1875 no podía afrontar la carga de los intereses y reembolsos, y en 1881 se organizó una Administración de la Deuda Pública en representación de los acreedores extranjeros que recibió el control de gran parte de las rentas otomanas y, de ese modo, ejerció un control virtual sobre los actos oficiales que tenían consecuencias financieras.

LA DIVISIÓN DE ÁFRICA: EGIPTO Y EL MAGREB

Sobrevino un proceso análogo en Egipto y Túnez, pero concluyó de distinto modo, con la imposición del control directo por un Estado europeo; en ambos casos se trataba de países que, por diferentes razones, toleraban la intervención decisiva de un solo Estado. En Túnez, el aumento del endeudamiento con bancos europeos tuvo el mismo resultado inmediato que en el Imperio: la creación de una comisión financiera internacional en 1869. Siguió otro intento de reformar las finanzas, reorganizar la justicia y difundir la educación moderna. Pero cuanto más se abría el país a la iniciativa extranjera, más atraía el interés de los gobiernos extranjeros, sobre todo de Francia, que ya se encontraba instalada junto a la frontera occidental, en Argelia. En 1881 un ejército francés ocupó Túnez, en parte por razones financieras, en parte para prevenir el aumento de una influencia rival, la de Italia, y en parte para garantizar su frontera argelina. Dos años más tarde se concertó un acuerdo con el bey, en virtud del cual Francia asumiría un protectorado oficial y la responsabilidad de la administración y las finanzas.

También en Egipto las facilidades más amplias concedidas a la iniciativa extranjera determinaron mayores incentivos para la intervención. Con los sucesores de Muhammad Alí y sobre todo con Ismaíl (1862-1879), continuó el intento de crear una sociedad moderna. Egipto llegó a ser prácticamente independiente del Imperio. Se difundió la educación, se abrieron algunas fábricas, y sobre todo se desarrolló el proceso en virtud del cual el país se convirtió en una plantación que producía algodón para el mercado inglés. La guerra civil norteamericana de 1861-1865, que interrumpió un tiempo el suministro de algodón, fue un incentivo para el aumento de la producción. Este proceso continuó después de la guerra, e incluyó erogaciones en sistemas de regadío y en comunicaciones; Egipto ingresó tempranamente en la era de los ferrocarriles, es decir, a partir de la década de 1850. Se realizó otra gran obra pública: el canal de Suez, construido sobre todo con capitales franceses y egipcios y con fuerza de trabajo egipcia, e inaugurado en 1869. La inauguración fue una de las grandes ocasiones del siglo. El *jedive* Ismaíl aprovechó la oportunidad para demostrar que Egipto ya no era parte de África, y en cambio pertenecía al mundo europeo civilizado. Entre los invitados estaban el emperador de Austria, la emperatriz Eugenia, esposa de Napoleón III de Francia, el príncipe coronado de Prusia, escritores y artistas franceses —Théophile Gautier, Emile Zola, Eugène Fromentin—, Henrik Ibsen y científicos y músicos famosos. Hubo ceremonias presididas por religiosos musulmanes y cristianos, y la emperatriz Eugenia en el yate imperial encabezó la primera procesión de barcos a través del nuevo canal; casi al mismo tiempo, la Ópera de El Cairo fue inaugurada con una cantata en honor de Ismaíl y una representación de *Rigoletto* de Verdi. La apertura del canal inevitablemente atrajo sobre Egipto la atención de Gran Bretaña, a causa de su comercio marítimo con Asia y la necesidad de defender su imperio en India.

La exportación y la elaboración del algodón eran provechosos para los financieros europeos, y lo mismo podía decirse del Canal y otras obras públicas. Entre 1862 y 1873 Egipto pidió prestados 68 millones de libras esterlinas, pero recibió sólo dos tercios del total, y el resto se le descontó. A pesar de los esfuerzos encaminados a aumentar los recursos, e incluso la venta de sus acciones en el Canal al gobierno británico, hacia 1876 Egipto no estaba en condiciones de satisfacer sus obligaciones, y unos pocos años después se le impuso el control financiero anglofrancés. El crecimiento de la influencia extranjera, la carga impositiva cada vez más pesada para satisfacer las exigencias de los acreedores extranjeros y otras causas desembocaron en un movimiento que pretendía limitar el poder del *jedive*, un proceso con matices nacionalistas, en el que un oficial militar, Ahmad Urabi (1839-1911), se alzó como portavoz; en 1881 se sancionó la ley que creaba una Cámara de Diputados, y cuando ésta se reunió trató de afianzar su independencia de acción. La perspectiva de un gobierno menos maleable a los intereses extranjeros llevó a su vez a la intervención europea, primero diplomática, con la acción conjunta de Francia y Gran Bretaña, y después militar a cargo, exclusivamente, de Gran Bretaña, en 1882. El pretexto de la invasión británica fue la afirmación de que el gobierno se había rebelado contra la autoridad legítima, y de que se había roto el orden; la mayoría de los testigos de la época no ratifican esa afirmación. La verdadera razón fue ese instinto de poder que los Estados tienen en los períodos de expansión, reforzado por los portavoces de los intereses financieros europeos. El bombardeo británico de Alejandría, seguido por el desembarco de tropas en la zona del Canal, excitó los sentimientos religiosos aún más que los nacionales, pero la opinión egipcia se dividió entre el *jedive* y el gobierno, y el ejército egipcio no pudo oponer una resistencia eficaz. El ejército británico ocupó el país, y en adelante Gran Bretaña gobernó Egipto, aunque el dominio británico no se expresó en términos formales a causa de la complejidad de los intereses extranjeros; sólo en 1904 Francia reconoció la supremacía de Gran Bretaña en ese país.

La ocupación de Túnez y Egipto fueron pasos importantes en el proceso en que las potencias europeas definieron sus respectivas esferas de intereses en África, como alternativa a la posibilidad de combatir unas con otras; estos episodios abrieron el camino a otros. El dominio británico se extendió hacia el sur, a lo largo del valle del Nilo y hasta el interior de Sudán. La razón explícita de esta iniciativa fue el ascenso de un movimiento religioso, el de Muhammad Ahmad (1844-1885), considerado el *mahdi* por sus partidarios, y que se proponía restaurar el imperio de la justicia islámica. El dominio egipcio en el país concluyó hacia 1884, y se estableció una forma islámica de gobierno, pero no tanto por miedo a su expansión como por temor a la posibilidad de que otros gobiernos europeos interviniesen, se llegó a una ocupación angloegipcia que destruyó el Estado islámico. En 1899 organizó un nuevo sistema de gobierno, formalmente un «condominio» angloegipcio, aunque en realidad la administración era principalmente británica.

Poco después, el crecimiento de la influencia europea en el reino de Marruecos acabó de manera parecida. Los intentos del sultán de mantener el país libre de la intervención concluyeron, de hecho, en 1860, cuando España invadió el país, en parte para extender su influencia allende los dos puertos de Ceuta y Melilla, que habían estado en manos españolas durante siglos, y en parte para oponerse a la extensión de la influencia británica. La invasión concluyó en un tratado en virtud del cual Marruecos debía pagar una indemnización financiera que excedía sus posibilidades. Los esfuerzos de pago y los acuerdos comerciales concertados con los Estados europeos determinaron el rápido aumento de la actividad europea. Con el sultán Hassán (1873-1894), el gobierno trató de ejecutar reformas análogas a las que habían intentado otros países con el fin de crear un marco de contención de la penetración europea: un nuevo ejército, una administración reformada, un modo más eficaz de recaudar y usar las rentas. Esa política tuvo a lo sumo un éxito limitado, pues el gobierno no ejercía en el país un control suficiente para posibilitarla. Los señores rurales, con su posición basada en la solidaridad religiosa o tribal, eran, en la práctica, independientes, y en el sur el poder que ellos ejercían aumentaba; en las ciudades, las nuevas medidas impositivas y administrativas debilitaron la autoridad moral del gobernante. Los jefes locales establecieron relaciones directas con los representantes extranjeros, y los mercaderes se pusieron a su vez bajo la protección de éstos. Con el fin de sobrevivir, el gobierno comenzó a negociar préstamos con los bancos europeos; esta actitud fortaleció la presencia de los intereses extranjeros, y la conclusión lógica llegó en 1904 cuando Inglaterra y España, dos de las tres potencias implicadas más profundamente, reconocieron el interés predominante de la tercera, Francia (Gran Bretaña adoptó esa actitud en retribución por las manos libres en Egipto, España por una participación en el control eventual). En 1907 los principales Estados europeos aceptaron el control virtual francoespañol de la administración y las finanzas en Marruecos. Las dos potencias ocuparon parte del país, España el norte y

Francia la costa del Atlántico y la frontera con Argelia. Estalló una rebelión contra el sultán, que se puso bajo la protección francesa, pero la expansión del poder francés continuó, y en 1912 un nuevo sultán firmó un acuerdo aceptando un protectorado francés; los pequeños jefes sureños más importantes también lo aceptaron. Según el acuerdo francoespañol, parte del norte sería administrado por España, y Tánger, el centro de los intereses extranjeros, permanecería bajo un régimen internacional de carácter especial.

Más o menos por la misma época se completó la división del Magreb. En 1911 Italia, que llegaba tarde a la «pugna por África», declaró la guerra al Imperio otomano, desembarcó su ejército en la costa de Trípoli y a pesar de la resistencia otomana pudo ocupar los puertos y obtener cierto reconocimiento de su posición por parte del gobierno otomano.

LA ALIANZA DE INTERESES DOMINANTES

Hacia el comienzo de la Primera Guerra Mundial, apenas se percibían las consecuencias del control italiano en Libia, y de Francia y España en Marruecos, pero el dominio francés había dejado su impronta en Argelia y Túnez, y el dominio británico en Egipto y Sudán. En ciertos aspectos, implicaron una ruptura con el pasado y con lo que estaba sucediendo en el Imperio otomano: los principales intereses estratégicos y económicos de un solo Estado europeo prevalecían, y aunque en Egipto, Túnez y Marruecos los gobiernos indígenas existían de nombre, poco a poco perdieron poder a medida que se ampliaba el dominio de los funcionarios europeos, y en realidad no poseían ni siquiera la limitada posibilidad de acción independiente que permitía que el gobierno de Estambul manipulase a una potencia contra otra y persiguiera lo que consideraba el interés nacional.

En otros sentidos, la política seguida por Inglaterra y Francia podía ser considerada en cierto modo como la continuación, en una forma más eficaz, de la que aplicaban los reformadores indígenas. Bajo la apariencia de gobierno nativo, se incorporaron más funcionarios extranjeros, que adquirieron gradualmente un control más amplio; el equilibrio entre ellos y los funcionarios se modificó. (En Sudán no había una apariencia similar, sino la administración directa de tipo colonial, con casi todos los puestos importantes en manos británicas y egipcias, y de otros en cargos subordinados.) Los gobiernos eran más eficaces, pero también más distantes. Los soldados extranjeros, o los nativos bajo el mando extranjero, y una disciplinada policía permitían que el control oficial penetrase más en las zonas rurales. Las comunicaciones más perfeccionadas acercaban las provincias a la capital. Había ferrocarriles tanto en Túnez como en Egipto, y en Túnez también existían carreteras. Se procedió a crear o extender el ámbito de los tribunales populares que aplicaban códigos de estilo europeo. El control financiero más riguroso y la recaudación más eficiente de los impuestos determinó que las deudas con los países extranjeros se redujesen a proporciones controlables. Las finanzas más prósperas y el acceso al capital extranjero en condiciones más favorables posibilitó la ejecución de algunas obras públicas: en especial, las obras de regadío del Valle del Nilo, que culminaron en la presa de Asuán, gracias a la cual se hizo posible la irrigación permanente en el alto Egipto. Se fundó un número limitado de escuelas o se conservaron las del período precedente, si bien sólo las que eran necesarias para formar funcionarios y técnicos en el nivel considerado apropiado para ampliar ese personal, pero no tantas para que surgiese de ellas una nutrida clase de intelectuales descontentos.

En las regiones gobernadas desde Estambul, es decir, El Cairo, Túnez y Argelia, la alianza de intereses alrededor de los nuevos tipos de gobierno se amplió y fortaleció durante la segunda mitad del siglo XIX. Además de los funcionarios, dos grupos se vieron especialmente favorecidos por las medidas oficiales. El primero estaba vinculado con el comercio y la economía. El crecimiento de la población y la industria en Europa, la mejora de los puertos, la construcción de ferrocarriles y (en Líbano, Argelia y Túnez) de carreteras, fueron factores que condujeron todos a la expansión del comercio con Europa, así como entre diferentes áreas de Oriente Próximo y el Magreb, pese a los períodos de crisis. En general, este proceso se ajustó a las mismas líneas anteriores: exportación a Europa de materias primas (algodón egipcio, seda libanesa, lanas y cueros del Magreb, fosfatos tunecinos) y alimentos (naranjas de Palestina y vino de Argelia, aceite de oliva de Túnez), e importación de tejidos, artículos de metal, té, café y azúcar. En general, había una balanza comercial desfavorable con Europa; esto se veía compensado sobre todo por la importación de capitales para obras públicas y en algunos lugares por las remesas de los que habían emigrado al Nuevo Mundo, y por el egreso de oro y plata.

La parte principal del comercio estaba en manos de compañías y comerciantes europeos, principalmente británicos y franceses, con una participación creciente de alemanes a medida que la población y la industria de Alemania se desarrollaban. Pero los grupos mercantiles nativos también desempeñaron un papel importante en el tráfico internacional, y dominante en el comercio local. En Oriente Próximo, los cristianos sirios y libaneses, los judíos sirios e iraquíes, y los coptos egipcios en el comercio del Nilo; en el Magreb, los judíos locales y también otros que poseían una antigua tradición de comercio, los mercaderes de Sus en Marruecos, los del oasis de Mzab en Argelia, y la isla de Yarba frente a la costa tunecina.

Los intereses financieros europeos se extendían más allá de los límites del comercio. Las primeras grandes inversiones correspondieron a los préstamos al gobierno, los que llevaron al establecimiento del control financiero exterior; después, los gobiernos obtuvieron nuevos préstamos, pero la existencia del control extranjero posibilitó obtenerlos en condiciones menos onerosas que antes. Ahora, la inversión no se limitaba a los préstamos a gobiernos, y abarcaba los servicios públicos, en los cuales las compañías extranjeras recibieron concesiones. Después del canal de Suez, en diferentes regiones se otorgaron concesiones para construir puertos, organizar líneas de tranvías, crear servicio de agua corriente, gas, electricidad y sobre todo ferrocarriles. Comparado con todo esto, hubo escasa inversión en la agricultura, excepto en las regiones de Egipto y Argelia, donde había una demanda importante y regular de ciertos productos y la administración bajo el control europeo garantizaba un rendimiento elevado y seguro. También hubo escasa inversión en la industria, excepto en las industrias de consumo a pequeña escala, y en unos pocos lugares en la extracción de minerales (fosfatos en Túnez, petróleo en Egipto).

No sólo los bancos y las compañías totalmente europeas, sino también algunas instituciones establecidas en Estambul, El Cairo y otros lugares, como el Banco Otomano, participaron en la inversión. Pero el capital de estos bancos locales en buena medida era europeo, y una parte importante de los beneficios de la inversión no quedó en los países interesados, para generar más riqueza y capital nacional, y en cambio se la exportó a los países de origen, y allí acrecentó la riqueza y el capital.

EL CONTROL DE LA TIERRA

Los otros grupos cuyos intereses se asociaron con los de los nuevos gobiernos correspondieron a los terratenientes. Tanto en el cuerpo principal del Imperio otomano como en Egipto la base legal de la tenencia de la tierra cambió a mediados del siglo XIX. En el Imperio, la Ley Agraria de 1858 definió las diferentes categorías de tierra. En concordancia con una antigua tradición, se entendió que la mayor parte de la tierra agrícola cultivada pertenecía al Estado, pero quienes la cultivaban o se proponían hacerlo podían conseguir un título que les garantizaba el usufructo pleno e incuestionado de la misma, y también podían venderla o legarla a sus herederos. Parece que una finalidad de la ley fue fomentar la producción y fortalecer la posición de los cultivadores reales. Es posible que en ciertos lugares haya alcanzado ese resultado: en regiones de Anatolia y en Líbano, donde las pequeñas parcelas que producían seda se ampliaron, en parte a causa de las remesas enviadas a sus familias por los emigrantes. Pero en la mayoría de los lugares los resultados fueron distintos. En las regiones próximas a las ciudades, consagradas a la producción de alimentos y materias primas para las ciudades o la exportación, la tierra tendió a caer en manos de familias urbanas. Éstas podían aprovechar mejor el mecanismo administrativo dedicado al registro de los títulos; estaban en mejor posición que los campesinos para obtener préstamos de los bancos comerciales o las compañías hipotecarias, o del banco agrario oficial; podían adelantar dinero a los campesinos para permitirles el pago de sus impuestos o la financiación de sus operaciones; en las áreas que producían para la exportación, los comerciantes urbanos que tenían vínculos con los mercados extranjeros podían controlar la producción, y determinar qué se cultivaría, adelantar el dinero para producirlo y comprar el producto. Algunos ocupaban una posición monopólica: la compra de seda y tabaco en todo el Imperio era monopolio de concesionarias provistas de capital extranjero. De este modo, se creó una clase de propietarios absentistas, en esencia habitantes urbanos, que estaban en condiciones de reclamar al gobierno que apoyase sus pretensiones a una parte del producto; los campesinos que cultivaban el suelo eran jornaleros sin tierra o aparceros, que recibían la parte del producto necesaria para sobrevivir. En el conjunto de estas propiedades privadas, quizá la más importante y una de las mejor administradas era la del propio sultán Abdülhamid.

En los campos más distantes, más allá del control eficaz de las ciudades, apareció otro tipo de terrateniente. Gran parte de la tierra, sobre todo en las áreas utilizadas con fines de pastoreo, había sido considerada siempre, tanto por el gobierno como por quienes vivían en ella, como pertenecientes colectivamente a una tribu; ahora, una extensión considerable de la misma estaba registrada a nombre de la familia principal de la tribu. Pero si la extensión era importante, quizás el control efectivo de la tierra no estaba a cargo del jefe tribal, sino de un grupo intermedio de agentes, más próximos a la tierra y al proceso de cultivo que lo que podía ser el caso de un terrateniente que vivía en la ciudad o de un gran jeque tribal.

Estos nuevos terratenientes incluían mercaderes y prestamistas cristianos y judíos, pero pocos extranjeros en la mayoría de las regiones del Imperio gobernadas todavía desde Estambul. La principal excepción en este sentido era Palestina, donde desde la década de 1880 estaba incrementándose una comunidad judía de nuevo tipo: no eran los judíos orientales de antiguo arraigo, sino judíos de Europa central y oriental, individuos que no habían venido a Jerusalén para estudiar, rezar y morir, sino que llegaban en concordancia con una nueva visión de una nación judía restaurada y afincada en la tierra. En 1897 esta aspiración se reflejó en la resolución del primer Congreso Sionista que reclamaba la creación de un hogar del pueblo judío en Palestina, garantizado por la ley pública. A pesar de la oposición del gobierno otomano, y la creciente inquietud de parte de la población árabe local, hacia 1914 la población judía de Palestina se elevaba aproximadamente a 85.000 individuos, es decir, el 12 % del total. Alrededor de una cuarta parte se asentó en la tierra, adquirida parcialmente mediante un fondo nacional y declarada propiedad inalienable del pueblo judío, sobre la cual no podían instalarse más judíos. Algunos vivían en colonias agrícolas de nuevo tipo (el *kibbutz*), con el control colectivo de la producción y la vida comunitaria.

En Egipto el proceso que determinó el paso de la tierra del gobernante a manos privadas, y que había comenzado en los últimos años de Muhammad Alí, se vio desarrollado entre 1858 y 1880 por una serie de leyes y decretos que condujeron en definitiva a la propiedad privada plena, sin las limitaciones que se conservaban en la ley otomana. También aquí es posible que la intención no fuese crear una clase de grandes terratenientes, pero eso fue lo que sucedió en realidad, a causa de una serie de procesos interrelacionados. Hasta la ocupación británica en 1882, el *jedive* concedió grandes extensiones de tierra a miembros de su familia o a altos funcionarios de su servicio; conservó una proporción considerable en sus propias manos, como dominio privado; las familias importantes de las aldeas también pudieron extender sus dominios a medida que aumentó la demanda de algodón. Después de la ocupación, la tierra fue entregada por el gobernante para pagar los servicios de la deuda exterior, y nuevas parcelas se incorporaron al cultivo y cayeron en manos de grandes propietarios o de compañías hipotecarias. Los pequeños propietarios se endeudaron con los prestamistas urbanos y perdieron sus tierras; incluso cuando las conservaron, no podían conseguir fácilmente acceso al crédito con el fin de financiar mejoras. Las leyes de la herencia determinaron la fragmentación de las parcelas, hasta el extremo de que ya no pudieron continuar manteniendo una familia. Por la época de la Primera Guerra Mundial, más del 40 % de la tierra cultivada estaba en manos de grandes propietarios (los que eran dueños de más de cincuenta *feddans*), y alrededor del 20 % estaba dividido en pequeñas parcelas de menos de cinco *feddans*. (Un *feddan* es, aproximadamente, 0,4 hectáreas.) Alrededor de un quinto de las grandes propiedades estaban en manos de compañías o individuos extranjeros, sobre todo en el norte. El esquema normal había llegado a ser el de un gran propietario, con sus tierras cultivadas por campesinos, que suministraban la fuerza de trabajo y podían arrendar y cultivar una parcela para ellos mismos; en un nivel inferior, había un número creciente de jornaleros sin tierra, aproximadamente un quinto de la población laboral.

En Túnez, la apropiación de la tierra por extranjeros llegó aún más lejos. Ya existía una numerosa comunidad francesa e italiana en tiempos de la ocupación francesa. Durante los primeros diez años del protectorado, poco más o menos, las medidas adoptadas por el gobierno favorecían a los grandes intereses que deseaban adquirir tierras; los casos relacionados con los problemas agrarios estaban a cargo de tribunales mixtos con participación europea; los que arrendaban la tierra *waqf* podían comprarla. A partir de 1892 se adoptó una nueva política de aliento a la inmigración y el asentamiento, en parte bajo la presión de los colonos, en parte para aumentar el número de franceses en ese grupo. Fue posible comprar una proporción considerable de tierras; tierra de los *waqf*, del dominio oficial o tierras colectivas de las tribus donde se había adoptado la misma política que en Argelia, con el fin de reducir a los habitantes en un sector más reducido. Se ofrecieron condiciones favorables a los compradores: crédito rural, equipos, caminos. Las condiciones económicas también eran favorables: la demanda de cereales se mantuvo, la de vino y aceite de oliva creció. Así, la cantidad de tierra en manos europeas aumentó, sobre todo en las áreas productoras de cereales del norte y la región de olivares del Sahel; hacia 1915 los colonos poseían aproximadamente un quinto de la tierra cultivada. Un número relativamente reducido estaba formado por pequeños propietarios; la forma típica era la del gran terrateniente que cultivaba la tierra con la ayuda de jornaleros sicilianos, italianos meridionales o tunecinos, o que arrendaba tierras a los campesinos tunecinos. Había abundante mano de obra, porque el proceso de expropiación de la tierra había agravado la condición de los campesinos; se veían privados de acceso al capital y de la protección que los terratenientes indígenas les otorgaban. El desplazamiento económico trajo consigo un cambio del poder político. Los colonos reclamaban una parte más importante en la determinación de la política; deseaban que el gobierno se orientase hacia la anexión del país a Francia, dominando a la población indígena mediante la fuerza y manteniéndola en el marco de una cultura tradicional y un modo de vida que le impedirían participar eficazmente en el ejercicio del poder. Alcanzaron cierto éxito en estos propósitos: una proporción elevada de funcionarios oficiales estaba formada por franceses; la conferencia consultiva de asuntos financieros y económicos estaba constituida principalmente por colonos. En cambio, el gobierno de París y los altos funcionarios que llegaban allí deseaban mantener el protectorado sobre la base de la cooperación entre franceses y tunecinos.

Hacia 1914 la política francesa en Túnez había alcanzado una etapa análoga a la de Argelia en la década de 1860, pero entretanto en Argelia las cosas habían cambiado. La derrota de Francia en la guerra franco-prusiana de 1870-1871 y la caída de Napoleón III debilitaron la autoridad del gobierno en Argelia. Los colonos asumieron el poder por un tiempo, pero en el este del país sucedió algo distinto. Estalló una rebelión general de los árabes y los beréberes, por muchas causas: entre la nobleza, el deseo de recobrar su posición política y social, que se había debilitado a medida que se extendió la administración directa; entre los aldeanos, la oposición a la pérdida de su tierra y al creciente poder de los colonos, y la miseria después de un período de epidemias y malas cosechas; entre la población en general, el deseo de independencia, que todavía no se expresaba en términos nacionalistas, sino más bien por referencia a la religión, y que obtenía liderazgo y orientación de una de las órdenes sufíes. Se reprimieron los alzamientos, con graves resultados para los musulmanes argelinos. Las multas colectivas y la confiscación de tierras fueron el castigo; se ha calculado que los distritos implicados en la rebelión perdieron el 70 % de su capital.

Los resultados a largo plazo fueron incluso más graves. La destrucción del liderazgo indígena y el cambio de régimen en París eliminó los obstáculos que se oponían a la difusión del latifundismo europeo. Mediante la venta o la concesión de dominios oficiales y tierras confiscadas, mediante el apoderamiento de las tierras colectivas y apelando a subterfugios legales, grandes extensiones de tierra pasaron a manos de los colonos. Hacia 1914 los europeos poseían aproximadamente un tercio de la tierra cultivada, y se trataba de las áreas más productivas, que suministraban cereales como antes, o se habían cultivado con viñedos, pues el vino argelino ahora halló un importante mercado en Francia. Gran parte del cultivo en las tierras dedicadas a viñedos estuvo a cargo de inmigrantes europeos, españoles e italianos así como franceses, pero en su mayoría pertenecía a propietarios relativamente acaudalados que disponían de capital. Confinados a las parcelas más pequeñas en las tierras menos fértiles, sin capital y con recursos cada vez más escasos de ganado, los pequeños propietarios argelinos tendían a convertirse en aparceros o jornaleros en las propiedades de los europeos, aunque en ciertos lugares nació una nueva clase de terratenientes musulmanes.

En parte debido a causa de las nuevas oportunidades en las zonas agrarias, la población europea de Argelia aumentó con rapidez, de 200.000 en 1860 a aproximadamente 750.000 hacia 1911; esta última cifra incluye a los judíos argelinos, que habían recibido todos la nacionalidad francesa; ahora, la población indígena se elevaba a 4.740.000; por consiguiente, los europeos formaban el 13 % de la población total. En las grandes ciudades eran una parte aún más considerable: hacia 1914 tres cuartas partes de los habitantes de Argel eran europeos.

Esta creciente población europea hacia 1914 controlaba, de hecho, el gobierno local. Ahora tenía representantes en el Parlamento francés, y en París formaba un importante grupo de presión política. Gradualmente, a medida que creció una nueva generación nacida en Argelia, y los inmigrantes provenientes de otros países adoptaron la ciudadanía francesa, este estrato social adquirió una identidad separada y un interés especial que el grupo de presión podía promover: lograr que Argelia se asimilara todo lo posible a Francia, pero manteniendo bajo su control el gobierno local francés. En general, lo consiguieron. La gran mayoría de los funcionarios locales era francesa, y lo mismo podía decirse de todos los que ocupaban las jerarquías más elevadas. Las áreas administradas por consejos municipales con mayoría francesa se extendieron, y en esos sectores los musulmanes prácticamente carecían de poder. Pagaban impuestos directos mucho más elevados que los colonos, pero las rentas se utilizaban principalmente en beneficio de los europeos. Éstos se hallaban sujetos a un código penal especial aplicado por magistrados franceses; se gastaba poco en su educación. Hacia fines del siglo el gobierno de París comenzaba a cobrar conciencia del «problema árabe»; es decir, de la importancia de garantizar que la administración se mantuviese al margen de la presión ejercida por los colonos y de que pudiese usar su poder para «salvaguardar la dignidad de los derrotados».[2] Ahora se hacía algo por la educación elemental de los musulmanes, pero hacia 1914 el número de argelinos con estudios secundarios o superiores podía contarse por docenas o centenas, no millares.

LA CONDICIÓN DEL PUEBLO

En las regiones de Oriente Próximo y el Magreb donde el control oficial había llegado a ser más eficaz, se construyeron obras públicas, las nuevas leyes agrarias aseguraron los derechos de propiedad, los bancos o las compañías hipotecarias facilitaron el acceso al capital, y los productos hallaron mercado en el mundo industrializado, el área de cultivos se amplió y los rendimientos de las cosechas crecieron en los años de 1860 a 1914. A pesar de la pobreza de las estadísticas, es evidente que ello sucedía en Argelia y en Túnez, donde el área cultivable se duplicó. En Egipto las condiciones eran sobremanera favorables. Por esta época el control oficial no se veía cuestionado ni siquiera en el alto Egipto, el mercado del algodón se ampliaba, a pesar de las fluctuaciones a que se veía sometido. Y las grandes obras de regadío posibilitaban aumentar el rendimiento de la tierra; el área cosechada creció aproximadamente un tercio entre la década de 1870 y 1914. Este incremento no carecía de riesgos: la rentabilidad del cultivo del algodón para la exportación era tan elevada que se consagraba a esta actividad cada vez más tierra, y hacia 1900 Egipto se había convertido en importador neto tanto de alimentos como de artículos manufacturados.

En relación con Siria, Palestina e Irak las estadísticas son más defectuosas, pero los indicios existentes apuntan en la misma dirección. En Siria y Palestina, los campesinos de las aldeas montañosas pudieron ampliar su área de cultivos hacia las llanuras, y producir cereales y otras cosechas que tenían mercado en el mundo exterior: aceite de oliva, semillas de sésamo, naranjas del distrito de Jaffa. En Líbano, la producción de seda se extendió. En Irak, el factor importante no fue la influencia del poder estatal ni la mejora del sistema de regadío; la primera obra a gran escala, la presa de Hindiyya, en el Éufrates, no se inauguró hasta 1913. Se trató más bien del modo en que las leyes agrarias funcionaron; cuando los líderes tribales registraban la tierra a su nombre, se sentían movidos a trasladar a los suyos del pastoreo a la agricultura sedentaria, produciendo cereales o, en el sur, dátiles para la exportación.

Este cambio en el equilibrio entre la agricultura sedentaria y el pastoreo nómada se manifestó siempre que coexistieron dos factores: el primero fue la expansión del área controlada por el gobierno, que siempre prefería a los campesinos estables, a quienes podía gravar y reclutar, y no a los nómadas, que vivían fuera de la comunidad política y podían ser un riesgo para el orden. Esta expansión se manifestó dondequiera que los gobiernos eran fuertes y las comunicaciones mejoraban. En Argelia, el ejército francés se desplazó hacia el sur a partir de la alta meseta, y se internó en los oasis del Sahara y las regiones donde vivían los tuareg. En Siria, la construcción de ferrocarriles permitió desplazar hacia la estepa la frontera de los cultivos. Cada estación ferroviaria con sus empleados, la guarnición y el mercado se convirtió en el centro a partir del cual se extendió la agricultura y el comercio. Se utilizaron ciertos elementos de la población para mantener el orden en el campo. Se reclutaron regimientos kurdos en el norte; los circasianos que habían abandonado sus hogares en el Cáucaso cuando los rusos conquistaron la región fueron instalados en una línea de aldeas de Siria meridional.

El segundo factor fue la decreciente demanda de los principales productos de la estepa, o la disminución de sus beneficios comparados con los que se obtenían con los cultivos producidos para la venta y la exportación. El mercado de camellos comenzó a retraerse a medida que se impusieron las comunicaciones modernas (pero apenas había comenzado el cambio decisivo, la llegada del automóvil). La demanda de ovejas se mantuvo, y es posible que aumentara con el crecimiento de la población, pero se invertía más provechosamente el capital en los cultivos, y los elementos disponibles sugieren que el número de animales en proporción con la población disminuyó. En Argelia, por ejemplo, en 1885 existían 2,85 ovejas por persona, y treinta años después la cifra había descendido a 1,65.

En general, este período fue de aumento de la población, según tasas que varían mucho de un país a otro. Los países en que las estadísticas son más fidedignas, y en que el incremento puede percibirse más claramente, son Argelia y Egipto. En Argelia, la población musulmana se duplicó en cincuenta años, de 2 millones en 1861 a 4,5 en 1914. En Túnez el aumento fue del mismo orden, de 1 a 2 millones. En Egipto, el crecimiento había sido constante durante el siglo XIX: de 4 millones en 1800 a 5,5 en 1860, y a 12 en 1914. En Sudán parece que la población no dejó de crecer desde el comienzo de la ocupación británica. En el Creciente Fértil aún estamos formulando conjeturas. La población de Siria, en el sentido más amplio de la denominación, posiblemente creció del orden del 40 % entre 1860 y 1914, de 2,5 a 3,5 millones; en cambio, hubo una amplia migración del Líbano a América del Norte y del Sur y a otros lugares, y se afirma que hacia 1914 abandonaron el país unos 300.000 libaneses. El incremento demográfico en Irak posiblemente obedeció a una escala análoga.

En términos generales, puede calcularse que la población de los países árabes en conjunto aumentó de los 18-20 millones en 1800 a unos 35-40 millones hacia 1914.

Todavía era esencialmente una población rural. Algunas ciudades crecieron de prisa, sobre todo los puertos especializados en el comercio con Europa: las ciudades costeras de Argelia, Beirut y Alejandría (que hacia 1914 era la segunda ciudad de los países árabes). Otras, sobre todo las capitales nacionales y provinciales, crecieron más o menos en proporción con el incremento de la población total. Por ejemplo, El Cairo duplicó aproximadamente su magnitud, y continuó siendo la más importante de las ciudades árabes; pero la población de Egipto en general también aumentó; el grado de urbanización continuó siendo similar al de antes, y el flujo de emigrantes rurales a las ciudades apenas había comenzado.

El aumento demográfico fue el resultado de una serie de factores. En Egipto es posible que se relacionara con la difusión del cultivo del algodón; los niños pequeños podían ayudar en los campos desde edad temprana, de modo que era atractivo casarse pronto y tener familias numerosas. En la mayoría de los países fue el resultado de la declinación de dos factores que antes habían limitado la población: las epidemias y el hambre. Los sistemas de cuarentena habían mejorado, bajo el control de médicos europeos y con el respaldo de gobiernos extranjeros; hacia 1914 se eliminó, prácticamente, la peste de los países del Mediterráneo y se limitó la incidencia del cólera. La combinación del incremento de la producción de alimentos y las mejores comunicaciones permitieron compensar los fracasos de las cosechas locales, el factor que en períodos precedentes había derivado en hambrunas. En ciertos países —Argelia, Túnez y Sudán— el incremento de población no fue notable, sino que más bien compensó la brusca disminución anterior. En Argelia la guerra de conquista y las revueltas, las epidemias y el hambre habían reducido considerablemente la población a mediados del siglo XIX; en Túnez, hubo una gradual disminución durante un período prolongado; en Sudán, las turbulencias provocadas por el movimiento mahdista, seguidas por una sucesión de malas cosechas, habían originado una severa disminución durante la década de 1890.

Por supuesto, el aumento de la población no significa necesariamente la elevación del nivel de vida; es más, puede significar lo contrario. De todos modos, hay motivos para creer que en ciertos lugares ese nivel en efecto se elevó. Tal fue el caso de los estratos más altos de la población urbana, los que estaban relacionados con los nuevos gobiernos o con los sectores dinámicos de la economía; obtuvieron ingresos más elevados, mejores viviendas y mejor atención médica, y pudieron comprar una gama más amplia de artículos. En el campo, el aumento de la producción de alimentos y el progreso de las comunicaciones mejoró el nivel de nutrición, al menos en ciertos lugares: no en los países de colonización europea, donde los campesinos habían perdido las mejores tierras, sino en Egipto y en algunas zonas de Siria, donde existía cierto equilibrio entre la producción y la población. (Pero en Egipto la mejora de la salud a causa de una mejor nutrición se vio compensada por la difusión de una infección debilitadora, la esquistosomiasis, difundida por el agua y que se extendía a medida que se ampliaba el área de regadío.)

Pero incluso en las circunstancias más favorables, la posibilidad de mejora de la vida de los campesinos era limitada, y no sólo por el crecimiento permanente de la población, sino también por la variación del equilibrio del poder social en favor de los que poseían o controlaban de algún modo la tierra. Apoyaban sus pretensiones en el poder de la ley y el gobierno; tenían acceso al capital sin el cual era imposible desarrollar la producción o llevar los productos al mercado. En general, no necesitaban atenerse a las restricciones de un vínculo moral entre ellos y los que trabajaban para ellos: el colono, el prestamista urbano, el jeque tribal convertido en terrateniente no mantenían con los que trabajaban para ellos la misma relación que había caracterizado a sus predecesores. En tales circunstancias, los campesinos carecían del poder necesario para extraer del producto agrario más que el mínimo para su subsistencia, y también les faltaba la protección de los poderosos en períodos de opresión o escasez.

LA SOCIEDAD DUAL

Hacia 1914 los países árabes del Imperio otomano y el Magreb exhibían en diferentes grados un nuevo tipo de estratificación: los grupos comerciales y financieros europeos, y en ciertos lugares las comunidades de colonos, protegidas por la influencia y favorecidas por el poder de sus gobiernos; el mercader nativo y las clases terratenientes cuyos intereses hasta cierto punto se identificaban con los de las comunidades extranjeras, pero que en ciertos casos podían enfrentarlas en actitud de rivalidad; y una creciente población rural y una escasa población en las ciudades, con limitado acceso al poder, y excluidas en medida considerable de los beneficios del cambio administrativo, legal y económico.

El cambio de la relación entre las fuerzas sociales se manifestó en las modificaciones que comenzaron a observarse en la vida urbana durante la segunda mitad del siglo XIX. La actividad económica y el poder se desplazaron de las grandes ciudades del interior a los puertos de mar, sobre todo a los de la costa del Mediterráneo. Éstos se convirtieron no ya en lugares de trasbordo de mercancías sino, además, en los principales centros de las finanzas y el comercio, donde confluían los artículos del interior y se distribuían las importaciones, y donde se organizaba y financiaba en medida considerable la producción agrícola. Algunos de los puertos eran antiguas ciudades que cobraban una magnitud y una importancia diferentes. Beirut remplazó a Saida y Acre como puerto principal de Siria meridional; Alejandría ocupó el lugar de Damietta y Rosetta en el tráfico marítimo de Egipto, a medida que el comercio con Europa aumentó y disminuyó el que se realizaba con Anatolia y la costa siria; Basora, el lugar principal de exportación de los dátiles y los cereales iraquíes; Yidda, el puerto principal de Hiyaz, que adquirió cada vez más importancia a medida que Arabia occidental se abasteció con artículos extranjeros por mar en lugar de hacerlo mediante las caravanas provenientes de Siria; Túnez y los puertos de Argelia. Otros lugares fueron prácticamente creaciones nuevas, como centros del tráfico internacional: Port Said en el extremo septentrional del canal de Suez; Adén como puerto de escala y abastecimiento de carbón de los barcos que seguían la ruta de Europa a India atravesando el Canal; Casablanca, en la costa atlántica de Marruecos.

Los centros de los puertos estaban dominados por los depósitos, los bancos, las oficinas de las compañías navieras, construidos al estilo monumental de la Europa meridional; incluían barrios residenciales con villas rodeadas por jardines; tenían jardines públicos, plazas, hoteles, restaurantes y cafés, tiendas y teatros. Sus calles principales tenían anchura suficiente para permitir el paso de tranvías, carruajes de caballos y, hacia 1914, los primeros automóviles. También las ciudades del interior estaban modificando su apariencia más o menos del mismo modo. Al principio, se realizaron intentos de agregar nuevos edificios y calles al centro de las antiguas ciudades: se abrió una ancha avenida a través de El Cairo hasta el pie de la Ciudadela; se rectificaron y ensancharon los mercados orientales en Damasco, para trazar el zoco Hamidiyya y el zoco Midat bajá. Pero, a la larga, los nuevos distritos crecieron fuera de las murallas (cuando éstas aún perduraban) de las viejas ciudades, en parcelas en las cuales no se tropezaba con el inconveniente de las construcciones anteriores y los derechos de propiedad, y que por lo tanto podían desarrollarse de acuerdo con un plan. La nueva Damasco se extendió al este de la vieja, hasta las laderas del Yabal Qasiyun; la nueva El Cairo se construyó primero al norte de la vieja ciudad, y después al oeste, sobre las tierras que se extienden hasta el Nilo, que habían sido pantanosas pero que ahora se drenaron y prepararon para acoger las nuevas construcciones; la nueva Túnez creció en parte sobre tierras robadas al lago que se extiende hacia el oeste; Jartum, la capital de Sudán durante la dominación de Egipto y, después, durante el Condominio, fue una nueva creación, con calles trazadas simétricamente, cerca del lugar en que confluyen el Nilo Azul y el Nilo Blanco. Hacia el fin del período, sobrevinieron cambios análogos en Marruecos; la capital del protectorado y la residencia principal del sultán estaban en el sector nuevo de Rabat, en la costa; se diseñó una nueva Fez, fuera de las murallas de la ciudad vieja, evitando cuidadosamente todo avance sobre ésta.

Las nuevas ciudades poco a poco debilitaron a las viejas. Aquí tenían sus oficinas los bancos y las compañías, y se construyeron palacios y oficinas gubernamentales. En El Cairo, los nuevos ministerios fueron construidos en los barrios occidentales, y allí tenían sus residencias los cónsules extranjeros; el *jedive* se trasladó de la Ciudadela a un palacio nuevo de estilo europeo; el ejército británico controlaba El Cairo desde los cuarteles de Qasr al-Nil, a orillas del Nilo.

Gran parte de la población de las nuevas ciudades y los nuevos barrios era extranjera: funcionarios, cónsules, mercaderes, banqueros, profesionales. Argel y Orán, las principales ciudades de Argelia, tenían mayorías europeas; en El Cairo, el 16 % de la población era extranjera, y en Alejandría lo era el 25 %. Estos núcleos llevaban una vida aislada y privilegiada, con sus propias escuelas, sus iglesias, sus hospitales y sus lugares de recreo. Sus asuntos legales eran competencia de tribunales consulares europeos o mixtos, sus intereses económicos los protegían los consulados y, en los países sometidos al control europeo, el gobierno. La seducción del poder y de los nuevos modos de vida atrajo a las nuevas ciudades también a los mercaderes nativos —principalmente cristianos y judíos— dedicados al comercio internacional, algunos de ellos amparados por la protección extranjera y, de hecho, asimilados a las comunidades. Hacia 1914, las familias musulmanas de los funcionarios oficiales o los terratenientes comenzaban a abandonar sus hogares ancestrales en las viejas ciudades y a buscar las comunidades de los nuevos barrios.

En las nuevas ciudades se creó un tipo diferente de vida, reflejo de la que existía en Europa. Los hombres y las mujeres vestían de diferente modo. Un aspecto importante de las reformas modernizadoras promovidas en su tiempo por Mahmud II había sido el cambio del atuendo formal. El sultán y sus funcionarios abandonaron las túnicas holgadas y los anchos turbantes de sus predecesores por la levita formal europea, y por un nuevo tocado, el fez rojo o *tarbush*, con una borla negra. Los soldados de los nuevos ejércitos, otomano, egipcio y tunecino, vistieron uniformes de estilo europeo. Los viajes, el espectáculo de los residentes extranjeros y las modernas escuelas acostumbraron a las nuevas prendas a los mercaderes, los profesionales y sus familias. Los judíos y los cristianos cambiaron su estilo un poco antes que los musulmanes. Hacia fines del siglo, algunas de sus esposas y sus hijas también vestían ropas de estilo francés o italiano, que conocían gracias a las publicaciones ilustradas, las tiendas de las nuevas ciudades, los viajes y las escuelas; pero hacia 1914 pocas mujeres musulmanas salían de su casa sin cubrirse de un modo u otro la cabeza, o incluso la cara.

Las casas también eran expresiones visibles de la modificación del modo de vida. Los edificios de los nuevos barrios, tanto si se dedicaban a los negocios como si eran residenciales, en su mayoría eran obra de arquitectos franceses o italianos, o respondían a esos estilos: construidos con piedra, estucados, profusamente decorados con hierro forjado. Los edificios públicos ofrecían al mundo externo fachadas imponentes y algunos expresaban nuevas visiones de la vida social: en El Cairo, la Ópera, el Museo, la Biblioteca Jedivial. Las casas también reflejaban un concepto distinto de la vida de familia. La separación de las salas de estar en la planta baja y los dormitorios arriba difícilmente podían reconciliarse con la más antigua y rígida división entre los salones donde los hombres de la familia recibían a los visitantes y el harén, donde se desarrollaba la vida familiar. Los cambios de las costumbres de la vida económica y social, así como la actividad otomana, egipcia y británica contra el tráfico de esclavos, hacia 1914 hasta cierto punto habían determinado la desaparición de la esclavitud doméstica, y salvo en algunos palacios el eunuco negro, el guardián de la santidad del harén, casi había desaparecido. Las sillas y las mesas, fabricadas a imitación de los muebles franceses del siglo XVIII, implicaban un modo distinto de recibir a los huéspedes y compartir la comida. Las casas estaban rodeadas por jardines, y no construidas alrededor de los patios interiores; las ventanas daban a la calle —podía mirarse afuera y otros podían ver el interior—. En las calles más anchas o en las afueras de la ciudad, las mujeres de buena familia podían pasear en carruajes tirados por caballos. Los teatros ofrecían nuevos modos de ver, o incluso —en el caso de las mujeres— de ser vistas; hacia 1914 las damas aristocráticas de El Cairo podían asistir a las representaciones de compañías de teatro clásico francés u ópera italiana, ocultas discretamente detrás de cortinas de gasa instaladas en los palcos de la Ópera.

CAPÍTULO DIECIOCHO

La cultura del imperialismo y la reforma

LA CULTURA DEL IMPERIALISMO

En las nuevas ciudades, y sobre todo en los países sometidos a la ocupación europea, los europeos y los árabes ahora se enfrentaban de distinto modo, y las opiniones que cada uno formulaba acerca del otro cambiaron. Durante el siglo XVIII la curiosidad de la mente europea se había ampliado bajo la influencia de los viajes y el comercio, y abarcaba al mundo entero. Durante el siglo XIX la curiosidad se acentuó y tuvo más elementos que la alimentaron a medida que el comercio, la residencia y la guerra llevaron a Oriente Próximo y al norte de África a un número cada vez más elevado de europeos y norteamericanos; el turismo organizado comenzó a mediados de ese siglo, con peregrinaciones a Tierra Santa y cruceros por el Nilo.

La curiosidad universal se reflejó en un nuevo género de erudición, que trató de entender el carácter y la historia de las sociedades asiáticas mediante el estudio de sus legados, tanto registros escritos como artefactos. La primera traducción europea del Corán se remonta mucho más atrás, al siglo XII, pero este esfuerzo temprano dejó pocas huellas, y el intento sistemático de entender los textos básicos de la creencia y la historia musulmanas comienza en realidad en el siglo XVII, con la creación de las cátedras de árabe en las universidades de París, Leiden, Oxford y Cambridge, la recopilación de manuscritos en las grandes bibliotecas y las primeras ediciones esmeradas de traducciones de estas obras. Hacia la época en que Edward Gibbon escribió su *Decadencia y caída del Imperio romano* (1776-1788), contaba con un cuerpo considerable de fuentes y obras eruditas utilizables.

El estudio y la enseñanza organizados de materias árabes e islámicas, y la creación de instituciones que permitían trasmitir los resultados de una generación a otra, comenzó más tarde. En el nuevo territorio británico de Bengala, sir William Jones (1746-1794) fundó la Sociedad Asiática para el Estudio de la Cultura Musulmana e Hindú en India, a la que seguirían muchas otras de este tipo. En París, el estudioso francés Silvestre de Sacy (1758-1838) inició un linaje de maestros e investigadores que se prolongó, en una suerte de sucesión apostólica, a otras generaciones y otros países. Los estudiosos de habla alemana, en Alemania y el Imperio habsburgo, desempeñaron un papel especial en el desarrollo de esta tradición, pues examinaron la religión y la cultura del islam con mentes formadas en las grandes disciplinas intelectuales contemporáneas: la historia cultural, el estudio de la continuidad del desarrollo humano de una época y un pueblo a los siguientes; la filología comparada, que intentaba rastrear la historia natural y las relaciones de parentesco de los idiomas, así como de las culturas y las personalidades colectivas que se expresaban en ellos; la aplicación de métodos críticos a los textos sagrados, con el propósito de revelar el desarrollo temprano de las tradiciones religiosas. El registro y la interpretación de la vida, las costumbres y las creencias de los pueblos de Asia y África, ahora incorporados al ámbito de los viajes y el dominio europeos, originaron la ciencia de la antropología. Hacia fines del siglo otro tipo de ciencia había llegado a arrojar luz sobre el estudio de los textos: la arqueología, el intento de descubrir e interpretar las reliquias de los asentamientos humanos. De este modo, el conocimiento de la historia de los países en que vivían árabes, y especialmente de Egipto e Irak, se remontó a un período anterior a la aparición del islam.

La imaginación romántica, el culto del pasado, lejano y extraño, actuando sobre el saber real o a medias derivado de los viajes y la erudición, originó una visión de un Oriente misterioso y seductor, y al mismo tiempo amenazador, cuna de maravillas y cuentos fantásticos, que fecundó las artes. Las traducciones de *Las mil y una noches* se convirtieron en parte de la herencia occidental. Las imágenes extraídas de esta obra y de otros libros aportaron temas secundarios a la literatura europea: Goethe compuso poemas acerca de temas islámicos, el *Westöstliche Diwan*; sir Walter Scott convirtió a Saladino en epítome de la caballería medieval en *El talismán*. La influencia de las artes visuales fue aún mayor. Los motivos islámicos aparecieron en el diseño y la decoración de algunos edificios. Grandes artistas como Ingres y Delacroix, y otros de menor talla, practicaron un estilo «orientalista» de pintura. En la obra de estos artistas se repitieron ciertas imágenes: el jinete árabe como héroe salvaje, la seducción ejercida por las bellezas en el harén, el encanto del mercado oriental, el dolor de la vida que continúa entre las ruinas de la antigua grandeza.

Otro tema se entrecruzaba con el deseo de saber y la vocación imaginativa de una misteriosa atracción. La derrota cala más hondo que la victoria en el alma humana. Hallarse en poder de otro es una experiencia consciente que provoca dudas acerca del orden del universo, y en cambio quienes ejercen el poder pueden olvidar el asunto, o suponer que es parte del orden natural de las cosas, e inventar o adoptar ideas que justifican el ejercicio de ese poder. Se formularon varias clases de justificaciones en la Europa del siglo XIX, y sobre todo en Gran Bretaña y Francia, pues eran las dos naciones comprometidas principalmente en la experiencia de gobernar pueblos árabes. Algunos fueron expresiones, en lenguaje más secular, de actitudes que los cristianos occidentales habían adoptado frente al islam y los musulmanes desde la primera vez que hicieron frente al poder musulmán. Se percibió al islam como un peligro, tanto moral como militar, al que era necesario oponerse. Traducida a términos seculares, esta actitud era simultáneamente una justificación del dominio y una advertencia: el temor a una «revuelta islámica», a un movimiento súbito de los pueblos desconocidos a los que ellos gobernaban, estaba presente en el espíritu de los gobernantes británicos y franceses. Del mismo modo, podían utilizarse los recuerdos de las Cruzadas para justificar la expansión.

Otras ideas se originaron en la atmósfera intelectual contemporánea. Vistos desde la óptica de la filosofía y la historia de Hegel, los árabes pertenecían a un momento pasado del desarrollo del espíritu humano: habían cumplido su misión, que era preservar el pensamiento griego, y traspasado a otros la antorcha de la civilización. Desde el punto de vista de la filología comparada, se creía que los que vivían utilizando los lenguajes semitas eran incapaces de la racionalidad y la civilización superior que estaban al alcance de los arios. Podía usarse cierta interpretación de la teoría darwiniana de la evolución para apuntalar la pretensión de que los que habían sobrevivido en la lucha por la vida eran superiores y, por lo tanto, tenían el derecho de dominar. Por otra parte, podía entenderse que el poder connotaba obligaciones. La frase «la carga del Hombre Blanco» expresaba un ideal que, de un modo u otro, inspiró a los funcionarios, los médicos y los misioneros, o incluso a los que desde lejos leían textos acerca de Asia y África. El sentido de una responsabilidad de alcance mundial se expresó al principio con la ayuda a las víctimas del desastre; el dinero donado en Europa y Estados Unidos con destino a las víctimas de la guerra civil libanesa de 1860, y distribuido por los cónsules, fue uno de los primeros ejemplos de caridad internacional organizada.

La idea de la identidad y la igualdad humanas, más allá de todas las diferencias, en efecto a veces se manifestó. A comienzos del siglo XIX, Goethe proclamó que «Oriente y Occidente ya no pueden separarse»;[1] pero hacia fines de ese siglo la voz dominante era la de Kipling, que sostuvo que «Oriente es Oriente y Occidente es Occidente»[2] (aunque tal vez no quiso atribuir a sus palabras precisamente la interpretación que otros le asignaron).

EL ASCENSO DE LA INTELECTUALIDAD

No se celebraban estas discusiones a cierta distancia de una comunidad que no alcanzaba a escucharlas. Hacia la segunda mitad del siglo XIX, la conciencia de la fuerza de Europa que ya existía en la elite gobernante otomana se había difundido. Se había desarrollado una nueva clase culta que se veía ella misma y observaba al mundo con mirada más aguda gracias a las enseñanzas de los maestros occidentales, y que comunicaba de distinto modo lo que veía.

Salvo unas pocas excepciones, esta clase se formaba en escuelas de nuevo tipo. Las más influyentes eran las que habían creado los gobiernos reformistas para sus propios fines. En primer lugar, había escuelas especializadas que formaban funcionarios, militares, médicos e ingenieros, en Estambul, El Cairo y Túnez. Pero hacia fines de ese siglo los sistemas oficiales se habían desarrollado. Existían escuelas primarias y secundarias en las ciudades provinciales otomanas, y la mejora de las comunicaciones posibilitó que los varones pasaran de ellas a los colegios superiores de Estambul, y después se incorporasen al servicio imperial; en Estambul también se había fundado una universidad. En Egipto, ciertas actividades se realizaban fuera del marco oficial; El Cairo tenía una facultad de derecho francesa que formaba abogados destinados al trabajo en los tribunales mixtos, y la primera universidad fue fundada gracias a la iniciativa privada. En Sudán, un colegio oficial, el Gordon College, educaba a los varones para ocupar cargos secundarios en la administración oficial que los necesitara. Asimismo, en Túnez el apoyo oficial era limitado: había algunas escuelas primarias «francoárabes», y algunos colegios secundarios para docentes; la Sadiqiyya, un colegio secundario organizado según el modelo del *lycée*, fue reorganizada por los franceses que asumieron su control; en Argelia, a partir de la década de 1890, se difundieron gradualmente las escuelas elementales, pero fue un proceso lento y de nivel inferior, y se cumplió contra la voluntad de los colonos, a quienes no entusiasmaba la posibilidad de que los musulmanes argelinos conocieran el francés y las ideas que se expresaban en ese idioma; se mantuvieron tres madrazas, que enseñaban disciplinas modernas y tradicionales de nivel secundario; pocos argelinos ingresaron en los colegios secundarios franceses, o en las escuelas de leyes, medicina o letras de la Universidad de Argel, en parte porque pocos podían alcanzar el nivel requerido, y en parte porque los argelinos se mostraban renuentes a enviar a sus hijos a escuelas francesas.

Al mismo tiempo que escuelas oficiales, había un reducido número de institutos fundados por organismos indígenas, y un número más elevado mantenido por misiones europeas y norteamericanas. En Líbano, Siria y Egipto, algunas comunidades cristianas tenían sus propias escuelas —sobre todo los maronitas, con su antigua tradición de educación superior—, y las organizaciones musulmanas voluntarias también fundaron algunas escuelas modernas. Las escuelas misioneras católicas se extendieron, con el apoyo financiero y la protección del gobierno francés. En 1875 los jesuitas fundaron su Université St-Joseph en Beirut, a la que en 1883 se anexionó una facultad de medicina, francesa.

También por iniciativa francesa se creó la Alianza Israelí, organización judía que fundó escuelas para las comunidades judías desde Marruecos hasta Irak. Desde principios de ese siglo el trabajo de las misiones católicas se vio complementado en un sentido y desafiado en otro por el de las misiones protestantes, que crearon una pequeña comunidad protestante, pero impartieron enseñanza a otros cristianos y más tarde también a algunos musulmanes; en el nivel más elevado de sus escuelas estaba el Colegio Protestante Sirio de Beirut, fundado en 1866, que más tarde se convertiría en la Universidad Norteamericana de Beirut. La Sociedad Rusa Imperial de Palestina Ortodoxa también fundó escuelas rusas destinadas a miembros de la Iglesia ortodoxa oriental.

En todos estos sistemas había escuelas para niñas, que aún no habían alcanzado un nivel tan elevado como los institutos para varones, pero en todo caso difundían la alfabetización y educaban a mujeres que podían ganarse la vida en unas pocas profesiones: como maestras de escuela y enfermeras, y a veces como periodistas o escritoras. Algunas eran escuelas oficiales, pero la mayoría pertenecía a las misiones; los padres musulmanes preferían las escuelas de monjas católicas, donde sus hijas podían aprender francés, buenos modales y refinamientos femeninos, y gozaban de protección.

Se formó una nueva generación acostumbrada a la lectura. Muchos leían en lenguas extranjeras. Hacia mediados del siglo XIX el francés había reemplazado al italiano como la *lingua franca* del comercio y la vida en las ciudades; en el Magreb apenas se conocía el inglés, y más al este se había difundido menos que el francés. La cultura bilingüe era usual, y en ciertas familias, sobre todo en El Cairo, Alejandría y Beirut, el francés o el inglés estaba remplazando al árabe en el seno de la familia. Se creaba una nueva literatura para los que se habían educado en un elevado nivel en lengua árabe. Antes del siglo XIX apenas existían materiales impresos en árabe, pero se difundieron durante el siglo, sobre todo en El Cairo y Beirut, que continuarían siendo los centros principales de publicación: las escuelas oficiales en El Cairo y las misioneras en Beirut habían creado un público lector relativamente amplio. Fuera de los textos escolares, en este período los libros eran menos importantes que los diarios y los periódicos, que comenzaron a tener un papel destacado durante las décadas de 1860 y 1870. Entre los periódicos de ideas, que daban acceso a la cultura, la ciencia y la tecnología de Occidente, había dos editados por libaneses cristianos de El Cairo: *al-Muqtafaf*, de Yaqub Sarruf (1852-1927) y Faris Nimr (1855-1951), y *al-Hilal*, de Yuryi Zaidan (1861-1914). Una iniciativa análoga fue una enciclopedia publicada por entregas, y producida por Butrus Bustani (1819-1883) y su familia; era un compendio del saber moderno que mostraba lo que se sabía y entendía en Beirut y El Cairo durante el último cuarto del siglo XIX. Sus artículos de ciencia moderna y tecnología son precisos y se expresan con claridad. Los artículos acerca de la historia, la mitología y la literatura griegas llegan mucho más lejos que lo que se sabía de la antigüedad clásica en la cultura islámica de una época anterior; es una obra compilada y escrita principalmente por árabes cristianos, y aborda los temas islámicos con acentos que no están desdibujados por la reserva o el miedo. Los diarios más antiguos fueron los que se publicaron bajo el mecenazgo oficial en Estambul, El Cairo y Túnez, e incluían textos y explicaciones de las leyes y los decretos. El diario oficioso de opinión apareció más tarde, cuando una nueva generación de lectores quiso saber qué sucedía en el mundo, y el telégrafo permitió satisfacer su curiosidad. La amplitud del público lector y la mayor extensión de la libertad intelectual convirtió a El Cairo en el centro de la prensa cotidiana, y nuevamente los primeros periodistas de éxito fueron emigrantes del Líbano; *al-Ahram*, fundado por la familia Taqla en 1875, más tarde se convertiría en el principal diario del mundo árabe.

LA CULTURA DE LA REFORMA

Los libros, los periódicos y los diarios fueron canales por los cuales el conocimiento del nuevo mundo europeo y norteamericano llegó a los árabes. Gran parte de lo que así se publicó fue producido o adaptado del francés o el inglés. El proceso de traducción comenzó en tiempos de Muhammad Alí, que necesitaba manuales para sus funcionarios y oficiales y textos para las escuelas. Algunos de los individuos que se habían formado en Europa y habían aprendido francés u otro idioma escribieron descripciones de lo que habían visto u oído. Así, Rifá al-Tahtawi (1801-1873), que había sido enviado por Muhammad Alí en una misión educacional a París, compuso una descripción de la ciudad y sus habitantes:

Los parisienses se distinguen entre la gente de la cristiandad por la agudeza de sus intelectos, la precisión de su comprensión y la consagración de sus mentes a los temas profundos [...]. No son prisioneros de la tradición, y siempre desean conocer el origen de las cosas y las pruebas correspondientes. Incluso el pueblo común sabe leer y escribir, y aborda como otros los temas importantes, cada uno de acuerdo con su capacidad [...]. Es propio de la naturaleza de los franceses que sientan curiosidad y entusiasmo acerca de lo que es nuevo, y que amen el cambio y la variación de las cosas, sobre todo en el vestir [...]. El cambio y el capricho también son parte de su naturaleza; pasan inmediatamente de la alegría a la tristeza, o de la gravedad a la broma o viceversa, de modo que en un día un hombre hace toda suerte de cosas contradictorias. Pero todo esto se manifiesta en las cosas pequeñas; en las grandes, sus opiniones políticas no cambian; cada individuo se aferra a sus creencias y opiniones [...]. Están más cerca de la avaricia que de la generosidad [...]. Niegan los milagros, y creen que no es posible infringir las leyes naturales y que las religiones existen para señalar a los hombres la necesidad de las obras buenas [...]. Pero entre sus creencias desagradables está la que afirma que el intelecto y la virtud de sus sabios son más importantes que la inteligencia de los profetas.[3]

Sin embargo, con el paso del tiempo surgió un nuevo tipo de literatura en que los escritores árabes trataron de expresar en su lengua la conciencia de ellos mismos y de su lugar en el mundo moderno. Una de las principales preocupaciones de la nueva literatura fue la propia lengua arábiga. Los que se habían formado en la esfera de influencia del nuevo saber y la literatura europea comenzaron a considerar de distinto modo su propio pasado. Los textos de las obras árabes clásicas se imprimían en El Cairo tanto como en Europa. Renacieron antiguos géneros literarios; el principal escritor libanés de esa época, Nasif al-Yaziyi (1800-1871), escribió una obra al estilo del *maqamat*, una serie de relatos y anécdotas acerca de un héroe de muchos recursos, narrados en refinada prosa rimada. Otros se dedicaron a adaptar la lengua, de modo que pudiera expresar nuevas ideas y nuevas formas de la sensibilidad artística. Butrus Bustani, y los que aprendieron de él, utilizaron un nuevo tipo de prosa expositiva, sin apartarse de las normas básicas de la gramática árabe, pero con modos expresivos más sencillos y nuevas palabras y diferentes giros, desarrollados a partir de los recursos de la lengua árabe o adaptados del inglés o el francés. Hubo también un renacimiento de la poesía árabe, siempre utilizando el sistema clásico de metros y rimas, pero llegando gradualmente a expresar ideas y sentimientos nuevos. Ahmad Shawqi (1868-1932) puede ser considerado un poeta clásico tardío, que utilizó un lenguaje elevado para conmemorar hechos públicos o expresar sentimientos nacionales, o elogiar a los gobernantes; provenía de la elite turcoegipcia que se agrupó alrededor de la corte egipcia. Pero entre sus contemporáneos, Jalil Mutran (1872-1949) compuso una poesía en que las formas y el lenguaje tradicionales se utilizaban no por sus propios méritos, sino para conferir una expresión exacta a una realidad, fuese del mundo externo o propia de los sentimientos del autor. Hafiz Ibrahim (1871-1912) expresó las ideas políticas y sociales de los egipcios de su tiempo con giros más usuales, y una atracción más general que Shawqi. También comenzaron a aparecer formas completamente nuevas de la literatura: el teatro, el cuento corto, la novela. La primera novela importante, *Zainab*, de Hussein Haikal, publicada en 1914, expresó un nuevo modo de ver el campo, la vida humana arraigada a la naturaleza y las relaciones de los hombres y las mujeres.

El otro interés principal de la nueva literatura tuvo que ver con el poder social e intelectual europeo en expansión, visto no sólo como adversario sino como desafío, y en ciertos sentidos un desafío atractivo. El poder y la grandeza de Europa, la ciencia y la tecnología moderna, las instituciones políticas de los Estados europeos y la moral social de las sociedades modernas fueron todos temas favoritos. Este tipo de literatura originó un tema fundamental: cómo podían los árabes musulmanes, y cómo podía el Estado otomano musulmán adquirir la fuerza necesaria para hacer frente a Europa y convertirse en parte del mundo moderno.

Los primeros intentos definidos de responder a esta pregunta aparecen en los escritos de funcionarios vinculados con las reformas de mediados de siglo en Estambul, El Cairo y Túnez. Se escribieron algunas obras en turco, pero hubo unas pocas en árabe, sobre todo un trabajo de Jair al-Din (m. 1889), que fue el líder del último intento de reformar el gobierno tunecino antes de la ocupación francesa. En la introducción a su libro, Jair al-Din explicó su propósito:

> En primer lugar, exhortar a los que tienen entusiasmo y decisión en el conjunto de los estadistas y hombres de religión para que adopten, hasta donde puedan, lo que sea favorable al bienestar de la comunidad islámica y el desarrollo de su civilización, por ejemplo, la expansión de los límites de la ciencia y el saber, y la preparación de los caminos que conducen a la riqueza [...]. Y la base de todo esto es un buen gobierno. Segundo, advertir a los desaprensivos que existen en la generalidad de los musulmanes que no deben insistir en cerrar los ojos a lo que es meritorio y lo que se ajusta a nuestra propia ley religiosa en la práctica de los partidarios de otras religiones, sólo porque tienen en su mente la idea fija de que todos los actos y las instituciones de los que no son musulmanes deben ser evitados.[4]

A juicio de tales autores, el Imperio otomano debía adquirir la fuerza de un Estado moderno introduciendo modificaciones en las leyes, los métodos administrativos y la organización militar; la relación entre el sultán y sus súbditos debía modificarse para convertirla en la que une al gobierno moderno con el ciudadano, y la fidelidad a una familia gobernante debía convertirse en el sentido de pertenencia a una nación, la nación otomana, que incluiría a musulmanes y no musulmanes, a turcos y no turcos. Todo esto podía hacerse sin deslealtad al islam o las tradiciones del Imperio, con la única condición de que los pasos que se dieran se entendiesen.

A medida que avanzó el siglo, y con el ascenso de la nueva clase culta durante las décadas de 1860 y 1870, se manifestó una división entre los que apoyaban las reformas. Era una división de opiniones acerca de las bases de la autoridad: si ésta debía asignarse a los funcionarios responsables ante su propio sentido de justicia y los intereses del Imperio o a un gobierno representativo que hubiera surgido de unas elecciones.

Pero la división entre las generaciones era más profunda. En los tres países la segunda generación tenía conciencia de un problema implícito en los cambios que estaban realizándose. La reforma de las instituciones sería peligrosa si no arraigaba en cierto tipo de solidaridad moral. ¿Cuál debía ser ésta, y hasta dónde podía deducírsela de las enseñanzas del islam? Esa cuestión llegó a ser más apremiante cuando las nuevas escuelas comenzaron a producir una generación que no se apoyaba en el saber islámico tradicional, y que estaba expuesta a los vientos de doctrina que soplaban de Occidente.

Por supuesto, el problema no afectó a los cristianos de habla árabe de Líbano y Siria, que desempeñaron un importante papel en la vida intelectual de este período. Para la mayoría de ellos, la civilización occidental no era totalmente extraña. Podían avanzar hacia ella sin experimentar la sensación de que eran infieles a su propio ser. Pero tenían su propio equivalente del problema. El poder de las jerarquías de las Iglesias, reconocidas y apoyadas por el Estado, podía ser un obstáculo al pensamiento y a la autoexpresión de acuerdo a la voluntad de cada uno. Algunos avanzaron en el sentido del secularismo, o del protestantismo, que era todo lo que podían aproximarse al secularismo en una sociedad en que la identidad se expresaba por referencia a la afiliación a una comunidad religiosa.

Sin embargo, para los musulmanes el problema era inexorable. El islam constituía su veta más profunda. Si vivir en el mundo moderno exigía cambios en sus modos de organización social, debían intentarlos mientras permanecían fieles a ellos mismos; y eso sería posible sólo si el islam era interpretado de modo que fuese compatible con la supervivencia, la fuerza y el progreso en el mundo. Éste era el punto de partida de los que pueden merecer el nombre de «modernistas islámicos». Creían que el islam no sólo era compatible con la razón, el progreso y la solidaridad social, las bases de la civilización moderna; si se lo interpretaba debidamente, de hecho se unían con ellas. Estas ideas fueron formuladas por Yamal al-Din al-Afgani (1839-1897), un iraní cuyos escritos eran oscuros, pero cuya influencia personal fue considerable y extensa. Se las desarrolló de un modo más completo y claro en los escritos de un egipcio, Muhammad Abdú (1849-1905), cuyos escritos ejercerían una influencia amplia y duradera en todo el mundo musulmán. El propósito de su vida, según él mismo lo formuló, era

> liberar el pensamiento de las ataduras de la imitación (*taqlid*) y comprender la religión según la entendía la comunidad antes de que apareciese el disenso; retornar, en la adquisición del conocimiento religioso, a las fuentes primeras, y ponderarlas en la escala de la razón humana, creada por Dios con el fin de impedir el exceso o la adulteración de la religión, de modo que pueda satisfacerse el saber de Dios y preservarse el orden del mundo humano; y demostrar que, vista bajo esta luz, la religión debe entenderse como una amiga de la ciencia, que impulsa al hombre a investigar los secretos de la existencia, lo convoca a respetar las verdades establecidas y lo incita a depender de ellas en su vida moral y su conducta.[5]

En su obra surge una distinción entre las doctrinas esenciales del islam y sus enseñanzas sociales y sus leyes. Las doctrinas han sido transmitidas por una línea central de pensadores, los «antepasados piadosos» (*al-salaf al-salih*, de ahí el nombre asignado con frecuencia a este tipo de pensamiento, *salafiyya*). Son sencillas —la fe en Dios, en la revelación a través de una línea de profetas que termina en Mahoma, y en la responsabilidad moral y el juicio— y es posible estructurarlas y defenderlas mediante la razón. En cambio, la ley y la moral social son aplicaciones a circunstancias particulares de ciertos principios generales contenidos en el Corán y aceptables para la razón humana. Cuando las circunstancias cambian también estos principios deben hacerlo; en el mundo moderno, corresponde a los pensadores musulmanes relacionar las cambiantes leyes y costumbres con los principios invariables y, al proceder así, imponer los límites y cierta orientación.

Este enfoque del islam se convertiría en parte integrante de la mentalidad de muchos árabes musulmanes cultos, y de musulmanes que vivían a gran distancia del mundo árabe. Podía desarrollarse ajustándose a más de un criterio. El partidario más destacado de Abdú, el sirio Rashid Rida (1865-1935), en su revista *al-Manar,* trató de mantenerse fiel a ambos aspectos de la enseñanza de su maestro. Al defender las doctrinas invariables del islam de todos los ataques debía acercarse a la interpretación hanbalí de las mismas, y después al wahhabismo; en una serie de *fatwas,* trató de incorporar las leyes adecuadas al mundo moderno al marco de una *sharia* revisada.

LA APARICIÓN DEL NACIONALISMO

Tanto Abdú como Rida eran ulemas de educación tradicional, interesados no sólo en justificar el cambio, sino también en imponerle límites; pero para los educados en las escuelas modernas la atracción del concepto islámico de Abdú consistía en que les permitía aceptar las ideas del Occidente moderno sin el sentimiento de que traicionaban su propio pasado. Una serie de autores, algunos de los cuales le profesaban fidelidad, comenzaron a formular nuevas ideas acerca del modo en que la sociedad y el Estado debían organizarse. En esta generación la idea del nacionalismo llegó a ser explícita en los turcos, los árabes, los egipcios y los tunecinos. Antes se habían manifestado algunos movimientos de autoconciencia nacional, y en la base de los mismos había algo más antiguo y vigoroso, el deseo de las sociedades arraigadas desde hacía mucho tiempo de continuar su vida sin interrupción; sin embargo, como idea orgánica que animaba los movimientos políticos llegó a ser importante sólo en las dos últimas décadas que precedieron a la Primera Guerra Mundial.

Los diferentes movimientos nacionales surgieron en respuesta a distintos desafíos. El nacionalismo turco fue una reacción ante la constante y creciente presión europea, y ante la quiebra del ideal del nacionalismo otomano. A medida que los pueblos cristianos del Imperio se separaron uno tras otro, el nacionalismo otomano adquirió un tono más acentuadamente islámico, pero cuando bajo Abdülhamid la alianza entre el trono y la elite turca gobernante se deshizo, surgió la idea de una nación turca: es decir, la idea de que el Imperio podía sobrevivir únicamente sobre la base de la solidaridad de una nación unida por un idioma común.

Como hacia esta época el Imperio se había convertido en un Estado principalmente turco-árabe, cualquier intento de destacar la supremacía del factor turco debía trastornar el equilibrio entre ellos y los árabes, y así, por la vía de la reacción, el nacionalismo árabe poco a poco cobró un carácter más explícito. En la primera fase fue un movimiento de sentimientos de algunos musulmanes cultos de Siria, principalmente en Damasco, y de unos pocos escritores cristianos sirios y libaneses. Sus raíces estaban en el renacimiento de la conciencia del pasado árabe en las nuevas escuelas, y en la importancia asignada por los reformadores islámicos al período inicial de la historia islámica, el período en que los árabes habían prevalecido. Se convirtió en una fuerza política importante sólo después de que la revolución de 1908 debilitó la posición del sultán, que era el foco tradicional de lealtad, y en definitiva llevó al ascenso al poder a los «Jóvenes Turcos». Como su política consistía en fortalecer el control central, y asignar especial importancia a la unidad nacional del Imperio, por implicación tendieron a orientarse hacia el nacionalismo turco. Algunos oficiales y funcionarios árabes, principalmente sirios de Damasco, que por diferentes razones se oponían a este grupo, comenzaron a formular la llamada, todavía no de un Estado árabe independiente, sino de una posición mejor para las provincias árabes en el seno del Imperio, una descentralización que podía llegar tan lejos como la autonomía. En el área de habla árabe, algunos libaneses cristianos comenzaron a abrigar la esperanza de una medida más amplia de autonomía libanesa bajo la protección de una potencia europea.

En esta etapa el nacionalismo turco y el árabe no estaban dirigidos principalmente contra las presiones del poder europeo, sino más bien se relacionaban con los problemas de identidad y la organización política del Imperio: ¿cuáles eran las condiciones en que la comunidad musulmana otomana podía continuar existiendo? En principio, podían extenderse más allá del Imperio, a todos los que hablaban turco o árabe. El nacionalismo egipcio, tunecino y argelino en estos aspectos eran diferentes. Las tres corrientes afrontaban problemas específicos por referencia al dominio europeo, y las tres estaban preocupadas por estos problemas en el área de un país claramente delimitado. Egipto y Túnez habían sido entidades políticas separadas durante mucho tiempo, primero bajo sus propias dinastías, y después bajo el dominio británico o francés; Argelia también había sido un territorio otomano separado, y ahora prácticamente se había integrado a Francia.

Así, cuando apareció el nacionalismo egipcio, fue un intento de limitar o liquidar la ocupación británica, y tuvo un contenido específicamente egipcio más que árabe o musulmán u otomano. La resistencia a la ocupación británica de 1882 ya incluía un ingrediente nacionalista, pero aún no estaba completamente estructurada, y sólo en los primeros años del nuevo siglo se convirtió en una fuerza política real, y que podía servir como foco de otras ideas acerca del modo en que la sociedad debía organizarse. No era una fuerza unida: había divisiones entre los que reclamaban la retirada británica y los que, bajo la influencia de las ideas del nuevo islamismo, creían que la necesidad principal era el desarrollo social e intelectual, y que en este sentido Egipto podía aprovechar la presencia británica. Asimismo, en Túnez hubo cierto matiz de sentimiento nacionalista en la resistencia a la invasión francesa de 1881. Pero el primer grupo claramente identificado, el de los «Jóvenes Tunecinos», un reducido número de hombres que poseían una educación francesa, apareció alrededor de 1907. También aquí el sentimiento predominante no se manifestó tanto en favor de una retirada francesa inmediata como de un cambio de la política francesa, que concedería a los tunecinos más amplio acceso a la educación francesa y mejores oportunidades en el servicio oficial y la agricultura; se trataba de una política que provocaba la oposición de los colonos. También en Argelia, en la superficie de la profunda y permanente resistencia a la colonización francesa, expresada todavía en términos esencialmente tradicionales, apareció un pequeño movimiento de «Jóvenes Argelinos», con la misma base de ideas «modernistas» y el mismo género de demandas en favor de la educación en francés, las reformas financieras y judiciales y más amplios derechos políticos en el marco existente. Pero en Marruecos la oposición al protectorado francés, difundida en la ciudad y las zonas rurales, aún encontraba sus líderes entre los ulemas urbanos y sus símbolos en las formas tradicionales del pensamiento islámico.

LA CONTINUIDAD DE LA TRADICIÓN ISLÁMICA

El otomanismo, el reformismo islámico y el nacionalismo fueron las ideas de una minoría urbana culta, que expresaba una relación diferente con el Estado y el mundo externo por referencia a conceptos nuevos. Más allá de esta minoría, es posible que hubiese algunos movimientos de ideas y sentimientos que en una generación siguiente se estructuraran en forma nacionalista e infundiesen nueva fuerza a los movimientos nacionalistas, pero en general el islam según la concepción tradicional todavía suministraba los motivos que exhortaban a los hombres a la acción y los símbolos por referencia a los cuales ellos le conferían sentido. Sin embargo, lo que se denomina «tradición» no era un cuerpo invariable; seguía su propio camino a su propio ritmo.

El antiguo sistema de escuelas había perdido parte de su posición en la sociedad. El estudio en esos institutos ya no llevaba a los altos cargos del servicio oficial; a medida que se incorporaban nuevos métodos adminis-

trativos, se requería un tipo diferente de hábil conocimiento, y la asimilación de una lengua europea llegó a ser casi indispensable. Sus diplomados
ya no controlaban el sistema judicial. Los nuevos códigos penales y comerciales, que se atenían al modelo de los que regían en Europa occidental,
limitaban el alcance real de la *sharia*; el código civil del Imperio otomano,
aunque aún mantenía su base en la *sharia*, también fue reformado. Con
las nuevas leyes llegaron nuevos tribunales; tribunales mixtos o extranjeros
para los casos que comprometían a extranjeros. Tribunales de nuevo tipo
—y en Argelia tribunales franceses— para la mayoría de los casos que
afectaban a los súbditos locales. El tribunal del cadí quedó confinado a los
asuntos vinculados con el estatus personal. Por consiguiente, se necesitaban jueces y abogados de nueva índole, y se los formaba de diferente
modo. En Egipto y Argelia se intentó impartir a los alumnos instruidos
según el modo tradicional cierta educación en los temas modernos: las
madrazas de Argelia y Dar al-Ulum en Egipto. Pero los hijos de las familias adineradas y eminentes concurrían cada vez más a las nuevas escuelas.

De todos modos, las antiguas escuelas perduraron, y otro tanto sucedió con la producción de obras eruditas de teología y derecho en el
marco de las tradiciones acumulativas del saber islámico. Los estudiantes más inteligentes comenzaban a manifestar su decepción con el tipo
de enseñanza que recibían allí. Como uno de ellos escribió, la vida del
estudiante estaba formada por la

> repetición incansable, en la cual no hallaba nada nuevo del principio al fin
> del año [...]. En el curso de sus estudios escuchaba reiteraciones y charlas
> que no conmovían su corazón ni despertaban su apetito ni nutrían su
> mente, que no agregaban nada a lo que sabía.[6]

Se realizaron algunos intentos de reformar estos institutos, sobre
todo el Azhar bajo la influencia de Abdú, pero sin mucho éxito. Sin embargo, aún tenían mucho poder en la sociedad, en su carácter de canales que permitían a los varones inteligentes de las familias rurales pobres
encontrar su propio nivel, y como centros formadores y organizadores de
una suerte de conciencia colectiva. Por esta razón, los gobiernos reformistas trataban de ejercer un control más estrecho sobre estas escuelas.
Hacia fines del siglo XIX el director del Azhar ejercía más autoridad que
antes sobre los docentes y los alumnos, pero a su vez él estaba sometido
a un control más riguroso del *jedive*; las autoridades francesas de Túnez,
por su parte, intentaban someter a su control a la Zaituna.

Aún no se advertía una disminución apreciable en la influencia de las órdenes sufíes. La oposición de los wahhabíes a ellas ejercía escasa influencia fuera de Arabia central. Algunos modernistas criticaban lo que ellos consideraban los abusos del sufismo —la autoridad ejercida por los maestros sufíes sobre sus alumnos, la fe en los milagros operados mediante la intercesión de los «amigos de Dios»—, pero la mayoría creía que era posible —incluso necesario— un sufismo purificado en bien de la comunidad. En general, gran parte de la población continuaba afiliada a una u otra de las órdenes. Las más antiguas, como la Shadhiliyya y la Qadiriyya, continuaron originando subórdenes; las del tipo de la Naqshbandiyya y la Tiyaniyya, que seguían asignando importancia a la observancia de la *sharia*, continuaron difundiéndose; aparecieron algunas nuevas de carácter análogo, como la Sanusiyya, fundada en la Cirenaica durante la década de 1840 por un argelino que había estudiado en Fez y La Meca.

Los nuevos métodos de mantenimiento del orden urbano, con la ayuda de los funcionarios, la policía y las guarniciones (extranjeras en Egipto y el Magreb), limitaban la influencia social de las órdenes en las ciudades, e incluso de todas las fuerzas que podían instigar o manifestar el descontento popular. La segunda parte del siglo XIX fue un período en que casi no hubo desórdenes urbanos, después de las grandes revueltas de las décadas de 1860 y 1870 y los disturbios del período de las ocupaciones extranjeras. Pero en el campo, los maestros que tenían ciertas pretensiones de autoridad espiritual aún podían ejercer el mismo poder que antes. En la era de la expansión imperial, los portavoces y los jefes de la resistencia rural provinieron principalmente de los religiosos. En Argelia, la posición de Abd al-Qadir en la orden qadirí local le aportó un punto de partida, desde el cual pudo expandir su poder; en la revuelta ulterior de 1871, la orden Rahmaniyya tuvo un papel relevante. Asimismo, en Egipto, Túnez y Marruecos la resistencia al aumento de la influencia europea pudo movilizarse mediante el empleo de símbolos islámicos, y el intento italiano de conquistar Libia encontraría su principal oposición en la Sanusiyya, que por esa época tenía una red en los oasis del desierto de la Cirenaica. Pero no todas las órdenes sufíes siguieron el camino de la resistencia: en Argelia, la Tiyaniyya concertó la paz con los franceses; en Egipto, la mayoría de las órdenes tomaron partido por el *jedive* en la crisis de 1882.

El ejemplo más sorprendente del poder político de un líder religioso se manifestó en Sudán en el movimiento que terminó con el dominio egipcio en la década de 1880. Extrajo parte de su fuerza de la oposición a los gobernadores extranjeros, pero tuvo raíces mucho más profundas. Muhammad Ahmad, que lo fundó, se inspiró en su propia formación sufí, y fue considerado por sus partidarios como el *mahdi*, el hombre guiado por Dios para restaurar al reino de la justicia en el mundo. Su movimiento se difundió rápidamente, en un país en que el control oficial era limitado, había pueblos pequeños y el islam de los ulemas era demasiado débil para compensar la influencia de un maestro rural. Después de acabar con el dominio egipcio, pudo crear un Estado basado en las enseñanzas del islam, según él las interpretaba, y que imitaba de manera intencionada la comunidad ideal del Profeta y sus Compañeros. Ese Estado fue continuado por su califa *(jalifa)* después de la muerte del líder, pero concluyó con la ocupación angloegipcia de fines de siglo.

Estos movimientos alimentaron el temor a la «revuelta del islam», que sentían los gobiernos reformistas y extranjeros, y condujeron a intentos de contrarrestarlos o por lo menos controlarlos. En Egipto, desde los tiempos de Muhammad Alí había existido un intento de controlar las órdenes sufíes mediante la designación del jefe de una familia asociada con una de ellas, la Bakriyya, con la dignidad de jefe de todos; sus atribuciones y funciones fueron definidas formalmente más avanzado el siglo. El liderazgo de una orden se convirtió en un cargo reconocido formalmente por el gobierno, y a través de los líderes fue posible contener algunos de los excesos de la práctica popular, que estaban siendo sometidos a una crítica cada vez más severa. En Argelia, después de la rebelión de 1871, los franceses miraban con suspicacia a las órdenes, y se intentó reprimir a las que parecían hostiles, y conquistar a los jefes de otras otorgándoles favores.

En el Imperio otomano el sultán estaba en condiciones de canalizar el sentimiento religioso popular en su propio interés. Desde mediados del siglo XIX se observó un esfuerzo permanente del gobierno para asignar importancia al papel del sultán, como defensor del Estado que era prácticamente la última reliquia del poder político y la independencia del islam sunní. La pretensión del sultán al Califato antes no había merecido mucha atención, excepto en el sentido de que cualquier gobernante poderoso podía ser denominado califa. Pero desde mediados del siglo XIX comenzó a destacárselo de un modo más sistemático, como punto de unión para los musulmanes de dentro y fuera del Imperio con el fin de que se cohesionasen en torno al trono otomano y, simultáneamente, como advertencia a los Estados europeos que tenían en su territorio millones de súbditos musulmanes. El sultán Abdülhamid utilizó a confidentes y protegidos sufíes para acentuar sus demandas religiosas; la construcción del ferrocarril de Hiyaz, con capital musulmán y con el fin de llevar peregrinos a las ciudades santas, fue una expresión de la misma política. Los modernistas islámicos criticaron esa actitud, con el argumento de que la clase de islam que este monarca alentaba no era el auténtico islam. También cuestionaban a veces su pretensión como califa, y abrigaban la esperanza de que el Califato retornase a los árabes. De todos modos, esta política en efecto suscitó sentimientos y actitudes de fidelidad en el mundo del islam, entre los árabes y los turcos, y aún más lejos: en India, donde el Imperio mongol finalmente se había extinguido después del motín indio de 1857, y en el Cáucaso y Asia Central, donde la expansión del poder ruso estaba destruyendo las antiguas monarquías, así como en las regiones controladas por los británicos y los franceses en África septentrional.

CAPÍTULO DIECINUEVE

La culminación del poder europeo (1914-1939)

LA SUPREMACÍA DE GRAN BRETAÑA Y FRANCIA

Hacia 1914 las rivalidades entre las potencias europeas estaban sobrepasando los límites impuestos por el sentido del destino común y por los recuerdos de las guerras napoleónicas, y el Imperio otomano era el punto en que aquéllas se manifestaban con mayor acritud, a causa de la debilidad de ese Estado y la importancia de los intereses que allí estaban en juego. En ciertas regiones, el otorgamiento de concesiones ferroviarias había creado una especie de división en esferas de interés, pero en otras —algunas zonas de los Balcanes, Estambul y los estrechos y Palestina— los intereses de las potencias chocaban frontalmente. La rivalidad entre Austria y Rusia por los Balcanes fue la causa inmediata del estallido de la Primera Guerra Mundial en 1914, y cuando el Imperio otomano se unió a la guerra en noviembre del lado de Alemania y Austria, y contra Inglaterra, Francia y Rusia, sus propios territorios se convirtieron en campo de batalla. El ejército otomano, reforzado por sus aliados, tuvo que luchar contra Rusia en su frontera noreste, y contra una fuerza principalmente británica en sus provincias árabes. Al principio, el ejército otomano amenazó la posición británica en Egipto, pero después el ejército británico y aliado penetró en Palestina, y hacia el fin del conflicto ocupaba la totalidad de Siria. Entretanto, otra fuerza británica e india había desembarcado en Irak, por el golfo Pérsico, y por la época en que concluyó la guerra ocupaba la totalidad de Irak.

Por lo tanto, hacia 1918 el control militar de Gran Bretaña y Francia en Oriente Próximo y el Magreb era más sólido que nunca, y lo que era aún más importante, el gran gobierno imperial bajo cuyo dominio la mayoría de los países árabes había vivido durante siglos, y que había sido una suerte de protección contra el dominio europeo, se vio eclipsado y destinado a desaparecer muy pronto. El Imperio otomano había perdido sus provincias árabes y estaba confinado a Anatolia y una reducida porción de Europa; el sultán estaba sujeto al control de los ejércitos y los representantes de los Aliados en su capital, y se vio obligado a firmar un tratado de paz desfavorable (el Tratado de Sèvres, de 1920) que imponía de hecho una tutela extranjera a su gobierno; pero un movimiento de resistencia de la población turca de Anatolia, encabezada por oficiales del ejército y reforzada por el aliento que los Aliados dieron a los griegos, induciéndolos a ocupar parte de Anatolia occidental, desembocó en la creación de una república turca y la abolición del sultanato. Estos cambios fueron aceptados por los Aliados en el Tratado de Lausana (1923), que puede ser considerado el fin formal del Imperio otomano.

La estructura política en la cual la mayoría de los árabes había vivido durante cuatro siglos se había desintegrado; la capital del nuevo Estado turco no era Estambul, sino Ankara, en la altiplanicie de Anatolia, y la gran ciudad que había sido la sede del poder durante tanto tiempo ahora carecía de atracción; la dinastía que, al margen de que se aceptaran o no sus pretensiones al Califato, había sido considerada el guardián de lo que quedaba del poder y la independencia del islam sunní, se había desvanecido en la historia. Estos cambios tuvieron un efecto profundo en el modo en que los árabes políticamente conscientes se veían a sí mismos y trataban de definir su identidad política. Originaban interrogantes acerca del modo en que debían convivir en una comunidad política. Las guerras son catalizadores que infunden conciencia a sentimientos que antes carecían de estructura, y además crean expectativas de cambio. La idea de un mundo que debía reformularse sobre la base de la autodeterminación de las entidades nacionales había sido alentada por las declaraciones de Woodrow Wilson, presidente de Estados Unidos, y de otros líderes aliados, y los acontecimientos de la guerra habían despertado en ciertos estratos de algunos pueblos árabes el deseo de un cambio en su condición política. En el Magreb, algunos soldados argelinos y tunecinos, muchos de ellos voluntarios, habían combatido con el ejército francés en el frente occidental, y podían esperar que hubiese cambios que reconocieran el aporte que ellos habían hecho. Los egipcios, aunque no estuvieron comprometidos directamente como combatientes en la guerra, habían padecido privaciones: el trabajo forzado, los precios elevados y la escasez de alimento, las humillaciones de la ocupación protagonizada por un numeroso ejército extranjero. En las regiones árabes del Imperio otomano, el cambio fue distinto. En 1916 Hussein, *sharif* de La Meca y perteneciente a la familia Hachemí (1908-1924), se alzó contra el sultán otomano, y una fuerza árabe, formada en parte con beduinos de Arabia occidental y en parte con prisioneros o desertores del ejército otomano, luchó junto a las fuerzas aliadas en la ocupación de Palestina y Siria. Ese movimiento siguió a la correspondencia entre los británicos y Hussein, que actuaron en contacto con grupos nacionalistas árabes, en los cuales los británicos habían alentado las esperanzas árabes de independencia (la correspondencia McMahon-Hussein, 1915-1916). Una posible línea de razonamiento que llevó a esta actividad británica ha sido expuesta por el hombre citado con más frecuencia en relación con este asunto, es decir, T. E. Lawrence:

> Vimos que en el este se necesitaba un factor nuevo, un poder o una raza que superase a los turcos en número, potencia o actividad mental. La historia no nos movía a pensar que estas cualidades pudiesen llegar de Europa listas para usarlas [...]. Algunos consideramos que en los pueblos árabes (el principal elemento del antiguo Imperio turco) había un poder latente suficiente y utilizable, una prolífica aglomeración semita, grande por el pensamiento religioso, bastante industriosa, mercantil, política, y sin embargo de un carácter sólido más que dominante.[1]

Y quizás exagerando su propio papel, Lawrence afirmó: «Me propuse forjar una nueva nación, restablecer una influencia perdida.»[2] Todavía se discute si algo se prometió realmente, y en caso afirmativo qué, y si la revuelta del *sharif* representó un papel significativo en la victoria aliada. Pero lo que está claro es que por primera vez la afirmación de que quienes hablaban árabe formaban una nación y debían tener un Estado, hasta cierto punto había sido aceptada por una gran potencia.

Las esperanzas, las quejas y la búsqueda de una identidad fueron todos factores que contrariaron el poder y la política de Inglaterra y Francia durante los años que siguieron a la guerra. En Argelia el gobierno francés en efecto promovió algunos cambios, y en adelante los musulmanes debieron pagar los mismos impuestos que los colonos europeos, y tuvieron más representantes en las asambleas locales; pero un movimiento encabezado por un descendiente de Abd al-Qadir, que pedía que los musulmanes estuviesen representados en el Parlamento francés sin necesidad de abandonar las leyes islámicas referidas al estatus personal, fue suprimido. En Marruecos, un movimiento armado de resistencia al gobierno francés y español, dirigido por Abd al-Karim al-Jattabi, antiguo juez de la zona española de Marruecos septentrional (1882-1963), en las montañas del Rif, al norte, fue derrotado en 1926, y la conquista francesa de todo el país quedó prácticamente completada hacia fines de la década de 1920; asimismo, el dominio italiano se había extendido desde la costa libia hacia el desierto en 1934. En Egipto, una declaración británica puso fin a la soberanía otomana en 1914, y colocó al país bajo el protectorado británico; el *jedive* había asumido el título de sultán. En 1919, la negativa del gobierno británico a permitir que un gobierno egipcio expusiera su defensa de la independencia en la conferencia de paz desencadenó un alzamiento nacional generalizado, organizado centralmente y con apoyo popular. Fue reprimido, pero condujo a la creación de un partido nacionalista, el Wafd, bajo la jefatura de Sad Zaglul (1857-1927), y después a la formulación por los británicos, en 1922, de una «declaración de independencia», que reservaba el control de las cuestiones económicas a los británicos, a la espera de un acuerdo entre los dos países. La declaración posibilitó la promulgación de una constitución egipcia; el sultán cambió de nuevo su título y se convirtió en rey. Hacia el sur, en Sudán, un movimiento de oposición que surgió en el ejército fue reprimido, y los soldados y oficiales egipcios que habían compartido con los británicos el control del país bajo el acuerdo de condominio fueron expulsados de los cuerpos armados.

En las otras provincias árabes del Imperio otomano, la situación era más complicada. Un acuerdo anglofrancés de 1916, aunque aceptaba el principio de la independencia árabe formulado en la correspondencia para el *sharif* Hussein, dividía el área en zonas de influencia permanentes (el acuerdo Sykes-Picot, mayo de 1916); y un documento británico de 1917, la declaración Balfour, afirmaba que el gobierno veía con buenos ojos la creación de un hogar nacional judío en Palestina, con la condición de que no afectase los derechos civiles y religiosos de los restantes habitantes de la región. Después del fin de la guerra, el Tratado de Versalles estableció que los países árabes que antes estaban bajo el dominio otomano podían ser reconocidos provisionalmente como independientes, sujetos a la prestación de ayuda y consejo de un Estado, que asumía el correspondiente «mandato». Estos documentos, y los intereses que ellos reflejaban, determinaron el destino político de los países. Bajo los términos de los mandatos, otorgados formalmente por la Liga de las Naciones en 1922, Gran Bretaña sería responsable de Irak y Palestina, y Francia, de Siria y Líbano. En Siria, un intento de los partidarios de la revuelta de Hussein —con cierto apoyo provisional de los británicos—

para crear un Estado independiente regido por Faisal, hijo de Hussein, fue reprimido por los franceses, y se organizaron dos entidades políticas: el Estado de Siria y el de Líbano, ampliación de la región privilegiada creada en 1861. En 1925 una combinación de quejas específicas contra la administración francesa en la región drusa de Siria, con la oposición nacionalista a la presencia francesa, desembocó en una revuelta, que fue reprimida con cierta dificultad. Hacia el sur del área del mandato francés, en Palestina y la región al este de este último país, Gran Bretaña retuvo el mandato. A causa de la obligación asumida en la declaración Balfour y repetida en el mandato, que imponía facilitar la creación de un hogar nacional judío, los británicos gobernaron directamente Palestina; pero al este de Palestina se creó el principado de Transjordania, gobernado por Abdulá (1921-1951), otro hijo de Hussein, bajo el mandato británico, pero sin obligaciones por referencia a la creación de un hogar nacional judío. En la tercera área, es decir, en Irak, una revuelta tribal en 1920 contra la ocupación militar británica, con matices nacionalistas, fue seguida por un intento de crear instituciones de autogobierno bajo el control británico. Faisal, que había sido expulsado de Siria por los franceses, se convirtió en rey de Irak (1921-1933), bajo la supervisión británica y en el marco del mandato; las cláusulas del mandato fueron incorporadas a un tratado angloiraquí.

Del conjunto de países árabes, sólo algunas áreas de la península arábiga quedaron libres del dominio europeo. Una vez concluida la ocupación otomana, Yemen se convirtió en un Estado independiente bajo Yahya, imán de los zaidíes. En Hiyaz, el *sharif* Hussein se proclamó rey y gobernó durante algunos años, si bien en la década de 1920 su dominio, ineficaz y privado del apoyo británico, concluyó con una ampliación del poder del gobernante saudí, Abd al-Aziz (1902-1953), desde Arabia central; se convirtió en parte del nuevo reino de Arabia Saudí, que se extendía desde el golfo Pérsico hasta el mar Rojo. Pero también aquí hubo de enfrentarse al poder británico al sur y al este. El protectorado sobre los pequeños Estados del golfo continuó existiendo; un área de protección británica se extendía hacia el este a partir de Adén; y en el rincón suroeste de la península, con la ayuda británica, el poder del sultán de Omán en Masqat se extendió al interior a expensas del poder del imán ibadí.

Sin recursos conocidos, dotados de pocos vínculos con el mundo externo, y rodeados por todos lados por el poder británico, Yemen y Arabia Saudí podían ser independientes sólo dentro de ciertos límites.

En los antiguos territorios otomanos, el único Estado realmente independiente formado después de la guerra fue Turquía. Organizada sobre la estructura de la administración y el ejército otomano, y dominada hasta su muerte por un líder notable, Mustafá Kemal (Atatürk, 1881-1938), Turquía inició un proceso de desarrollo que la alejó de su pasado y de los países árabes con los cuales antaño había mantenido vínculos tan estrechos; el camino de la recreación de la sociedad sobre la base de la solidaridad nacional, una rígida separación entre el Estado y la religión y un intento de apartarse del mundo de Oriente Próximo y convertirse en parte de Europa. El antiguo vínculo entre turcos y árabes se disolvió, en circunstancias que dejaron cierta acritud en ambas partes, exacerbada a veces por disputas acerca de las fronteras con Irak y Siria. De todos modos, el ejemplo de Atatürk, que había desafiado con éxito a Europa e iniciado a su nación en un nuevo camino, había de ejercer un efecto profundo sobre los movimientos nacionales de todo el mundo árabe.

LA SUPREMACÍA DE LOS INTERESES BRITÁNICOS Y FRANCESES

Una vez contenidos los movimientos opositores de la década de 1920, Gran Bretaña y Francia no afrontaron desafíos interiores graves a su poder en Oriente Próximo y el Magreb, y durante algunos años tampoco hubo dificultades originadas en el exterior. Los otros grandes Estados europeos —los imperios ruso, alemán y austrohúngaro— se habían derrumbado o retirado a su propio territorio antes de la guerra, y eso significó que Oriente Próximo, que durante mucho tiempo había sido el área de la acción común o la rivalidad de cinco o seis potencias europeas, ahora era el dominio de Gran Bretaña y Francia, y más de la primera que de Francia, que había salido formalmente victoriosa pero muy debilitada de la guerra; de todos modos, en el Magreb Francia continuó siendo la potencia suprema.

Para Gran Bretaña y Francia, el control sobre los países árabes era importante no sólo a causa de sus intereses en la propia región, sino también porque fortalecía su posición en el mundo. Gran Bretaña tenía importantes intereses en Oriente Próximo: la producción de algodón para las fábricas de Lancashire, de petróleo en Irán y más tarde en Irak, las inversiones en Egipto y otras zonas, los mercados que consumían artículos manufacturados, los intereses morales que se constituyeron alrededor de la obligación de ayudar a la creación de un hogar nacional judío. Había también intereses más amplios: la presencia británica en Oriente Próximo contribuyó a mantener la posición de ese país como potencia mediterránea y mundial. La ruta marítima a India y al Extremo Oriente pasaba por el canal de Suez. Las rutas aéreas a través de Oriente Próximo también estaban desarrollándose en las décadas de 1920 y 1930: una pasaba por Egipto para llegar a Irak e India, otra atravesaba Egipto y se dirigía al sur, hacia África. Estos intereses estaban protegidos por una serie de bases que reforzaban y, a su vez, eran reforzadas por otras en la cuenca del Mediterráneo y el océano Índico: el puerto de Alejandría, y otros puertos que podían utilizarse, las bases militares en Egipto y Palestina, y los aeródromos en esos países y en Irak y el golfo Pérsico.

En igual sentido, el Magreb no sólo era importante para Francia por sí mismo, sino también por el lugar que ocupaba en el sistema imperial francés. El Magreb aportaba potencial humano al ejército, minerales y otros materiales a la industria; era la esfera de una vasta inversión, y el hogar de más de un millón de ciudadanos franceses. Las rutas por tierra, mar y aire que llevaban a las posesiones francesas de África occidental y central pasaban por allí. Esos intereses estaban protegidos por el ejército francés distribuido a través del Magreb, y por la armada en Bizerta, Casablanca y más tarde en Mers el-Kebir. Comparado con todo esto, los intereses en Oriente Próximo eran limitados, pero aún considerables: inversiones en Egipto y Líbano; el petróleo iraquí que, hacia 1939, suministraba la mitad de lo que Francia necesitaba; cierto grado de compromiso moral con los cristianos del territorio bajo mandato. Más aún, la presencia militar de Francia en Siria y Líbano fortalecía su posición como potencia en el Mediterráneo y en todo el mundo; su ejército podía utilizar el territorio y su marina, los puertos, y una ruta aérea militar atravesaba Líbano hasta el imperio francés en Indochina.

Hasta fines de la década de 1930 las posiciones se mantuvieron prácticamente intactas. El primer desafío serio —y era difícil determinar el nivel exacto de gravedad— provino de Italia. En 1918 Italia ya se había establecido en las islas del Dodecaneso (arrebatadas al Imperio otomano en 1912) y en la costa de Libia. Hacia 1939 ocupó la totalidad de Libia, Albania en el Mediterráneo y Etiopía en África oriental; por consiguiente, pudo amenazar la posición francesa en Túnez, donde muchos residentes europeos eran de origen italiano, y la de Gran Bretaña en Egipto, Sudán y Palestina. Italia ejercía cierta influencia sobre los movimientos árabes que se oponían al dominio británico o francés, y lo mismo hizo Alemania hacia 1939, aunque todavía no existían indicios claros de un desafío alemán directo a los intereses británicos o franceses en esos lugares. Rusia también había hecho poco para afianzar su presencia desde la Revolución de 1917, aunque los funcionarios británicos y franceses tendían a atribuir sus dificultades a la influencia comunista.

Firmemente instaladas en sus posiciones de poder, Gran Bretaña y Francia durante el período 1918-1939 pudieron extender su control sobre el comercio y la producción de la región. El mundo árabe todavía era importante para Europa sobre todo como fuente de materias primas, y una elevada proporción de la inversión británica y francesa estuvo consagrada a la creación de condiciones que permitieran la extracción y la exportación. Fue un período de escasez de capital para ambos países, pero el capital francés llegó al Magreb para mejorar la infraestructura de la vida económica —sistemas de regadío, ferrocarriles, carreteras, la producción de electricidad (a partir del agua cuando era posible, o mediante el carbón o el petróleo importados)— y para explotar los recursos minerales, sobre todo los fosfatos y el manganeso, que llevó a contar a las regiones del Magreb entre sus principales exportadores. La inversión británica amplió el cultivo del algodón para la exportación en Egipto y en las regiones de Sudán que se extienden entre el Nilo Azul y el Nilo Blanco; en Palestina desarrolló el puerto de Haifa, y hubo una elevada importación de capital por la acción de las instituciones judías interesadas en la creación del hogar nacional judío.

Comparada con la inversión de capital europeo en la agricultura y la minería, la que se canalizó hacia la industria fue reducida, y en general se limitó a los materiales de construcción, la elaboración de alimentos y los tejidos. La principal excepción en este sentido fue la industria petrolera. Hacia 1914 ya se extraía petróleo en Irán y, a pequeña escala, también en Egipto. Hacia 1939 se producía en grandes cantidades en Irak, y se exportaba a países europeos —principalmente a Francia— utilizando un oleoducto con dos ramales que llegaba a la costa del Mediterráneo en Trípoli, Líbano y Haifa, Palestina; también se obtenía a pequeña escala en Arabia Saudí y también en Bahréin. Las compañías eran principalmente británicas, francesas, norteamericanas y holandesas, y sus acuerdos con los países productores reflejaban el equilibrio desigual no sólo de fuerzas financieras, sino también políticas, pues en última instancia el poder británico apoyaba la posición de las compañías; las concesiones bajo las cuales operaban les otorgaban el control de la prospección, la producción, el refinado y la exportación, sobre amplias áreas y durante largos períodos, con sujeción al pago de regalías limitadas a los gobiernos anfitriones, y la provisión de limitadas cantidades de petróleo que ellos podían utilizar.

Con esta excepción, los países árabes continuaban dependiendo de Europa para obtener la mayoría de los artículos manufacturados: no sólo textiles, sino también combustibles, metales y maquinaria. La importación y la exportación estaban a cargo sobre todo de barcos británicos y franceses. Pero Egipto obtuvo un control más firme sobre sus derechos aduaneros, y en Marruecos, Francia estaba obligada por un convenio concertado por los Estados europeos en 1906 a mantener una «puerta abierta».

LOS INMIGRANTES Y LA TIERRA

En los países a los que los europeos habían emigrado a gran escala, ellos mismos controlaban no sólo la economía, la industria y el comercio exterior, sino también y en buena medida la tierra. Los colonos de Argelia ya se habían establecido hacia 1914, pero durante los años que siguieron a la guerra trataron de fomentar una política más intensa de emigración y asentamiento en la tierra tanto en Túnez como en Marruecos. A medida que durante la década de 1920 Marruecos pasó gradualmente al control francés, las tierras fiscales y las parcelas ocupadas colectivamente fueron ofrecidas a los nuevos colonizadores. Estos esfuerzos tuvieron éxito, en el sentido de que originaron una inmigración considerable, y una ampliación del área cultivada y el rendimiento, pero no consiguieron el asentamiento estable de la mayoría de los inmigrantes. A partir de 1929 el Magreb se vio comprometido en la crisis económica mundial que originó la caída de los precios de los alimentos. Los gobiernos de los tres países y los bancos franceses promovieron la extensión del crédito a los terratenientes, pero de hecho sólo los principales pudieron beneficiarse. Hacia 1939 el sistema de asentamientos estaba formado por grandes propiedades, que utilizaban tractores y técnicas actualizadas, empleaban mano de obra española, beréber o árabe, y producían cereales y vino para el mercado francés. Aunque lo que un escritor ha denominado «el símbolo de la casa campesina de techo rojo»[3] todavía representaba un papel importante en la autoimagen de la población europea, el inmigrante típico no era el pequeño agricultor sino un funcionario oficial, el empleado de una compañía, un tendero o un mecánico. Los europeos constituían menos del 10 % de la población total (más o menos 1,5 millones de un total de 17 millones), pero dominaban las grandes ciudades: Argel y Orán tenían mayorías europeas, y los europeos constituían la mitad de la población de Túnez y casi la mitad de la de Casablanca.

En otros dos países la apropiación de la tierra por los inmigrantes fue importante durante el período 1918-1939. En Cirenaica, la región oriental de Libia, se organizó la colonización oficial en las tierras expropiadas con ese fin, y con fondos suministrados por el gobierno italiano. Pero también aquí se repitió la experiencia de otras regiones del Magreb, y hacia 1939 sólo alrededor del 12 % de la población italiana de un total de 110.000 personas vivía en el medio rural; el italiano típico de Libia era un residente de Trípoli o de otra ciudad de la costa.

En Palestina, la adquisición de tierras por los inmigrantes judíos europeos, que había comenzado a fines del siglo XIX, continuó con el nuevo sistema de administración establecido por Gran Bretaña en su condición de gobierno que ejercía el mandato. Se alentó la inmigración judía, con arreglo a límites determinados en parte por el cálculo oficial del número de inmigrantes que el país podía asimilar en un momento dado, y en parte por el nivel de presión que los sionistas o los árabes podían ejercer sobre el gobierno de Londres. La estructura de la población del país varió dramáticamente durante este período. En 1922 los judíos representaban alrededor del 11 % de una población total de tres cuartos de millón, y el resto eran principalmente musulmanes y cristianos de habla árabe; hacia 1949 eran más del 30 % de una población que se había duplicado. Hacia esta época se habían realizado considerables inversiones, tanto de individuos judíos como por instituciones formadas para contribuir a la creación del hogar nacional. Gran parte de esas inversiones se había destinado a las necesidades inmediatas de la inmigración, parte a proyectos industriales: electrificación (en esta área una compañía judía recibió una concesión exclusiva), materiales de construcción, elaboración de alimentos. Una parte importante también quedó consagrada a la compra de tierras y a proyectos agrícolas. Hacia principios de la década de 1940 los judíos poseían quizá el 20 % de la tierra cultivable, y gran parte de esta proporción estaba en poder del Fondo Nacional Judío, que lo consideraba propiedad inalienable del pueblo judío, y un sector donde no podía emplearse a nadie que no fuese judío. En el Magreb, la tierra retenida y cultivada por inmigrantes incluía una elevada proporción de las áreas más productivas; pero lo mismo que en otras regiones, la población inmigrante se había concentrado sobre todo en las áreas urbanas. Hacia 1939 sólo el 10 % de la población judía vivía en el campo, porque por aquellas fechas la inmigración era excesiva para que la agricultura pudiera absorberla. El judío palestino típico era un habitante de la ciudad que vivía en uno de los tres grandes centros: Jerusalén, Haifa o Tel Aviv; pero el agricultor que vivía en la explotación colectiva, el *kibbutz,* era un símbolo importante.

EL CRECIMIENTO DE LA ELITE INDÍGENA

Para las comunidades colonizadoras y los gobiernos europeos, la utilización de su poder en la defensa de sus propios intereses era el factor supremo, pero no es posible ejercer cómodamente el poder a menos que uno pueda convertirlo en una autoridad legítima, y la idea de que los europeos estaban allí para cumplir una misión civilizadora ocupó un lugar muy importante en los europeos que gobernaban o hacían negocios en los países árabes; a veces se expresaba en la idea de una civilización superior que elevaba a su propio nivel a otra inferior o moribunda, o bien en la idea de la justicia, el orden y la prosperidad, o la comunicación de una lengua y la cultura que ella permitía expresar. Tales ideas, cuya conclusión lógica era la asimilación definitiva de los árabes en un plano de igualdad y en un mundo nuevo y unificado, chocaban con otras: el sentimiento de una diferencia insalvable, de una superioridad innata que confería el derecho de gobernar, y en el caso de los grupos de colonos algo más. En el Magreb ya se había formado lo que era ahora una nación casi autónoma de colonos: la elite superior podía pertenecer social y culturalmente a la Francia metropolitana, pero la masa de los *petits blancs* era diferente. Por su origen eran una mezcla de italianos, españoles y franceses, la mayoría había nacido en el Magreb, hablaban un francés peculiar, no se sentían en su hogar en Francia y tenían conciencia de que estaban rodeados por un mundo extraño y hostil, que los atraía y al mismo tiempo los rechazaba, y volvían los ojos hacia Francia para proteger sus propios intereses, que podían ser distintos de los que correspondían a la metrópoli. Asimismo, en Palestina estaba surgiendo una nueva nación judía, conscientemente distinta de aquella a la cual habían vuelto la espalda con la emigración, y utilizaba la lengua hebrea, renacida como idioma de la vida corriente, separada de la población árabe por diferencias de cultura y costumbres sociales, por la aspiración de crear algo totalmente judío y por la creciente ansiedad en vista del destino de los judíos de Europa, y reclamando que Inglaterra defendiese sus intereses hasta que los propios judíos pudieran sostenerse solos.

Ciertos intereses principales, así como la presión ejercida por los colonizadores, acentuaron la decisión de Inglaterra y Francia de conservar el control, pero por otra parte esa decisión se veía afectada por la duda, si no acerca de la moral del gobierno imperial, por lo menos acerca de su costo. Los franceses desde el principio alimentaron dudas acerca de las ventajas materiales del mandato sirio, pero pocos franceses habrían contemplado alguna forma de retirada del Magreb; incluso los comunistas franceses preferían pensar más bien en términos de una asimilación más compleja e igualitaria de Argelia a otro tipo de Francia, si bien podían abrigar la esperanza de mantener una relación diferente con los musulmanes y podían volcar su peso en favor de las protestas contra injusticias específicas. En Inglaterra se manifestaba una tendencia cada vez más acentuada a cuestionar la justicia del dominio imperial y a argüir que los intereses británicos esenciales podían salvaguardarse de otro modo, mediante el acuerdo con los elementos de los pueblos gobernados que estaban dispuestos a concertar un compromiso con el gobernante imperial.

El estímulo que movía a obtener un cambio en la relación era aún mayor porque del otro lado parecía haber individuos que lo posibilitaban: los miembros de una nueva elite que, por interés o por mentalidad, estaban comprometidos con el tipo de organización política y social considerada necesaria para vivir en el mundo moderno, y que podían salvaguardar los intereses esenciales de las potencias imperiales.

Hacia la década de 1920 en la mayoría de los países árabes había una clase de terratenientes cuyos intereses estaban relacionados con la producción de materias primas para la exportación, o con el mantenimiento del gobierno imperial. Algunos señores de las zonas rurales habían podido realizar la transición y se habían convertido en terratenientes modernos, a veces con la ayuda de los gobernantes extranjeros que deseaban contar con el apoyo de este estrato social. En Marruecos, el modo en que el control francés se extendió hacia el interior, y el carácter del campo, determinó que fuese conveniente concertar un acuerdo con algunos de los poderosos señores del alto Atlas, y sobre todo con Zhami al-Glawi, un jefe berberisco que controlaba la región montañosa al este de Marrakech. En Irak, el proceso que determinó que las tierras tribales fuesen registradas como propiedad de las principales familias de las tribus, un movimiento que había comenzado durante el siglo XIX, se vio desarrollado todavía más por el mandato británico; en Sudán, durante una serie de años el gobierno aplicó una política de «gobierno indirecto», es decir, el control de las áreas rurales mediante los líderes tribales, cuyo poder variaba o aumentaba según el respaldo oficial. Pero en otros lugares los terratenientes pertenecían mayoritariamente a una nueva clase creada por las nuevas condiciones de la agricultura comercial. Los terratenientes que producían algodón en Egipto eran la primera clase de este tipo, y continuaron siendo la más rica, la más numerosa e influyente en la vida nacional. Había grupos análogos en Siria e Irak, e incluso en los países de colonización europea del Magreb estaba apareciendo una nueva clase de terratenientes nativos: los tunecinos que cultivaban olivares en el Sahel, y los argelinos que compraban tierras a los colonos que se marchaban a las ciudades, y que concebían aspiraciones económicas similares a las de aquéllos.

El comercio internacional permaneció sobre todo en manos de europeos o miembros de las comunidades cristianas y judías estrictamente vinculadas con aquéllos, si bien hubo excepciones. Algunos terratenientes egipcios se dedicaban a la exportación de algodón; los comerciantes de Fez, algunos instalados ahora en Casablanca, continuaban importando tejidos de Inglaterra. Asimismo, hubo excepciones a la norma general de que la industria estaba en manos europeas. La más importante fue Egipto, donde en 1920 se fundó un banco con el fin de aportar financiación a empresas industriales; el capital de la Banque Misr provino principalmente de los grandes terratenientes que buscaban una inversión más lucrativa que la que ahora podía obtenerse de la agricultura, y durante unos pocos años se utilizó para crear un grupo de compañías, sobre todo dedicadas al negocio naviero, la producción de películas de cine y el hilado y tejido de algodón. La fundación de este banco fue el signo de varios cambios: la acumulación de capital nacional que buscaba canales de inversión, el rendimiento decreciente de la inversión en tierras y el deseo de alcanzar un nivel de fuerza nacional e independencia.

Pero las nuevas condiciones eran precarias, y a fines de la década de 1930 el grupo Misr tropezó con dificultades, y lo salvó únicamente la intervención oficial.

Otro tipo de elite era no menos importante: los que habían recibido cierta educación al estilo europeo. Durante este período la enseñanza continuaba limitada principalmente a quienes podían pagarla, o poseían ventajas de otro género; incluso en ese grupo, podía verse limitada por la reticencia de la sociedad a enviar a sus varones (e incluso más a sus niñas) a escuelas que los alejarían de sus familias y sus tradiciones, o por la reticencia de los gobernantes extranjeros a educar a una clase que no podía ser asimilada en el servicio oficial y, por lo tanto, podía convertirse en un grupo opositor. De todos modos, la educación se difundió, con diferentes ritmos en distintos países.

En Marruecos, las escuelas modernas apenas comenzaron a funcionar, con la creación de una serie de colegios secundarios «francomusulmanes» y hubo algunas instituciones superiores en Rabat. En Argelia, hacia 1939 el número de poseedores de diplomas secundarios se contaba aún por centenares, y el de diplomados universitarios era aún menor; la Universidad de Argel, uno de las principales instituciones francesas, era en esencia para europeos, pero un número cada vez más elevado de musulmanes llegaba a París, Túnez o El Cairo. También en Túnez el número de los que asistían a *lycées* con sello francés estaba aumentando, y un grupo cuyos miembros serían más tarde líderes nacionales viajaba a Francia, con becas, para cursar estudios superiores. En Egipto, el número de estudiantes de los colegios secundarios aumentó de menos de 10.000 en 1913-1914 a más de 60.000 treinta años después; la pequeña universidad privada fundada durante los primeros años del siglo fue incorporada en 1915 a otra mayor, la Universidad Egipcia, financiada por el gobierno, con escuelas de artes y ciencias, derecho, medicina, ingeniería y comercio. Cuando los cambios políticos otorgaron al gobierno egipcio mayor control sobre la política educacional, las escuelas se difundieron rápidamente en todos los niveles. Lo mismo sucedió en Irak, aunque el proceso partió de un nivel inferior.

Gran parte de la educación de nivel secundario y superior de Egipto estaba en manos de misiones religiosas o culturales europeas o norteamericanas. Lo mismo sucedía en Siria, Líbano o Palestina. Había una pequeña universidad oficial en Damasco, y una escuela para formar profesores en Jerusalén, pero las principales universidades eran privadas: en Beirut, una institución jesuita, la Université Saint-Joseph, sostenida por el gobierno francés, y la American University; y en Jerusalén la Universidad Hebrea, que era principalmente un centro para la creación de una nueva cultura nacional expresada en hebreo, y que no podía atraer a los estudiantes árabes de la época. En estos países, la educación secundaria también estaba sobre todo en manos extranjeras; en Líbano principalmente la controlaban los franceses.

El hecho de que tantas instituciones superiores fuesen extranjeras tuvo varias consecuencias. Para un varón o una niña árabes estudiar en uno de estos centros era en sí mismo un acto de desplazamiento social y psicológico; implicaba estudiar en concordancia con un método y un currículo ajenos a las tradiciones de la sociedad de origen, y hacerlo utilizando como medio una lengua extranjera, la que así se convertía en la primera o quizá la única lengua en que podía pensar ciertos temas o practicar ciertas profesiones. Otra consecuencia era que el número de niñas que recibían educación secundaria o superior era más elevado de lo que habría sido si las escuelas hubiesen sido únicamente oficiales. Pocas mujeres asistían a escuelas oficiales de nivel superior al elemental, y muchas a escuelas regentadas por monjas católicas francesas o maestras protestantes norteamericanas. En el Magreb, donde las escuelas misioneras formaban un grupo más reducido y estaban estrechamente relacionadas con la población inmigrante, la educación de las niñas más allá del nivel elemental apenas comenzaba. En el este árabe, más niñas cristianas y judías que musulmanas asistían a las escuelas extranjeras; tendían a integrarse mejor en la cultura extranjera, y se apartaban de las tradiciones de su sociedad.

Los diplomados de las nuevas escuelas descubrían que ciertos puestos los esperaban en sus respectivas sociedades en proceso de cambio. Las mujeres todavía apenas desempeñaban otro papel público que no fuese el de maestra de escuela o enfermera, pero los hombres podían convertirse en abogados y médicos, y, aunque no en medida considerable, también en ingenieros o técnicos; la educación científica y tecnológica estaba atrasada, y también ocupaba un nivel inferior la formación de agricultores y artesanos. Más que otra, podían abrigar la esperanza de convertirse en funcionarios oficiales, en niveles que variaban de acuerdo con el grado y el carácter del control extranjero de la sociedad. Sobre todo en Egipto y en Irak, y menos en Palestina y Sudán, donde por diferentes razones los altos cargos continuaron en manos británicas, y en el Magreb, donde los funcionarios de Francia ocupaban los cargos ejecutivos, y los puestos intermedios y aun los inferiores estaban ocupados básicamente por europeos locales.

Los terratenientes y los mercaderes indígenas necesitaban controlar la estructura oficial en beneficio de sus propios intereses; los jóvenes instruidos deseaban convertirse en funcionarios del gobierno. Estas aspiraciones fortalecieron y orientaron los movimientos de oposición nacional al dominio extranjero que caracterizaron este período, pero con ellos se combinó algo más: el deseo y la necesidad de vivir de un modo diferente en sociedad.

INTENTOS DE ACUERDOS POLÍTICOS

Los hombres y las mujeres cultas deseaban tener más campo de acción en el servicio oficial y las profesiones, y los terratenientes y los comerciantes necesitaban contar con la posibilidad de controlar la estructura oficial; a veces, podían movilizar el apoyo de las masas urbanas, cuando lograban apelar a sus quejas de carácter concreto, o a su sentido de comunidad en peligro. El nacionalismo de ese tipo también podía ofrecer a los gobernantes extranjeros la perspectiva de un compromiso, y movilizar apoyo suficiente para obligarlos a considerar sus reivindicaciones.

En la mayoría de los países el nivel de organización política no era elevado, ya fuese porque las potencias imperiales no estaban dispuestas a permitir una amenaza demasiado grave a su propia posición, ya fuese porque los esquemas tradicionales de comportamiento político perduraban. En Marruecos, un grupo de hombres jóvenes, surgidos principalmente de la burguesía de Fez, trazó un «plan de reforma» en 1934, y comenzó a exigir un cambio en el protectorado francés. En Argelia, algunos miembros de la clase profesional que se habían formado en francés comenzaron a formular la pretensión de una mejora de su posición en el marco de la Argelia francesa, así como la preservación de su propia cultura, en condiciones tales que la independencia era todavía una esperanza lejana; las celebraciones públicas, en 1930, del centenario de la ocupación francesa del país confirieron nueva urgencia a su movimiento. En Siria, Palestina e Irak, antiguos funcionarios y oficiales del servicio otomano, algunos pertenecientes a antiguas familias de notables urbanos, y otros que habían ascendido en el ejército otomano, insistieron en obtener una medida más amplia de gobierno propio; para ellos era más difícil aceptar la situación en que se encontraban, porque muy poco antes habían sido miembros de una elite gobernante. En Sudán, un pequeño grupo de diplomados de los colegios superiores comenzaba a reclamar, hacia 1939, una participación más importante en el gobierno.

Pero en dos países los líderes pudieron crear partidos políticos más organizados. Fueron Túnez y Egipto, zonas ambas en las cuales existía una antigua tradición de predominio de una gran ciudad sobre unas zonas rurales asentadas. En Túnez el partido Destur, que era el mismo tipo de agrupaciones dispersas de líderes que existía en otras naciones, fue reemplazado durante la década de 1930 por un partido de otro tipo, el Neo-Destur; fundado por Habib Burguiba (nacido en 1902), fue dirigido por tunecinos más jóvenes que poseían una educación superior francesa, pero también consiguió arraigar en las ciudades de provincia y las aldeas de la llanura costera dedicadas al cultivo del olivo, es decir, el Sahel. Lo mismo sucedió en Egipto, donde el partido Wafd, formado en la lucha contra la política británica después del fin de la guerra, creó una organización permanente en todo el país. Conquistó el apoyo de la elite profesional y otros sectores de la burguesía, y de algunos —pero no todos— segmentos de la clase terrateniente, y en momentos críticos contó con el apoyo de la población urbana en general; el carisma de Zaglul sobrevivió a su muerte, en 1927, de modo que a pesar de las escisiones del liderazgo, el partido Wafd en 1939 todavía podía afirmar que hablaba en nombre de la nación.

Cualesquiera que fuesen las esperanzas definitivas de estos grupos y partidos, su propósito inmediato era alcanzar una medida más amplia de gobierno propio en el marco de los sistemas imperiales a los que no podían derrocar. En Gran Bretaña más que en Francia, la opinión política y oficial durante este período varió gradualmente hacia el intento de proteger los intereses británicos mediante un acuerdo con estos grupos, de modo que el control definitivo pudiera permanecer en manos británicas pero la responsabilidad del gobierno local y un grado limitado de acción internacional independiente quedaran a cargo de gobiernos que representaban la opinión nacionalista.

Se aplicó esa política en Irak y Egipto. En Irak, el control británico se había ejercido, casi desde el principio, a través del rey Faisal y su gobierno; el alcance de la acción de gobierno se amplió en 1930 por medio de un tratado angloiraquí, en virtud del cual Irak recibió la independencia formal a cambio de su compromiso de coordinar su política exterior con Gran Bretaña, y permitir la presencia de dos bases aéreas británicas y el uso de las comunicaciones en caso de necesidad; Irak fue aceptado como miembro de la Liga de las Naciones, símbolo de igualdad e incorporación a la comunidad internacional. En Egipto, la existencia por una parte de un partido nacionalista bien organizado y, en apoyo de éste, de una poderosa clase terrateniente y una burguesía en expansión que no deseaba cambios violentos, y, por otra parte, los temores británicos frente a las ambiciones italianas, permitieron un compromiso análogo, que cristalizó en un tratado angloegipcio, en 1936. Se declaró concluida la ocupación militar de Egipto, pero Gran Bretaña aún pudo mantener fuerzas armadas en una zona que se extendía alrededor del canal de Suez; tiempo después, se anularon las capitulaciones por un acuerdo internacional, y Egipto ingresó en la Liga de las Naciones. En ambos países el equilibrio alcanzado de ese modo fue frágil: Gran Bretaña estaba dispuesta a conceder el gobierno propio de acuerdo con límites más estrechos que los que deseaban aceptar de manera permanente los nacionalistas; en Irak el grupo gobernante era reducido e inestable, y no podía apoyarse en una sólida base de poder social; en Egipto, durante la década de 1940 llegaría el momento en que el Wafd no logró controlar y dirigir de manera permanente todas las fuerzas políticas del país.

En los países sometidos al dominio francés, la armonía de los intereses percibidos no era de tal carácter que posibilitara siquiera la consecución de un equilibrio tan frágil. La posición de Francia en el orden mundial era más débil que la de Gran Bretaña. Incluso cuando se relajó el control en Irak y Egipto, estos países continuaron totalmente rodeados por el poder militar y financiero británico. Su vida económica seguía dominada por la City de Londres y los fabricantes algodoneros de Lancashire. En cambio, Francia, con una moneda inestable, una economía estancada y sus fuerzas armadas concentradas en la frontera oriental, no sabía a ciencia cierta si lograría mantener en su esfera a países independientes. Sus intereses esenciales en el Magreb eran distintos de los británicos en Egipto. La población europea tenía cierto derecho sobre el gobierno francés, y estaba en condiciones de imponer la aceptación de sus pretensiones: en Argelia y Túnez, los grandes empresarios y terratenientes europeos controlaban los consejos locales que asesoraban al gobierno en las cuestiones presupuestarias y otras de carácter financiero; en París, los representantes de los franceses de Argelia en el Parlamento y los grandes intereses financieros que controlaban los bancos, las industrias y las compañías comerciales del Magreb formaban un poderoso grupo de presión al que los débiles gobiernos franceses de la época no podían resistirse. Esta situación se manifestó claramente cuando el gobierno del

Frente Popular de 1936 trató de hacer concesiones; propuso que un limitado electorado de musulmanes argelinos tuviese representación en el Parlamento, y comenzó a conversar con jefes nacionalistas en Túnez y Marruecos; pero la oposición del grupo de presión impidió el cambio, y este período concluyó con desórdenes y actos represivos en todo el Magreb.

La influencia de los poderosos grupos de presión opuestos al cambio se sintió también en los territorios de Siria y Líbano, de mandato francés. En 1936 el gobierno del Frente Popular negoció con ellos tratados análogos al de Gran Bretaña con Irak: se convertirían en países independientes, pero Francia podía utilizar dos bases aéreas en Siria durante veinticinco años, y contaría con instalaciones militares en Líbano. Estas cláusulas fueron aceptadas por la alianza dominante de jefes nacionalistas de Siria, y por la elite política principalmente cristiana del Líbano, pero jamás fueron ratificadas por Francia, pues el gobierno del Frente Popular cayó, y las débiles coaliciones que lo reemplazaron cedieron ante la presión de los diferentes grupos de influencia de París.

En Palestina se observaba la misma falta de un equilibrio de intereses que fuese viable. Desde una etapa temprana de la administración del mandato británico fue evidente que resultaría difícil crear un tipo de estructura de gobierno local que se adaptase tanto a los intereses de los habitantes árabes indígenas como a los de los sionistas. Para estos últimos, lo que importaba era mantener las puertas abiertas a la inmigración, y esto implicaba la continuación del control británico directo hasta que la comunidad judía tuviese fuerza suficiente y se hubiese asegurado el control de los recursos económicos del país, de manera que pudiese velar por sus propios intereses. Para los árabes, era esencial impedir la inmigración judía a una escala tal que amenazara el desarrollo económico y la autodeterminación final, e incluso la existencia de la comunidad árabe. Atrapada entre estas dos formas de presión, la política del gobierno británico consistió en conservar el control directo, permitir la inmigración dentro de ciertos límites, favorecer en general el desarrollo económico de la comunidad judía y asegurar de tanto en tanto a los árabes que no se permitiría que lo que estaba sucediendo condujese a su sometimiento. Esta política favorecía más los intereses de los sionistas que los árabes, pues por muchas seguridades que se ofrecieran, el crecimiento de la comunidad judía hacía prever que se acercaba el momento en que este sector podría asumir el control de la situación.

Hacia mediados de la década de 1930, para Gran Bretaña era cada vez más difícil mantener el equilibrio. La llegada de los nazis al poder en Alemania acentuó la presión de la comunidad judía y sus partidarios en Inglaterra, en el sentido de que se autorizara una inmigración más numerosa; a su vez, la inmigración estaba modificando el equilibrio de la población y el poder en Palestina. En 1936 la oposición de los árabes comenzó a adoptar la forma de la insurrección armada. La dirección política estaba en manos de un grupo de notables urbanos, entre los cuales la figura dominante era Amín al-Huseini, muftí de Jerusalén, pero comenzaba a aparecer un liderazgo militar popular, y el movimiento tenía repercusiones en los países árabes circundantes, en un momento en que la amenaza a los intereses británicos originada en Italia y Alemania determinaba que para los británicos fuese deseable mantener buenas relaciones con los Estados árabes. En vista de esta situación, el gobierno británico realizó dos intentos de hallar soluciones. En 1934 se formuló un plan de división de Palestina en un Estado judío y otro árabe, de acuerdo con una Comisión Real (la Comisión Peel); el plan era aceptable para los sionistas, en principio, pero no para los árabes. En 1939, el Libro Blanco contempló la creación de un gobierno de mayoría árabe, con limitaciones a la inmigración y la compra de tierras por parte de los judíos. Esto habría sido aceptable para los árabes con algunos cambios, pero la comunidad judía no aceptaba una solución que podía cerrar las puertas de Palestina a la mayoría de los inmigrantes e impedir la creación de un Estado judío. Comenzó a manifestarse la resistencia judía armada, y entonces el estallido de una nueva guerra europea suspendió momentáneamente la actividad política formal.

CAPÍTULO VEINTE

Cambio de los modos de vida y de pensamiento (1914-1939)

LA POBLACIÓN Y LAS ZONAS RURALES

Incluso en los mejores momentos, cuando tenían más éxito, los entendimientos entre las potencias imperiales y los nacionalistas locales reflejaban sólo una limitada confluencia de intereses, y hacia la década de 1930 las sociedades árabes estaban sufriendo cambios que a su debido tiempo modificarían el carácter del proceso político.

Hasta donde es posible juzgar, hubo un rápido aumento demográfico. Quizá fue más considerable, y es más fácil calcularlo de un modo fidedigno, en Egipto, donde la población pasó de 12,7 millones en 1917 a 15,9 en 1937: es decir, tuvo lugar un incremento anual del 12 ‰. De acuerdo con un cálculo general, la población total de los países árabes era del orden de 55 a 60 millones hacia 1939; en 1914 había sido de 35 a 40 millones. Una parte reducida del crecimiento fue atribuible a la inmigración: europeos en Marruecos y Libia, judíos en Palestina, refugiados armenios que salieron de Turquía durante la Primera Guerra Mundial y después, y que se instalaron en Siria y Líbano. Este proceso se vio compensado por la emigración: sirios y libaneses que fueron a África occidental y a América Latina (pero ya no a Estados Unidos en número elevado, como había sucedido antes de 1914, a causa de las nuevas leyes de inmigración norteamericanas); trabajadores argelinos que se trasladaban temporalmente a Francia. Pero el incremento principal fue el natural. Al parecer, la tasa de natalidad no disminuyó, excepto quizás en algunos sectores de la burguesía que practicaba el control de natalidad y que tenían expectativas de un más elevado nivel de vida. Para la mayoría de la gente tener hijos, y sobre todo varones, era tanto inevitable —pues los medios eficaces de carácter anticonceptivo no eran de conocimiento general— como también una fuente de orgullo; y el orgullo reflejaba cierto interés, pues los niños podían trabajar en los campos desde edad temprana y tener muchos hijos; en una sociedad en que la expectativa de vida era baja y no existía un sistema nacional de bienestar, era una garantía de que algunos sobrevivirían para ayudar a los padres en la vejez. El crecimiento de la población fue imputable sobre todo a la disminución de la tasa de mortalidad, a causa del control de las epidemias y la mejor atención médica. Esta afirmación fue válida para todos los sectores de la sociedad, pero tuvo importancia especial en las ciudades, donde por primera vez las epidemias no desempeñaron su papel histórico de diezmar, de tanto en tanto, la población urbana.

En parte como resultado del crecimiento demográfico, pero también por otras razones, cambió asimismo el equilibrio entre diferentes sectores sociales. Las décadas de 1920 y 1930 fueron el período en que los pastores nómadas prácticamente desaparecieron como factor importante de la sociedad árabe. La llegada del ferrocarril y el automóvil afectó la actividad de la cual dependía la economía pastoril a larga distancia: la cría de camellos para el transporte. Incluso en las áreas en que el pastoreo era todavía el mejor o el único modo de aprovechar los escasos recursos de vegetación y agua, la libertad de movimientos del beduino se vio limitada por el empleo de fuerzas armadas reclutadas entre los propios nómadas. Perduró el mercado de ovejas, pero en los distritos dedicados a la cría de ganado ovino, en las laderas de las montañas o en los límites de la estepa, la ampliación del control por los gobiernos y los cambios de la demanda urbana determinaron que los grupos de nómadas y pastores se acercaran más a la condición de agricultores sedentarios; era lo que sucedía, por ejemplo, en el distrito de Yazira, situado entre los ríos Tigris y Éufrates.

En este período y quizá por última vez la fuerza armada de los nómadas fue utilizada en el proceso político. Cuando el *sharif* Hussein se rebeló contra los turcos, reclutó sus primeras fuerzas entre los beduinos de Arabia occidental, pero la acción militar eficaz en las etapas ulteriores del movimiento correspondió a los oficiales o los soldados de leva que habían servido en el ejército otomano. Las fuerzas con las que Abd al-Aziz ibn Saud conquistó la mayor parte de Arabia también estaban formadas con beduinos movidos por una doctrina religiosa, pero el hombre que los dirigió pertenecía a una familia urbana, y una parte esencial de su política fue persuadir a los beduinos de la conveniencia de asentarse. En Irán, el conflicto entre grupos de políticos urbanos durante la década de 1930 todavía pudo dirimirse induciendo a la rebelión a las tribus del valle del Éufrates, pero el gobernador utilizó contra ellas el nuevo método del bombardeo aéreo.

En las regiones rurales, los cambios no respondieron, como en las zonas de pastoreo, al debilitamiento de la base económica. En la mayoría de los países se extendió el área cultivada; en algunos —Marruecos y Argelia, Egipto y Sudán, e Irak— se difundió el regadío. Es cierto que en Egipto la tierra más fértil ya se estaba cultivando, de modo que la expansión abarcó zonas más marginales, pero esto no fue así en la mayoría de los restantes países, y donde se disponía de capital era posible aumentar el rendimiento de la tierra. Incluso un área más dilatada de cultivos ya no podía mantener a la población rural de algunos países. No sólo tuvo lugar un crecimiento natural de la población, sino que, además, la tierra más productiva no necesitaba tanta mano de obra. Los grandes terratenientes podían obtener recursos de capital y usarlos en la mecanización, y esto significaba que se requerían menos trabajadores. En ciertos lugares (Marruecos y Palestina) la importación de capital estuvo unida al asentamiento de trabajadores extranjeros en la tierra.

Por consiguiente, en una serie de países hubo un proceso de polarización en el campo. Por una parte había grandes propiedades de tierras fértiles e irrigadas que producían para la exportación (algodón, cereales y vino, aceite de oliva, naranjas y dátiles), utilizando tractores y fertilizantes donde convenía, y cultivadas por jornaleros asalariados (la aparcería ahora era un poco menos usual); una gran parte de las tierras era propiedad de extranjeros —compañías o individuos—, y en Palestina y en menor medida en el Magreb, los inmigrantes suministraban también la fuerza de trabajo. Por otro lado, había también pequeñas parcelas que eran propiedad comunal de una aldea, generalmente tierras menos fértiles y peor irrigadas, donde los pequeños agricultores nativos sin recursos de capital y sin acceso al crédito producían cereales, frutas o verduras con métodos menos modernos, para el consumo o para un mercado local, y donde el incremento de la población estaba provocando el descenso de la relación entre la tierra y la fuerza de trabajo y los ingresos per cápita. La situación de estos agricultores se agravaba a causa del sistema de herencia, que fragmentaba las parcelas en otras aún más pequeñas. Durante la década de 1930 también se vio perjudicada por la crisis económica mundial, que condujo al descenso de los precios de la producción agrícola. Este proceso afectó a todos los campesinos, pero los que ya se encontraban en una posición débil se vieron más perjudicados que otros; los gobiernos o los bancos intervinieron para salvar a los grandes terratenientes que tenían influencia política, o cuya producción estaba vinculada a la economía internacional.

El excedente de población del campo se trasladó a las ciudades. Siempre había sido así, pero ahora el proceso fue más veloz y se realizó a escala más amplia y con resultados diferentes. En épocas anteriores, los habitantes de las aldeas que se trasladaban a la ciudad reponían el caudal de población urbana asolada por las epidemias. Ahora, los inmigrantes rurales venían a engrosar una población urbana que ya estaba aumentando a causa de los progresos realizados en el área de la salud pública. Las ciudades, y sobre todo aquellas en las que la posibilidad de empleo era considerable, crecieron con más rapidez que el país en general; la proporción de la población que vivía en las grandes ciudades fue más elevada que antes. El Cairo pasó de tener 800.000 habitantes en 1917 a contabilizar 1.300.000 en 1937. En 1900, menos del 15 % de la población total de Egipto vivía en ciudades de más de 20.000 habitantes; hacia 1937 la cifra era superior al 25 %. Asimismo, en Palestina la población árabe de las cinco ciudades principales se duplicó holgadamente en el curso de veinte años. También en las ciudades mixtas del Magreb el contingente árabe aumentó con rapidez.

LA VIDA EN LAS NUEVAS CIUDADES

El resultado fue un cambio en el carácter y la forma de las ciudades. Ciertos cambios que se habían iniciado antes de 1914 se desarrollaron más después de la guerra. Fuera de la medina se formaron nuevos barrios burgueses, constituidos no sólo por villas para los ricos sino por bloques de apartamentos para las clases medias cada vez más numerosas, los funcionarios oficiales, los profesionales y los notables rurales que llegaban de las zonas rurales. En ciertos lugares fueron procesos planificados y en otros crecieron al azar, a costa de la destrucción de las viejas viviendas. La planificación más cuidadosa se realizó en Marruecos, donde el residente general francés Layautey, dotado de un gusto exquisito, levantó la nueva Fez a cierta distancia de la antigua ciudad amurallada. Su propósito fue preservar la vida de la vieja ciudad, pero lo que en definitiva sucedió no fue ciertamente lo que él había planeado. Las familias ricas y prestigiosas comenzaron a abandonar sus antiguas casas en la medina en busca de la mayor comodidad de los nuevos barrios, y su lugar fue ocupado por los inmigrantes rurales y los pobres, razón por la cual se produjo cierta degradación de la apariencia física y la vida de la medina.

No todos los inmigrantes hallaron refugio en la medina. También se levantaron nuevos barrios populares. La mayoría de los que fueron a vivir en ellos eran árabes, o beréberes en el Magreb, pero también había otros grupos: en Argelia *petits blancs* —es decir, hombres que se alejaban de la tierra porque no tenían el capital necesario para trabajarla— y en Beirut y Alepo refugiados armenios llegados de Turquía, o en Palestina inmigrantes judíos. Algunos de estos barrios crecieron en las afueras de las ciudades, donde los talleres y las fábricas ofrecían empleo. En El Cairo, la expansión de los barrios burgueses hacia el oeste, en dirección al Nilo e incluso en la orilla opuesta, se vio compensada por la ampliación de los barrios más pobres hacia el norte, donde hacia 1937 vivía más de un tercio de la población; en Casablanca, los distritos pobres crecieron alrededor de la ciudad, especialmente en las zonas industriales. En estos sectores, pero también en otros, había *bidonvilles,* es decir, aldeas de casas hechas con cañas o planchas de hojalata (*bidon* en francés, de ahí el nombre), que aparecían dondequiera que había un espacio vacío.

En las ciudades que tenían una nutrida población extranjera, los barrios europeos e indígenas tendían a separarse, aunque podían encontrarse cerca unos de otros. Casablanca, que durante este período pasó de ser un pequeño puerto para convertirse en la ciudad más importante del Magreb, tenía alrededor de la medina una ciudad europea, y más lejos una nueva ciudad musulmana con las características de una medina: zocos, mezquitas, un palacio para el gobernante, villas para la burguesía y viviendas populares. En las ciudades de Oriente Próximo, la separación era menos completa, sobre todo en Siria y Líbano, donde la burguesía era principalmente indígena y la población extranjera, reducida; pero en Palestina una clara línea dividía a los árabes de los judíos, y una ciudad totalmente judía, Tel Aviv, creció junto a otra árabe, Jaffa.

Los inmigrantes rurales tendieron a asentarse con su propia gente y, por lo menos al principio, a preservar sus propias costumbres sociales. En un primer momento, dejaban en las aldeas a sus familias y, caso de prosperar lo suficiente, las llamaban luego; su vida en la ciudad se convertía en una prolongación o reconstrucción de lo que habían dejado. Así, llevaron la vida del delta del Nilo a El Cairo; la del valle del Tigris, a Bagdad; la de las montañas de Kabyle (Cabilia) a Argel; y la vida de la Shawiya y el Antiatlas, a Casablanca.

Sin embargo, y en definitiva, estos habitantes se veían inmersos en un modo de vida que era distinto no sólo del que habían conocido en la aldea, sino también en la medina. Hacer las compras en las tiendas no era lo mismo que ir al zoco, aunque todavía se manifestaban ciertas preferencias por los pequeños establecimientos donde podía establecerse una relación personal; los restaurantes, los cafés y las salas de cine ofrecían nuevos tipos de diversión y nuevos lugares de encuentro; las mujeres podían salir con mayor libertad, y las de la generación más joven, instruidas, comenzaron a mostrarse sin velo, o apenas cubiertas. Los placeres de la vida doméstica eran mayores. Los modernos sistemas de canalización de aguas y cloacas, la electricidad y los teléfonos se difundieron durante la década de 1920; el gas había llegado antes. Los medios de transporte cambiaron. Una compañía belga había tendido líneas de tranvías en algunas de las ciudades costeras hacia fines del siglo XIX; poco después apareció el automóvil; el primero fue visto en las calles de El Cairo en 1903, pero no tardó en ser habitual en la mayoría de las restantes ciudades. Hacia la década de 1930 los automóviles particulares, los autobuses y los taxis eran comunes, y el carruaje tirado por caballos prácticamente había desaparecido, con la única excepción de las ciudades de provincia más pequeñas. El tránsito motorizado exigía mejores vías y puentes, y esto a su vez permitió ampliar la extensión de las ciudades. Bagdad se prolongó varios kilómetros a orillas del Tigris; El Cairo se extendió a dos islas del Nilo, Rawda y Gazira, y también a la margen occidental del río.

Estos medios de transporte integraron de diferentes modos a la población urbana. La vida de los hombres y las mujeres ya no se desarrollaba exclusivamente en un barrio. Podían residir a mucha distancia de su lugar de trabajo; la familia ampliada podía distribuirse en diferentes lugares de una ciudad; las personas de un origen étnico o una comunidad religiosa podían vivir en los mismos barrios que los de otros; las posibilidades de elección matrimonial también podían incrementarse. Pero aún existían líneas divisorias invisibles; las uniones conyugales entre miembros de diferentes comunidades religiosas continuaron siendo difíciles y escasas; en las ciudades sometidas al dominio extranjero se levantaron barreras, no sólo por causa de las diferencias religiosas y nacionales, sino también producto de la conciencia del poder y la impotencia. En ciertos aspectos, las barreras eran más altas que antes: a medida que crecieron las comunidades europeas, aumentó la posibilidad de que hicieran una vida separada, análoga a la de la patria; si más árabes hablaban francés e inglés, pocos europeos sabían árabe o se interesaban por la cultura islámica. Muchos estudiantes árabes que regresaban de cursar sus estudios en el exterior traían consigo muchachas extranjeras, que a veces no eran aceptadas por las dos comunidades.

Puesto que el burgués no necesitaba vivir en su propio barrio, tampoco estaba tan limitado en su ciudad como otros. Los cambios sobrevenidos en el transporte unían una ciudad con otra, un país con otro, de diferentes modos. La red ferroviaria, que ya existía en 1914, se extendió más en algunos países; en la mayoría, las buenas carreteras por primera vez unieron a las ciudades principales. El cambio más espectacular fue la conquista del desierto por el automóvil. En la década de 1920 dos hermanos australianos a quienes la suerte de la guerra había llevado a Oriente Próximo organizaron un servicio regular de taxis, y después de autocar, desde la costa del Mediterráneo, y a través de Damasco o Jerusalén, hasta Bagdad; el viaje de Irak a Siria, que requería un mes antes de la guerra, ahora podía realizarse en menos de un día. Un estudiante del norte de Irak, que a principios de la década de 1920 viajaba a la Universidad Norteamericana de Beirut, dando un rodeo por mar, ahora podía llegar por tierra. Del mismo modo, los camiones y los autocares podían cruzar el Sahara partiendo de la costa del Mediterráneo.

Los contactos no sólo eran más amplios que antes, sino que podían mantenerse en un nivel más profundo. Los nuevos medios de expresión estaban creando un universo discursivo que unía a los árabes más cultos de un modo más completo que lo que habían podido hacer la peregrinación y los viajes de los eruditos en busca del saber. Los diarios se multiplicaron, y los cairotas los leían fuera de Egipto; los más antiguos periódicos culturales egipcios continuaron su publicación, y aparecieron otros nuevos, sobre todo los de carácter literario como *al-Risala* y *al-Zaqafa*, que publicaron la obra de poetas y críticos. Las editoriales de El Cairo y Beirut producían libros de texto para un número cada vez más elevado de estudiantes, y también poesía, novelas y obras de ciencia popular e historia, que circulaban dondequiera que se leía el árabe.

Hacia 1914 ya había salas de cine en El Cairo y otras ciudades; en 1925 se rodó la primera película egipcia auténtica, y con mucha justicia se basó en la primera novela egipcia genuina, *Zainab*. En 1932 se produjo el primer filme sonoro en Egipto, y hacia 1939 se exhibían películas egipcias en todo el mundo árabe. Por esa época también había emisoras de radio locales que emitían coloquios, música y noticias, y algunos países europeos tenían programas destinados al mundo árabe, y competían unos con otros.

Los viajes, la educación y los nuevos medios de difusión contribuyeron todos a crear un mundo común de gustos e ideas. Era habitual la existencia de personas bilingües, por lo menos en los países de la costa del Mediterráneo; el francés y el inglés se utilizaban en los negocios y en el hogar; en el caso de las mujeres educadas en las escuelas conventuales francesas, el francés, de hecho, a veces reemplazaba al árabe como lengua materna. Podían obtenerse noticias acerca del mundo en los periódicos o las emisiones de radios extranjeras; los intelectuales y los científicos necesitaban leer más en inglés o francés que en árabe; la costumbre de viajar a Europa para pasar las vacaciones estivales se difundió, sobre todo entre los egipcios ricos que podían pasar varios meses en ese continente; los argelinos, los egipcios y los palestinos se acostumbraron a ver y conocer a turistas europeos o norteamericanos. Esos movimientos y contactos originaron modificaciones de los gustos y las actitudes, que no siempre podían definirse fácilmente: diferentes modos de amueblar una habitación, de colgar cuadros de las paredes, de comer en la mesa, de agasajar a los amigos; diferentes modos de vestir, sobre todo en el caso de las mujeres, cuyas modas reflejaban las de las parisienses. Había diferentes entretenimientos: en las grandes ciudades se realizaban carreras de caballos, y en este sentido se trataba de una forma nueva de gozar de un antiguo deporte; pero el tenis, un deporte burgués, y el fútbol, que complacía a todos y que muchos jugaban, eran recién llegados.

Tanto el ejemplo de Europa como los nuevos medios de difusión contribuyeron también a la aparición de cambios en la expresión artística. En general, las artes visuales eran una fase intermedia entre lo antiguo y lo nuevo. La artesanía entró en declive, tanto a causa de la competencia originada por los artículos extranjeros producidos en serie como por razones internas: el uso de materias primas importadas y la necesidad de satisfacer los nuevos gustos, incluso los de los turistas. Algunos pintores y escultores comenzaron a trabajar en un estilo occidental, aunque poco produjeron que interesase realmente al mundo exterior; de hecho no existían galerías de arte donde pudieran formarse los gustos, y los libros de reproducciones no eran tan usuales como ocurriría más tarde. Los grandes encargos arquitectónicos en relación con los edificios oficiales recaían generalmente en los arquitectos británicos o franceses, algunos de los cuales (sobre todo los franceses en el Magreb) crearon un pastiche de estilo «oriental» que podía ser agradable. Algunos arquitectos árabes formados en el extranjero también comenzaron a construir villas al estilo mediterráneo, mansiones tipo *art nouveau* en la Ciudad

Jardín de El Cairo, y los primeros edificios de lo que era entonces la escuela «moderna».

Los primeros discos de gramófono con música árabe aparecieron en Egipto a principios del siglo, y las exigencias de la radiodifusión y el cine musical gradualmente promovieron cambios en las convenciones musicales: de la ejecución improvisada a la escrita y ensayada, del ejecutante que se inspira en el público que le aplaude y le alienta al silencio del estudio. Los cantantes actuaban con el acompañamiento de orquestas que combinaban los instrumentos occidentales y tradicionales; algunas de las composiciones que cantaban, hacia la década de 1930, estaban más próximas a la música de café italiana o francesa que a la tradicional. Sin embargo, continuaban existiendo los estilos más antiguos: hubo intentos de estudiarlos en El Cairo, Túnez y Bagdad; Umm Kulzum, gran cantante de estilo tradicional, entonaba el Corán y cantaba poemas escritos por Shawqi y otros poetas, y los nuevos medios de difusión hicieron popular su nombre de un extremo del mundo árabe al otro.

LA CULTURA DEL NACIONALISMO

La fusión de más éxito de los elementos occidentales e indígenas se manifestó en la literatura. Los diarios, la radio y el cine difundieron una versión moderna y simplificada del árabe literario en todo el mundo árabe; gracias a ellos, las voces y las entonaciones egipcias se difundieron por doquier. Se fundaron tres academias, en Bagdad, Damasco y El Cairo, para preservar la herencia de la lengua. Con unas pocas excepciones, no se manifestó oposición a la primacía del lenguaje literario, pero los escritores ahora lo utilizaban de diferentes modos. Una escuela de poetas egipcios nacidos alrededor de la década de 1890, el grupo «Apolo», utilizó la métrica y la lengua tradicionales, pero trató de expresar sentimientos personales de un modo que confiriese unidad a un poema entero; entre los más conocidos estaba Zaki Abú Shadi (1892-1955). La influencia de la poesía inglesa y la francesa pudo manifestarse en la obra de estos autores y en la de un grupo de la generación siguiente: los románticos, convencidos de que la poesía debía ser la expresión sincera del sentimiento, y que prestaban al mundo natural una atención que no era tradicional en la poesía arábiga, una actitud que se convirtió en nostalgia por un mundo perdido en la obra de los poetas libaneses que habían emigrado a América del Norte o del Sur. Eran románticos también en su concepción del poeta como el vidente que expresaba verdades recibidas gracias a la inspiración exterior. La rebelión contra el pasado podía llegar al extremo del rechazo total expresado en la producción de uno de los autores más originales de este grupo, el tunecino Abul-Qasim al-Shabbi (1909-1934): «Todo lo que la mente árabe ha producido en todos los períodos de su historia es monótono y carece por completo de inspiración poética.»[1]

La ruptura con el pasado se manifestó también en el desarrollo de ciertas formas literarias prácticamente desconocidas en la literatura clásica. Se habían escrito obras teatrales durante el siglo XIX, y en este período fueron creadas otras, pero los teatros que podían representarlas aún escaseaban, fuera de la aparición en Egipto del teatro de comentario social humorístico de Nayib Rihani, y su creación «Kish-Kish Bei». Más significativo fue el desarrollo de la novela y el relato breve, sobre todo en Egipto, donde una serie de escritores nacidos durante la última década del siglo XIX y la primera del XX creó un nuevo medio para el análisis y la crítica de la sociedad y el individuo; en sus narraciones, estos autores describieron la pobreza y la opresión del humilde de la aldea y la ciudad, las luchas del individuo por ser él mismo en una sociedad que intentaba confinarlo, el conflicto de las generaciones, los efectos turbadores de las formas de vida y los valores occidentales. Entre ellos estaban Mahmud Taimur (1894-1973) y Yahya Haqqi (n. 1905).

El autor que expresó mejor los problemas y las esperanzas de su generación fue el egipcio Taha Hussein (1889-1973). Fue no sólo el representante, sino quizás el más original de estos autores, y el creador de uno de los libros que, a buen seguro, sobrevivirá como parte de la literatura mundial: su autobiografía *al-Ayyam*, una narración del modo en que un niño ciego cobra conciencia de sí mismo y su mundo. Sus escritos incluyen novelas, ensayos, obras de historia y crítica literaria, y una obra importante, *Mustaqbil al-Zaqafa fi Misr* (*El futuro de la cultura en Egipto*). Dichas creaciones muestran, en este período, un intento constante de mantener un equilibrio entre los tres elementos esenciales, según el autor los ve, de la cultura egipcia característica: el elemento árabe, sobre todo la lengua árabe clásica; los elementos venidos de fuera en diferentes períodos, especialmente el racionalismo griego; y el factor egipcio básico, persistente a lo largo de la historia.

Tres ingredientes han formado el espíritu literario de Egipto desde que se arabizó. El primero es el elemento puramente egipcio que heredamos de los antiguos egipcios [...] y que hemos extraído constantemente de la tierra y el cielo de Egipto, de su Nilo y su desierto [...]. El segundo elemento es el árabe, que nos llegó a través de su lengua, su religión y su civilización. No importa lo que hagamos, no podremos evitarlo o debilitarlo, o disminuir su influencia sobre nuestra vida, porque se mezcla con ella de un modo que ha formado y plasmado su personalidad. No digamos que es un ingrediente extranjero [...]. La lengua árabe no es una lengua extranjera para nosotros. Es *nuestra* lengua, y está mil veces más cerca de nosotros que el idioma de los antiguos egipcios [...]. El tercer ingrediente es el factor extranjero que siempre ha gravitado sobre la vida egipcia, y continuará haciéndolo siempre. Es lo que ha llegado a Egipto gracias a sus contactos con los pueblos civilizados de Oriente y Occidente [...]. Griegos y romanos, judíos y fenicios en tiempos antiguos; árabes, turcos y cruzados en la Edad Media; Europa y América en la época moderna [...]. Desearía que la educación egipcia se sustentase firmemente en cierta armonía entre estos tres elementos.[2]

Su afirmación de que Egipto era parte del mundo de la cultura formada por el pensamiento griego despertó suma atención en un momento dado, pero quizá la contribución más perdurable de este autor estuvo en la atención que dispensó a la lengua árabe, en su demostración de que podía usársela para expresar todos los matices de una mente y una sensibilidad modernas.

Escribió también acerca del islam, pero al menos durante las décadas de 1920 y 1930 lo que escribió adoptó la forma de una recreación imaginativa de la vida del Profeta, de un género que podía satisfacer los sentimientos de la gente común. Más tarde, escribiría con un sesgo distinto, pero por el momento el principio unificador de su pensamiento no era el islam, sino más bien la identidad colectiva de la nación egipcia. En una forma o en otra, esta actitud sería característica de los árabes cultos de su generación. El tema fundamental era la nación; no sólo cómo podía conquistar la independencia, sino cómo alcanzaría la fuerza y la salud necesarias para prosperar en el mundo moderno. La definición de nación podía variar: como cada país árabe afrontaba un problema distinto en relación con sus gobernantes europeos, se manifestaba la tendencia, por lo menos entre los dirigentes políticos, a crear un movimiento nacional separado en cada país, y una ideología que lo justificase. Esta actitud se plasmaba sobre todo en el caso de Egipto, que había

seguido su propio destino político desde los tiempos de Muhammad
Alí. En ciertos casos, una teoría de la historia confería legitimidad al hecho de la existencia separada. Los movimientos nacionalistas fueron rebeliones contra el presente y el pasado inmediato, y podían apelar a la
memoria de un pasado preislámico más lejano, al que los descubrimien-
tos de los arqueólogos y la creación de museos confería realidad visible.
El descubrimiento de la tumba de Tutanjamón en 1922 despertó mucho interés, e indujo a los egipcios a atribuir importancia a la continuidad de la vida egipcia desde la época de los faraones.

Ahmad Shawqi, que había sido el poeta de la corte egipcia, se alzó
durante la década de 1920 como portavoz de un nacionalismo egipcio
que derivaba su inspiración y sus esperanzas de los monumentos del pasado inmemorial de Egipto. En uno de sus poemas, escrito para la inauguración de un monumento en una plaza pública de El Cairo, describe
a la Esfinge, que contempla inmutable el devenir de la historia egipcia:

> ¡Habla!, y quizá tu discurso nos guiará. Infórmanos, y quizá lo que di-
> gas nos consolará. ¿Acaso no has visto al Faraón en su poderoso, revelador
> descenso del sol y la luna, proyectando su sombre sobre la civilización de
> nuestros antepasados, los altos edificios, las grandes reliquias? [...] Has vis-
> to al césar que nos tiranizó, nos esclavizó, y a sus hombres que nos obliga-
> ban a marchar como uno empuja a los asnos, los mismos que después fue-
> ron derrotados por un pequeño grupo de nobles conquistadores [...]. [La
> Esfinge habla:] He preservado para vosotros algo que os fortalecerá, pues
> nada preserva la dulzura tanto como la piedra [...]. La mañana de la espe-
> ranza disipa las sombras de la desesperación, y ahora llega el amanecer lar-
> gamente esperado.[3]

Profundamente arraigado en tales movimientos, de un modo explícito o implícito, había un elemento árabe. Como el propósito de los
movimientos nacionalistas era crear una sociedad autónoma y floreciente, el renacimiento de la lengua árabe como medio expresivo moderno y
vínculo de unidad era un tema fundamental.

Por la misma razón, existía inevitablemente un ingrediente islámico
en el nacionalismo. Tendía a ser un factor implícito y oculto en las ideas
de las clases cultas de este período, tanto porque la separación entre la
religión y la vida política parecía ser una condición de la vida nacional
de éxito en el mundo moderno, como porque en algunos de los países
árabes orientales (Siria, Palestina, Egipto), los musulmanes y los cristia-

nos convivían y, por lo tanto, se asignaba importancia a los lazos nacionales comunes. (Líbano era una excepción parcial en este sentido. El Líbano creado por los franceses, mayor, incluía a más musulmanes que antaño el privilegiado distrito otomano. Así, la mayoría de los musulmanes incorporados a esta región creían que correspondía asimilarla a una entidad árabe o siria más amplia; para la mayoría de los cristianos, se trataba esencialmente de un Estado cristiano. Sólo hacia fines de la década de 1930 comenzó a ganar terreno la idea de un Estado basado en el acuerdo entre las diferentes comunidades cristianas y musulmanas.)

La idea de que un grupo de personas forme una nación, y de que la nación sea independiente, es sencilla, demasiado sencilla para orientar acerca del modo de organización de la vida social. Pero en este período fue el foco de un núcleo de diferentes ideas. En general, el nacionalismo de este período era secularista y creía en un nexo que abarcaría a personas de diferentes escuelas o convicciones, así como una política basada en los intereses del Estado y la sociedad; y era constitucionalista, pues afirmaba que la voluntad de una nación debía manifestarse a través de gobiernos electos, responsables ante las asambleas reunidas. Atribuía mucha importancia a la necesidad de la educación popular, que permitiría que la nación participase más cabalmente en su vida colectiva. Apoyaba el desarrollo de las industrias nacionales, pues la industrialización parecía ser la fuente de la fuerza.

El concepto de Europa como ejemplo de civilización moderna, que había animado los movimientos reformistas del siglo precedente, ocupaba un lugar importante en esos movimientos nacionales. Ser independiente implicaba ser aceptado por los Estados europeos en un plano de igualdad, y abolir las capitulaciones y los privilegios legales de los ciudadanos extranjeros, ser aceptado en la Liga de las Naciones. Ser moderno era vivir una vida política y social análoga a la que existía en los países de Europa occidental.

Otro elemento de este núcleo de ideas merece más que una mención pasajera. El nacionalismo dio ímpetu al movimiento por la emancipación de las mujeres. La creación de escuelas para niñas por los gobiernos y las misiones extranjeras había estimulado este proceso durante la segunda mitad del siglo XIX; los viajes, la prensa europea y el ejemplo de las mujeres europeas fueron factores que lo fomentaron; halló una justificación teórica en los escritos de unos pocos autores relacionados con el movimiento reformista islámico (pero de ningún modo en todos).

La autobiografía de un miembro de una prominente familia sunní

de Beirut aporta cierta idea del fermento del cambio. Nacida en los últimos años del siglo XIX, criada en la cómoda seguridad de una vida de familia tradicional, y usando el velo en público hasta los veintitantos años,
Anbara Salam recibió una educación moderna plena. Su madre y su
abuela eran cultas y leían libros de religión e historia, y ella misma asistió a la escuela: durante un tiempo a una escuela católica, de la cual conservó el recuerdo perdurable de la humildad y la dulzura de las monjas,
y después a un instituto creado por una asociación de beneficencia musulmana. También recibió lecciones de árabe de uno de los principales
eruditos contemporáneos. Una visita a El Cairo en 1912 le reveló algunas de las maravillas de la civilización moderna: la luz eléctrica, los
ascensores, los automóviles, las salas de cine, los teatros con lugares
especiales para las mujeres. Antes de cumplir los veinte años había comenzado a escribir en la prensa, a hablar en las asambleas de mujeres y a
tener una idea distinta de la independencia personal: rechazó compro-
meterse con un pariente en edad temprana, y decidió que no podía casarse con alguien a quien no conocía. Cuando contrajo matrimonio lo
hizo con un miembro de una destacada familia de Jerusalén, Ahmad Sa-
mih al-Jalidi, uno de los líderes que abogaban por una educación árabe,
y con quien compartió la vida y los infortunios de los árabes palestinos,
mientras ella tenía su propio papel en la emancipación de las mujeres
árabes.[4]

El deseo de movilizar todo el potencial de la nación confirió un significado distinto a la emancipación de las mujeres: ¿cómo podía flore-
cer la nación si la mitad de su poder estaba paralizado?; ¿cómo podía ser
libre una sociedad mientras hubiese desigualdad de derechos y obligaciones? La efervescencia de la actividad nacionalista infundía una nueva
clase de coraje. Cuando Huda Sharawi (1878-1947), la principal femi-
nista egipcia de su tiempo, llegó a la principal estación ferroviaria de El
Cairo al regreso de una conferencia de mujeres celebrada en Roma en
1923, se situó en el estribo del tren y se quitó el velo de la cara; se dice
que las mujeres presentes rompieron a aplaudir, y algunas la imitaron.
Su ejemplo fue seguido por algunas mujeres de su generación, y puede
que las de la siguiente jamás usasen el velo.

Pero hacia 1939 los cambios no habían llegado muy lejos. Había
más niñas en las escuelas y unas pocas jóvenes en las universidades, se
ampliaba la libertad de las relaciones sociales, pero no se presenciaba
ningún cambio real en la condición legal de las mujeres; algunas participaban en las actividades políticas, el movimiento del Wafd en Egipto y

la resistencia a la política británica en Palestina, pero tenían acceso a pocas profesiones. Egipto, Líbano y Palestina habían avanzado más por este camino; en otros países, como Marruecos, Sudán y los países de la península arábiga, casi no se percibían cambios.

EL ISLAM DE LA ELITE Y LAS MASAS

Las poblaciones asentadas desde antiguo en las ciudades, al margen de su nivel de ingresos, se habían formado mediante la experiencia de la vida en la comunidad urbana. Un sistema de costumbres, la posesión compartida de cosas a las que se atribuía carácter sagrado, había mantenido la unión; los notables y la burguesía, que convivían con los artesanos y los tenderos, controlaban la producción de éstos y los protegían. La religión del campo y la ciudad, aunque diferenciada, estaba unificada por la observancia y la plegaria comunes, el Ramadán y la peregrinación, y la reverencia por los lugares comunes de devoción. La mayoría de los ulemas urbanos pertenecían a alguna de las órdenes sufíes, cuyas ramificaciones se extendían por toda el área rural; incluso si las aldeas se ajustaban a la costumbre, en principio respetaban la *sharia* y podían usar sus formas para expresar argumentos importantes e iniciativas comunes. Pero ahora los dos mundos de pensamiento y práctica comenzaban a separarse uno del otro. En las nuevas ciudades, la separación física era un signo del divorcio más profundo de las actitudes, los gustos, los hábitos y la fe.

Hacia la década de 1930, gran parte de la elite culta ya no vivía ajustándose a los límites de la *sharia*. En la nueva república turca se la abolió formalmente, y fue reemplazada por leyes positivas derivadas de los modelos europeos. Ningún país árabe, y ninguna potencia europea de las que gobernaba a poblaciones árabes, llegó a tales extremos, pero en los países afectados por las reformas del siglo XIX, aplicadas por autócratas reformistas o por gobernantes extranjeros, ahora se afirmó sólidamente cierta dualidad de los sistemas legales. Se decidían los casos penales, civiles y comerciales de acuerdo con los códigos y los procedimientos europeos, y la autoridad de la *sharia*, y de los jueces que la aplicaban, se limitaba a los temas relacionados con la condición personal. La principal excepción fue la península arábiga: en Arabia Saudí, la versión hanbalí de la *sharia* era la única ley reconocida por el Estado, y las obligaciones religiosas, las que se referían a la oración y el ayuno, se cumplían rigurosamente bajo la vigilancia de los funcionarios oficiales. En los países en que el ritmo del cambio era más intenso, incluso las prescripciones religiosas de la *sharia* alcanzaban una observancia menos general que antes. Aún regían los grandes momentos de la vida humana —el nacimiento y la circuncisión, el matrimonio, la muerte y la herencia—, pero en los nuevos barrios burgueses el rito de las cinco oraciones cotidianas, anunciadas por la llamada desde el minarete, era menos importante como patrón del tiempo y la vida; quizás el Ramadán se cumplía con menos rigor que antes, cuando la vida se vio liberada de las presiones sociales de la medina, donde los vecinos se vigilaban unos a otros; el consumo de bebidas alcohólicas se difundió más. Aumentó el número de aquellos para quienes el islam era una cultura heredada más que una norma de vida.

Los miembros de la elite culta para quienes el islam era todavía una fe viva, tendieron a interpretarlo de distinto modo. La posición de los ulemas en la alta sociedad urbana había cambiado. Ya no ocupaban cargos importantes en el sistema de gobierno; los portavoces de las aspiraciones de la burguesía no eran ellos, sino los jefes de los partidos políticos. La educación que los ulemas ofrecían ya no era tan atractiva para los jóvenes y los ambiciosos que tenían cierta posibilidad de elegir; no conducía a los ascensos en el servicio oficial, y no parecía ofrecer ninguna ayuda para comprender o dominar el mundo moderno. En Siria, Palestina y Líbano, en Egipto y Túnez, el joven (y, hasta cierto punto, la joven) de buena familia podía asistir a un colegio secundario moderno, oficial o extranjero, a las universidades de El Cairo o Beirut, o a Francia, Inglaterra o Estados Unidos. Incluso en Marruecos, que había cambiado más lentamente, la nueva escuela establecida por los franceses en Fez, el Collège Moulay Idris, atraía a estudiantes que se apartaban del Qarawiyyin.

El islam de los que estaban educados en las nuevas formas ya no era el de Azhar o el Zaituna, sino el de los reformistas de la escuela de Abdú. Los que interpretaban su pensamiento en el sentido de una separación de facto entre los ámbitos de la religión y la vida social hallaron un nuevo tema de discusión durante la década de 1920: la abolición del Califato otomano por la nueva República Turca motivó reflexiones acerca del carácter de la autoridad política, y uno de los partidarios de Abdú, Alí Abd al-Raziq (1888-1966) escribió un famoso libro, *al-Islam wa usul al-*

hukm (*El islam y las bases de la autoridad política*), donde arguyó que el Califato no tenía origen divino y que no se había enviado al Profeta para fundar un Estado, es más, que en realidad no lo había hecho:

> En realidad, la religión del islam es inocente de ese Califato que los musulmanes llegaron a conocer [...]. No es una institución religiosa, ni es la oficina del juez o cualquiera de los cargos oficiales [...]. Éstos son todos cargos meramente políticos. La religión nada tiene que ver con ellos; no los conoce ni los niega, no los impone ni los prohíbe, los ha dejado a nuestro cargo, de modo que los consultemos de acuerdo con los principios de la razón, la experiencia de las naciones y las leyes del arte de gobernar.[5]

Sus ideas fueron mal recibidas por los conservadores religiosos, pero en general se aceptó su consecuencia, esto es, que no debía restablecerse el Califato.

La otra línea de pensamiento que derivaba de Abdú era la que atribuía importancia a la necesidad de retornar a las bases de la fe y derivar de ellas, mediante el razonamiento responsable, una moral social que fuese aceptable en los tiempos modernos. Este género de reformismo comenzó a ejercer mucha influencia en el Magreb; y fue el que en definitiva adoptaría forma política. En Argelia, una Asociación de Ulemas Argelinos fue fundada en 1931 por Muhammad Ben Badis, con el propósito de restaurar la supremacía moral del islam y, con ella, la de la lengua árabe, en un pueblo desarraigado por un siglo de gobierno francés. Se intentó alcanzar esta meta formulando una interpretación del islam basada en el Corán y el *hadiz*, que tendía a derribar las barreras entre las diferentes sectas y escuelas jurídicas, así como creando escuelas no oficiales que enseñaran en árabe y trabajando para liberar del control oficial a las instituciones islámicas. Su labor atrajo la hostilidad de los líderes suffes y la sospecha del gobierno francés, y hacia 1939 se había comprometido de un modo mayor en la vida política, y se identificaba con la reclamación nacionalista de que los musulmanes tuviesen los mismos derechos en el sistema francés, sin necesidad de renunciar a sus leyes particulares y su moral social.

También en Marruecos las enseñanzas reformistas arraigaron durante la década de 1920, con resultados análogos. El intento de depurar el islam marroquí de las corrupciones de épocas ulteriores era por implicación un ataque a la posición que los jefes de las órdenes suffes habían ocupado en la sociedad marroquí; y reclamar una sociedad y un estado basados en una *sharia* reformada equivalía a oponerse al dominio de los ocupantes extranjeros del país. Estas enseñanzas señalaban el camino que llevaba a la acción política, y cuando surgió un movimiento nacionalista fue encabezado por un discípulo de los reformistas, Allal al-Fasi (1910-1974). El momento de la acción llegó en 1930, cuando lo que se creyó era un intento de los franceses de remplazar la *sharia* por el derecho consuetudinario en los barrios beréberes fue interpretado por los nacionalistas como un esfuerzo para separar a éstos de los árabes, y proporcionó un motivo que permitía movilizar a la opinión urbana.

Éstos eran movimientos que se daban en el seno de la elite culta, pero las masas urbanas y la población rural que las engrosaba aún se atenían a los modos tradicionales de convicción y comportamiento. La plegaria, el ayuno y la peregrinación todavía marcaban el paso de los días y los años; el predicador en la mezquita los viernes y el maestro sufí que vigilaba la tumba de un santo eran aún los que formaban y expresaban la opinión pública acerca de los interrogantes del momento. Las órdenes sufíes estaban difundidas entre las masas de la ciudad y el campo, pero su carácter y su papel estaban cambiando. Bajo la influencia del reformismo y el wahhabismo, se unía a ellas un número menor de ulemas y personas cultas, y el pensamiento y la práctica sufíes ya no se sostenía en los marcos de la alta cultura urbana. Cuando el gobierno llegó a controlar firmemente el campo, el papel político del jefe sufí se vio más limitado que antes, pero donde dicho control era débil o faltaba, aún podía convertirse en el jefe de un movimiento político. Durante la conquista italiana de Libia, la resistencia en la región oriental, es decir, Cirenaica, fue encabezada y orientada por los jefes de la orden sanusí.

Incluso en el mundo del islam popular estaba difundiéndose la versión más activista y política. Entre los trabajadores argelinos, en Francia y en la propia Argelia, durante la década de 1930 se difundió un movimiento popular, la Étoile Nord-Africaine, dirigida por Messali al-Hayy, una corriente más nacionalista que los movimientos de la elite educada en francés, y que apelaba abiertamente al sentimiento islámico. Tuvo un significado más general un movimiento egipcio que serviría como prototipo de grupos análogos en otros países musulmanes: la Hermandad Musulmana. Fundada en 1928 por un maestro de escuela elemental, Hassán al-Banna (1906-1949), no era específica o exclusivamente política:

> No sois una sociedad de beneficencia, ni un partido político, ni una
> organización local con propósitos limitados. Más bien sois un alma nueva

en el corazón de esta nación, para infundirle vida a través del Corán [...]. Cuando se os pregunte qué reclamáis, responded que el islam, el mensaje de Mahoma, la religión que contiene en sí misma el gobierno, una de cuyas obligaciones es la libertad. Si se os dice que sois políticos, contestad que el islam no reconoce esa distinción. Si se os acusa de ser revolucionarios, decid: «Somos voces en favor del derecho y la paz, en los cuales creemos profundamente, y de los cuales estamos orgullosos. Si os alzáis contra nosotros u obstaculizáis el camino de nuestro mensaje, Dios permite que nos defendamos contra vuestra injusticia.»[6]

La Hermandad Musulmana comenzó como un movimiento en favor de la reforma de la moral individual y social, basada en un análisis de lo que estaba mal en las sociedades musulmanas, análogo a la Salafiyya, y en parte derivado de ella. Creía que el islam había decaído a causa del predominio de un espíritu de ciega imitación y el advenimiento de los excesos del sufismo; a todo esto se había agregado la influencia de Occidente, el cual a pesar de sus virtudes sociales había traído valores ajenos, inmoralidad, la actividad misionera y la dominación imperial. El comienzo de la cura era que los musulmanes retornasen al verdadero islam, el islam del Corán interpretado por una auténtica *iytihad*, y que intentase seguir sus enseñanzas en todas las esferas de la vida; Egipto debía convertirse en un Estado islámico basado en una *sharia* reformada. Este paso tendría consecuencias en todos los aspectos de su vida. Se educaría a las mujeres y se les permitiría trabajar, pero debía mantenerse cierto género de distancia social entre ellas y los hombres; la educación debía basarse en la religión, y también debía reformarse la economía a la luz de los principios deducidos del Corán.

Esta doctrina también tenía consecuencias políticas. Aunque al principio la Hermandad no afirmó que sus propios miembros debían gobernar, estaba dispuesta a reconocer como gobernantes legítimos sólo a los que se comportaban de acuerdo con la *sharia*, y se oponían a un dominio extranjero que amenazaba a la comunidad de los creyentes. Les interesaba principalmente la situación de Egipto, pero su enfoque se extendía a todo el mundo musulmán, y su primera participación activa en política llegó con la rebelión de los árabes palestinos a fines de la década de 1930. Hacia fines de la década eran una fuerza política con la cual había que contar, y estaban difundiéndose entre la población urbana, pero no entre los pobres ni entre los muy cultos, sino en el sector de los que ocupaban una posición intermedia: artesanos, pequeños comerciantes, maestros y profesionales que estaban al margen del círculo mágico de la elite dominante, que habían sido educados en árabe más que en inglés o francés, e interpretaban sus escrituras de un modo sencillo y literal.

La convicción de los movimientos similares a la Hermandad Musulmana, en el sentido de que las doctrinas y las leyes del islam podían aportar las bases de la sociedad en el mundo moderno, se vio alentada por la creación de un Estado que tenía precisamente esa base: el de Arabia Saudí. Los intentos del rey Abd al-Aziz y sus partidarios wahhabíes a fin de mantener el predominio de la *sharia* en su forma hanbalí, contra la costumbre tribal por una parte y las innovaciones occidentales por otra, habría de ejercer más influencia en un período ulterior, cuando ese reino llegase a ocupar una posición más relevante en el mundo, pero incluso durante este período alcanzó cierta resonancia; por pobre y atrasada que fuera, en Arabia Saudí estaban las ciudades santas del islam.

QUINTA PARTE

La época de los Estados-nación

(a partir de 1939)

La Segunda Guerra Mundial cambió la estructura del poder mundial. La derrota de Francia, las cargas financieras originadas en la guerra, el ascenso de Estados Unidos y la Unión Soviética como superpotencias y cierto cambio en la atmósfera de la opinión debían conducir, durante las dos décadas siguientes, al fin del dominio británico y francés en los países árabes. La crisis de Suez (1956) y la guerra de Argelia (1954-1962) fueron los últimos intentos importantes de las dos potencias para reafirmar su posición. En Palestina, la retirada británica condujo a una derrota de los árabes cuando se creó el Estado de Israel. En otros países, los antiguos gobernantes fueron reemplazados por regímenes de diferentes tipos, adheridos al núcleo de ideas que se había formado alrededor del nacionalismo: el desarrollo de los recursos nacionales, la educación popular y la emancipación femenina. Debían esforzarse por ejecutar sus programas en el seno de sus ciudades, que estaban en proceso de rápido cambio: las poblaciones crecían deprisa; las ciudades, y sobre todo las capitales, se extendían; las sociedades se estratificaban de diferentes modos y los nuevos medios masivos de difusión —el cine, la radio, la televisión y el casete— posibilitaban un tipo distinto de movilización.

El nacionalismo árabe fue la idea que predominó durante las décadas de 1950 y 1960, y su meta fue una unión estrecha de los países árabes, la independencia frente a las superpotencias y las reformas sociales en el sentido de una igualdad más acentuada; esta idea se expresó durante cierto tiempo en la personalidad de Gamal Abdel Nasser, gobernante de Egipto. Pero la derrota de Egipto, Siria y Jordania en la guerra de 1967 contra Israel frenó el avance de esta idea, e inauguró un período de desunión y dependencia cada vez más acentuada respecto de una u otra superpotencia, con tendencia al predominio de Estados Unidos. En otros niveles, los contactos entre los pue-

blos árabes eran cada vez más estrechos: los medios de difusión, tanto anti-
guos como nuevos, difundían ideas e imágenes de un país árabe en otro; en
algunos de los países árabes la explotación de los recursos petroleros permitió
un rápido crecimiento económico, y esta situación atrajo a inmigrantes de
otros países.

Durante la década de 1980, una combinación de factores agregó una
tercera idea al nacionalismo y la justicia social como fuerza que podía confe-
rir legitimidad a un régimen, pero también podía promover movimientos
opositores al mismo. La necesidad de las poblaciones urbanas desarraigadas
de encontrar una base sólida para su vida, el sentido del pasado implícito en
la idea del nacionalismo, la aversión frente a las nuevas ideas y costumbres
que provenían del mundo occidental y el ejemplo de la revolución iraní de
1979 fueron todos factores que llevaron a la rápida acentuación de los senti-
mientos de fidelidad islámicos.

CAPÍTULO VEINTIUNO

El fin de los imperios (1939-1962)

LA SEGUNDA GUERRA MUNDIAL

La Segunda Guerra Mundial se abatió sobre un mundo árabe que parecía firmemente aferrado en los marcos de los sistemas imperiales británico y francés. Los nacionalistas podían abrigar la esperanza de conquistar una posición más favorecida en dichos sistemas, pero el predominio militar, económico y cultural de Inglaterra y Francia parecía inconmovible. Estados Unidos y la Unión Soviética tenían, a lo sumo, un interés limitado por Oriente Próximo o el Magreb. El modelo y la propaganda alemanes e italianos ejercían cierta influencia sobre la generación más joven, pero hasta el estallido de la guerra una estructura de base tan firme al parecer podía resistir el desafío. Sin embargo, de nuevo la guerra fue un catalizador que promovió rápidos cambios en el poder y la vida social y en las ideas y las esperanzas de los que se vieron afectados por la contienda.

Durante los primeros meses la guerra se libró en Europa septentrional, y los ejércitos franceses destacados en el Magreb y los británicos y franceses del Oriente Próximo estaban en situación de alerta, pero sin participar. La situación cambió en 1940, cuando Francia fue derrotada y se retiró de la guerra e Italia intervino en el conflicto. Los ejércitos italianos amenazaban la posición británica en el desierto occidental de Egipto, y en Etiopía, en la frontera meridional de Sudán. Durante los primeros meses de 1941 la ocupación alemana de Yugoslavia y Grecia despertó el temor de que Alemania podía continuar avanzando hacia el este, en dirección a Siria y Líbano, gobernadas por una administración francesa que recibía de Francia sus órdenes, y a Irak, donde el poder había caído en manos de un grupo de oficiales militares y políticos encabezados por Rashid Alí al-Gailani (1892-1965), que mantenía ciertas relaciones con Alemania. En mayo de 1941 Irak fue ocupada por una fuerza británica que restableció un gobierno favorable a Gran Bretaña, y en junio Siria fue invadida por fuerzas británicas e imperiales, unidas a una fuerza francesa formada por los que habían respondido al llamamiento del general De Gaulle, quien sostenía que Francia no había perdido la guerra y los franceses debían continuar participando en el conflicto.

A partir de mediados de 1941 la guerra entre los Estados europeos se convirtió en guerra mundial. La invasión alemana de Rusia abrió la posibilidad de que Alemania avanzara hacia Oriente Próximo a través del Cáucaso y Turquía, y el deseo de enviar suministros británicos y norteamericanos a Rusia determinó la ocupación conjunta de Irán por los ejércitos británicos y soviéticos. Hacia fines del año, el ataque japonés a la marina norteamericana motivó la entrada de Estados Unidos en la guerra, contra Alemania e Italia tanto como contra Japón. Los años 1942-1943 fueron el momento decisivo en Oriente Próximo. Un ejército alemán había reforzado a los italianos en Libia, y en julio de 1942 estas fuerzas avanzaron por Egipto y llegaron hasta las proximidades de Alejandría; pero la guerra en el desierto era de movimientos rápidos, y antes de terminar el año un contraataque determinó que las fuerzas británicas se adentrasen profundamente en Libia. Casi al mismo tiempo, en noviembre, los ejércitos anglonorteamericanos desembarcaron en el Magreb y ocuparon rápidamente Marruecos y Argelia. Los alemanes retrocedieron hacia su último baluarte en Túnez, pero finalmente lo abandonaron ante el ataque por el este y el oeste, en mayo de 1943.

Ahora, la guerra activa más o menos había concluido en lo tocante a los países árabes, y podía creerse que había concluido con la reafirmación del predominio británico y francés. Todos los países que antes estaban sometidos al control británico conservaron esa posición, y había ejércitos británicos en Libia, Siria y Líbano. El dominio francés se mantenía formalmente en Siria, Líbano y el Magreb, donde estaba reconstruyéndose el ejército francés para participar activamente en las últimas etapas de la guerra en Europa.

Sin embargo, de hecho, se habían quebrantado las bases del poder británico y francés. El derrumbe de Francia en 1940 había debilitado su posición a los ojos de los pueblos a los que gobernaba; aunque había reaparecido del lado de los vencedores, y con la jerarquía formal de una gran potencia, los problemas de la recreación de una vida nacional estable y el restablecimiento de una economía deteriorada determinaría que fuese más difícil aferrarse a un imperio que se extendía de Marruecos a

Indochina. En Gran Bretaña, el esfuerzo de la guerra había provocado una crisis económica que podía ser superada sólo gradualmente y con la ayuda de Estados Unidos; la fatiga y la conciencia de la dependencia acentuaron la duda acerca de la posibilidad o la conveniencia de gobernar un imperio tan extenso como se había hecho antes. Imponiéndose a Gran Bretaña estaban los dos poderes cuya fuerza potencial había cobrado carácter real a causa de la guerra. Estados Unidos y la Unión Soviética tenían mayores recursos económicos y más potencial humano que otro cualquiera de los Estados, y en el curso de la guerra se habían asentado en muchas regiones del mundo. Así pues, estaban en condiciones de reclamar que se considerasen sus intereses en todas partes; además, la dependencia económica de Europa respecto de la ayuda norteamericana suministraba a Estados Unidos un poderoso instrumento de presión sobre sus aliados europeos.

En los pueblos árabes, los acontecimientos bélicos despertaron la esperanza de una nueva vida. Los movimientos de los ejércitos (especialmente veloces y amplios en el desierto), los temores y las expectativas de la ocupación y la liberación, las perspectivas esgrimidas por los servicios de propaganda que competían entre ellos, el espectáculo de Europa desgarrada, las declaraciones de elevados principios de la victoriosa alianza anglonorteamericana y el ascenso de la Rusia comunista como potencia mundial: todos estos factores acentuaron la convicción de que la vida podía ser distinta.

Entre muchos otros cambios, las circunstancias de la guerra fortalecieron la idea de una unidad más estrecha entre los países árabes. El Cairo fue el centro principal desde donde los británicos organizaron la lucha en Oriente Próximo, y también su vida económica; la necesidad de preservar la navegación condujo a la creación del Centro de Suministros de Oriente Próximo (en principio británico, y después anglonorteamericano), que no se limitó a regular las importaciones, y alentó cambios en la agricultura y la industria con el propósito de lograr que Oriente Próximo gozara de mayor autonomía. El hecho de que El Cairo fuese el centro de las decisiones militares y económicas, proporcionó al gobierno egipcio (con cierto aliento indefinido de Gran Bretaña) la oportunidad de tomar la iniciativa de crear vínculos más estrechos entre los Estados árabes. A principios de 1942 un ultimátum británico al rey de Egipto lo obligó a pedir al Wafd la formación de un gobierno. En ese momento decisivo de la guerra Gran Bretaña consideró deseable contar con un gobierno egipcio que pudiese controlar el país y estuviese más dispuesto que el rey y su entorno a cooperar con los británicos. La autoridad que el gobierno del Wafd adquirió de este modo le permitió emprender conversaciones con otros Estados árabes acerca de la posibilidad de una unidad más estrecha y más formal entre ellos. Había diferencias de sentimientos y de intereses: en Siria e Irak, los jefes todavía recordaban la perdida unidad del Imperio otomano y deseaban un vínculo más estrecho; Líbano mantenía un equilibrio precario entre los que se consideraban árabes y los que, principalmente cristianos, entendían que Líbano era un país separado, estrechamente unido con Europa occidental; los gobiernos de Egipto, Arabia Saudí y Yemen mantenían cierto sentimiento de solidaridad árabe, pero con una firme concepción de su interés nacional. Todos deseaban prestar un apoyo eficaz a los árabes de Palestina. Dos conferencias celebradas en Alejandría en 1944 y en El Cairo en 1945 llevaron a la creación de la Liga de Estados Árabes. Este paso reunió a siete Estados que gozaban de una relativa libertad de acción (Egipto, Siria, Líbano, Transjordania, Irak, Arabia Saudí y Yemen), así como a un representante de los árabes palestinos, y dejó abierta la puerta a la incorporación de otros países árabes en el caso de que se independizaran. No debía haber interferencia en la soberanía de cada país, pero se confiaba en que actuasen conjuntamente en las cuestiones de interés común, sobre todo en la defensa de los árabes en Palestina y el Magreb, y en las organizaciones internacionales que se formasen después de la guerra. Cuando en 1945 se procedió a la creación de las Naciones Unidas, los Estados árabes independientes se convirtieron en miembros del nuevo organismo.

LA INDEPENDENCIA DE LAS NACIONES (1945-1956)

Después del fin de la guerra, Oriente Próximo y el Magreb, que durante una generación habían sido la esfera de influencia casi exclusiva de dos Estados europeos, se convirtieron en un área en que cuatro o más países ejercieron el poder de la influencia, y en que las relaciones entre ellos no eran tan estables como durante el período del «Concierto de Europa». En esta situación, los partidos nacionalistas y los intereses locales que ellos representaban podían presionar en favor de lograr cambios en el estatus de sus respectivas naciones.

Francia ocupaba una posición más débil que Gran Bretaña, y la presión sobre ella fue más intensa. Al final de la guerra pudo restablecer su posición en Indochina y el Magreb, después de reprimir severamente los disturbios de Argelia oriental en 1945, pero se vio obligada a salir de Siria y Líbano. Cuando las fuerzas británicas y las de Francia Libre ocuparon el país, en 1941, se estableció un acuerdo por el cual los franceses ejercían la autoridad administrativa, pero los británicos asumían el control estratégico; Gran Bretaña reconoció la posición de Francia como potencia europea principal, con sujeción al otorgamiento de la independencia a los dos países. Las posibilidades de un choque de intereses eran considerables. Francia Libre se resistía a conceder de inmediato el autogobierno; su pretensión de ser la auténtica Francia no parecería plausible a los ojos de los franceses si entregaban un territorio francés no, como ellos creían, a sus habitantes, sino a la atracción ejercida por la esfera de influencia británica. En cambio, para los británicos satisfacer la demanda de independencia era ventajoso en vista de los sentimientos hostiles de los nacionalistas árabes frente a la política británica en Palestina. Los políticos de Beirut en Damasco pudieron servirse de esta discrepancia con el fin de conquistar la independencia antes de que terminase la guerra y ellos quedasen bajo el dominio incontrolado de los franceses. Hubo dos crisis, una en 1943 cuando el gobierno libanés trató de limitar la autoridad francesa, y la segunda en 1945 cuando un intento similar de los sirios motivó que los franceses bombardeasen Damasco, la intervención británica y un proceso de negociación que concluyó en el acuerdo de que los franceses y los británicos se retirarían simultánea y totalmente hacia fines de 1945. Así, Siria y Líbano conquistaron la independencia total, sin las limitaciones que los tratados con Gran Bretaña habían impuesto a Egipto e Irak. En adelante, para un partido nacionalista sería difícil aceptar menos que eso.

La posición británica en Oriente Próximo pareció mantenerse incólume, y en ciertos sentidos pudo suponerse que era más fuerte hacia el fin de la guerra. Las campañas del desierto habían puesto a otro país árabe, Libia, bajo el gobierno británico. En las regiones árabes de Oriente Próximo parecía que Estados Unidos no deseaba representar a Gran Bretaña como potencia principal, pese a que había matices de rivalidad por los mercados y el control de la producción petrolera. Sin embargo, el comienzo de la «guerra fría» originó un compromiso norteamericano más serio. En 1947 Estados Unidos asumió la responsabilidad de defender a Grecia y Turquía contra las posibles amenazas rusas, y la secuela de esta actitud era que más al sur, en los países árabes, Gran Bretaña sería la principal responsable de proteger los intereses políticos y estratégicos occidentales en la nueva era de la guerra fría.

Este entendimiento implícito duraría alrededor de diez años, y durante la primera parte de ese período hubo un esfuerzo constante del gobierno laborista británico para dotar de nuevas bases a sus relaciones con los países árabes. Es posible que la retirada británica de India en 1947 llevase a pensar que para Gran Bretaña era menos importante que antes permanecer en Oriente Próximo, pero ésa no era la opinión del gobierno; las inversiones, el petróleo, los mercados, las comunicaciones, los intereses estratégicos de la alianza occidental y el sentimiento de que Oriente Próximo y África eran las únicas regiones del mundo donde Gran Bretaña podía adoptar iniciativas, al parecer determinaba que fuese más importante conservar su posición allí, pero sobre una base nueva.

La línea general de la política británica consistió en apoyar la independencia árabe y un grado mayor de unidad, al mismo tiempo que preservaba sus intereses estratégicos esenciales mediante acuerdos amistosos, y también ayudando al desarrollo económico y la adquisición de conocimientos técnicos hasta el punto de que los gobiernos árabes pudiesen asumir la responsabilidad de su propia defensa. Esta política se basaba en dos premisas: que los gobiernos árabes entenderían que sus principales intereses eran idénticos a los de Gran Bretaña y la alianza occidental, y que los intereses británicos y norteamericanos coincidirían hasta tal punto que la parte más fuerte se mostraría dispuesta a dejar a la más débil la defensa de sus intereses. Pero durante los diez años siguientes se demostró que estas premisas eran erróneas.

Libia fue el primer país que obligó a adoptar una decisión. Hacia el fin de la guerra había una administración militar británica en dos de las tres regiones del país, Cirenaica y Tripolitania, y una francesa en la tercera, Fazzan. En la región oriental, Cirenaica, las fuerzas leales al jefe de la orden sanusí, habían ayudado en la conquista y decidido por meses acerca del futuro. En las discusiones entre las principales potencias y otras partes interesadas y en las Naciones Unidas, se formuló la idea de que Libia podía ser un país al que cabía aplicar el nuevo concepto de un «fideicomiso» a cargo de países «más avanzados». En una de las primeras expresiones de esa hostilidad al dominio imperial que se convertiría en una de las características de las Naciones Unidas, la mayoría se mostró reticente a permitir que Francia o Gran Bretaña continuasen en Libia, o que Italia regresara como fideicomisaria. Varios grupos locales pidieron la independencia, si bien discrepaban acerca de la relación futura entre las tres regiones, y en 1949 las Naciones Unidas apoyaron una resolución favorable a la independencia y designaba una comisión internacional con el fin de supervisar el traspaso del poder. En 1951 el país conquistó la independencia, y el jefe de la orden sanusí se convirtió en el rey Idris; pero durante varios años Gran Bretaña y Estados Unidos mantuvieron allí bases militares.

En otro país, Palestina, la resolución de los intereses antagónicos fue imposible, y este problema provocaría un perjuicio perdurable a las relaciones entre los pueblos árabes y las potencias occidentales. Durante la guerra la inmigración judía palestina había sido prácticamente imposible, y en general se había suspendido la actividad política. A medida que la guerra tocó a su fin, se percibió claramente que las relaciones de poder habían cambiado. Los árabes de Palestina eran menos capaces que antes de presentar un frente unido, a causa del exilio o el encarcelamiento de algunos jefes durante la rebelión de 1936-1939 y después, y de las tensiones y las hostilidades provocadas por los movimientos violentos; la formación de la Liga Árabe, con su compromiso de apoyo a los palestinos, pareció ofrecerles una fuerza que, en definitiva, resultó ilusoria. En cambio, los palestinos judíos estaban unidos por sólidas instituciones comunitarias; muchos habían adquirido entrenamiento y experiencia militar en las fuerzas británicas durante la guerra; contaban con el apoyo más amplio y decidido de los judíos de otros países, conmovidos por las masacres de judíos en Europa, y dispuestos a crear no sólo un refugio para los que habían sobrevivido sino una posición de fuerza que impidiera la repetición futura de estos episodios. El gobierno británico, aunque consciente de los argumentos en favor de una inmigración judía rápida y a gran escala, también sabía que ese proceso desembocaría en la reclamación de un Estado judío, lo cual a su vez provocaría la enérgica oposición tanto de los palestinos, que temían verse sometidos o desposeídos, como de los Estados árabes. Ya no gozaba de la libertad de acción que había tenido antes de 1939, a causa de sus estrechas relaciones con Estados Unidos y su dependencia económica respecto de ese país; el gobierno norteamericano, cuyos intereses en Oriente Próximo eran aún más reducidos, y que actuaba sometido a cierta presión por su comunidad judía, numerosa y políticamente activa, tendía a usar su influencia en favor de las reclamaciones sionistas de inmigración y creación de un Estado nacional. El lema se convirtió ahora en una cuestión importante en el marco de las relaciones anglonorteamericanas. Los intentos de

concertar una política conjunta, mediante un comité anglonorteamericano de investigación (1945-1946) y después a través de discusiones bi-
laterales, no llevaron a ninguna conclusión, pues ninguno de los programas propuestos contó con la aprobación tanto de los judíos como de los
árabes, y el gobierno británico no estaba dispuesto a ejecutar una política que no tuviese esa aprobación. La presión norteamericana sobre Gran
Bretaña aumentó, y los ataques judíos contra las instalaciones y los funcionarios británicos en Palestina se acercaron al punto de la rebelión
abierta.

En 1947 Gran Bretaña decidió traspasar el asunto a las Naciones
Unidas. Un comité especial de esta organización enviado a estudiar el
problema presentó un plan de partición en términos más favorables a
los sionistas que el de 1937. Este plan fue aceptado por la Asamblea General de las Naciones Unidas en noviembre de 1947, con el apoyo muy
activo de Estados Unidos y Rusia, que deseaban que los británicos se retirasen de Palestina. Los miembros árabes de las Naciones Unidas y los
árabes palestinos lo rechazaron; así, enfrentada de nuevo con la imposibilidad de hallar una política aceptable tanto para los árabes como para
los judíos, Gran Bretaña decidió retirarse de Palestina en una fecha fija-
da, el 14 de mayo de 1948. Esta actitud repitió un precedente establecido poco antes con ocasión de la retirada británica de India, y pudo haberse abrigado la esperanza de que, como en India, la inminencia de la
retirada hubiese llevado a las dos partes a alguna forma de acuerdo. A
medida que se aproximó la fecha, la autoridad británica inevitablemente disminuyó y estallaron los combates, en los cuales los judíos pronto se
impusieron. A su vez, esta situación determinó que los Estados árabes
vecinos interviniesen, y así una serie de conflictos locales se convirtieron
en guerra. El 14 de mayo la comunidad judía declaró su independencia
como Estado de Israel, que contó con el reconocimiento inmediato de
Estados Unidos y Rusia; y las fuerzas egipcias, jordanas, iraquíes, sirias y
libanesas se replegaron a las regiones principalmente árabes del país. En
una situación en que no existían fronteras fijas ni divisiones demográfi-
cas claras, hubo combates entre el nuevo ejército israelí y las fuerzas de
los Estados árabes, y en cuatro campañas interrumpidas por acuerdos
de cese del fuego, Israel pudo ocupar la mayor parte del país. Al principio por prudencia, y después a causa del pánico y la política intencional
del ejército israelí, casi dos tercios de la población árabe abandonaron
sus hogares y se convirtieron en refugiados. A principios de 1949 se concertó una serie de armisticios entre Israel y sus vecinos árabes, bajo la su-

pervisión de las Naciones Unidas, y se definieron fronteras estables. Alrededor del 75 % de Palestina fue incluida tras las fronteras de Israel; una franja de territorio en la costa meridional, desde Gaza hasta la frontera egipcia, pasó al control de la administración egipcia; el resto fue anexionado por el Reino hachemí de Jordania (el nombre adoptado por Transjordania en 1946, después de que un tratado con Gran Bretaña redefinió las relaciones entre los dos países). Jerusalén fue dividida entre Israel y Jordania, aunque muchos otros países no admitieron formalmente la división.

La opinión pública de los países árabes se vio muy afectada por estos hechos. Los gobiernos árabes lo interpretaron como una derrota, y la situación llevaría a una serie de trastornos durante los años siguientes. También se entendió que era una derrota para los británicos, que habían logrado retirar del país sin pérdidas a sus funcionarios y soldados, pero en circunstancias que despertaban suspicacias y hostilidad en ambas partes. En los países árabes la opinión dominante fue que, de hecho, la política británica había ayudado a los sionistas. Después de alentar la inmigración judía, el gobierno no había estado dispuesto a aceptar sus consecuencias para los árabes, interrumpiéndola antes de que condujese al sometimiento o la desposesión de la población nativa, o por lo menos tratando de limitar los daños que ella provocaría. Por otra parte, se entendió que Estados Unidos había actuado siempre a favor de los sionistas.

De todos modos, tanto las posiciones británicas como las norteamericanas continuaron siendo sólidas. El gobierno israelí, cuya figura más destacada era David Ben Gurión (1886-1973), rehusó aceptar el regreso de un número importante de refugiados árabes; pero los gobiernos británico, norteamericano e israelí, en general, aceptaban que esos refugiados más tarde o más temprano serían absorbidos por la población de los países en que se habían refugiado y que, si no la paz, al menos podía alcanzarse un modus vivendi estable entre Israel y sus vecinos. Entretanto, el gobierno israelí consagró sus principales energías a la tarea de absorber un elevado número de inmigrantes judíos, no sólo de Europa oriental sino también de los países árabes. Este proceso modificó la estructura de la población; hacia 1956, de un total de 1,6 millones, los musulmanes árabes y los cristianos eran 200.000, es decir, el 12,5 %. Gran parte de la tierra que había pertenecido a los árabes fue expropiada, apelando a diferentes medios legales, a favor de los colonos judíos. Aunque los ciudadanos árabes de Israel tenían derechos legales y políticos, no pertenecían totalmente a la comunidad nacional que estaba cobrando forma. El movimiento de la población hacia Israel también influyó en los Estados árabes. En la generación que siguió a 1948 las antiguas comunidades judías de los países árabes prácticamente dejaron de existir; las de Yemen e Irak se trasladaron principalmente a Israel; las de Siria, Egipto y el Magreb lo hicieron a Europa y América del Norte, así como a Israel; sólo la comunidad judía de Marruecos continuó siendo significativa.

Durante los años siguientes, el centro de la discusión y el conflicto político no estuvieron en el conflicto árabe-israelí sino en otros países en los cuales Gran Bretaña aún conservaba una posición especial: Irán, más allá de la frontera oriental del mundo árabe, donde la nacionalización de la compañía petrolera de propiedad británica provocó una crisis internacional, y Egipto. Aquí, Gran Bretaña aún tenía mucha libertad de acción. Aunque había discrepado de la política británica en Palestina, Estados Unidos no estaba dispuesto a debilitar la posición de Gran Bretaña como guardián de los intereses occidentales en otra región del mundo árabe, si bien la considerable inversión de capital norteamericano en los campos petrolíferos de Arabia Saudí condujo allí a la sustitución de la influencia británica por la norteamericana. Por su parte, la Unión Soviética estaba demasiado atareada en otras zonas y no podía desarrollar una política activa en los países árabes. Los Estados árabes, aunque comprometidos en principio con la defensa de los intereses de los palestinos, se ocupaban principalmente de sus propios problemas.

La base del poder británico en Oriente Próximo siempre había sido la presencia militar en Egipto, y aquí precisamente Gran Bretaña afrontó el problema más urgente. Apenas concluyó la guerra, el gobierno egipcio reclamó la modificación del acuerdo concertado en 1936. Las negociaciones entre los dos gobiernos se desarrollaron a partir de 1946, pero fracasaron en dos puntos: primero, la demanda egipcia de soberanía sobre Sudán, una pretensión que el gobierno británico no aceptó, en la creencia de que la mayoría de los sudaneses tampoco la aceptaría y de que Gran Bretaña mantenía obligaciones con ellos; y segundo, el tema de la posición estratégica británica en el país. Cumpliendo el tratado de 1936, las fuerzas británicas se retiraron de El Cairo y el delta del Nilo, pero se llegó a un punto muerto en relación con la zona del canal de Suez; los estadistas y estrategas británicos consideraron esencial mantener allí una gran fuerza, tanto para la defensa de los intereses occidentales en Oriente Próximo como para cuidar de los intereses británicos en el Mediterráneo oriental y en África. En 1951 estallaron graves enfrentamientos entre las fuerzas británicas y las guerrillas egipcias, y en enero de 1952 este proceso desencadenó un movimiento popular en El Cairo, que llevó a la destrucción de instalaciones relacionadas con la presencia británica; a su vez, la perturbación del orden en julio de 1952 creó la oportunidad adecuada, que una sociedad secreta de oficiales egipcios de rango medio aprovechó para adueñarse del poder en el mismo mes, al principio con una dirección colectiva y después bajo la conducción de Gamal Abdel Nasser (1918-1970). La ruptura con el pasado, que habría de manifestarse en muchas áreas, quedó simbolizada por el derrocamiento del rey y la proclamación de Egipto como república.

Como ejercían sobre el país un control más firme que los gobiernos precedentes, los gobernantes militares pudieron reanudar las negociaciones con los británicos. De las dos cuestiones principales, la de Sudán fue eliminada cuando en 1953 el gobierno egipcio concertó un acuerdo directo con los principales partidos sudaneses. Los movimientos políticos de Sudán habían logrado expresarse más libremente después de la creación, en 1947, de una Asamblea Legislativa electa; y ahora aparecieron tres fuerzas principales: los que deseaban la independencia y la preservación de un nexo con Gran Bretaña, los que reclamaban la independencia y un vínculo más estrecho con Egipto y los que hablaban en nombre de los pueblos no musulmanes y no árabes del sur. El acuerdo con Egipto comprometió a los dos primeros, y fue aceptado por Gran Bretaña, aunque con cierta renuencia. Se convino en que el poder pasaría del condominio angloegipcio a los sudaneses bajo una supervisión internacional. Se celebraron elecciones el mismo año, y hacia 1955 se completó el proceso; la administración quedó en manos sudanesas y las fuerzas armadas británicas y egipcias se retiraron. La sombra más importante que se cernía sobre el futuro era el principio de la rebelión y la guerra de guerrillas en las provincias meridionales, donde la población que no era árabe ni musulmana temía los resultados de la transferencia del gobierno británico al árabe.

Una vez resuelto el problema sudanés, continuaron las negociaciones acerca de la segunda cuestión, la posición estratégica británica, y se llegó a un acuerdo en 1954. Las fuerzas británicas se retirarían de la zona del canal de Suez, y con ello terminarían más de setenta años de ocupación británica; pero se convino que la base podía reactivarse si sobrevenía un ataque a Egipto, a otro Estado árabe o a Turquía. La inclusión de Turquía fue la expresión de la preocupación británica y norteamericana por la defensa de los intereses occidentales en Oriente Próximo en vista de una posible amenaza proveniente de Rusia; estaban analizándose diferentes planes relacionados con un pacto defensivo para Oriente Próximo, y la disposición de Egipto a incluir la mención de Turquía en el acuerdo pareció indicar que también este país podía estar dispuesto a incorporarse.

El fin de la ocupación extranjera en Siria, Líbano, Egipto y Sudán dificultó que Irak y Jordania aceptaran menos que esos países. En Irak, el régimen restaurado por la intervención británica en 1941 ansiaba conservar un nexo estratégico con las potencias occidentales; tenía más conciencia que otros países árabes de la proximidad de Rusia. En 1948 se intentó renegociar de acuerdo con estos criterios el tratado anglo-iraquí de 1930, pero no se logró a causa de la oposición de los que deseaban que Irak se comprometiese menos con la alianza occidental. Después, en 1955, el gobierno acordó con Turquía la celebración de un pacto económico y de defensa común (el Pacto de Bagdad); Pakistán, Irán y Gran Bretaña se incorporaron al acuerdo, y más tarde Estados Unidos comenzó a participar en sus trabajos. En el contexto de este pacto, se acordó con Gran Bretaña que las dos bases aéreas británicas serían entregadas a Irak, pero Gran Bretaña se comprometía a prestar ayuda caso de producirse un ataque contra Irak, o si existía una amenaza en ese sentido o Irak solicitaba ayuda.

En Jordania también existía una situación análoga, la de un régimen ansioso de ayuda frente a los peligros externos —de sus vecinos árabes y también de Israel—; pero presionado por la opinión pública nacionalista. Después de 1948 el país contaba con una mayoría de palestinos, que veían en Israel a su principal enemigo, y vigilaban todo indicio de que el régimen estuviera haciéndole concesiones. En 1951 fue asesinado el rey Abdulá, lo cual demostró la sospecha nacionalista de que era más complaciente con los israelíes y sus patrocinadores europeos de lo que parecía sensato y justo. El equilibrio inestable varió durante un período en favor de la independencia total. En 1957 un acuerdo puso fin al tratado con Gran Bretaña, y las fuerzas británicas se retiraron de las bases que habían ocupado; pero un signo de la posición precaria de Jordania y del régimen hachemí fue que el mismo año los gobiernos británico y norteamericano declarasen que la independencia y la integridad del país eran de vital interés para ellos.

En el Magreb, Francia tuvo mayores dificultades para aceptar la demanda de independencia. La presencia francesa allí era no sólo un problema militar o relacionado con el dominio de los intereses económicos metropolitanos, sino que, sobre todo, tenía que ver con las comunidades francesas residentes, que controlaban los sectores lucrativos de la economía y ostentaban buena parte de los cargos en el gobierno, con la única excepción de los niveles inferiores. Promover un cambio en las relaciones entre los franceses y los árabes implicaba más esfuerzo y tropezaba con mayor resistencia. Los intentos comenzaron en Túnez y Marruecos apenas concluyó la guerra. En Túnez, el partido Neo-Destur tenía la ventaja moral de que su jefe Burguiba había prestado un apoyo inequívoco a la Francia Libre y sus aliados mientras estaban en el exilio o la cárcel, durante la guerra, y además contaba con la fuerza material derivada de la combinación del partido y la federación de sindicatos, fundada después de la guerra, cuando se permitió por primera vez a los tunecinos la incorporación a los sindicatos. En Marruecos, la fuerza provenía de una coordinación de varios elementos. Los pequeños grupos nacionalistas que habían aparecido durante la década de 1930 se unieron en un Partido Independentista (Istiqlal), que se relacionó con el sultán Mohammed V (1927-1962), quien comenzó a reclamar discretamente el fin del protectorado francés. La idea de la independencia comenzó a difundirse entre estratos sociales más amplios: se formó una federación de sindicatos y el partido Istiqlal pudo controlarlo; la migración rural a Casablanca y otras ciudades creó vínculos más fuertes entre la ciudad y el campo y alentó la difusión de las ideas nacionalistas. La presencia de intereses comerciales extranjeros protegidos por los tratados internacionales desde principios de siglo y un nuevo interés estratégico norteamericano infundió en los nacionalistas la esperanza de que podrían contar con algunas simpatías en el exterior.

Los débiles gobiernos franceses de los años que siguieron a la guerra, basados en coaliciones inestables y atentos a una opinión pública que no se había recobrado de la humillación de la derrota, no podían ofrecer más que represión o «cosoberanía», lo cual significaba que la comunidad europea tendría el mismo peso que la población nativa en las instituciones locales y que la voz decisiva continuaría siendo la del gobierno metropolitano francés. En 1952 Burguiba y otros fueron arrestados en Túnez, y comenzó un movimiento de resistencia activa, que provocó un movimiento violento análogo entre los colonos europeos. Durante los años siguientes las cosas llegaron a un punto crítico en Marruecos. Los contactos entre el palacio y el partido Istiqlal eran más estrechos, y el sultán reclamó la soberanía total. En respuesta, las autoridades francesas usaron, quizá por última vez, un modo tradicional de acción política. Movilizaron a las fuerzas de los jefes rurales cuyo poder ellas habían sustentado, y cuya posición se veía amenazada por el control central más firme implícito en la visión nacionalista del futuro. En 1953 el sultán fue depuesto y se exilió; el efecto de todo ello fue que se convirtió en un símbolo de unidad para la mayoría de los marroquíes, lo que transformó la agitación en insurrección armada.

Pero en 1954 la política francesa cambió. La posición francesa en Indochina estaba amenazada severamente por un nuevo tipo de movimiento nacionalista popular armado, y en Argelia comenzaba a perfilarse un movimiento análogo. Un nuevo gobierno francés, más decidido, abrió negociaciones con el Neo-Destur y con el sultán de Marruecos, que fue traído de regreso del exilio. Ambos países obtuvieron la independencia en 1956. En Marruecos, la zona española y la ciudad internacional de Tánger fueron incorporadas totalmente al Estado independiente. La independencia fortaleció la autoridad del sultán (que ocupó el trono en 1957), pero en Túnez el bey, que había tenido un discreto papel en el proceso político, fue derrocado y Burguiba ocupó la presidencia. Pero en ambos países la independencia y las relaciones con Francia continuaron siendo precarias durante los años siguientes, pues por esta época Argelia estaba inmersa en una guerra de independencia: los primeros disparos sonaron en noviembre de 1954, y muy pronto sus repercusiones se extendieron por todo el Magreb.

LA CRISIS DE SUEZ

Hacia mediados de la década de 1950, la mayoría de los países árabes que habían estado sometidos al dominio europeo habían alcanzado formalmente la independencia. Aún había bases militares extranjeras en algunos, pero pronto serían abandonadas. El dominio francés persistía únicamente en Argelia, donde se veía activamente cuestionado por una rebelión nacionalista popular. El dominio o la protección de Gran Bretaña perduraba en los márgenes orientales y meridionales de la península arábiga. El Estado principal de la península, Arabia Saudí, nunca había conocido un período de dominio extranjero, pero la influencia británica había sido considerable. El descubrimiento y la explotación del petróleo había llevado a un reemplazo de la influencia británica por la norteamericana, pero también había posibilitado que el dominio patriarcal de la familia saudí iniciara el proceso de transformación en un sistema de gobierno más desarrollado; en 1953, tras la muerte del rey Abd al-Aziz, el Estado que él había fundado llegó a ser una estructura de mayor peso e importancia en la vida política de la región. En cambio, Yemen se mantuvo al margen de otros países, bajo la dirección del imán, pese a que se convirtió en miembro de la Liga Árabe.

Sin embargo, las ambigüedades políticas en Irak y Jordania —el deseo de poner término a la presencia de las fuerzas británicas, pero simultáneamente de mantener ciertas relaciones militares con las potencias occidentales— demostraron que la retirada formal de las fuerzas militares extranjeras no creaba necesariamente una relación distinta con los antiguos gobernantes imperiales, y más bien reformulaba de distinto modo el problema de la independencia. Los países árabes se vieron enfrentados con el poder y la influencia creciente, en todos los aspectos de la vida económica y política, de otro estado occidental: Estados Unidos. Ahora, en el período de la guerra fría y la expansión económica, creía que sus intereses en Oriente Próximo podían verse protegidos únicamente a través de relaciones más estrechas con los gobiernos locales dispuestos a vincular su política con la política de la alianza occidental. Pero muchos políticos y grupos políticos argüían que la única garantía de independencia en el mundo poscolonial residiría en mantener la neutralidad entre los dos bandos armados. Como el bando occidental estaba unido al recuerdo del gobierno imperial y en vista de que los problemas de Palestina y Argelia todavía eran muy graves, y puesto que de este lado venía la presión principal en favor de la concertación de acuerdos de defensa, el deseo de neutralidad llevaba consigo la tendencia a inclinarse más hacia el otro bando. La polarización de los bloques occidental y oriental, y el conflicto de las políticas entre la neutralidad y la alianza occidental, confirió una dimensión nueva a las relaciones entre los Estados árabes. El deseo de una unión más estrecha entre ellos había llegado a ser parte del lenguaje común de la política árabe; era ahora tema de debate si dicha unidad debía cristalizar en el marco de un estrecho acuerdo con las potencias occidentales o al margen de las mismas.

El futuro de la relación entre los Estados árabes e Israel también se vinculó con el problema general del alineamiento. Durante la década de 1950 los gobiernos británico y norteamericano analizaron planes encaminados a la resolución del problema: debían llevarse a cabo ciertas modificaciones en las fronteras de 1949 en favor de los árabes, promoverse el retorno de algunos refugiados a sus hogares y la asimilación de la mayoría en los países árabes circundantes: si los Estados árabes tenían vínculos estrechos con las potencias occidentales, esta actitud podía implicar una aceptación de dicha solución y cierta forma de reconocimiento de la existencia de Israel. En cambio, la formación de un grupo neutral de Estados árabes que mantuviesen relaciones positivas con los bloques oriental y occidental podía usarse para aumentar el peso político de los países árabes y fortalecer sus fuerzas armadas, lo cual determinaría un cambio radical en la situación creada por los acuerdos de armisticio de 1949.

A medida que estas diferencias de enfoque y de política se agudizaron, comenzaron a relacionarse con la personalidad de Gamal Abdel Nasser, jefe del grupo militar que ahora gobernaba Egipto. La firma del acuerdo que determinó que las fuerzas británicas salieran de la zona del canal de Suez no condujo, de hecho, al ingreso de Egipto en el sistema defensivo occidental. Por el contrario, otorgó a Egipto la libertad de seguir una política de no alineamiento, y le permitió formar alrededor de sí mismo un bloque de Estados árabes igualmente no alineados, con el cual el mundo exterior tendría que tratar en conjunto. Una expresión de esta política fue la estrecha relación que se estableció entre los principales partidarios del concepto de no alineamiento, India y Yugoslavia; y otro y más dramático fue el acuerdo concertado en 1955 en relación con el suministro de armas a Egipto por la Unión Soviética y sus aliados, un convenio que quebró el control sobre la provisión de armas a Israel y sus vecinos árabes que Estados Unidos, Gran Bretaña y Francia habían intentado mantener.

Esta política neutralista casi inevitablemente enemistó a Egipto y sus aliados con los sectores cuyos intereses debían verse afectados por ella. Las potencias occidentales ahora tendrían que esperar cuanto menos obstáculos y límites en la persecución de sus intereses políticos y económicos; ya no controlarían la evolución del problema de Israel, u otras cuestiones, como habían esperado hacer; para el gobierno de Estados Unidos en la era de la guerra fría, la negativa a unirse a una alianza defensiva occidental en Oriente Próximo equivalía, de hecho, a incorporarse al bloque oriental. La llamada en favor del neutralismo y una unidad más estrecha bajo el liderazgo egipcio, formulada por Gamal Abdel Nasser a los pueblos árabes pasando por encima de sus gobiernos, era una amenaza a los regímenes árabes que se declaraban favorables a una política distinta: sobre todo el de Irak, que después de la formación del Pacto de Bagdad se convirtió en el principal protagonista de la alianza occidental; su vida política durante este período estuvo dominada por Nuri al-Said (1888-1958), que había desempeñado un papel de relevancia en la política nacional árabe desde la rebelión árabe durante la Primera Guerra Mundial. El ascenso de un gobierno egipcio fuerte, que contaba con su propia fuente de armas y atraía firmemente los sentimientos de los palestinos y otros árabes, fue percibido por Israel como una amenaza a su posición. Estos antagonismos locales acentuaban, a su vez, la hostilidad de las potencias occidentales: Estados Unidos a causa de sus vínculos con Israel, Gran Bretaña en vista de su participación en el Pacto de Bagdad, y Francia como consecuencia del aliento y la ayuda que Egipto, con su visión de un mundo árabe independiente y no alineado, estaba aportando a la revolución argelina.

Entre 1955 y 1961 hubo una serie de crisis en las cuales intervinieron todos estos factores. En 1956 Estados Unidos, cuyas actitudes habían permitido que se concibieran esperanzas acerca de la posibilidad de prestar ayuda financiera a Egipto para un proyecto muy importante de regadío (la presa de Asuán), de pronto retiró su oferta. En respuesta a esta actitud, el gobierno egipcio, con igual diligencia, nacionalizó la Compañía del canal de Suez y se hizo cargo de la administración del canal. Esta actitud provocó la alarma de los usuarios del canal, que temieron que la libertad de uso de esa vía estuviese sujeta a consideraciones políticas. A los ojos de los gobiernos británico y francés fue un acto hostil, tanto como consecuencia de la participación británica y francesa en la compañía que había construido y poseía el canal, como en vista del prestigio cada vez más elevado de Nasser en los países árabes. Los israelíes vieron en esta actitud la posibilidad de debilitar a un Estado vecino muy poderoso y hostil, del cual estaba separado por una frontera turbulenta. El resultado fue un acuerdo secreto entre Francia, Gran Bretaña e Israel para atacar Egipto y derrocar a Nasser.

En octubre, las fuerzas israelíes invadieron Egipto y avanzaron hacia el canal de Suez. En cumplimiento del acuerdo previo, Gran Bretaña y Francia enviaron un ultimátum a Israel y Egipto, exigiéndoles que se retirasen de la zona del canal, y la negativa de Nasser fue el pretexto del ataque y ocupación de parte de la zona por las fuerzas británicas y francesas. Pero esta acción era una amenaza no sólo a Egipto y a los Estados árabes que lo apoyaban, sino también a Estados Unidos y la Unión Soviética, pues en su condición de grandes potencias no podían aceptar que actitudes tan decisivas fueran adoptadas en un área en que tenían intereses sin que los mismos se tomaran en cuenta. Bajo la presión norteamericana y soviética, y en vista de la hostilidad mundial y el peligro de derrumbe financiero, las tres fuerzas se retiraron. Fue uno de esos desusados episodios en que la estructura del poder mundial se manifestó claramente: la hostilidad de las fuerzas locales provocó la intervención de potencias mundiales de segundo nivel, que perseguían sus propios intereses, pero que al actuar chocaron bruscamente con los límites de su fuerza en vista del desafío a los intereses de las superpotencias.

Los resultados de esta crisis fueron la consolidación de la jerarquía de Nasser en los países árabes circundantes, pues se entendió, en general, que había sido el vencedor político en la crisis, y también la profundización de la división entre los que lo apoyaban y los que consideraban peligrosa su política. Esta división ahora se convirtió en un factor en los asuntos internos de otros Estados árabes. En 1958 se combinó con las rivalidades locales para provocar el estallido de la guerra civil en Líbano. El mismo año, una lucha por el poder entre grupos políticos sirios indujo a uno de ellos a tomar la iniciativa de llamar a la unión con Egipto; se concertó la unión, y en febrero los dos países se fusionaron en la República Árabe Unida. Los dos reinos hachemíes, Irak y Jordania, crearon una unión rival, pero más avanzado el año, en julio, la misma combinación de descontentos internos, alentada por el liderazgo egipcio que apuntaba a un nuevo mundo árabe, llevó a la toma del poder en Irak de un grupo de oficiales militares. El rey y la mayoría de los miembros de su familia fueron asesinados, lo mismo que Nuri al-Said. Irak se convirtió en república, y la dinastía hachemí ya no pudo abrigar la esperanza de desempeñar un papel principal en la política árabe (aunque otra de sus ramas continuó gobernando en Jordania). La noticia de la revolución determinó el envío de tropas norteamericanas al Líbano y británicas a Jordania a fin de estabilizar una situación incierta, pero estas fuerzas pronto se retiraron, y por lo que se refiere a Gran Bretaña el episodio señaló el fin de su papel activo y principal en la política árabe.

Al principio, pareció que la revolución abría la perspectiva de que Irak se incorporase a la unión de Egipto con Siria, pero la división de intereses entre Bagdad y El Cairo pronto se manifestó. En el marco de la propia República Árabe Unida, los intereses discrepantes de Damasco y El Cairo también condujeron, en 1961, a un golpe militar en Siria y la disolución de la unión. Sin embargo, a pesar de estos contrastes, Nasser continuó siendo, a los ojos de la mayoría de los árabes y de gran parte del mundo exterior, el símbolo del movimiento de los pueblos árabes hacia una unidad más amplia y la verdadera independencia.

LA GUERRA DE ARGELIA

Los años de la crisis en Oriente Próximo fueron también los de la crisis definitiva del dominio imperial en el Magreb, donde los árabes de Argelia libraron una batalla prolongada y, en definitiva, con éxito para lograr su independencia de Francia.

Los argelinos afrontaron dificultades más graves que la mayoría de los restantes pueblos árabes en su lucha por la independencia. Su país no era oficialmente una colonia, sino parte integral de la Francia metropolitana, y la demanda de la separación tropezaba con la resistencia de los que afirmaban que el territorio de Francia era indivisible. Más aún, los colonos europeos ahora se habían convertido casi en una nación por derecho propio, con base en Argelia, donde había nacido el 80 % de ellos. No estaban dispuestos a renunciar de buena gana a su posición de fuerza: controlaban las tierras más fértiles y la agricultura más productiva, mejorada por la mecanización y el proceso de expansión; las ciudades principales, Argel y Orán, eran más francesas que musulmanas argelinas; ocupaban la gran mayoría de los cargos y las profesiones; su influencia intensa y antigua sobre la administración local y el gobierno de París podía impedir la introducción de cambios desventajosos. Un manifiesto publicado por un grupo de argelinos cultos en 1943, llamando a la formación de una república autónoma vinculada con Francia, no tuvo más respuesta que la abolición de algunas desventajas legales; un movimiento más violento en 1945 fue reprimido implacablemente. Se promovieron algunos cambios: los argelinos musulmanes estarían representados en el Parlamento francés, y tendrían el mismo número de miembros que los europeos en la Asamblea argelina; pero las elecciones para la Asamblea estaban amañadas por la administración con el fin de obtener una mayoría dócil.

Aun así, bajo la superficie del control francés inmutable, la sociedad argelina estaba cambiando. La población musulmana aumentaba rápidamente; hacia 1954 se había elevado a casi 9 millones, y de ese total

más de la mitad tenía menos de veinte años; la población europea roza-
ba el millón. La mayor parte de la población musulmana vivía hacinada
en el sector menos productivo de la tierra, sin capital para mejorarla y
con limitadas facilidades de crédito, a pesar de los escasos y tardíos intentos del gobierno en ese sentido. En consecuencia, el nivel de vida era
bajo y elevado el índice de desocupación rural. Había una creciente
migración de campesinos de la región empobrecida y sobrepoblada a las
llanuras para trabajar como peones en las parcelas europeas, y a las ciudades de la costa, donde formaban un proletariado sin especialización y
subempleado; hacia 1954 casi una quinta parte de los musulmanes eran
habitantes urbanos en Argelia, y alrededor de 300.000 se habían trasladado a Francia. Las oportunidades de educación eran más amplias que
antes, pero continuaban siendo reducidas; el 90 % de la población era
analfabeta. Sólo unos pocos miles pasaban de las escuelas primarias a las
secundarias, sólo unas pocas docenas recibían educación superior; hacia
1954 había menos de 200 médicos y farmacéuticos musulmanes, y un
número más reducido de ingenieros.

Entre los emigrantes que vivían alejados de sus familias en ciudades
extrañas, que eran soldados en el ejército francés o estudiantes que contaban con oportunidades limitadas, se tenía conciencia de los grandes
cambios que se estaban produciendo en el mundo: las derrotas francesas
en la guerra y en Indochina, la independencia de países asiáticos y africanos, los cambios en las ideas acerca del dominio colonial. La independencia comenzó a parecer posible, pero con un precio: la represión de los disturbios de 1945 había demostrado que no se lograría fácilmente. Durante
los años que siguieron a 1945, el partido de los que estaban dispuestos a
aceptar una posición más favorable en el marco del sistema político francés perdió gran parte de su influencia y en el seno del partido nacionalista
se formó gradualmente un grupo revolucionario: eran hombres, en general, de educación limitada, pero habían obtenido experiencia militar en el
ejército francés, si bien más tarde atraerían a miembros de la elite culta.
En 1954 formaron el Front de Libération Nationale (FLN), y en noviembre de ese año dispararon los primeros tiros de la revolución.

Inicialmente fue un movimiento limitado, y cabía dudar de sus posibilidades de éxito. Pero el impulso revolucionario y los actos del gobierno francés lo convirtieron gradualmente en un movimiento nacional que alcanzó apoyo general en el mundo. La primera reacción oficial
fue la represión militar; cuando un gobierno más inclinado a la izquierda alcanzó el poder pareció que estaba dispuesto a hacer concesiones,

pero después cedió a la posición del ejército y los europeos de Argelia. A fines de 1956 el intento de negociar un arreglo con la ayuda de Marruecos y Túnez quedó en nada, cuando algunos de los líderes argelinos que viajaban en avión de Rabat a Túnez fueron desviados a Argel y arrestados; el gobierno francés aceptó un acto que pareció haber respondido a una iniciativa local.

Por esas fechas, el poder real había pasado del gobierno de París al ejército y los europeos de Argelia; por otra parte, la mayoría de la población argelina musulmana se había unido al FLN. Un estudioso francés bien informado, que simpatizaba con la causa argelina, observó que, después de dos años de guerra, «casi toda la sociedad musulmana se encontró sólida y eficazmente apoyada por una estructura clandestina [...]; los hombres que ejercían el control provenían no sólo de las filas revolucionarias [...], sino que representaban toda la gama de la elite de la población argelina».[1] Comenzaron a percibirse los perfiles de una futura nación argelina independiente, y el fervor generado por la revolución se orientaba hacia la igualdad social y la redistribución de la tierra. La guerra alcanzó su culminación militar en 1957, cuando se libró una lucha ardua y larga por el control de la propia Argel. El ejército restableció su control sobre la capital, y en el campo se aplicó una política de desplazamiento de la población a gran escala. El carácter del conflicto cambió gradualmente: el FLN que operaba desde Marruecos, Túnez y El Cairo, se proclamó «gobierno provisional de la República Argelina» en 1958, obtuvo apoyo y negoció en todo el mundo, y contó también con el aliento de algunos elementos radicales de Francia. El intento del ejército francés de llevar la guerra a Túnez se frustró a causa de las objeciones norteamericanas y de otros países; también a causa del temor de que la presión internacional desbordase al débil gobierno de la Francia de posguerra, el ejército, los europeos de Argelia y sus partidarios en Francia prácticamente impusieron un cambio de régimen; la Cuarta República llegó a su fin, y en 1958 De Gaulle retomó el poder, con una nueva constitución que concedía más amplios poderes al presidente de la república.

Los que elevaron a De Gaulle al poder alimentaban la esperanza de que él usaría su cargo para consolidar el dominio francés sobre Argelia. Pero pronto se advirtió que, siguiendo caminos oscuros e indirectos, se orientaba hacia un arreglo con los argelinos, si bien no es seguro que desde el principio contemplase el otorgamiento de la independencia total. En la primera fase, su política fue continuar las medidas militares para reprimir la rebelión, pero al mismo tiempo, actuando con independencia del ejército y los europeos de Argelia, intentó mejorar las condiciones de los musulmanes. Se anunció un plan de desarrollo económico: se fomentaría la industria y se procedería a la distribución de tierras. Debían celebrarse elecciones para la Asamblea argelina, y se confiaba en que de ellas saldría otro liderazgo, con el cual Francia podría negociar sin necesidad de tratar con el FLN. Pero esta esperanza resultó vana, y no hubo más remedio que negociar con el FLN. Las primeras conversaciones, en 1960, no dieron fruto. Al año siguiente De Gaulle tenía más libertad de maniobra: un referéndum en Francia demostró que había una mayoría en favor de la concesión de la autodeterminación a Argelia; el intento del ejército de Argelia de realizar un golpe de Estado contra De Gaulle fue reprimido. Se reanudaron las negociaciones, y se comprobó que era especialmente difícil resolver dos problemas: el de la comunidad europea y el del Sahara argelino, que Francia deseaba retener porque se habían descubierto importantes recursos de petróleo y gas natural, y estaba explotándolos una compañía francesa. En definitiva, los franceses cedieron en ambos puntos: los europeos quedarían en libertad de permanecer o retirarse de sus posesiones; Argelia entera, incluso el Sahara, sería un Estado soberano, que recibiría la ayuda de Francia. Se firmó un acuerdo en marzo de 1962. Se había conquistado la independencia, pero con elevado costo humano para todos los participantes. Gran parte de la población musulmana se encontraba desplazada, quizá 300.000 personas o más habían muerto, muchos miles que apoyaron a los franceses fueron asesinados o se vieron forzados a emigrar después de la independencia. Los franceses habían tenido unas 20.000 bajas. A pesar de las garantías, la gran mayoría de la población de colonos abandonó el país; había corrido demasiada sangre para poder olvidarla; un grupo activista formado por colonos se dedicó a cometer actos de violencia en las últimas etapas de la guerra, y eso contribuyó a debilitar todavía más la posición de los europeos.

CAPÍTULO VEINTIDÓS

Sociedades en proceso de cambio (décadas de 1940 y 1950)

CRECIMIENTO DEMOGRÁFICO Y ECONÓMICO

Estos años de tensión política fueron también el período en que las sociedades cambiaron de prisa. Ante todo, ahora podía observarse casi por doquier el crecimiento demográfico y la presión que ejercía sobre los medios de subsistencia, y comenzaba a advertirse que eran la fuente de muchos tipos de problemas.

En Egipto el incremento había sido constante durante más de un siglo, con un impulso cada vez más intenso. Mientras el índice de aumento durante la década de 1930 había sido apenas superior al 1 % anual, hacia 1960 oscilaba entre el 2,5 y el 3 %; la población total había pasado de 16 millones en 1937 a 26 en 1960. El cambio respondía esencialmente al descenso del índice de mortalidad, del 27 ‰ en 1939 al 18 ‰ en 1960; sobre todo la mortalidad infantil había disminuido durante ese período del 160 al 109 ‰. Comparado con estos índices, la tasa de natalidad había variado poco. Por esas fechas, existían índices análogos de crecimiento en otros países, aunque el proceso había comenzado después que en Egipto. Parece que en Marruecos hubo escaso incremento natural antes de 1940, pero durante los veinte años siguientes la población pasó de 7 a 11,5 millones. En Túnez, el aumento durante estos años fue de 2,6 a 3,8 millones; en Siria, de 2,5 a 4,5 millones; en Irak, de 3,5 a 7 millones.

El resultado de tan rápido aumento fue el cambio de la distribución de la población por edades; hacia 1960, más de la mitad de la población de la mayoría de los países tenía menos de veinte años. También hubo otros cambios en la estructura demográfica. El elemento extranjero, que había representado un papel tan importante en el sector moderno de la economía, disminuyó al compás del cambio de las condiciones políticas y la disminución de los privilegios económicos. El número de extranjeros residentes en Egipto descendió de 250.000 en 1937 a 143.000 hacia 1960; en Libia, de 100.000 a la mitad en el mismo período; en Túnez, de 200.000 a menos de 100.000; en Marruecos, de 350.000 a 100.000; en Argelia, de casi 1.000.000 a menos de 100.000. En oposición a esta tendencia, hubo grandes desplazamientos de judíos europeos y de las regiones de Oriente Próximo y el Magreb al nuevo Estado de Israel, donde la población judía pasó de 750.000 en 1948 a 1,9 millones hacia 1960. Las antiguas comunidades judías de los países árabes disminuyeron proporcionalmente, a causa de la emigración a Israel, Europa y Estados Unidos.

Un cambio de significado más general fue el movimiento de la población que se alejó de la tierra. Este proceso fue principalmente el resultado del aumento de la población rural que desbordó la capacidad de absorción de la tierra, pero en ciertos lugares fue provocado también por cambios sobrevenidos en las técnicas agrícolas: la incorporación de tractores en las tierras cerealeras determinó que se necesitasen menos jornaleros; los propietarios de tierras sometidas a cultivos intensivos con fines comerciales a veces preferían trabajadores especializados antes que aparceros. En un país, Palestina, el desplazamiento fue en mayor medida el resultado de los cambios políticos. En 1948 ya era visible la sobrepoblación rural en las aldeas árabes, pero los acontecimientos de ese año llevaron a la desposesión de más de la mitad de los aldeanos, y la mayoría de ellos se convirtieron en refugiados sin tierra que habitaban los campamentos o los barrios bajos de Jordania, Siria y Líbano.

Los centros de poder y comercio ejercían una atracción muy definida sobre los campesinos que no podían sobrevivir en las aldeas: podían abrigar la esperanza de conseguir trabajo en los sectores dinámicos industriales y de servicio de la economía, y de alcanzar un nivel de vida más elevado y tener mejores oportunidades para la educación de sus hijos. Muchos miles de campesinos de la Cabilia en Argelia y de Marruecos y Túnez emigraron de sus países a las grandes ciudades de Francia, y en menor medida a las de Alemania; hacia 1960 había aproximadamente medio millón de norafricanos en Francia. Pero la mayoría de los emigrantes rurales se dirigieron a las ciudades de sus propios países o de naciones vecinas. En Marruecos, Casablanca creció más velozmente que las restantes ciudades: en 1936 era una ciudad de un cuarto de millón de habitantes, y en 1960 había alcanzado la cifra de un millón. El Cairo había tenido 1,3 millones de habitantes en 1937; hacia 1960 contaba con 3,3 millones, más de la mitad de los cuales habían nacido fuera de la ciudad. La población de Bagdad pasó de medio millón en 1940 a 1,5 millones hacia la década de 1960. El crecimiento más espectacular fue el de Ammán, que pasó de 30.000 habitantes en 1948 a un cuarto de millón hacia 1960; la mayor parte del crecimiento fue consecuencia del movimiento de refugiados de Palestina.

A causa de estas migraciones internas, la mayoría de los países árabes estaba abandonando la condición de sociedades principalmente rurales, para convertirse en sociedades en que una parte considerable y cada vez más importante de la población se concentraba en unas pocas ciudades grandes. En Egipto, casi el 40 % de la población vivía en ciudades hacia 1960; casi el 13 % vivía en El Cairo (y una proporción aún mayor si se incluía a la ciudad de Giza, ahora prácticamente incorporada a El Cairo). Casablanca incluía al 10 % de todos los marroquíes, y Bagdad al 20 % de todos los iraquíes.

Si se quería alimentar a estas poblaciones cada vez más numerosas, y mejorar el nivel de vida, era necesario producir más en el campo y la ciudad. Esta necesidad confería renovada urgencia a la idea del crecimiento económico, que atrajo a los gobiernos también por otras razones. Durante la última fase del gobierno imperial, tanto Gran Bretaña como Francia comenzaron a considerar el crecimiento económico rápido como un modo posible de crear cierto interés común entre los gobernantes y los gobernados, y cuando los gobiernos nacionalistas asumieron el poder también ellos vieron en el desarrollo económico el único modo de obtener la fuerza y la autonomía sin las cuales las naciones no podían ser realmente independientes.

Por consiguiente, éste fue un período en que los gobiernos intervinieron más enérgicamente en el proceso económico con el fin de alentar el crecimiento. En el campo, fue una etapa de trabajos de regadío a gran escala en una serie de países: Marruecos, Argelia, Túnez, Siria y, sobre todo, Egipto e Irak. En Egipto, más de un siglo de cambios en el sistema de irrigación culminó a fines de la década de 1950, cuando comenzaron los trabajos de la presa de Asuán, construida con la ayuda financiera y técnica de la Unión Soviética, que intervino al retirarse Estados Unidos. Los anteriores planes de regadío en el valle del Nilo habían apuntado a embalsar el flujo anual y distribuir el agua de tal modo que irrigase de manera permanente un área más amplia de tierra, con el fin de posibilitar la producción de más de una cosecha anual; pero la presa de Asuán perseguía propósitos más ambiciosos. El objeto de su construcción era almacenar sucesivas crecidas formando un amplio lago, y liberar el agua dónde y cuándo se la necesitara. De este modo podían regularse las fluctuaciones del volumen de agua de un año a otro, y por primera vez en la larga historia de la vida organizada en el valle del Nilo la inundación anual ya no sería el acontecimiento fundamental del año. Se abrigaba la esperanza de que así podría aumentarse el área cultivada en un millón de *feddans*, y el área cosechada aún más, en vista de la extensión de la irrigación permanente a tierras que ya estaban cultivadas. Se usaría también la presa para generar energía eléctrica, y cabía la posibilidad de promover pesquerías en el lago. Pero entre los aspectos negativos debía incluirse el elevado ritmo de evaporación del agua, y la posibilidad de un cambio en el clima; la retención del agua en el lago significaría que su limo se depositaría allí y no en las regiones más septentrionales de Egipto.

En Irak, el aumento de las rentas oficiales a causa de la más elevada producción de petróleo posibilitó por primera vez ejecutar trabajos de regadío y control de las inundaciones a gran escala y en concordancia con un plan. En 1950 se creó una junta de desarrollo, que controló la parte principal de las rentas derivadas del petróleo y planeó y ejecutó grandes sistemas de control de las inundaciones tanto en el Tigris como en el Éufrates, además de construir diques en los afluentes septentrionales del Tigris.

Fue también el período en que se incorporaron a gran escala los tractores. Ya se los había utilizado hacia 1939 en tierras de propiedad europea del Magreb y en las tierras de propiedad judía de Palestina, pero apenas en otros lugares. Ahora los importaron Irak, Siria, Jordania y Egipto, donde se utilizaban más de 10.000 hacia 1959. El empleo de fertilizantes químicos no estaba tan difundido, excepto en Egipto, Líbano y Siria, y tampoco se empleaban semillas y especies mejoradas.

El resultado de estos cambios fue la ampliación del área cultivada en unos pocos países, y de las áreas cosechadas casi por doquier, y en la mayoría de los lugares el paso de la producción de cereales destinada al consumo local a los cultivos comerciales destinados a la comercialización en las ciudades o la exportación. En Marruecos, durante la última fase de su gobierno las autoridades francesas realizaron un esfuerzo sistemático de «modernización del campesinado»: los cultivadores nativos agrupados en grandes unidades recibieron instrucción sobre los nuevos métodos y la producción de cultivos comerciales, así como facilidades cooperativas de crédito y comercialización. En Siria e Irak septentrional, los cambios fueron promovidos por la iniciativa privada. En la región que se extiende entre los ríos Tigris y Éufrates, los comerciantes provistos de capital comenzaron a arrendar tierras a los jeques tribales y a cultivar cereales con la ayuda de tractores; por primera vez, podían cultivarse las tierras de esta región de precipitaciones inseguras en escala suficientemente amplia y con una economía de potencial humano que permitía la explotación lucrativa de los cultivos. El resultado fue otra modificación del equilibrio entre la agricultura estable y la cría de ganado —la que antes había sido el empleo más seguro y provechoso de la tierra— y la ampliación del cultivo: en Siria, el área productora de cereales se duplicó holgadamente en veinte años, de 748.000 hectáreas en 1934 a 1.890.000 en 1954. En el valle del Éufrates y en otros lugares de Siria se amplió también el cultivo del algodón.

Por importante que pueda parecer, la expansión de la agricultura no fue la primera prioridad de la mayoría de los gobiernos que disponían de recursos de inversión. El rápido desarrollo de la industria pareció más urgente. La mayoría de los gobiernos prestó atención a la creación de la infraestructura sin la cual no podía desarrollarse la industria: carreteras, ferrocarriles, puertos, telecomunicaciones y energía hidroeléctrica. En los tres países del Magreb, los franceses realizaron esfuerzos sistemáticos con el fin de mejorar los transportes y las comunicaciones, la producción de electricidad y las obras de regadío.

La inversión realizada por los gobiernos, y en menor medida por individuos (principalmente europeos en el Magreb, y terratenientes con fondos sobrantes más al este), originó cierta expansión industrial. En general tuvo que ver con la industria de artículos de consumo: elaboración de alimentos, materiales de construcción y textiles, sobre todo en Egipto y Siria, que contaban con su propio suministro de algodón. En los países que contaban con recursos minerales la minería llegó a ser importante, especialmente la de los fosfatos en Jordania, Marruecos y Túnez.

En ciertos aspectos, el crecimiento económico acentuó la dependencia de la mayoría de los Estados árabes respecto de los países industrializados. La acumulación de capital nacional con destino a la inversión no era suficiente para sus necesidades, y el crecimiento dependía de la inversión y la ayuda externas. Durante los años que siguieron a la Segunda Guerra Mundial algunos países pudieron aprovechar los saldos en libras esterlinas acumulados a causa de las erogaciones de los ejércitos durante la guerra, y los del Magreb tuvieron fondos aportados por el gobierno francés y procedentes de la ayuda del Plan Marshall a Francia. Hubo es-

casa inversión extranjera privada, excepto en Marruecos, que era atractivo a los ojos de los capitalistas franceses durante los años de la posguerra
a causa del temor de lo que podía suceder en Francia. Más tarde, se otorgaron préstamos norteamericanos a los países cuyas políticas armoniza-
ban con las de Estados Unidos, y hacia fines de la década de 1950 hubo
préstamos rusos que beneficiaron a Egipto y Siria.

Se concedía la ayuda exterior, por lo menos en parte, por razones
políticas, y cuando no se la empleaba para robustecer las fuerzas armadas de los países que se habían independizado poco antes, y que estaban
comprometidos en relaciones complicadas y a menudo hostiles unos
con otros, se la usaba principalmente para financiar la importación de
bienes de capital o materiales necesarios con el fin de mejorar la infraestructura o desarrollar la industria. El resultado tendió a ser la acentuación de la dependencia respecto de los países de origen de la ayuda. Los
países que recibían la ayuda permanecían endeudados con los que la
concedían, y sus principales relaciones comerciales continuaron siendo
las que mantenían con los países industriales de Europa, y en medida
cada vez más considerable con Estados Unidos; una excepción fue Egipto, que hacia fines de la década de 1950 enviaba más del 50 % de sus
exportaciones al bloque oriental, y les compraba alrededor del 30 % de
las importaciones. El esquema del intercambio continuó siendo más o
menos el mismo que antes, es decir, la exportación de materias primas y
la importación de artículos manufacturados. Pero hubo dos cambios
significativos: la importación de tejidos llegó a ser menos importante,
pues se crearon fábricas textiles locales; aumentó la importación de trigo, porque la producción local ya no podía alimentar a la población
cada vez más numerosa de las ciudades.

La importancia de un tipo de exportación aumentó rápidamente
durante estos años. Nos referimos al petróleo. Suministró el ejemplo
más notable de interdependencia económica de los países que poseían
petróleo con el mundo industrializado. Después de un tímido comienzo, antes de la Segunda Guerra Mundial, se comprobó que los recursos
petroleros de los países de Oriente Próximo y el Magreb estaban entre
los más importantes del mundo. Hacia 1960 estos países producían el
25 % del petróleo crudo del mundo y —a causa de la pequeña magnitud del mercado local— eran colectivamente los principales exportadores mundiales. La producción más considerable estaba en Irán, y entre
los países árabes en Irak, Kuwait y Arabia Saudí, pero se producía también en otros países del golfo Pérsico y en Egipto, y hacia 1960 se ha-

bían descubierto grandes depósitos también en Libia y en Argelia. Parecía poco probable que en el futuro Oriente Próximo no llegase a ser aun más importante. En 1960 se calculaba que las reservas eran el 60 % de las conocidas del mundo.

Las concesiones de explotación del petróleo y de extracción y explotación cuando se lo descubría, estaban por doquier en manos de compañías occidentales, la mayoría controlada por el pequeño número de grandes empresas petroleras que entre ellas tenían el monopolio virtual de la industria. En Irak la explotación estaba en manos de una compañía conjunta británica, francesa, holandesa y norteamericana; en Arabia Saudí, en manos norteamericanas; en Kuwait, en poder de británicos y norteamericanos; en Libia, en manos de un elevado número de empresas, y en Argelia, bajo el control de una empresa francesa en la cual participaban fondos oficiales. El capital provenía principalmente de inversores occidentales privados, y en efecto éste fue el ejemplo más importante de inversión privada occidental en los países árabes durante este período. La alta tecnología también provenía principalmente de los funcionarios europeos y norteamericanos. La parte principal del petróleo se exportaba a países occidentales. Fuera del petróleo mismo, la contribución de los países anfitriones residía sobre todo en los niveles inferiores de la fuerza de trabajo, especializada y no especializada, y su magnitud era limitada, pues la extracción y el procesamiento del petróleo no exigía mucho personal.

Pero hacia principios de la década de 1960 la situación estaba cambiando, más nativos trabajaban en puestos muy especializados, y aunque la fuerza total de trabajo aún no era muy considerable, los que se habían formado en la industria comenzaban a desplazarse hacia otros sectores de la economía. Lo que es todavía más importante, la división de utilidades entre las compañías y los países anfitriones estaba cambiando. En 1948, el 65 % de los ingresos brutos de la industria pasaba a poder de las compañías, y la parte de los países anfitriones se limitaba a una regalía, un pequeño porcentaje sobre un precio que las propias empresas fijaban. A partir de 1950, la presión ejercida por los países productores impuso cambios en los acuerdos, hasta que su participación llegó al 50 % del ingreso neto de las empresas. En 1960 los principales países productores (no sólo en Oriente Próximo) se unieron en la Organización de Países Exportadores de Petróleo (OPEP), una alianza que se propuso crear un frente común de negociaciones con las grandes empresas petroleras, las cuales, a su vez, cooperaban estrechamente entre ellas.

Por consiguiente, se inició un nuevo proceso que desembocaría en que los países asumirían las funciones de las empresas, por lo menos en lo referente a la producción.

LOS BENEFICIOS DEL CRECIMIENTO: COMERCIANTES Y TERRATENIENTES

Con la llegada de la independencia, los comerciantes y los terratenientes nativos pudieron recoger gran parte de los beneficios del crecimiento económico. Los comerciantes pudieron destinar su excedente a los gobiernos independientes para obtener una participación más grande en el comercio de importación y exportación; incluso en el comercio del algodón egipcio, que durante tanto tiempo había estado en manos de firmas y bancos extranjeros, algunas compañías egipcias muy importantes, que trabajaban en estrecha colaboración con políticos, desempeñaron un papel importante. En Irak, la mayor parte de la burguesía judía, que se había destacado en el comercio con Inglaterra e India, se retiró cuando su posición llegó a ser difícil después de la creación del Estado de Israel, y su lugar fue ocupado principalmente por mercaderes chiíes iraquíes. La mayoría de las nuevas industrias también estaban en manos locales, a causa de cierta acumulación de capital realizada por los comerciantes y los terratenientes, pero también en vista de la necesidad de las jóvenes industrias de tener acceso al gobierno. Sin embargo, en ciertos países hubo colaboración entre los capitalistas nativos y los extranjeros. Fue lo que sucedió en Marruecos, donde las compañías mixtas franco-marroquíes continuaron siendo importantes después de la independencia, y hasta cierta fecha sucedía lo mismo en Egipto. Los bancos nativos o mixtos también alcanzaron importancia; la tenencia y la inversión de regalías y utilidades privadas de la industria petrolera estuvo sobre todo en manos de los bancos administrados por los libaneses y los palestinos en Beirut. Asimismo, en la mayoría de los lugares la expansión de la agricultura durante los años que siguieron a la guerra correspondió principalmente al interés de los que poseían o controlaban la tierra, y sobre todo de los grandes terratenientes que tenían acceso a los créditos de los bancos y las compañías hipotecarias y podían acumular capital con fines de inversión. En Marruecos y Túnez, la tierra que había estado en manos de propietarios extranjeros después de la independencia se retuvo por capitalistas nativos o por el gobierno. En Egipto, la posición de los grandes terratenientes continuó siendo sólida hasta 1952. El grupo de alrededor de 400 miembros de la familia real era colectivamente el terrateniente principal; alrededor de éste había un grupo de unas 2.500 familias y compañías egipcias, y unas 200 extranjeras, que poseían más de 100 *feddans* cada una; entre ellos, estos grandes propietarios poseían el 27 % de la tierra cultivada. De hecho controlaban el gobierno; en general, la mitad de los ministros, senadores y diputados, pertenecían a esta clase social. Por consiguiente, podían conseguir ventajas en el área del regadío y mantener el sistema impositivo que los favorecía. A causa del capital acumulado y el acceso al crédito, podían comprar tierras cuando éstas salían a la venta, y su control de las mejores parcelas les permitió imponer elevados precios a los arrendatarios que cultivaban la mayor parte de las mismas. Algunos economistas señalaban con insistencia la necesidad de modificar el régimen de tenencia de la tierra, y el sentido de justicia era profundo en los campesinos, pero antes de 1952 apenas se levantaron voces en favor de la reforma en las asambleas públicas de la nación.

El poder de los terratenientes también creció en Siria e Irak durante este período. En Siria, las grandes llanuras del interior, consagradas al cultivo de cereales siempre habían sido propiedad de las principales familias de las ciudades, pero ahora la clase de los grandes propietarios se engrosó con los que cultivaban algodón en tierras de regadío del valle del Éufrates y los que (ya fuesen propietarios o arrendatarios) producían cereales en la Yazira. En Irak, la clase de los grandes terratenientes en buena medida surgió de los cambios que habían sobrevenido desde fines del siglo XIX: la ampliación de las tierras cultivadas con la ayuda de tractores, bombas y obras de regadío, la transición del pastoreo a la agricultura estable y el registro de los títulos de propiedad de la tierra. La política del gobierno representado por el mandato británico, y más tarde del gobierno independiente, jugó en favor de los terratenientes, y sobre todo de los que eran jeques tribales y podían usar su autoridad en favor de los británicos y la monarquía. Hacia 1958 más del 60 % de la tierra de propiedad privada estaba en manos de los que poseían más de 1.000 *dunums*, y 49 familias eran dueñas de más de 30.000 *dunums* cada una. (El *dunum* iraquí equivale aproximadamente a 0,25 hectáreas.) Las tenencias eran mayores que en Egipto, porque el cultivo era extensivo y la tierra fértil, y la salinidad excesiva tendía a agotarla de prisa. Aparte de los jeques tribales, la clase terrateniente incluía a las familias de notables urbanos que habían obtenido tierras gracias al servicio oficial o al prestigio religioso, y a los mercaderes musulmanes que tenían capital para invertir. Como en Egipto, los terratenientes ostentaban una posición política sólida, gracias a los cargos que ocupaban en los ministerios y en el Parlamento, y porque la monarquía y el grupo gobernante los necesitaba.

EL PODER DEL ESTADO

Por consiguiente, al principio pudo parecer que el triunfo del nacionalismo era el de las clases propietarias nativas, pero en la mayoría de los países este período fue breve, y el vencedor fue el propio Estado, los que controlaban el gobierno y los miembros de las fuerzas armadas y el servicio civil a través de quienes ejercían su poder. El proceso social básico que permitió al gobierno asumir el control directo sobre todos sus territorios había finalizado en la mayoría de los países por la época en que los gobernantes extranjeros se retiraron, y así había sido incluso en lugares como Marruecos, donde la autoridad de los gobiernos urbanos antes había sido débil; los gobiernos independientes heredaron los medios de control: los ejércitos, las fuerzas policiales y la burocracia. También en Arabia Saudí el gobierno más fuerte y mejor organizado que Abd al-Aziz legó a sus hijos reunió a un serie de diferentes regiones en una sociedad política unificada. Sólo en las franjas meridionales de la península el proceso aún no había terminado. En Yemen, el dominio del imán apenas abarcaba todavía parte del territorio. La administración británica de Adén había creado un laxo agrupamiento de pequeños jefes bajo la protección británica en la zona rural circundante, pero no los gobernaba directamente. También en Omán el poder del gobernante, apoyado por los británicos, aún no llegaba a todo el interior desde la capital, Masqat, situada en la costa.

Ahora, las actividades de los gobiernos comenzaron a extenderse más allá de los límites del mantenimiento de la ley y el orden, la recaudación de impuestos y el suministro de algunos servicios esenciales. Casi por doquier los servicios públicos pasaron a ser propiedad pública. Nos referimos a los bancos emisores, los ferrocarriles, los teléfonos y el suministro de agua, gas y electricidad. Este proceso coincidía con lo que estaba sucediendo en el mundo entero, pero aquí había una razón especial: en la mayoría de los países los servicios públicos habían sido propiedad de compañías extranjeras, y la nacionalización implicaba tanto el paso de la propiedad privada a la pública como de la extranjera a la nativa.

El movimiento de nacionalización tuvo su propio impulso. Los nuevos gobiernos temían la continuación o el desarrollo de centros independientes de poder económico, que quizás originaran cierto poder político o se relacionaran con los antiguos gobernantes. Más aún, la rápida industrialización sería difícil y lenta si quedaba en manos de la empresa privada: la acumulación de capital privado para la inversión había sido limitada durante el gobierno extranjero, y aún era insuficiente; su orientación en el sentido de la inversión productiva sería difícil mientras no existiese un mercado monetario organizado; los inversores privados podían vacilar ante la idea de invertir su dinero en industrias nuevas, de cuyos resultados no se tenían pruebas, antes que en las construcciones urbanas o las tierras; incluso si se decidían en este sentido, las fábricas que ellos fundaban quizá no fueran las que podían merecer prioridad en un plan nacional.

Había argumentos en favor de la acción del gobierno en el proceso económico, y esa intervención era posible a causa de la acumulación de recursos en manos oficiales. La retirada de los gobernantes extranjeros significaba que la recaudación impositiva ahora estaba totalmente controlada por los gobiernos, y las rentas obtenidas eran mayores porque se eliminaban los privilegios fiscales que beneficiaban a las empresas extranjeras. En algunos países, los recursos para la inversión provenían ahora del aumento de los ingresos aportados por el petróleo; incluso los países que no tenían petróleo podían beneficiarse con los pagos que realizaban las compañías por el derecho de tránsito, o con los préstamos o los subsidios otorgados por las naciones más ricas. Hacia 1960 el 61 % de las rentas oficiales de Irak provenía del petróleo, el 81 % en Arabia Saudí, casi el 100 % en los pequeños estados del golfo Pérsico; en Siria, el 25 % de los ingresos provenía de los oleoductos que transportaban petróleo de Irak y Arabia a la costa del Mediterráneo, y en Jordania el 15 %. Los préstamos para el desarrollo también llegaban de los países industrializados y de los organismos internacionales.

Incluso antes de la independencia algunas actividades económicas fueron puestas bajo el control oficial. La extracción de fosfatos en Marruecos había estado bajo el control de una agencia oficial desde el momento mismo en que cobró importancia; en Sudán la concesión otorgada a las compañías británicas para cultivar algodón en el distrito de Yazira venció en 1951. Después de la independencia el proceso se aceleró. Túnez se hizo cargo de la industria de los fosfatos, y también en Jordania la compañía que explotaba los fosfatos contó con un considerable grado de participación oficial. En Egipto, la política del gobierno militar que asumió el poder en 1952 se orientó cada vez más hacia la nacionalización de las fábricas, y culminó en 1961 con la incorporación al Estado de todos los bancos y las compañías de seguros, y de casi todas las grandes empresas industriales. El año anterior se había trazado el primer plan quinquenal, con el propósito de promover un rápido crecimiento industrial y agrícola bajo el control del gobierno. La principal excepción a esta tendencia fue Marruecos, donde hacia 1960 se había manifestado una clara alternativa entre una economía controlada, con un proceso de rápida industrialización y limitaciones al consumo, y una economía dependiente de la iniciativa y la inversión privadas. La alternativa implicó una lucha por el poder entre un partido nacionalista que presionaba en favor de rápidos cambios y las fuerzas más conservadoras agrupadas alrededor del rey; terminó con la asunción del poder directo por el rey, y la elección en favor de la iniciativa privada.

El ejemplo más espectacular de intervención oficial en los procesos económicos no provino de la industria, sino de la reforma del sistema de propiedad de la tierra. Este proceso tuvo la mayor importancia política y social, porque la mayoría de la población de los países árabes aún vivía en el campo, y también porque casi por doquier los grandes terratenientes formaban la clase más poderosa, la que tenía más influencia sobre el gobierno y mayor caudal de capital; atacar su propiedad equivalía a destruir un poder que podía controlar el gobierno y liberar capital de inversión en otros sectores.

El primero y más amplio plan de reforma agraria fue anunciado por el nuevo gobierno militar de Egipto poco después de asumir el poder, en 1952. Que pudiera formularse un plan detallado a tan poco tiempo de la asunción del poder, pese a que el asunto apenas había sido discutido por los gobiernos precedentes o en el Parlamento, fue un signo tanto del poder independiente del gobierno como de la aparición de un nuevo grupo gobernante con ideas muy distintas de las que tenían los que se vieron desplazados. El aspecto más destacado del plan fue la limitación de la extensión mínima de las propiedades a 200 *feddans* por individuo, con 100 *feddans* adicionales para sus hijos; el máximo fue reducido a

100 *feddans* en 1961, y a 50 en 1969. La tierra que superase el límite máximo sería adquirida por el gobierno a precio fijo y pagada con bonos oficiales, para distribuirla entre los campesinos; además, la tierra perteneciente a la familia real fue confiscada sin indemnización. El monto de la renta que un propietario podía cobrar a un arrendatario estaba limitado, y los contratos de arrendamiento durarían por lo menos tres años. Se ayudaría a los arrendatarios y los pequeños propietarios a conseguir crédito y a comercializar su producción mediante cooperativas fundadas por el gobierno. Durante la década que siguió, el Estado compró compulsivamente alrededor de medio millón de *feddans*, y parte de este total fue distribuido. Los efectos fueron amplios, pero no siempre los esperados. Desde el punto de vista político, se quebró el poder de los grandes terratenientes y la familia real; en la esfera económica, los ingresos se redistribuyeron y pasaron de los grandes propietarios a los modestos campesinos y a los arrendatarios, mientras que el grupo intermedio de propietarios medianos apenas se vio afectado.

En Siria se promovió una medida análoga en 1958: se limitó la magnitud máxima de las parcelas, se redefinieron los contratos agrarios en beneficio del arrendatario y se fijó un salario mínimo para los jornaleros agrícolas. Durante los primeros años el plan no pudo aplicarse tan eficazmente como en Egipto, porque la burocracia no estaba a la altura de la tarea, no existía un catastro completo de los títulos de propiedad de la tierra y el poder político de los terratenientes continuaba indemne. También en Irak se adoptó una medida análoga después del golpe militar de 1958, pero antes de que hubiese surgido de la revolución un grupo gobernante estable con ideas claras y coincidentes acerca del modo de organizar la sociedad; durante los primeros años hubo discrepancias entre los gobernantes acerca de si la tierra que pasaba a ser del Estado debía ser conservada y desarrollada por éste o había de distribuirse en pequeñas parcelas.

LOS RICOS Y LOS POBRES EN LA CIUDAD

El constante aumento demográfico, la migración del campo a la ciudad y el número y el poder crecientes de la burguesía nacional —terratenientes, mercaderes, propietarios y directores de fábricas, funcionarios civiles y oficiales del ejército— afectaron de muchos modos el carácter de la vida urbana. Con el advenimiento de la independencia, la clase media urbana se trasladó a barrios que antes estaban habitados principalmente por europeos, y los emigrantes rurales pasaron a las áreas que aquéllos habían dejado libres, o a otras nuevas. En cada caso, hubo un cambio de costumbres y formas de vida: la clase media comenzó a vivir de un modo que antes había sido típico de los residentes extranjeros, y los emigrantes rurales adoptaron las costumbres de las clases humildes urbanas.

En el Magreb, el proceso que llevó a los estratos dotados de educación moderna a desplazar a los extranjeros del centro de sus ciudades ya había comenzado antes de la independencia, durante la década de 1940 y principios de la década de 1950. La segregación urbana que había sido la política del protectorado francés en Marruecos, y que existía también en Argelia y en menor medida en Túnez, estaba desmoronándose, y la independencia aceleró el proceso. Los europeos partieron con su capital, y los nuevos gobernantes, los funcionarios y las clases terrateniente y mercantil asociada con ellos ocupó el lugar. En El Cairo y Alejandría la segregación nunca había sido tan completa, pero existían zonas que habían sido más europeas que egipcias, y su carácter cambió. La apertura del Gazira Sporting Club a los egipcios, y el incendio de ciertos edificios asociados con los extranjeros durante los disturbios de 1952 en El Cairo, fueron símbolos de un cambio social. En Líbano, Siria e Irak las colonias extranjeras nunca habían sido tan numerosas o exclusivas, pero en Palestina la desposesión de la mayoría de la población árabe en 1948 significó que las ciudades que antes habían tenido un carácter mixto ahora se convirtiesen en centros poblados principalmente por judíos de origen europeo; los inmigrantes judíos provenientes de los países árabes se instalaron sobre todo en nuevos pueblos o aldeas. En Jerusalén, ahora dividida entre Israel y Jordania, la mitad jordana, que incluía la Ciudad Vieja, era casi totalmente árabe, pero gran parte de la burguesía árabe de Jerusalén, como la de Haifa y Jaffa, se instaló en ciudades que estaban fuera de Palestina, y su capital y su energía fueron la causa principal del rápido crecimiento de Ammán.

En sus nuevos barrios, la burguesía vivía más o menos como lo habían hecho los europeos, en el mismo tipo de casas y usando la misma clase de ropas, aunque podían observarse algunos compromisos entre el viejo y el nuevo modo de vida; un marroquí de Casablanca quizás usaba prendas europeas en el trabajo, pero vestía el atuendo tradicional, la *ya-*

laba (chilaba), en la mezquita los viernes; la casa moderna tal vez tenía una habitación amueblada al estilo oriental, con divanes bajos, bandejas de cobre y colgaduras en las paredes. En varios de los nuevos barrios, los miembros de las diferentes comunidades religiosas se mezclaban en mayor medida de lo que habrían hecho en la medina; vivían en los mismos edificios de apartamentos o en las mismas calles, y sus hijos asistían a las mismas escuelas; los matrimonios mixtos de musulmanes con cristianos y judíos aún eran poco frecuentes, pero quizá no tanto como antes.

En el carácter abierto de los nuevos barrios, la riqueza podía manifestarse más libremente que en las viejas ciudades, donde el temor al gobernante o a los vecinos inducía a la gente a ocultar los signos de su prosperidad. Las casas presentaban una fachada más destacada frente a la calle, las habitaciones estaban amuebladas con mayor lujo, las joyas se mostraban más abiertamente. Un símbolo especial de estatus cobró importancia durante este período: el automóvil particular. Relativamente raro antes de la Segunda Guerra Mundial, ahora se generalizó más; en El Cairo, su número casi se duplicó entre 1945 y 1960. El aumento del número de automóviles, y también de camiones y de autobuses, determinó la necesidad de construir calles y carreteras nuevas y más anchas en la ciudad y el campo. Abrir una amplia avenida a través de un barrio de la ciudad vieja se convirtió casi en un acto simbólico de modernismo e independencia. Había sucedido por primera vez durante la década de 1870, cuando Ismaíl bajá inauguró la calle Muhammad Alí en El Cairo, y ahora la experiencia se repitió en otros lugares de Oriente Próximo, aunque no en el Magreb. Los automóviles particulares y las calles que se construyeron para ellos cambiaron el modo de vida de las clases adineradas. La vida que llevaban ya no estuvo confinada a su distrito; podían adueñarse de toda la ciudad y su zona rural colindante, y vivir lejos de sus lugares de trabajo.

Los sectores que la burguesía estaba abandonando pasaban a poder de los emigrantes rurales. Algunos iban a la medina, atraídos por un santuario o una mezquita famosos, o por la existencia de alojamientos disponibles. En las ciudades mixtas, algunos se instalaron en lo que antes habían sido las áreas de la pequeña burguesía europea, por ejemplo Shubra en El Cairo. En ciertas ciudades, los suburbios que ya existían crecieron y se multiplicaron dondequiera que había tierra libre. Pero esto no sucedió en El Cairo, donde la «Ciudad de los Muertos», los grandes cementerios que estaban fuera de la ciudad vieja, cumplieron la misma función: alojar el exceso de población. Las autoridades desplazaron de un lugar a otro los suburbios, pero en el curso del tiempo algunos incorporaron edificios permanentes y comodidades propias de la ciudad; los campamentos de refugiados palestinos de las afueras de Beirut, Damasco y Ammán se convirtieron, de hecho, en barrios de la ciudad. En unos pocos países los gobiernos iniciaron programas de construcción de viviendas populares de bajo costo en la periferia de la ciudad o cerca de las nuevas zonas industriales. Durante la última década del dominio francés en Marruecos, un urbanista de talento trató de ejecutar un programa de estas características. En Egipto, en 1960 se anunció un plan quinquenal de viviendas, que incluía la construcción de una nueva ciudad satélite cerca de El Cairo, la llamada Madinat Nasr. Durante estos años el arquitecto egipcio Hassán Fazi (1900-1989) estaba formulando importantes interrogantes acerca de los modos en que se concebían y ejecutaban estos planes. Sugería que en lugar de adoptar los métodos y las formas corrientes de la arquitectura occidental, podía aprenderse mucho de las tradiciones islámicas de construcción y planificación urbanísticas.

En El Cairo, Beirut y unas pocas ciudades más, las formas características de la «modernidad», y los ingresos necesarios para mantenerlas, se habían difundido más allá de los límites de una pequeña clase, y entre los barrios ricos y los pobres se extendía un «cinturón de transición», donde una pequeña burguesía de tenderos, pequeños funcionarios y artesanos especializados trataba de mantener niveles propios de la clase media. Pero en la mayoría de las ciudades había un abismo entre los ricos y los pobres. Los emigrantes rurales tendían a adoptar las costumbres de las masas urbanas en el punto en que los habitantes urbanos quizás estaban abandonándolos, y así se perpetuaba un modo tradicional de vida. Las mujeres, que en las zonas rurales trabajaban en el campo o acarreaban agua del pozo sin usar velo, ahora se cubrían con él y se recluían. Pero incluso en este ámbito social hubo ciertos cambios. La poligamia, practicada en cierta medida en determinados estratos sociales, llegó a ser menos usual, a causa de las dificultades de la vida en los pequeños apartamentos, o un concepto distinto de la vida de familia. El número de divorcios era considerable, pero tal vez disminuyó. El índice de natalidad, aunque elevado en comparación con los países industriales, era menor en la ciudad que en el campo, porque las jóvenes que asistían a la escuela tendían a casarse más tarde, y los hombres trataban de obtener un empleo estable y ahorrar un poco antes de casarse, y también a causa de la difusión de los métodos anticonceptivos; en Egipto hacia fines de la década de 1950 más del 50 % de los que poseían educación superior practicaban el control anticonceptivo, así como también lo hacía el 10 % de los habitantes urbanos más humildes; pero prácticamente nadie entre los pobres rurales. Por esta época, los problemas de la explosión demográfica eran muy conocidos y comentados en Egipto, y algunos de los ulemas declararon que el control de la natalidad era un recurso legítimo.

La vida continuó siendo dura para los pobres de la ciudad. Un elevado porcentaje de ellos carecía de empleo. De la población de El Cairo se calculaba que en 1960 el 7,5 % trabajaba en la industria, el 23 % en los servicios y el 66 % carecía de trabajo estable o regular. En las casas de vecindad o en las chabolas superpobladas donde vivía la mayoría de ellos, las enfermedades estaban muy extendidas: las grandes epidemias de peste y cólera que habían diezmado la ciudad en otros tiempos ahora, hasta cierto punto, habían desaparecido, pero la tuberculosis, la fiebre tifoidea, la malaria y las enfermedades oculares eran comunes. La mortalidad infantil era elevada; en los suburbios de Bagdad se calculaba que el índice de mortalidad infantil en 1956 era de 341 por cada 1.000 embarazos.

Sin embargo, hay ciertos indicios en el sentido de que las condiciones de vida estaban mejorando, al menos para algunos sectores humildes. El té y el azúcar, que antes no estaban al alcance de todos, ahora se habían convertido en artículos de consumo usuales en Marruecos e Irak; el consumo de alimentos en Egipto pasó de un promedio de 2.300 calorías diarias a principios de la década de 1950 a 2.500 una década más tarde. Los servicios sociales se extendían, las clínicas proporcionaban asistencia sanitaria, la provisión más eficaz de agua redujo la incidencia de algunas enfermedades, en ciertas ciudades mejoró el transporte público, mayor número de niños asistía a la escuela elemental y se organizaban campañas contra el analfabetismo. Más mujeres trabajaban, principalmente como empleadas domésticas o en las fábricas; en general, eran jóvenes y solteras, y vivían en el hogar de la familia, y el hecho de que trabajaran fuera de ella y ganasen dinero aún no modificaba mucho la estructura de la vida de familia; elevaba el ingreso de las respectivas familias, pero no siempre determinaba que las propias trabajadoras fuesen más prósperas o gozaran de más independencia.

Tales cambios gravitaron sobre algunos estratos de la población más que sobre otros. La distancia entre los obreros industriales y los trabajadores eventuales no especializados probablemente se acentuó. Los gobiernos comenzaron a intervenir más activamente en la industria con el fin de reglamentar las condiciones de trabajo; en Egipto, la ley estableció el máximo de horas de trabajo. En la mayoría de los países se autorizó el funcionamiento de los sindicatos; ese cambio sobrevino sobre todo durante la década de 1940 por el impacto de la guerra, después del gobierno laborista en Gran Bretaña y de los partidos de izquierda en los gobiernos de coalición franceses. El número de trabajadores afiliados a los sindicatos aumentó a medida que se desarrolló la industria. En Marruecos y Túnez los sindicatos formaron parte integral del movimiento nacionalista, y también en Egipto las organizaciones de trabajadores se opusieron activamente al control británico después de 1945. Una vez alcanzada la independencia, los gobiernos trataron de limitar las actividades políticas de los sindicatos, pero en ciertos lugares éstos consiguieron imponer mejores condiciones de trabajo.

Las desigualdades entre la ciudad y el campo fueron incluso más acentuadas que las que existían en la propia ciudad. Todas las clases urbanas aprovecharon hasta cierto punto las cambiantes condiciones de la vida urbana, pero las mejoras apenas habían comenzado a influir sobre la vida en las aldeas. En la mayoría de las regiones de los países árabes la mayoría de los aldeanos vivía como siempre, engendrando muchos hijos pero viéndolos morir a casi todos en la infancia o la juventud, sin atención médica y con educación apenas rudimentaria, sin electricidad, con un sistema de cultivos en que el excedente de la producción agrícola quedaba en manos de los terratenientes y los recaudadores de impuestos, y en condiciones de sobrepoblación tales que los privaba de una sólida posición negociadora. En la década de 1940 los gobiernos realizaron intentos de mejorar las condiciones de los campesinos sin modificar el esquema de las relaciones sociales: sobre todo las «unidades rurales combinadas» de Egipto, que suministraron servicios de salud y otros a grupos de aldeas. El primer intento serio de modificar las relaciones de las clases rurales y redistribuir los ingresos agrarios, se manifestó sólo cuando se aplicaron medidas de reforma agraria en determinados países durante la década de 1950. Sin embargo, algunas cosas sí estaban cambiando. Los emigrantes que llegaban a la ciudad podían enviar dinero a sus familias, y los horizontes de la vida aldeana estaban ampliándose gracias al movimiento hacia las ciudades, la construcción de carreteras para automóviles y camiones, la circulación de diarios, la difusión de la radio y las escuelas elementales.

CAPÍTULO VEINTITRÉS

La cultura nacional (décadas de 1940 y 1950)

LOS PROBLEMAS DE LA EDUCACIÓN

Los cambios sociales y el ascenso al poder de una elite nativa en conjunto originaron una rápida difusión de la educación. Las exigencias de la vida en las ciudades determinaron que la alfabetización y la adquisición de ciertas habilidades fuesen más necesarias; los gobiernos nacionalistas se comprometieron con la creación de naciones fuertes, y esta actitud implicó el aprovechamiento de todo el potencial humano; los gobiernos centralizados modernos necesitaban comunicarse con los ciudadanos de un modo más completo de lo que había sido necesario antes.

Por supuesto, la creación de una elite formada mediante la educación superior fue un proceso que había comenzado mucho antes en algunos países árabes, pero el ritmo se intensificó con la conquista de la independencia. En 1939 existían media docena de universidades, la mayoría pequeñas y controladas por extranjeros; en 1960 había alrededor de veinte universidades completas, de las que tres cuartas partes eran nacionales, y varias instituciones de enseñanza superior. El número de estudiantes universitarios estaba en el orden de 100.000, excluyendo a los que estudiaban en Europa o Estados Unidos. El número más elevado con diferencia correspondía a Egipto y Siria, Líbano e Irak venían después. Pero el incremento fue menos rápido en el Magreb. Cuando los franceses salieron de Túnez, había sólo 143 médicos y 41 ingenieros nativos; en Marruecos, sólo 19 médicos musulmanes y 17 judíos, y 15 ingenieros musulmanes y 15 judíos, aunque un número un poco más elevado de abogados, docentes y funcionarios. Por consiguiente, la formación de una elite tuvo que partir de un nivel inferior.

La lógica del nacionalismo llevaba, más allá de la formación de elites, a la educación del pueblo entero. La educación popular masiva fue una de las primeras tareas que los nuevos gobiernos se fijaron, y a la que consagraron una proporción elevada de sus ingresos. Se abrieron escuelas a gran escala casi por doquier, en los barrios humildes de las ciudades y en algunas aldeas. En Egipto hacia 1960, el 65 % de los niños en edad de cursar estudios primarios asistía a escuelas, y había una población escolar de 3 millones, y 200.000 en colegios secundarios. En Marruecos, sólo el 12 % de los niños musulmanes asistían a la escuela en 1954, pese a los esfuerzos realizados por los franceses durante los últimos años del protectorado, pero hacia 1963 la cifra se había elevado al 60 %, y a casi el 100 % entre los niños de siete años. En Túnez, el incremento durante el mismo período fue del 11 al 65 %. Este aumento de la población escolar, unido a los esfuerzos para educar a los adultos, determinó que algunos países se aproximaran a la meta de la alfabetización completa, aunque todavía estuviesen lejos de la misma. En Egipto, el 76 % de los hombres era analfabeto en 1937, y hacia 1960 la cifra había descendido al 56 %. Pero en los países de la península arábiga el cambio fue más lento. Los regímenes conservadores aprobados por los religiosos de Arabia Saudí y Yemen se mostraron más prudentes que otros ante la perspectiva de fundar escuelas de nuevo tipo y exponer a los alumnos a los vientos de las nuevas ideas; fuera de las ciudades santas de La Meca y Medina, no contaban con grandes centros desde los cuales la cultura urbana pudiese irradiar hacia el campo. En los Estados de la periferia controlados o protegidos por los británicos los recursos eran reducidos, y ni los británicos ni los gobernantes a quienes ellos protegían experimentaban el deseo activo de promover un rápido cambio con todos los problemas que él acarrearía; la excepción fue Kuwait, donde los recursos cada vez mayores que se originaban en la exportación de petróleo estaban utilizándose para crear una sociedad moderna.

El porcentaje de mujeres sin estudios y analfabetas era mucho más elevado que en el caso de los hombres. En Egipto, el 94 % de las mujeres eran analfabetas en 1937, y el 83 % en 1960; en la mayoría de los países las cifras eran aún más elevadas. El propósito de los gobiernos nacionales era educar a las niñas tanto como a los varones, pues en caso contrario la mitad de la posible fuerza de la nación no podría utilizarse en la economía asalariada. En Egipto, el 50 % de las niñas en edad escolar concurría a la escuela hacia 1960; en Túnez, lo hacía alrededor del 30 %. La proporción de mujeres en la escuela secundaria o superior era más reducida, pero estaba aumentando. En la Universidad de Bagdad, entre 1960 y 1961 el 22 % del alumnado estaba formado por mujeres; en la de Rabat, el 14 %; en la de Túnez, el 23 %; en Sudán, donde la educación femenina había empezado más tarde, se creó un colegio privado para mujeres, y unas pocas estaban estudiando en la Universidad de Jartum hacia 1959-1960.

Algunos de los problemas de la rápida difusión de la educación eran los que se manifestaban en todos los países que pasaban por esta etapa de cambio y crecimiento. El rápido aumento de la población significaba que, incluso si el número de alumnos en edad escolar que concurría a las aulas aumentaba, el número total de niños que aún no se educaban no siempre disminuía. Para recibir al mayor número posible, se procedió a inaugurar rápidamente escuelas; las clases eran demasiado numerosas para permitir una enseñanza eficaz y la mayoría de los maestros no estaban bien instruidos para ejecutar su tarea. Los resultados fueron perceptibles en todos los niveles; la educación árabe tendió a ser ineficaz sobre todo en el nivel secundario, y los alumnos que ingresaban en la universidad en general no estaban debidamente formados para seguir estudios superiores. Existía cierta tendencia a concentrar los esfuerzos en la educación académica que conducía al servicio oficial o las profesiones liberales, más que en la instrucción técnica o vocacional; el uso de las manos tanto como de la mente era ajeno al concepto de la educación en las culturas islámicas, así como en la mayoría de las restantes culturas premodernas. Pero el desarrollo de la industria petrolera estaba originando cierta diferencia; los trabajadores árabes de este sector adquirían habilidades y conocimientos que podían utilizar en otros sectores de la economía.

Sin embargo había algunos problemas que reflejaban la experiencia histórica específica de las sociedades árabes. Cuando se independizaron, se heredaron diferentes escuelas: algunas públicas y otras privadas; algunas modernas y otras tradicionalmente islámicas; en algunas se enseñaba utilizando el árabe y otras empleaban una lengua europea, generalmente el inglés o el francés. Los gobiernos independientes tendieron a unificar los sistemas y a agruparlos a todos bajo el control del Estado. Se procedió a clausurar las escuelas islámicas tradicionales o a incorporarlas al sistema oficial; el antiguo centro de enseñanza de la mezquita del Ashar, en El Cairo, se convirtió en parte de una universidad de tipo moderno, la Zaituna de Túnez pasó a ser una escuela de *sharia* de la Universidad de Túnez, la Qarawiyyin de Fez prácticamente dejó de existir como institución docente, pero las escuelas de Medina y las que había en las ciudades con santuarios chiíes en Irak continuaron funcionando sin muchos cambios.

En algunos países, las escuelas extranjeras pasaron al control oficial y enseñaban de acuerdo con el programa escolar de carácter nacional, si bien había excepciones: en Líbano las dos universidades extranjeras, la norteamericana y la francesa, continuaron prosperando, aunque paralelamente a ellas se fundó una universidad estatal; y en Egipto la Universidad Norteamericana de El Cairo y las escuelas misioneras católicas que contaban con la protección diplomática del Vaticano pudieron preservar su independencia. La tendencia principal fue arabizar las escuelas: las escuelas extranjeras que habían enseñado en lenguas extranjeras ahora emplearon el árabe en mayor medida. Ésta fue la norma general en el nivel primario. En Siria, se la aplicó hasta tal punto que no se estudiaban lenguas extranjeras antes de los once años, y esa actitud tuvo consecuencias para la educación secundaria y superior. Pero en el Magreb, donde la presencia de una nutrida población extranjera que controlaba el gobierno y la economía había llevado a la difusión del conocimiento del francés hasta un nivel social inferior, comparado con el que podía observarse en el oriente árabe, los gobiernos independientes, si bien destacaron la importancia del árabe, entendieron que el conocimiento bilingüe era parte de su capital cultural. En ciertas universidades se realizaron esfuerzos con el fin de enseñar en árabe todas las disciplinas, incluso las ciencias naturales, pero esta actitud provocó dificultades; cabía producir textos en árabe, pero el estudiante que no supiese leer trabajos eruditos o científicos en las lenguas principales del saber superior se encontraba en desventaja. Muchos miles de estudiantes fueron enviados al exterior para estudiar, financiados por becas oficiales, y necesitaban conocer perfectamente una lengua extranjera.

Como en todas las sociedades, los que poseían riqueza, acceso al poder o una tradición cultural en su propia familia, lograban superar o evitar estos problemas. En todos los países había algunas escuelas que eran mejores que el resto, estaban controladas por organizaciones extranjeras o privadas, y en ellas las clases eran menos numerosas y contaban con mejores docentes; fue el caso de los *lycées* en el Magreb, Egipto y Líbano, dotados de docentes por el gobierno francés. Los alumnos de esas escuelas podían estudiar con éxito en el exterior gracias a los fondos de las familias o al gobierno, y el resultado era perpetuar la separación entre dos culturas, pero en una forma un tanto distinta de la que había existido antes. Una elite que tendía a autoperpetuarse vivía, no en un medio cultural inglés o norteamericano o francés —como sí había sucedido durante una generación anterior—, sino en uno angloárabe o francoárabe, con un buen conocimiento de dos o tres idiomas, expresándose en árabe en el hogar, pero adquiriendo su alta cultura y su saber del mundo a través del inglés o el francés (y, cada vez más, a través al inglés, excepto en el Magreb). Pero una clase mucho más numerosa se sentía cómoda sólo en árabe, y extraía sus conocimientos de la política mundial, sus ideas acerca de la sociedad y su comprensión de la ciencia de los libros, los diarios y las emisiones radiofónicas en árabe.

LA LENGUA Y LA AUTOEXPRESIÓN

Por esas fechas, existía cada vez más material que alimentaba la mente de los que veían el mundo a través de la lengua árabe; y la mayor parte del mismo era un material común a todos los países árabes.

Ésta fue la gran era del cine. Hacia principios de la década de 1960 la televisión apenas comenzaba a conocerse en los países árabes, pero había muchos cines: en 1949 había 194 en Egipto, y hacia 1961 eran 375; el incremento en la mayoría de los restantes países era del mismo orden. Las películas norteamericanas eran populares, como sucedía en casi todo el mundo, y lo mismo podía decirse de las francesas en el Magreb; pero también estaban muy difundidos los filmes realizados en Egipto. En 1959 se rodaron sesenta largometrajes en El Cairo; la mayoría de ellos eran películas musicales románticas de un género que se venía repitiendo desde el comienzo, pero había unos pocos filmes serios de realismo social. Estas producciones acentuaron la conciencia común de los árabes, difundiendo por doquier un caudal de imágenes, cierta familiaridad con las voces egipcias, con el árabe coloquial egipcio y la música popular egipcia, que estaba reemplazando a la música andalusí en el Magreb.

Fue también la era de la radio. Se importaron a gran escala receptores de radio durante las décadas de 1940 y 1950. Hacia 1959 había 850.000 en Egipto y medio millón en Marruecos, y cada receptor podía servir a docenas de personas, en los cafés o las plazas aldeanas; los episodios de la guerra y el período de la posguerra, las victorias y las derrotas, las promesas, las esperanzas y los temores, se difundieron más ampliamente y con más rapidez que antes. Cada gobierno tenía su emisora de radio, y las grandes potencias que tenían intereses en los países árabes también realizaban emisiones de onda corta en árabe. Gran parte de los

programas emitidos por todas las emisoras —coloquios, música y seria-
les— se originaban en El Cairo, y también difundían datos acerca de
Egipto y sus formas idiomáticas. La más influyente de las emisoras durante este período fue «La Voz de los Árabes», que emitía desde Egipto a
los países de alrededor, y que expresaba en tonos estridentes las aspiraciones de los árabes según las veía Egipto. Ciertas voces egipcias llegaron
a ser muy conocidas: la del presidente del país, Gamal Abdel Nasser, y la
de la cantante egipcia más famosa, Umm Kulzum; cuando ella cantaba,
todo el mundo árabe escuchaba.

Con la difusión de la alfabetización y el interés por los asuntos públicos, los diarios circularon más ampliamente y llegaron a ser más importantes en la formación de la opinión pública. Nuevamente los de El
Cairo fueron los más leídos e influyentes. *Al-Ahram* continuó siendo el
más famoso, con una tirada de centenares de miles de ejemplares. La
prensa egipcia gozó de relativa libertad hasta el advenimiento al poder
de los políticos militares en 1952, pero después quedó sometida al control del Estado, hasta que en 1960 se la nacionalizó, al mismo tiempo
que a otras grandes empresas. Incluso después, los diarios egipcios continuaron siendo muy leídos porque mostraban cómo los gobernantes
del país veían el mundo; los artículos de Hasanain Haikal, director de
al-Ahram, eran importantes acontecimientos políticos. También en la
mayoría de los restantes países los diarios estaban rigurosamente controlados en cuanto a las noticias y las opiniones, pero había unos pocos que
podían editar libremente las noticias y reflejaban todo tipo de opinión.
La prensa más libre era la de Beirut: su público culto era amplio y variado, y provenía no sólo de Líbano sino también de otros países; además,
el delicado equilibrio de fuerzas políticas impedía el ascenso de un gobierno fuerte y opresor. Los diarios y los periódicos de Beirut, como los
de El Cairo, se leían mucho más allá de las fronteras del país.

El Cairo y Beirut eran también los centros principales de edición de
libros para los países árabes, y en ambos lugares el número de libros publi-
cados y de ejemplares impresos aumentó mucho, para llegar a un público cada vez más numeroso de estudiantes y de lectores en general.
Hacia la década de 1960, se publicaban en Egipto alrededor de 3.000
títulos anuales. Había obras de diverso tipo: textos de todos los niveles,
obras de ciencia popular, los comienzos de una literatura especial para
niños (el concepto de un mundo infantil, formulado en Europa durante el siglo XIX, ahora estaba cobrando carácter universal) y también literatura pura.

Fueron sumamente importantes los libros en que los escritores árabes exploraron sus relaciones con su propia sociedad y su pasado. Por esos años, había una tradición sólida de investigación histórica en algunas universidades —Túnez, El Cairo, la Universidad Norteamericana de Beirut— y se formulaban ciertas interpretaciones originales de la historia árabe o islámica, por ejemplo, *Nashat ilm al-tarij ind al-arab* (*El surgimiento de las obras de historia entre los árabes*), de Abd al-Aziz Duri (n. 1919), y también *Histoire du Maghreb (Historia del Magreb)*, de Abdulá Laroui (n. 1933), que es un intento de recuperar la interpretación de la historia del Magreb, apartándola de los escritores franceses que, a juicio del autor, no habían alcanzado a comprender su esencia:

> Podemos distinguir un largo período durante el cual el Magreb no es nada más que un objeto, y puede vérselo únicamente a través de los ojos de sus conquistadores extranjeros [...]. La historia de este período no es sino la historia de los extranjeros en suelo africano [...]. En varias ocasiones el mecanismo social se detuvo en el Magreb. Los individuos y los grupos han logrado una paz separada del destino. ¿Qué podemos hacer para impedir que esto suceda nuevamente, ahora que el fin de la colonización nos ha ofrecido la oportunidad de empezar de nuevo? [...]. Lo que cada uno de nosotros desea conocer hoy es el modo de salir de nosotros mismos, de escapar de nuestras montañas y nuestras dunas de arena, de definirnos por referencia a nosotros mismos, y no a otros, el modo de no ser más exiliados espirituales.[1]

La novela y el relato breve continuaron siendo las formas principales con las que los escritores árabes exploraron las relaciones con su propia sociedad. A la novela que expresaba temas nacionalistas, y las dificultades del árabe culto, que se debatía entre su propia cultura heredada y la europea, se agregaba ahora la obra del análisis social y la crítica implícita. Como antes, la ficción más interesante se dio en Egipto. En una serie de novelas acerca de la vida urbana, ambientadas en El Cairo y escritas durante las décadas de 1940 y 1950, Naguib Mahfuz (n. 1911) describió la vida de la pequeña burguesía egipcia con sus sentimientos de ansiedad y confusión en un mundo que era cada vez más extraño para ella; este autor recibió el Premio Nobel de Literatura en 1988. Abd al-Rahman al-Sharqawi (n. 1920) describió la vida de los pobres del campo en su novela *Al-Ard (La tierra)*. Estas obras contribuyeron, al menos por implicación, a explicar la alienación de la sociedad respecto de sus gobernantes, pero también la del individuo respecto de la sociedad. Se per-

cibió un tono distinto con la aparición de cierto número de mujeres novelistas, cuyas obras se referían a los esfuerzos de las mujeres en favor de
una vida más libre; el título de la primera novela de Laila Baalbaki, *Ana
ahya (Yo vivo)*, era un símbolo de los propósitos de estas autoras. En algunos novelistas pudo observarse un nuevo género de rebelión: contra el
presente, en nombre de un pasado «auténtico» que existía antes de que
hubieran comenzado a manifestarse las perturbaciones de la vida moderna. Los autores de este género miraban de diferente modo la religión;
el islam que mostraban no era el de los modernistas, ni el de la primera
etapa real o imaginaria de pureza, sino el islam tal cual se había desarrollado, el culto de los santos y la reverencia que se mostraba a sus santuarios, las prácticas sufíes de la aldea.

En Egipto, y en medida menor en otros países, estos temas se expresaron también en un medio relativamente nuevo, el teatro. Las piezas
teatrales estaban convirtiéndose en una forma popular de entretenimiento: el cine y la radio acostumbraban al público a ver y oír la tensión
de las relaciones humanas expresadas en palabras y gestos, y también dispensaban cierta protección a los autores de piezas teatrales. También se
componía teatro poético, escrito en un elevado lenguaje clásico y destinado a ser leído más que representado; por ejemplo Tawfiq al-Hakim
(1899-1987); pero paralelamente apareció el teatro de la sociedad moderna, destinado a la representación, que tenía lugar en los pequeños
teatros de El Cairo y otras ciudades. En medida cada vez más considerable, se escribían estas piezas en una lengua coloquial, o próxima a ésta, y
las razones han sido explicadas por un erudito literario: el lenguaje clásico se presta a la declamación estática más que a la acción teatral; es una
lengua pública que no puede convertirse fácilmente en la voz de un temperamento individual; es abstracto, sin referencia a un ambiente específico; en cambio, el lenguaje coloquial puede carecer de la resonancia necesaria para elevarse a la altura de un momento dramático o trágico.

En la poesía del período puede hallarse parte del mismo descontento con el carácter frío e impersonal del lenguaje clásico y las formas expresivas relacionadas con él. A partir de fines de la década de 1940 sobrevino una revolución poética, sobre todo entre los poetas más jóvenes
de Líbano, Siria, Palestina e Irak, que vivían principalmente en Bagdad
y Beirut, donde se publicaba su portavoz, el periódico *Shir*. Intentaron
promover un cambio múltiple. Hubo un cambio en la intención y el
contenido del poema. Los románticos de la generación precedente habían intentado reemplazar la poesía de la retórica y los acontecimientos

públicos por otra que expresara el sentimiento personal y percibiese el mundo natural como un signo externo de dicho sentimiento. Ahora, los nuevos poetas trataban de romper con el subjetivismo de los románticos, al mismo tiempo que preservaban algo que habían aprendido de ellos. La poesía debía expresar la realidad de las cosas, pero el conocimiento de la realidad no podía provenir sólo del intelecto; había que aprehenderla mediante la personalidad total del poeta, gracias tanto a su imaginación como a su mente. Los poetas individuales asignaban diferente importancia a los distintos aspectos de la realidad multifacética. Algunos se interesaban por los problemas emanados de su propia identidad en una era signada por la ansiedad; otros, que extraían de las discusiones literarias francesas de la década de 1950 la idea de que un autor debía estar «comprometido», se ocupaban del tema de la nación árabe y sus debilidades. Era necesario promover el nacimiento de una nueva nación árabe, de un nuevo individuo árabe, y el poeta debía ser el «creador de un mundo nuevo». Un importante poeta de este grupo, el sirio Ahmad Said (nacido en 1929), que escribió bajo el seudónimo de Adunis, dijo que la poesía debía ser «un cambio en el orden de las cosas».[2]

En la poesía de Badr Shakir al-Sayyab (1926-1964), la aldea iraquí donde él se crió se convierte en símbolo de vida —no sólo de la vida individual, sino de la del pueblo árabe— contenida por las calles de la ciudad, la escuela y la cárcel del espíritu humano:

> Las calles de las que hablan los relatos narrados junto al fuego dicen: Nadie regresa de ellas, como nadie regresa de las orillas de la muerte [...]. ¿Quién logrará que el agua brote de ellas como arroyos, de modo que alrededor construyamos nuestras aldeas? [...]. ¿Quién ha cerrado las puertas de Yaikur contra su hijo que llama, quién desvió de ellas los caminos, de modo que, no importa adónde él vaya, la ciudad levanta su cabeza hacia él? Yaikur es verde, el atardecer ha tocado los extremos de las palmeras con un sol mortecino. Mi sendero se acercó a él como un relámpago; se elevó, después se desvaneció, y más tarde la luz retornó y lo encendió, hasta que iluminó la ciudad.[3]

Un mundo nuevo necesitaba un nuevo lenguaje, y estos poetas trataban de apartarse de las formas aceptadas de escribir poesía. La unidad básica del lenguaje poético no debía ser el verso formado por un número fijo de pies, sino el pie único; podía abandonarse el sistema aceptado de rimas, y la rima misma; las relaciones sintácticas rigurosas entre palabras podían dejar su sitio a agrupamientos más flexibles. Era necesario

cambiar las palabras y las imágenes vacías de contenido a causa de la repetición por otras y por un nuevo sistema de símbolos creados. Algunos de éstos eran personales, y otros provenían del caudal común de
símbolos de la poesía inglesa o francesa modernas.

Uno de los rasgos distintivos del grupo fue la medida en que la poesía europea había plasmado su inteligencia y su sensibilidad poéticas.
Estos escritores trataban de ampliar la conciencia poética del lector árabe con el fin de que incluyese la herencia de la cultura general del mundo: imágenes de fertilidad extraídas de *La tierra yerma*, de Eliot; la de la
muerte y la resurrección de Tammuz (Adonis), tomada de la mitología
clásica, pero con un tinte local a causa de su asociación con el campo sirio. (La adopción por Ahmad Said del seudónimo Adunis [Adonis] fue
significativa.)

En el Magreb apareció por esta época un grupo de escritores que publicaron novelas, obras teatrales y poemas en francés, pero expresando una
sensibilidad y un modo de pensamiento específicos. En Argelia los escritores de la «generación de 1952», por ejemplo, Kateb Yacine (1929-1989),
Mulud Feraún (1913-1962) y Mulud Mammeri (1917-1988), utilizaron
su dominio del francés para explorar problemas relacionados con la liberación personal y la identidad nacional. Que escribieran en francés no significaba que fueran autores desarraigados; era el resultado de su educación y
de la posición que ocupaban en sus respectivas comunidades; algunos de
los argelinos eran beréberes de Cabilia, que se sentían más cómodos en
francés que en árabe. Algunos participaron en la lucha nacional y todos se
vieron marcados por ella; el más conocido en Francia, Kateb Yacine, renunció a escribir en francés después de 1970, y se consagró a la creación
de obras dramáticas en árabe coloquial.

LOS MOVIMIENTOS ISLÁMICOS

La nueva poesía se componía para ser leída y meditada, y se distin-
guió en aspectos importantes de la poesía compuesta para ser recitada
ante un nutrido público en los festivales poéticos que fueron el rasgo
distintivo de este período. La leía una minoría que podía comprender
sus alusiones, pero de todos modos expresó una *malaise* general, el descontento de los árabes con ellos mismos y con su mundo.

En los estratos más amplios de la población tales sentimientos, y el deseo de cambio, se expresaban en palabras e imágenes asociadas con el islam, en una u otra de sus muchas formas. El intento moderno de reformular el islam de modo que éste fuese una respuesta viable a las demandas de la vida moderna era todavía quizá la forma más difundida del islam en la elite educada, que había encabezado los movimientos nacionalistas y ahora dominaba en los nuevos gobiernos. En una forma intelectualmente menos rigurosa la expresaron, con destino a un público más amplio, los autores populares más leídos: por ejemplo, el egipcio Jalid Muhammad Jalid (n. 1920), cuya formulación incluyó un rechazo enérgico de la religión que se enseñaba en el Ashar. Afirmó que el islam del «sacerdocio» era una religión reaccionaria, que atacaba la libertad del intelecto humano, que apoyaba los intereses de los poderosos y los ricos y justificaba la pobreza. La verdadera religión era racional, humana, democrática y fiel al progreso económico; el gobierno legítimo no era religioso, y en cambio estaba basado en la unidad nacional y encaminado hacia la prosperidad y la justicia. Algunos de los principales escritores del momento comenzaron en este período a escribir en un lenguaje más específicamente islámico, y también aquí el eje principal fue la justicia social; para Taha Hussein, el califa Omar era un reformador social cuyas ideas eran análogas a las de la era moderna.

Con estas voces ahora se mezclaban otras, que proclamaban que la justicia social podía ser alcanzada sólo bajo el liderazgo de un gobierno que viese en el islam la base de su política y sus leyes. Después de la guerra el movimiento de la Hermandad Musulmana se convirtió en un factor político importante en Egipto, y considerable en Siria y otros países. Durante los años de 1945 a 1952, el período de la desintegración del sistema político egipcio, las enseñanzas de la Hermandad parecieron proponer un principio de acción unida que permitía desarrollar en un marco de unidad y confianza la lucha contra los británicos y la corrupción. Después de la toma del poder por parte de los oficiales, en 1952, la Hermandad, con la cual algunos oficiales mantenían estrechas relaciones, pareció ofrecer un objetivo, hacia el cual podían orientarse las medidas del nuevo gobierno. Era la única organización política exceptuada al principio del decreto de disolución de los partidos políticos. Pero las relaciones pronto cobraron un sesgo hostil, y después de un atentado contra la vida de Gamal Abdel Nasser, en 1954, algunos jefes de la Hermandad fueron ejecutados; tras este episodio, fue el canal más eficaz de oposición clandestina y continuó suministrando un modelo alternativo de sociedad justa.

El fundador, Hassán al-Banna, había sido asesinado en los años turbulentos que siguieron a la guerra, pero otros escritores relacionados con el movimiento expresaban ahora la idea de una sociedad justa específicamente islámica: Mustafá al-Sibai en Siria y Sayid Qutb (1906-1966) en Egipto. En un libro famoso, *Al-Adala al-iytimaiyya fil-islam (La justicia social en el islam)*, Sayid Qutb formuló una enérgica interpretación de la enseñanza social del islam. Sugería este autor que para los musulmanes, contrariamente a los cristianos, no había separación entre la fe y la vida. Todos los actos humanos podían concebirse como actos del culto, y el Corán y el *hadiz* aportaban los principios que debían ser la base de la acción. El hombre era libre únicamente si se liberaba de la sujeción a todos los poderes, excepto el de Dios: liberación del poder del sacerdocio, del miedo y el dominio de los valores sociales, y los deseos y apetitos humanos.

Sostenía que entre los principios derivados del Corán se incluía el de la responsabilidad mutua de los hombres en sociedad. Aunque los seres humanos eran básicamente iguales ante los ojos de Dios, afrontaban diferentes tareas según los diferentes lugares que ocupaban en la sociedad. Los hombres y las mujeres eran espiritualmente iguales pero distintos por la función y la obligación. Los gobernantes también asumían responsabilidades especiales: obedecer la ley, que debía aplicarse rigurosamente con el fin de preservar los derechos y las vidas; imponer la moral; preservar una sociedad justa. Esto implicaba mantener el derecho de propiedad, si bien comprobando que se usara para el bien de la sociedad: la riqueza no debía utilizarse como lujo o con fines usurarios, o de modos deshonestos; correspondía gravarla en beneficio de la sociedad; las necesidades de la vida comunitaria no debían estar en manos de los individuos, y era necesario que fuesen propiedad común. Mientras los gobernantes preservasen la trama de una sociedad justa había que obedecerles, pero si dejaban de hacerlo ya no habría que obedecerles. La gran era de la justicia islámica había sido la primera etapa; después, los gobernantes que no contaban con la aprobación del pueblo habían provocado sucesivos desastres en la comunidad musulmana. Podía restablecerse una auténtica sociedad islámica sólo a través de la creación de una nueva mentalidad mediante la educación apropiada.

En Egipto y en otros países, los líderes de estos movimientos tendieron a ser hombres de educación y jerarquía social relativamente elevadas, pero sus partidarios provinieron principalmente de un estrato inferior, el de los que habían adquirido cierta educación en lengua árabe más que en francés o inglés, y que ocupaban posiciones intermedias en la sociedad urbana, pero estaban excluidos de las jerarquías más elevadas. A sus ojos, los movimientos de este tipo ofrecían una posible base moral de la vida en el mundo moderno. Suministraban un sistema de principios que guardaba relación con todos los problemas sociales y era accesible a todos los hombres y mujeres, en cuanto núcleo diferenciado del islam de los santos y los santuarios que por su naturaleza se relacionaba con cierto lugar y con un grupo limitado. Por consiguiente, era apropiado para una sociedad en que la acción social y política se había extendido a toda la comunidad nacional, e incluso podía abrigar la esperanza de trascender los límites nacionales y propagarse al universo social islámico.

Aún quedaban amplios estratos sociales que no se habían incorporado a gran escala a la nueva vida; para los aldeanos y para el nuevo proletariado urbano de emigrados del campo, la tumba del santo local aún conservaba su carácter de lugar como expresión de una seguridad en el sentido de que la vida tenía un significado; para los emigrantes rurales que llegaban a las ciudades, los grandes centros de peregrinación —Mawlay Idris en Fez, Sayyida Zainab en El Cairo, Ibn Arabi en Damasco— eran signos conocidos en un mundo extraño. Quizás el guardián de la tumba había perdido parte de sus funciones sociales, en beneficio del médico, el agente de policía o el funcionario oficial, pero aún podía ser un mediador eficaz en los problemas de la vida cotidiana, para los que se veían afectados por el infortunio, las mujeres sin hijos, las víctimas del robo o del menosprecio de los vecinos. Una *tariqa* que evocaba el recuerdo de un santo muerto no hacía mucho tiempo podía ampliar su influencia, gracias a los modernos métodos de organización, y penetrar en los intersticios de la sociedad burguesa urbana.

CAPÍTULO VEINTICUATRO

La culminación del arabismo (décadas de 1950 y 1960)

EL NACIONALISMO POPULAR

Cierto ingrediente islámico siempre sería importante en esa combinación de ideas que fue el nacionalismo popular de la época, y que se extendió más allá de la elite más culta al amplio estrato de aquellos que, principalmente en las ciudades, se fueron incorporando a cierto tipo de participación política gracias al acceso a la educación y los medios masivos de difusión. Pero ya se tratara del islam de los modernistas, ya del que preconizaba la Hermandad, conservó en general el carácter de un elemento subordinado del sistema. Los principales elementos que marcaron el tono del nacionalismo popular provinieron de otras fuentes. Fue el período en que cobró importancia la idea del «Tercer Mundo»: es decir, la idea de un frente común de países en proceso de desarrollo, pertenecientes sobre todo a los antiguos imperios coloniales, que se mantenían al margen de cualquiera de los dos bloques, el de «Oeste» y el de «Este» comunista, y que ejerció cierto poder colectivo gracias a la actuación conjunta, y sobre todo a su dominio de una mayoría en la Asamblea General de las Naciones Unidas. Un segundo elemento fue la idea de la unidad árabe: a saber, que los Estados árabes que habían conquistado poco antes la independencia tenían suficientes aspectos en común, tanto en la cultura y la experiencia histórica como en los intereses comunes compartidos, para posibilitar que se uniesen estrechamente unos con otros, de modo que dicha unión les diese no sólo mayor poder colectivo sino que promoviese una unidad moral entre el pueblo y el gobierno que determinara que éste fuese legítimo y estable.

A esos elementos ahora se agregaba otro, el socialismo: es decir, la idea del control de los recursos por el gobierno en beneficio de la sociedad, de la propiedad estatal y la dirección de la producción, y la distribución equitativa de los ingresos obtenidos mediante los impuestos y el suministro de servicios sociales. La fuerza creciente de esta idea fue en parte un reflejo de lo que estaba sucediendo en otros rincones del mundo: la fuerza de los partidos socialistas y comunistas en Europa occidental, la creciente influencia mundial de la Unión Soviética y sus aliados, el ascenso al poder del Partido Comunista en China, la combinación de ideas nacionalistas y socialistas de algunos de los partidos que asumieron el poder en los Estados asiáticos que habían conquistado poco antes la independencia. Más concretamente, se manifestó en la estructuración de ideas marxistas en árabe. De nuevo el centro de esta actividad fue Egipto. Los historiadores comenzaron a interpretar la historia egipcia en términos marxistas, de modo que los movimientos que parecían nacionalistas ahora se manifestaban como movimientos de clases particulares en la persecución de sus propios intereses. Mahmud Amín al-Alim y Abd al-Azim Anis escribieron una crítica socialista de la cultura egipcia. Afirmaron que la cultura debía reflejar la naturaleza total y la situación de la sociedad; la literatura debía tratar de demostrar la anulación del individuo con la experiencia de su sociedad. Una literatura que esquivase esa experiencia carecía de contenido; por consiguiente, los escritos que antaño habían reflejado el nacionalismo burgués ahora carecían de sentido. Los trabajos nuevos tendrían que ser juzgados por la eficacia con que expresasen la lucha contra el «pulpo imperialista», que era el hecho básico de la vida egipcia, y por la exactitud con que reflejasen la vida de la clase trabajadora. Desde este punto de vista, la cuestión de las formas expresivas adquirió importancia. La distancia entre la expresión y el contenido, en opinión de estos autores, era un signo de la tendencia a evitar la realidad; Naguib Mahfuz, cuando escribía acerca de la vida popular pero evitaba el empleo del árabe coloquial, a juicio de estos autores, exhibía cierta alienación respecto de la vida real.

La forma en que estos variados elementos se integraron en los movimientos populares fue distinta de un país a otro. En el Magreb, las circunstancias de la lucha contra el dominio francés habían conducido a la creación de movimientos nacionalistas de más amplio apoyo popular y mejor organización que los procesos que se desarrollaban más al este. Como los franceses eran no sólo un gobierno extranjero sino, además, un grupo privilegiado de residentes que controlaba los recursos productivos, el único modo de oponerse a ellos con éxito había sido la rebelión popular, bien organizada y extendiéndose más allá de las ciudades, hacia el campo. En Túnez, se había conquistado la independencia, y el nuevo gobierno estaba formado por una combinación de sindicatos con el partido Neo-Destur, encabezado por una elite culta cuyas raíces estaban casi todas en los pequeños pueblos y las aldeas del Sahel y con filiales en todo el país. Lo mismo había sucedido en Argelia: la organización que desencadenó la rebelión contra el dominio francés en 1954, el Front de Libération Nationale (FLN), dirigida principalmente por hombres de origen humilde pero con entrenamiento militar, bajo la presión de la guerra gradualmente atrajo el apoyo general de todos los estratos sociales. Cuando pasó de la condición de fuerza revolucionaria al gobierno, su liderazgo era una mezcla de jefes militares históricos de la revolución y tecnócratas de elevada educación, sin la cual no puede sostenerse un gobierno moderno, y extraía su fuerza de una red nacional de filiales del partido en que los pequeños comerciantes, los terratenientes y los docentes tenían un papel destacado. En Marruecos, una coalición análoga de intereses entre el rey, el partido Istiqlal y los sindicatos había obtenido la independencia, pero en definitiva no fue un ente tan estable y unificado como en las restantes naciones del Magreb. El rey podía afirmar, oponiéndose al partido Istiqlal, que era la auténtica expresión de la comunidad nacional, y también podía afirmar su control sobre el nuevo ejército. El Istiqlal, sin el apoyo popular que podía derivar de la afirmación aceptada popularmente de que expresaba la voluntad nacional, tendió a dividirse en facciones de acuerdo con las divisiones de clases; del mismo surgió un nuevo movimiento, la Union Nationale des Forces Populaires, dirigida por líderes del campo y las montañas, y que afirmaba hablar en nombre de los intereses del proletariado de las ciudades.

En la mayoría de los países de Oriente Próximo se había alcanzado la independencia mediante la manipulación de las fuerzas políticas, tanto internas como exteriores, y por negociaciones relativamente pacíficas, pese a episodios de turbulencia popular. En los Estados que habían conquistado poco antes la independencia, el poder pasó en primera instancia a manos de las familias gobernantes o las elites educadas que tenían la posición social y las cualidades políticas necesarias durante el período de transferencia del poder. Pero, en general, tales grupos no poseían las cualidades y la influencia necesarias para movilizar el apoyo popular en las nuevas circunstancias creadas por la independencia, o para formar un Estado en el sentido cabal de la expresión. No hablaban el mismo idioma político que aquellos a quienes pretendían representar, y sus intereses estaban en la preservación de la estructura social existente y la distribución de la riqueza más que en los cambios que pudieran promover en el sentido de una justicia social más amplia. En estos países los movimientos políticos tendieron a desintegrarse después de la independencia, y quedó abierto el camino a nuevos movimientos e ideologías, que combinarían los ingredientes del nacionalismo, la religión y la justicia social de un modo más atractivo. La Hermandad Musulmana fue uno de estos movimientos, sobre todo en Egipto, Irak y Siria. Los comunistas y socialistas también comenzaron a desempeñar un papel importante en la oposición tanto al dominio imperial en su última fase como a los nuevos gobiernos que ocuparon su lugar.

En Egipto, el movimiento comunista se dividió en pequeños grupos que de todos modos consiguieron desempeñar un papel relevante en ciertos momentos críticos. Sobre todo durante la confrontación con los británicos durante los años que siguieron al fin de la guerra, el Comité de Obreros y Estudiantes, dominado por los comunistas, dirigió y orientó las fuerzas populares movilizadas. En Irak, un papel análogo tuvieron los comunistas en el movimiento que llevó al gobierno a anular el acuerdo defensivo firmado con Gran Bretaña en 1948. El acuerdo contaba con el apoyo de la mayoría de los líderes políticos conocidos, y aportaba ciertas ventajas a Irak, mediante la provisión de armas para el ejército y la posibilidad del apoyo británico en la lucha que entonces comenzaba en Palestina, pero pareció implicar un vínculo permanente entre Irak y Gran Bretaña, y por consiguiente, en último análisis, una subordinación permanente de los intereses iraquíes a los británicos. La oposición a este pacto fue el eje alrededor del cual cristalizaron diferentes intereses: los campesinos alienados respecto de sus jeques que se habían convertido en terratenientes; el proletariado urbano que soportaba los altos precios de los alimentos; los estudiantes, y los jefes nacionalistas de diferentes estilos. En esta situación, el Partido Comunista desempeñó un papel importante al ser un nexo entre diferentes grupos. Asimismo, en Sudán el grupo gobernante que heredó la posición británica estaba relacionado con dos partidos, cada uno de ellos asociado con una dirección religiosa tradicional, y con una composición social análoga, aunque discrepaban acerca del grado en que deseaban que Sudán se uniese a Egipto; en todo caso, no podían tener un papel popular, y ése fue el hueco que el Partido Comunista formado sobre todo por jóvenes que habían estudiado en Egipto, trató de llenar.

En presencia de esta fragmentación de las fuerzas políticas, hubo varios intentos de crear movimientos de tipo nuevo, que pudiesen combinar todos los elementos importantes. Dos tuvieron especial relevancia durante las décadas de 1950 y 1960. Uno fue el partido Baaz (Resurrección), que se desarrolló en Siria. Era un partido que representaba un desafío al dominio de la política siria por un reducido número de grandes familias urbanas, o por los partidos o asociaciones flexibles de jefes que expresaban los intereses de aquéllas. Su atracción estaba determinada principalmente por la nueva clase culta, creada a su vez por la rápida difusión de la educación, y que provenía de las clases sociales menos dominantes, y en medida considerable de las comunidades ajenas a la mayoría musulmana sunní: los alauíes, los drusos y los cristianos. Su origen estaba en los debates intelectuales acerca de la identidad nacional de los sirios, y sus relaciones con otras comunidades de habla árabe. Un debate que era más urgente en Siria que en otros lugares, porque las fronteras trazadas por Gran Bretaña y Francia en su propio beneficio coincidían menos que en la mayoría de los países de Oriente Próximo con las divisiones naturales e históricas.

La respuesta que dio a este problema el principal teórico del Baaz, Michel Aflaq (1910-1989), cristiano de Damasco, se manifestó en términos inequívocamente árabes: había una sola nación árabe, que tenía el derecho de vivir en un solo Estado unido. Se había formado en el curso de una gran experiencia histórica, la creación por el profeta Mahoma de la religión del islam y la sociedad en que aquél se reflejaba. Esta experiencia pertenecía no sólo a los musulmanes árabes, sino a todos los árabes que la consideraban propia, y veían en ella la base de su aspiración a una misión especial en el mundo y al derecho a la independencia y la unidad. Podían alcanzar estos propósitos sólo mediante una doble transformación: primero, del intelecto y el alma —una incorporación de la idea de la nación árabe a través de la comprensión y el amor— y, después, del sistema político y social.

En este sistema de ideas el ingrediente de la reforma social y el socialismo al principio tuvo menos importancia. Sin embargo, a mediados de la década de 1950 el partido Baaz se unió con un partido más explícitamente socialista. En esta forma, su influencia se extendió en Siria y en los países circundantes, Líbano, Jordania e Irak, y también en los países de la península arábiga. Su atracción se extendía más allá de los estudiantes y los intelectuales inquietos por problemas de identidad; era muy grande en la generación de los oficiales militares de origen provinciano y humilde, y en la clase trabajadora urbana formada por individuos que venían del campo. Durante la década de 1950 hubo alternaciones de gobierno militar y parlamentario en Siria; en una situación signada por la fragmentación del poder, un partido que tenía una política clara y ejercía atracción sobre el pueblo podía desempeñar un papel superior a su propio número, y el Baaz fue importante tanto en el movimiento que condujo a la formación de la República Árabe Unida, en 1958, como en su desintegración, en 1961. También en Irak, después de la revolución de 1958, ejerció creciente influencia.

El Baaz era una ideología que se convirtió en fuerza política, pero el otro importante movimiento del período fue un régimen que gradualmente elaboró un sistema de ideas en las cuales basó su legitimidad. Los oficiales militares egipcios que asumieron el poder en 1952, y entre los cuales Nasser pronto surgió como líder indiscutido, tenían al principio un limitado programa de acción, y carecían de una ideología común más allá de la invocación del interés nacional como un ente superior a los intereses de los partidos y las facciones, y el sentimiento de solidaridad con las masas campesinas de las cuales la mayoría, aunque no todos, provenían. Pero en el curso del tiempo adquirieron una ideología característica, que se identificó generalmente con la personalidad de Nasser. En esta ideología nasserista había una serie de elementos que en un momento determinado cobraron fuerza para movilizar a la opinión. El lenguaje del islam era el idioma natural que los líderes usaban en sus llamamientos a las masas. En general, propugnaban una versión reformista del islam que no se oponía a las formas de secularización y cambio modernizador que estaban incorporando; por el contrario, las apoyaban. Durante este período el Ashar quedó sometido a un control más riguroso del gobierno.

Sin embargo, en general se destacó menos la invocación al islam que la invocación al nacionalismo y la unidad árabes. Los gobiernos anteriores de Egipto habían aceptado la unidad árabe como una vertiente importante de la política exterior, pero el desarrollo histórico específico de Egipto y la cultura diferenciada que se había formado en el valle del Nilo lo mantuvo, desde el punto de vista de los sentimientos, un tanto alejado de sus vecinos. Pero ahora el régimen de Nasser comenzó a percibir el país como parte del mundo árabe, y a creer que era su líder natural. Opinaba que ese liderazgo debía utilizarse en el sentido de la revolución social: la propiedad estatal o el control de los medios de producción y la redistribución de los ingresos eran esenciales para maximizar la fuerza nacional y promover el apoyo de las masas al régimen.

Se justificó el programa de reforma social por referencia a la idea de un «socialismo [específicamente] árabe», un sistema a medio camino entre el marxismo, que propugnaba el conflicto de clases, y el capitalismo, que implicaba la supremacía de los intereses individuales y el dominio de las clases que eran propietarias de los medios de producción. En el «socialismo árabe» se entendía que la sociedad toda se agrupaba alrededor de un gobierno que perseguía los intereses colectivos. Esta idea fue formulada en la «Carta Nacional», dictada en 1962:

> La Revolución es el modo en que la nación árabe puede liberarse de sus cadenas, y desembarazarse de la sombría herencia que la ha agobiado [...]. Es el único modo de superar el subdesarrollo, que se le impuso mediante la represión y la explotación [...] y de afrontar el desafío que espera a los árabes y a otras naciones subdesarrolladas: el desafío representado por los sorprendentes descubrimientos científicos que ayudan a que crezca la brecha existente entre los países avanzados y los atrasados [...]. Épocas enteras de sufrimiento y esperanza finalmente han originado objetivos claros para la lucha árabe. Estos objetivos, que son la auténtica expresión de la conciencia árabe, son la libertad, el socialismo y la unidad [...]. Hoy la libertad significa la libertad del país y del ciudadano. El socialismo se ha convertido tanto en un medio como en un fin: autonomía y justicia. El camino que lleva a la unidad es el llamamiento popular a la restauración del orden natural de una nación.[1]

Se afirmó que la democracia política era imposible sin la democracia social, y ésta implicaba la propiedad pública de las comunicaciones y otros servicios públicos, los bancos y las compañías de seguros, la industria pesada y semipesada y —lo que era más importante— el comercio exterior. Debía haber igualdad de oportunidades, atención médica y educación para todos, tanto hombres como mujeres; se fomentaría la planificación familiar. Las divisiones entre las clases debían resolverse en el marco de la unidad nacional, lo mismo que las divisiones entre los países árabes: Egipto debía convocar a la unidad árabe sin aceptar el argumento de que esta actitud implicaría interferencia alguna en los asuntos de otros países. Durante los años que siguieron inmediatamente se aplicaron con energía medidas de reforma social: limitación de las horas de trabajo, salario mínimo, ampliación de los servicios de la salud pública, cierta proporción de las utilidades de la industria distribuidas en el área de los seguros y los servicios de bienestar social. Estas medidas se vieron posibilitadas por el rápido crecimiento de Egipto a principios de la década de 1960. Pero hacia 1964 el crecimiento había cesado y el consumo privado per cápita ya no aumentaba.

Incluso en su momento culminante, el régimen de Nasser no consiguió canalizar todas las fuerzas políticas del pueblo egipcio. Su movimiento político de masas, la Unión Socialista Árabe, fue un canal mediante el cual se comunicaban al pueblo las intenciones del gobierno más que el medio de expresión de los deseos, las sugerencias y las quejas populares. La Hermandad Musulmana lo acusó de utilizar el lenguaje del islam para encubrir una política esencialmente secular; los marxistas criticaron el «socialismo árabe» por entender que era diferente del socialismo «científico» basado en el reconocimiento de las diferencias y los conflictos de clases.

Pero en otros países árabes el «nasserismo» obtuvo una amplia y permanente aceptación pública. La personalidad de Nasser, los éxitos de su régimen —la victoria política de la crisis de Suez en 1956, la construcción de la presa, las medidas de reforma social— y la promesa de un enérgico liderazgo en defensa de la causa palestina: todos estos aspectos parecieron encerrar la esperanza de un mundo distinto, de una nación árabe unida rejuvenecida por la auténtica revolución social y dispuesta a ocupar el lugar que le correspondía en el mundo. Tales esperanzas se vieron alentadas por el aprovechamiento hábil de la prensa y la radio, que apelaba por sobre las cabezas de otros gobiernos al «pueblo árabe». Estos llamamientos profundizaron los conflictos entre los gobiernos árabes, pero el nasserismo continuó siendo un símbolo potente de unidad y revolución, y se expresó en movimientos políticos de gran alcance, como el Movimiento de los Nacionalistas Árabes, fundado en Beirut y muy popular en el ámbito de los refugiados palestinos.

EL SURGIMIENTO DEL NASSERISMO

Durante la década de 1960 la vida pública de los países árabes continuó dominada por la idea de una forma socialista y neutralista de nacionalismo árabe, que tenía a Nasser como jefe y símbolo.

Con la conquista de la independencia de Argelia en 1962, la era de los imperios europeos llegó prácticamente a su fin, pero en Oriente Próximo aún había áreas en que perduraba el poder británico, que se expresaba en diferentes formas de gobierno y, en último análisis, se basaba en la posibilidad de usar la fuerza armada. En Adén y el protectorado circundante, los intereses británicos habían llegado a ser más significativos durante la década de 1950. La refinería de petróleo de Adén era importante, y otro tanto podía afirmarse de la base naval, en vista del temor de que la Unión Soviética pudiera establecer su control en el Cuerno de África, en la costa opuesta del mar Rojo. El flexible protectorado de la región circundante estaba transformándose en un sistema más formal de control.

El despertar de la conciencia política en Adén, alentado por el ascenso del naserismo y por ciertos cambios que se observaban en Yemen, obligó a los británicos a ampliar el grado de participación local en el gobierno. En Adén se creó una asamblea legislativa, y los protectorados circundantes formaron una federación a la que se incorporó la propia Adén. Pero las concesiones limitadas originaron nuevas demandas, provenientes de la pequeña clase culta y los trabajadores de Adén y de los que se oponían al dominio de los gobernantes en la federación, con cierto apoyo de Egipto. Comenzó un período virulento y, en 1966, el gobierno británico decidió retirarse. Así las cosas, la oposición se había dividido en dos grupos, y cuando sobrevino la retirada, en 1967, un grupo urbano de orientación marxista pudo adueñarse del poder.

En el golfo Pérsico la retirada no respondió tanto a la presión local como al cambio de concepción acerca de la posición de Gran Bretaña en el mundo. En 1961 Kuwait obtuvo la independencia total: una clase gobernante estable de familias de comerciantes agrupados alrededor de una familia gobernante pudo ahora crear un nuevo tipo de gobierno y sociedad mediante la explotación del petróleo. En las áreas interiores del golfo Pérsico, una revisión de los recursos y la estrategia de Gran Bretaña condujo en 1968 a la decisión del gobierno de retirar sus fuerzas militares y, por lo tanto, renunciar a su control político en toda el área del océano Índico hacia 1971. En cierto sentido, esta decisión perjudicó un interés británico local. El descubrimiento de petróleo en diferentes áreas del golfo y su explotación a gran escala en Abú Dabi asignó renovada importancia a lo que había sido un área muy pobre y determinó cierta ampliación del control británico a partir de los pequeños puertos de la costa y hacia el interior, donde ahora la delimitación exacta de las fronteras adquirió importancia. Gracias a la influencia británica, se formó una federación flexible, los Emiratos Árabes Unidos, que asumió el papel unificador que antes habían representado los británicos. Estaban formados por siete pequeños estados (Abú Dabi, Dubai, Sharja y cuatro más), pero ni Bahréin ni Qatar se incorporaron al grupo. Durante un tiempo la independencia de Bahréin se vio amenazada por las pretensiones iraníes a la soberanía, sobre la base de argumentos históricos, pero se renunció a éstas en 1970.

Después, el único lugar de la península donde se mantuvo la presencia británica fue precisamente allí donde nunca había existido oficialmente. El gobernante de Omán había estado durante mucho tiempo bajo el control virtual de un pequeño número de funcionarios británicos. Su dominio apenas se había extendido al interior, donde el poder real estaba en manos del imán de la secta ibadí. Pero durante la década de 1950 la perspectiva de descubrir petróleo en el interior llevó a una ampliación del poder del sultán, respaldado por los británicos. A su vez, este proceso originó una rebelión local, apoyada por Arabia Saudí, que tenía sus propias pretensiones territoriales; en el fondo del conflicto estaban los intereses contrarios de las compañías petroleras británicas y norteamericanas. Se reprimió el alzamiento con la ayuda británica, y se eliminó el imanato, pero en 1965 estalló una revuelta más seria en la región occidental del país, es decir, en Dhufas. Se prolongó durante la década de 1970, de nuevo con apoyo externo. El sultán se resistió a hacer concesiones al cambio, y en 1970 fue derrocado por instigación británica en favor de su hijo.

Hacia la década de 1960 la principal atención de los interesados en lo que parecía ser la formación de una nación árabe ya no se relacionaba con los vestigios del dominio imperial, sino con otros dos tipos de conflicto: el que mantenían las dos «superpotencias» y el que había entre los Estados gobernados por grupos que propugnaban el cambio rápido o a la revolución según las ideas generales nasseristas, y los que estaban gobernados por dinastías o grupos más cautelosos frente al cambio político y social y más hostiles a la difusión de la influencia nasserista. En Siria, el partido Baaz se adueñó del poder en 1963: primero estuvo en manos de los jefes civiles, y después de los oficiales militares adscritos a la organización. En Irak, el gobierno de oficiales instaurado por la revolución de 1958 fue desplazado en 1963 por uno más inclinado al Baaz y al nasserismo; pero las discusiones acerca de la unidad entre Irak, Siria y Egipto revelaron las diferencias de intereses y de ideas entre los tres países. En Sudán, un golpe militar estalló en 1958, y el nuevo gobierno siguió una política de neutralismo y desarrollo económico, hasta que en 1964 la presión popular restauró el gobierno parlamentario. En Argelia, el primer gobierno establecido después de la independencia y encabezado por Ahmad Ben Bella fue reemplazado en 1965 por otro más comprometido con el socialismo y el neutralismo, encabezado por Huari Bumedián. Pero se mantenían las monarquías de Marruecos, Libia, Jordania y Arabia Saudí, y Túnez ocupaba una posición ambigua, gobernada por Burguiba como jefe de un partido nacionalista de masas comprometido con la reforma profunda, aunque hostil, a la ampliación de la influencia egipcia y a muchas de las ideas corrientes del nacionalismo árabe.

El sentimiento de una nación en proceso de formación se acentuó durante este período a causa del más amplio caudal de riqueza y de otros cambios originados en la explotación del petróleo. Los recursos petroleros de los países árabes y de otras naciones de Oriente Próximo ahora habían llegado a ser en verdad importantes en la economía mundial, y este hecho influía profundamente sobre las sociedades de los países productores. Hacia mediados de la década de 1960 los cinco países árabes productores de petróleo más importantes —Irak, Kuwait, Arabia Saudí, Libia y Argelia— en conjunto tenían ingresos oficiales de alrededor de 2.000 millones de dólares anuales. Estas rentas se utilizaban —con más responsabilidad en Irak, Kuwait, Libia y Argelia, y con menor seriedad en Arabia Saudí, hasta que una revolución de palacio remplazó a Saud, el hijo mayor de Abd al-Aziz, que se había convertido en rey a la muerte de su padre, por un hermano más capaz, Faisal (1964-1975)— para construir la infraestructura de sociedades modernas, extender los servicios sociales y también crear estructuras más complejas de gobierno, y las fuerzas defensivas y de seguridad que eran su base.

Estos procesos comenzaban a modificar el lugar de la península arábiga en el mundo árabe de dos modos diferentes. Por una parte, los gobernantes de Arabia Saudí y los países del golfo Pérsico podían usar su riqueza para alcanzar una posición más influyente en los asuntos árabes; durante este período comenzaron a ayudar a gran escala a los Estados más pobres. Por otra, sus sociedades en proceso de rápido cambio comenzaron a atraer gran número de emigrantes de otros países árabes. Esto no era igualmente aplicable a Argelia e Irak, que tenían poblaciones numerosas y podían producir sus propios trabajadores especializados y formados, pero en Arabia Saudí, Kuwait y otros países del golfo, y en Libia, las poblaciones eran demasiado reducidas para atender la necesidad de desarrollar recursos, y las clases cultas eran aun menores. La mayoría de los emigrantes estaba formada por palestinos, sirios y libaneses; excepto en Libia, un número más reducido provenía de Egipto, donde las necesidades de un numeroso ejército permanente y una economía dinámica controlada por el Estado determinaba que el gobierno se resistiese a permitir la emigración a gran escala. Es posible que hasta principios de la década de 1970 hubiese aproximadamente medio millón de emigrantes. La mayoría eran trabajadores educados o instruidos, y llevaban con ellos a los países destinatarios de la emigración las ideas que se habían difundido en los países de origen: las ideas de la revolución nasserista y el nacionalismo del Baaz, y el eterno anhelo de los palestinos de recuperar su país. Estas ideas y aspiraciones parecieron alentar el interés del Egipto de Nasser, que era utilizar la riqueza de los países petroleros como instrumento para crear un sólido bloque de países árabes bajo liderazgo egipcio.

LA CRISIS DE 1967

A principios de la década de 1960 ya había signos que anunciaban que las reclamaciones y las pretensiones del nasserismo excedían sus posibilidades. La disolución de la unión entre Egipto y Siria en 1961 y el fracaso de las conversaciones ulteriores acerca de la unidad, demostraron los límites del liderazgo de Nasser y de los intereses comunes de los Estados árabes. Más significativos fueron los hechos que sucedieron en Yemen. En 1962 falleció el imán zaidí, gobernante del país, y su sucesor fue derrocado casi inmediatamente por un movimiento en que los liberales cultos que habían vivido en el exilio se unieron a los oficiales de un nuevo ejército regular, con limitado apoyo tribal. El antiguo imanato se convirtió en la República Árabe del Yemen (ahora denominada a menudo Yemen del Norte, para distinguirla del Estado creado después que los británicos se retiraron de Adén y el protectorado circundante, denominado oficialmente República Democrática Popular de Yemen o, a menudo, Yemen del Sur). El grupo que se hizo con el poder solicitó de inmediato la ayuda egipcia, y se enviaron unidades militares de ese país. Pero incluso con este apoyo, la tarea de gobernar un país que había estado controlado directamente, pero se había mantenido unido gracias a la habilidad y los contactos del imanato, fue excesiva para el nuevo gobierno. Algunas regiones rurales, que aún aceptaban la autoridad del imán, o se oponían al tipo de control que el gobierno intentaba crear, se alzaron en armas. Contaron con el apoyo de Arabia Saudí, y siguieron varios años de guerra civil, en que se entrelazaron el conflicto entre los grupos locales y el que tenía lugar entre Egipto y las monarquías árabes «tradicionales». Ninguno de los dos bandos pudo imponerse al otro; los que contaban con el respaldo egipcio a lo sumo pudieron controlar las ciudades principales y las carreteras que las unían, pero no la mayor parte del campo, y un numeroso ejército egipcio, que combatía en condiciones con las cuales no estaba familiarizado, se vio contenido durante algunos años.

Las limitaciones del poder egipcio y árabe se manifestaron de manera más decisiva en una crisis más grave que estalló en 1967, y llevó a Egipto y a otros Estados árabes a un enfrentamiento más directo y desastroso con Israel. Era inevitable que la dinámica de su política impulsara a Nasser a asumir la posición de principal defensor de los árabes en lo que para ellos era el problema fundamental: las relaciones con Israel. Al principio el gobierno militar egipcio había abordado con cautela el problema, pero hacia 1955 había comenzado a afirmar su liderazgo. Los acontecimientos de 1956 y los años siguientes convirtieron a Nasser en la figura simbólica del nacionalismo árabe, pero en el fondo existía una línea determinada de política egipcia: convertir a Egipto en el país líder de un bloque árabe tan estrechamente unido que el mundo exterior pudiese tratar con él sólo a través de un acuerdo con El Cairo. Actuar como líder y portavoz de la causa palestina encerraba peligros evidentes, y hasta 1964 Egipto asumió con cautela la tarea; ese año rehusó dejarse arrastrar a un enfrentamiento con Israel a causa de los planes israelíes de utilización de las aguas del Jordán para el regadío. Sin embargo, a partir de ese momento Nasser se vio sometido a la presión desde varios ángulos. Los regímenes «conservadores» con los cuales ya mantenía conflictos a causa de la guerra civil en Yemen afirmaban que su prudencia era un signo de que no creía realmente en la causa que afirmaba sostener. En Siria el poder había caído en manos de un grupo del partido Baaz que creía que sólo mediante la revolución social y el enfrentamiento directo con Israel podía resolverse el problema de Palestina y crearse una nueva nación árabe.

A la trama de las relaciones interárabes se agregaba ahora un elemento nuevo. Desde 1948 los propios palestinos no habían podido desempeñar un papel independiente en las discusiones acerca de su destino: su liderazgo se había derrumbado, su pueblo se había dispersado en una serie de Estados, y los que habían perdido sus casas y su trabajo habían tenido que organizar una vida nueva. Habían podido tener cierta posición sólo bajo el control de los Estados árabes y con su autorización. En

1964 la Liga Árabe en efecto creó para ellos una entidad especial, la Organización para la Liberación de Palestina (OLP), pero estaba bajo el control egipcio y las fuerzas armadas relacionadas con ella formaban parte de los ejércitos de Egipto, Siria, Jordania e Irak. En esta época estaba formándose una nueva generación de palestinos, en el exilio pero con el recuerdo de Palestina, educada en El Cairo o Beirut y sensible a las corrientes de pensamiento de dichas ciudades. Poco a poco, a fines de la década de 1950, comenzaron a aparecer movimientos políticos peculiarmente palestinos de dos tipos: Al-Fatá, decidido a mantener absoluta independencia política frente a los regímenes árabes, cuyos intereses no eran idénticos a los intereses de los palestinos, y a dirigir el enfrentamiento militar con Israel; y una serie de movimientos más pequeños que se originaron en los grupos nacionalistas árabes pronasseristas de Beirut, y poco a poco se desplazaron hacia un análisis marxista de la sociedad y la acción social, y en la creencia de que el camino de la recuperación de Palestina pasaba por una revolución fundamental en las naciones árabes.

Hacia 1965 tales grupos comenzaban a pasar a la acción directa en Israel, y los israelíes comenzaban a tomar represalias, no contra el Baaz sirio que respaldaba a los palestinos, sino contra Jordania. Estos actos israelíes no eran simplemente una respuesta a lo que hacían los palestinos, sino que provenían de la dinámica de la política israelí. La población de Israel había continuado creciendo, principalmente a través de la inmigración; hacia 1967 se elevaba a unos 2,3 millones, de los cuales los árabes eran aproximadamente el 13 %. Su poder económico había aumentado gracias a la ayuda norteamericana, a las contribuciones de los judíos del resto del mundo y a las compensaciones de Alemania occidental. También había aumentado el volumen y la capacidad de las fuerzas armadas, sobre todo de la aviación. Israel sabía que era militar y políticamente más fuerte que sus vecinos árabes; ante la amenaza de esos vecinos, la mejor opción era mostrar su poder. De este modo podía llegarse a un acuerdo más estable que el que había podido obtener hasta ese momento; pero detrás de todo esto subyacía la esperanza de conquistar el resto de Palestina y terminar la guerra inconclusa de 1948.

Todas estas líneas confluyeron en 1967. Ante la represalia israelí contra otros Estados árabes, y en vista de los informes (que pudieron haber sido infundados) de un inminente ataque israelí a Siria, Nasser pidió a las Naciones Unidas que retirasen las fuerzas destacadas en la frontera con Israel desde la guerra de Suez en 1956, y una vez obtenido esto cerró los estrechos de Aqaba a la navegación israelí. Quizá creyó que no tenía nada que perder: Estados Unidos intervendría a último momento para negociar un arreglo político que significaría una victoria para Nasser, o si se llegaba a la guerra sus fuerzas armadas, equipadas y entrenadas por la Unión Soviética, tendrían capacidad suficiente para vencer. Sus cálculos habrían sido válidos si Estados Unidos hubiese ejercido el control total de la política israelí, pues en el seno del gobierno norteamericano había un movimiento que trataba de resolver pacíficamente el problema. Pero las relaciones entre las grandes potencias y sus clientes nunca son sencillas. Los israelíes no estaban dispuestos a dar a Egipto una victoria política que no correspondía al equilibrio de poder entre ellos, y tampoco tenían nada que perder; creían que sus fuerzas armadas eran más poderosas, y en caso de una derrota imprevista podían tener la certeza del apoyo norteamericano. Cuando la tensión aumentó, Jordania y Siria concertaron acuerdos militares con Egipto. El 5 de junio Israel atacó a Egipto, y destruyó su fuerza aérea. Durante los pocos días siguientes se libraron combates y los israelíes ocuparon el Sinaí hasta el canal de Suez, Jerusalén y el sector palestino de Jordania, así como parte de Siria meridional (el Golán o «altos del Golán»), antes de que el cese del fuego convenido en las Naciones Unidas pusiera fin a la lucha.

La guerra fue un momento decisivo en muchos aspectos distintos. La conquista de Jerusalén por los israelíes, y el hecho de que los lugares santos musulmanes y cristianos estuviesen ahora bajo control judío, agregó otra dimensión al conflicto. La guerra cambió el equilibrio de fuerzas en Oriente Próximo. Fue evidente que Israel tenía más fuerza militar que cualquier combinación de Estados árabes, y este hecho modificó la relación de cada uno de ellos con el mundo exterior. Lo que, con razón o sin ella, parecía una amenaza a la existencia de Israel originó simpatías en Europa y Estados Unidos, donde los recuerdos del destino judío durante la Segunda Guerra Mundial ahora estaban vivos; y la rápida victoria israelí también determinó que Israel fuese más deseable como aliado a ojos de los norteamericanos. Para los Estados árabes, y sobre todo para Egipto, lo que había sucedido era en todos los sentidos una derrota que mostraba los límites de su capacidad militar y política; para la Unión Soviética también fue una especie de derrota, pero que decidió aún más a los rusos a impedir que sus clientes sufriesen otra de la misma magnitud. En un nivel muy profundo, la guerra dejó su señal en todos los habitantes del mundo que se identificaban con la condición de judío o de árabe, y lo que había sido un conflicto local cobró un carácter mundial.

El resultado más importante fue a la larga la ocupación israelí de lo que restaba de la Palestina árabe: Jerusalén, Gaza y la región occidental de Jordania (denominada generalmente la Cisjordania). Más palestinos se convirtieron en refugiados, y también aumentó el número de los que se vieron sometidos al dominio israelí. Esta situación fortaleció el sentido de la identidad palestina, y la convicción de que en definitiva ese pueblo podía confiar únicamente en él mismo; y también originó un problema para los israelíes, los Estados árabes y las grandes potencias. ¿Israel debía continuar ocupando lo que había conquistado, o canjear territorios por alguna forma de arreglo pacífico con los Estados árabes? ¿Debía existir cierto tipo de entidad política para los palestinos? ¿De qué modo los Estados árabes podían recuperar las tierras que habían perdido? ¿Cómo podían las potencias alcanzar un acuerdo que no desembocase en otra guerra, a la cual quizá se viesen arrastrados?

Es posible que alguna iniciativa de los vencedores hubiese abierto el camino que llevaba a la solución de algunos de estos interrogantes; pero la iniciativa no llegó, quizá porque los israelíes necesitaron un tiempo para asimilar los resultados de una victoria tan súbita y completa, y todas las partes se atrincheraron en sus nuevas posiciones. Los palestinos, cuya mayoría se encontraba unida bajo el dominio israelí, reclamaron una existencia nacional separada e independiente. Los israelíes comenzaron a administrar los territorios conquistados prácticamente como parte de Israel. En noviembre de ese año, 1967, el Consejo de Seguridad de las Naciones Unidas consiguió finalmente dictar la Resolución 242, de acuerdo con cuyos términos debía sustentarse la paz al amparo de fronteras seguras y reconocidas, Israel se retiraría de los territorios que había conquistado y se contemplaría la situación de los refugiados. Pero se discrepaba acerca del modo de interpretar esta resolución: a saber, si Israel se retiraba de todos o sólo de parte de los territorios; si los palestinos eran una nación o un grupo de refugiados. Los jefes de los Estados árabes adoptaron su propia resolución en una conferencia celebrada en Jartum en septiembre de 1967: no reconocían las conquistas israelíes, y no negociarían. También en esto podía haber diferentes interpretaciones: por lo menos a los ojos de Egipto y Jordania todavía estaba abierto el camino de un arreglo negociado.

CAPÍTULO VEINTICINCO

La unidad y la desunión árabes (desde 1967)

LA CRISIS DE 1973

Nasser sobrevivió tres años a su derrota. Su posición en el mundo se vio gravemente comprometida; sus relaciones con Estados Unidos y Gran Bretaña se enturbiaron a causa de las acusaciones que formuló y su creencia de que habían ayudado militarmente a Israel durante la guerra, y por la insistencia norteamericana en que Israel se retirase de los territorios conquistados sólo a cambio de la paz. Su posición con respecto a otros gobernantes árabes se debilitó cuando fueron evidentes las limitaciones de su poder. Un resultado inmediato de la guerra de 1967 fue que el gobernante egipcio puso fin a sus pérdidas en Yemen, y concertó un acuerdo con Arabia Saudí que contemplaba la retirada de sus fuerzas.

Pero en Egipto su posición continuaba siendo fuerte. Hacia fines de la fatídica semana de junio de 1967 anunció su dimisión, pero esta actitud provocó protestas generales en Egipto y en otros países árabes, quizá como resultado de un hábil sistema de organización, pero tal vez porque se temió que su renuncia significase una derrota y una humillación más profundas. Su influencia sobre el sentimiento popular de otros países árabes continuó siendo intensa. Tanto a causa de su propia jerarquía como de la posición reconocida de Egipto, era el intermediario indispensable entre los palestinos y los pueblos con los cuales éstos vivían. Durante los años que siguieron a 1967, el desarrollo del sentimiento nacional palestino y la fuerza cada vez más considerable de Al-Fatá, que controló la OLP desde 1969, originaron una serie de incidentes guerrilleros contra Israel, y las represalias israelíes contra las regiones donde los palestinos gozaban de cierta libertad de acción. En 1969, la intervención egipcia determinó un acuerdo entre el gobierno libanés y la OLP, que definió los límites dentro de los cuales la OLP podía operar en Líbano meridional. Al año siguiente, en 1970, estallaron grandes combates en Jordania entre el ejército y los grupos guerrilleros palestinos, que parecieron estar cerca de adueñarse del poder en el país. El gobierno jordano pudo imponer su autoridad y terminar con la libertad de acción de los grupos palestinos, y de nuevo la mediación de Nasser permitió alcanzar la paz entre ellos.

Inmediatamente después, sobrevino la súbita muerte de Nasser. Las extraordinarias escenas de su funeral, en que millones de personas lloraron en las calles, ciertamente significaron algo; al menos por el momento, era difícil imaginar a Egipto o al mundo árabe sin él. Su muerte fue el fin de una era de esperanza para un mundo árabe unido y renovado.

La sucesión de Nasser quedó a cargo de un antiguo colega, Anwar al-Sadat (1918-1981). Al principio pareció que Egipto continuaría como antes. También en otros países árabes los cambios observados en 1969 y 1970 llevaron al poder a hombres que tenían probabilidades de aplicar una política más o menos análoga al nasserismo, o por lo menos concordante con él. Es cierto que en Marruecos y Túnez no hubo cambios fundamentales por esta época. El rey Hassán y quienes lo rodeaban, y Burguiba y el Neo-Destur conservaron el poder. También en Argelia el cambio en el seno del grupo gobernante había sobrevenido pocos años antes. Más al este, el dominio del rey Faisal en Arabia Saudí, del rey Hussein en Jordania y las dinastías de los Estados del golfo Pérsico perduraron. Pero en Libia la conocida combinación de oficiales militares e intelectuales extremistas derrocó a la monarquía en 1969; después de un tiempo, se perfiló en el nuevo grupo gobernante la figura dominante de un oficial, Muammar al-Qadhafi (o al-Gadafi). En Sudán un grupo análogo, encabezado por Yafar al-Numeiri, derrocó al régimen constitucional en 1969. En Siria, el régimen del partido Baaz, que había estado muy comprometido con la derrota de 1967, fue reemplazado en 1970 por un grupo de oficiales militares encabezados por Hafiz al-Assad, también perteneciente al Baaz, pero que aplicaba una política más prudente. Asimismo, en Irak, el período de dominio más o menos inseguro ejercido por coaliciones de oficiales militares y civiles desembocó en un grupo más unido, vinculado con el Baaz, que asumió el poder en 1968; Saddam Hussein se convirtió poco a poco en su figura más sólida. También para Yemen del Sur 1969 fue un año decisivo. La coalición de fuerzas que había asumido el poder tras la conquista de la independencia fue sustituida por un grupo marxista más riguroso. Pero en Yemen del Norte estos años no comportaron un cambio decisivo: el fin de la guerra civil llevó al poder a una coalición de elementos de los dos sectores, cuyas mutuas relaciones aún no estaban definidas. Sólo a partir de 1974 se estableció un régimen más o menos estable, con el apoyo del ejército y de algunos líderes tribales poderosos.

En 1973 hubo acontecimientos no menos dramáticos que los de 1967, y parecieron señalar una nueva etapa en el camino de la unidad árabe y la reafirmación de la independencia frente a las grandes potencias. Nuevamente hubo un enfrentamiento con Israel. Ya antes de la muerte de Nasser, el deseo de compensar la derrota de 1967 se había manifestado en una «guerra de desgaste» a lo largo del canal de Suez, y en el rearme de los ejércitos egipcio y sirio por la Unión Soviética. A principios de la década de 1970, el nuevo gobernante de Egipto, Sadat, promovió cierto cambio político cuando pidió la retirada de los asesores y técnicos rusos, pero el ejército continuó siendo el mismo que los rusos habían equipado e instruido, y en octubre de 1973 desencadenó un súbito ataque sobre las fuerzas israelíes destacadas en la orilla oriental del canal de Suez; al mismo tiempo, y en cumplimiento de un acuerdo, el ejército sirio atacó a los israelíes en el Golán.

En la primera etapa de la lucha, el ejército egipcio consiguió cruzar el canal y establecer una cabeza de puente, y los sirios ocuparon parte del Golán; las armas suministradas por los rusos les permitieron neutralizar la fuerza aérea israelí, que había conquistado la victoria de 1967. Pero durante los pocos días siguientes la suerte de las armas cambió. Las fuerzas israelíes cruzaron el canal y establecieron su propia cabeza de puente sobre la orilla occidental, y obligaron a los sirios a retroceder hacia Damasco. Al margen de su propia capacidad, el éxito de los israelíes respondió en parte al equipo enviado rápidamente por los norteamericanos, y en parte a las diferencias de política entre Egipto y Siria, que pronto se manifestaron. Las campañas demostraron nuevamente la superioridad militar de los israelíes, pero ni a los ojos de los árabes ni a los del mundo la guerra pareció una derrota. Los ataques demostraron una planificación cuidadosa y verdadera decisión; habían atraído no sólo la simpatía sino también la ayuda financiera y militar de otros países árabes; y concluyeron en un cese del fuego impuesto por la influencia de las superpotencias, lo que demostró que, si bien Estados Unidos no estaba dispuesto a permitir la derrota de Israel, ni los norteamericanos ni la Unión Soviética permitirían la derrota de Egipto, y que ninguno de los dos deseaba que la guerra se agravase hasta tal punto que ambas superpotencias se viesen arrastradas al conflicto.

Parte de la razón que explica la intervención de las potencias fue el empleo por los Estados árabes de lo que pareció ser su arma más importante: el poder de imponer un embargo a la exportación de petróleo. Por primera y quizá por última vez, se utilizó con éxito esta arma. Los países árabes productores de petróleo decidieron reducir su producción mientras Israel continuase ocupando territorios árabes, y Arabia Saudí impuso un embargo total a las exportaciones dirigidas a Estados Unidos y los Países Bajos, considerados los más favorables a Israel en el marco de los países de Europa occidental, además de ser un centro del mercado petrolero libre.

Los efectos de estas decisiones fueron aún mayores porque más o menos coincidieron con otro cambio hacia el cual se orientaban desde hacía un tiempo los países exportadores de petróleo. La demanda de petróleo de Oriente Próximo había estado aumentando, pues las necesidades de los países industriales crecían con más rapidez que la producción, y la organización de los países exportadores de petróleo (OPEP) era más sólida y estaba más decidida a aumentar su participación en las ganancias, que representaban un porcentaje del precio más reducido que la suma cobrada en forma de impuestos por los países consumidores que importaban petróleo. A fines de 1973 la OPEP decidió aumentar los precios de venta del petróleo aproximadamente en un 300 %; Irán y los países árabes fueron los principales impulsores de esta decisión. (El aumento del precio pagado por el consumidor final, sin embargo, fue menor que este porcentaje, pues los impuestos y otros costes no se elevaron tanto.)

EL PREDOMINIO DE LA INFLUENCIA NORTEAMERICANA

Sin embargo, al cabo de unos pocos años fue evidente que lo que podía haber parecido una declaración de independencia política y económica de hecho era un primer paso que llevaba a una situación de más dependencia de Estados Unidos. La iniciativa correspondió a Egipto, como había sucedido con todas las actitudes árabes durante los últimos veinte años, poco más o menos. Sadat no pensaba que se había librado la guerra de 1973 para alcanzar una victoria militar, sino con el propósito de conmover a las superpotencias, de modo que adoptasen la iniciativa de negociar un arreglo de los problemas entre Israel y los árabes, y de ese modo impidiesen una nueva crisis y una peligrosa confrontación. Ciertamente, eso fue lo que sucedió, pero de un modo tal que aumentó el poder y la participación de una de las superpotencias, es decir, Estados Unidos. Éstos habían intervenido decisivamente en la guerra, primero suministrando armas a Israel e impidiendo su derrota, y después creando un equilibrio de fuerzas que condujera a un acuerdo. Durante los dos años siguientes la mediación norteamericana desembocó en un acuerdo sirioisraelí, en virtud del cual Israel se retiró de parte del territorio sirio que había conquistado en 1967 y 1973, y se obtuvieron dos acuerdos similares entre Israel y Egipto. Hubo un intento breve y abortado de reunir a las superpotencias, Israel y los Estados árabes en una conferencia general bajo los auspicios de las Naciones Unidas, pero la línea principal de la política norteamericana fue, en la medida de lo posible, excluir a Rusia de Oriente Próximo, apoyar política y militarmente a Israel, incorporar a éste a los acuerdos con los países árabes, de modo que se retirase de los territorios conquistados a cambio de la paz, pero mantener a la OLP fuera de las discusiones, por respeto a los deseos israelíes, al menos mientras la OLP no reconociera a Israel.

Esta política cambió durante un breve lapso en 1977, cuando el nuevo presidente norteamericano Jimmy Carter trató de que Estados Unidos y la Unión Soviética formulasen un enfoque conjunto del problema, y de hallar el modo de incorporar a los palestinos al proceso de negociación. Aun así, estos esfuerzos quedaron en nada por dos razones: la oposición israelí, que se acentuó cuando un gobierno más firme asumió el poder en Israel, bajo la dirección de Menajem Beguin; y la súbita decisión de Sadat, en noviembre de 1977, de ir a Jerusalén y ofrecer a Israel la posibilidad de acordar la paz a través de negociaciones directas.

Era evidente que Sadat pensaba en la perspectiva de terminar con la secuencia de guerras que, según creía, los árabes no podían ganar, pero también había perspectivas más amplias: las negociaciones directas, promovidas por Estados Unidos, eliminarían la influencia de la Unión Soviética en Oriente Próximo; una vez que concertara la paz con Israel, Egipto podía convertirse en un aliado más importante para Estados Unidos, con todas las consecuencias que podían derivarse de esa situación, y que se referían tanto al apoyo económico como a una actitud norteamericana más favorable hacia las demandas de los árabes palestinos. En la mente del gobierno israelí del momento, el objetivo era distinto: concertar la paz con Egipto, su enemigo más formidable, incluso al precio de una retirada del

Sinaí, y por lo tanto tener las manos libres para alcanzar el objetivo esencial de su política, esto es, la instalación de colonos judíos en los territorios conquistados de Cisjordania, y la anexión gradual de esas tierras, así como la posibilidad de lidiar eficazmente con la oposición de Siria o la OLP. Por consiguiente, en las discusiones que siguieron al viaje de Sadat, el tema fundamental fue el de la relación que se establecería entre una paz egipcio-israelí y el estatus futuro de Cisjordania. Cuando al fin se llegó a un acuerdo, con la mediación norteamericana, en 1978, (el «acuerdo de Camp David»), fue evidente que en esta cuestión esencial la opinión israelí había prevalecido sobre la de Egipto y, hasta cierto punto, sobre la de Estados Unidos. En virtud del acuerdo, debía convenirse una paz formal entre Egipto e Israel, y debía existir cierto género de autonomía, que sería definida más tarde, para Cisjordania y Gaza, y que conduciría, tras cinco años, a discusiones sobre cuál era su estatus definitivo; pero no había un nexo formal entre las dos cuestiones. En las discusiones ulteriores acerca de la autonomía pronto fue evidente que las ideas israelíes eran muy distintas de las que prevalecían en Egipto y Estados Unidos, e Israel rehusó suspender su política de asentamientos judíos en los territorios conquistados.

El presidente Sadat fue asesinado en 1981 por miembros de un grupo que se oponía a su política y se proponía restaurar la base islámica de la sociedad egipcia, pero su sucesor, Hosni Mubarak, continuó aplicando las líneas principales de esta política. En el curso de los años siguientes, las relaciones de Egipto con Estados Unidos llegaron a ser más estrechas, y el país recibió un gran caudal de ayuda financiera y militar. Pero el acuerdo con Israel no sólo fue repudiado por los palestinos, sino también por la mayoría de los Estados árabes, con mayor o menor grado de convicción, y Egipto fue formalmente expulsado de la Liga Árabe, que trasladó su cuartel general de El Cairo a Túnez. De todos modos, las ventajas que podían derivarse de una alineación más estricta con la política norteamericana eran tan considerables y evidentes que otros Estados árabes también marcharon en esa dirección: Marruecos, Túnez, Jordania y, sobre todo, los países petroleros de la península arábiga, pues después de la culminación de su influencia en 1973 pronto fue evidente que la riqueza derivada del petróleo podía generar debilidad más que fuerza.

Juzgada sobre la base de todos los criterios precedentes, esa riqueza era en efecto muy grande. Entre 1973 y 1978 las rentas anuales provenientes del petróleo en los principales países árabes productores creció enormemente: en Arabia Saudí pasó de 4.350 millones a 36.000 millones de dólares; en Kuwait, de 1.700 a 9.200 millones; en Irak, de 1.800 a 23.600 millones; en Libia, de 2.200 a 8.800 millones. Otros países también aumentaron mucho su producción, y fue el caso sobre todo de Qatar, Abú Dabi y Dubai. También se amplió el control de los países sobre sus propios recursos. Hacia 1980 la totalidad de los principales Estados productores había nacionalizado la producción de petróleo o tenía una importante participación en las compañías explotadoras, si bien las grandes compañías multinacionales todavía mantenían una posición fuerte en el área del transporte y la venta. El aumento de la riqueza determinó que se acentuase la dependencia con respecto a los países industrializados. Los países productores tenían que vender su petróleo, y los países industriales eran sus principales clientes. En el curso de la década de 1970 el exceso de la demanda sobre la oferta concluyó, a causa de la crisis económica, los esfuerzos para economizar el consumo de combustible y el aumento de la producción en los países que no eran miembros de la OPEP; la capacidad negociadora y la unidad de la OPEP se debilitaron y no fue posible mantener un nivel elevado y uniforme de precios. Los países que tenían ingresos más elevados, los que podían gastar en el desarrollo, a causa de los límites de la población y los recursos nacionales debían invertir en otros lugares el excedente, y así se orientaron sobre todo hacia los países industriales. Tenían que acudir a esos países también para obtener los bienes de equipo y los conocimientos técnicos que eran necesarios en vista del desarrollo económico y el fortalecimiento de las fuerzas armadas.

Esta dependencia cada vez más acentuada tenía otro aspecto. El empleo que hicieron los países árabes del arma del embargo en 1973 determinó que los Estados industriales percibiesen hasta qué punto dependían del petróleo de Oriente Próximo, y a medida que avanzó la década hubo indicios en el sentido de que Estados Unidos podía llegar a intervenir apelando a la fuerza si volvían a interrumpirse los suministros de petróleo, ya fuese a causa de revoluciones en los países productores, ya fuese por el peligro de una ampliación de la influencia soviética en las naciones del golfo. Pero se apelaría a la intervención como último recurso, y en general Estados Unidos dependía de sus principales aliados en la región del golfo Pérsico, es decir, de Arabia Saudí e Irán. Sin embargo, hacia fines de la década de 1970 la situación cambió. La ocupación rusa de Afganistán en 1979 provocó temores, justificados o no, ante la posibilidad de que la Unión Soviética pudiera proponerse ampliar aún más

su control en la región del océano Índico. La revolución iraní de 1978-
1979 destruyó la posición del sha, el aliado más firme de Estados Unidos, y reemplazó su gobierno por otro que se comprometió a convertir a
Irán en un Estado auténticamente islámico, como primer paso hacia un
cambio análogo en otros países musulmanes: se corría el peligro de que
la revolución se extendiese hacia el oeste, en dirección a los países vecinos, lo cual destruiría el sistema político de las naciones del golfo Pérsico y turbaría sus relaciones con Estados Unidos. Esas consideraciones
determinaron la formulación de planes norteamericanos para la defensa
del golfo en caso de necesidad, en acuerdo con los Estados de Oriente Próximo dispuestos a cooperar. No obstante la mayoría de los Estados del
golfo Pérsico trataban de mantener cierta distancia frente a una alianza
integral con los norteamericanos, y en 1981 Arabia Saudí y los Estados
más pequeños crearon su propio Consejo de Cooperación del Golfo.

La apertura hacia el oeste fue más que un cambio en la política exterior o militar; fue también un cambio de las actitudes y la política de la
mayoría de los gobiernos árabes hacia la economía. Es significativo que
en Egipto se la denominara *infitá* (política de la puerta abierta), por una
ley promulgada en 1974. Una serie de causas condujeron a este resultado: el poder de Estados Unidos, según se demostró en la guerra de 1973
y sus secuelas; la necesidad de préstamos extranjeros y de inversión con
el fin de desarrollar los recursos y adquirir fuerza; quizá también una
conciencia cada vez más aguda de las limitaciones del control estatal de
la economía; y la presión ejercida por los intereses privados.

La *infitá* estaba formada por dos procesos estrechamente interrelacionados. Por una parte, había una modificación del equilibrio entre los
sectores público y privado de la economía. Salvo el Líbano, que de hecho carecía de sector público, incluso los países más comprometidos con
la iniciativa privada conservaban algunos sectores de control público,
pues no existía la posibilidad de un rápido desarrollo excepto a través de
la inversión y la dirección del Estado; por ejemplo, en Arabia Saudí se
nacionalizó la industria petrolera y las principales empresas industriales
nuevas eran propiedad del Estado. Pero en la mayoría de los países ahora se concedió un alcance más amplio a la iniciativa privada, en la agricultura, la industria y el comercio. Este fenómeno fue más visible en
Egipto, donde la década de 1970 asistió a un rápido y amplio cambio
que modificó el socialismo estatal de la década anterior. En Túnez, el
intento de control oficial de las importaciones y las exportaciones, de
abordar la producción industrial y la distribución interna, tropezó con

dificultades y fue cancelado en 1969. También en Siria y en Irak, a pesar de los principios socialistas del partido Baaz, hubo un cambio análogo.

En segundo lugar, la *infitá* significaba una apertura a la inversión y la iniciativa extranjeras, y más concretamente a las occidentales. Pese a la acumulación de capital originada por la producción de petróleo, los recursos de la mayoría de los países árabes no eran eficaces para los procesos de desarrollo rápido y a gran escala con los cuales se habían comprometido la mayoría de los gobiernos. La inversión proveniente de Estados Unidos y de Europa, y de los organismos internacionales, se vio alentada por las garantías y los privilegios impositivos, y disminuyeron las restricciones que se oponían a las importaciones. En general, los resultados no fueron los esperados. No fue muy considerable el monto del capital extranjero privado atraído por los países donde en general los regímenes parecían inestables y las posibilidades de obtener utilidades eran inciertas. La mayor parte de la ayuda provino de los gobiernos o los organismos internacionales, y se utilizó para adquirir armamentos, crear una infraestructura y ejecutar planes costosos y excesivamente ambiciosos. Parte de la ayuda llegó condicionada, de manera explícita o implícita; por ejemplo, la presión ejercida por el Fondo Monetario Internacional sobre Egipto con el fin de que redujese su déficit desembocó en un intento de aumentar los precios de los alimentos, lo cual provocó graves desórdenes en 1977. Más aún, la atenuación de las restricciones a las importaciones significó que las jóvenes industrias nativas tuvieron que afrontar la competencia de las industrias sólidamente establecidas de Estados Unidos, Europa occidental y Japón, por lo menos en las líneas de producción en que se requería un elevado nivel de conocimientos técnicos y experiencia. El resultado sería mantener a los países árabes, como a los de la mayor parte del Tercer Mundo, en una situación en que produjeran artículos de consumo para ellos mismos, pero continuaron importando artículos de tecnología más avanzada.

LA INTERDEPENDENCIA DE LOS PAÍSES ÁRABES

La muerte de Nasser y los hechos de la década de 1970 debilitaron lo que pudo haber sido una ilusión de independencia, y también una ilusión de unidad, pero en ciertos aspectos los vínculos entre los diferentes países árabes se estrecharon durante este período. Existían más organizaciones interárabes que nunca, y algunas eran eficaces. Cuando se expulsó a Egipto la Liga Árabe perdió gran parte de lo que había sido siempre una autoridad limitada, pero su afiliación aumentó: Mauritania, en África occidental, y Yibuti y Somalia, en África oriental, fueron aceptados como miembros, aunque a ninguno se lo había considerado antes como país árabe, y su aceptación fue un signo de la ambigüedad del término «árabe». En las Naciones Unidas y en otros cuerpos internacionales, los miembros de la Liga a menudo conseguían mantener una política común, sobre todo allí donde estaba en juego el problema de Palestina.

La diferencia de intereses entre los Estados que poseían petróleo y los que no lo tenían se atenuaron mediante la creación de instituciones económicas que permitían que parte de la riqueza de los países más acaudalados pudiese ser donada o prestada a los más pobres. Algunas de estas instituciones eran supranacionales: el fondo especial creado por la OPEP, el de la Organización de Países Árabes Exportadores de Petróleo (OPAEP), el Fondo Árabe para el Desarrollo Económico y Social. Otras fueron creadas por determinados países, como Kuwait, Arabia Saudí y Abú Dabi. Hacia fines de la década de 1970 el volumen de la ayuda era muy amplio. En 1979 los países productores de petróleo suministraron alrededor de 2.000 millones de dólares a otros países en desarrollo, utilizando diferentes canales; esta cifra representaba el 2,9 % de su PNB.

Otros tipos de nexos fueron incluso más importantes, porque eran vínculos entre seres humanos individuales así como entre las sociedades a las cuales pertenecían. Estaba formándose una cultura común. El rápido desarrollo de la educación que había comenzado cuando los países se independizaron continuó aceleradamente en todos los países, en mayor o menor medida. Hacia 1980 el porcentaje de varones en edad escolar que asistían a la escuela era del 88 % en Egipto y del 57 % en Arabia Saudí; el de las niñas era del 90 % en Irak y el 31 % en Arabia Saudí. El índice de alfabetización en Egipto era del 56,8 % en el caso de los hombres y del 29 % para las mujeres. En Egipto y Túnez casi un tercio de los estudiantes universitarios estaba formado por mujeres, y en Kuwait, casi el 50 %; incluso en Arabia Saudí la proporción se elevaba casi a la cuarta parte. Las escuelas y las universidades exhibían niveles variables; la necesidad de educar al mayor número posible con la mayor prontitud posible determinaba que las clases fueran demasiado numerosas, los docentes estuviesen defectuosamente formados y los edificios fuesen inapropiados. Un factor común en la mayoría de las escuelas fue la importancia atribuida a la enseñanza del árabe, y la enseñanza de otras disciplinas utilizando el árabe. Para la parte principal de los que estudiaban en estas escuelas y de los graduados de las nuevas universidades, el árabe era el único idioma en que se sentían cómodos, y el medio a través del cual veían el mundo. De este modo se fortaleció la conciencia de una cultura compartida por todos los que hablaban árabe.

Esta cultura y esta conciencia común se difundían ahora a través de un nuevo medio. La radio, el cine y los diarios continuaron siendo importantes, pero a su influencia se sumaba ahora la televisión. La década de 1960 fue el período en que los países árabes fundaron las emisoras de televisión, y el televisor se convirtió en un elemento del hogar casi tan importante como la cocina o el refrigerador, y ello para todas las clases sociales, excepto las más pobres o las de aldeas donde aún no había llegado la electricidad. Hacia 1973 se calculaba que en Egipto había alrededor de 500.000 televisores, un número análogo en Irak y 300.000 en Arabia Saudí. Se transmitían noticias presentadas de tal modo que concitasen apoyo para la política oficial, programas religiosos en mayor o menor medida en la mayoría de los países, películas o series importadas de Europa o Estados Unidos, y también programas dramáticos o musicales preparados en Egipto y Líbano; las obras teatrales difundían ideas e imágenes, además de ese trasplante tan frágil que es el humor, a través de las fronteras de los Estados árabes.

Otro vínculo entre los países árabes que estrecharon relaciones durante estos diez años fue el que se originó en el movimiento de individuos. Fue el período en que el transporte aéreo se vio incluido en la gama de posibilidades de un amplio sector de población. Se construyeron aeropuertos, la mayoría de los países contaron con sus aerolíneas nacionales, y las rutas aéreas conectaron entre ellas las capitales árabes. Los viajes por carretera también aumentaron a medida que mejoraron las rutas, y tanto los automóviles como los autocares llegaron a ser más usuales: los caminos bien conservados cruzaban los desiertos del Sahara, Siria y Arabia. A pesar de los conflictos políticos que podían clausurar las fronteras y bloqueaban a los viajeros o las mercancías, estas rutas permitieron la circulación de un número cada vez más elevado de turistas y hombres de negocios; los esfuerzos realizados por la Liga Árabe y otros organismos con el fin de fortalecer los vínculos comerciales entre los países árabes alcanzaron cierto éxito, si bien el tráfico interárabe todavía representaba el 10 % del comercio exterior de los países árabes en 1980.

No obstante, el movimiento más importante realizado a lo largo de las rutas aéreas y terrestres no fue el de las mercancías, sino el de los emigrantes de los países árabes más pobres a los que se habían enriquecido gracias al petróleo. El movimiento migratorio había comenzado durante la década de 1950, pero a fines de la década de 1960 y durante la de 1970 el flujo se acentuó a causa de dos tipos diferentes de factores. Por una parte, el importante aumento de los beneficios del petróleo y el trazado de ambiciosos planes de desarrollo elevaron la demanda de fuerza de trabajo en los Estados productores de petróleo; además, el número de dichos Estados aumentó; fuera de Argelia e Irak, ninguno de ellos contaba con el potencial humano necesario, en diferentes niveles, para desarrollar sus propios recursos. Por otra parte, la presión demográfica en los países más pobres se acentuó, y las perspectivas de emigración llegaron a ser más atractivas. Esta afirmación es aplicable sobre todo a Egipto después de 1967; había escaso crecimiento económico, y el gobierno fomentó la emigración en el período de la *infitá*. Lo que había sido sobre todo un movimiento de hombres jóvenes y cultos, ahora se convirtió en una migración masiva de trabajadores de todos los niveles de capacitación, para trabajar no sólo en el servicio civil o en las profesiones, sino como obreros de la construcción o en el servicio doméstico. Fue, sobre todo, un movimiento de hombres solos o, cada vez más, de mujeres que dejaban detrás sus respectivas familias; pero los palestinos, que habían perdido sus hogares, tendieron a desplazarse en familias enteras, e instalarse de manera permanente en los países de destino.

Los cálculos acerca del número total de trabajadores no pueden ser exactos, pero es posible que hacia fines de la década de 1970 la cifra llegase al nivel de los 3 millones de emigrantes árabes, quizá la mitad de ellos en Arabia Saudí, con elevado número también en Kuwait, los otros Estados del golfo Pérsico y Libia. El grupo más numeroso, quizás un tercio del número total, provino de Egipto, y un número análogo fue aportado por los dos Yemen; medio millón estaba formado por jordanos o palestinos (incluidas las personas que dependían de los trabajadores), y un número más pequeño llegó de Siria, Líbano, Sudán, Túnez y Marruecos. También hubo cierta migración entre los países más pobres: al mismo tiempo que los jordanos se trasladaban al golfo Pérsico, los egipcios ocupaban sus lugares en ciertos sectores de la economía jordana.

El conocimiento más amplio acerca de los pueblos, las costumbres y los dialectos que fue el resultado de esta migración a gran escala sin duda acentuó el sentimiento de que existía un solo mundo árabe, en el que los árabes podían moverse con relativa libertad y comprenderse mutuamente. Pero no siempre acentuó el deseo de una unión más estrecha: existía también la conciencia de las diferencias, y los emigrantes advertían que se los excluía de las sociedades locales a las cuales llegaban.

LA DESUNIÓN ÁRABE

Pese al fortalecimiento de tales vínculos, en la esfera política la tendencia principal de la década de 1970 fue hacia la diferencia, e incluso la hostilidad, y no hacia la unión más estrecha. Si bien la personalidad de Nasser había provocado enfrentamientos y determinado divisiones entre los sectores árabes y conflictos entre los gobiernos y los pueblos, en todo caso había generado una especie de solidaridad, el sentimiento de que existía lo que podía denominarse una nación árabe en formación. Durante los primeros años que siguieron a su muerte se prolongó algo por el estilo, y su última manifestación fue durante la guerra de 1973, cuando durante un momento pareció que se formaba un frente común de Estados árabes, al margen del carácter de sus regímenes. Pero el frente común se desintegró casi de inmediato; y aunque continuó la discusión acerca de los intentos de unión entre dos o más Estados árabes, y se los anunció de tanto en tanto, la impresión general que los Estados árabes provocaban en sus pueblos y en el mundo hacia fines de la década de 1970 era de debilidad y desunión.

La debilidad se manifestó de un modo más evidente en relación con lo que todos los pueblos árabes consideraban su problema común: Israel y la suerte de los palestinos. Hacia fines de la década de 1970, la situación en las regiones ocupadas por Israel durante la guerra de 1967 estaba cambiando de prisa. La política de asentamientos judíos, que comenzó poco después de la guerra de 1967 por razones que eran en parte estratégicas, había cobrado un sentido nuevo con el advenimiento al poder en Israel del gobierno más rígidamente nacionalista de Beguin; los asentamientos se desarrollaron a más amplia escala, con la expropiación de las tierras y el agua a los habitantes árabes, y en definitiva con el propósito de anexionar la zona a Israel; de hecho, se anexionaron formalmente el sector árabe de Jerusalén y la región del Golán, conquistada a Siria. En presencia de tales medidas parecía que tanto los palestinos como los Estados árabes eran impotentes. La OLP y su presidente Yassir Arafat pudieron hablar en nombre de los palestinos de las áreas ocupadas y obtener apoyo internacional, pero no modificar apreciablemente la situación. Tampoco las formas de acción que en teoría se ofrecían a los Estados árabes parecían llevar a parte alguna. La oposición activa a Israel era imposible, dado el poderío armado superior de los israelíes y los diferentes intereses de los Estados árabes, los que ellos no estaban dispuestos a arriesgar. El camino ensayado en Egipto por Sadat en efecto logró que Israel se retirase del Sinaí, pero pronto fue evidente que Egipto no había conquistado sobre Israel influencia suficiente para persuadirlo de que modificase su política, o sobre Estados Unidos para convencer a ese país de que se opusiera más que formalmente a la política israelí.

La debilidad militar, el desarrollo de intereses distintos y la acentuación de la dependencia económica fueron factores que condujeron a la desintegración del frente común que había parecido existir hasta la guerra de 1973. La línea evidente de esa desintegración fue la que dividía a los Estados que, en definitiva, se inclinaban hacia Estados Unidos, el compromiso político con Israel y una economía capitalista liberal, y los que abogaban por una política neutralista. En general, se creía que este segundo grupo incluía a Argelia, Libia, Siria, Irak y Yemen del Sur, así como a la OLP, considerada formalmente por los Estados árabes como un ente que poseía el estatus de un gobierno autónomo.

No obstante, en la práctica las líneas divisorias no eran tan claras, y las alianzas entre diferentes países podían atravesarlas. En cada campo, las relaciones no siempre eran estrechas ni fáciles. Entre los países «pro-occidentales», la política independiente adoptada por Egipto en su aproximación a Israel provocaba vacilación y embarazo, y prácticamente todos los Estados árabes rompieron formalmente sus relaciones con Egipto, aunque no suspendieron el flujo de remesas de los emigrantes a sus familias. En el otro campo, hubo diferentes relaciones con la otra superpotencia; Siria, Irak y Yemen del Sur obtuvieron ayuda militar y económica de la Unión Soviética. Había también un profundo antagonismo entre los dos regímenes Baaz de Siria e Irak, una situación provocada por la rivalidad en relación con el liderazgo de lo que durante un tiempo pareció un partido nacionalista poderoso y dinámico, y por la diferencia de intereses entre países que tenían una frontera común y compartían el sistema acuífero del Éufrates. Más aún, había permanente fricción con Libia, y la figura dominante, Gadafi, a veces parecía deseosa de recoger el cetro de Nasser, aunque sin poseer una base de fuerza que no fuese la que provenía del dinero.

En este período hubo tres conflictos armados que afectaron gravemente las relaciones entre los Estados árabes. El primero estalló en el extremo oeste del mundo árabe. Tuvo que ver con el Sahara occidental, una extensión poco poblada del desierto sahariano en dirección a la costa del Atlántico, al sur de Marruecos. Había sido ocupado y gobernado por España desde fines del siglo XIX, pero tuvo escasa importancia estratégica y económica hasta que en la década de 1960 se descubrieron importantes depósitos de fosfato, cuya explotación estaba a cargo de una compañía española. Durante la década de 1970 Marruecos comenzó a formular reivindicaciones en relación con este territorio, porque la autoridad del sultán se había ejercido antes en esa zona. España se opuso a dichas demandas, y la misma actitud adoptó Mauritania, el país que se extendía inmediatamente al sur, y que había estado bajo el dominio francés desde los primeros años del siglo XX, se había independizado en 1960 y, a su vez, había expresado su derecho por lo menos a una parte del territorio. Después de un largo proceso diplomático España, Marruecos y Mauritania concertaban un acuerdo en 1975, que estableció que España se retiraría y el territorio sería dividido entre las dos naciones restantes. Pero este convenio no resolvió la crisis; por entonces, el propio pueblo del territorio había organizado sus movimientos políticos, y después del convenio de 1975 uno de ellos, conocido por el acrónimo «Polisario», surgió como antagonista de las reclamaciones de Marruecos y Mauritania, y demandó la independencia. Mauritania renunció a sus pretensiones en 1979, pero Marruecos continuó enzarzado en una prolongada lucha con el Polisario, que tenía el apoyo de Argelia, país que también compartía frontera con el territorio y no deseaba que se extendiese el poder marroquí. Comenzó un conflicto que continuaría en diferentes formas durante una serie de años, y complicó las relaciones no sólo entre Marruecos y Argelia, sino también en el seno de organizaciones de las cuales ambos países formaban parte: la Liga Árabe y la Organización para la Unidad Africana.

Otro conflicto, que estalló en Líbano más o menos por la misma época, arrastró de diferentes modos a las principales fuerzas políticas de Oriente Próximo: los Estados árabes, la OLP, Israel, Europa occidental y las superpotencias. Sus orígenes estaban en ciertos cambios sufridos por la sociedad libanesa, que vinieron a cuestionar el sistema político. Cuando Líbano se independizó en la década de 1940, incluía tres regiones con diferentes clases de población y distintas tradiciones de gobierno: la región del Monte Líbano, con una población principalmente cristiana maronita en el norte y mezcla de drusos y cristianos en el sur; las ciudades costeras, con una población que era mezcla de musulmanes y cristianos; y ciertas áreas rurales hacia el este y el sur del Monte Líbano, donde la población era, sobre todo, musulmana chií. La primera de estas áreas tenía una antigua tradición de administración autónoma bajo sus propios señores y, más tarde, como un distrito privilegiado del Imperio otomano; la segunda y la tercera habían sido partes integrantes del Imperio, y fueron incorporadas al Líbano durante el mandato francés. El nuevo Estado tenía una constitución democrática, y por la época en que los franceses abandonaron el país se concertó un acuerdo entre los jefes de los maronitas y los musulmanes sunníes con el fin de que el presidente de la república fuese siempre un maronita, el primer ministro sunní y los restantes cargos del gobierno y la administración se distribuyeran entre las diferentes comunidades religiosas, pero de tal modo que el poder efectivo siguiese en manos de los cristianos.

Entre 1945 y 1958 el sistema consiguió mantener el equilibrio y promovió cierto grado de cooperación entre los jefes de las diferentes comunidades, pero en el curso de una generación sus bases se debilitaron. Hubo un cambio demográfico: la población musulmana creció con mayor rapidez que la cristiana, y hacia la década de 1970 se aceptaba generalmente que las tres comunidades consideradas por todos como musulmanas (sunníes, chiíes y drusos) contaban con más miembros que las comunidades cristianas, y algunos de sus líderes estaban menos dispuestos a aceptar una situación en que la presidencia y el poder real estuvieran en manos de los cristianos. Más aún, los rápidos cambios económicos sufridos por el país y Oriente Próximo llevaron al crecimiento de Beirut, que se convirtió en una gran ciudad donde vivía la mitad de la población y trabajaba más de la mitad. Líbano se había convertido en un gran Estado-ciudad; necesitaba el control de un gobierno fuerte y eficaz. La distancia entre ricos y pobres se había acentuado, y los pobres eran principalmente musulmanes sunníes o chiíes; se necesitaba una redistribución de la riqueza a través de los impuestos y los servicios sociales. Un gobierno basado en un frágil acuerdo entre los líderes no reunía las condiciones necesarias para dar los pasos requeridos, pues podía sobrevivir sólo si no aplicaba ninguna política que perturbase poderosos intereses.

En 1958 se rompió el equilibrio, y hubo varios meses de guerra civil que concluyeron con la reafirmación del equilibrio bajo el lema: «Ni vencedores ni vencidos.» Pero las condiciones subyacentes que habían llevado a la ruptura persistieron, y durante la década y media siguiente se les agregó otro factor: el papel más importante que el Líbano representó en el enfrentamiento entre los palestinos e Israel. Después de que en Jordania se quebrase el poder de Al-Fatá y otras organizaciones guerrilleras en 1970, concentraron sus principales esfuerzos en el Líbano meridional, cuya frontera con Israel era la única a través de la cual podían operar con cierta libertad, y con el apoyo de la numerosa población de refugiados palestinos. Esta situación alarmó a importantes elementos cristianos, y sobre todo al partido político mejor organizado, el Kataib (Falange): tanto porque las actividades palestinas en el sur estaban conduciendo a una enérgica respuesta israelí, que podía amenazar la independencia del país, como porque la presencia de los palestinos fortalecía los grupos, principalmente musulmanes y drusos, que deseaban cambiar el sistema político en que el poder estaba en manos cristianas.

Hacia 1975 hubo una peligrosa confrontación de fuerzas, y cada protagonista obtuvo armas y apoyo del exterior: el Kataib y sus aliados, de Israel, los palestinos y sus aliados, de Siria. Durante la primavera de ese año estallaron combates cruentos, que continuaron con variable fortuna hasta fines de 1976, cuando se concertó una tregua más o menos estable. El principal promotor de este acuerdo fue Siria, que durante el período de los combates había modificado su política. Al principio había apoyado a los palestinos y sus aliados, pero después se había acercado más al Kataib y sus aliados, cuando pareció que corrían peligro de ser derrotados. Su interés era mantener un equilibrio de fuerzas que contuviese a los palestinos y les dificultase desarrollar en Líbano meridional una política que enzarzase a Siria en una guerra contra Israel. Para preservar esos intereses, Siria envió fuerzas armadas a Líbano, contando con cierto grado de apoyo de otros Estados árabes y Estados Unidos, y allí permanecieron después de terminados los combates. Siguieron unos cinco años de tregua inestable. Los grupos maronitas gobernaban el norte, el ejército sirio estaba en el este, la OLP prevalecía en el sur. Beirut estaba dividida en una sección oriental controlada por el Kataib, y en una occidental controlada por la OLP y sus aliados. La autoridad del gobierno prácticamente había dejado de existir. El poder ilimitado de la OLP en el sur la llevaba a conflictos intermitentes con Israel, que en 1978 organizó una invasión; se vio interrumpida por la presión internacional, pero dejó detrás un gobierno local bajo control israelí en una franja a lo largo de la frontera. La invasión y las turbulencias en el sur indujeron a los habitantes chiíes de la región a crear su propia fuerza política y militar, el Amal.

En 1982 la situación adquirió una dimensión más peligrosa. El gobierno nacionalista de Israel, que había asegurado su frontera meridional gracias a un tratado de paz con Egipto, ahora intentó imponer su propia solución al problema de los palestinos. Este esfuerzo implicó un intento de destruir el poder militar y político de la OLP en Líbano, para instalar allí un régimen amigo, y después, liberado de la resistencia palestina eficaz, desarrollar una política de asentamientos y anexión de la Palestina ocupada. Con cierto grado de aquiescencia de Estados Unidos, Israel invadió Líbano en junio de 1982. La invasión culminó en un prolongado sitio del área occidental de Beirut, habitada principalmente por musulmanes y dominada por la OLP. El sitio concluyó con un acuerdo, negociado a través del gobierno norteamericano, en virtud del cual la OLP evacuaría Beirut occidental, con garantías para la seguridad de los civiles palestinos otorgadas por los gobiernos libanés y norteamericano. Al mismo tiempo, una elección presidencial determinó que ocupase la presidencia el jefe militar del Kataib, Bashir Gemayel; poco después fue asesinado, y le sucedió su hermano Amin. El asesinato fue aprovechado por Israel como una oportunidad para ocupar Beirut occidental, y esto permitió a su vez que el Kataib realizara una masacre a gran escala de palestinos en los campos de refugiados de Sabra y Shatila.

La retirada de la OLP, aunque evitó los combates durante cierto tiempo, llevó el conflicto a una fase más peligrosa. La separación entre los grupos políticos se acentuó. El nuevo gobierno, dominado por el Kataib y apoyado por Israel, trató de imponer su propia solución: la concentración del poder en sus manos, y el acuerdo con Israel que determinaba que las fuerzas israelíes se retirarían a cambio de un control político y estratégico virtual del país. Este proyecto provocó la enérgica oposición de otras comunidades, los drusos y los chiíes, apoyados por Siria. Aunque la invasión había demostrado la impotencia de Siria o de otros países árabes para adoptar medidas coordinadas y eficaces, las tropas sirias continuaban instaladas en algunas regiones del país, y la influencia siria era importante entre los que se oponían al gobierno. Siria y sus aliados podían obtener cierto apoyo de la Unión Soviética, y por su parte Estados Unidos estaba en condiciones de suministrar apoyo militar y diplomático al Kataib y sus amigos israelíes. Como una de las condiciones en que la OLP abandonó a Beirut, se había enviado a Líbano una fuerza multinacional con un fuerte componente norteamericano. Se la había retirado rápidamente, pero regresó después de la masacre de Sabra y Shatila. A partir de ese momento, el componente norteamericano de la fuerza multinacional amplió gradualmente sus funciones, que pasaron de la defensa de la población civil al apoyo activo al nuevo gobierno libanés y a un acuerdo libanés-israelí, que Estados Unidos ayudó a negociar en 1983. Hacia los últimos meses de ese año la fuerza norteamericana estaba comprometida en operaciones militares en apoyo del gobierno libanés, pero después de algunos ataques a los infantes de marina norteamericanos y bajo la presión de la opinión pública norteamericana, Estados Unidos retiró sus fuerzas. Sin un apoyo eficaz norteamericano o israelí, y en vista de la firme resistencia de los drusos, los chiíes y Siria, el gobierno libanés anuló el acuerdo con Israel. Un resultado de este episodio fue la aparición de Amal y otros grupos chiíes como factores importantes de la política libanesa. En 1984, Amal asumió el control real de Beirut occidental; en parte por la presión que este grupo ejerció, las fuerzas israelíes se retiraron de todo Líbano, excepto una franja de territorio a lo largo de la frontera meridional.

Durante estos años un tercer conflicto comprometió a un Estado árabe con otro que no lo era, y amenazó con arrastrar a otros Estados árabes; fue la guerra entre Irak e Irán que se inició en 1980. Entre ellos existían algunos problemas de fronteras, que se habían resuelto en favor de Irán en 1975, cuando el sha estaba en la cumbre de su poder en el mundo. La revolución iraní y el período de confusión y aparente debilidad que siguió, ofreció a Irak la oportunidad de restablecer el equilibrio. Pero estaba en juego algo más importante. El nuevo régimen iraní llamaba a todos los musulmanes a restablecer la autoridad del islam en la sociedad, y podía suponerse que esa convocatoria atraería especialmente a la mayoría chií de Irak; el régimen iraquí afrontaba un doble desafío, como gobierno nacionalista secular y como país dominado por los musulmanes sunníes. En 1980 el ejército iraquí invadió Irán. Sin embargo, después de sus primeros éxitos no pudo ocupar de manera permanente ninguna zona del país, y después de un tiempo Irán consiguió tomar la ofensiva e invadir a Irak. La guerra no dividió a la sociedad iraquí, pues los chiíes de Irak adoptaron, cuando menos, una actitud aquiescente; pero hasta cierto punto dividió al mundo árabe. Siria apoyó a Irán, a causa de su propia discrepancia con Irak, aunque la mayoría de los restantes Estados árabes, aportaron ayuda financiera o militar a Irak, porque una victoria iraní podía trastornar el sistema político del golfo Pérsico, y también alterar el orden social en los países en que era intenso el sentimiento musulmán, sobre todo entre los chiíes.

La lucha finalmente tocó a su fin, con un cese del fuego negociado por las Naciones Unidas en 1988. Ninguno de los dos países había ganado territorios, y ambos habían sufrido graves pérdidas en vidas humanas y recursos económicos. Pero en cierto sentido los dos habían rescatado algo: ninguno de estos dos regímenes se había derrumbado bajo la presión de la guerra, y la revolución iraní no se había extendido a Irak o al golfo Pérsico.

El fin de la guerra entre Irak e Irán ofreció perspectivas de un cambio de las relaciones entre los Estados árabes. Pareció probable que Irak, con sus energías liberadas y con un ejército probado en la guerra, tuviese un papel más activo en otras esferas, tanto en el golfo Pérsico como en la política general del mundo árabe. Sus relaciones con Egipto y Jordania se habían consolidado gracias a la ayuda que esos países le aportaron durante la guerra; sus relaciones con Siria estaban deterioradas a causa de la ayuda siria a Irán, y ahora, en su condición de antagonista de Siria, Irak podía intervenir más activamente en los enmarañados problemas de Líbano.

El problema de Palestina también ingresó en una fase nueva en 1988. Al fin del año precedente, la población de los territorios ocupados por los israelíes, Cisjordania y Gaza, habían iniciado un movimiento de resistencia casi universal, a veces pacífico y otras violento, que a pesar de todo evitaba el uso de armas de fuego. La dirección local tenía vínculos con la OLP y otras organizaciones. Este movimiento, la *intifada*, continuó a lo largo de 1988, y modificó la relación de los palestinos entre ellos y con el mundo exterior a los territorios ocupados. Reveló la existencia de un pueblo palestino unido, y restableció la división entre los territorios bajo ocupación israelí y la propia Israel. El gobierno israelí fue incapaz de reprimir el movimiento, quedó cada vez más a la defensiva frente a la crítica extranjera, y hubo de hacer frente a una opinión pública profundamente dividida. El rey Hussein de Jordania, que no pudo controlar el alzamiento o hablar en nombre de los palestinos, se retiró de la participación activa en la búsqueda de un arreglo. La OLP pudo llenar el vacío, pero su propio carácter cambió. Tuvo que considerar la opinión de los habitantes de los territorios ocupados, y su deseo de acabar con la ocupación. El Consejo Nacional Palestino, es decir, el organismo representativo de los palestinos, se reunió en Argelia y elaboró un documento que proclamaba su voluntad de aceptar la existencia de Israel y negociar con éste un acuerdo definitivo. Estos procesos se manifestaban en un contexto nuevo: cierta reafirmación de la unidad árabe con respecto al problema, el retorno de Egipto a la condición de participante activo en los asuntos árabes y un cambio en la relación entre Estados Unidos y la Unión Soviética. Por primera vez Estados Unidos manifestó su disposición a hablar directamente con la OLP, y la Unión Soviética comenzó a intervenir más activamente en los asuntos de Oriente Próximo.

CAPÍTULO VEINTISÉIS

La perturbación de los espíritus (desde 1967)

LAS DIVISIONES ÉTNICAS Y RELIGIOSAS

Los conflictos de Líbano e Irak demostraron con cuánta facilidad las enemistades entre Estados podían interrelacionarse con las actitudes de los elementos discordantes de un mismo Estado. Durante este período, algunas de las discordias internas que existían en todos los Estados cobraron más significado. En Irak se manifestaba la oposición entre árabes y kurdos. La minoría kurda del noreste del país durante mucho tiempo apenas se benefició con las medidas de transformación económica y social que se aplicaban principalmente en los distritos más próximos a las grandes ciudades. Como habitantes de los valles montañosos o miembros de tribus trashumantes, no deseaban soportar el control estrecho de las burocracias urbanas; también estaban influidos por la idea de la independencia kurda, que era parte de la atmósfera desde fines del período otomano. Desde la época del mandato británico hubo rebeliones kurdas intermitentes, y a partir de la revolución de 1958 llegaron a ser más persistentes y a organizarse mejor, además de que contaron con más apoyo de los Estados hostiles a Irak. Durante algunos años la rebelión contó con el apoyo de Irán, pero lo perdió cuando los dos países concertaron un acuerdo, en 1975, acerca de diferentes problemas. Después, la revuelta concluyó, y el gobierno adoptó ciertas medidas para ofrecer a las regiones de los kurdos una administración especial y un programa de desarrollo económico; sin embargo, la situación continuó siendo inestable, y la revuelta se reavivó a fines de la década de 1980, durante la guerra entre Irak e Irán.

En Argelia existía potencialmente una situación análoga. Parte de la población de las áreas montañosas del Atlas en Marruecos y Cabilia en Argelia estaba formada por beréberes, que hablaban dialectos de una lengua distinta de la árabe, y con una prolongada tradición de organización y liderazgo locales. En el período del dominio francés, el gobierno había tendido a mantener la diferencia entre ellos y los habitantes de lengua árabe, en parte por razones políticas, pero también a causa de una tendencia natural de los funcionarios locales a preservar el carácter especial de las comunidades que ellos gobernaban. Cuando los gobiernos nacionalistas accedieron al poder, después de la independencia, su política consistió en extender el control del gobierno central y también la influencia de la cultura árabe. En Marruecos esta política se acentuó a causa de dos factores, la antigua y poderosa tradición de la soberanía del sultán y el prestigio de la cultura árabe de las grandes ciudades; el beréber no era una lengua escrita propia de una cultura superior, y a medida que los aldeanos beréberes ingresaron en la esfera de influencia de la vida urbana tendieron a hablar el árabe. Pero en Argelia la situación era distinta: la tradición de la cultura árabe era más débil, pues Argelia no había tenido grandes ciudades o escuelas, y la vertiente de la cultura francesa era más sólida y parecía ofrecer una visión diferente del futuro. Asimismo, la autoridad del gobierno no tenía bases tan firmes; su pretensión de legitimidad se sustentaba en su propio liderazgo durante la guerra de la independencia, y en esa lucha los beréberes de Cabilia habían desempeñado un papel importante.

Por lo tanto, las diferencias étnicas podían asignar más profundidad a las diferencias de intereses, y lo mismo cabía decir de las diferencias religiosas. El ejemplo de Líbano reveló cuán fácilmente una lucha por el poder podía expresarse en términos religiosos. En Sudán existía una situación análoga. Los habitantes de las regiones meridionales del país no eran árabes ni musulmanes; algunos eran cristianos, convertidos por los misioneros durante el período del dominio británico. Tenían recuerdos de un período en que estaban expuestos a las incursiones de los esclavistas del norte, y después de la independencia, con el poder en manos de un grupo gobernante que era sobre todo árabe y musulmán, se mostraron aprensivos acerca del futuro: quizás el nuevo gobierno intentara extender hacia el sur el islam y la cultura árabe, y prestara más atención a los intereses de las regiones más próximas a la capital que a las más alejadas. Apenas el país alcanzó la independencia estalló una rebelión en el sur, y el episodio se prolongó hasta 1972, cuando terminó con un acuerdo que concedió al sur un grado considerable de autonomía. Pero las tensiones y las sospechas mutuas persistieron y se manifestaron a principios de la década de 1980, cuando el gobierno comenzó a aplicar una política más explícitamente islámica: una rebelión contra el dominio de Jartum continuó a gran escala durante los años 80, y el gobierno no pudo reprimirla o llegar a un acuerdo.

En los países que tenían poblaciones chiíes numerosas existía una situación muy peligrosa y compleja: nos referimos a Irak, Kuwait, Bahréin, Arabia Saudí, Siria y Líbano. Pareció probable que la revolución iraní habría de originar un sentido más firme de identidad chií, y que este fenómeno pudiera tener consecuencias políticas en los países en que el gobierno estaba en manos de sunníes. Pero, por otra parte, el sentido de la nacionalidad común o de los intereses económicos comunes podía actuar en dirección contraria. En Siria existía una situación distinta, por lo menos provisionalmente. El régimen del partido Baaz, que había ejercido el poder desde la década de 1960, a partir de 1970 cayó bajo el dominio de un grupo de oficiales y políticos encabezados por Assad, y reclutados principalmente en la comunidad alauí, una rama disidente de los chiíes; por consiguiente, la oposición al gobierno tendió a adoptar la forma de una enérgica reafirmación del islam sunní por la Hermandad Musulmana u otros organismos análogos.

LOS RICOS Y LOS POBRES

En la mayoría de los países árabes estaba agravándose una división de otra clase: la de los ricos y los pobres. Por supuesto, siempre había existido, pero cobró un sentido distinto en un período de rápido cambio económico. Fue un período de crecimiento más que de cambios estructurales fundamentales. En especial a causa del aumento de las ganancias derivadas del petróleo, el índice de crecimiento fue elevado no sólo en los países productores de petróleo, sino también en otros, que aprovecharon los préstamos y subsidios, las inversiones y los envíos de los trabajadores que habían emigrado. La tasa anual de la década de 1970 fue de más del 10 % en los Emiratos Árabes Unidos y Arabia Saudí, del 9 % en Siria, del 7 % en Irak y Argelia, del 5 % en Egipto. Pero el crecimiento no alcanzó el mismo nivel en todos los sectores de la economía. Gran parte del incremento de las rentas oficiales se invirtió en la compra de armamento (sobre todo procedente de Estados Unidos y Europa occidental) y en la ampliación de la estructura administrativa; el sector económico que creció con más rapidez fue el de servicios, sobre todo el oficial; hacia 1976 los funcionarios civiles formaban el 13 % de la población económicamente activa de Egipto. La otra área importante de expansión correspondió a las industrias de consumo: textiles, elaboración de alimentos, bienes de consumo y construcción. En este período dos hechos fomentaron la expansión: la atenuación en la mayoría de los países de las restricciones impuestas a la iniciativa privada, lo cual determinó la proliferación de pequeñas empresas, y el gran aumento del volumen de remesas de dinero de los emigrados. Hacia 1979 el volumen total de estas remesas estaba en el nivel de los 5.000 millones de dólares anuales; los gobiernos las fomentaban, porque aliviaban el problema de la balanza de pagos, y se las utilizaba sobre todo en títulos de la propiedad inmobiliaria y en artículos de consumo no perecederos.

En general, los inversores privados no veían motivo para invertir su dinero en la industria pesada, que se caracterizaba por los grandes desembolsos de capital y el riesgo acentuado, y también la inversión extranjera en esa área fue limitada. Prácticamente las únicas industrias pesadas nuevas fueron aquellas en que los gobiernos decidieron invertir, cuando disponían de los recursos necesarios. Algunos países productores de petróleo trataron de desarrollar industrias petroquímicas, y también de producción de acero y aluminio; en general, las iniciativas exhibieron una escala más amplia que lo que justificaba el mercado potencial. Los planes industriales más ambiciosos fueron los de Arabia Saudí, donde se construyeron dos grandes complejos, uno en la costa del mar Rojo y el otro en la del golfo Pérsico, y en Argelia. Bajo Bumedián, la política del gobierno argelino fue consagrar la mayor parte de sus recursos a industrias pesadas como el acero, y a las que implicaban elevada tecnología, con la esperanza de independizar al país de los poderosos países industriales, y después, en una etapa ulterior, usar la nueva tecnología y los productos de la industria pesada para desarrollar la agricultura y la producción de bienes de consumo. Pero después de la muerte de Bumedián, en 1979, se modificó esta política, y se atribuyó más importancia a la agricultura y los servicios sociales.

Casi por todos, el sector más descuidado fue la agricultura. La principal excepción fue Siria, que dedicó más de la mitad de su inversión a la agricultura, y sobre todo a la presa de Tabqa, en el Éufrates, iniciada en 1968 con la ayuda de la Unión Soviética, y que hacia fines de los años 70 producía energía hidroeléctrica, además de permitir la extensión del regadío al valle fluvial. El resultado de este descuido general de la agricultura fue que, si bien gran parte de la población de todos los países vivía en las aldeas, la producción agraria no aumentó en la mayoría de ellos, y en algunos disminuyó. En Arabia Saudí el 58 % de la población económicamente activa vivía en el campo, pero producía sólo el 10 % del producto nacional bruto. Aquí las circunstancias eran excepcionales, a causa de la importancia decisiva de la producción petrolera, pero en Egipto el porcentaje no era muy distinto: el 52 % vivía en el campo y producía el 28 % del PNB. Hacia fines de la década de 1970, los países árabes importaban gran parte de los alimentos que consumían.

El crecimiento económico no elevó el nivel de vida tanto como hubiera podido esperarse, porque la población creció con más rapidez que nunca, y los sistemas políticos y sociales de la mayoría de los países árabes no contemplaron una distribución más igualitaria de los ingresos de la producción. Considerando el conjunto de los países árabes, la población total, que había sido de entre 55 y 60 millones en 1930, y se elevó a alrededor de 90 millones en 1960, había llegado a unos 179 millones hacia 1979. La tasa de crecimiento demográfico en la mayoría de los países oscilaba entre el 2 y el 3 %. La razón de todo esto no era tanto el aumento de los nacimientos, porque comenzaron a difundirse los métodos anticonceptivos y las condiciones urbanas indujeron a los jóvenes a casarse más tardíamente. Así pues, la razón principal fue el aumento del promedio de vida y sobre todo la disminución de la mortalidad infantil.

Como antes, el crecimiento de la población engrosó las ciudades, tanto porque el incremento natural de la población urbana fue más elevado que antes como por la mejora de las condiciones sanitarias, y en vista de la inmigración proveniente del exterior. Hacia mediados de la década de 1970 más o menos la mitad de la población de la mayoría de los países árabes vivía en las ciudades: más del 50 % en Kuwait, Arabia Saudí, Líbano, Jordania y Argelia, y entre el 40 y el 50 % en Egipto, Túnez, Libia y Siria. El incremento de población se manifestó en los pueblos más pequeños y en las ciudades más grandes, pero fue más notable en las capitales y los centros principales del comercio y la industria. Hacia mediados de la década de 1970 había ocho ciudades árabes con poblaciones superiores a un millón: El Cairo tenía 6,4 millones de habitantes y Bagdad 3,8 millones.

El carácter del crecimiento económico y de la rápida urbanización condujo a una polarización más acentuada y más evidente de la sociedad. Los beneficiarios del crecimiento fueron en primera instancia los miembros de los grupos gobernantes, los oficiales militares, los funcionarios gubernamentales de más elevada jerarquía, los técnicos, los hombres de negocios dedicados a la construcción, a la importación y la exportación, o las industrias de consumo, o que tenían cierta relación con empresas multinacionales. Los obreros industriales especializados también obtuvieron algunos beneficios, sobre todo allí donde las circunstancias políticas les permitían organizarse eficazmente. Otros sectores de la población se beneficiaron menos, o no lograron ninguna ventaja. En las ciudades, había una población de pequeños empleados, pequeños comerciantes y de los que prestaban servicios a los ricos, y alrededor de éstos una población flotante más numerosa, es decir, los que estaban empleados en el «sector informal», como vendedores ambulantes o trabajadores ocasionales, o que carecían en absoluto de empleo. En el campo, los terratenientes de mediana importancia, o los grandes terratenientes en los países que no habían tenido una reforma agraria, podían cultivar lucrativamente su tierra porque tenían acceso al crédito, pero los campesinos más pobres, que tenían poca tierra o carecían en absoluto de parcelas, mal podían abrigar la esperanza de mejorar su situación. Los trabajadores que emigraban a los países productores de petróleo podían ganar más que en sus propios países, pero carecían de seguridad y no podían mejorar su posición mediante la acción coordinada. Podía despedírselos a voluntad, y había otros que esperaban ocupar sus lugares. Hacia fines de la década de 1970 fueron incluso más vulnerables, pues muchos de ellos ya no provenían de los países árabes, y en cambio se los traía de manera temporal y por contrato de regiones que estaban más al este: Asia meridional, Tailandia, Malasia, Filipinas o Corca.

Algunos gobiernos, bajo la influencia de las ideas usuales en el mundo exterior, ahora estaban organizando servicios sociales que, en efecto, determinaron cierta redistribución de los ingresos: la vivienda popular, los servicios de salud y educación y los sistemas de seguros sociales. No toda la población podía beneficiarse de estas prestaciones, ni siquiera en los países más ricos. En Kuwait, todos los kuwaitíes podían aprovecharlos plenamente, pero la parte no kuwaití de la población se beneficiaba mucho menos; en Arabia Saudí las grandes ciudades tenían alrededor sus suburbios, y las aldeas no gozaban de prosperidad. La situación era más difícil en las grandes ciudades que habían crecido de prisa por la inmigración y el incremento natural. Si a veces se procedía a eliminar los barrios marginales, las viviendas baratas que reemplazaban a las chabolas no siempre eran mucho mejores, pues carecían de instalaciones materiales y del sentido comunitario que podía existir en el suburbio. El transporte público era generalmente defectuoso, y se distinguía a todas luces entre los que poseían medio privado de transporte y aquellos que no lo tenían. En la mayoría de las ciudades los sistemas de agua corriente y alcantarillado habían sido construidos para comunidades más pequeñas, y no podían afrontar las exigencias de una población más numerosa; en El Cairo el sistema de desagües prácticamente se había colapsado. En Kuwait y Arabia Saudí el problema del suministro de agua estaba resolviéndose mediante la desalinización del agua de mar, un método costoso pero eficaz.

LAS MUJERES EN LA SOCIEDAD

Hubo también un período en que otro tipo de relación social se convirtió en un problema explícito. El variable problema de las mujeres y los cambios sobrevenidos en la estructura de la familia suscitaron interrogantes no sólo a los hombres que deseaban crear una comunidad nacional sólida y sana, sino a las mujeres que tenían conciencia de su propia situación.

En el curso de las generaciones precedentes se habían observado distintos cambios que debían gravitar sobre la posición de las mujeres en la sociedad. Uno fue la difusión de la educación: en todos los países, incluso en las sociedades más conservadoras de la península arábiga, ahora las niñas asistían a la escuela. En el nivel primario, en ciertos países iban a la escuela casi tantas niñas como varones; en los niveles más altos, la proporción aumentaba de prisa. También se elevaba el grado de alfabetización de las mujeres, aunque aún era inferior al de los hombres; en ciertos países, prácticamente todas las mujeres de la generación más joven sabían leer y escribir. En parte por esta razón, pero también por otras, las posibilidades de trabajo de las mujeres se habían ampliado. En el campo, cuando los hombres emigraban a las ciudades o a los países productores de petróleo, las mujeres a menudo trabajaban la tierra y cuidaban el ganado en ausencia de los hombres de la familia. En la ciudad, las fábricas modernas empleaban mujeres, pero allí el trabajo era precario; se las incorporaba si había escasez de hombres, y en condiciones de depresión o exceso de personal eran las primeras despedidas. Las mujeres carentes de especialización tenían más probabilidades de encontrar trabajo como criadas; eran, sobre todo, las jóvenes solteras que venían de las aldeas. Las mujeres instruidas trabajaban en número cada vez más elevado en las oficinas del gobierno, sobre todo en puestos administrativos, y había un número cada vez más alto de profesionales: abogadas, doctoras y asistentes sociales. En ciertos países había un número pequeño, si bien cada vez más alto, de mujeres en los niveles de mayor responsabilidad oficial; esta afirmación era particularmente válida para países como Túnez, Yemen del Sur e Irak, que estaban realizando un esfuerzo intencional para romper con el pasado y crear una sociedad «moderna». No obstante, y a pesar de estos cambios, era reducida la proporción de mujeres que trabajaban fuera del hogar, y en casi todos los niveles estaban en situación menos ventajosa que los hombres.

Las condiciones de vida en la ciudad y del trabajo fuera del hogar ejercieron cierta influencia sobre la vida familiar y el lugar de las mujeres en ella. En la aldea, la migración de los hombres determinó que una esposa asumiera mayores responsabilidades en relación con la familia y tuviese que adoptar más decisiones, que antes habían quedado en manos del marido. En la ciudad, la familia extensa no podía alcanzar el mismo nivel de realidad que en la aldea; era posible que la esposa ya no viviese en una amplia comunidad femenina de hermanas y primas, bajo el dominio de su suegra; los maridos y las esposas mantenían un contacto más directo; tal vez los niños ya no se educaban para la vida social en el marco de la familia extensa, y quizá se formasen en la escuela y en la calle tanto como en el hogar. El movimiento de ideas y la ampliación de los servicios médicos condujo a la difusión de los anticonceptivos; por necesidad económica y a causa de las nuevas posibilidades, las familias urbanas tendieron a ser más pequeñas que las de carácter rural. Como resultado de la educación y el empleo, las jóvenes se casaban alrededor de los veinte años, en vez de alrededor de los quince. En la calle y el lugar de trabajo, la reclusión inevitablemente había de desaparecer. Se advertía no sólo que el velo era menos común que antes, sino que estaban desapareciendo otras formas de separación entre los hombres y las mujeres. En Arabia Saudí se intentó impedir este proceso; el velo continuó usándose de manera generalizada en las calles, se segregó rigurosamente la educación, y se definió una esfera especial de trabajo femenino: las mujeres podían trabajar como docentes o en las clínicas para mujeres, pero no en las oficinas del gobierno o en otros lugares en que hubiesen de tratar con hombres.

Sin embargo, se realizaban estos cambios en un marco legal y ético que en general se mantenía inmutable, y que seguía sosteniendo la supremacía del hombre. Ciertamente hubo algunas variaciones en los modos de interpretar las leyes islámicas acerca de la condición personal. En los países árabes, solamente Túnez había abolido la poligamia, pero esa práctica era cada vez menos frecuente en otros lugares. En ciertos países, por ejemplo, Túnez e Irak, para las mujeres era más fácil pedir la disolución del matrimonio, pero en todas las naciones se mantenía el derecho del esposo a divorciarse de su mujer sin alegar razones y sin un proceso legal; tampoco se había modificado el derecho del esposo divorciado a la custodia de los niños después de cierta edad. En algunos países se había elevado la edad mínima para contraer matrimonio. En ciertos casos se había procedido a reinterpretar las leyes de la herencia, pero en ningún país existía una ley secular que la regulara. Ningún país árabe había sancionado leyes seculares referidas a la condición personal para reemplazar a las que derivaban de la *sharia*, como sí había sucedido en Turquía.

Incluso con el cambio de las leyes las costumbres sociales no siempre cambiaban al mismo tiempo. No era fácil aplicar las nuevas leyes, sobre todo cuando eran contrarias a costumbres sociales profundamente arraigadas que afirmaban y preservaban el dominio del hombre. Que las jóvenes debían casarse temprano, que el matrimonio debía ser arreglado por la familia y que podía repudiarse fácilmente a las esposas eran ideas muy arraigadas, preservadas por las propias mujeres; la madre y la suegra a menudo eran pilares del sistema. Un elevado número de mujeres continuaba aceptando en principio el sistema, aunque intentaba obtener una posición más conveniente en ese marco mediante la manipulación más o menos sutil de sus hombres. Esa actitud se expresaba, por ejemplo, en los relatos de la escritora egipcia Alifa Rifaat, que describía a las mujeres musulmanas cuya vida continuaba regulada por la llamada desde el minarete a las cinco plegarias cotidianas:

> Ella [...] se llevó la mano a los labios, y besó la palma y el dorso agradeciendo Su generosidad. Lamentó que sólo a través de esos gestos y la formulación de unas pocas y sencillas súplicas ella pudiese dar gracias a su Hacedor. En vida de Ahmed ella permaneció de pie detrás de él y él elevaba las plegarias, y seguía los movimientos cuando él se inclinaba y después se postraba, escuchando reverente las palabras que él recitaba y sabiendo que quien está detrás del hombre que dirige las plegarias y sigue sus movimientos ha elevado, a su vez, las plegarias [...] A su muerte, ella había renunciado a la formulación de las plegarias habituales.[1]

Sin embargo, había un número cada vez más elevado de mujeres que no aceptaba el sistema y reclamaba el derecho de definir su propia identidad y promover en su condición social cambios que la reflejasen. Aún no ocupaban posiciones de poder; las ministras o las diputadas al Parlamento eran poco más que símbolos del cambio. Sus opiniones se expresaban a través de las organizaciones femeninas y en la prensa. Fuera de las novelistas, hay una serie de conocidas escritoras que sostenían polémicas y cuya obra estaba muy difundida en el mundo exterior a través de las traducciones, así como en los países árabes. La marroquí Fátima Mernissi, en *Tras el velo*, argüía que la desigualdad sexual se basaba en un concepto específicamente islámico de las mujeres (o por lo menos así se la justificaba) que entendía que ellas poseían un poder peligroso que debía ser contenido; la autora sugería que esta opinión era incompatible con la necesidad de una nación independiente en el mundo moderno.

Es cierto que a fines de la década de 1970 y principios de la siguiente se observó un fenómeno que pudo parecer la manifestación de una tendencia opuesta. En las calles y los lugares de trabajo, y sobre todo en las escuelas y las universidades, un número cada vez más alto de jóvenes se cubría los cabellos e incluso la cara y evitaba tratar social y profesionalmente con hombres. En lo que puede parecer una paradoja, esto era más un signo de la afirmación de su propia identidad que del poder del hombre. Las que seguían este camino a menudo no provenían de familias en que la segregación era norma, sino que lo hacían como un acto intencional de voluntad, que se originaba en cierta visión de lo que debía ser una sociedad islámica, una visión hasta cierto punto influida por la revolución iraní. Pero cualesquiera que fuesen los motivos de esa actitud, a la larga tendió a reforzar el concepto tradicional del lugar de las mujeres en la sociedad.

LA HERENCIA Y EL PRESENTE

Los acontecimientos de 1967 y los procesos de cambio que les siguieron acentuaron todavía más la perturbación de los espíritus, ese sentimiento de un mundo que se había descarriado, y que ya se expresaba en la poesía de la década de 1950 y 1960. La derrota de 1967 fue considerada por muchos no sólo como un revés militar, sino como una suerte de juicio moral. Si los árabes habían sufrido una derrota tan rápida, completa y pública, ¿no debía verse en eso un signo de que algo estaba descompuesto en sus sociedades y en el sistema moral que ellos expresaban? La época heroica de la lucha por la independencia había concluido; esa lucha ya no podía unir a los países árabes o al pueblo de cualquiera de ellos, y los fracasos y las deficiencias ya no podían imputarse de un modo tan integral como antes al poder y la intervención del extranjero.

Entre los hombres y las mujeres cultos y reflexivos existía la conciencia cada vez más definida de los amplios y rápidos cambios que su propia sociedad afrontaba, y del modo en que su propia posición se veía afectada por ellos. El aumento de la población, el crecimiento de las ciudades, la difusión de la educación popular y los medios masivos de difusión estaban incorporando una voz distinta a la discusión de los asuntos públicos, una voz que expresaba sus convicciones y sus quejas y esperanzas en un lenguaje tradicional. A su vez, este fenómeno avivaba la conciencia, en los individuos cultos, de que había cierta distancia entre ellos y las masas, y suscitaba un problema de comunicación: ¿de qué modo la elite culta podía hablar a las masas en su nombre? Detrás de esto había otro problema, el de la identidad: ¿cuál era el vínculo moral entre ellos, gracias al cual podían afirmar que eran una sociedad y una comunidad política?

En buena medida, el problema de la identidad se expresaba por referencia a la relación entre la herencia del pasado y las necesidades del presente. ¿Los pueblos árabes podían recorrer un camino que se les señalaba desde fuera, o podían encontrar en sus propias culturas y creencias heredadas los valores que habrían de orientarlos en el mundo moderno? Este interrogante aclaró la estrecha relación entre el problema de la identidad y el de la independencia. Si los valores a los cuales debía ajustarse la vida social provenían del exterior, ¿eso no implicaba una dependencia permanente respecto del mundo exterior, y más específicamente de Europa occidental y América del Norte, y no era concebible que la dependencia cultural trajese consigo también la dependencia económica y política? La idea fue formulada enérgicamente por el economista egipcio Galal Amín (n. 1935) en *Mihnat al-iqtisad wal-zhaqafa fi Misr* (*La difícil situación de la economía en Egipto*), una obra que trató de establecer las relaciones entre la *infitá* y una crisis de la cultura. Este autor sostuvo que los egipcios y otros pueblos árabes habían perdido la confianza en ellos mismos. La *infitá*, y ciertamente todo el movimiento real desde la revolución egipcia de 1952, habían descansado sobre una base endeble: los falsos valores de una sociedad de consumo en la vida económica, el dominio de una elite gobernante en lugar de la auténtica lealtad patriótica. Los egipcios estaban importando lo que los extranjeros les decían que debían desear, y de este modo se creaba una dependencia permanente. Si se quería que la vida política y económica fuese sana, ésta debía derivar de sus propios valores morales, los cuales, a su vez, no podían tener otra base que la religión.

De un modo más o menos análogo, el escritor egipcio Hassán Hanafi escribió acerca de la relación entre la herencia y la necesidad de renovación. A semejanza de otros seres humanos, los árabes estaban atrapados en una revolución económica, que no podía llevarse a cabo a menos que hubiese una «revolución humana». Ésta no implicaba el abandono la herencia del pasado, de la cual los árabes eran no menos responsables que del «pueblo y la tierra y la riqueza»; en todo caso, debía reinterpretarse «en concordancia con las necesidades contemporáneas», y convertirse en una ideología que pudiera originar un movimiento político. La adhesión ciega a la tradición y la innovación ciega eran ambas inapropiadas, la primera porque no respondía a los problemas del presente, y la última porque no podía conmover a las masas, puesto que se expresaba en un lenguaje ajeno a lo que ellas entendían. Se necesitaba una reforma del pensamiento religioso que aportase a las masas populares una nueva definición de ellas mismas, y un partido revolucionario que crease una cultura nacional y, así, cambiase las formas del comportamiento colectivo.

Gran parte del pensamiento árabe contemporáneo se centró en este dilema del presente y el pasado, y algunos autores realizaron audaces intentos de resolverlo. La respuesta ofrecida por el filósofo sirio Sadiq Yalal al-Azm (n. 1934) partió de un rechazo total del pensamiento religioso. Afirmó que ese pensamiento era falso en sí mismo, e incompatible con el auténtico pensamiento científico, con su concepto de lo que era el conocimiento y sus métodos de alcanzar la verdad. No había modo de conciliarlos; era imposible creer en la verdad literal del Corán, y si se desechaban partes del mismo había que rechazar la afirmación de que era la Palabra de Dios. El pensamiento religioso no sólo era falso, también era peligroso. Sustentaba el orden social vigente y a quienes lo controlaban, y por lo tanto impedía un auténtico movimiento de liberación social y política.

Algunos escritores adoptaron esta postura, pero se había difundido más la tendencia a resolver el cuerpo de las creencias religiosas en un cuerpo de cultura heredada, y por lo tanto a transformarlo en tema de tratamiento crítico. A juicio del tunecino Hisham Yaït (n. 1935), no era posible definir la identidad nacional por referencia a la cultura religiosa. Sin duda, había que preservar ésta; debía conservarse con esmero la visión de la vida humana mediada por el Profeta Mahoma, así como el amor y la lealtad que su persona había suscitado en el curso de los siglos, y estas formas merecían la protección oficial. Pero las instituciones sociales y las leyes debían separarse totalmente de la religión, y apoyarse en principios «humanistas»; el ciudadano considerado como individuo debía gozar de la libertad necesaria para abandonar su fe heredada si así lo deseaba.

> Apoyamos el laicismo, pero un laicismo que no sea hostil al islam, y no extraiga sus motivaciones del sentimiento antiislámico. En nuestro periplo angustiado hemos preservado lo más esencial de la fe, una profunda e inconmovible ternura por la religión que iluminó nuestra niñez y fue nuestra primera guía hacia el Bien y el descubrimiento de lo Absoluto [...] Nuestro laicismo encuentra sus límites en el reconocimiento de la relación esencial entre el Estado, ciertos elementos de la moral y el comportamiento social, la estructura de la personalidad colectiva y la fe islámica, y en nuestra propia posición favorable al mantenimiento de esta fe y a su reforma. No debe realizarse la reforma como oposición a la religión, y sí ejecutársela simultáneamente mediante la religión, en la religión y con independencia de ella.[2]

A juicio de Abdulá Laroui, otro escritor del Magreb, la redefinición tanto del pasado como del presente era esencial. Se necesitaba una auténtica comprensión histórica, «posesionarse de nuestro pasado» mediante la comprensión de la causalidad, del modo en que las cosas se desprendían unas de otras. Además, se requería un auténtico «historicismo»: es decir, la voluntad de trascender el pasado, de tomar de él lo necesario mediante una «crítica radical de la cultura, la lengua y la tradición», y utilizarlo para crear un futuro nuevo. Este proceso de comprensión crítica no podía suministrar por sí mismo una orientación respecto del futuro. Necesitaba la guía del pensamiento vivo contemporáneo, y sobre todo del marxismo si se lo interpretaba debidamente; con su sentido de que la historia tenía una dirección y avanzaba por etapas hacia una meta, podía suministrar los conceptos mediante los cuales se incorporaba el pasado a un nuevo sistema de pensamiento y acción.[3]

En el extremo opuesto del espectro estaban los que creían que la herencia islámica en sí misma podía aportar la base de la vida actual, y que sólo ella podía obtener ese resultado, porque derivaba del Verbo de Dios. Ésta fue la actitud que manifestaron en términos cada vez más exaltados algunos de los que se relacionaban con la Hermandad Musulmana de Egipto y otros países. En tales movimientos se produjo durante la década de 1960 cierta polarización; algunos de sus dirigentes y miembros estaban dispuestos a concertar un compromiso con los que ejercían el poder y a aceptar los regímenes existentes, al menos por un tiempo, en la esperanza de alcanzar de ese modo cierta influencia sobre la política. Pero otros se desplazaban en dirección contraria: un rechazo total de todas las formas sociales, excepto la que era completamente islámica. En una obra publicada antes, en 1964, titulada *Maalim fil-tariq (Hitos del camino)*, Sayid Qutb había definido la auténtica sociedad islámica en términos inequívocos. Era la que aceptaba la autoridad soberana de Dios; es decir, que veía en el Corán la fuente de toda guía de la vida humana, porque sólo él podía originar un sistema moral y jurídico que armonizara con el carácter de la realidad. Todas las restantes sociedades pertenecían al género de la *yahiliyya* (ignorancia de la verdad religiosa), cualesquiera que fuesen sus principios: fuesen comunistas, capitalistas, nacionalistas, basadas en otras religiones (falsas) o pretendidamente musulmanas, pero que no obedecían a la *sharia*:

> El liderazgo del hombre occidental en el mundo humano está tocando a su fin, no porque la civilización occidental esté materialmente en bancarrota o haya perdido su fuerza económica o militar, sino porque el orden occidental ha representado su papel, y ya no posee ese caudal de «valores» que le otorgó su predominio [...]. La revolución científica ha completado su ciclo, lo mismo que el «nacionalismo» y las comunidades limitadas territorialmente que se formaron en su época [...]. Ha llegado el momento del islam.[4]

Sayid Qutb afirmó que el camino que lleva a la creación de una sociedad auténticamente musulmana comenzaba con la convicción individual, transformada en imagen viva en el corazón y expresada en un programa de acción. Los que aceptaban este programa formarían una vanguardia de combatientes consagrados, utilizando todos los medios, incluso la *yihad*, la que no debía comenzar antes de que los combatientes hubiesen alcanzado la pureza interior, pero después debía desarrollarse, si era necesario, no sólo con fines defensivos, sino para destruir todos los cultos de los falsos dioses y remover todos los obstáculos que impedían que los hombres se acercaran al islam. La lucha debía apuntar a la creación de una sociedad musulmana universal en la cual no habría distinciones de razas, y tendría carácter mundial. «La era occidental ha terminado»: no podría suministrar los valores que son necesarios para sostener la nueva civilización material. Sólo el islam ofrecía esperanzas al mundo.

Las consecuencias de esta doctrina, si se la tomaba en serio, eran trascendentes. Llevó al sector de la Hermandad Musulmana que apoyaba a Sayid Qutb a una actitud de oposición al régimen de Nasser; el propio Qutb fue arrestado, juzgado y ejecutado en 1966. Durante la década siguiente, los grupos que surgieron de la Hermandad aplicaron literalmente las enseñanzas de Sayyid Qutb en el sentido de que la primera etapa que llevaba a la creación de una sociedad islámica consistía en apartarse de la sociedad de la *yahiliyya,* para vivir de acuerdo con la *sharia*, purificar el corazón y formar el núcleo de combatientes consagrados. Estos grupos estaban dispuestos a afrontar la violencia y el martirio. Algo que se comprobó cuando los miembros de uno de ellos asesinaron a Sadat, en 1981, y al año siguiente, cuando la Hermandad Musulmana de Siria trató de derrocar el régimen de Hafiz al-Assad.

En un punto cercano al centro del espectro estaban los que continuaban creyendo que el islam era más que una cultura: era el Verbo revelado de Dios, pero debía comprendérselo acertadamente, y la moral social y la ley derivadas de él podían adaptarse para formar la base moral de una sociedad moderna. Esta actitud reformista adoptaba muchas formas. Los conservadores de la escuela wahhabí, en Arabia Saudí y otros países, creían que el código legal existente podía cambiar lenta y prudentemente, para convertirse en un sistema adecuado a las necesidades de la vida moderna; algunos pensaban que sólo el Corán era sagrado, y que podía usárselo libremente como base de una nueva ley; otros pensaban que la auténtica interpretación del Corán era la de los sufíes, y que una devoción mística privada era compatible con la organización de la sociedad de acuerdo con criterios más o menos seculares.

Hubo unos pocos intentos de mostrar de qué modo el nuevo sistema moral y legal podía originarse en el Corán y el *hadiz* de un modo que era responsable pero al mismo tiempo audaz. En Sudán, Sadiq al-Mahdi (n. 1936), el bisnieto del jefe religioso de fines del siglo XIX, y a su vez un importante jefe político, sostuvo que era necesario contar con un nuevo tipo de pensamiento religioso que extrajera del Corán y el *hadiz* una *sharia* adaptada a las necesidades del mundo moderno. Quizás el intento razonado más cuidadosamente de formular los principios de una nueva jurisprudencia provino del exterior del mundo árabe, del erudito paquistaní Fazlur Rahman (1919-1988). En un intento de suministrar un antídoto para el «pánico espiritual» de los musulmanes contemporáneos, propuso un método de exégesis coránica que, según afirmó, sería fiel al espíritu del islam pero contemplaría las necesidades de la vida moderna. El Corán era «una respuesta divina, a través de la mente del Profeta, a la situación moral y social de la Arabia del Profeta». Con el propósito de aplicar su enseñanza a la situación moral y social de una época distinta, era necesario extraer de esa «respuesta divina» el principio general inherente. Podía hacérselo estudiando las circunstancias específicas en que se había revelado la respuesta, y haciéndolo a la luz de la comprensión del Corán como unidad. Una vez obtenido el principio general, correspondía usarlo con una comprensión igualmente clara y meticulosa de la situación particular que exigía orientación. Así, la interpretación justa del islam tenía carácter histórico, y pasaba con precisión del presente al pasado para retornar de nuevo atrás, y esta tarea exigía un nuevo tipo de educación religiosa.[5]

LA ESTABILIDAD DE LOS REGÍMENES

Un observador de los países árabes en la década de 1980 habría descubierto sociedades en que los lazos de la cultura, más sólidos quizá con el paso del tiempo, no habían originado la unidad política; en que la riqueza cada vez más considerable, distribuida desigualmente, había llevado a ciertos tipos de crecimiento económico, pero también a una distancia mayor entre los que se beneficiaban con ella y los que no la aprovechaban, en las ciudades más pobladas y el campo; en que algunas mujeres cobraban cada vez más conciencia de su posición subordinada en el universo privado y el público; donde las masas urbanas estaban cuestionando la justicia del orden social y la legitimidad de los gobiernos a partir de los elementos más profundos de su propia cultura heredada, mientras que la elite culta mostraba una profunda turbación espiritual.

Sin embargo, el observador habría visto también otra cosa que, en todas las circunstancias, podía sorprenderlo: la aparente estabilidad de los regímenes políticos. Aunque a menudo se pensaba que los países árabes eran políticamente inestables, en realidad se habían dado pocos cambios en el carácter general de los regímenes o la orientación política desde el fin de la década de 1960, a pesar de que hubiesen existido cambios de personas. En Arabia Saudí, los Estados del golfo Pérsico, Jordania, Túnez y Marruecos, no se habían observado cambios importantes durante una generación o más. En Argelia, el verdadero cambio había sobrevenido en 1965; en Libia, Sudán, Yemen del Sur e Irak, el grupo que habría de ejercer el poder hasta la década de 1980 había llegado a él en 1969, y en Siria, en 1970; también en Egipto, el cambio de Nasser a Sadat en 1970, que al principio podía haber parecido un cambio de personas en el contexto de un grupo gobernante permanente, en definitiva fue la señal de un cambio de orientación. Sólo en tres países la década de 1970 fue una época de turbulencia: Yemen del Sur, donde hubo conflictos en el seno del partido gobernante; Yemen del Norte, donde en 1974 hubo cierto cambio de régimen, no muy definido; y Líbano, que permaneció en estado de guerra civil y agitación desde 1975.

Vale la pena considerar la paradoja aparente de los regímenes estables y duraderos en sociedades profundamente agitadas, aunque en definitiva quizá descubramos que no es una paradoja. Para tomar en préstamo y adaptar una idea de Ibn Jaldún, podría sugerirse que la estabilidad de un régimen político dependía de una combinación de tres factores. Era estable cuando un grupo gobernante cohesionado podía vincular sus intereses con los intereses de sectores poderosos de la sociedad, y cuando la alianza de intereses se expresaba en una idea política que determinaba que el poder de los gobernantes fuese legítimo a los ojos de la sociedad, o por lo menos de una parte importante de la misma.

Podían formularse razones obvias para explicar en parte la cohesión y la persistencia de los regímenes. Ahora, los gobiernos disponían de medios de control y represión de los que no disponían antes: servicios de inteligencia y seguridad, ejército, en ciertos lugares fuerzas mercenarias reclutadas en el extranjero. Si lo deseaban, y si los instrumentos represivos no se les quebraban en las manos, podían aplastar cualquier movimiento rebelde, al costo que fuese; el único freno provenía del hecho de que los instrumentos no eran totalmente pasivos y podían volverse contra los gobernantes o disolverse, como sucedió en Irán en presencia del alzamiento popular masivo de 1979-1980. Además, ejercían sobre toda la sociedad un control directo que no había estado nunca al alcance de otros gobiernos en el pasado. Primero los reformadores otomanos y después los gobiernos coloniales europeos habían extendido el poder del gobierno mucho más allá de las ciudades y sus zonas limítrofes rurales, que dependían de ellos, hacia las regiones más remotas del campo, los valles de montaña y las estepas. Otrora, se había ejercido la autoridad en estas áreas más remotas mediante la manipulación política de los poderes intermedios, los señores de los valles, los jefes tribales o las estirpes santas; ahora se lo ejercía mediante el control burocrático directo, que extendía la mano del gobierno hacia todas las aldeas, y casi en cada casa o cada tienda; y donde llegaba el gobierno se interesaba no sólo, como antes, en la defensa de las ciudades, los caminos y las fronteras y la recaudación de impuestos, sino en todas las tareas que están a cargo de los gobiernos modernos: el reclutamiento, la educación, la salud, los servicios públicos y el sector público de la economía.

Pero más allá de estas razones evidentes que explican la fuerza de los gobiernos, había otras. Los grupos gobernantes habían conseguido crear y mantener su propia *asabiyya*, es decir, la solidaridad orientada hacia la adquisición y el mantenimiento del poder. En algunos países —Argelia, Túnez, Irak— se trataba de la solidaridad de un partido. En otros, era la de un grupo de políticos unidos por los nexos establecidos en una etapa temprana de la vida y fortalecidos por una experiencia común, como fue el caso de los políticos militares de Egipto y Siria. Y en otros aún era la solidaridad de una familia gobernante y de los que estaban estrechamente relacionados con ella, unidos por lazos de sangre así como por intereses comunes. Estos diferentes tipos de grupo no eran tan distintos unos de otros como podría creerse. En todos, los vínculos determinados por el interés se veían reforzados por la vecindad, el parentesco o las uniones conyugales; la tradición de la sociedad de Oriente Próximo y el Magreb era que otros tipos de relación cobraban más fuerza si se expresaban en términos de parentesco.

Más aún, ahora los grupos gobernantes tenían a su disposición un mecanismo gubernamental más amplio y más complejo que antes. Gran número de hombres y mujeres estaba relacionado con esa estructura o dependía de ella, y por lo tanto se mostraba dispuesta (por lo menos hasta cierto punto) a cooperar en el mantenimiento de su poder. En épocas anteriores la estructura oficial había sido sencilla y limitada. Hasta avanzado el siglo XIX el sultán de Marruecos había sido un monarca itinerante, que recaudaba impuestos y exhibía su autoridad recorriendo los dominios, con un ejército personal y unas pocas docenas de secretarios. Incluso en el Imperio otomano, quizás el gobierno más burocrático que Oriente Próximo conoció, el número de funcionarios era relativamente reducido; a principios del siglo XIX había unos 2.000 funcionarios civiles en la administración central, pero hacia fines del siglo ese número se había elevado a unos 35.000 individuos. Hacia principios de la década de 1980, hubo casi doble número de funcionarios oficiales que de trabajadores empleados en la industria egipcia. Y las proporciones eran análogas en otras naciones. Este vasto ejército de funcionarios se distribuía en una serie de diferentes estructuras que controlaban los distintos sectores sociales: el ejército, la policía, los servicios de inteligencia, las organizaciones de planificación, las autoridades de regadío, los departamentos de finanzas, industria y agricultura y los servicios sociales.

En el mantenimiento de los regímenes estaban comprometidos intereses personales; no sólo los intereses de los gobernantes, sino también los propios de los oficiales militares, los altos funcionarios, los gerentes de las empresas del sector público y los técnicos de nivel superior, sin los cuales es imposible el funcionamiento de un gobierno moderno. La política de la mayoría de los regímenes favorecía también a otros sectores sociales poderosos: los que controlaban ciertas áreas privadas de la economía, las industrias de propiedad privada, el comercio de importación y exportación, a menudo en relación con las grandes empresas multinacionales, que alcanzaron creciente importancia en el período de la *infitá*. A todos estos grupos podía agregarse, en menor medida, el de los trabajadores especializados de las principales industrias, quienes en algunos países habían podido organizarse eficazmente en sindicatos y estaban en condiciones de negociar mejores condiciones de trabajo y salarios, aunque no podían aprovechar su poder colectivo para influir sobre la política general del gobierno.

En los últimos diez o veinte años había surgido un nuevo grupo social, el de los que prosperaron mediante la emigración a los países productores de petróleo. De los tres o más millones de inmigrantes de Egipto, Jordania, los dos Yemen y otros lugares, a Libia, Arabia Saudí y el golfo Pérsico, la mayoría fue sin intención de establecerse. Por consiguiente su interés se orientaba hacia la existencia de gobiernos estables, que les permitieran ir y venir fácilmente, enviar al hogar lo que habían ahorrado e invertirlo, generalmente en tierras, edificios y bienes de consumo duraderos, y conservar con seguridad la posesión de lo que tenían.

Así pues, los oficiales militares, los funcionarios del gobierno, los que desarrollaban el comercio internacional, los industriales y la nueva clase rentista deseaban regímenes que fuesen más o menos estables y pudiesen mantener el orden, además de vivir en relaciones mutuas bastante buenas (no obstante las riñas políticas), de modo que se posibilitase el libre flujo de trabajadores y dinero, y que mantuviesen una economía mixta más bien favorable al sector privado, además de permitir la importación de artículos de consumo. Hacia fines de la década de 1970, la mayoría de los regímenes tenían este carácter; Yemen del Sur con su economía rigurosamente controlada era una excepción, y Argelia una excepción parcial, aunque también allí las prioridades habían cambiado después de la muerte de Bumedián.

Había otros sectores sociales cuyos intereses no se vieron favorecidos en la misma medida por la política oficial, pero que no se hallaban en condiciones de presionar eficazmente sobre el gobierno. Los grandes terratenientes asentados en la ciudad y que gozaban de acceso al crédito podían obtener ganancia de la agricultura, pero los pequeños campesinos, los aparceros y los campesinos sin tierra se encontraban en una posición débil. Formaban una proporción de la población más pequeña que antes, a causa de la emigración a las ciudades, aunque todavía se trataba de un sector considerable; producían una parte menor del PNB en todos los países, y ya no lograban suministrar los alimentos que las poblaciones urbanas necesitaban, de modo que éstas dependían de la importación de productos alimenticios; se los descuidaba a la hora de trazar los programas de inversión de la mayoría de los regímenes. En general, vivían en condiciones de pobreza, pero era difícil movilizar a los campesinos para una acción eficaz.

En las ciudades había amplios estratos de trabajadores semiespecializados o sin especialización: los empleados oficiales de bajo nivel, los obreros no especializados de las fábricas, los que participaban en el suministro de servicios, los que trabajaban en el sector «informal» de la economía, como vendedores ambulantes o trabajadores ocasionales, y los desocupados. La posición de estos grupos era esencialmente débil: comprometidos en la lucha cotidiana por la existencia, compitiendo naturalmente unos con otros, pues la oferta excedía de lejos a la demanda, divididos en pequeños grupos —la familia extensa, los que provenían del mismo barrio o de la misma comunidad étnica o religiosa— para no diluirse en la vasta, anónima y hostil ciudad. Podían pasar a una acción eficaz y unida sólo en circunstancias especiales, cuando el sistema de control gubernamental se rompía, o cuando se suscitaba un problema que afectaba a sus necesidades inmediatas o sus más profundos sentimientos de lealtad, como fue el caso de los disturbios a causa de los alimentos que se produjeron en Egipto en 1977, o de la revolución iraní de 1979-1980.

Uno de los signos de la nueva posición dominante de los gobiernos de las sociedades árabes fue que pudieron apropiarse de las ideas que estaban en condiciones de conmover los espíritus y la imaginación, y extraer de ellas cierta pretensión de autoridad legítima. Por esos años, el gobierno árabe que deseaba sobrevivir tenía que afirmar su legitimidad por referencia a tres lenguajes políticos: el nacionalismo, la justicia social y el islam.

El lenguaje nacionalista fue el primero que se manifestó con verdadera fuerza. Algunos de los regímenes que existían a principios de la década de 1980 habían alcanzado el poder durante la lucha por la independencia, o podían afirmar que eran los sucesores de los que habían protagonizado ese esfuerzo; este tipo de reclamación de legitimidad fue sobremanera intenso en el Magreb, donde la lucha había sido ardua y los recuerdos de la misma aún estaban frescos. Casi todos los regímenes utilizaban también el mismo lenguaje nacionalista, el de la unidad árabe; manifestaron cierto género de fidelidad formal al mismo, y hablaron de la independencia como si ésta fuese el primer paso hacia una unión más estrecha, o incluso hacia la unidad total; con la idea de unidad se relacionaba la de una acción coordinada en apoyo de los palestinos. Durante los últimos años se había extendido la idea del nacionalismo; los regímenes afirmaban su propia legitimidad por referencia al desarrollo económico, o al uso pleno de los recursos nacionales, humanos y naturales, con fines comunes.

El segundo lenguaje, el de la justicia social, se incorporó al uso político común durante las décadas de 1950 y 1960, el período de la revolución argelina y la difusión del nasserismo, con su idea de un socialismo específicamente árabe expresado en la Carta Nacional de 1962. Términos como socialismo y justicia social tendieron a usarse con un sentido específico; se referían a la reforma del sistema de tenencia de la tierra, la extensión de los servicios sociales y la educación universal, para las niñas tanto como para los varones. Pero en pocos países hubo un intento sistemático de redistribuir la riqueza mediante elevados impuestos aplicados a la renta.

El último de los lenguajes que llegó a ser poderoso fue el del islam. Por supuesto, en cierto sentido no era nuevo. Siempre había existido un sentimiento de destino común entre los herederos de la religión islámica: la creencia, enriquecida por recuerdos históricos, de que el Corán, las tradiciones del Profeta y la *sharia* podían suministrar los principios que permitirían organizar una vida virtuosa en común. Pero hacia la década de 1980 el lenguaje islámico había llegado a ser más prominente en el discurso político que una década o dos antes. Este fenómeno respondió a una combinación de dos grupos de factores. Por una parte, estaba la amplia y rápida extensión del área de compromiso político, a causa del crecimiento demográfico y de las ciudades, y la ampliación de los medios masivos de difusión. Los emigrantes rurales que llegaron a las ciudades llevaron consigo su propia cultura política y su lengua. Se había dado una urbanización de los emigrantes, pero hubo también una «ruralización» de las ciudades. Privados de los vínculos de parentesco y vecindad que posibilitaba la vida en las aldeas, vivían en una sociedad cuyos signos externos eran extraños para ellos; el sentimiento de alienación podía compensarse con el de pertenencia a una comunidad islámica universal, en la cual estaban implícitos ciertos valores morales, y esta situación proporcionaba un lenguaje en cuyos términos ellos podían expresar sus quejas y aspiraciones. Los que deseaban comunicarlos a la acción, tenían que usar el mismo lenguaje. El islam podía suministrar un eficaz lenguaje opositor: al poder y la influencia occidentales, y a los que podían ser acusados de sometimiento a éstos; a los gobiernos vistos como corruptos e ineficaces, instrumentos de los intereses privados, o entes desprovistos de moral; y a una sociedad que parecía haber perdido la unidad con sus principios morales y su propia orientación.

Los factores de este género originaron movimientos como la Hermandad Musulmana, cuyos dirigentes eran hombres organizados y cultos, pero que convocaron a los que se veían excluidos del poder y la prosperidad de las nuevas sociedades; y en parte en actitud de defensa propia contra ellos o con el fin de convocar a un sector más amplio de sus respectivas naciones, la mayoría de los regímenes comenzaron a utilizar más que antes el lenguaje de la religión. Es cierto que algunos regímenes emplearon el lenguaje del islam espontánea y permanentemente, y ése fue el caso sobre todo del gobierno de Arabia Saudí, que había sido creado por un movimiento con el propósito de reafirmar la supremacía de la voluntad de Dios en las sociedades humanas. Pero parece que otros se vieron empujados a adoptar esa actitud. Incluso los grupos gobernantes más secularistas, por ejemplo los de Siria, Irak y Argelia, se dedicaron a usarlo de manera más o menos convincente, de un modo o de otro. Podían evocar temas históricos, referidos a los árabes como vehículos del islam. Los gobernantes de Irak, enzarzados en su lucha contra Irán, invocaron el recuerdo de la batalla de Qadisiyya, en que los árabes habían derrotado al último gobernante sasánida y llevado el islam a Irán. En la mayoría de los países de población mixta, la constitución establecía que el presidente debía ser musulmán, y de ese modo vinculaba la religión islámica con la autoridad legítima. En los códigos legales podía haber una referencia al Corán o a la *sharia* como base de la legislación. La mayoría de los gobiernos que siguieron este camino tendió a interpretar la *sharia* de un modo más o menos modernista, con el propósito de justificar las innovaciones que eran inevitables en las sociedades que vivían en el mundo moderno; incluso en Arabia Saudí, los principios de la jurisprudencia hanbalí fueron invocados con el fin de justificar las nuevas leyes y normas impuestas por el nuevo orden económico. Pero algunos regímenes apelaron a ciertas aplicaciones simbólicas de la letra rigurosa de la *sharia*. En Arabia Saudí y Kuwait se prohibió la venta de alcohol; en Sudán, la cláusula de la *sharia* que indicaba que debía cortarse las manos de los ladrones reincidentes volvió a aplicarse durante los últimos años del período de gobierno de Numeiri. En ciertos países, el gobierno alentó la observancia rigurosa del ayuno de Ramadán, que se había difundido espontáneamente; un intento anterior del gobierno tunecino que quiso desalentar esta práctica, porque entorpecía los esfuerzos requeridos por el desarrollo económico, había tropezado con la oposición general.

LA FRAGILIDAD DE LOS REGÍMENES

Los grupos gobernantes cohesionados, las clases sociales dominantes y las ideas influyentes: la combinación de estos factores puede ayudar a explicar por qué los regímenes habían sido estables a lo largo de la década de 1970; pero si se los examina de cerca, también pueden parecer las fuentes mismas de la debilidad.

Los grupos gobernantes estaban sujetos no sólo a las rivalidades personales que surgían inevitablemente de las ambiciones antagónicas o las discrepancias políticas, sino también a las divisiones estructurales que se manifestaron cuando aumentó la magnitud y la complejidad de la estructura oficial. Las diferentes ramas del gobierno se convirtieron en centros de poder autónomos —el partido, el ejército, los servicios de inteligencia— y los miembros ambiciosos del grupo gobernante podían tratar de controlar unos u otros. Este proceso tendió a darse en todos los sistemas gubernamentales complejos, pero en algunos se vio enmarcado en una estructura de instituciones estables y costumbres políticas profundamente arraigadas. Cuando no se veía limitado de ese modo, podía conducir a la formación de facciones políticas, y a una lucha por el poder político en que el líder de una facción trataba de eliminar a sus rivales y preparaba el camino para llegar él mismo al cargo más alto. Esta lucha podía mantenerse con ciertos límites sólo mediante el ejercicio constante de las artes de la manipulación política por parte del jefe del gobierno.

El nexo entre el régimen y los grupos sociales dominantes a veces también era frágil. Lo que podía observarse fue un esquema recurrente en la historia de Oriente Próximo. Las clases que dominaban la estructura de la riqueza y el poder social en las ciudades querían paz, orden y libertad de actividad económica, y apoyaban a un régimen mientras pareciera que éste les concedía lo que deseaban; pero no movían un dedo para salvarlo y aceptaban a su sucesor si parecía probable que éste aplicase una política análoga. Hacia mediados de la década de 1980, la situación de algunos regímenes parecía precaria. Los precios del petróleo alcanzaron su nivel máximo en 1981; después, descendieron de prisa, a causa del exceso de la producción, el consumo más cuidadoso de energía en los países industriales y la incapacidad de la OPEP para mantener un frente unido en áreas como los precios y el volumen de la producción. La disminución de las rentas provenientes del petróleo, así como los efectos de la guerra entre Irak e Irán, influyeron sobre todos los países, tanto ricos como pobres.

Si el apoyo concedido por los sectores sociales poderosos a los gobiernos era pasivo, parte de la razón de esta actitud estaba en que no participaban activamente en la formulación de decisiones. En la mayoría de los regímenes se adoptaban las decisiones en un nivel elevado, en el seno de un pequeño grupo, y no se difundían ampliamente los resultados; los gobernantes que se instalaban en el poder tendían a ser reservados y cautos —protegidos por sus servicios de seguridad y rodeados por íntimos y funcionarios que controlaban el acceso— y aparecían en raras ocasiones para ofrecer una explicación formal y una justificación de sus actos a una audiencia dócil. Pero más allá de este motivo de la distancia entre el gobierno y la sociedad, había otro: la debilidad de la convicción que unía al gobierno con la sociedad.

Cuando los gobiernos se apropiaban de ciertas ideas políticas, éstas corrían el peligro de perder su sentido. Se convertían en lemas debilitados por la repetición, y ya no podían agrupar alrededor otras ideas para formar una potente constelación, movilizar las fuerzas sociales en vista de la acción o convertir el poder en autoridad legítima. La idea de nacionalismo aparentemente sufrió este destino. Siempre existiría como reacción inmediata y natural frente a la amenaza externa; lo demostró la guerra entre Irak e Irán, cuando los sectores de la población iraquí de quienes podía esperarse que fuesen hostiles al gobierno lo apoyaron. Pero era dudoso que pudiese representar una fuerza movilizadora para emprender una acción eficaz, o ser el centro de un sistema de ideas que permitiese la organización de la vida social. El «arabismo», la idea de una nación árabe unida políticamente, todavía podía entrar en acción a causa de una nueva crisis en las relaciones entre Israel y sus vecinos árabes; la aquiescencia de los Estados árabes durante la invasión israelí pudo explicarse en parte por los aspectos complejos de la situación libanesa, y no fue necesariamente un anticipo de lo que sucedería si Israel entraba en guerra con otros vecinos. No obstante, en general, la principal función del arabismo fue la de arma en los conflictos entre los Estados árabes y el pretexto de la interferencia de un Estado en los asuntos de otros; el ejemplo de Nasser, que por encima de los jefes de gobierno apeló a los pueblos árabes, no había sido olvidado. Por otra parte, el fortalecimiento de los vínculos humanos entre los pueblos árabes, a causa de la educación, la emigración y los medios masivos de difusión, a la larga podía tener algunas consecuencias.

Acerca de las restantes ideas principales, las de la justicia social y el islam, podría afirmarse lo contrario: no que perdieron su sentido, sino que poseían excesivo significado, y un poder demasiado cuantioso como motivo para la acción, de modo que difícilmente podían subordinarse por mucho tiempo a los propósitos de un régimen. Sus raíces eran muy profundas en la historia y la conciencia, de modo que mal podían convertirse en dóciles instrumentos de gobierno.

Los gobiernos que apelaron a estas ideas profundamente arraigadas y poderosas arriesgaban mucho. Se vieron atrapados en las ambigüedades y los compromisos del poder, y si utilizaron lenguajes que ejercían una atracción firme, sus antagonistas también podían hacerlo, con el fin de mostrar la distancia entre lo que el gobierno decía y lo que hacía. Podían usar con fuerza letal palabras como tiranía e hipocresía, que resonaban a lo largo de toda la historia islámica. El asesinato de Sadat en 1981, y un episodio en Arabia Saudí, en 1979, cuando un grupo de musulmanes fanáticos ocupó la Gran Mezquita de La Meca, fueron signos de la fuerza de tales movimientos opositores, sobre todo cuando podían combinar el llamamiento a la justicia social con el llamamiento al islam.

Así, incluso los regímenes más estables y más duraderos podían demostrar fragilidad. Ciertamente, hubo cambios de poder en el seno de los grupos gobernantes, a causa de muertes o revoluciones palaciegas; en 1985 Numeiri, gobernante de Sudán, fue depuesto por un golpe militar combinado con disturbios civiles generalizados; en 1988 el prolongado dominio de Burguiba en la vida política de Túnez concluyó cuando fue derrocado y reemplazado por Zayn al-Abidin Ben Alí, oficial militar. Tales episodios podían originar cambios en la orientación política, como sucedió cuando Sadat sucedió a Nasser, pero ¿era probable que hubiese cambios más violentos y radicales?

En ciertos países existía la posibilidad de que se restablecieran instituciones más duraderas y formales, que ampliasen el grado de participación en la formulación de decisiones. Existía un anhelo general en este sentido en las clases cultas, e incluso algunos de los propios regímenes pudieron llegar a la conclusión de que dar ese paso les convenía; sin cierto grado de participación eficaz, no podía haber desarrollo social y económico, y la verdadera estabilidad era imposible sin instituciones; es decir, convenciones conocidas y aceptadas acerca del modo de conquistar, usar y transmitir el poder.

Que sobreviniese ese cambio dependía del nivel de educación, de la importancia y la fuerza de las clases medias y de la confianza del régimen en sí mismo. No era probable tal cosa en la mayoría de los países árabes, pero había signos de que estaba sucediendo en algunos. En Kuwait se restableció el Parlamento en 1981, después de un lapso de varios años, y demostró que tenía opiniones independientes y poder para convencer al gobierno de que le prestase atención; pero se lo disolvió en 1986. En Jordania, en 1984 se intentó revivir el Parlamento, que había estado suspendido durante un tiempo. En Líbano, a pesar de la guerra civil, continuaba viva la idea del Parlamento como lugar donde en definitiva podían reconciliarse las diferencias, así como la idea del gobierno constitucional como base de la legitimidad.

El país donde parecía más probable que se restableciese el gobierno constitucional era Egipto, que tenía una clase culta numerosa y exhibía un nivel de capacidad política superior al de la mayoría de los países árabes. Tenía unidad social y cultural, y en él perduraba el recuerdo del período constitucional, que había durado treinta años y había sido una etapa en que, dentro de ciertos límites, podían expresarse libremente las opiniones; ese recuerdo se había renovado los últimos años en contraste con la relativa falta de libertad política de los períodos de Nasser y Sadat. Durante el gobierno de Hosni Mubarak, sucesor de Sadat, comenzó un cambio cauteloso. En 1984 se celebraron elecciones para la Asamblea; se organizó el sistema electoral de tal modo que garantizara una importante mayoría oficial, pero la elección se celebró en una atmósfera de discusión relativamente libre, y se procedió a elegir algunos miembros de un partido opositor, que era un resurgimiento del *Wafd*. Este hecho pudo haber sido un indicio de que Egipto estaba acercándose a una posición parecida a la de Turquía o a la de ciertos países latinoamericanos, en los cuales alternan los períodos de gobierno parlamentario y de dictadura militar, y que la vida constitucional se veía constantemente restablecida y constantemente amenazada.

De producirse cambios más radicales, parecería más probable que en la década de 1980 se realizasen en nombre de un concepto islámico de la justicia de Dios en el mundo que por referencia a un ideal meramente secular. No había una sola idea del islam, sino un espectro completo. La palabra «islam» no poseía un significado único y sencillo, y en cambio era lo que los musulmanes deseaban que fuera. Para los aldeanos «tradicionales» podía significar todo lo que ellos pensaban y hacían. Para los musulmanes más responsables y reflexivos, era una norma que les permitía orientar su vida, y por la cual debían juzgarse sus actos; pero había más de una norma. El término «fundamentalismo», que ha llegado a estar de moda, incluía diferentes sentidos. Podía referirse a la idea de que los musulmanes debían tratar de retornar a la enseñanza y la práctica del Profeta y la primera generación de sus partidarios, o a la idea de que sólo el Corán constituía la norma para la vida humana; ésta podía ser una idea revolucionaria, si los musulmanes pretendían —como parecía hacer el líder libio Gadafi— que ellos tenían el derecho de interpretar libremente el Corán. La palabra se usaba también por referencia a una actitud que podemos denominar «conservadora»: la actitud de los que deseaban aceptar y preservar lo que habían heredado del pasado, toda la tradición acumulativa del islam según se había desarrollado en realidad, y modificado sólo de un modo prudente y responsable. Ésa fue la actitud del régimen saudí y sus partidarios, y del régimen revolucionario iraní, si bien las tradiciones acumuladas que ellos aceptaron eran muy distintas una de la otra.

Las circunstancias de los diferentes países árabes variaban mucho. El movimiento islámico de un país podía tener un sentido distinto de lo que quizá parecía el mismo movimiento en otro. Por ejemplo, la Hermandad Musulmana de Siria no desempeñó el mismo papel que la de Egipto; en buena medida, fue el instrumento opositor de la población urbana sunní al dominio de un régimen identificado con la comunidad alauí. Asimismo, el hecho de que la revolución iraní hubiese adoptado cierta forma no significaba que presentase la misma en otros países. Por lo menos en parte, la revolución podía explicarse por referencia a factores específicos de Irán: ciertas clases sociales poderosas eran particularmente sensibles a las invocaciones formuladas en lenguaje religioso, y hubo un liderazgo religioso que pudo actuar como foco de reagrupamiento de todos los movimientos opositores; era relativamente independiente, respetado por una amplia mayoría por su piedad y su saber, y siempre había actuado como el portavoz de la conciencia colectiva.

Esa situación no se daba en los países árabes. En Irak, donde los chiíes formaban una mayoría, sus hombres de saber no mantenían con las masas urbanas la misma relación íntima ni ejercían la misma influencia sobre el gobierno que podía observarse en Irán. Los ulemas sunníes tenían una posición menos independiente. Bajo el dominio otomano se habían convertido en funcionarios oficiales, próximos al gobierno y comprometidos por sus relaciones con él; por tradición y por intereses estaban relacionados con la alta burguesía de las grandes ciudades. Por consiguiente, el liderazgo de los movimientos islámicos tendió a quedar en manos de legos, miembros conversos de la moderna elite culta. Tales movimientos no poseían la santidad conferida por líderes de devoción y saber heredados y reconocidos; eran partidos políticos que competían con otros partidos políticos. En general, no definieron una política social o económica clara. Parecía probable que llegasen a ser importantes fuerzas opositoras, pero no se encontrarían en condiciones de formar gobiernos.

El observador de los países árabes, o de muchos otros países musulmanes, a mediados de la década de 1980 bien podría haber llegado a la conclusión de que algo análogo al camino iraní sería el rumbo del futuro. Pero podría tratarse de una conclusión apresurada, incluso con respecto al propio Irán. En cierto sentido, el dominio de los hombres de religión era una reafirmación de la tradición, pero en otro se oponía a la misma. La sabiduría heredada de los ulemas era que no debían vincularse demasiado estrechamente con el gobierno mundano; era necesario que se distanciaran moralmente del mismo, al mismo tiempo que preservaban su acceso a los gobernantes y su influencia sobre ellos: era peligroso atar los intereses eternos del islam al destino de un gobernante transitorio del mundo. Esta actitud se reflejaba en cierta sospecha popular ante los hombres de religión que desempeñaban un papel demasiado destacado en los asuntos del mundo; eran individuos tan susceptibles como otros de caer en la corrupción del poder y la riqueza, y quizá no fueran muy buenos gobernantes.

Podría suceder también que en cierta etapa del desarrollo nacional la atracción de las ideas religiosas —al menos de las ideas santificadas por la tradición acumulada— dejara de poseer la misma fuerza que otro sistema de ideas: una combinación de moral social y ley que fuera básicamente secular, pero que mantuviese cierto vínculo con los principios generales de justicia social inherentes al Corán.

EPÍLOGO

por Malise Ruthven

La década transcurrida desde que el ya fallecido Albert Hourani publicara la primera edición de este libro ha presenciado numerosos acontecimientos de suma importancia: la invasión iraquí de Kuwait en agosto de 1990, seguida de la operación Tormenta del Desierto; la cruenta guerra civil argelina que puede haber costado cerca de 100.000 vidas; la unificación de Yemen; las muertes de tres «grandes hombres» de la política árabe —el rey Hussein de Jordania en febrero de 1999, el rey Hassán de Marruecos en julio de 1999 y el presidente Hafiz al-Assad de Siria en junio de 2000, todos ellos sucedidos por sus respectivos hijos—; la creación de la Autoridad Palestina en Gaza y partes de la Cisjordania ocupada por Israel, en virtud de los Acuerdos de Oslo firmados por el primer ministro israelí Yitsjak Rabin y Yassir Arafat, secretario general de la Organización para la Liberación de Palestina, en los jardines de la Casa Blanca; el asesinato de Rabin por un extremista judío y la desvirtuación de esos mismos acuerdos en 2002 tras el segundo alzamiento palestino y la consiguiente respuesta militar de Israel.

Sin embargo, el más dramático de los acontecimientos recientes, en términos de repercusión mediática, si no por la suma de sufrimiento y pérdidas humanas, fueron los ataques contra Nueva York y Washington del 11 de septiembre de 2001, en los que fallecieron tres mil personas, el mayor número de víctimas sobre suelo estadounidense desde el fin de la guerra de Secesión. Los diecinueve secuestradores suicidas que hicieron estallar tres aviones cargados de combustible en el World Trade Center de Manhattan y en el edificio del Pentágono, cerca de Washington, eran árabes, quince de ellos de Arabia Saudí. Se sospecha que todos ellos fueron entrenados por la red denominada al-Qaeda («base» o «fundación»)

financiada y dirigida por el disidente saudí Ossama bin Laden. Naturalmente, sería absurdo presumir que Albert Hourani podría haber predicho alguno de los acontecimientos ocurridos desde su triste y sorpresiva
muerte en 1993, pero sospecho que tampoco le habrían cogido completamente desprevenido. Como historiador de las ideas y de los sucesos, su
conocimiento era tan profundo como amplio. Comprendía a fondo
tanto el legado religioso común como la conciencia histórica compartida que suele acomunar a los pueblos árabes, así como las diferencias
ideológicas y fuerzas estructurales que los siguen desgarrando.

En el prólogo de este libro, así como en varios pasajes del libro,
Hourani rinde homenaje a Ibn Jaldún (1332-1406), el filósofo árabe de
la historia cuyas teorías de renovación cíclica y su concepto de *asabiyya*
—«espíritu colectivo orientado hacia la obtención y mantenimiento del
poder»— siguen aportando un marco útil para contemplar los acontecimientos actuales. Según las teorías de Ibn Jaldún, las primeras formas de
sociedad humana fueron las de los pueblos fuertes de las estepas y las
montañas, en los que la autoridad se fundaba en vínculos de parentesco
y en la cohesión del grupo: *asabiyya*. Un gobernante que pudiera contar
con ella se hallaba en óptima situación para poder fundar una dinastía,
algo que resultaba más difícil en centro urbanos pues en éstos tendía a
escasear dicha cualidad. Aun así, cuando el gobierno dinástico devenía
estable y próspero, florecía la vida ciudadana. Sin embargo, en la era de
Ibn Jaldún, toda dinastía llevaba consigo la semilla de la decadencia,
pues los dirigentes se tornaban tiranos o acababan corrompiéndose en
aras de la lujuria y, con el tiempo, el poder pasaba a manos de otro grupo de gobernantes fuertes venidos de afuera.

En su aplicación más amplia, el enfoque de Jaldún tal como fue interpretado por Hourani sigue procurando valiosos enfoques, a pesar de
la profunda conmoción cultural sufrida por el mundo árabe musulmán
tras la conclusión del dominio europeo, iniciado con la conquista francesa de Argelia en los años treinta del siglo XIX y culminada con el de-
rrumbamiento del Imperio otomano en 1918. Hourani señala que en el
período poscolonial, desde principios de la década de los sesenta, se han
producido cambios prácticamente inapreciables en la naturaleza de la
mayor parte de los regímenes árabes o en la orientación de sus políticas:
en Arabia Saudí, en los estados del golfo, en Jordania, Túnez y Marruecos no ha habido mutaciones sustanciales durante más de una generación; en Libia, Siria e Irak, los grupos que estaban en el poder hacia
1970 lo siguieron detentando a lo largo de los años ochenta y noventa.

Este grado de continuidad política se antoja paradójico al considerar los cambios extraordinariamente rápidos y el grado de turbulencia social subyacentes: la eclosión demográfica, el ritmo de urbanización, la expansión del transporte motorizado, la transformación del campo, los cambios demográficos que han inclinado la balanza poblacional del lado de la juventud y los repetidos estallidos de conflictos armados en la región, desde el Sahara occidental hasta Palestina y el golfo Pérsico. De todos modos, a la luz de los acontecimientos turbulentos de la pasada década, la explicación de Hourani sigue vigente: «Tomando prestada y adaptando una idea de Ibn Jaldún», escribe:

> Podría sugerirse que la estabilidad de un régimen político dependía de una combinación de tres factores. Resultaba estable cuando un grupo dirigente cohesionado era capaz de vincular sus intereses con los de los elementos poderosos de la sociedad, y cuando la alianza de intereses se expresaba en una idea política que legitimaba el poder de los gobernantes a ojos de la sociedad o, al menos, a los de buena parte de la misma.

Actualmente, la cohesión de los regímenes depende de factores tales como el culto a la personalidad diseminado a través de los medios y de la presencia ubicua de los servicios de inteligencia y de seguridad, recursos que no estaban a disposición de antiguos gobernantes. Además, en la mayoría de los países el poder del gobierno se extiende a las partes más remotas del territorio en las que, antaño, su capacidad de mando era escasa o completamente ignorada. Sin embargo, en la política árabe moderna, la *asabiyya* del grupo gobernante sigue siendo importante, e incluso un factor capital en la obtención y mantenimiento del poder.

Un *tour d'horizon* por los países árabes permite contrastar las tesis de Hourani. Saddam Hussein sigue en el poder en Irak a pesar de su fracaso militar y la humillación nacional que supusieron la guerra contra Irán de 1980 a 1988 y la operación Tormenta del Desierto de 1991, cuando sus efectivos fueron expulsados de Kuwait por las fuerzas coligadas encabezadas por EE.UU. y que incluían la participación de estados árabes tales como Arabia Saudí, Egipto y Siria; de la erosión de la soberanía nacional por la imposición de vetos en su espacio aéreo controlado por fuerzas británicas y estadounidenses; y del establecimiento de un gobierno autónomo regional kurdo bajo protección aliada en el noreste. Aun así, a pesar de las amenazas cada vez más agresivas de EE.UU. y Gran Bretaña destinadas a apartarle del poder para destruir su capacidad de fabricar y utilizar armas de destrucción masiva (nucleares, químicas y biológicas), violando así las sanciones de la ONU, no parece haber señales de una alternativa viable. La oposición iraquí está fragmentada y resulta ineficaz: no hay un candidato plausible que pueda substituir a Saddam, por más que Washington y Whitehall pretendan lo contrario.

A la luz de los análisis de Jaldún, la fuente de resistencia de Saddam puede explicarse por la *asabiyya* de su clan de al-Bu en la región de Tikrit, al norte de Bagdad junto al Tigris, que se extiende a través de una dilatada red de familias, clanes y tribus originarias de esa área. Fue en esta región, de mayoría sunní, en la que se reclutó una parte significativa de los oficiales que intervinieron en el golpe militar que en 1968 llevó al poder a Saddam y a su antiguo jefe Hassán al-Bakri. Aunque formalmente partidarios del nacionalismo secular postulado por el partido Baaz, la *asabiyya* del grupo se ha demostrado mucho más duradera que su ideología. Por medio de una diestra manipulación de lealtades y rivalidades de clan, Saddam ha edificado un formidable sistema de poder basado no sólo en la coacción y el temor, sino también en el clientelismo.

La distribución de la tierra (confiscada a propietarios a fines al antiguo régimen y a opositores políticos) y la repartición de los ingresos procedentes del petróleo, controlado por el propio Saddam, configuran el núcleo de esta telaraña de relaciones clientelares. Por otra parte, un estado moderno como Irak cuenta con muchos otros beneficios potenciales además del petróleo y la tierra: las licencias para emprender negocios, las empresas de importación-exportación (incluyendo el tráfico de armas), el control del cambio extranjero e incluso el de las relaciones laborales. Tal como observa Charles Tripp, se ha creado una estructura «orientada no simplemente o ni siquiera fundamentalmente desde la preocupación general de mejorar las condiciones económicas del país, sino más bien a partir del interés de crear redes de complicidad y dependencia que reforzarían la posición de los que están en el poder».[1]

La *asabiyya* de la Guardia Republicana dominada por elementos provenientes de Tikrit, fue preservada por Saddam durante la operación Tormenta del Desierto y actuó como su escudo durante los subsiguientes alzamientos de los kurdos en el norte y de los chiíes en las ciudades meridionales de Basora, Amara, Nasiriyya, Nayaf y Karbala en 1991. Aunque los kurdos fueron protegidos por fuerzas aliadas, los rebeldes chiíes fueron abandonados a su suerte (a pesar del aliento inicial insuflado por los estadounidenses). En pocas semanas, las divisiones de la Guardia Nacional volvieron a capturar todas las ciudades tomadas por los rebeldes, infligiendo destrucciones ingentes y cuantiosísimas pérdidas. El estatus de paria y las sanciones impuestos sobre Irak después de la primera guerra del Golfo, lejos de minar el poder de Saddam Hussein, sirvió seguramente para fortalecer su *asabiyya*. Algunos informes que se filtraron a la prensa occidental revelaban que el régimen ganaba unos 2.000 millones de dólares anuales procedentes del contrabando de petróleo. Después de la deserción y ejecución posterior del yerno de Saddam, Hussein Kamil al-Majid, el primogénito del presidente, Uday, parece haberse convertido en el mayor beneficiario de este lucrativo maná fruto de las sanciones de Naciones Unidas contra Irak.

Sin duda, Irak constituye un ejemplo extremo, pero se ajusta no obstante a una pauta de *asabiyya* en su mantenimiento de una red de relación clientelar que impera en la mayoría de los países de la esfera árabe musulmana. En contraste con la *asabiyya* del clan dirigente iraquí, la familia al-Saud de Arabia Saudí no trata en absoluto de disimular su propiedad del principal recurso natural del país bajo una máscara de instituciones estatales. Desde la fundación de Arabia Saudí en la década de los veinte, los al-Saud, una rama de la tribu Aniza, han ejercido como sus propietarios y gobernantes. El petróleo no sólo es el recurso nacional principal del reino, sino que además es privado y pertenece a la familia real. El rey ingresa el grueso de los ingresos generados antes de ser registrados como renta nacional. A partir de ahí, la familia real decide las necesidades y los funcionarios actúan de acuerdo con su obligación al respecto. Los aproximadamente 6.000 príncipes y princesas emparentados con los al-Saud tienen derecho a gratificaciones regulares además de a sus salarios «de trabajo» como cargos gubernamentales, a la vez que pueden recibir comisiones sobre determinados acuerdos financieros. En 1996, un economista saudí retirado estimaba que la familia real le costaba al Estado no menos de cuatro mil millones de dólares al año.

Apaños similares se dan en la mayor parte de los países productores de petróleo del Golfo en los que el mando está en manos de una sola familia. En Libia, por otra parte, los beneficios derivados del petróleo y una red de lealtades tribales han mantenido al impredecible Muammar el-Gadafi en el poder durante más de tres décadas después del golpe militar que protagonizó siendo un capitán del ejército de tan sólo 28 años.

Esta persistencia del patrimonialismo —la propiedad privada del Estado y de sus recursos— como factor político natural queda fortalecida por los apoyos que confiere a los grupos dominantes el control de las reservas petrolíferas, a pesar de que también existe en Estados donde los recursos disponibles son mucho más limitados. En Siria el aparato político militar del partido Baaz pasó a ser controlado por un colectivo básicamente rural de una comunidad religiosa minoritaria de modo muy parecido a como se dio en Irak. Sin embargo, en contraste con los sunníes de Tikrit (la comunidad sunní constituye cerca del 20 % de la población iraquí), la *asabiyya* del grupo dominante en Siria se funda en una más reducida matriz étnico-religiosa de la comunidad alauí o nusayrí del área rural de Latakia, al norte del Líbano.

Los alauíes, que suponen menos del 12 % de la población siria, son chiíes que cuentan con una teología esotérica específica inaccesible a los profanos. En este caso, la solidaridad del parentesco se fortalece por una cerrada tradición religiosa. Reclutados por el ejército francés durante la década de los treinta y cuarenta, su pericia militar les permitió ir subiendo de rango. Después del golpe baazista de 1963, muchos oficiales sospechosos de traición al nuevo gobierno fueron substituidos por alauíes, una tendencia que se aceleró después de que Hafiz al-Assad, comandante alauí de las fuerzas aéreas, protagonizara un exitoso golpe contra los baazistas en 1970. A partir de entonces, el poder del Estado quedó firmemente concentrado en manos alauíes. Según la versión oficial, pertenecían a dicho clan el 70 % de los oficiales al mando de la 47ª Brigada Acorazada Siria responsable de sofocar la rebelión de los Hermanos Musulmanes en Hama en 1982, con un resultado de 20.000 muertos.

A la muerte de Hafiz al-Assad en el año 2000, se prescindió rápidamente de las formalidades constitucionales para asegurarse la sucesión deseada. Temerosos de que el hermano menor de Hafiz, Rifat al-Assad (en el exilio después de intentar desalojar a su hermano del poder durante una enfermedad) tratara de hacerse con el poder, una Asamblea del Pueblo concertada apresuradamente votó unánimemente por rebajar la edad mínima para acceder a la presidencia de 40 a 34 años, la edad justa de Bashar al-Assad.

A medida que el mundo árabe se va distanciando de la era colonial, las viejas pautas de la *asabiyya* y del gobierno dinástico parecen imponerse de nuevo. Tal como reveló el episodio de la sucesión de Bashar al-Assad, las diferencias entre un gobierno dinástico abierto o celado se han hecho menos evidentes. En febrero de 1999, la sucesión en el reino hachemí de Jordania tras la muerte del monarca Hussein mostró una similitud sorprendente con los acontecimientos que luego se desarrollarían en Damasco. Durante su tratamiento médico en Estados Unidos, Hussein transfirió muchos de sus poderes a su hermano, el príncipe heredero Hassán, que había sido regente desde 1965. Sin embargo, tras regresar y a dos semanas de su muerte, decidió nombrar príncipe heredero a su primogénito Abdalá. En una carta a su hermano le expresó su insatisfacción por el modo en que había gestionado el reino durante su ausencia, en particular por su implicación en asuntos militares. El monarca moribundo también acusó a los seguidores de su hermano de difamar a su familia inmediata, dando pábulo a especulaciones acerca de graves desavenencias familiares. Al cabo, la sucesión jordana pasó sin mayores contratiempos al igual que la de Bashar el-Assad. El nuevo rey prometió reformas fundamentales, incluyendo el fortalecimiento del imperio de la ley y una mayor democratización del país, a la vez que nombraba un nuevo gobierno bajo el mando de un nuevo primer ministro. Su tío, el príncipe Hassán, fue definitivamente excluido del poder y varios de sus aliados políticos fueron reemplazados. A su vez, su esposa Rania, palestina, asumió gran notoriedad pública como nueva reina de Jordania. A pesar de las fuertes tensiones derivadas del fracaso de los Acuerdos de Oslo y de la segunda intifada palestina, la continuidad y legitimidad de la monarquía hachemí parecía asegurada.

En Marruecos, donde la legitimidad de la monarquía alauita, al igual que la de los hachemíes, deriva de la ascendencia del monarca con el profeta Mahoma, también se produjo una cómoda sucesión de padre a hijo. Mohammed VI, que sucedió a su padre en julio de 1999, se proclamó de inmediato como defensor de la reforma y la modernización y adoptó un estilo populista y de gran relieve público muy distinto al de su difunto padre. Durante una visita de diez días a la pobre y aislada región septentrional del Rif, casi siempre ignorada por su padre, prometió ayudas y la reducción del desempleo, a la vez que habló de cuestiones tales como justicia social, derechos humanos y la igualdad de las mujeres. En noviembre, destituyó sorpresivamente al consejero más próximo a su padre, el ministro del interior Driss Basri, un gesto que fue ampliamente interpretado como voluntad de hacer efectivas las reformas prometidas.

Otros Estados árabes muestran la misma línea continuista, aunque de modo menos evidente. En Egipto y Túnez, los mismos «hombres fuertes» Hosni Mubarak y Zayn al-Abidin Ben Alí se han mantenido en el poder desde que apareció la primera edición de este libro. Ambos accedieron al cargo por medios legales, Mubarak como vicepresidente del asesinado Anwar el-Sadat en 1981; Ben Alí en noviembre de 1987 después de que varios médicos declararan incapaz para el gobierno al anciano y voluble padre fundador del país, Habib Burguiba. (Burguiba, confinado por Ben Alí durante más de una década, murió finalmente en abril de 2000 a la edad de 96 años.)

La gran y desastrosa excepción a este panorama de relativa continuidad y estabilidad ha sido Argelia, donde el derrumbe electoral del FLN y subsiguiente intervención militar ha conducido a una cruenta guerra civil que puede haber costado más de cien mil vidas, la mayoría de ellas civiles. La anulación por parte del ejército de la segunda ronda de las elecciones nacionales después de que el Frente Islámico de Salvación ganara la primera en diciembre de 1991 llevó a una sangrienta contienda intestina que se ha ido pareciendo cada vez más, en la barbarie y falta de consideración por los no combatientes, a la campaña emprendida por los franceses contra los nacionalistas argelinos dos generaciones antes. Al tiempo que escribo esto, parece haberse restaurado una cierta estabilidad con la presidencia de Abdelaziz Buteflika, un antiguo primer ministro capaz de limar asperezas entre los líderes musulmanes moderados y los generales que siguen manejando los hilos del poder. El salvajismo de la guerra argelina puede contemplarse como la excepción que prueba la solidez del teorema Hourani-Jaldún: en el período anterior al golpe militar, el gobierno del presidente Chadli fracasó en tres cuestiones de capital importancia: el FLN gobernante perdió su cohesión por rivalidades internas, a la vez que su nivel de corrupción y falta de legitimidad lo desacreditaba a ojos de una parte cada vez mayor de la sociedad.

En la vecina Túnez y en Egipto, no se ha ignorado la lección del desastre argelino. En Túnez, una economía relativamente próspera combinada con medidas duramente represivas han mantenido a raya a la potencial oposición islamista, a la vez que la oposición real ha renegado de su ambición primera de buscar una alternativa «fundamentalista» al asumir públicamente que abrazará la senda democrática. En Egipto prosigue el ciclo de revuelta islámica y represión estatal, aunque el Estado parece haber ganado la partida. La masacre de setenta personas, incluyendo sesenta turistas, ejecutadas en Luxor por terroristas islámicos en noviembre de 1997 no solo devastó la economía al provocar el derrumbe del turismo, sino que originó una masiva repulsa popular contra los islamistas, la mayoría de los cuales, en respuesta a la presión pública, anunció un alto el fuego en su guerra contra el gobierno.

En Arabia Saudí la cohesión de la dinastía al-Saud se enfrentará a un nuevo desafío cuando se deba elegir un rey de entre la generación siguiente: los nietos de Abdelaziz. La delicada salud del rey Fahd le ha he-

cho ceder prácticamente el poder a su hermano menor, el príncipe heredero Abdalá, comandante de la Guardia Nacional. Sin embargo, los hermanos de Fahd, los hijos de Hassa al-Sudairi y sus hijos ocupan posiciones clave en los aparatos del Estado. Dadas las incertidumbres del clima
político internacional, las tensiones sociales debidas a la merma de ingresos procedentes de las exportaciones y el desempleo creciente, así
como la rivalidad por el poder entre diversas facciones principescas, no
parece seguro que la *asabiyya* que tan bien ha servido a los al-Saud en el
pasado vaya a extenderse en el futuro. Cuando Abdalá suceda a su acha-
coso hermano —caso de que así sea—, la elección de su príncipe heredero constituirá un test crucial para la estabilidad de la dinastía.

Al releer la historia de Hourani una década después, uno vuelve a
darse cuenta de hasta qué punto se ha hecho precaria la estabilidad para-
dójica que describe al final de su libro. Tal como explica en el capítulo 22, en muchos aspectos los estados árabes modernos que nacieron
tras la era colonial se han visto fortalecidos por el proceso de modernización auspiciado desde Europa. A las actividades tradicionales del gobierno, que incluían el mantenimiento de la ley y el orden, la recaudación
de impuestos y la provisión de servicios públicos básicos, se añadieron
otras que habían estado en manos extranjeras hasta la fecha, como la
banca, ciertas infraestructuras, las comunicaciones y otros servicios. Sin
embargo, el incremento del poder del estado no se ha visto acompañado
de un aumento proporcional de su fiabilidad ante la población. Puede
que el estado moderno sea más poderoso que su predecesor otomano,
pero en aspectos esenciales está falto de legitimidad democrática y de la
autoridad moral de sus antecedentes históricos.

Los apuros que atraviesan el estado árabe moderno y los pueblos que
gobierna se hacen más problemáticos por la ausencia de un consenso
cultural acerca de cuáles deberían ser las fuentes de legitimidad política.
Los movimientos islamistas suelen estar de acuerdo en sus exigencias de
restauración de la *sharia*, la ley islámica, que, según ellos, se ha visto su-
plantada por códigos y modos gubernamentales ilícitos y foráneos. Sin
embargo, entre ellos no se da un consenso acerca del contenido de dicha
ley ni del modo en que debería administrarse o de las formas según las
cuales debiera institucionalizarse.

Al mismo tiempo, las sociedades árabes modernas, como tantas
otras del resto del mundo, han entrado en la órbita de influencia de los
medios electrónicos. Acontecimientos que antaño eran filtrados a través
de los periódicos y emisoras controlados por el Estado ahora pasan a

transmitirse vía satélite en los salones de cualquier familia. Las tentativas de los diferentes gobiernos por vetar o limitar el acceso a estos medios han sido infructuosas. Así, el acceso a influjos externos ha concienciado mucho más a la población acerca del mundo exterior y de los defectos de sus propias sociedades y sistemas de gobierno. El malestar consiguiente parece fluir en direcciones diferentes, hacia los opositores islamistas del Estado o hacia los defensores de la «sociedad civil» que exigen mayor representación y control democrático. Sin embargo, es probable que acaben fundiéndose ambas corrientes. En definitiva, la pretendida restauración de la *sharia* no responde más que al deseo de controlar y limitar la arbitrariedad del gobierno dinástico o personal y reemplazarlo por el imperio de la ley. Tal como apunta Gudrun Kramer, que ha investigado una extensa bibliografía reciente acerca del islam y la democracia, las posiciones ideológicas de los islamistas son más ambiguas y equívocas de lo esperado, pero no resultan tan antagónicas con los valores de igualdad, pluralismo y democracia, como sugerirían los valedores más aguerridos del radicalismo islámico tales como Sayyid Qutb o el líder argelino del FIS, Alí Ben Hach.[2]

Al tiempo que la precariedad del gobierno arbitrario y la ambigüedad sobre las fuentes de la legitimidad del Estado, persiste una sombra de incertidumbre acerca de la legitimidad de las fronteras y jurisdicciones que separan a los distintos Estados árabes. Tal como nos recuerda Hourani:

«Antes de la era moderna, las fronteras no estaban delimitadas con claridad y precisión, y es más adecuado concebir el poder de una dinastía no como una fuerza que se manifestaba de manera uniforme en el ámbito de un área fija y reconocida generalmente, sino más bien como una fuerza que irradiaba desde una serie de centros urbanos y que tendía a debilitarse más cuando mayor era la distancia o si existían obstáculos naturales o humanos.»

A pesar del aumento de poder militar fruto del acceso a armamento moderno, nuevas comunicaciones y controles burocráticos, muchas fronteras resultan frágiles y porosas. Aunque los Estados árabes se reconozcan formalmente los unos a los otros y cooperen entre ellos a través de organizaciones tales como la Liga Árabe y otros entes regionales, el lenguaje común y las lealtades afectivas de clan que traspasan fronteras precarizan la realidad de los lindes nacionales. Probablemente, no resulta una sorpresa que cuando Irak invadió Kuwait en 1990 las fuerzas armadas kuwaitíes no fueran capaces de ofrecer una resistencia más que simbólica, visto el desequilibrio abrumador de poder militar. Sin embargo, desde el punto de vista del sistema estatal existente, resultó más problemático el hecho de que un número significativo de disidentes en Palestina y Yemen, tradicionalmente hostiles a Arabia Saudí, apoyaran activamente a Irak.

La respuesta saudí a la disensión yemení fue la expulsión de más de medio millón de trabajadores yemeníes y la cancelación de su subsidio anual de 660 millones de dólares. Una vez conjurado el peligro de la invasión iraquí, al menos temporalmente, después de que la coalición encabezada por Estados Unidos (que incluía a la mayoría de países árabes, al menos nominalmente) expulsara a los iraquíes y restaurara la soberanía kuwaití en febrero de 1991, los saudíes apuntalaron su hostilidad hacia Yemen respaldando un movimiento secesionista del sur que pretendía quebrar la precaria unidad política alcanzada después de la unión de las dos mitades del país en 1990. El movimiento condujo a una breve guerra civil en 1994, en la que se destruyeron 85 carros armados y murieron más de 400 soldados. Los yemeníes del norte acusaron a los saudís de apoyar al movimiento secesionista (con el respaldo de otros Estados del Golfo) con el fin de crear un nuevo emirato petrolero en el área de Hadramaut bajo influencia saudí y con salida al océano Índico. (La compañía Nimr propiedad de la familia Bin Mahfuz, originaria de la zona y con estrechos vínculos con los al-Saud, detenta allí una de las principales concesiones petrolíferas.) En cualquier caso, el Norte se aseguró la victoria cuando los estadounidenses expusieron claramente en la ONU que favorecían un Yemen unido. Aquí, al igual que en Kuwait, EE.UU. tomó la iniciativa para proteger sus propios intereses y los de otras economías occidentales dependientes del petróleo.

Lejos de consolidar el sistema estatal, la operación Tormenta del Desierto enfatizó su fragilidad. Es posible que Estados Unidos renunciara a perseguir a las fuerzas iraquíes hasta Bagdad por los temores de sus aliados y socios del Golfo de que esa decisión condujera a la desintegración del país en tres territorios hostiles entre sí: un estado meridional chií vulnerable al control político iraní o a su manipulación; un núcleo central alrededor de Bagdad bajo el mando de Saddam Hussein; y el norte en manos de los kurdos. Al cabo, Estados Unidos decidió retirar su respaldo a la revuelta chií que siguió a la derrota de las fuerzas iraquíes e Irak sólo padeció una desintegración parcial con la autonomía limitada concedida a los kurdos por parte de las fuerzas aéreas británicas y estadounidenses. En este momento, cabe tener en cuenta las mismas consideraciones, mientras parece ponderarse seriamente una nueva guerra contra Irak. Esta vez, sin embargo, los peligros políticos son más acuciantes, pues los Estados árabes en cuyo interés parece contemplarse teóricamente esta acción ya han afirmado su hostilidad hacia la medida. Un ataque a Irak por parte de países occidentales, que muchos árabes y musulmanes consideran hostiles al mundo islámico en su conjunto, podría conducir a una mayor inestabilidad en la región.

Para bien o para mal, la experiencia árabe se halla actualmente inextricablemente ligada con la del resto del mundo. La emigración ha concedido a árabes y musulmanes una presencia física y cultural en Occidente que no consiguieron antaño con sus campañas de conquista. Esta presencia refleja, y a veces puede incluso exacerbar, las tensiones que prevalecen entre identidades basadas sobre asunciones «tradicionales» o heredadas acerca de un mundo creado por Dios y la necesidad de sobrevivir en un ámbito moderno fundado sobre lo que un sociólogo denomina felizmente la «institucionalización de la duda»[3].

Los ataques contra Nueva York y Washington del 11 de septiembre de 2001 son el paradigma del modo en que un conflicto originado en un área estratégicamente sensible del mundo —la península Arábiga y el golfo Pérsico— ha adquirido una dimensión global de imprevisibles consecuencias a escala planetaria. Quince de los presuntos atacantes eran saudíes de la región de Asir, junto a la frontera yemení, una de las últimas zonas en ser incorporada al reino saudí en los años veinte. Se trata de una región en la que investigadores del *Sunday Times* encontraron un «número desproporcionado de familias» capaces de remontar sus orígenes a las tribus yemeníes derrotadas por la dinastía al-Saud.

Una versión modificada del paradigma de Jaldún parece encajar con los ataques del 11 de septiembre: miembros de una tribu montañesa alejada del centro del poder preparan un asalto a dicho centro. Sin embargo, en esta sofisticada versión de Ibn Jaldún propia del siglo XXI, no se ataca a Riad, capital de Arabia Saudí, o ni siquiera Yidda, el centro comercial de Hiyaz, sino las torres gemelas del World Trade Center de Manhattan y el Pentágono, los símbolos más elocuentes del poder financiero y militar de Estados Unidos, valedor de la dinastía saudí y de la ocupación ilegal de Palestina por parte de Israel. Los anatemas sobre saudíes y estadounidenses pronunciados por Al-Qaeda y su líder Ossama bin Laden (vástago de una familia de la ciudad santa de Tarim, en el valle yemení de Hadramaut, que alcanzó la fortuna a través de la construcción de palacios para los príncipes árabes) fueron expresados en un lenguaje similar al de anteriores proclamas históricas, desde los primeros rebeldes chiíes a Ibn Tumart y el Mahdi sudanés: los dirigentes actuales no gobiernan de acuerdo con el mensaje de Dios y deben ser reemplazados por hombres virtuosos que restauren la ley de Dios. Sin embargo, las condiciones y el contexto de este desafío son enormemente diferentes de los de entonces. Los líderes de este ataque árabe contra Estados Unidos no eran rudos montañeses enemistados con la sofisticación urbana de la gran ciudad. Eran activistas bien entrenados y familiarizados con el armamento, las comunicaciones y la ingeniería estructural modernos. Habían planeado y tramado sus acciones en el corazón de ciudades occidentales sirviéndose de las facilidades brindadas por las instituciones donde estudiaban. Y sabían cómo pilotar el avión de pasajeros más avanzado del mundo.

Naturalmente, nada de eso se podría haber predicho al detalle: difícilmente podríamos esperar que el historiador tuviera éxito allí donde los servicios secretos de Estados Unidos fracasaron de manera tan estentórea. A pesar de ello, el lector atento habrá encontrado en el estudio de Hourani acerca de las desgracias que se abaten sobre los árabes numerosas «señales en la carretera» que conducían hacia el 11 de septiembre, tomando prestado el título de un famoso folleto de Sayyid Qutb en que se inspiraron los terroristas. La «vanguardia de los guerreros entregados» propuesta por Qutb para protagonizar la *yihad* «no sólo para defenderse, sino para destruir la adoración de dioses falsos y eliminar los obstáculos que impiden a los hombres aceptar el islam», halla su realización en los movimientos islámicos que brotaron primero en Egipto y luego a lo largo y ancho de todo el mundo musulmán tras la ejecución de Qutb en 1966.

La *yihad* contra los rusos (tras su invasión de Afganistán en 1979), respaldada por Arabia Saudí, los estados del Golfo y Estados Unidos, con fondos y armamento canalizados a través de la inteligencia militar paquistaní, fue el catalizador que reunió a varios miles de voluntarios procedentes de Egipto, Arabia Saudí y el norte de África para convertirlos en una formidable fuerza de ataque que, en este momento, sigue oponiendo resistencia en Afganistán a la «guerra contra el terrorismo» liderada por Estados Unidos. Para los seguidores de Qutb, la *yihad* contra la nueva *yahiliyya* (ignorancia o paganismo) representada por Occidente formaba parte de una lucha panislámica: al menos uno de los grupos que formaban parte de la red de Al-Qaeda pretendía que la lucha conduciría a la restauración de un nuevo califato universal.

A pesar de que la *yihad* contra los soviéticos atrajo a voluntarios de todo el universo musulmán, el núcleo del movimiento se reclutó en el mundo árabe, y fueron los árabes (los llamados «afgano-árabes») quienes predominaron en esta nueva vanguardia postulada por Qutb. Después de la retirada de las fuerzas soviéticas en 1989, estos *muyahidin* curtidos en la batalla volvieron su atención hacia otras regiones en las que, de acuerdo con su análisis, los musulmanes luchaban contra las fuerzas de la nueva *yahiliyya* representada por gobiernos antimusulmanes, pro occidentales o seculares. Algunos de estos enclaves, tales como Cachemira, Bosnia, Somalia o el sur de Filipinas, eran lingüística y culturalmente ajenos a los núcleos «duros» árabes y musulmanes. En otras regiones centrales, como Egipto, Argelia y la península Árabiga, el regreso de los afgano-árabes condujo a un incremento notable de la violencia dirigida hacia el gobierno o hacia los presuntos protectores foráneos de dichos gobiernos. Arabia Saudí y Yemen presenciaron sofisticados ataques terroristas contra personal militar estadounidense y contra el navío estadounidense *Cole*. En Egipto fueron atacados numerosos turistas con la finalidad de perjudicar la economía, bloqueando el flujo de divisa extranjera. En Argelia la violencia experimentó una escalada desastrosa después de que el ejército interviniera para impedir que el Frente Islámico de Salvación se hiciera con la victoria en la segunda ronda de las elecciones a la Asamblea Nacional programada para enero de 1992.

En el momento de escribir esto, la «guerra contra el terrorismo» declarada por Estados Unidos tras los ataques del 11 de septiembre se está desplegando bajo la presión de sus propias contradicciones internas. El régimen talibán financiado por los saudíes en Afganistán, que había procurado protección a Al-Qaeda, ha sido liquidado por las acciones militares estadounidenses y sustituido por un gobierno en el ínterin afín a los intereses occidentales. Sin embargo, la retórica maniquea del presidente George W. Bush, al insistir en que el mundo entero, países árabes y musulmanes incluidos, deben incorporarse a su cruzada contra el terrorismo, fue interpretada por el gobierno israelí encabezado por Ariel Sharón como «luz verde» para reocupar las ciudades palestinas liberadas tras los Acuerdos de Oslo con el fin localizar, matar o llevar ante la justicia a las facciones palestinas responsables de la escalada de ataques suicidas contra civiles israelíes. Durante el agravamiento de la crisis en Palestina, la opinión pública árabe se alineó abrumadoramente contra Estados Unidos. Las atrocidades del 11 de septiembre fueron olvidadas ante el ultraje generado por la imagen de los tanques israelíes desplazándose sobre ciudades y campos palestinos, reduciéndolos a escombros y sepultando a ciudadanos árabes bajo los mismos.

A finales de marzo de 2002, antes de que los tanques israelíes hubieran ocupado la totalidad de territorios controlados por la Autoridad Nacional Palestina tras los Acuerdos de Oslo, la Liga Árabe decidió dar el paso histórico de acordar por unanimidad el reconocimiento del Estado de Israel y la «normalización» de las relaciones con dicho Estado (incluyendo intercambios diplomáticos, de comercio y turismo) a cambio de la devolución de los territorios palestinos (con ciertos ajustes menores) ocupados por Israel desde la guerra de 1967. Sin embargo, tras las renovadas incursiones israelíes, las perspectivas de un acuerdo en ese sentido se antojaban más enrarecidas que nunca. El beneficiario real de este agravamiento de la crisis árabe-israelí fue Irak. En el nuevo clima polarizado, ningún régimen árabe podía arriesgarse a cooperar en una campaña contra el «terrorismo» iraquí liderada por el principal aliado de Israel, Estados Unidos. Una resolución del conflicto palestino que ya ha durado más de medio siglo no resolvería por sí misma los problemas de legitimidad y autoritarismo que siguen afligiendo a los pueblos árabes y a sus gobiernos. No obstante tendría la virtud potencial de convertir en una fuente de regeneración social y económica lo que hoy es una llaga abierta en el corazón y la conciencia del mundo árabe musulmán. La oportunidad existió, pero no parecía probable que los ancianos líderes de Israel y Palestina, Ariel Sharón y Yassir Arafat, enzarzados en una riña personal durante más de dos décadas, fueran capaces de aprovecharla.

Mapas

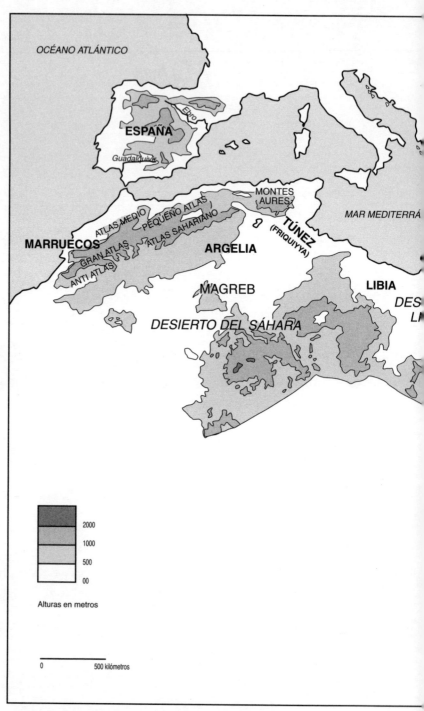

1. El área estudiada por el libro, con los principales
   accidentes geográficos y ciudades.

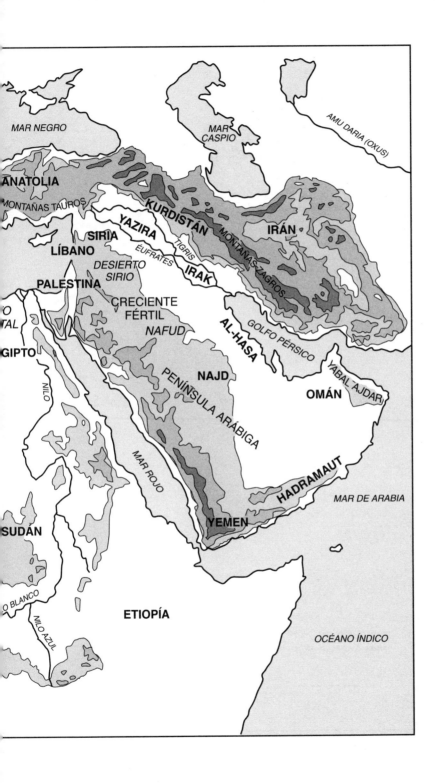

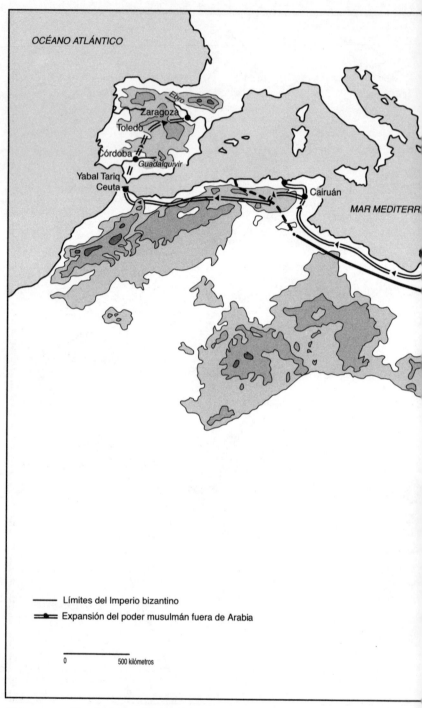

2. La expansión del Imperio islámico.

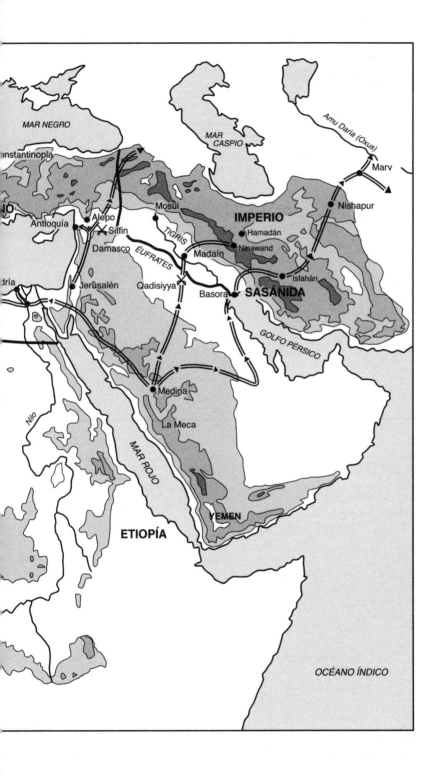

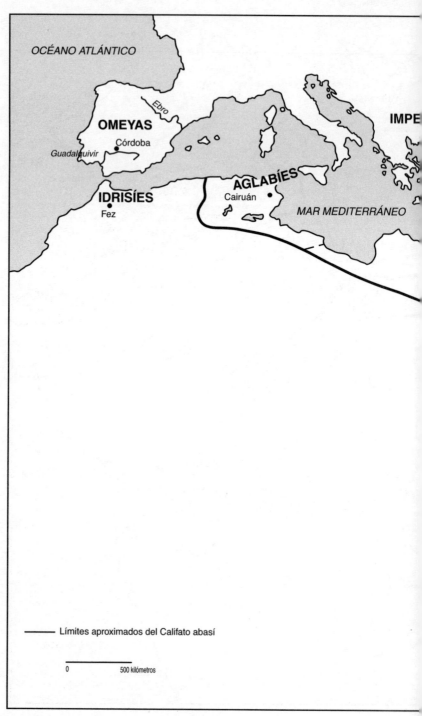

3. El Califato abasí a principios del siglo IX

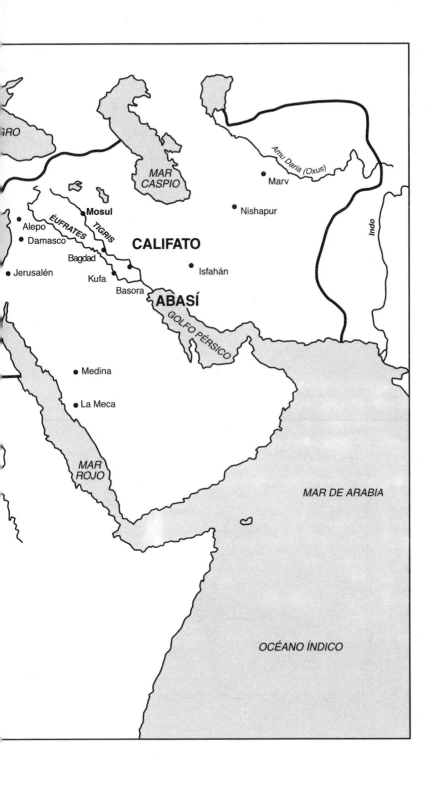

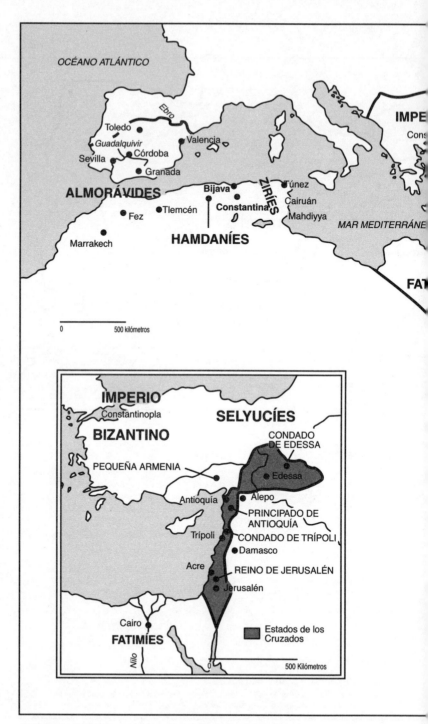

4. Oriente Próximo y el Magreb hacia el final del siglo XI.

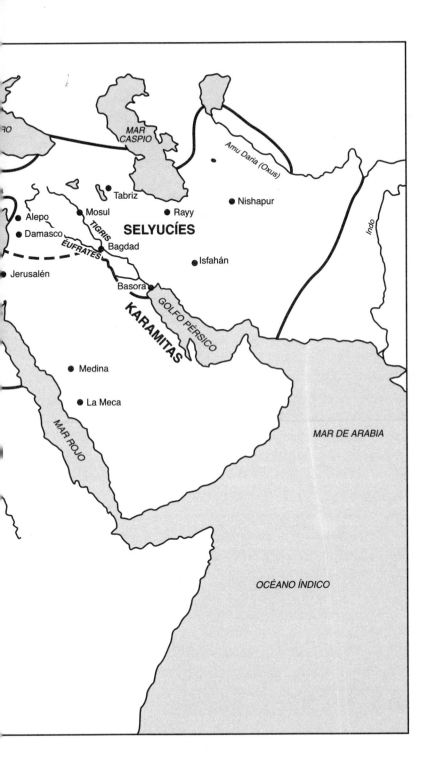

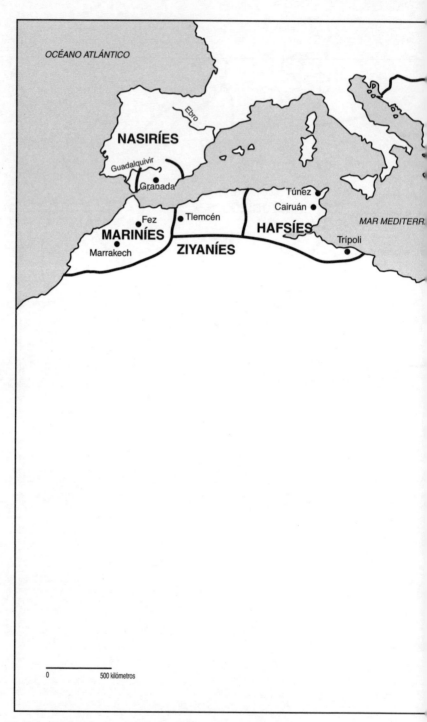

5. Oriente Próximo y el Magreb hacia el final del siglo xv.

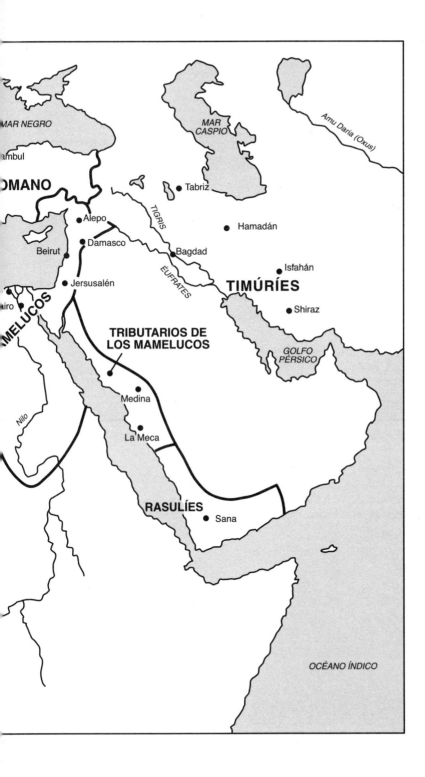

6. La España musulmana: I) El Califato omeya; II) La reconquista cristiana.

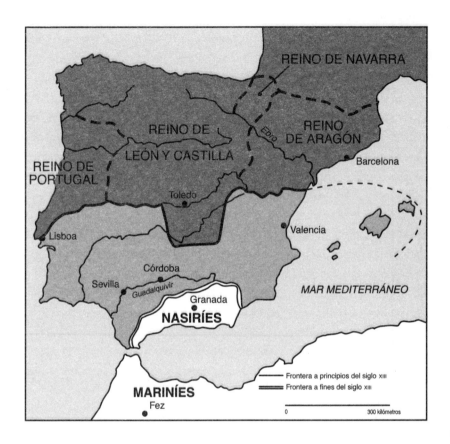

REINO DE NAVARRA

REINO DE
LEÓN Y CASTILLA

REINO
DE ARAGÓN

Barcelona

REINO DE
PORTUGAL

Ebro

Toledo

Lisboa

Valencia

Córdoba

Sevilla

Guadalquivir

Granada

NASIRÍES

MAR MEDITERRÁNEO

MARINÍES
Fez

——— Frontera a principios del siglo XIII
═══ Frontera a fines del siglo XIII

0   300 kilómetros

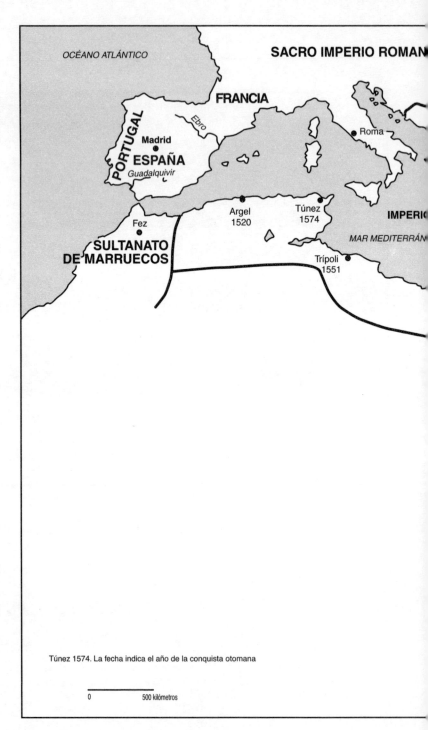

Túnez 1574. La fecha indica el año de la conquista otomana

0   500 kilómetros

7. El Imperio otomano hacia el final del siglo XVII.

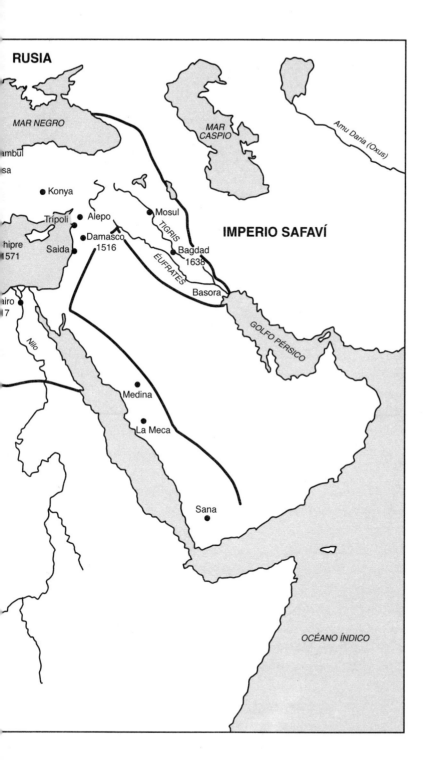

RUSIA

MAR NEGRO

ambul

sa

● Konya

MAR CASPIO

Amu Daria (Oxus)

● Mosul

Trípoli ● Alepo

IMPERIO SAFAVÍ

● Damasco
1516

TIGRIS

hipre

Saida ●

Bagdad
1638

571

EUFRATES

airo

Basora

7

GOLFO PÉRSICO

Nilo

● Medina

● La Meca

● Sana

OCÉANO ÍNDICO

8. La expansión de los imperios europeos hasta 1914.

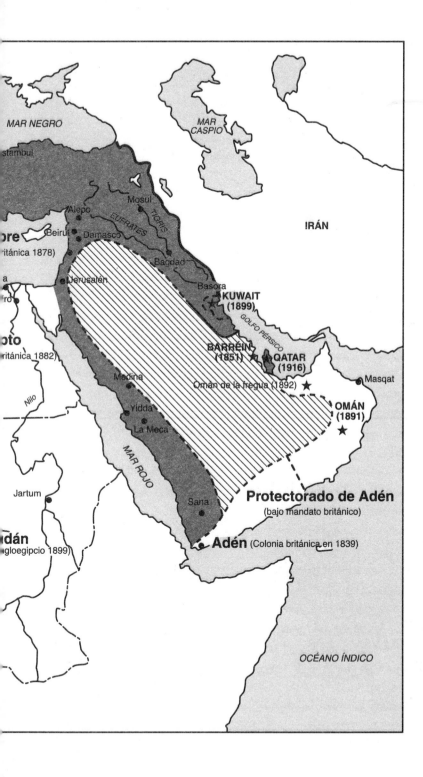

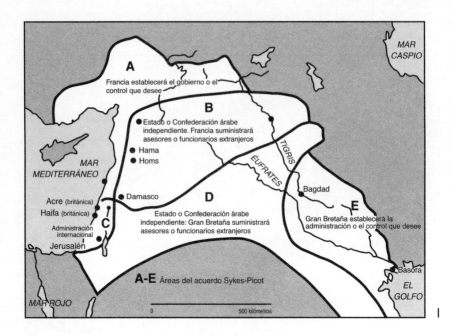

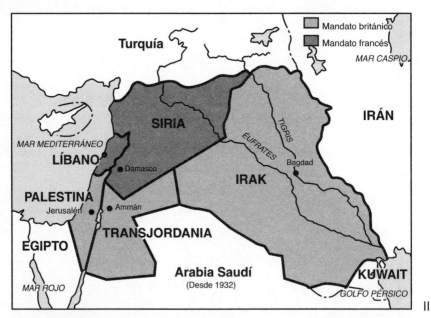

9. La colonización de posguerra, 1918-1923. I) El acuerdo Sykes-Picot, 1916;
II) Los mandatos.

10. La partición de Palestina: I) El plan de división de la
Comisión Real, 1937; II) Las líneas de armisticio, 1949, y la ocupación
israelí, 1967.

11. Oriente Próximo y el Magreb en 1988.

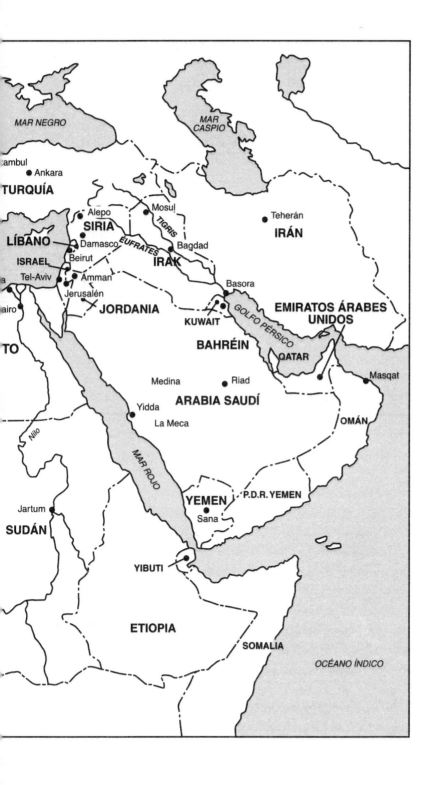

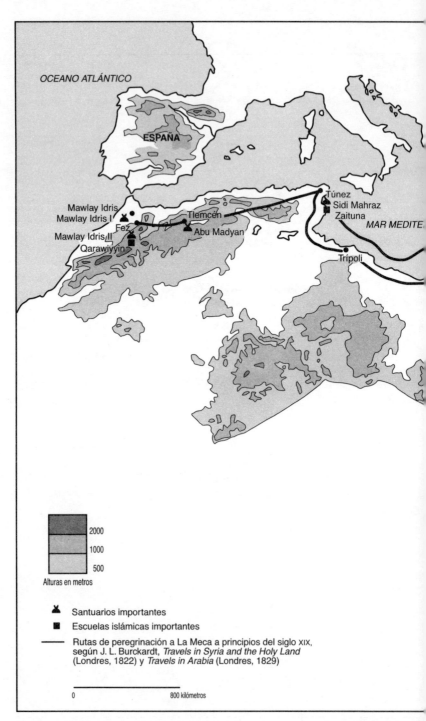

12. Las rutas de peregrinación, los santuarios y los centros de enseñanza.

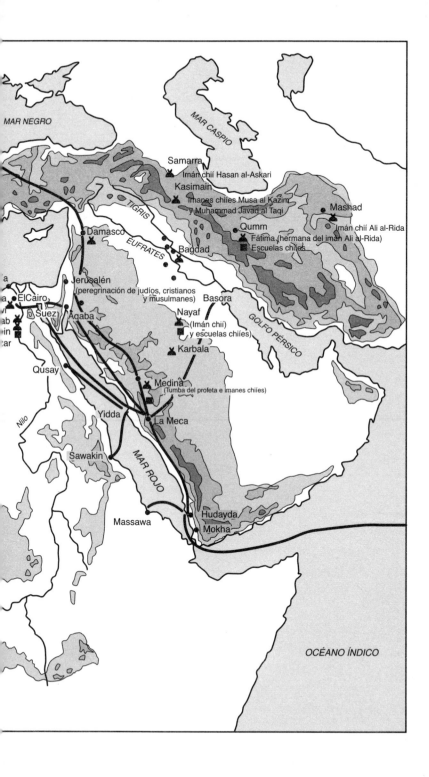

Tablas

La familia del Profeta

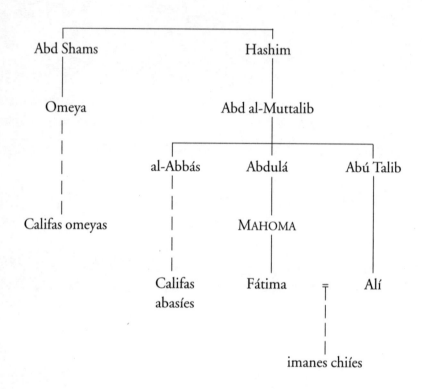

Adaptado de J. L. Bacharach: *A Middle East Studies Handbook*, Seattle, 1984, p. 17.

Los imanes chiíes

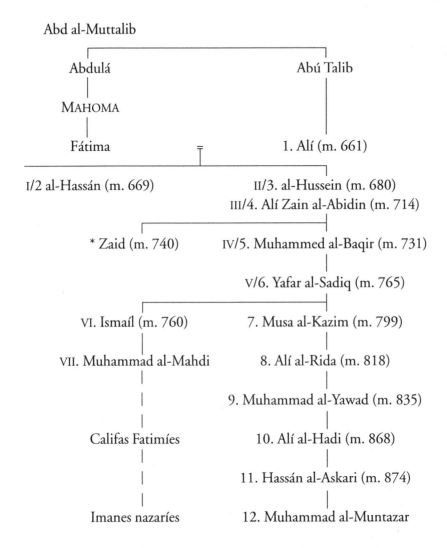

Abd al-Muttalib

Abdulá — Abú Talib

MAHOMA

Fátima = 1. Alí (m. 661)

I/2 al-Hassán (m. 669) — II/3. al-Hussein (m. 680)

III/4. Alí Zain al-Abidin (m. 714)

* Zaid (m. 740) — IV/5. Muhammed al-Baqir (m. 731)

V/6. Yafar al-Sadiq (m. 765)

VI. Ismaíl (m. 760) — 7. Musa al-Kazim (m. 799)

VII. Muhammad al-Mahdi — 8. Alí al-Rida (m. 818)

9. Muhammad al-Yawad (m. 835)

Califas Fatimíes — 10. Alí al-Hadi (m. 868)

11. Hassán al-Askari (m. 874)

Imanes nazaríes — 12. Muhammad al-Muntazar

Los numeros árabes indican la línea de sucesión reconocida por los chiíes de los Doce. Los números romanos indican la línea reconocida por los ismailíes.

* Reconocido como imán por los zaidíes.

Adaptado de J. L. Bacharach: *A Middle East Studies Handbook*, Seattle, 1984, p. 21.

Los califas

LOS RASHIDÚN

Los primeros cuatro califas han sido denominados *rashidún* (los «rectamente guiados») por los musulmanes sunníes:

Abú Bakr, 623-624
Omar ibn Abd al-Jattab, 634-644
Utmán ibn Affan, 644-656
Alí ibn Abi Talib, 656-661

LOS OMEYAS

Muhawiyya ibn Abi Sufián I, 661-680
Yazid, 680-683
Muhawiyya II, 683-684
Marwán I, 684-685
Abd al-Malik, 685-705
al-Walid, 705-715
Solimán, 715-717
Omar ibn Abd al-Aziz, 717-720
Yazid II, 720-724
Hisham, 724-743
al-Walid II, 743-744
Yazid III, 744
Ibrahim, 744
Marwán II, 744-750

LOS ABASÍES

Abul Abbás al-Saffá, 749-754
al-Mansur, 754-775
al-Mahdi, 775-785
al-Hadi, 783-786

Harún al-Raschid, 786-809
al-Amín, 809-813
al-Mamun, 813-833
al-Mutasim, 833-842
al-Waziq, 842-87
al-Mutawakkil, 847-861
al-Muntasir, 861-862
al-Mustain, 862-866
al-Mutazz, 866-869
al-Muhtadi, 869-870
al-Mutamid, 870-892
al-Mutadid, 892-902
al-Muktafi, 902-908
al-Muqtadir, 908-932
al-Qahir, 932-934
al-Radi, 934-940
al-Muttaqi, 940-944
al-Mustaqfi, 944-946
al-Muti, 946-974
al-Tai, 974-991
al-Qadir, 991-1031
al-Qaim, 1031-1075
al-Muqtadi, 1075-1094
al-Mustazhir, 1094-1118
al-Mustarshid, 1118-1135
al-Rashid, 1135-1136
al-Muqtafi, 1136-1160
al-Mustanjid, 1160-1170
al-Mustadi, 1170-1180
al-Nasir, 1180-1225
al-Zahir, 1225-1226
al-Mustansir, 1226-1242
al-Muztasim, 1242-1258

Adaptado de C. E. Bosworth:
The Islamic Dynasties, Edimburgo, 1967.

Dinastías importantes

Abasíes, 749-1258. Califas que reclamaban autoridad universal; Bagdad era la capital principal.

Aglabíes, 800-909. Túnez, Argelia oriental, Sicilia.

Alauíes, 1631. Marruecos.

Almohades (al-Muwahhidún), 1130-1269. Magreb, España.

Almorávides (al-Murabitún), 1056-1147. Magreb, España.

Ayubíes, 1169-1260. Egipto, Siria, parte de Arabia occidental.

Buyíes, 932-1062. Irán, Irak.

Fatimíes, 909-1171. Magreb, Egipto, Siria. Se proclamaban califas.

Hafsíes, 1228-1574. Túnez, Argelia oriental.

Hachemíes de Irak, 1921-1958. Irak.

Hachemíes de Jordania, 1923. Jordania, parte de Palestina.

Idrisíes, 789-926. Marruecos.

Iljánidas, 1256-1336. Irán, Irak.

Mamelucos, 1250-1517. Egipto, Siria.

Mariníes, 1196-1464. Marruecos.

Mongoles, 1526-1858. India.

Muhammad Alí y sucesores, 1805-1953. Egipto.

Muluk al-tawaif, siglo XI. España.

Nasiríes, 1230-1492. España meridional.

Omeyas, 661-750. Califas que pretendían ejercer autoridad universal; capital Damasco.

Omeyas de España, 756-1031. Se proclamaban califas.

Otomanos, 1281-1922. Turquía, Siria, Irak, Egipto, Chipre, Túnez, Argelia, Arabia occidental.

Rassidas, siglos IX a XIII, fines del siglo XVI-1962. Imanes zaidíes de Yemen.

Rasulíes, 1229-1454. Yemen.

Rustemíes, 779-909. Argelia occidental.

Sadíes, 1511-1628. Marruecos.

Safavíes, 1501-1732. Irán.

Saffaríes, 867-fines del siglo XV. Irán oriental.

Samaníes, 819-1005. Noreste de Irán, Asia central.

Saudíes, 1746. Arabia central, y después occidental.

Selyucíes, 1038-1194. Irán, Irak.

Selyucíes de Rum, 1077-1307. Turquía central y oriental.

Timuríes, 1370-1506. Asia central, Irán.

Tuluníes, 868-905. Egipto, Siria.

Nota: Algunas de las fechas son aproximadas, pues no siempre es fácil saber cuándo comenzó o concluyó el reinado de una dinastía. Los nombres de los países indican los centros principales de poder de las dinastías; excepto en el caso de las dinastías modernas, se los utiliza en un sentido geográfico general.

Adaptado de T. Mostyn (ed.): *The Cambridge Encyclopaedia of the Middle East and North Africa*, Cambridge, 1988, p. 19.

Familias gobernantes durante los siglos XIX y XX

LOS SULTANES OTOMANOS

Selim III, 1789-1807
Mustafá IV, 1807-1808
Mahmud II, 1808-1839
Abdülmecid I, 1839-1861
Abdülaziz, 1861-1876
Murad V, 1876
Abdülhamid II, 1876-1909
Mehmed V Ressad, 1909-1918
Mehmed VI Vahideddin, 1918-1922
Abdülmecid II, reconocido como califa, pero no
como sultán, 1922-1924

LOS REYES DE ARABIA SAUDÍ

Abd al-Aziz, 1926-1953
Saud, 1953-1964
Faisal, 1964-1975
Jalid, 1975-1982
Fahd, 1982-

LA DINASTÍA DE MUHAMMAD ALÍ EN EGIPTO

Muhammad Alí, valí (gobernador) de Egipto, 1805-1848
Ibrahim, valí, 1848
Abbás I, valí, 1848-54
Said, valí, 1854-1863
Ismaíl, jedive, 1863-1879
Tawfiq, jedive, 1879-1892
Abbás II Hilmi, jedive, 1892-1914

Hussein Kamil, sultán, 1914-1917
Fuad I, sultán, después rey, 1917-1936
Faruq, rey, 1936-1952
Fuad II, rey, 1952-1953

LOS ALAUÍES DE MARRUECOS

Suleimán, sultán, 1796-1822
Abd al-Rahmán, sultán, 1822-1859
Mohammed, sultán, 1859-1873
Hassán I, sultán, 1873-1894
Abd al-Aziz, sultán, 1894-1908
Abd al-Hafiz, sultán, 1908-1912
Yusuf, sultán, 1912-1927
Mohammed V, sultán, luego rey, 1927-1961
Hassán II, rey, 1961-1999
Mohammed VI, rey, 1999-

Los Hachemíes

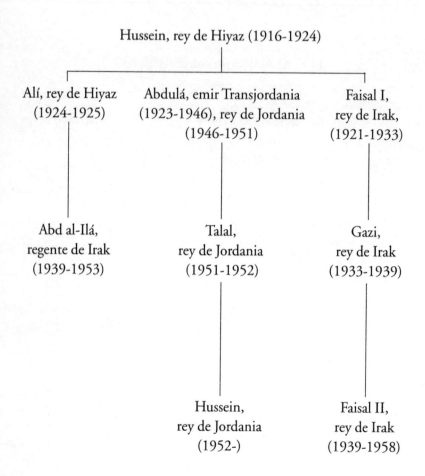

Hussein, rey de Hiyaz (1916-1924)

Alí, rey de Hiyaz
(1924-1925)

Abdulá, emir Transjordania
(1923-1946), rey de Jordania
(1946-1951)

Faisal I,
rey de Irak,
(1921-1933)

Abd al-Ilá,
regente de Irak
(1939-1953)

Talal,
rey de Jordania
(1951-1952)

Gazi,
rey de Irak
(1933-1939)

Hussein,
rey de Jordania
(1952-)

Faisal II,
rey de Irak
(1939-1958)

NOTAS

Las notas se han reducido al mínimo. La mayoría remite a citas directas, pero también se incluyen algunas referencias a otras obras de consulta. Allí donde conozco la traducción inglesa fidedigna de un texto, la he citado o utilizado como base de mi propia traducción. Las referencias al Corán remiten a la traducción de Julio Cortés: *El Corán*, Herder, Barcelona, 2000[6]; la primera cifra remite a la sura (capítulo) y la segunda a la aleya (versículo).

PRÓLOGO

1. Abd al Rahman ibn Jaldún: *Muqaddima*, El Cairo, s. f., p. 33. [Versión en inglés de F. Rosenthal, *The Muqaddimah*, Londres, 1958, vol. 1, p. 65.]
2. Ibídem, p. 163; versión en inglés, vol. a, p. 330.
3. Ibn Jaldún: *al-Tarif bi ibn Khaldun* (ed. M. T. al-Tanji), El Cairo, 1951, p. 246. [Versión en francés *Ibn Khaldun: le voyage d'occident et d'orient*, París, 1980, p. 148.]

CAPÍTULO 1

1. R. B. Serjeant: «*Haram* and *hawta*: the sacred enclave in Arabia» en A. R. Badawi (ed.): *Mélanges Taha Hussein*, El Cairo, 1962, pp. 41-58.
2. F. A. al-Bustani y otros (eds.): *al-Majani al-hadiza*, vol. 1, Beirut, 1946, p. 103. [Versión en inglés: *The Seven Odes*, Londres, 1957, p. 142.]
3. Ibídem, pp. 112-13; versión en inglés, p. 147.
4. Ibídem, p. 88; versión en inglés, p. 118.

5. En relación con estas y otras citas extraídas de biografías del Profeta, véase A. Guillaume: *The Life of Muhammad*, Londres, 1955, traducción de Ibn Ishaq: *Sira.*

6. Corán 96:1-8.

CAPÍTULO 2

1. O. Grabar: *The Formation of Islamic Art*, New Haven, 1973, pp. 45-74.

2. Muhammad ibn Yarir al-Tabari: *Tarij* (ed. M. Ibrahim), vol. 7, El Cairo, 1966, pp. 421-431. [Versión en inglés: *The History of al-Tabari 27: The Abbasid Revolution*, Albany (Nueva York), 1985, pp. 154-7.]

3. Ibídem, pp. 614-622 [Versión en inglés: *Al-Tabari, the early Abbassi Empire I: The reign of al-Jafar al-Mansur*, Cambridge, 1988, p. 145.]

4. Al-Jatib al-Baghdadi: *Tarij Bagdad*, vol. 1, El Cairo, 1931, pp. 100 y ss. [Versión en inglés: *The Topography of Baghdad in the Early Middle Ages*, Detroit, 1970, pp. 86 y pássim.]

CAPÍTULO 3

1. R. W. Bulliet: *Conversion to Islam in the Medieval Period*, Cambridge (Massachusetts), 1979.

2. Abu al-Tayib al-Mutanabi: *Diwan* (ed. A. W. al-Azzam), El Cairo, 1944, pp. 355-356. [Versión en inglés: *Poems of al-Mutanabbi*, Cambridge, 1967, p. 76.]

3. Ibídem, pp. 322-355; versión en inglés: pp. 70-74.

4. Amr ibn Bahth al-Jahis: «al-nubl wa'l-tannabul wa dhamm al-kibr» en C. Pellat: «Une risala de Gahiz sur le "snobisme" et l'orgueil», *Arabica*, 14 (1967), pp. 259-83. [Versión en inglés: *The Life and Works of Jahiz*, Londres, 1969, p. 233.]

5. Muhammad Abú Raihan al-Biruni: *Tahqiq ma lil Hind*, Hyderabad, 1958, p. 5. [Versión en inglés: *Alberuni's India*, Londres, 1888, vol. 1, p. 7.]

6. Ibídem, p. 85; versión en inglés, pp. 111-12.

7. Ibídem, p. 76; versión en inglés p. 100.

8. Biruni: *Kitab al-saidana fil tibb* (ed. H. M. Said), Karachi, 1973, p. 12.

9. U. Haarmann: «Regional Sentiment in medieval Islamic Egipt», *Bulletin of the School of Oriental and African Studies*, 43 (1980), pp. 55-66; Haarmann: «Die Sphinx: systematische Volkreligiosität im spätmittelatischen Ägypten», *Saeculum*, 29 (1978), pp. 367-384.

CAPÍTULO 4

1. P. Crone y M. Hinds: *God's Caliph*, Cambridge, 1986.
2. Corán 8:20.
3. Muhammad ibn Idris al-Shafii: *al-Risala* (ed. A. M. Shakir), El Cairo, 1940. [Versión en inglés: *Islamic Jurisprudence: Shafi's Risala*, Baltimore, 1961.]
4. Corán 26:192-195; 13:37.
5. Corán 7:171.
6. Ahmad ibn Abdalá al-Isbahani: *Hilyat al-awliya*, vol. 2, El Cairo, 1933, pp. 132-140. [Versión en inglés: *Islam*, Nueva York, 1961, p. 124.]
7. Muhammad ibn Alí al-Tirmidi: *Kitab jatm al-awliya*, Beirut, 1965, pp. 13-32.
8. Al-Isbahani: *Hilyat al-awliya*, vol. 10, El Cairo, 1938, p. 79. [Versión en inglés: *An Early Mystic of Islam*, Londres, 1935, p. 243.]
9. Yaqub ibn Ishaq al-Kindi: «Fi'l-falsafa al-ula» en M. A. Abú Rida (ed.), *Rasail al-Kindi al-falsafiyya*, El Cairo, 1950, p. 103. [Versión en inglés en *Greek into Arabic*, Oxford, 1962, p. 12.]
10. Ahmad ibn al-Qasim ibn Abi Usaybia: *Uyun al-anba fi tabaqat al-atibba*, Beirut, 1979, vol. 1, p. 43. [Versión en inglés: *The Classical Heritage in Islam*, Londres, 1975, p. 183.]
11. A. I. Sabra: «The scientific enterprise» en B. Lewis (ed.), *The World of Islam*, Londres, 1976, p. 182.

CAPÍTULO 6

1. R. M. Adams: *Land behind Baghdad*, Chicago, 1965.
2. M. Brett: «Ibn Khaldun and the arabisation of North Africa», *Maghreb Review*, 4, núm. 1 (1979), 9-16; y «The Fatimid revolution (861-973) and its aftermath in North Africa» en J. D. Fage (ed.): *Cambridge History of Africa*, vol. 2, Cambridge, 1978, pp. 631-636.
3. L. Abul-Lughod, *Veiled Sentiments*, Berkeley, 1986, p. 147.

CAPÍTULO 7

1. Ibn al-Hach: *al-Madjal*, El Cairo, 1929, vol. 1, pp. 245-246.
2. Corán 40:40; 16:97.
3. R. Le Tourneau: *Fès avant le protectorat*, Casablanca, 1949, pp. 565-566.
4. Muhammad ibn Abdalá ibn Batuta: *Rihla* (ed. T. Harb), Beirut 1987. [Versión en inglés: *The travels of Ibn Battuta*, vols. 1-3, Cambridge, 1958-1971.]

CAPÍTULO 8

1. I. M. Lapidus: *Muslims Cities in the Later Middle Ages*, Cambridge (Massachusetts), 1967, pp. 199-206.

2. M. H. Burgoyne con D. S. Richards: *Mamluk Jerusalem*, Londres, 1987, p. 69.

3. Abd al-Wahhab ibn Ahmad al-Sharani: *Lataif al-manan wal-ajlaq*, El Cairo, 1972, p. 63.

4. Corán 4:59.

5. A. K. S. Lambton: *State and Government in Medieval Islam*, Oxford, 1981, p. 45.

6. Muhammad al-Gazali: *Nasihat al-muluk*, Teherán, 1972, citado en Lambton, op. cit., p. 124.

7. Nizam al-Mulk: *The Book of Government or Rules for Kings* (trad. H. Darke), Londres, 1978, p. 9.

8. Ibídem.

CAPÍTULO 9

1. Corán 3:105.

2. Guillaume: *Life of Muhammad*, op. cit., p. 651.

3. G. E. von Grunebaum: *Muhammadan Festivals*, Nueva York, 1951, p. 28.

4. Ibn Batuta: *Rihla*, op. cit., p. 153; versión en inglés. vol. 1, p. 189.

5. Corán 3:97.

6. Corán 9:125.

7. C. Padwick: *Muslim Devotions*, Londres, 1961, p. 252.

8. Corán 12:101.

CAPÍTULO 10

1. Ibn Abi Zaid al-Qayrawani (ed. y trad. L. Bercher): *La Risala*, Argel, 1949³, pp. 302-3.

2. A. L. Udovitch: *Partnership and Profit in Medieval Islam*, Princeton, 1970.

3. A. Layish y A. Shmueli: «Custom and *shari'a* in the Beduin family according to legal documents from the Judaean desert», *Bulletin for the School of Oriental and African Studies*, 42 (1979), pp. 29-45.

4. Burgoyne: *Mamluk Jerusalem*, op. cit., pp. 71-72.

5. Ibn Abi Usaybia: *Uyun*, vol. 3, pp. 342-344. [Versión en inglés: *The Rise*

of Colleges, Edimburgo, 1981, pp. 89-91.] Esta sección debe mucho al libro de Makdisi.

6. Gazali: *al-Munqid min al-dalal* (ed. J. Saliba y K. Ayad), Damasco, 1939³, p. 127. [Versión en inglés: *Freedom and Fulfilment*, Boston, 1980, p. 91.]

7. Gazali: *Faysal al-tafriqa bain al-islam wal zandaqa* (ed. S. Dunya), El Cairo, 1961, p. 20; versión en inglés, p. 167.

8. Gazali: *Ihya ulum al-din*, parte 3, libro 2, El Cairo 1334/1916, vol. 2, p. 52.

9. Gazali: *Munqidh*, p. 132; versión en inglés, p. 94.

10. Gazali: *Ihya*, parte 3, libro 1, vol. 2, p. 17; versión en inglés, p. 380.

CAPÍTULO 11

1. Al-Hussein ibn Abdalá ibn Sina, *The Life of ibn Sina* (ed. W. E. Gohlman), Albany (Nueva York), 1974, pp. 36-39.

2. Corán 24:35-9.

3. Corán 8:85.

4. Muhammad ibn Ahmad ibn Rushd: *Fasl al-maqal* (ed. G. F. Hourani), Leiden, 1959, p. 7. [Versión en inglés: *Averroes on the Harmony of Religion and Philosophy*, Londres, 1961, p. 50.]

5. Ibídem, p. 17; versión en inglés, p. 61.

6. Muhyi al-Din ibn Arabi: *Shajarat al-kawn*, Beirut, 1984, p. 45; B. Furuzanfarr: *Ahadith-i Masnavi*, Teherán, 1955, p. 29. Debo estas referencias a la amabilidad del doctor J. Baldick y el doctor R. Gandjei.

7. O. Yahia: *Histoire et classification de l'oeuvre d'Ibn Arabi*, Damasco, 1964, vol. 1, pp. 113-135.

8. Ahmad ibn Taymiyya: *Majmuat al-rasail al-kubra*, El Cairo, 1323/1905, vol. 1, pp. 307-309. [Versión en inglés: *Essai sur les doctrines sociales et politiques de Taki-d-Din b, Taimiya*, El Cairo, 1939, pp. 256-257.]

9. O. Yahia, op. cit., vol. 1, p. 19.

CAPÍTULO 12

1. Ahmad ibn Abdalá ibn Zaidun: *Diwan* (ed. K. al-Bustani), Beirut, 1951, pp. 29-33.

2. Ibídem, pp. 48-49. [Versión en inglés: *Arabic Poetry*, Cambridge, 1965, pp. 114-117.]

3. Muhammad ibn Abd al-Malik ibn Tufail: *Hach ibn Yaqdan* (ed. J. Saliba y K. Ayad), Damasco, 1940⁵, pp. 191-2. [Versión en inglés: *Hayy ibn Yaqzan*, Nueva York, 1972, pp. 164-165.]

4. Abul Faraj al-Isbahani: *Kitab al-agani*, Beirut, 1955, vol. 6, pp. 294-298. [Versión en inglés: *A History of Arabian Music*, Londres, 1929, pp. 102-103.]

5. Gazali: *Ihya*, parte 3, libro 8, vol. 2, p. 237. [Versión en inglés: «Emotional religion in Islam as affected by music and singing», *Journal of the Royal Asiatic Society* (1901), p. 199.]

6. Ibídem, p. 244; versión en inglés, p. 223.

7. Ibídem, p. 249; versión en inglés, p. 229.

8. Ibn Jaldún, p. 28; versión en inglés, vol. 1, pp. 55-56.

9. Ibn Jaldún, pp. 493-494; versión en inglés, vol. 3, p. 150.

CAPÍTULO 13

1. Ibn Jaldún, p. 183; versión en inglés, vol. 1, p. 372.

2. Ibídem, p. 100, versión en inglés, vol. 1, p. 300.

3. Citado en T. W. Arnold: *The Caliphate*, nueva edición, Londres, 1965, p. 203.

4. C. M. Doughty: *Travels in Arabia Deserta*, nueva edición, Londres, 1921, pp. 6-8.

CAPÍTULO 14

1. Ahmad al-Nasiri al-Salawi: *Kitab al-istiqsa*, vol. 7, Casablanca, 1956, pp. 82-86. [Versión en francés: *Al-Yousi*, París, 1958, pp. 91-92.]

2. Ibídem, vol. 4, Casablanca, 1955, pp. 163-164. [Versión en francés: *Archives Marocaines*, vol. 33 (1934), pp. 570-572.]

CAPÍTULO 15

1. Traducción al inglés de W. L. Wright: *Ottoman Statecraft*, Princeton, 1935, pp. 117-118.

2. Citado en Abd al-Rahmán al-Yabarti: «Ayaib al-azar fil tarajim wal ajbar», El Cairo, 1965, vol. 4, p. 214. Debo agradecer al doctor K. Barbir que atrajo mi atención sobre esta carta.

CAPÍTULO 16

1. Yabarti, vol. 4, p. 285.

2. Ibídem, p. 348.

3. Traducción al inglés de H. Inalcik y J. C. Hurewitz (ed.): *The Middle East and North Africa in World Politics*, New Haven, 1975, vol. 1, pp. 269-271.

CAPÍTULO 17

1. H. H. Jessup: *Fifty-three years in Syria*, vol. 2, Nueva York, 1919, pp. 786-787.
2. J. Cambon, citado en C. R. Ageron: *Les algériens musulmans et la France* (1871-1919), París, 1968, p. 478.

CAPÍTULO 18

1. J. W. van Goethe: «Aus dem Nachlass», *Westöstliche Divan*.
2. R. Kipling: «A Ballad of East and West.»
3. Rifaa Rafii al-Tahtawi: *Tajlis al-ibriz ila taljis Bariz*, en M. F. Hiyazi (ed.): *Usul al-fikr al-arabi al-hadiz ind al Tahtawi*, El Cairo, 1974, pp. 208 y ss.
4. Jair al-Din al-Tunisi: *Aqwam al-masalik fi marifat ahwal al-mamalik*, Túnez, 1867-1868, p. 5. [Versión en inglés: *The Surest Path*, Cambridge, Massachusetts, 1967, p. 74.]
5. Rashid Rida: *Tarij al-ustad al-imán al-shayj Muhammad Abduh*, vol. 1, El Cairo, 1931, p. 11.
6. Taha Hussein: *al-Ayyam*, vol. 3, El Cairo, 1972[19], pp. 3-4. [Versión en inglés: *A Passage to France*, Leiden, 1976, pp. 1-2.]

CAPÍTULO 19

1. T. E. Lawrence: *Seven Pillars of Wisdom*, nueva edición, Londres, 1940, p. 56.
2. Ibídem, p. 23.
3. J. Berque: *Le Maghreb entre deux guerres*, París, 1962, p. 60. [Versión en inglés: *French North Africa*, Londres, 1967, p. 63.]

CAPÍTULO 20

1. Abul Qasim al-Shabi, citado en M. M. Badawi: *A Critical Introduction to Modern Arabic Poetry*, Cambridge, 1975, p. 159.
2. Taha Hussein, respuesta a Tawfiq al-Hakim: *al-Risala* (15-6-1933), pp. 8-9; reproducido en *Fusul fil-adab wal naqd*, El Cairo, 1945, pp. 107-109.

3. Ahmad Shawqi: *al-Shawqiyyat*, vol. 1, El Cairo, s. f., pp. 153-166.

4. Anbara Salam Jalidi: *Yawla fil-dikrayat hain Lubnan wa Filastin*, Beirut, 1978.

5. Alí Abd al-Raziq: *al-islam wa usul al-hukm*, El Cairo, 1925², p. 103.

6. Citado en R. Mitchell: *The Society of* the Muslim Brothers, Londres, 1969, p. 30.

CAPÍTULO 21

1. G. Tillion: *Les ennemis complementaires*, París, 1960. [Versión en inglés: *France and Algeria: complementary enemies*, Nueva York, 1961, p. 9.]

CAPÍTULO 23

1. Abdulá Laroui: *L'histoire du Maghreb: un essai de synthèse*, París, 1970, pp. 15, 353-354. [Versión en inglés: *The History of the Maghreb: an interpretative essay*, Princeton, 1977, pp. 10, 384-385.]

2. Adonis, citado en S. K. Jayusi: *Trends and Movements in Moderns Arabic Poetry*, Leiden, 1977, vol. 2, p. 572.

3. Badr Shakir al-Sayab: *Anshudat al-matar*, Beirut, 1960, pp. 103-107. [Versión en inglés: *Modern Arabic Poetry*, Nueva York, 1987, pp. 432-435.]

CAPÍTULO 24

1. Departamento de Información, El Cairo, *Mashru' al-mizaq*, El Cairo, 1962, pp. 13 y ss. [Versión en inglés: *Arab Socialism*, Londres, 1969, pp. 344-345.]

CAPÍTULO 26

1. A. Rifaat: *Distant View of a Minaret* (trad. D. Johnson-Davies), Londres, 1983, p. 109.

2. Hichem Djaït: *La personnalité et le devenir arabo-islamiques*, París, 1974, p. 140.

3. A. Laroui: *La crise des intellectuels arabes*, París, 1974 y *L'idéologie arabe contemporaire*, nueva edición.

4. Sayyid Qutb: *Maalim fil-tariq*, El Cairo, 1964, pp. 4-5.

5. F. Rahman: *Islam and Modernity*, Chicago, 1982.

Epílogo

1.Charles Tripp: *A History of Iraq*, Cambridge, 2000, p. 207.

2. Gudrun Kramer: «Islamist notions of democracy», en Joel Beinin y Joe Stork (eds.): *Political Islam — Essays from Middle East Report*, Londres, 1997, p. 79.

3. Anthony Giddens: *The Consequences of Modernity*, Cambridge, 1990, p. 176.

BIBLIOGRAFÍA

Ésta no es una bibliografía exhaustiva. No intento incluir todos los libros y artículos que he consultado, ni todos los que un lector interesado en determinado tema debería conocer. Sólo he pretendido sugerir algunas lecturas complementarias, teniendo en cuenta diferentes opiniones. La mayoría de las obras están en inglés, pero algunas están en francés o árabe, y unas pocas en alemán, italiano o turco. Proporciono algunas referencias a fuentes originales en árabe para los lectores que conozcan el idioma y deseen consultarlas.

Esta lista está realizada de acuerdo con las partes y los capítulos del libro, y dentro de cada capítulo siguiendo aproximadamente el orden de los diferentes temas tratados. Es ésta una bibliografía acumulativa: los materiales mencionados en relación con el tema pueden, por supuesto, ser pertinentes para otros mencionados después, pero repetirlos habría supuesto alargar demasiado la lista.

He indicado únicamente los datos necesarios para identificar las obras en un catálogo de biblioteca. Los subtítulos de los libros se mencionan cuando indican el tema más integralmente que el título.

Bibliografía general

Libros de referencia

The Encyclopaedia of Islam, 5 vols., Leiden, 1960-1986^2.
J. D. Pearson y otros (eds.): *Index Islamicus 1906-1955* y suplementos regulares, Cambridge, 1958-.

W. H. Belan: *Index Islamicus 1665-1905*, Millersville (Pensilvania), 1988.

D. Grimwood-Jones y otros: *An Islamic Bibliography*, Hassocks, Sussex, 1977.

J. Sauvaget y C. Cahen: *Introduction to the History of the Muslim East: a bibliographical guide*, Berkeley, 1965.

J. Bacharach: *A Middle East Studies Handbook*, Cambridge, 1984, ed. rev.

C. E. Bosworth: *The Islamic Dynasties*, Edimburgo, 1967.

G. S. P. Freeman-Grenville: *The Muslim and Christian Calendars*, Londres, 1967.

Geografía

R. Roolvink: *Historical Atlas of the Muslim Peoples*, Amsterdam, 1957.

F. Robinson: *Atlas of the Islamic World since 1500*, Oxford, 1982.

P. Birot y J. Dresch: *La Méditerranée et le Moyen-Orient*, París, 1956.

J. Despois: *L'Afrique du nord*, París, 1964.

Estudios históricos

M. G. S. Hodgson: *The Venture of Islam*, 3 vols., Chicago, 1974.

I. M. Lapidus: *A History of Muslim Societies*, Cambridge, 1988.

U. Haarmann (ed.): *Geschichte der arabischen Welt*, Múnich, 1987.

J. M. Abun-Nasr: *A History of the Maghrib in the Islamic Period*, Cambridge, 1987.

Islam

H. A. R. Gibb: *Islam*, Oxford, 1969[2].

F. Rahman: *Islam*, Chicago, 1979[2].

M. Ruthven: *Islam in the World*, Harmondsworth (Middlesex), 1984.

J. A. Williams (ed.): *Themes of Islamic Civilization*, Berkeley, 1971.

Civilización y cultura

J. Schacht y C. E. Bosworth (eds.): *The Legacy of Islam*, Oxford, 1974².

B. Lewis (ed.): *The World of Islam*, Londres, 1976. [Versión en castellano: *El mundo del islam*, Destino, Barcelona, 1995.]

H. A. R. Gibb: *Studies on the Civilization of Islam*, Londres, 1962.

T. Khalidi: *Classical Arab Islam*, Princeton, 1985.

H. A. R. Gibb: *Arabic Literature*, Oxford, 1963².

G. Brockelmann: *Geschichte der arabischen Literatur*, 2 vols. y 3 supls., Leiden, 1938-1949.

F. Sezgin: *Geschichte der arabischen Schrifttums*, Leiden, 9 vols., 1967-1984.

R. Ettinghausen y O. Grabar: *The Art and Architecture of Islam*, Londres, 1987.

D. Eickelman: *The Middle East: an anthropological approach*, Englewood Cliffs (Nueva Jersey), 1981.

A. L. Udovitch (ed.): *The Islamic Middle East 700-1900: studies in economic and social history*, Princeton, 1981.

Periódicos (las fechas corresponden a la publicación del primer número)

Arabica, Leiden, 1954.

Bulletin of the School of Oriental and African Studies, Londres, 1917.

Der Islam, Berlín, 1910.

International Journal of Middle East Studies, Cambridge, 1970.

Journal of the Economic and Social History of the Orient, Leiden, 1957.

Middle East Journal, Washington, 1947.

Middle Eastern Studies, Londres, 1964.

Oriente Moderno, Roma, 1921.

Revue des Études Islamiques, París, 1927.

Studia Islamica, París, 1953.

Prólogo

Los prolegómenos de Ibn Jaldún

E. Quatremère (ed.): *Les prolégomènes d'Ebn Khaldoun*, 3 vols., París, 1858.

— *Muqaddimat Ibn Khaldun*, Bulaq, 1857; reimpr. El Cairo y Beirut.
F. Rosenthal: *Ibn Khaldun: the Muqaddimah*, 3 vols., Londres, 1958.

La historia de Ibn Jaldún

Kitab al-ibar wa diwan al-mubtada wal-jabar, 7 vols., Bulaq, 1867-1868; reimpr. como *Tarij al-allama Ibn Jaldún*, 7 vols., Beirut, 1956-1961. [Versión parcial en francés: *Histoire des Berbères et des dynasties musulmanes de l'Afrique septentrionale*, 2 vols., Argel, 1847-1851.]

Autobiografía

M. al-Tanji (ed.): *Al-Tarif bi Ibn Jaldún wa rihlatuhu garban wa shar-qan*, El Cairo, 1951. [Versión en francés: *Ibn Khaldun: le voyage d'occident et d'orient*, París, 1980.]

Estudios

A. al-Azmé: *Ibn Khaldun in Modern Scholarship*, Londres, 1981, 231-318.
— *Ibn Khaldun: an essay in reinterpretation*, Londres, 1982.
M. Mahdi: *Ibn Khaldun's Philosophy of History*, Londres, 1957.
M. A. al-Jabiri: *Al-Asabiyya wal-dawla*, Casablanca, 1971.

Primera parte: La formación de un mundo (siglos VII a X)

Crónicas

Ahmed ibn Yahya al-Baladuri: *Ansab al-ashraf*, edición de Jerusalén, vols. 4A, 4B, 5 (Jerusalén, 1936-); A. Duri (ed.), vols. 3, 4i (Wiesbaden, 1978-).
— *Futuh al-buldan*, 3 vols., El Cairo, 1956-1957. [Versión en inglés: *The Origins of the Islamic State*, 2 vols., Nueva York, 1916-1924.]
Ali ibn al-Hussein al-Masudi: *Muruj al-dahab*, 7 vols., Beirut, 1966-1979.

Mohammed ibn Yarir al-Tabari: *Kitab tarij al-rusal wal-muluk*, en M. J. de Goeje y otros (ed.): *Annales*, 15 vols., Leiden, 1879-1901; en M. A. Ibrahim (ed.): *Tarij al-Tabari*, 10 vols., El Cairo, 1960-1969. [Versión en inglés: *The History of al-Tabari*, Albany, Nueva York, 20 vols., 1985-1989.]

Inscripciones

M. van Berchem y otros: *Matériaux pour un corpus inscriptionum arabi-corum*, parte 1 (Egipto), parte 2 (Siria), parte 3 (Asia Menor), París, 1903-1954, parte 4i (Arabia) (El Cairo, 1985).
E. Combe y otros: *Répertoire chronologique d'epigraphie arabe*, El Cairo, 17 vols., 1931-1982.

Monedas

M. Broome: *Handbook of Islamic Coins*, Londres, 1985.

Reseñas

H. Kennedy: *The Prophet and the Age of the Caliphates*, Londres, 1986.
C. Cahen: *L'islam dès origines au début de l'empire ottoman*, París, 1970.
D. y J. Sourdel: *La civilisation de l'islam classique*, París, 1968.
C. A. Julien: *Histoire de l'Afrique du nord*, vol. 2, París, 1956. [Versión en inglés: *History of North Africa*, Londres, 1970.]
E. Lévi-Provençal: *Histoire de l'Espagne musulmane*, ed. rev., 3 vols., París, 1950-1953.
W. M. Watt y P. Cachia: *A History of Islamic Spain*, Edimburgo, 1965.
M. Amari: *Storia dey Musulmani di Sicilia*, ed. rev. por C. Nallino, 3 vols., Catania, 1933-1939.

Capítulo 1: Un poder nuevo en un mundo antiguo

Oriente Próximo antes del islam

P. Brown: *The World of Late Antiquity*, Londres, 1971.

— «The rise and function of the holy man in late antiquity», *Journal of Roman Studies*, 61 (1971), 80-101.

J. Herrin: *The Making of Christendom*, Oxford, 1987.

J. M. Cook: *The Persian Empire*, Londres, 1983.

R. C. Zaehner: *The Dawn and Twilight of Zoroastrianism*, Londres, 1961.

I. Shahid: «Pre-islamic Arabia» en P. M. Holt, y otros (eds.): *The Cambridge History of Islam*, vol. 1, Cambridge, 1970, 3-29.

— *Rome and the Arabs*, Washington, 1984.

— *Byzantium and the Arabs in the Fourth Century*, Washington, 1984.

— *Byzantium and the Arabs in the Fifth Century*, Washington, 1989.

J. Ryckmans: *L'institution monarchique en Arabie méridionale avant l'islam*, Lovaina, 1951.

G. Ryckmans: «Les religions arabes preislamiques», *Le Muséon*, 26 (1951), 6-61.

H. Pirenne: *Mahome et Charlemagne*, París, 1937. [Versión en castellano: *Mahoma y Carlomagno*, Alianza, Madrid, 2003[7].]

D. Whitehouse y R. Hodges: *Mohammed, Charlemagne and the Origins of Europe*, Londres, 1983.

Poesía preislámica

Mualaqat. [Versión en inglés: *The Seven Odes*, Londres, 1957.]

R. Blachère: *Histoire de la littérature arabe*, 3 vols., París, 1952-1966.

A. F. L. Beeston y otros (eds.): *Arabic Literature to the End of the Umayyad Period*, Cambridge, 1983.

M. Zwettler: *The Oral Tradition of Classical Arabic Poetry*, Columbus, Ohio, 1975.

T. Hussein: *Fil adab al-yahili*, El Cairo, 1927.

Adonis (A. A. Said): *Diwan al-shir al-arabi*, vols. 1-3, Beirut, 1964-1968.

Mahoma

Abd al-Malik ibn Hisham: *al-Sira al-nabawiya*, 2 vols., El Cairo, 1955. [Versión en inglés: *The Life of Muhammad*, Londres, 1957.]

W. M. Watt: *Muhammad at Mecca*, Oxford, 1953.

— *Muhammad at Medina*, Oxford, 1956.

M. Rodinson: *Mahomet*, París, 1968². [Versión en castellano: *Mahoma*, Península, Barcelona, 2002.]

M. Cook: *Muhammad*, Oxford, 1983.

Muhammad ibn Omar al-Waqidi: *Kitab al-magazi*, 3 vols., Londres, 1955.

A. Caetani: *Annali dell'Islam*, 10 vols., Milán, 1905-1926.

M. J. Kister: *Studies in Jahiliyya and Early Islam*, Londres, 1980.

P. Crone: *Meccan Trade and the Rise of Islam*, Princeton, 1987.

R. B. Serjeant: «*Haram* and *hawta*: the sacred enclave in Arabia», en A. R. Badawi (ed.): *Mélanges Taha Hussein*, El Cairo, 1962, 41-58.

S. P. Brock: «Syriac views of emergent Islam», en G. H. A. Juynboll (ed.): *Studies on the First Century of Islamic Society*, Carbondale (Illinois), 1982, 9-21.

El Corán

El Corán, Herder, Barcelona, 2000⁶.

A. J. Arberry: *The Koran Interpreted*, 2 vols., Londres, 1961.

Abdalá ibn Omar al-Baydawi: *Anwar al-tanzil*, 2 vols., El Cairo, AH 1330 (1912).

Mohammed ibn Yarir al-Tabari: *Yamial-bayan an tawil ay al-Qurán*, vols. 1-16, El Cairo, 1955-1969. [Versión en inglés: *Commentary on the Qur'an*, vol. 1, Oxford, 1987.]

W. M. Watt (ed.): *Bell's Introduction to the Qur'an*, Edimburgo, 1970. [Versión en castellano: *Introducción al Corán*, Encuentro, Madrid, 1988.]

T. Izutsu: *Ethico-religious Concepts in the Qur'an*, Montreal, 1966.

F. Rahman: *Major Themes of the Qur'an*, Minneapolis, 1980.

J. Wansbrough: *Quranic Studies*, Oxford, 1977.

— *The Sectarian Milieu*, Oxford, 1978.

Capítulo 2: La formación de un imperio

Rashidún y los Omeyas

J. Wellhausen: *Das arabische Reich und sein Sturz*, Berlín, 1902. [Versión en inglés: *The Arab Kingdom and Its Fall*, Calcuta, 1927.]

F. M. Donner: *The Early Islamic Conquests*, Princeton, 1981.

G. H. A. Juynboll (ed.): *Studies on the First Century of Islamic Society*, Carbondale (Illinois), 1982.

H. Lammens: *Études sur le siècle des Omayyades*, Beirut, 1975.

G. R. Hawting: *The First Dynasty of Islam: the Umayyad Caliphate A. D. 661-750*, Londres, 1986.

P. Crone: *Slaves on Horses*, Cambridge, 1980.

T. Nagel: *Rechtleitung und Califat*, Bonn, 1975.

Los Abasíes

M. A. Shaban: *The Abbasid Revolution*, Cambridge, 1970.

H. Kennedy: *The Early Abbasid Caliphale*, Londres, 1981.

J. Lassner: *The Shaping of Abbasid Rule*, Princeton, 1980.

D. Sourdel: *Le vizirat 'abbasid de 749 à 936*, 2 vols., Damasco, 1959-1960.

Capítulo 3: La formación de una sociedad

El fin de la unidad política

H. Busse: *Chalif und Grosskönig: die Buyiden in Iraq 945-1055*, Beirut, 1969.

W. Madelung: «The assumption of the title Shahanshah by the Buyids and the reign of Daylam», *Journal of Near Eastern Studies*, 28 (1969), 84-108, 168-83.

G. Hanotaux (ed.): *Histoire de la nation égyptienne*, vol. 4.

G. Wiet: *L'Egypte arabe*, París, 1937.

M. Canard: *Histoire de la dynastie des Hamdanides*, París, 1953.

M. Talbi: *L'emirat aghlabide 184-296/800-909*, París, 1960.

El cambio económico y social

M. Morony: *Iraq after the Muslim Conquest*, Princeton, 1984.

H. Djaït: *Al-Kufa: naissance de la ville islamique*, París, 1986.

J. Lassner: *The Topography of Baghdad in the Early Middle Ages*, Detroit, 1970.

S. al-Alí: *al-Tanzimat al-iytimaiyya wal-iqtisadiyya fil-Basra.* Bagdad, 1953.

A. al-Duri: *Tarij al-Iraq al-iqtisai fil-karn al-arabi,* Bagdad, 1945.

Yakub ibn Ibrahim Abú Yusuf: *Kitab al-jaraj,* El Cairo, 1933. [Versión en francés: *Le livre de l'impot foncier,* París, 1921.]

M. A. Cook: «Economic developments», en J. Schacht y C. E. Bosworth (eds.): *The Legacy of Islam,* Oxford, 1974², 210-43.

A. M. Watson: *Agricultural Innovation in the Early Islamic World,* Cambridge, 1983.

R. W. Bulliet: *Conversion to Islam in the Medieval Period,* Cambridge, Massachusetts, 1979.

— *The Camel and the Wheel,* Cambridge, Massachusetts, 1975.

Construcciones

O. Grabar: *The Formation of Islamic Art,* New Haven, 1973.

K. A. C. Creswell: *Early Muslim Architecture,* vol. 1, Oxford, 1969², vol. 2, Oxford, 1940.

R. W. Hamilton: *Khirbat al-Mafiar,* Oxford, 1959.

O. Grabar y otros: *City in the Desert: Qasr al-Hayr East,* 2 vols., Cambridge, Massachusetts, 1978.

Geografía

A. Miquel: *La géographie humaine du monde musulman jusqu'au milieu du 11eme siècle,* 3 vols., París, 1973-1980².

Alí ibn al-Hussein al-Masudi: *Kitab al-tanbih wal-ashraf,* Leiden, 1894, Beirut, 1965.

Abul Qasim ibn Alf ibn Hokal: *Surat al-ard,* Beirut, 1979.

Historia

A. al-Duri: *Bahz fi nashat ilm al-tarij ind al-arab,* Beirut, 1960. [Versión en inglés: *The Rise of Historical Writing Among the Arabs,* Princeton, 1983.]

T. Khalidi: *Islamic Historiography: the histories of Mas'udi,* Albany, Nueva York, 1975.

F. Rosenthal: *A History of Muslim Historiography*, Leiden, 1952.

Mohammed Abú Rayhan al-Biruni: *Tahqiq ma lil-Hind*, Hyderabad, 1958. [Versión en inglés: *Alberuni's India*, 2 vols., Londres, 1888.]

Literatura

J. Pedersen: *The Arabic Book*, Princeton, 1984.

A. Hamori: *On the Art of Medieval Arabic Literature*, Princeton, 1974.

I. Abbas: *Fann al-shir*, Beirut, 1959.

J. E. Bencheikh: *Poétique arabe: essai sur les voies d'une création*, París, 1975.

Abú Tayib al-Mutanabbi: *Diwan*. [Versión en inglés: *The Poems of al-Mutanabbi*, Cambridge, 1967.]

T. Hussein: *Ma al-Mutanabbi*, El Cairo, 1962.

R. Blachère: *Un poète arabe du 4e siècle de l'Hegire: Abou-t-Tayyib al-Mutanabbi*, París, 1935.

C. Pellat: *Le milieu basrien et la formation de Gahiz*, París, 1953.

— *The Life and Works of Jahiz*, Londres, 1969.

Identidad regional

U. Haarmann: «Regional sentiment in medieval Islamic Egypt», *Bulletin of the School of Oriental and African Studies*, 43 (1980), 55-66.

A. al-Duri: *Al-Takwin altariji lil-umma al-arabiyya*, Beirut, 1984. [Versión en inglés: *The Historical Formation of the Arab Nation*, Londres, 1987.]

Capítulo 4: La estructuración del islam

Califato e imanato

T. W. Arnold: *The Caliphate*, Londres, 1965^2.

W. Madelung: «Imama», *Encyclopaedia of Islam*^{2}, vol. 3, 1163-1169.

A. K. S. Lambton: *State and Government in Medieval Islam*, Londres, 1965.

T. Nagel: *Staat und Glaubensgemeinschaft in Islam*, 2 vols., Zúrich, 1981.

P. Crone y M. Hinds: *God's Caliph*, Cambridge, 1986.
J. C. Wilkinson: *The Imamate Tradition of Oman*, Cambridge, 1987.

Teología

I. Goldziher: *Vorlesungen über den Islam*, Heidelberg, 1910. [Versión en inglés: *Introduction to Islamic Theology and Law*, Princeton, 1981.]
H. Laoust: *Les schismes dans l'islam*, París, 1965.
W. M. Watt: *The Formative Period of Islamic Thought*, Edimburgo, 1973.
A. J. Wensinck: *The Muslim Creed*, Cambridge, 1982.
J. Van Ess: *Anfänge Muslimische Theologie*, Wiesbaden, 1977.
M. A. Cook: *Early Muslim Dogma*, Cambridge, 1981.
L. Gardet y M. M. Anawati: *Introduction à la théologie musulmane*, París, 1970^2.
W. Madelung: *Religious Schools and Sects in Medieval Islam*, Londres, 1985.
R. J. McCarthy: *The Theology of al-Ash'ari*, Beirut, 1953.
G. Makdisi: «Ash'ari and the Ash'arites in Islamic religious thought», *Studia Islamica*, vol. 17, 1962, 37-80; vol. 18, 1963, 19-39.

Chiísmo e ismailismo

M. Momen: *An Introduction to Shi'i Islam*, New Haven, 1985.
S. M. Stern: *Studies in Early Isma'ilism*, Leiden, 1983.
W. Madelung: *Der Imam al-Qasim ibn Ibrahim und die Glaubenslehre der Zaiditen*, Berlín, 1971.
— «Isma'iliyya», *Encyclopaedia of Islam*, vol. 4, 198-206.

El hadiz

Mohammed ibn Ismail al-Bujari: *al-Yamial sahih*, 8 vols., Bulaq, AH 1296 (1879), 3 vols., El Cairo, AH 1348 (1930).
I. Goldziher: *Muhammedanische Studien*, vol. 2, Halle, 1890.
S. M. Stern (ed.): *Muslim Studies*, vol. 2, Londres, 1971.
G. H. A. Juynboll: *Muslim Tradition*, Cambridge, 1983.

W. A. Graham: *Divine Word and Prophetic Word in Early Islam*, La Haya, 1977.

Jurisprudencia y derecho

J. Schacht: *The Origins of Muhammadan Jurisprudence*, Oxford, 1950.
— *An Introduction to Islamic Law*, Oxford, 1964.
P. Crone: *Roman, Provincial and Islamic Law*, Cambridge, 1987.
N. J. Coulson: *A History of Islamic Law*, Edimburgo, 1964.
Mohammed ibn Idris al-Shaff: *al-Risala*, El Cairo, AH 1357/1938. [Versión en inglés: *Islamic Jurisprudence*, Baltimore, 1961.]
E. Tyan: *Histoire de l'organisation judiciaire en pays d'islam*, 2 vols., París, 1938-1943.

El sufismo

M. Molé: *Les mystiques musulmans*, París, 1965.
J. Baldick: *Mystical Islam*, Londres, 1989.
A. M. Schimmel: *Mystical Dimensions of Islam*, Chapel Hill (Carolina del Norte), 1975.
R. A. Nicholson: *The Mystics of Islam*, Londres, 1914.
— *Studies in Islamic Mysticism*, Cambridge, 1921.
M. Smith: *Readings from the Mystics of Islam*, Londres, 1950.
L. Gardet y G. C. Anawati: *Mystique musulmane*, París, 1961.
Hariz ibn Asad al-Muhasibi: *Kitab al-nufus*, Beirut, 1984.
J. van Ess: *Die Gedankenwelt des Harit al-Muhasibi*, Bonn, 1961.
Mohammed ibn Ali al-Tirmidi: *Kitab Jatm al-oliya*, Beirut, 1965.
Ahmed ibn Abd Allah al-Esbahane: *Heliat al-oliya*, 10 vols., El Cairo, 1932-1938.
L. Massignon: *Essai sur les origines du lexique technique de la mystique musulmane*, París, 1922.
— *La passion de Husayn ibn Mansour Hallaj, martyr mystique de l'islam*, 4 vols., París, 1975[2]. [Versión en inglés: *The Passion of al-Hallaj, Mystic and Martyr of Islam*, 4 vols., Princeton, 1982.]

Filosofía

F. Rosenthal: *Das Fortleben der Antike in Islam*, Zúrich, 1965. [Versión en inglés: *The Classical Heritage in Islam*, Londres, 1975.]
R. Walzer: *Greek into Arabic*, Oxford, 1962.
M. Fakhry: *A History of Islamic Philosophy*, Londres, 1983².
G. F. Hourani: *Reason and Tradition in Islamic Ethics*, Cambridge, 1985.

Segunda parte: Las sociedades musulmanas árabes (siglos XI a XV)

Crónicas

Izz al-Din ibn al-Azer: *al-Kamel fil-tarij*, 12 vols., El Cairo, 1884-1885.
Ahmed ibn Alf al-Maqrizi: *Kitab al-suluk il marifat duwal al-muluk*, El Cairo, 1934-1972.
Muhammad Lissan al-Din al-Jatib: *Kitab amal al-alam*, vol. 3, *Tarij al-Maghrib al-arabi fil-asr al-wasit*, Casablanca, 1964.

Geógrafos y viajeros

Muhammad ibn Abdalá ibn Batuta: *Tohfat al-nozar fi garaib al-amsar waadjaib al-safar*, T. Harb (ed.), *Rihlat ibn Batuta*, Beirut, 1987. [Versión en inglés: *The Travels of ibn Battuta*, 3 vols., Cambridge, 1958-1971.]
Yaqut ibn Abdalá al-Hamawi: *Muyam al-buldan*, 10 vols., El Cairo, 1906-1907.
Leo Africanus. [Versión en francés: *Jean Léon, l'Africain, Description de l'Afrique*, 2 vols., París, 1956.] [Versión en inglés: *The History and Description of Africa*, 3 vols., Londres, 1896.]

Documentos

S. M. Stern (ed.): *Fatimid Decrees*, Londres, 1964.
— *Documents from Islamic Chanceries*, Oxford, 1965.
D. Little: *A Catalogue of the Islamic Documents from al-Haram al-Sharif in Jerusalem*, Beirut, 1984.

Reseña

G. E. Grunebaum: *Medieval Islam*, Chicago, 1953.

Capítulo 6: Las zonas rurales

Producción agrícola e irrigación

R. M. Adams: *Land behind Baghdad*, Chicago, 1965.

J. C. Wilkinson: *Water and Tribal Settlement in South-East Arabia*, Oxford, 1977.

J. Weulersse: *Paysans de Syrie et du proche-orient*, París, 1946.

H. M. Rabie: *The Financial System of Egipt A. H. 564-741/1169-1341*, Londres, 1972.

T. F. Glick: *Irrigation and Society in Medieval Valencia*, Cambridge, 1970.

M. Mundy: «The Family, Inheritance and Islam», en A. al-Azmeh (ed.): *Islamic Law: Social and Historical Contexts*, Londres, 1988.

Tribus y autoridad

R. Montagne: *La civilisation du désert*, París, 1947.

C. Cahen: «Nomades et sédentaires dans le monde musulman du moyen âge», en Cahen: *Les peuples musulmans dans l'histoire médiévale*, Damasco, 1947, 423-437.

P. Dresch: *Tribes, Government and History in Yemen*, Oxford, 1989.

J. Berque: *Structures sociales du Haut Atlas*, París, 1978².

E. E. Evans-Pritchard: *The Sanusi of Cyrenaica*, Oxford, 1949.

A. Musil: *The Manners and Customs of the Rwala Bedouins*, Nueva York, 1928.

W. Lancaster: *The Rwala Bedouin Today*, Cambridge, 1981.

J. Pitt-Rivers (ed.): *Mediterranean Countrymen*, París, 1963.

J. G. Peristiany (ed.): *Honour and Shame*, Londres, 1965.

L. Abu Lughod: *Veiled Sentiments*, Berkeley, 1986.

Capítulo 7: La vida de las ciudades

Ciudades en general

A. H. Hourani y S. M. Stern (eds.): *The Islamic City*, Oxford, 1970.
I. M. Lapidus: *Muslim Cities in the Later Middle Ages*, Cambridge (Massachusetts), 1967.

La magnitud de las ciudades

A. Raymond: «La population du Caire de Maqrizi à la description de l'Égypte», *Bulletin d'Études Orientales*, vol. 28, 1975, 201-215.
J. C. Russell: *Medieval Regions and Their Cities*, Bloomington (Indiana), 1972.
M. Dols: *The Black Death in the Middle East*, Princeton, 1977.

El crecimiento y la forma de las ciudades

El Cairo
Abu Lughod, J.: *Cairo: 1001 years of the City Victoriom*, Princeton, 1971.
J. M. Rogers: «al-Kahira», *Encyclopaedia of Islam*, vol. 4, 424-441.
Damasco
J. Sauvaget: «Esquisse d'une histoire de la ville de Damas», *Revue des Études Islamiques*, vol. 8, 1934, 421-480.
Alepo
J. Sauvaget: *Alep*, París, 1941.
H. Gaube y E. Wirth: *Aleppo: historische und geographische Beitrage*, Wiesbaden, 1984.
Jerusalén
M. Burgoyne y D. S. Richards: *Mamluk Jerusalem: an architectural study*, Londres, 1987.
Bagdad
G. Makdisi: «The topography of eleventh century Baghdad», *Arabica*, vol. 6, 1959, 178-197, 281-309.
Kus
Garcin, J. C.: *Un centre musulman de la Haute-Egypte médiéval: Qus*, El Cairo, 1976.

Sana

R. B. Serjeant, y R. Lewcock (eds.): *San'a, an Arabian Islamic City*, Londres, 1983.

Fez

Le Tourneau, R.: *Fez in the Age of the Marinids*, Norman (Oklahoma), 1961.
— *Fès avant le protectorat*, Casablanca, 1949.

La vida de una gran ciudad: El Cairo

Ahmed ibn Ali al-Makrezi: *al-Mawaiz wal-itibar fi dikr al-jitat wal-ajbar*, 5 vols., El Cairo, 1911.

A. A. Haridi: *Index analytique des ouvrages d'Ibn Duqmaq et de Maqrizi sur le Caire*, 3 vols., El Cairo, 1983-1984.

S. D. Goitein: *A Mediterranean Society*, 5 vols., Berkeley, 1967-1988.

E. W. Lane: *The Manners and Customs of the Modern Egyptians*, Londres, 1836.

Oficios y mercados

G. Wiet y A. Raymond: *Les marchés du Caire*, El Cairo, 1979.

E. Wirth: «Zum probleme des bazars», *Der Islam*, vol. 51, 1974, 203-260; vol. 52, 1975, 6-46.

S. Y. Habib: *Handelsgeschichte Ägyptens im Spätmittelalten*, 1171-1517, Wiesbaden, 1965.

R. López, H. Miskimin y A. L. Udovitch: «England to Egypt: long-term trends and long-distance trade», en M. A. Cook (ed.): *Studies in the Economic History of the Middle East*, Londres, 1970, 93-128.

A. L. Udovitch: *Parmership and Profit in Medieval Islam*, Princeton, 1970.

M. Rodinson: *Islam et capitalisme*, París, 1966. [Versión en inglés: *Islam and Capitalism*, Londres, 1974.]

Elementos de la población

B. Musallam: *Sex and Society in Islam*, Cambridge, 1983.

B. Lewis: *The Jews of Islam*, Londres, 1984. [Versión en castellano: *Los judíos del Islam*, Letrumero, Madrid, 2002.]

R. Brunschvig: «Abd», *Encyclopaedia of Islam²*, vol. 1, 24-40.

G. Rotter: *Die Stellung des Negers in der islamisch-arabischer Gesellschaft bis zum 16ten Jahrhundert*, Bonn, 1967.

La vida de las casas

J. C. Garcin y otros: *Palais et maisons du Caire: L'epoque mamelouk (13e-16e siècle)*, París, 1982.

D. Waines: «Cuisine», en T. Mostyn y A. Hourani (eds.): *The Cambridge Encyclopaedia of the Middle East and North Africa*, Cambridge, 1988, 240-243.

Capítulo 8: Las ciudades y sus gobernantes

Ejércitos

V. J. Parry y M. E. Yapp (eds.): *War, Technology and Society in the Middle East*, Londres, 1975.

D. Ayalon: *Gunpowder and Firearms in the Mamluk Kingdom*, Londres, 1956.

— *The Mamluk Military Society*, Londres, 1979.

Sentimientos de fidelidad

R. Mottahedeh: *Loyalty and Leadership in an Early Islamic Society*, Princeton, 1980.

C. Cahen: «Mouvements populaires et autonomisme urbain dans l'Asie musulmane du moyen âge», *Arabica*, 5 (1958), 225-250; 6 (1959), 25-56, 233-265.

Administración

C. F. Petry: *The Civilian Élite of Cairo in the Later Middle Ages*, Princeton, 1981.

J. P. Nielsen: *Secular Justice in an Islamic State: mazalim under the Bahri Mamlukes*, Leiden, 1985.

R. Brunschvig: «Urbanisme médiéval et droit musulman», *Revue des Études Islamiques*, 1947, 127-155.

B. Johansen: «*Amwal zahira wa amwal batina*; town and countryside as reflected in the tax-system of the Hanafite School», en W. al-Qadi (ed.): *Studia Arabica and Islamica*, Beirut, 1981, 247-263.

— «The all-embracing town and its mosques», *Revue de l'Occident Musulman et de la Méditerranée*, 32 (1981), 139-161.

A. Raymond: «Espaces publics et espaces privés dans les villes arabes traditionelles», *Maghreb Mashrek*, 123 (1989), 194-201.

El control de la tierra

C. Cahen: «L'évolution de l'iqta' du 9e au 13e siècle», en *Les Peuples musulmans dans l'histoire médiévale*, Damasco, 1977, 231-269.

A. K. S. Lambton: «The evolution of the *iqta'*in medieval Iran», *Iran*, 5 (1967), 41-50.

Teoría política

Alí ibn Muhammad al-Mawardi: *al-Ahkam al-sultaniyya*, El Cairo, AH 1298 (1881). [Versión en francés: *Les status gouvernementaux*, París, reimpr., 1982.]

Hussein ibn Alí Nizam al-Mulk: *Siyaset-name*; traducción inglesa de H. Darke, *The Book of Government, or Rules for Kings*, Londres, 1978[2].

Ahmed ibn Taimiya: *al-Siyasa al-shariya fi islá al-ray wal-raiyya*, Bagdad, s. f. [Versión en francés: *Le Traité de droit public d'Ibn Taimiya*, Beirut, 1948.]

Muhammad al-Farabi: *Ara ahl al-medina al-fedila*. [Versión en inglés: *Al-Farabi on the Perfect State*, Oxford, 1985.]

Capítulo 9: Las costumbres del islam

Pilares del Islam

G. E. von Grunebaum: *Muhammadan Festivals*, Nueva York, 1951.

M. Gaudefroy-Demombynes: *Le pélerinage à la Mekke*, París, 1923.

J. Jomier: *Le mahmal et la caravanne égyptienne des pélerins de la Mecque 13e-20e siècle*, El Cairo, 1953.

Alí ibn Abi Bakr al-Harawi: *Kitab al-isharat ila marifat al-ziyarat*, Damasco, 1957. [Versión en francés: *Guide des lieux de pélerinage*, Damasco, 1957.]

R. Peters: *Islam and Colonialism: the doctrine of jihad in modern history*, La Haya, 1979, 9-37.

Santos y sufíes

J. S. Trimingham: *The Sufi Orders in Islam*, Oxford, 1971.

C. Padwick: *Muslim Devotions*, Londres, 1961.

J. A. Williams (ed.): «The Friends of God», *Themes of Islamic Civilization*, Berkeley, 1971, 307-370.

I. Goldziher: *Muhammedanische Studien*, vol. 2, Halle, 1890, 277-378. [Versión en inglés: *Muslim Studies*, vol. 2, Londres, 1971, «Veneration of saints in Islam», 255-341.]

T. Canaan: *Mohammadan Saints and Sanctuaries in Palestine*, Londres, 1927.

J. S. Macpherson,: *The Mawlids of Egypt*, El Cairo, 1941.

E. A. Westermarck: *Pagan Survivals in Mohammedan Civilization*, Londres, 1933.

El mahdismo

W. Madelung: «al-Mahdi», *Encyclopaedia of Islam*, vol. 5, 1230-1238.

I. Goldziher (ed.): *Le livre de Mohamed ibn Tumart, mahdi des Almohades*, Argel, 1903.

Capítulo 10: La cultura de los ulemas

Códigos legales

L. Milliot: *Introduction à l'étude du droit musulman*, París, 1953.

Abdalá ibn Abi Zaid al-Qayrawani: *Risala*. [Versión en francés: *La Risala ou Epître sur les éléments du dogme et de la loi de l'islam selon le rite malekite*, Argel, 1949.]

Abdalá ibn Ahmed ibn Kodama: *Kitab al-umdafi ahkam al fiqh*, El Cairo, 1933. [Versión en francés: *Le précis de droit d'Ibn Qudama*, Beirut, 1950.]

J. Berque: «Amal», *Encyclopaedia of Islam²*, vol. 1, pp. 427-428.

A. Layish y A. Shmueli: «Custom and *shari'a* in the Beduin family according to legal documents from the Judaean desert», *Bulletin of the School of Oriental and African Studies*, vol. 42, 1979, 29-45.

Madrazas

G. Makdisi: *The rise of Colleges: institutions of learning in Islam and the West*, Edimburgo, 1981.

J. Berque: «Ville et université: aperçu sur l'histoire de l'école de Fès», *Revue Historique du Droit Français et Etranger*, 27 (1949), 64-117.

Diccionarios biográficos

H. A. R. Gibb: «Islamic biographical literature», en B. Lewis y P. M. Holt (eds.): *Historians of the Middle East*, Londres, 1962, 54-8.

Ahmed ibn Mohammed Ibn Jallikan: *Wafayat al-ayan wa anba abna al-raman*, comp. I. Abbas, 8 vols., Beirut, 1968-1972.

al-Gazali

W. M. Watt: *Muslim Intellectual*, Edimburgo, 1963.

Mohammed al-Ghazali: *Ihya ulum al-din*, 4 vols., El Cairo, 1916.

G. H. Bousquet: *Ihya ouloum ed-din ou vivification des sciences de la foi: analyse et index*, París, 1955.

Muhammad al-Ghazali: *al-Munqid min al-dalal*, Damasco, 1939. [Versión en inglés: *Freedom and Fulfilment*, Boston, 1980.]

F. Jabr: *La notion de la ma'rifa chez Ghazali*, Beirut, 1958.

Capítulo 11: Formas de pensamiento divergentes

Filosofía

L. Gardet: *La pensée religieuse d'Avicenne*, París, 1955.

W. E. Gohlman (ed. y trad.): *The Life of Ibn Sina*, Albany, Nueva York, 1974.

Al-Hussein ibn Abd Allah ibn Sina: *Kitab al-isharat wal-tanbihat*, 4 vols., El Cairo, 1957-1960. [Versión en francés: *Livre des directives et remarques*, París, 1951.]

Goichon, A. M.: *Lexique de la langue philosophique d'Ibn Sina*, París, 1938.

al-Ghazali, Mohammed: *Tahafut al-falasifa*, El Cairo, 1964³.

Mohammed ibn Ahmed ibn Roshd: *Tahafut al-tahafut*, El Cairo, 1964.

Mohammed ibn Ahmed ibn Roshd: *Fasl al-maqal*, Leiden, 1959. [Versión en inglés: *Averroes on the Harmony of Religion and Philosophy*, Londres, 1961.]

Ibn Arabi

Muhyi al-Din ibn Arabi: *Fusus al-hikam*, El Cairo, 1946. [Versión en inglés: *The Bezels of Wisdom*, Londres, 1980.]

A. E. Affifi: *The Mystical Philosophy of Muhyid Din Ibnul Arabi*, Cambridge, 1939.

O. Yahia: *Histoire et classification de l'oeuvre d'Ibn 'Arabi*, 2 vols., Damasco, 1964.

T. Izutsu: *Sufism and Taoism: a comparative study of key philosophical concepts*, ed. rev., Berkeley, 1984.

Ibn Taimiyya

H. Laoust: *Essai sur les doctrines sociales et politiques de Taki-d-Din Ahamad b. Taimiya*, El Cairo, 1939.

Pensamiento chií

H. Modarressi Tabataba'i: *An Introduction to Shi'i Law*, Londres, 1984.

D. M. Donaldson: *The Shi'ite Religion*, Londres, 1933.

E. Kohlberg: «From Imamiyya to Ithna'ashariyya», *Bulletin of the School of Oriental and African Studies*, 39 (1976), 521-534.

Drusos

M. G. S. Hodgson: «Duruz», *Encyclopaedia of Islam²*, vol. 2, 631-634.
D. Bryer: «The origins of the Druze religion», *Der Islam,* 52 (1975), 47-
84; 239-62; 53 (1976), 5-27.
N. M. Abu Izzeddin: *The Druzes,* Leiden, 1984.

Cristianos y judíos

A. S. Atiya: *A History of Eastern Christianity,* Londres, 1968.
G. Graf: *Geschichte der christliche arabischen Literatur,* 5 vols., El Vatica-
no, 1944-1953.
N. Stillman (ed.): *The Jews of Arab Lands,* Filadelfia, 1979.

Cultos compartidos

F. W. Hasluck: *Christianity and Islam under the Sultans,* 2 vols., Oxford,
1929.
N. Slousch: *Travels in North Africa,* Filadelfia, 1927.

Capítulo 12: La cultura de las cortes y el pueblo

La sociedad y la cultura andaluzas

E. Lévi-Provençal: *La civilisation arabe en Espagne,* El Cairo, 1938.
T. F. Glick: *Islamic and Christian Spain in the Early Middle Ages,* Princeton, 1979.
R. I. Burns: *Islam under the Crusades: colonial survival in the thirteenth-
century kingdom of Valencia,* Princeton, 1973.

Arte y arquitectura

K. A. C. Creswell: *The Muslim Architecture of Egypt,* 2 vols., Oxford,
1952-1959.
G. Marçais: *L'architecture musulmane de l'occident,* París, 1954.

O. Brabar: *The Alhambra*, Londres, 1975.

R. Ettinghausen: *Arab Painting*, Lausana, 1962.

O. G. Grabar: *The Illustrations of the Maqamat*, Chicago, 1984.

A. Lane: *Early Istamic Pottery*, Londres, 1947.

— *Later Islamic Pottery*, Londres, 1971[2].

J. W. Allan: *Islamic Metalwork: the Nuhad es-Said collection*, Londres, 1982.

J. Lehrman: *Earthly Paradise: garden and courtyard in Islam*, Londres, 1980.

J. Dickie: «The Hispano-Arab garden», *Bulletin of the School of Oriental and African Studies*, 31 (1958), 237-248.

Literatura

I. Abbas: *Tarij al-adab al-andalusi*, 2 vols., Beirut, 1969-1971[2].

S. M. Stern: *Hispano-Arabic Strophic Poetry*, Oxford, 1974.

Ahmed ibn Abdalá ibn Zaidún: *Diwan*, Beirut, 1951.

Abú Bakr ibn al-Tufail: *Hach ibn Yaqdan*, Damasco, 1940[5]. [Versión en inglés: *Hayy ibn Yaqzan*, Nueva York, 1972.]

D. Goldstein (ed.): *The Jewish Poets of Spain 900-1250*, Harmondsworth, Middlesex, 1971.

M. M. Badawi: «Medieval Arabic drama: Ibn Daniyal», *Journal of Arabic Literature*, 13 (1982), 83-107.

Y. Eche: *Les bibliothèques arabes*, Damasco, 1962.

Literatura popular y romance

P. J. Cachia: *Narrative Ballads of Modern Egypt*, Oxford, 1988.

H. T. Norris: *The Adventures of Antar*, Warminster, Wiltshire, 1988.

— *Saharan Myth and Saga*, Oxford, 1972.

A. Miquel y P. Kemp: *Majnun et Layla: l'amour fou*, París, 1984.

M. Mahdi: *Kitab alf layla wa layla*, Leiden, 1984.

D. B. Macdonald: «The earlier history of the Arabian Nights», *Journal of the Royal Asiatic Society* (1924), 353-397.

P. Heath: «Romance as genre in *The Thousand and One Nights*», *Journal of Arabic Literature*, 18 (1987), 1-21; 19 (1988), 1-26.

Música

H. G. Farmer: *A History of Arabian Music*, Londres, 1929.

Abúl-Faraj al-Isbahani: *Kitab al-aghani*, 30 vols., El Cairo, 1969-1979.

Muhammad al-Ghazali: *Ihya ukim al-din*, El Cairo, 1916, vol. 2, 236-269.

D. B. Macdonald: «Emotional religion in Islam as affected by music and singing», *Journal of the Royal Asiatic Society* (1901), 198-252, 705-48; (1902), 1-28.

O. Wright: «Music», en J. Schacht y C. E. Bosworth (eds.): *The Legacy of Islam*, Oxford, 1974, 489-505.

— y otros: «Arabic music», en S. Sadie (ed.): *The New Grove Dictionary of Music and Musicians*, Londres, 1980, vol. 1, 514-539.

E. Neubauer: «Islamic religious music», *The New Grove Dictionary of Music and Musicians*, vol. 9, 342-349.

O. Wright: *The Modal System of Arab and Persian Music A. D. 1250-1300*, Oxford, 1978.

Ciencia y medicina

A. I. Sabra: «The scientific enterprise», en B. Lewis (ed.): *The World of Islam*, Londres, 1976, 181-200.

— «The exact sciences», en J. R. Hayes (ed.): *The Genius of Arab Civilization*, Londres, 1976.

J. Vernet: «Mathematics, astronomy, optics», en J. Schacht y C. E. Bosworth (eds.): *The Legacy of Islam*, Oxford, 1974, 461-489.

M. Ullmann: *Islamic Medicine*, Edimburgo, 1978.

— *Die Medizin in Islam*, Leiden, 1970.

P. Johnstone: «Tradition in Arabic Medicine», *Palestine Exploration Quarterly*, 107 (1975), 23-37.

Lo oculto

L. Thorndike: *A History of Magic and Experimental Science*, vol. 1, partes 1 y 2, Nueva York, 1934.

M. Ullmann: *Die Natur und Geheimwissenschaften in Islam*, Leiden, 1972.

G. E. von Grunebaum y, R. Caillois (eds.): *The Dream and Human Societies*, Berkeley, 1966.

Tercera parte: La época otomana (siglos XVI a XVIII)

Historias generales

P. Kinross: *The Ottoman Centuries: the rise and fall of the Turkish empire*, Londres, 1977.
S. J. y E Shaw: *A History of the Ottoman Empire and Turkey*, 2 vols., Cambridge, 1976-1977.
R. Mantran (ed.): *Histoire de l'empire ottoman*, París, 1989.
I. H. Uzunçarsili: *Osmanli Tarihi*, vols. 1-4, Ankara, 1982-1983.
E. Z. Karal: *Osmanli Tarihi*, vols. 6-8, Ankara, 1983.
A. K. Rafiq: *Bilad al-Sham wa Misr 1516-1798*, Damasco, 1968².

Capítulo 13: El Imperio otomano

El ascenso del poder otomano

P. Wittek: *The Rise of the Ottoman Empire* (Londres, 1971).
R. P. Lindner: *Nomads and Ottomans in Medieval Anatolia*, Bloomington, Indiana, 1983.
A. Hess: *The Forgotten Frontier: a history of the sixteenth century Ibero-African frontier*, Chicago, 1978.
— «The evolution of the Ottoman seaborne empire in the age of the oceanic discoveries, 1453-1525», *American Historical Review*, 75 (1970), 1892-1919.
R. H. Savory: *Iran under the Safavids*, Londres, 1980.
F. Braudel: *La Méditerranée et le monde méditerranéen à l'époque de Phillippe II*, 2 vols., París, 1966². [Versión en castellano: *El Mediterráneo y el mundo mediterráneo en la época de Felipe II*, 2 vols., Fondo de Cultura Económica, Madrid, 1980.]

La estructura de gobierno

H. Inalcik: *The Ottoman Empire: the classical age, 1300-1600*, Londres, 1973.

— *The Ottoman Empire: conquest, organization and economy,* Londres, 1976.

A. D. Alderson: *The Structure of the Ottoman Dynasty,* Oxford, 1956.

I. H. Uzunçarsili: *Osmanli Devletinin Teskilâtinden Kapukulu Ocaklari,* 2 vols., Ankara, 1943-1944.

—*Osmanli Devletinin Saray Teskilati,* Ankara, 1945.

N. Itzkowitz: *Ottoman Empire and Islamic Tradition,* Nueva York, 1972.

C. Fleischer: *Bureaucrat and Intellectual in the Ottoman Empire,* Princeton, 1986.

M. Kunt: *The Sultan's Servants: the transformation of Ottoman provincial government, 1550-1650,* Nueva York, 1983.

O. G. de Busbecq: *The Turkish Letters of Ogier Ghiselle de Busbecq,* traducción inglesa, Oxford, 1927.

P. Rycaut: *The History of the Present State of the Ottoman Empire,* Londres, 1675[4].

Ejemplos de documentos otomanos

O. L. Barkan: *Kanunlar,* Estambul, 1943.

R. Mantran y J. Sauvaget: *Règlements fiscaux ottomans: les provinces syriennes,* Beirut, 1951.

R. Mantran: «Règlements fiscaux: la province de Bassora», *Journal of the Economic and Social History of the Orient,* 10 (1967), 224-277.

U. Heyd: *Documents en Palestine 1552-1615,* Oxford, 1960.

R. Mantran: *Inventaire des documents d'archive turcs du Dar-el-Bey (Tunis),* París, 1961.

A. Temimi: *Sommaire des registres arabes et turcs d'Alger,* Túnez, 1979.

Organización religiosa y judicial

I. H. Uzunçarsili: *Osmanli Devletinin Ilmiye Teskilâti,* Ankara, 1965.

U. Heyd: *Studies in Old Ottoman Criminal Law,* Oxford, 1973.

— «Some aspects of the Ottoman fetva», *Bulletin of the School of Oriental and African Studies,* 32 (1969), 35-56.

R. C. Repp: *The Mufti of Istanbul,* Londres, 1986.

— «Some observations on the development of the Ottoman learned hierarchy», en N. Keddie (ed.): *Schotars, Saints and Sufis,* Berkeley, 1972, 17-32.

El gobierno en las provincias árabes

A. Raymond: «Les provinces arabes 16e-18e siècle», en R. Mantran (ed.): *Histoire de l'empire ottoman*, París, 1989, 341-420.

P. M. Holt: *Egipt and the Fertile Crescent 1516-1922*, Londres, 1962.

—*Studies in the History of the Near East*, Londres, 1973.

S. H. Longrigg: *Four Centuries of modern Iraq*, Oxford, 1925.

A. M. al-Azzawi: *Tarij al-Iraq bain ihtilalain*, 5 vols., Bagdad, 1935-1956.

A. Abu-Husayn: *Provincial Leadership in Syria 1575-1650*, Beirut, 1985.

K. S. Salibi: *The Modern History of Lebanon*, Londres, 1965.

A. Cohen y B. Lewis. *Population and Revenue in the Towns of Palestine in the Six-teenth Century*, Princeton, 1978.

W. D. Hütteroth y K. Abdelfattah: *Historical Geography of Palestine, Tranjordan and Southern Syria in the Late 16th Century*, Erlangen, 1972.

Capítulo 14: Las sociedades otomanas

Población

Ö. L. Barkan: «Essai sur les données statistiques des registres de recensement dans l'empire ottoman aux 15e et 16e siècles», *Journal of the Economic and Social History of the Orient*, 1 (1958), 9-36.

M. A. Cook: *Population Pressure in Rural Anatolia 1450-1600*, Londres, 1972.

D. Panzac: *La peste dans l'empire ottoman*, Lovaina, 1985.

Comercio

S. Faroghi: *Towns and Townsmen of Ottoman Anatolia: trade, crafts, and food-production in an urban setting 1520-1620*, Cambridge, 1984.

— *Peasants, Dervishes and Traders in the Ottoman Empire*, Londres, 1986.

R. Mantran: «L'empire ottoman et le commerce asiatique aux 16e et 17e siècles», en D. S. Richards (ed.): *Islam and the Trade of Asia*, Oxford, 1970, 169-79.

Estambul

Inalcik: «Istanbul», *Encyclopaedia of Islam²*, vol. 4, 224-248.
R. Mantran: *Istanbul dans la seconde moitié du 7e siècle*, París, 1962.
L. Güçer: «Le commerce intérieur des céréales dans l'empire ottoman pendant la seconde moitié du 16e siécle», *Revue de la Faculté des Sciences —Economiques de l'Universite d'Istanbul*, 11 (1949-1950), 163-188.
— «L'approvisionnement d'Istanbul en céréales vers le milieu du 18e siècle», ibídem, 153-162.

Ciudades árabes

A. Raymond: *The Great Arab Cities in the 16th-18th centuries*, Nueva York, 1984.
— *Les grandes villes arabes a l'époque ottomane*, París, 1985.
A. Tamini (ed.): *al-Hayat al iqtisadiyya lil-wilayat al-arabiyya wa masadiruha fil-ahd al-otmani*, 3 vols.: vols. 1 y 2 en árabe, vol. 3 en francés e inglés, Zaguán, Túnez, 1986.
A. Abdel-Nour: *Introduction à l'histoire urbaine de la Syrie ottomane*, Beirut, 1982.

Edificios

G. Goodwin: *A History of Ottoman Architecture*, Londres, 1971.
J. Revault: *Palais et demeures de Tunis, 16e el 17e siècles*, París, 1967.
B. Maury y otros: *Palais et maisons du Caire: époque ottomane, 16e-18e siècles*, París, 1967.

Religión y literatura

N. Keddie (ed.): *Scholars, Saints and Sufis*, Berkeley, 1972.
L. W. Thomas: *A Study of Naima*, Nueva York, 1972.
A. Abdesselam: *Les Historiens tunisiens des 17e, 18e et 19e siècles*, París, 1973.
J. Berque: *L'intérieur du Maghreb 15e-19e siècles*, París, 1978.
— *Ulémas, fondateurs, insurgés du Maghreb*, París, 1982.
B. Braude y B. Lewis (eds.): *Christians and Jews in the Ottoman Empire*, 2 vols., Nueva York, 1982.

S. Runciman: *The Great Church in Captivity*, Cambridge, 1968.

G. Scholem: *Sabbatai Sevi: The Mystical Messiah, 1626-1676*, Londres, 1973.

Sudán

P. M. Holt y M. W. Daly: *A History of the Sudan*, Londres, 1988[4].

Marruecos

Ahmed al-Naseri al-Salawi: *Kitab al-istiqsa li ajbar duwal al-maghreb al-aqsa*, 9 vols., Casablanca, 1954-1956. [Versión en francés: «Histoire des dynasties du Maroc», *Archives Marocaines*, 9 (1906), 10 (1907), 30 (1923), 31 (1925), 32 (1927), 33 (1934).]

H. de Castries: *Les sources inédites de l'histoire du Maroc de 1530 a 1845*, 26 vols., París, 1905-1960.

E. Lévi-Provençal: *Les historiens des chorfa*, París, 1922.

J. Berque: *Al-Yousi: problèmes de la culture marocaine au 17e siècle*, París, 1958.

Capítulo 15: El inestable equilibrio de poder en el siglo XVIII

Introducción general

T. Naff y R. Owen (eds.): *The Islamic World in the 18th Century*, Carbondale (Illinois), 1977.

El gobierno central

I. Moradgea d'Ohsson: *Tableau générale de l'empire ottoman*, 7 vols., París, 1788-1924.

H. A. R. Gibb y H. Bowen: *Islamic Society and the West*, vol. 1, parte 1, Londres, 1950.

N. Itzkowitz: «Eighteenth century Ottoman realities», *Studia Islamica*, vol. 16, 1961, 73-94.

R. A. Abou-el-Haj: *The 1703 Rebellion and the Structure of Ottoman Politics*, Estambul, 1984.

M. Aktepe: *Patrona Isyani 1730*, Estambul, 1958.

Las provincias árabes

P. Kemp: *Territoires d'Islam: le monde vu de Mossoul au 18e siècle*, París, 1982.

H. L. Bodman: *Political Factors in Aleppo 1760-1826*, Chapel Hill (Carolina del Norte), 1963.

A. Russell: *The Natural History of Aleppo*, 2 vols., Londres, 1794².

J. L. Burckhardt: *Travels in Syria and the Holy Land*, Londres, 1822.

A. K. Rafeq: *The Province of Damascus 1723-1783*, Beirut, 1966.

K. K. Barbir: *Ottoman Rule in Damascus 1708-1758*, Princeton, 1980.

— «From pasha to efendi: the assimilation of Ottomans into Damascene society 1516-1783», *International Journal of Turkish Studies*, 1 (1979-1980), 63-83.

A. Cohen: *Palestine in the Eighteenth Century*, Jerusalén, 1973.

A. al-Budayri al-Hallaq: *Hawadiz Dimashq al-yawmiyya*, El Cairo, 1959.

A. Raymond: *Artisans et commerçants au Caire au 18e siècle*, 2 vols., Damasco, 1973-1974.

— «Problèmes urbains et urbanisme au Caire aux 17e et 18e siècles», en A. Raymond y otros: *Actes du colloque internationale sur l'histoire du Caire*, El Cairo, 1973, 353-372.

— «Essai de géographie des quartiers de résidence aristocratique au Caire au 18e siècle», *Journal of the Economic and Social History of the Orient*, 6 (1963), 58-103.

— *Description de l'Égypte*, 9 vols. de texto, 14 vols. de láminas, París, 1809-1828.

C. F. Volney: *Voyages en Syrie et en Égypte*, 2 vols., París, 1787. [Versión en inglés: *Travels through Syria and Egypt*, 2 vols., Dublín, 1793.]

Abd al-Rahman al-Yabarti: *Ajaib al-athar fil-tarajim wal-ajbar*, 4 vols., Bulaq, 1879-1880.

Arabia

C. Niebuhr: *Reisebeschreibung nach Arabien*, 3 vols., Copenhague, 1774-1778. [Versión en inglés: *Travels through Arabia*, 2 vols., Edimburgo, 1792.]

El Magreb

L. Valensi: *Le Maghreb avant la prise d'Alger 1790-1830,* París, 1969. [Versión en inglés: *On the Eve of Colonialism,* Nueva York, 1977.]

M. H. Chérif: *Pouvoir et société dans la Tunisie de Husain bin Ali,* 2 vols., Túnez, 1984-1986.

Muhammad ibn Tayib al-Qadiri: *Nashr al-mathani,* Londres, 1981.

El cambio económico

A. Raymond: «L'impact de la pénétration européenne sur l'économie de l'Égypte au 18e siècle», *Annales Islamologiques,* 18, 217-35.

R. Paris: *Histoire du Commerce de Marseille,* vol. 5: «Le Levant», París, 1957.

R. Davis: *Aleppo and Devonshire Square,* Londres, 1967.

M. von Oppenheim: *Die Beduinen,* 4 vols., Leipzig/Wiesbaden, 1939-1967.

A. A. Abd al-Rahim: *al-Rif al-misri fil-qarn al-thamin ashar,* El Cairo, 1974.

K. M. Cuno: «The origins of private ownership of land in Egypt: a reappraisal», *International Journal of Middle East Studies,* vol. 12, 1980, 245-275.

L. Valensi: *Fettahs tunisiens: l'économie rurale et la vie des campagnes aux 18e et 19e siècles,* París, 1977. [Versión en inglés: *Tunisien Peasants in the 18th and 19th Centuries,* Cambridge, 1985.]

Arquitectura y arte

J. Revault: *Palais et demeures de Tunis: 18e et 19e siècles,* París, 1971.

J. Carswell y C. J. F. Dowsett: *Kütahya Tiles and Pottery from the Armenian Cathedral of St. James,* Jerusalén, 2 vols., Oxford, 1972.

J. Carswell: «From the tulip to the rose», en T. Naff y R. Owen (eds.): *Studies in Eighteenth Century Islamic History,* Carbondale (Illinois), 1977, 325-355.

Religión y literatura

A. H. R. Gibb y H. Bowen: *Islamic Society and the West*, vol. 1, Londres, 1957.

J. Heyworth-Dunne: *Introduction to the History of Education in Modern Egypt*, Londres, 1939.

A. Hourani: «Aspects of Islamic culture: introduction», en T. Naff y R. Owen (eds.): *Studies in Eighteenth Century Islamic History*, Carbondale, Illinois, 1977, 253-76.

N. Levtzion y J. O. Voll (eds.): *Eighteenth Century Revival and Reform in Islam*, Syracuse (Nueva York), 1987.

J. O. Voll: *Islam: continuity and change in the modern world*, Londres, 1982.

Muhammad Jalil al-Muradi: *Silk al-durar fi ayan al-qarn al-zani ashar*, 4 vols., Bulaq, 1883.

M. H. Chérif: «Hommes de religion et de pouvoir dans la Tunisie de l'époque moderne», *Annales ESC*, 35 (1980), 580-597.

Wahhabismo

H. St. J. Philby: *Saudi Arabia*, Londres, 1955.

H. Laoust: *Essai sur les doctrines sociales et politiques de Taki-d-Din b. Taimiya*, El Cairo, 1939, 506-540.

Cuarta parte: La época de los Imperios europeos (1800-1939)

El «problema de Oriente»

M. S. Anderson: *The Eastern Question 1774-1923*, Londres, 1966.

J. C. Hurewitz (ed.): *The Middle East and North Africa in World Politics*, 2 vols., New Haven, 1975.

L. C. Brown: *International Politics and the Middle East*, Londres, 1984.

Reseñas generales

M. E. Yapp: *The Making of the Modern Middle East 1798-1923*, Londres, 1987.

B. Lewis: *The Emergence of Modern Turkey*, Londres, 1961.

W. R. Polk y R. L. Chambers (eds.): *Beginnings of Modernization in the Middle East*, Chicago, 1968.

Groupes de Recherches et d'Études sur le Proche-Orient: *L'Égypte au 19e siècle*, París, 1982.

Cambios económicos y sociales

C. Issawi: *An Economic History of the Middle East and North Africa*, Nueva York, 1982.

— *The Economic History of the Middle East 1800-1914*, Chicago, 1966.

— *The Fertile Crescent 1800-1914*, Nueva York, 1988.

R. Owen: *The Middle East in the World Economy 1800-1914*, Londres, 1981.

S. Pamuk: *The Ottoman Empire and World Capitalism 1820-1913*, Cambridge, 1987.

G. Baer: *Studies in the Social History of Modern Egypt*, Chicago, 1969.

A. Barakat: *Tatawwur al-milkiyya al-ziraiyya fi Misr wa azaruha ala al-harakai al-si-yasiyya 1813-1914*, El Cairo, 1977.

El cambio intelectual

N. Berkes: *The Development of Secularism in Turkey*, Montreal, 1964.

A. Hourani: *Arabic Thought in the Liberal Age*, Cambridge, 1983.

Capítulo 16: El poder europeo y los gobiernos reformistas (1800-1860)

La expansión europea

F. Charles-Roux: *Bonaparte Governor d'Egypte*, París, 1936. [Versión en inglés: *Bonaparte Gouverneur of Egypt*, Londres, 1937.]

H. L. Hoskins: *British Routes to India*, Nueva York, 1928.

J. B. Kelly: *Britain and the Persian Gulf 1795-1880*, Oxford, 1968.

C. A. Julien: *Histoire de l'Algerie contemporaine*, vol. 1, 1827-71, París, 1964.

R. Danziger: *Abd al-Qadir and the Algerians*, Nueva York, 1977.

El Tanzimat y los movimientos locales

Ministerio de Educación de Turquía: *Tanzimat*, Estambul, 1940.

Cevdet Pasa: *Tezâkir*, 4 vols., Ankara, 1953-1967.

C. V. Findley: *Bureaucratic Reform in the Ottoman Empire*, Princeton, 1980.

U. Heyd: «The Ottoman ulama and westernization in the time of Selim III and Mahmud II», en Heyd (ed.): *Studies in Islamic History and Civilization*, Jerusalén, 1960, 63-96.

R. Clogg (ed.): *The Movement for Greek Independence 1770-1821*, Londres, 1976.

L. S. Stavrianos: *The Balkans since 1453*, Nueva York, 1958.

M. Maoz: *Ottoman Reform in Syria and Palestine 1840-1861*, Oxford, 1968.

A. Hourani: «Ottoman reform and the politics of notables», en Hourani: *The Emergence of the Modern Middle East*, Londres, 1981, 36-66.

Egipto

A. Lutfi al-Sayyid Marsot: *Egypt in the Reign of Muhammad Ali*, Cambridge, 1984.

E. R. Toledano: *State and Society in Mid-Nineteenth-Century Egypt*, Cambridge, 1990.

A. R. al-Rafii: *Tarikh al-haraka al-qawmiyya wa tatawwur nizam al-hukm fi Misr*, 14 vols., El Cairo, 1929-1951.

Túnez

L. C. Brown: *The Tunisia of Ahmad Bey 1837-1855*, Princeton, 1974.

Marruecos

J. L. Miege: *Le Maroc et l'Europe*, 4 vols., París, 1961-1963.

— *Documents d'histoire économique et sociale marocaine au 19e siècle*, París, 1969.

Capítulo 17: Los Imperios europeos y las elites dominantes (1860-1914)

El «problema de Oriente»

W. L. Langer: *The Diplomacy of Imperialism 1890-1902*, Nueva York, 1951[2].

E. M. Earle: *Turkey, the Great Powers and the Baghdad Railway*, Nueva York, 1966.

El gobierno otomano y las provincias

R. H. Davison: *Reform in the Ottoman Empire 1856-1876*, Princeton, 1963.

R. Devereux: *The First Ottoman Constitutional Period*, Baltimore, 1963.

R. Abu Manneh: «Sultan Abdulhamid II and Shaikh Abulhuda al-Sayyadi», *Middle Eastern Studies*, 15 (1979), 131-153.

C. Findley: *Ottoman Civil Oficialdom*, Princeton, 1989.

E. E. Ramsaur: *The Young Turks; prelude to the revolution of 1908*, Princeton, 1957.

F. Ahmed: *The Young Turks: the Committee of Union and Progress in Turkish politics 1908-1914*, Oxford, 1969.

W. Ochsenwald: *Religion, Society and the State in Arabia: the Hejaz under Ottoman control 1840-1908*, Columbus (Ohio), 1984.

L. Nalbandian: *The Armenian Revolutionary Movement*, Berkeley, 1963.

Comienzos de la inmigración sionista

W. Z. Laqueur: *A History of Zionism*, Londres, 1972.

N. Mandel: *The Arabs and Zionism before World War I*, Berkeley, 1976.

Egipto

R. Hunter: *Egypt under the Khedives 1805-1879*, Pittsburgh, 1984.

Nubar bajá: *Mémoires*, Beirut, 1983.

D. Landes: *Bankers and Pashas*, Londres, 1958.

J. Marlowe: *The Making of the Suez Canal*, Londres, 1964.

A. Schölch: *Ägypten den Ägyptern!*, Zúrich, 1972. [Versión en inglés: *Egypt for the Egyptians: the socio-political crisis in Egypt 1878-1882*, Londres, 1981.]

Lord Cromer: *Modern Egypt*, 2 vols., Londres, 1908.

J. Berque: *L'Égypte, impérialisme et révolution* (París, 1963). [Versión en inglés: *Egypt, Imperialism and Revolution*, Londres, 1972.]

A. Lutfi: al-Sayyid, *Egypt and Cromer*, Londres, 1968.

T. Mitchell: *Colonising Egypt*, Cambridge, 1988.

Sudán

P. M. Holt: *The Mahdist State in the Sudan 1881-1898*, Oxford, 1958.

M. W. Daly: *Empire on the Nile: the Anglo-Egyptian Sudan 1898-1934*, Cambridge, 1986.

Abu Bakr (Babikr) Badri: *Tarikh hayati*, 3 vols., Omdurman, 1959-1961. [Versión en inglés: *The Memoirs of Babikr Badri*, vol. I , Londres, 1969, vol. 2, Londres, 1980.]

Francia y el Magreb

J. Ganiage: Les *Origines du protectorat français en Tunisie 1861-1881*, Túnez, 1968.

C. R. Ageron: *Histoire de l'Algerie contemporaine*, vol. 2: 1871-1954, París, 1979.

— *Les algériens musulmans et la France 1871-1919*, París, 1968.

E. Burke: *Prelude to Protectorate in Morocco*, Chicago, 1976.

D. Rivet: *Lyautey et l'institution du protectorat français au Maroc 1912-1925*, 3 vols., París, 1988.

La población y el cambio de la economía

A. Jwaideh: «Midat Pasha and the land system of lower Iraq», en A. Hourani (ed.): *St Antony's Papers: Middle Eastern Affairs*, 3, Londres, 1963, 106-136.

N. N. Lewis: *Nomads and Settlers in Syria and Jordan 1800-1980*, Cambridge, 1987.

R. Aboujaber: *Pioneers over Jordan*, Londres, 1989.

A. Schölch: *Palästina im Umbruch 1856-1882*, Stuttgart, 1986.

B. Labaki: *Introduction à l'histoire économique du Liban: soie et commerce extérieur... 1840-1914*, Beirut, 1984.

D. Chevallier: *La société du Mont Liban à l'époque de la révolution industrielle en Europe*, París, 1971.

E. J. R. Owen: *Cotton and the Egyptian Economy 1820-1914*, Londres, 1962.

G. Baer: *Introduction to the History of Landownership in Modern Egypt 1800-1950*, Londres, 1962.

J. Poncet: *La colonisation et l'agriculture europeenne en Tunisie depuis 1881*, París, 1962.

X. Yacono: *La colonisation desplaines du Chelif*, 2 vols., Argel, 1955-1956.

— «Peut-on évaluer la population de l'Algérie vers 1830», *Revue Africaine*, 98 (1954), 277-307.

J. Ruedy: *Land Policy in Colonial Algeria*, Berkeley, 1967.

El cambio social

D. Quaetaert: *Social Disintegration and Popular Resistance in the Ottoman Empire 1881-1908*, Nueva York, 1983.

L. T. Fawaz: *Merchants and Migrants in Nineteenth Century Beirut*, Cambridge, Massachusetts, 1983.

L. Schatkowski Schilcher: *Families in Politics: Damascus factions and estates of the 18th and 19th centuries*, Stuttgart, 1985.

R. Tresse: «L'évolution du coutume syrien depuis un siècle», en Centre d'Études de Politique Étrangère: *Entretiens sur l'évolution des pays de civilisation arabe*, vol. 2, París, 1938, 87-96.

A. Mubarak: *al-Khitat al-tawfiqiyya*, 4 vols., El Cairo, 1887-1889.

J. P. Thieck: «Le Caire d'après les *Khitat* de Ali pacha Mubarak», en Groupe de Recherche et d'Études sur le Proche-Orient: *L'Égypt au 19e siècle*, París, 1982, 101-116.

A. Berque: «Fragments d'histoire sociale» en *Écrits sur l'Algerie*, Aix-en-Provence, 1986, 25-124.

K. Brown: *People of Salé: tradition and change in a Moroccan city 1830-1930*, Manchester, 1976.

Capítulo 18: La cultura del imperialismo y la reforma

Orientalismo

M. Rodinson: *La fascination de l'islam*, París, 1980. [Versión en inglés: *The Mystique of Islam*, Londres, 1989.]

E. Said: *Orientalism*, Londres, 1978.

A. Hourani: *Europe and the Middle East*, Londres, 1980.

N. Daniel: *Europe, Islam and Empire*, Edimburgo, 1966.

Educación

A. I. Abd al-Karim: *Tarij al-talim fi Misr*, 3 vols., El Cairo, 1945.

A. L. Tibawi: *British Interests in Palestine 1800-1901*, Oxford, 1961.

— *American Interests in Syria 1800-1901*, Oxford, 1966.

— *Islamic Education: its traditions and modernization into the Arab national systems*, Londres, 1972.

D. Hopwood: *The Russian Presence in Syria and Palestine 1843-1914*, Oxford, 1969.

H. Charles: *Jésuites missionaires dans la Syrie et le Proche-Orient* (París, 1929).

A. Chouraque: *L'Alliance Israélite Universelle et la renaissance juive contemporaine 1860-1960*, París, 1965.

Periodismo

P. de Tarazi: *Tarij al-sahafa al-arabiyya*, 4 vols., Beirut, 1913-1933.

I. Abduh: *Tarij al-tibaa wal-sahafa fi Misr*, El Cairo, 1949.

N. Farag: «The Lewis affair and the fortunes of al-Muqtataf», *Middle Eastern Studies*, 8 (1972), 74-83.

Literatura

M. M. Badawi: *A Critical Introduction to Modern Arabic Poetry*, Cambridge, 1975.

S. K. Jayyusi: *Trends and Movements in Modern Arabic Poetry*, 2 vols., Leiden, 1977.

— *Modern Arabic Poetry: an anthology*, Nueva York, 1987.

A. Shawqi: *al-Shawqiyyat*, 4 vols., El Cairo, 1961.

I. Shahid: *al-Awda ila Shawqi*, Beirut, 1986.

A. Boudot-Lamotte: *Ahmad Shawqi, l'homme et l'oeuvre*, Damasco, 1977.

M. M. Badawi: *Early Arabic Drama*, Cambridge, 1988.

— *Modern Arabic Drama in Egypt*, Cambridge, 1987.

La reforma islámica

C. C. Adams: *Islam and Modernism in Egypt*, Londres, 1933.

N. Keddie: *Sayyid Jamal al-Din al-Afghani*, Berkeley, 1972.

— *An Islamic Response to Imperialism*, Berkeley, 1968.

M. Abduh: *Risalat al-tawhid*, El Cairo. [Versión en inglés: *The Theology of Unity*, Londres, 1966.]

M. R. Rida: *Tarij al-ustad al-imam al-shayj Muhammad Abduh*, 3 vols., El Cairo, 1906-1931.

J. Jomier: *Le commentaire coranique du Manar*, París, 1954.

A. H. Green: *The Tunisian Ulama 1873-1915*, Leiden, 1978.

F. de Jong: *Turuq and Turuq-linked Institutions in Nineteenth Century Egypt*, Leiden, 1978.

B. Abu Manneh: «The Naqshbandiyya-Mujaddidiyya in the Ottoman lands in the early 19th century», *Die Welt des Islams*, 22 (1982), 1-36.

O. Depont y X. Coppolani: *Les confrèries religeuses musulmanes*, Argel, 1897.

C. S. Hurgronje: «Les confrèries, La Mecque et le pan-islamisme», *Verspreide Geschriften*, vol. 3, Bonn, 1923, 189-206.

— *Mekka in the Latter Part of the 19th Century*, Leiden, 1931.

J. M. Abun-Nasr: *The Tijaniyya: a Sufi order in the modern world*, Cambridge, 1965.

El nacionalismo

S. Mardin: *The Genesis of Young Ottoman Thought*, Princeton, 1964.

— *Jön Türklerin siyasî Fikirleri 1895-1908*, Ankara, 1964.

Z. Gökalp: *Turkish Nationalism and Western Civilization*, Londres, 1959.

W. L. Cleveland: *The Making of an Arab Nationalist: Ottomanism and Arabism in the life and thought of Sati al-Husri*, Princeton, 1971.

— *Islam against the West: Shakib Arslan and the campaign for Islamic nationalism*, Londres, 1985.

S. al-Husri: *al-Bilad al-arabiyya wal-dawla al-uthmaniyya*, Beirut, 1960.

G. Antonius: *The Arab Awakening*, Londres, 1938.

S. Haim (ed.): *Arab Nationalism: an anthology*, Berkeley, 1962.

C. E. Dawn: *From Ottomanism to Arabism*, Urbana, Illinois, 1973.

Z. N. Zeine: *The Emergence of Arab Nationalism*, Beirut, 1966.

P. S. Khoury: *Urban Notables and Arab Nationalism: the politics of Damascus 1860-1920*, Cambridge, 1983.

J. M. Ahmed: *The Intellectual Origins of Egyptian Nationalism*, Londres, 1960.

I. Gershoni y J. P. Jankowski: *Egypt, Islam and the Arabs: the search for Egyptian nationhood 1900-1930*, Nueva York, 1986.

L. C. Brown: «Stages in the process of change», en C. A. Micaud (ed.): *Tunisia: the politics of modernization*, Londres, 1964, 3-66.

A. Laroui: *Les origines sociales et culturelles du nationalisme marocaine 1830-1912*, París, 1977.

Capítulo 19: La culminación del poder europeo (1914-1939)

La Primera Guerra Mundial y el acuerdo de paz

E. Monroe: *Britain's Moment in the Middle East 1914-1956*, Londres, 1963.

B. C. Busch: *Mudros to Lausanne: Britain's frontier in Asia 1918-1923*, Albany (Nueva York), 1976.

T. E. Lawrence: *Seven Pillars of Wisdom*, Londres, 1935. [Versión en castellano: *Los siete pilares de la sabiduría*, Ediciones B, Barcelona, 1997.]

E. Kedourie: *England and the Middle East: the destruction of the Ottoman Empire 1914-1921*, Londres, 1987[2].

M. Vereté: «The Balfour Declaration and its makers», *Middle Eastern Studies*, 6 (1970), 48-76.

A. J. Toynbee: *Survey of International Affairs 1925*, vol. 1: «The Islamic World after the Peace Conference», Londres, 1927.

C. M. Andrew y A. S. Kanya-Forstner: *France Overseas: the Great War and the climax of French imperial expansion*, Londres, 1981.

P. Kinross: *Atatürk: the rebirth of a nation*, Londres, 1964. [Versión en castellano: *Atatürk. El resurgir de una nación*, Grijalbo, Barcelona, 1972.]

A. Kazancigil y E. Özbudun (eds.): *Atatürk, Founder of a Modern State*, Londres, 1981.

Mandatos e intereses occidentales

E. Monroe: *The Meditenanean in Politics*, Londres, 1938.

S. H. Longrigg: *Iraq 1900-1950*, Londres, 1953.

P. Sluglett: *Britain in Iraq 1914-1932*, Londres, 1976.

M. Khadduri: *Independent Iraq 1932-1958*, Londres, 1960[2].

R. S. Khoury: *Syria and the French Mandate*, Londres, 1987.

M. C. Wilson: *King Abdullah, Britain and the Making of Jordan*, Cambridge, 1987.

L. Hirszowicz: *The Third Reich and the Arab East*, Londres, 1966.

El problema de Palestina

W. Z. Laqueur (ed.): *An Israel-Arab Reader*, Londres, 1969.

J. C. Hurewitz: *The Struggle for Palestine*, Nueva York, 1950.

Palestine Royal Commission: *Report*, Cmd 5479, Londres, 1937.

W. Khalidi: *From Haven to Conquest*, Beirut, 1971.

F. R. Nicosia: *The Third Reich and the Palestine Question*, Londres, 1985.

K. Stein: *The Land Question in Palestine 1917-1936*, Chapel Hill, Carolina del Norte, 1984.

Y. M. Porath: *The Emergence of the Palestinian National Movement 1918-1929*, Londres, 1974.

— *The Palestinian Arab National Movement 1929-1939*, Londres, 1977.

Egipto

A. Lutfi al-Sayyid-Marsot: *Egypt's Liberal Experiment 1922-1936*, Berkeley, 1977.

M. Anis: *Dirasat fi tahwrat sanat 1919*, El Cairo, 1963.

M. H. Haykal: *Mudakkirat fil-siyasa al-misriyya*, 3 vols., El Cairo, 1951-1978.

M. Deeb: *Party Politics in Egypt: the Wafd and its rivals 1919-1939*, Londres, 1979.

El Magreb

J. Berque: *Le Maghreb entre deux guerres*, París, 1962. [Versión en inglés: *French North Africa: the Maghrib between two world wars*, Londres, 1962.]

R. Le Tourneau: *Évolution politique de l'Afrique du nord musulmane 1920-1961*, París, 1962.

A. al-Fasi: *al-Harakat al-istiqlaliyya fil-maghrib al-arabi*, El Cairo, 1948.

Cambio económico y social

H. Batutu: *The Old Social Classes and the Revolutionary Movements of Iraq*, Princeton, 1978.

C. Issawi: *Egypt, and Economic and Social Analysis,* Londres, 1947.

R. L. Tignor: *State, Private Enterprise and Economic Change in Egypt 1918-1952*, Princeton, 1984.

A. Dasuqi: *Kibar mallak al-aradi al-ziraiyya wa dawruhum fil-mujtama al-misri*, El Cairo, 1975.

S. B. Himadeh (ed.): *The Economic Organization of Syria*, Beirut, 1936.

— *al-Nizam al-iqtisadi fil-Iraq*, Beirut, 1938.

E. Davis: *Challenging Colonialism: Bank Misr and Egyptian Industrialization 1920-1941*, Princeton, 1983.

J. Beinin y Z. Lockman: *Workers on the Nile: nationalism, communism, Islam and the Egyptian working class 1882-1954*, Londres, 1988.

R. Montagne: *Naissance du proletariat marocain*, París, 1951.

Capítulo 20: Cambios de los modos de vida y de pensamiento (1914-1939)

La vida urbana

M. Wahba: «Cairo memories», *Encounter* (mayo de 1984), 74-79.

A. Adam: *Casablanca*, 2 vols., París, 1968.

J. Abu Lughod: *Rabat: urban apartheid in Morocco*, Princeton, 1980.

R. D. Matthews y M. Akrawi: *Education in Arab Countries of the Near East*, Washington, 1950.

R. F. Woodsmall: *Muslim Women Enter a New World*, Londres, 1936.

S. Graham-Brawn: *Images of Women... 1860-1950*, Londres, 1988.

Literatura y arte

P. Cachia: *Taha Husain*, Londres, 1956.

T. Hussein: *al-Ayyam*, 3 vols., El Cairo, 1929-1973. [Versión en inglés: vol. 1: «An Egyptian Childhood», Londres, 1932; vol. 2: «The Stream of Days», Londres, 1948; vol. 3: «A Passage to France», Londres, 1976.]

— *Mustaqbil al-thaqafa fi Misr*, 2 vols., El Cairo, 1938.

A. Shabbi: *Diwan*, Beirut, 1971.

S. Sadoul (ed.): *The Cinema in the Arab Countries*, Beirut, 1966.

J. Racy: «Arabic music and the effects of commercial recording», *The World of Music*, 20 (1978), 7-55.

— «Music», en T. Mostyn y A. Hourani (eds.): *The Cambridge Encyclopaedia of the Middle East and North Africa*, Cambridge, 1988, 244-250.

J. Dickie: «Modern Islamic Architecture in Alexandria», *Islamic Quarterly*, 13 (1969), 183-191.

Movimientos islámicos

H. A. R. Gibb: *Modern Trends in Islam*, Chicago, 1947.

C. Geertz: *Islam Observed*, New Haven, 1968. [Versión en castellano: *Observando el Islam*, Paidós, Barcelona, 1994.]

R. P. Mitchell: *The Society of the Muslim Brothers*, Londres, 1969.

A Abd al-Raziq: *al-Islam wa usul al-hukm*, El Cairo, 1925. [Versión en francés: «L'islam et les bases du pouvoir», *Revue des Études Islamiques*, 7 (1933), 353-391; 8 (1934), 163-222.]

A. Merad: *Le réformisme musulman en Algérie de 1925 à 1940*, París, 1967.

W. Bennabi: *Mémoires d'un témoin du siècle*, Argel.

E. Gellner: «The unknown Apollo of Biskra: the social base of Algerian puritanism» en *Muslim Society*, Cambridge, 1981, 149-73.

K. Brown: «The Impact of the *Dahir Berbère* in Salé», en E. Gellner y C. Micaud (ed.): *Arabs and Berbers*, París, 1967, 201-15.

Quinta parte: La época de los Estados-nación (a partir de 1939)

Obras de referencia

Europa Publications: *The Middle East and North Africa*, Londres, anual 1948.
Centre de Recherches et d'Études sur les Sociétés Méditerranéennes: *Annuaire de l'Afrique du Nord*, París, 1962.
T. Mostyn y A. Hourani (eds.): *The Cambridge Encyclopaedia of the Middle East and North Africa*, Cambridge, 1988.
P. Mansfield: *The Middle East: a political and economic survey*, Londres, 1973[4].
W. Knapp: *North-west Africa: a political and economic survey*, Oxford, 1977[3].

Estadísticas

Naciones Unidas, Departamento de Asuntos Económicos: *World Economic Survey*, Nueva York, anual.
Naciones Unidas, Oficina de Estadísticas: *Statistical Year-book*, Nueva York, anual.
Naciones Unidas, FAO: *Production Year-book*, Roma, anual.
Naciones Unidas, UNESCO: *Statistical Year-book*, París, anual.

Países y regiones

P. Sluglett y D. M. Farouk-Sluglett: *Iraq since 1958*, Londres, 1987.
P. Marr: *The Modern History of Iraq*, Londres, 1985.
A. J. Cottrell y otros: *The Persial Gulf States*, Baltimore, 1980.
R. S. Zahlan: *The Making of the Modern Gulf States*, Londres, 1989.
F. Heard-Bey: *From Oficial States to United Arab Emirates*, Londres, 1982.
A. Raymond (ed.): *La Syrie d'aujourd'hui*, París, 1980.
D. Hopwood: *Syria, 1945-1986: politics and society*, Londres, 1988.

P. Gubser: *Jordan*, Londres, 1983.

H. Cobban: *The Making of Modern Lebanon*, Londres, 1985.

N. Lucas: *The Modern History of Israel*, Londres, 1974.

Groupe de Recherches et d'Études sur le Proche-Orient: *L'Égypte d'aujourd'hui*, París, 1977.

D. Hopwood: *Egypt: politics and society 1945-1984*, Londres, 1986².

Introduction a l'Afrique du nord contemporaine, CNRS, París, 1975.

M. K. y M. J. Deeb: *Libya since the Revolution*, Nueva York, 1982.

J. C. Vatin: *L'Algérie politique: histoire et société*, París, 1983².

Capítulo 21: El fin de los imperios (1939-1962)

La Segunda Guerra Mundial

I. S. O. Playfair y otros: *History of the Second World War: the Mediterranean and the Middle East*, 6 vols., Londres, 1954-1973.

Ch. de Gaulle,: *Mémoires de guerre*, 3 vols., París, 1954-1959. [Versión en castellano: *Memorias de guerra*, Plaza & Janés, Barcelona, 1970.]

E. L. Spears: *Fulfilment of a Mission: the Spears Mission in Syria and Lebanon 1941-1944*, Londres, 1977.

H. Macmillan: *War Diaries: politics and war in the Mediterranean 1943-1945*, Londres, 1984.

Y. Porath: *In Search of Arab Unity 1930-1945*, Londres, 1986.

A. M. H. Gomaa: *The Foundation of the League of Arab States*, Londres, 1977.

Gran Bretaña y Oriente Próximo

W. R. Louis: *The British Empire in the Middle East 1935-1951*, Oxford, 1984.

— y J. A. Bill (eds.): *Musaddiq, Iranian Nationalism and Oil*, Londres, 1988.

— y R. Owen (eds.): *Suez 1956: the crisis and its consequences*, Oxford, 1989.

El problema de Palestina

W. R. Louis y R. W. Stookey (eds.): *The End of the Palestine Mandate*, Londres, 1986.

M. J. Cohen: *Palestine and the Great Powers*, Princeton, 1982.

B. Morris: *The Birth of the Palestine Refugee Problem 1947-1949*, Cambridge, 1987.

A. Shlaim: *Collusion across the Jordan: King Abdullah, the Zionist movement and the partition of Palestine*, Oxford, 1988.

M. Alami: *Ibrat Filastin*, Beirut, 1949. [Versión en inglés: «The lesson of Palestine», *Middle East Journal*, 3 (1949), 373-405.]

Francia y el Magreb

C. A. Julien: *L'Afrique du nord en marche*, París, 1972³.

M. Bourguiba: *La Tunisie et la France*, París, 1954.

A. Nouschi: *La naissance du nationalisme algérien*, París, 1962.

M. Lacheraf: *L'Algérie, nation et société*, París, 1965.

A. Horne: *A Savage War of Peace: Algeria 1954-1962*, Londres, 1977.

J. Daniel: *De Gaulle et l'Algérie*, París, 1986.

Capítulo 22: Sociedades en proceso de cambio (décadas de 1940 y 1950)

El crecimiento económico

Y. Sayigh: *The Arab Economy: past perfomance and future prospects*, Oxford, 1982.

D. Warriner: *Land Reform and Development in the Middle East*, Londres, 1957.

Lord Salter: *The Development of Iraq*, Londres, 1955.

C. Issawi: *Egypt at Mid-century*, Londres, 1954.

— *Egypt in Revolution*, Londres, 1963.

R. Mabro: *The Egyptian Economy 1952-1972*, Oxford, 1974.

A. Gaitskell: *Gezira: a study of development in the Sudan*, Londres, 1959.

S. Amin: *L'économie du Maghreb*, 2 vols., París, 1966.

G. Leduc (ed.): *Industrialisation de l'Afrique du nord*, París, 1952.

W. D. Swearingen: *Moroccan Mirages: agricultural dreams and deceptions 1912-1986*, Londres, 1986.

Urbanización

L. C. Brown (ed.): *From Madina to Metropolis*, Princeton, 1973.

P. Marthelot: «Le Cairo, nouvelle métropole», *Annales Islamologiques*, 8 (1969), 189-221.

A. Raymond: «Le Caire», en Centre de Recherches et d'Études sur le Proche-Orient, *L'Égypte d'aujourd'hui*, París, 1977, 213-241.

Arquitectura

H. Fathy: *Architecture for the Poor: an experiment in rural Egypt*, Chicago, 1973.

S. S. Damluji: «Islamic architecture in the modern world», en T. Mostyn y A. Hourani (eds.): *The Cambridge Encyclopaedia of the Middle East and North Africa*, Cambridge, 1988, 232-236.

Capítulo 23: La cultura nacional (décadas de 1940 y 1950)

Educación

J. S. Szyliowicz: *Education and Modernization in the Middle East*, Ithaca, Nueva York, 1973.

B. G. Massialas y S. A. Jarrar: *Education in the Arab World*, Nueva York, 1983.

J. Waardenburg: *Les universités dans le monde arabe actuel*, 2 vols., París, 1966.

A. B. Zahlan: *Science and Science Policy in the Arab World*, Londres, 1980.

Historiografía

A. Laroui: *L'histoire du Maghreb: un essai de synthèse*, París, 1970. [Versión en castellano: *Historia del Magreb*, MAPFRE, Madrid, 1994.]

C. Zurayq: *Nahnu wal-tarij*, Beirut, 1959.

Literatura

J. Stetkevych: «Classical Arabic on stage», en R. C. Ostle (ed.): *Studies in Modern Arabic Literature*, Warminster, Wiltshire, 1975, 152-166.

Adonis (A. A. Said): *al-azar al-kamila*, 2 vols., Beirut, 1971.

B. S. al-Sayyab: *Diwan*, 2 vols., Beirut, 1971-1974.

D. Johnson-Davies (ed. y trad.): *Arabic Short Stories*, Londres, 1983.

N. Mahfuz,: *Zuqaq al-midaqq*, El Cairo, 1947. [Versión en castellano: *El callejón de los milagros*, Martínez-Roca, Barcelona, 1998.]

— *Bayn al-qasrain, Qasr al-shawq, al-Sukkariyya*, The «Cairo Trilogy», El Cairo, 1956-1957. [Versión en inglés: *Palace Walk*, Londres, 1990.]

A. al-Sharqawi: *al Ard*, El Cairo, 1954.

L. Balabakki: *Ana ahya*, Beirut, 1963.

J. Dejeux: *Littérature maghrebine de langue française*, Sherbrooke, Quebec, 1980³.

— y A. Memmi: *Anthologie des écrivains maghrebins d'expression française*, París, 1965².

K. Yacine: *Nedjma*, París, 1956.

M. Feraoun: *Les fils du pauvre*, París, 1954.

A. Djebar: *Les alouettes naïves*, París, 1967.

Movimientos islámicos

K. M. Khalid: *Min huna nabda*, El Cairo, 1950. [Versión en inglés: *From Here We Start*, Washington, 1953.]

T. Hussein: *al-Fitna al-kubra*, 2 vols., El Cairo, 1947-1956.

O. Carré y G. Michaud: *Les frères musulmans: Egypt et Syrie 1920-1982*, París, 1983.

— *Mystique et politique: lecture révolutionnaire du Coran par Sayyid Qutb*, París, 1984.

S. Qutb: *Al-Adala al-ijtimaiyya fil-islam*, El Cairo, 1954[4]. [Versión en inglés: *Social Justice in Islam*, Nueva York, 1970.]

M. Gilsenan: *Saint and Sufi in Modern Egypt*, Oxford, 1973.

Capítulo 24: La culminación del arabismo (décadas de 1950 y 1960)

Gamal Abdel Nasser y el nasserismo

P. Mansfield: *Nasser*, Londres, 1969.

R. Stephens: *Nasser*, Londres, 1971.

H. Heikal: *The Sphinx and the Commissar: the rise and fall of Soviet influence in the Middle East*, Londres, 1978.

— *Cutting the Lion's Tail: Suez through Egyptian eyes*, Londres, 1986.

M. Kerr: *The Arab Cold War 1958-1970*, Londres, 1971[3].

E. O'Ballance: *The War in the Yemen*, Londres, 1971.

— *The Third Arab-Israeli War*, Londres, 1972.

Ideas políticas

Gamal Abdel Nasser: *Falsafat al-zawra*, El Cairo, 1955. [Versión en inglés: *The Philosophy of the Revolution*, El Cairo, 1955.]

Departamento de Información de Egipto: *Mashru al-Mizaq al-watani*, El Cairo, 1962.

S. A. Hanna y G. H. Gardner (eds.): *Arab Socialism: a documentary survey*, Londres, 1969.

S. Botman: *The Rise of Egyptian Communism*, Syracuse (Nueva York), 1988.

J. F. Devlin: *The Bath Party*, Stanford, California, 1966.

M. Aflaq: *Fi sahil al-bath*, Damasco, 1959.

— *Marakat al-masir al-washid*, Beirut, 1958.

M. A. al-Alim y A. Anis: *Fil-thaqafa al-misriyya*, Beirut, 1955.

L. Awad: *Thaqafatuna fi muftaraq al-turuq*, Beirut, 1974.

A. Laroui: *La crise des intellectuels arabes*, París, 1974. [Versión en castellano: *La crisis de los intelectuales árabes*, Libertarias-Prodhufi, Madrid, 1990.]

— *L'idéologie arabe contemporaine*, ed. rev., París, 1977. [Versión en castellano: *La ideología árabe contemporánea*, Miguel Castellote, Madrid, 1976.]

Capítulo 25: La unidad y la desunión árabes (desde 1967)

La guerra y la paz con Israel

E. O'Ballance: *No Victor, No Vanquished: the Yom Kippur war*, Londres, 1968.

W. B. Quandt: *Decade of Decision: American policy towards the Arab-Israel conflict 1967-1976*, Berkeley, 1977.

— *Camp David: pleacemaking and politics*, Washington, 1986.

H. Kissinger: *Years of Upheaval*, Londres, 1982.

J. Carter: *The Blood of Abraham*, Boston, 1985.

M. Riyad: *Mudakkirat 1948-1975*, Beirut, 1985. [Versión en inglés: *The Struggle for Peace in the Middle East*, Londres, 1981.]

H. Heikal: *The Road to Ramadan*, Londres, 1975.

P. Seale: *Asad of Syria: the struggle for the Middle East*, Londres, 1988.

La infitá

J. Waterbury: *The Egypt of Nasser and Sadat*, Princeton, 1983.

R. Hinnebusch: *Egyptian Politics under Sadat*, Cambridge, 1985.

H. Heikal: *Karif al-gabad*, Beirut, 1983². [Versión en inglés: *Autumn of Fury*, Londres, 1983.]

Y. Sayigh: *The Economies of the Arab World*, 2 vols., Londres, 1975.

J. S. Birks y C. Sinclair: *Arab Manpower: the crisis of development*, Londres, 1980.

M. Bennoune: *The Making of Contemporary Algeria*, Cambridge, 1988.

Los palestinos bajo la ocupación

H. Cobban: *The Palestinian Liberation Organization*, Cambridge, 1984.

M. Benvenisti y otros: *The West Bank Handbook*, Jerusalén, 1986.

D. MacDowell: *Palestine and Israel*, Londres, 1989.

La guerra civil libanesa

K. Salibi: *Cross-roads to Civil War*, Londres, 1976.

— *A House of Many Mansions*, Londres, 1988.

E. Picard: *Liban: état de discorde*, París, 1988.

Z. Schiff y E. Yaari: *Israel's Lebanon War*, Londres, 1985.

E. Khalidi: *Under Siege: P.L.O. decision-making during the 1982 war*, Nueva York, 1986.

La guerra entre Irak e Irán

S. Chubin y C. Tripp: *Iran and Iraq at War*, Londres, 1988.

Capítulo 26: La perturbación de los espíritus (desde 1967)

Divisiones sociales

S. Ibrahim: *The New Arab Social Order: a study of the social impact of oil wealth*, Londres, 1982.

R. Owen: *Migrant Workers in the Gulf*, Londres, 1985.

D. MacDowell: *The Kurds*, Londres, 1985.

Hombres y mujeres

E. Fernea (ed.): *Women and the Family in the Middle East*, Austin, Texas, 1985.

L. Beck y N. Keddie (eds.): *Women in the Muslim Word*, Cambridge (Massachusetts), 1978.

N. Hijab: *Womanpower: the Arab debate on women at work*, Cambridge, 1988.

F. Mernissi: *Beyond the Veil: male-female dynamics in a modern Muslim society*, ed. rev., Londres, 1985.

N. Abu Zahra: «Baraka, material power, honour and women in Tunisia», *Revue d'Histoire Maghrébine*, 10-11 (1978), 5-24.

El movimiento de las ideas

G. A. Amin: *Mihnat al-iqtisad wal-thaqafa fi Misr*, El Cairo, 1982.

H. Hanafi: *al-Turaz wal-tajdid*, El Cairo, 1980.

S. J. al-Azm: *Naqd, al-fikr al-dini*, Beirut, 1969.

H. Djaït: *La personalité et le devoir arabo-islamique*, París, 1974.

M. A. al-Jabiri: *al-Khitab al-arabi al-muasir*, Casablanca, 1982.

— *Takwin al-aql al-arabi*, Beirut, 1985[2].

F. Ajami: *The Arab Predicament*, Cambridge, 1981.

La reafirmación del islam

H. Enayat: *Modern Islamic Political Thought*, Londres, 1982.

R. Mottahedeh: *The Mantle of the Prophet*, Londres, 1985.

F. Rahman: *Islam and Modernity*, Chicago, 1982.

J. Piscatori (ed.): *Islam in the Political Process*, Cambridge, 1981.

— *Islam in a World of Nation-States* (Cambridge, 1986).

J. R. Cole y N. Keddie (eds.): *Shiism and Social Protest*, New Haven, 1986.

G. Kepel: *Le prophète et Pharaon*, París, 1984. [Versión en castellano: *Faraón y el profeta*, El Aleph, Barcelona, 1988.]

M. Gilsenan: *Recognizing Islam*, Londres, 1982.

S. Uways: *Rasail ilal-imam al-Shafii*, El Cairo, 1978.

S. Qutb: *Maalim fil-tariq*, El Cairo, 1964.

ÍNDICE TEMÁTICO